Die Rechtmäßigkeit staatlicher Gefahrenabwehrmaßnahmen im Internet unter besonderer Berücksichtigung des Europäischen Gemeinschaftsrechts

Europäische Hochschulschriften

Publications Universitaires Européennes
European University Studies

Reihe II
Rechtswissenschaft

Série II Series II
Droit
Law

Bd./Vol. 4321

PETER LANG
Frankfurt am Main · Berlin · Bern · Bruxelles · New York · Oxford · Wien

Stephan Schmidt

Die Rechtmäßigkeit staatlicher Gefahrenabwehrmaßnahmen im Internet unter besonderer Berücksichtigung des Europäischen Gemeinschaftsrechts

PETER LANG
Europäischer Verlag der Wissenschaften

Bibliografische Information Der Deutschen Bibliothek
Die Deutsche Bibliothek verzeichnet diese Publikation in der Deutschen Nationalbibliografie; detaillierte bibliografische Daten sind im Internet über <http://dnb.ddb.de> abrufbar.

Zugl.: Dresden, Techn. Univ., Diss., 2005

88
ISSN 0531-7312
ISBN 3-631-54470-7

www.peterlang.de

Vorwort

Die vorliegende Arbeit wurde im Sommersemester 2005 von der Juristischen Fakultät der Technischen Universität Dresden als Dissertation angenommen. In der Druckfassung konnten Normen, Rechtsprechung und Literatur bis zum 01.01.2005 berücksichtigt werden.

Mein Dank gilt zunächst meinem Doktorvater, Herrn Prof. Dr. Franz Merli, der immer offen für meine Ideen und Fragen war und mir mit seiner pragmatischen Sicht der Dinge oft neue Wege aufzeigte. Darüber hinaus danke ich Frau Prof. Dr. Dr. Sabine von Schorlemer für die Erstellung des Zweitgutachtens, Herrn Prof. Dr. Hans-Heinrich Trute für die Erstellung des (nach der Promotionsordnung der TU Dresden obligatorischen) Drittgutachtens sowie Herrn Prof. Dr. Wolfgang Lüke LL.M. (Chicago).

Besonders danken möchte ich meinen lieben Eltern, Frau OStR i.R. Dipl.-Volksw. Ingrid Pietralla, Herrn OStR i.R. Helmut Schmidt und Herrn Prof. Gotthard Pietralla, die mich stets in jeder Hinsicht gefördert und unterstützt haben, sowie meinem Bruder, Herrn Dipl.-Kfm. Christian Schmidt.

Dresden, im Oktober 2005 | Stephan Schmidt

Inhaltsübersicht

Inhaltsverzeichnis

Abkürzungsverzeichnis

(Im übrigen wird verwiesen auf *Kirchner/Butz*: Abkürzungsverzeichnis der Rechtssprache, 5. Auflage, Berlin 2003.)

a.A.	andere(r) Ansicht, Auffassung
ABlEG	Amtsblatt der Europäischen Gemeinschaften
Abkommen Schweiz-EG	Abkommen zwischen der Schweizerischen Eidgenossenschaft einerseits und der Europäischen Gemeinschaft und ihren Mitgliedstaaten andererseits über die Freizügigkeit vom 21.06.1999 (abrufbar unter http://www.admin.ch/ch/d/sr/i1/0.142.112.681.de.pdf)
Abs.	Absatz
AfP	Zeitschrift für Medien- und Kommunikationsrecht, vormals: Archiv für Presserecht
AG	Amtsgericht, Aktiengesellschaft
AGB	Allgemeine Geschäftsbedingungen
allg.	allgemein, allgemeine, allgemeines
Alt.	Alternative
AMG	Gesetz über den Verkehr mit Arzneimitteln (Arzneimittelgesetz) in der Fassung der Bekanntmachung vom 11.12.1998 (BGBl I, 3586), zuletzt geändert am 14.11.2003 (BGBl I, 2190, 2253)
AMG 02	Gesetz über den Verkehr mit Arzneimitteln (Arzneimittelgesetz) in der Fassung der Bekanntmachung vom 11.12.1998 (BGBl I, 3586), zuletzt geändert am 21.08.2002 (BGBl I, 3348)
Anm.	Anmerkung
ApBetrO 99	Verordnung über den Betrieb von Apotheken (Apothekenbetriebsordnung – ApBetrO) in der Fassung der Bekanntmachung vom 26.09.1995 (BGBl I, 1195) zuletzt geändert am 18.10.1999 (BGBl I, 2059, 2063)
ApoG	Gesetz über das Apothekenwesen (Apothekengesetz – ApoG) in der Fassung der Bekanntmachung vom 15.10.1980 (BGBl I, 1993), zuletzt geändert am 25.11.2003 (BGBl I, 2304)

ApoG 02	Gesetz über das Apothekenwesen in der Fassung der Bekanntmachung vom 15.10.1980 (BGBl I, 1993), zuletzt geändert am 21.08.2002 (BGBl I, 3352)
ARPANET	Advanced Research Project Agency Network
Art.	Artikel
ASF	Automated Search Facility
ASOGBln	Allgemeines Gesetz zum Schutz der öffentlichen Sicherheit und Ordnung in Berlin (Allgemeines Sicherheits- und Ordnungsgesetz – ASOG Bln) vom 14.04.1992 (GVBl, 119), zuletzt geändert am 10.02.2003 (GVBl, 67)
AWG	Außenwirtschaftsgesetz vom 28.04.1961 (BGBl I, 481, 495, 1555), zuletzt geändert am 21.12.2004 (BGBl I, 3603)
Az.	Aktenzeichen
BayVSG	Bayerisches Verfassungsschutzgesetz (BayVSG) in der Fassung der Bekanntmachung vom 10.04.1997 (GVBl, 70), zuletzt geändert am 24.12.2002 (GVBl, 969)
Bd.	Band
BDSG	Bundesdatenschutzgesetz (BDSG) in der Fassung der Bekanntmachung vom 14.01.2003 (BGBl I, 66)
B/E/G/K/P/S/S	Büchner / Ehmer / Geppert / Kerkhoff / Piepenbrock / Schütz / Schuster (Hrsg.): Beck'scher TKG-Kommentar, 2. Auflage, München 2000 (siehe auch Literaturverzeichnis)
Begr.	Begründer
behördl.	behördlich, behördliche
ber.	berichtigt
Betroff.	Betroffener
BGB	Bürgerliches Gesetzbuch in der Fassung der Bekanntmachung vom 02.01.2002 (BGBl I, 42, ber. 2909, BGBl 2003 I, 738), zuletzt geändert am 05.05.2004 (BGBl I, 718)
BGBl	Bundesgesetzblatt
BGE	Entscheidungen des Schweizerischen Bundesgerichts
BGH	Bundesgerichtshof
BGHSt	Entscheidungen des Bundesgerichtshofs in Strafsachen

BGHZ	Entscheidungen des Bundesgerichtshofs in Zivilsachen
BKA	Bundeskriminalamt
BKAG	Gesetz über das Bundeskriminalamt und die Zusammenarbeit des Bundes und der Länder in kriminalpolizeilichen Angelegenheiten (Bundeskriminalamtgesetz – BKAG) vom 07.07.1997 (BGBl I, 1650), zuletzt geändert am 10.09.2004 (BGBl I, 2318)
BND	Bundesnachrichtendienst
BNDG	Gesetz über den Bundesnachrichtendienst (BND-Gesetz – BNDG) vom 20.12.1990 (BGBl I, 2954), zuletzt geändert am 16.08.2002 (BGBl I, 3202, 3217)
BR-Drs.	Drucksache des Deutschen Bundesrates
BremPolG	Bremisches Polizeigesetz in der Fassung der Bekanntmachung vom 06.12.2001 (GBl, 441)
BT-Drs.	Drucksache des Deutschen Bundestags
BVerfG	Bundesverfassungsgericht
BVerfGE	Entscheidungen des Bundesverfassungsgerichts
BVerfSchG	Gesetz über die Zusammenarbeit des Bundes und der Länder in Angelegenheiten des Verfassungsschutzes und über das Bundesamt für Verfassungsschutz (Bundesverfassungsschutzgesetz – BVerfSchG) vom 20.12.1990 (BGBl I, 2954, 2970), zuletzt geändert am 16.08.2002 (BGBl I, 3202, 3217)
BVerwG	Bundesverwaltungsgericht
BVerwGE	Entscheidungen des Bundesverwaltungsgerichts
BWLT-Drs.	Drucksache des baden-württembergischen Landtags
BWMedienG	(baden-württembergisches) Landesmediengesetz (LMedienG) vom 19.07.1999 (GBl, 273, ber. 387), zuletzt geändert am 11.03.2004 (GBl, 104)
BWPolG	(baden-württembergisches) Polizeigesetz (PolG) in der Fassung der Bekanntmachung vom 13.01.1992 (GBl, 1, ber. 596, 1993, 155), zuletzt geändert am 19.12.2000 (GBl, 752)
bzw.	beziehungsweise

CCC	Convention on Cybercrime vom 23.11.2001 (abrufbar unter http://conventions.coe.int/Treaty/en/Treaties/Html/185.htm)
CD	Compact Disc
CR	Computer und Recht – Forum für die Praxis des Rechts der Datenverarbeitung, Kommunikation und Automation (Zeitschrift)
DA	Diensteanbieter
DB	Der Betrieb (Zeitschrift)
DENIC	Deutsches Network Information Center
d.h.	das heißt
DLM	Direktorenkonferenz der Landesmedienanstalten
DMCA	(US-amerikanischer) Digital Millennium Copyright Act vom 20.10.1998, H.R. 2281 (abrufbar unter http://www.eff.org/IP/DMCA/hr2281_dmca_law_19981020_pl105-304.html)
DNS	Domain Name System
DÖV	Die Öffentliche Verwaltung – Zeitschrift für öffentliches Recht und Verwaltungswissenschaft
dpa	Deutsche Presse-Agentur GmbH
DuD	Datenschutz und Datensicherheit – Recht und Sicherheit in Informationsverarbeitung und Kommunikation (Zeitschrift)
DVBl	Deutsches Verwaltungsblatt (Zeitschrift)
DVD	Digital Versatile Disc
E	Entwurf
ECG	(österreichisches) Bundesgesetz, mit dem bestimmte rechtliche Aspekte des elektronischen Geschäfts- und Rechtsverkehrs geregelt werden (E-Commerce-Gesetz – ECG), vom 21.12.2001 (österr. BGBl I, 152)
ECRL	Richtlinie 2000/31/EG des Europäischen Parlaments und des Rates vom 8. Juni 2000 über bestimmte rechtliche Aspekte der Dienste der Informationsgesellschaft, insbesondere des elektronischen Geschäftsverkehrs, im Binnenmarkt („Richtlinie über den elektronischen Geschäftsverkehr“) (ABlEG 2000 L 178, 1)

E-F/M/T	Engel-Flechsig / Maennel / Tettenborn (Hrsg.): Beck'scher IuKDG-Kommentar, München 2001 (siehe auch Literaturverzeichnis)
EG	Europäische Gemeinschaft(en)
EGG	Gesetz über rechtliche Rahmenbedingungen für den elektronischen Geschäftsverkehr (Elektronischer Geschäftsverkehr-Gesetz – EGG) vom 14.12.2001 (BGBl I, 3721)
EGV	Vertrag zur Gründung der Europäischen Gemeinschaft vom 25.03.1957 (BGBl II, 766) in der Fassung des Vertrags über die Europäische Union vom 07.02.1992 (BGBl II, 1253), zuletzt geändert durch den Vertrag von Nizza vom 26.02.2001 (BGBl II, 1667)
Einl.	Einleitung
EMRK	Europäische Konvention zum Schutze der Menschenrechte und Grundfreiheiten in der Fassung der Bekanntmachung vom 17.05.2002 (BGBl II, 1054)
EMRK-ZP	Zusatzprotokoll zur Konvention zum Schutze der Menschenrechte und Grundfreiheiten vom 20.03.1952 (BGBl 1956 II, 1880), geändert am 11.05.1994 (BGBl 1995 II, 579)
endg.	endgültig
etc.	et cetera
EU	Europäische Union
EuAhÜ	Europäisches Übereinkommen über die Erlangung von Auskünften und Beweisen in Verwaltungssachen im Ausland vom 15.03.1978 (BGBl 1981 II, 550)
EuGH	Gerichtshof der Europäischen Gemeinschaften
EuGMR	Europäischer Gerichtshof für Menschenrechte
EuGRZ	Europäische Grundrechte-Zeitschrift
EuR	Europarecht (Zeitschrift)
Europa-abkommen	(z.B.) Europa-Abkommen zur Gründung einer Assoziation zwischen den Europäischen Gemeinschaften und ihren Mitgliedstaaten einerseits und der Republik Polen andererseits (ABlEG 1993 L 348, 2)

Eurojust	Europäische justizielle Zusammenarbeit
Eurojust-Gesetz	Gesetz zur Umsetzung des Beschlusses 2002/187/JI des Rates vom 28.02.2002 über die errichtung von Eurojust zur Verstärkung der Bekämpfung der schweren Kriminalität (Eurojust-Gesetz – EJG) vom 12.05.2004 (BGBl I, 902)
Europol	Europäisches Polizeiamt
EuropolG	Gesetz zu dem Übereinkommen vom 26.07.1995 auf Grund von Artikel K.3 des Vertrags über die Europäische Union über die Errichtung eines Europäischen Polizeiamts (Europol-Gesetz) vom 10.10.1997 (BGBl 1997 II, 2150)
Europol-Ü	Übereinkommen aufgrund von Artikel K.3 des Vertrags über die Europäische Union über die Errichtung eines Europäischen Polizeiamts (Europol-Übereinkommen) vom 26.07.1995 (BGBl 1997 II, 2159)
EUV	Vertrag über die Europäische Union vom 07.02.1992 (BGBl II, 1253), zuletzt geändert durch den Vertrag von Nizza vom 26.02.2001 (BGBl II, 1667)
EU-Zollverwaltungsübereinkommen	Übereinkommen aufgrund von Art. K.3 des Vertrags über die Europäische Union über gegenseitige Amtshilfe und Zusammenarbeit der Zollverwaltungen vom 18.12.1997 (BGBl. 2002 II, 1388)
EuZW	Europäische Zeitschrift für Wirtschaftsrecht
e.V.	eingetragener Verein
EWG	Europäische Wirtschaftsgemeinschaft
EWR	Europäischer Wirtschaftsraum
EWR-Abkommen	Abkommen über den Europäischen Wirtschaftsraum vom 02.05.1992 (ABlEG 1994 L 1, 3)
EWS	Europäisches Wirtschafts- und Steuerrecht – Betriebsberater für Europarecht (Zeitschrift)
f., ff.	folgende
Fn.	Fußnote
FRL	Richtlinie 89/552/EWG des Rates vom 3. Oktober 1989 zur Koordinierung bestimmter Rechts- und Verwaltungsvorschriften der Mitgliedstaaten über die Ausübung der Fernsehtätigkeit (ABlEG 1989 L 298, 23), geändert durch die

	Richtlinie 97/36/EG des Europäischen Parlaments und des Rates vom 30. Juni 1997 zur Änderung der Richtlinie 89/552/EWG (ABlEG 1997 L 202, 60)
FTP	File Transfer Protocol
G 10	Gesetz zur Beschränkung des Brief-, Post- und Fernmeldegeheimnisses (Artikel-10-Gesetz – G 10) vom 26.06.2001 (BGBl I, 1254, ber. 2298), zuletzt geändert am 05.05.2004 (BGBl I, 718)
GA	Goltdammer's Archiv für Strafrecht (Zeitschrift)
GBl	Gesetzblatt (eines Bundeslandes)
GewO	Gewerbeordnung in der Fassung der Bekanntmachung vom 22.02.1999 (BGBl I, 202), zuletzt geändert am 30.07.2004 (BGBl I, 2014)
GG	Grundgesetz für die Bundesrepublik Deutschland vom 23.05.1949 (BGBl I, 1), zuletzt geändert am 26.07.2002 (BGBl I, 2863)
ggf.	gegebenenfalls
GjSM	Gesetz über die Verbreitung jugendgefährdender Schriften und Medieninhalte (GjSM) in der Fassung der Bekanntmachung vom 12.07.1985 (BGBl I, 1502), zuletzt geändert am 15.12.2001 (BGBl I, 3762), außer Kraft getreten am 01.04.2003
GmbH	Gesellschaft mit beschränkter Haftung
GR-Charta	Charta der Grundrechte der Europäischen Union (Teil II des Entwurfs eines Vertrags über eine Verfassung für Europa vom 20.06.2003) (ABlEG 2003 C 169, 1).
grds.	grundsätzlich
GRUR Int.	Gewerblicher Rechtsschutz und Urheberrecht – internationaler Teil (Zeitschrift)
GVBl	Gesetz- und Verordnungsblatt (eines Bundeslandes)
h.M.	herrschende Meinung
HPRG	Gesetz über den privaten Rundfunk in Hessen (Hessisches Privatrundfunkgesetz – HPRG) in der Fassung der Bekanntmachung vom 25.01.1995 (GVBl I, 454), zuletzt geändert am 13.12.2002 (GVBl I, 778)

Hrsg.	Herausgeber
Hs.	Halbsatz
HSOG	Hessisches Gesetz über die öffentliche Sicherheit und Ordnung (HSOG) in der Fassung der Bekanntmachung vom 31.03.1994 (GVBl I, 174, ber. 284), zuletzt geändert am 18.12.2003 (GVBl I, 513)
HTML	Hypertext Markup Language
http	Hypertext Transfer Protocol
HVSG	(hessisches) Gesetz über das Landesamt für Verfassungsschutz vom 19.12.1990 (GVBl I, 421), zuletzt geändert am 30.04.2002 (GVBl I, 82)
HWG 02	Gesetz über die Werbung auf dem Gebiete des Heilwesens in der Fassung der Bekanntmachung vom 19.10.1994 (BGBl I, 3068), zuletzt geändert am 13.12.2001 (BGBl I, 3602)
ICANN	Internet Corporation for Assigned Names and Numbers
ICJ Rep.	International Court of Justice Reports
i.d.R.	in der Regel
IKPK	Internationale Kriminalpolizeiliche Kommission
Inform.	Information, Informationen
Inh.	Inhalt, Inhalte
Interpol	Internationale Kriminalpolizeiliche Organisation
IP	Internet Protocol
IPR	Internationales Privatrecht
IPrax	Praxis des Internationalen Privat- und Verfahrensrechts (Zeitschrift)
IRC	Internet Relay Chat
IRG	Gesetz über die internationale Rechtshilfe in Strafsachen (IRG) in der Fassung der Bekanntmachung vom 27.06.1994 (BGBl I, 1537), zuletzt geändert am 24.08.2004 (BGBl I, 2198)
IuKDG	Gesetz zur Regelung der Rahmenbedingungen für Informations- und Kommunikationsdienste (Informations- und

	Kommunikationsdienstegesetz – IuKDG) vom 22.07.1997 (BGBl I, 1870)
i.S.d.	im Sinne des/der
i.V.m.	in Verbindung mit
JA	Juristische Arbeitsblätter (Zeitschrift)
JMStV	Staatsvertrag über den Schutz der Menschenwürde und den Jugendschutz in Rundfunk und Telemedien (Jugendmedienschutz-Staatsvertrag – JMStV) vom 10.-27.09.2002 (SächsGVBl 2003, 38)
JR	Juristische Rundschau (Zeitschrift)
JSchG	Jugendschutzgesetz (JuSchG) vom 23.07.2002 (BGBl I, 2730), zuletzt geändert am 23.07.2004 (BGBl I, 1857)
JuS	Juristische Schulung (Zeitschrift)
JZ	Juristenzeitung
Kap.	Kapitel
KG	Kammergericht, Kommanditgesellschaft
KOM	Dokument der Europäischen Kommission
K&R	Kommunikation & Recht – Betriebs-Berater für Medien, Telekommunikation, Multimedia (Zeitschrift)
KWG	Ausführungsgesetz zu Artikel 26 Abs. 2 des Grundgesetzes (Gesetz über die Kontrolle von Kriegswaffen) in der Fassung der Bekanntmachung vom 22.11.1990 (BGBl I, 2506), zuletzt geändert am 25.11.2003 (BGBl I, 2304)
LG	Landgericht
lit.	littera (Buchstabe)
LPG	Landespressegesetz(e)
LVwVfG	Landesverwaltungsverfahrensgesetz
m.	mit
MAD	Militärischer Abschirmdienst
MADG	Gesetz über den Militärischen Abschirmdienst (MAD-Gesetz – MADG) vom 20.12.1990 (BGBl I, 2954), zuletzt geändert am 08.03.2004 (BGBl I, 334)

Maßn.	Maßnahme
MDStV	Staatsvertrag über Mediendienste (Mediendienste-Staatsvertrag) vom 20.01.-12.02.1997 (SächsGVBl, 500) in der Fassung der Änderung durch Art. 3 des Sechsten Staatsvertrags zur Änderung des Rundfunkstaatsvertrags, des Rundfunkfinanzierungsstaatsvertrags und des Mediendienste-Staatsvertrags (Sechster Rundfunkänderungsstaatsvertrag) vom 20./21.12.2001 (Sächs- GVBl 2002, 132, 133)
MDStV 97	Staatsvertrag über Mediendienste (Mediendienste-Staatsvertrag) vom 20.01.-12.02.1997 (SächsGVBl, 500)
MEPolG	Musterentwurf eines einheitlichen Polizeigesetzes des Bundes und der Länder (Stand: 25.11.1977) in der Fassung des Vorentwurfs zur Änderung des Musterentwurfs (Stand: 12.03.1986), abgedruckt z.B. bei Knemeyer, Polizei- und Ordnungsrecht, 9. Auflage, München 2002, 301 ff.
MMR	MultiMedia und Recht – Zeitschrift für Informations-, Telekommunikations- und Medienrecht
mögl.	möglich, mögliche, möglicher
m.w.N.	mit weiteren Nachweisen
n.F.	neue Fassung
NJW	Neue Juristische Wochenschrift
NJW-CoR	Computerreport der Neuen Juristischen Wochenschrift – Informationsmanagement und Büroorganisation in der juristischen Praxis
NNTP	Network News Transfer Protocol
Nr.	Nummer
NSFNET	National Science Foundation Network
NSOG	Niedersächsisches Gesetz über die öffentliche Sicherheit und Ordnung (Nds. SOG) in der Fassung der Bekanntmachung vom 20.02.1988 (GVBl, 101), zuletzt geändert am 11.12.2003 (GVBl, 414)
NStZ	Neue Zeitschrift für Strafrecht
NVwZ	Neue Zeitschrift für Verwaltungsrecht

NW AG G 10	(nordrhein-westfälisches) Gesetz über die Ausführung des Gesetzes zu Artikel 10 Grundgesetz (AG G 10 NRW) vom 18.12.2002 (GVBl 2003, 8)
NWMedienG	Landesmediengesetz Nordrhein-Westfalen (LMG NRW) vom 02.07.2002 (GVBl, 334), geändert am 28.02.2003 (GVBl, 84)
NWPolG	Polizeigesetz des Landes Nordrhein-Westfalen (PolG NRW) in der Fassung der Bekanntmachung vom 25.07.2003 (GVBl, 441)
NWVSG	Gesetz über den Verfassungsschutz in Nordrhein-Westfalen (Verfassungsschutzgesetz Nordrhein-Westfalen – VSG NRW –) vom 20.12.1994 (GVBl 1995, 28), zuletzt geändert am 18.12.2002 (GVBl 2003, 6)
OBG NW	(nordrhein-westfälisches) Gesetz über Aufbau und Befugnisse der Ordnungsbehörden – Ordnungsbehördengesetz (OBG NRW) in der Fassung der Bekanntmachung vom 13.05.1980 (GVBl, 528), zuletzt geändert am 08.07.2003 (GVBl, 410)
österr.	Österreichisch
OG	(schweizerisches) Obergericht
OLG	Oberlandesgericht
OVG	Oberverwaltungsgericht
PICS	Platform for Internet Content Selection
PIN	Personal Identification Number
POG	Polizei- und Ordnungsgesetz(e) (der Bundesländer)
PostG	Postgesetz vom 22.12.1997 (BGBl. I, 3294), zuletzt geändert am 25.11.2003 (BGBl. I, 2304)
PolV CH-D	Vertrag zwischen der Schweizerischen Eidgenossenschaft und der Bundesrepublik Deutschland über die grenzüberschreitende polizeiliche und justitielle Zusammenarbeit (deutsch-schweizerischer Polizeivertrag) vom 27.04.1999 (BGBl 2001 II, 948).
PUK	Personal Unlocking Key
Qualifizierg.	Qualifizierung

RabelsZ	Rabels Zeitschrift für ausländisches und internationales Privatrecht
RegTP	Regulierungsbehörde für Telekommunikation und Post
RDV	Recht der Datenverarbeitung – Zeitschrift für Datenschutz-, Informations- und Kommunikationsrecht
RfStV	Staatsvertrag über den Rundfunk im vereinten Deutschland vom 31.08.1991, zuletzt geändert durch Art. 1 des Siebten Staatsvertrags zur Änderung rundfunkrechtlicher Staatsverträge (Siebter Rundfunkänderungsstaatsvertrag) vom 23.-26.09.2003 (SächsGVBl 2004, 70)
RPLT-Drs.	Drucksache des Landtags von Rheinland-Pfalz
RPPOG	(rheinland-pfälzisches) Polizei- und Ordnungsbehördengesetz (POG) in der Fassung der Bekanntmachung vom 10.11.1993 (GVBl, 595), zuletzt geändert am 02.03.2004 (GVBl, 202)
RPVSG	(rheinland-pfälzisches) Landesverfassungsschutzgesetz (L-VerfSchG) vom 06.07.1998 (GVBl, 184), zuletzt geändert am 16.12.2002 (GVBl, 477)
RIPE NCC	Network Coordination Center der Résaux IP Européens
RIW	Recht der Internationalen Wirtschaft – Betriebs-Berater International (Zeitschrift)
RL	Richtlinie
Rn.	Randnummer
Rs.	Rechtssache
rw.	rechtswidrig, rechtswidrige
S.	Satz, Seite
Sächs	Sächsisch
SächsDSG	Gesetz zum Schutz der informationellen Selbstbestimmung im Freistaat Sachsen (Sächsisches Datenschutzgesetz – SächsDSG) vom 25.08.2003 (GVBl, 330)
SächsGewODVO	Verordnung der Sächsischen Staatsregierung zur Durchführung der Gewerbeordnung (SächsGewODVO) vom 28.01.1992 (GVBl, 40)

SächsPolG	Polizeigesetz des Freistaates Sachsen (SächsPolG) in der Fassung der Bekanntmachung vom 13.08.1999 (GVBl, 466), zuletzt geändert am 04.05.2004 (GVBl, 147)
SächsPresseG	Sächsisches Gesetz über die Presse (SächsPresseG) vom 03.04.1992 (GVBl, 125), zuletzt geändert am 21.03.2003 (GVBl, 38)
SächsPRG	Gesetz über den privaten Rundfunk und neue Medien in Sachsen (Sächsisches Privatrundfunkgesetz – SächsPRG) in der Fassung der Bekanntmachung vom 09.01.2001 (GVBl, 69, ber. 684), zuletzt geändert am 21.03.2003 (GVBl, 37)
SächsVSG	Gesetz über den Verfassungsschutz im Freistaat Sachsen (Sächsisches Verfassungsschutzgesetz – SächsVSG) vom 16.10.1992 (GVBl, 459), zuletzt geändert am 20.04.2004 (GVBl, 134)
SDÜ	Übereinkommen zur Durchführung des Übereinkommens von Schengen vom 14.06.1985 zwischen den Regierungen der Staaten der Benelux-Wirtschaftsunion, der Bundesrepublik Deutschland und der Französischen Republik betreffend den schrittweisen Abbau der Kontrollen an den gemeinsamen Grenzen vom 19.06.1990 (BGBl 1993 II, 1013), zuletzt geändert am 27.02.2003 (ABlEG 2003 L 67, 27)
Signaturgesetz	Gesetz über Rahmenbedingungen für elektronische Signaturen vom 16.05.2001 (BGBl I, 876)
SIS	Schengener Informationssystem
Slg.	Sammlung der Rechtsprechung des EuGH
SMTP	Simple Mail Transfer Protocol
sog.	sogenannter, sogenannte, sogenanntes
SOGLSA	Gesetz über die öffentliche Sicherheit und Ordnung des Landes Sachsen-Anhalt (SOG LSA) in der Fassung der Bekanntmachung vom 23.09.2003 (GVBl, 215)
SOGMV	Gesetz über die öffentliche Sicherheit und Ordnung in Mecklenburg-Vorpommern (Sicherheits- und Ordnungsgesetz – SOG M-V) in der Fassung der Bekanntmachung vom 25.03.1998 (GVBl 335), zuletzt geändert am 18.05.2004 (GVBl, 178)

StGB	Strafgesetzbuch in der Fassung der Bekanntmachung vom 13.11.1998 (BGBl I, 3322), zuletzt geändert am 24.08.2004 (BGBl I, 2198, 2207)
StIGHE	Entscheidungen des Ständigen Internationalen Gerichtshofs
StPO	Strafprozeßordnung (StPO) in der Fassung der Bekanntmachung vom 07.04.1987 (BGBl I, 1074, ber. 1319), zuletzt geändert am 24.08.2004 (BGBl I, 2198, 2200)
StV	Strafverteidiger (Zeitschrift)
TCP	Transmission Control Protocol
TDDSG	Gesetz über den Datenschutz bei Telediensten (Teledienstedatenschutzgesetz – TDDSG) vom 22.07.2002, verkündet als Art. 2 des IuKDG vom 22.07.1997 (BGBl I, 1870), in der Fassung der Änderung durch Art. 3 des EGG vom 14.12.2001 (BGBl I, 3721, 3724, 3726)
TDDSG 97	Gesetz über den Datenschutz bei Telediensten (Teledienstedatenschutzgesetz – TDDSG) vom 22.07.2002, verkündet als Art. 2 des IuKDG vom 22.07.1997 (BGBl I, 1870, 1872)
TDG	Gesetz über die Nutzung von Telediensten (Teledienstegesetz – TDG) vom 22.07.1997, verkündet als Art. 1 des IuKDG vom 22.07.1997 (BGBl 1870), in der Fassung der Änderung durch Art. des 1 EGG vom 14.12.2001 (BGBl I, 3721, 3726)
TDG 97	Gesetz über die Nutzung von Telediensten (Teledienstegesetz – TDG) vom 22.07.1997, verkündet als Art. 1 des IuKDG vom 22.07.1997 (BGBl I, 1870)
TDSV	Telekommunikations-Datenschutzverordnung vom 18.12. 2000 (BGBl I, 1740), zuletzt geändert am 09.08.2003 (BGBl I, 1590), außer Kraft getreten am 26.06.2004
ThürOBG	Thüringer Gesetz über die Aufgaben und Befugnisse der Ordnungsbehörden (Ordnungsbehördengesetz – OBG) vom 18.06.1993 (GVBl, 323), zuletzt geändert am 20.06.2002 (GVBl, 247)
ThürPAG	Thüringer Gesetz über die Aufgaben und Befugnisse der Polizei (Polizeiaufgabengesetz – PAG) vom 04.06.1992 (GVBl, 199), zuletzt geändert am 20.06.2002 (GVBl, 247)

ThürLT-Drs.	Drucksache des Thüringer Landtags
ThürVSG	Thüringer Verfassungsschutzgesetz (ThürVSG) vom 29.10. 1991 (GVBl, 527), zuletzt geändert am 17.03.2003 (GVBl, 185)
TK	Telekommunikation
TK-Dienst	Telekommunikationsdienst
TKG	Telekommunikationsgesetz vom 22.06.2004 (BGBl I, 1190), in Kraft getreten am 26.06.2004
TKG 96	Telekommunikationsgesetz vom 25.07.1996 (BGBl I, 1120), zuletzt geändert am 05.05.2004 (BGBl I, 718), außer Kraft getreten am 26.06.2004
TKÜV	Verordnung über die technische und organisatorische Umsetzung von Maßnahmen zur Überwachung der Telekommunikation (Telekommunikations-Überwachungsverordnung – TKÜV) vom 22.01.2002 (BGBl I, 458), zuletzt geändert am 25.11.2003 (BGBl I, 2304)
TREVI	Terrorisme, Radicalisme, Extremisme, Violence, International
TRIPS-Abkommen	Agreement on Trade Related Aspects of Intellectual Property Rights vom 15.04.1994 (abrufbar unter http://www.wto.org/english/docs_e/legal_e/27-trips.pdf)
u.a.	und andere, unter anderem
UPR	Umwelt- und Planungsrecht (Zeitschrift)
UrhG	Gesetz über Urheberrecht und verwandte Schutzrechte (Urheberrechtsgesetz) vom 09.09.1965 (BGBl I, 1273), zuletzt geändert am 10.09.2003 (BGBl I, 1774).
URL	Uniform Resource Locator
u.U.	unter Umständen
v.	versus
VAhRh D-Ö	Vertrag zwischen der Bundesrepublik Deutschland und der Republik Österreich über Amts- und Rechtshilfe in Verwaltungssachen vom 31.05.1988 (BGBl 1990 II, 358)
Verantw.	Verantwortlichkeit
verb.	verbunden(e)

VG	Verwaltungsgericht
VGH	Verwaltungsgerichtshof
vgl.	vergleiche
Vorbem.	Vorbemerkung(en)
VwVfG	Verwaltungsverfahrensgesetz (VwVfG) in der Fassung der Bekanntmachung vom 23.01.2003 (BGBl I, 102), zuletzt geändert am 05.05.2004 (BGBl I, 718)
wistra	Zeitschrift für Wirtschafts- und Steuerstrafrecht
WRP	Wettbewerb in Recht und Praxis (Zeitschrift)
WWW	World Wide Web
z.B.	zum Beispiel
ZEuP	Zeitschrift für Europäisches Privatrecht
ZFdG	Gesetz über das Zollkriminalamt und die Zollfahndungsämter – Zollfahndungsdienstgesetz (ZFdG) vom 16.08.2002 (BGBl I, 3202), zuletzt geändert am 21.12.2004 (BGBl I, 3603)
ZHR	Zeitschrift für das gesamte Handelsrecht und Wirtschaftsrecht
Ziff.	Ziffer
ZRP	Zeitschrift für Rechtspolitik
z.T.	zum Teil
ZUM	Zeitschrift für Urheber- und Medienrecht
ZVglRWiss	Zeitschrift für Vergleichende Rechtswissenschaft – Archiv für Internationales Wirtschaftsrecht

„Die Amerikaner erfanden das Internet,
die Deutschen regulieren es.
Jeder macht das, was er am besten kann.“[1]

Einleitung

Das Internet, dessen Entwicklung als „neue technische Revolution des auslaufenden 20. Jahrhunderts“[2] bezeichnet werden kann, bietet unermeßliche Kommunikationsmöglichkeiten. Grundsätzlich können ohne größeren technischen, finanziellen und zeitlichen Aufwand von überall her Texte, Bilder, Töne, Videos und Computerprogramme in das weltumspannende Netz eingespeist – und damit hunderten Millionen Nutzern[3] zugänglich gemacht – sowie aus diesem abgerufen werden. Allein die Zahl der derzeit im „World Wide Web“ verfügbaren Seiten beläuft sich auf über vier Milliarden.[4] Der Umfang des elektronischen Geschäftsverkehrs („E-Commerce“) und damit die wirtschaftliche Bedeutung des Internet ist kontinuierlich gewachsen und wird auch in den nächsten Jahren weiter zunehmen.[5]

Allerdings wird das globale Kommunikationsmedium gerade wegen seiner Breitenwirkung, leichten Zugänglichkeit und (scheinbaren) Anonymität auch als Plattform insbesondere für *Pornographie*, *extremistische Propaganda*, *Beleidigungen*, *Gewaltdarstellungen* und *Anleitungen oder Verabredungen zu Straftaten* genutzt.[6] Insofern beschäftigten zwischen 1995 und 2000 vor allem die Fälle *„xs4all/radikal“*[7] und *„CompuServe“*[8] die Justiz und Öffentlichkeit. Nach den Anschlägen in den USA vom 11.09.2001 richtete sich der Blick vermehrt auf Kommunikation mit terroristischem Hintergrund.[9] Seit Anfang 2002 geht die

1 *Paules*, Zitat zu den deutschen Informations- und Kommunikationsdienste-Regelungen (abrufbar unter http://www.unmoralische.de/zitate/zitate9.htm).

2 *Müller-Hengstenberg*, NJW 1996, 1777.

3 Siehe unten 1. Teil A.

4 Siehe dazu unten 1. Teil A., C. I.

5 Siehe etwa *KOM (2003) 702 endg.*, 5 f.; vgl. auch unten 1. Teil A.

6 Siehe näher unten 2. Teil B. I. 1.

7 Insofern ging es um Ermittlungen der Generalbundesanwaltschaft, die eine im Internet abrufbare Anleitung zur Sabotage von Einrichtungen der Deutschen Bahn AG zum Gegenstand hatten und u.a. zur Erhebung einer Anklage gegen eine bekannte deutsche Politikerin führten (siehe dazu unten 2. Teil B. I. 1., Fußnote 204).

8 In diesem Fall ging es um die strafrechtliche Verurteilung des Geschäftsführers der deutschen Tochtergesellschaft eines großen US-amerikanischen Internet-Providers wegen der Verbreitung pornographischen Materials, das auf einem Server der Muttergesellschaft abrufbar war (siehe dazu unten 2. Teil B. I. 1., Fußnote 205).

9 Siehe dazu unten 2. Teil B. I. 1., Fußnote 208; 4. Teil F. I.

Bezirksregierung Düsseldorf als erste deutsche Aufsichtsbehörde in „flächendeckender" Form vor, um Internet-Provider zur *Sperrung* des Zugangs zu rechtsextremistischem Material auf ausländischen Servern zu verpflichten.[10] Für Aufsehen sorgen darüber hinaus immer wieder Polizeiaktionen insbesondere gegen die *Verbreitung von Pornographie* im Internet[11] sowie Vorschläge zur Einführung einer allgemeinen *„Vorratsspeicherung"* personenbezogener Daten, die bei der Nutzung des Internet anfallen[12].

Mit Blick auf das besondere Gefährdungspotential des Computernetzes stellt sich die Frage nach den *tatsächlichen und rechtlichen Möglichkeiten und Grenzen* staatlicher Maßnahmen zur Bekämpfung bevorstehender oder bereits eingetretener Beeinträchtigungen der öffentlichen Sicherheit oder Ordnung durch Internet-Kommunikation – welche den Gegenstand der vorliegenden Arbeit bilden sollen.[13]

Im folgenden werden im *1. Teil* zunächst die *wesentlichen technischen Grundlagen des Internet*[14] und die *Rollen der am Datenaustausch beteiligten Akteure*[15], die für die tatsächlichen Möglichkeiten der Gefahrenabwehr im Internet und die Maßnahmerichtung eines entsprechenden Vorgehens von Bedeutung sind, in kompakter Form dargestellt.

Danach wird im *2. Teil* kurz auf die *Abgrenzung* des im Rahmen dieser Arbeit erörterten Bereichs der *präventiven Gefahrenabwehr* von demjenigen der re-

---

10 In diesem Zusammenhang sind mehrere Klagen betroffener Provider bei Verwaltungsgerichten anhängig (siehe dazu unten 6. Teil H.).

11 So etwa die international abgestimmte Polizeiaktion „Operation Odysseus", die im Februar 2004 stattfand. Im Rahmen dieser Aktion wurden in Deutschland und zehn weiteren Ländern Verdächtige festgenommen und Durchsuchungen durchgeführt, die zur Sicherstellung zahlreicher Computer, Disketten, CDs, DVDs und Videos führten. Nach Darstellung der Fahnder hat sich das Internet zum vorherrschenden Medium für den Austausch kinderpornographischer Bilder, Videosequenzen und anderer Darstellungen entwickelt (dpa-Meldung vom 26.02.2004, abrufbar unter http://www.heise.de/newsticker/meldung/45039).

12 Der jüngste Vorschlag sieht eine EU-weite Vorratsspeicherung von Telekommunikationsverkehrsdaten für 12 Monate insbesondere für Zwecke der Terrorismusbekämpfung vor (vgl. dazu unten 6. Teil B. III. 3.).

13 Zu diesem Problemkreis liegen – anders als im Hinblick auf zivil- und strafrechtliche Aspekte des Internet – nur relativ wenige umfassendere Untersuchungen vor (*Germann*, Gefahrenabwehr und Strafverfolgung im Internet, Berlin 2000; *Greiner*, Die Verhinderung verbotener Internet-Inhalte im Wege polizeilicher Gefahrenabwehr, Hamburg 2001; *Schilling*, Präventive staatliche Kontrollmaßnahmen im Internet und ihre Vereinbarkeit mit dem Europarecht, Regensburg 2003), die allerdings zum Teil die Ermittlungstätigkeit im Vorfeld der Gefahrenabwehr und internationale Aspekte nicht berücksichtigen.

14 Siehe unten 1. Teil A.-C.

15 Siehe unten 1. Teil D.

pressiv ausgerichteten Verfolgung von Straftaten und Ordnungswidrigkeiten eingegangen[16] sowie vor allem geklärt, unter welchen Voraussetzungen Kommunikation im Internet die *öffentliche Sicherheit* oder Ordnung *stören* bzw. *gefährden* kann[17].

Im Anschluß daran wird im *3. Teil* untersucht, welche konkreten Maßnahmen *technisch möglich* und – insbesondere unter Berücksichtigung ihrer etwaigen Umgehbarkeit – zur Gefahrenabwehr im Internet *geeignet* sind.

Der Schwerpunkt der Arbeit liegt auf der Untersuchung der rechtlichen Möglichkeiten und Grenzen der Gefahrenabwehr im Internet:

Im *4. Teil* soll der *maßgebliche einfachrechtliche Rahmen* – vor allem im Hinblick auf Ermächtigungsgrundlagen für Gefahrenabwehrmaßnahmen – skizziert werden. Von Bedeutung sind in erster Linie die Bestimmungen des zur Umsetzung der *E-Commerce-Richtlinie 2000/31/EG* (ECRL) novellierten *Teledienstegesetzes* (TDG) und *Mediendienste-Staatsvertrags* (MDStV)[18], das neu gefaßte *Telekommunikationsgesetz* (TKG)[19], das *Rundfunkrecht*[20], der *Jugendmedienschutz-Staatsvertrag* (JMStV)[21], das *Recht der Nachrichtendienste*[22] sowie die *Polizei- und Ordnungsgesetze* der Länder[23].

Sodann wird im Rahmen des *5. Teils* erörtert, *welche Akteure* als *Adressaten* von Gefahrenabwehrmaßnahmen in Betracht kommen. Dabei soll zunächst geklärt werden, wie sich die *Verantwortlichkeit* der Internet-Akteure *nach allgemeinen Grundsätzen* darstellt.[24] In einem zweiten Schritt sollen die möglichen Auswirkungen der *speziellen Verantwortlichkeitsregelungen* der §§ 5 TDG/MDStV in der bis zum 20.12.2001 bzw. 30.06.2002 geltenden Fassung sowie der Art. 12-15 ECRL und der seit dem 21.12.2001 bzw. 01.07.2002 geltenden §§ 8-11 TDG/6-9 MDStV untersucht werden.[25]

Von besonderer Bedeutung für die Gefahrenabwehr im Internet sind die *Grundrechte* der Internet-Akteure und deren einfachgesetzliche Konkretisierungen, denen der *6. Teil* gewidmet ist. Im Blickpunkt stehen vor allem die *Kommunikationsfreiheiten* (Art. 5 I 1, 2 GG)[26] sowie das *Fernmeldegeheimnis* (Art.

---

16 Siehe unten 2. Teil A.
17 Siehe unten 2. Teil B.
18 Siehe unten 4. Teil A.
19 Siehe unten 4. Teil B.
20 Siehe unten 4. Teil C.
21 Siehe unten 4. Teil D.
22 Siehe unten 4. Teil F.
23 Siehe unten 4. Teil G.
24 Siehe unten 5. Teil A.
25 Siehe unten 5. Teil B.
26 Siehe unten 6. Teil A.

10 I GG) und das *Recht auf informationelle Selbstbestimmung* (Art. 2 I in Verbindung mit Art. 1 I GG)[27]. In Bezug auf die zuletzt genannten Grundrechte spielen die *bereichsspezifischen Regelungen* zum *Schutz des Fernmeldegeheimnisses* und *informationellen Selbstbestimmungsrechts* im TKG, Teledienstedatenschutzgesetz (TDDSG) und MDStV eine wichtige Rolle.[28] In diesem Zusammenhang soll auch zur Thematik einer *„Vorratsspeicherung"* von Telekommunikationsverkehrsdaten Stellung bezogen werden.[29] Im Anschluß daran wird auf weitere möglicherweise durch Gefahrenabwehrmaßnahmen im Internet tangierte Grundrechte, die Reichweite der Grundrechtsbindung deutscher Behörden sowie insbesondere die *Verhältnismäßigkeit* einzelner Gefahrenabwehrmaßnahmen eingegangen.[30] Schließlich soll auch die Rechtmäßigkeit der *Sperrungsverfügungen der Bezirksregierung Düsseldorf* erörtert werden.[31]

Da die Auswirkungen eines Vorgehens zur Bekämpfung von Gefahren im staatenübergreifenden Internet nicht zuverlässig auf bestimmte Gebiete beschränkt werden können, weisen entsprechende Maßnahmen zumeist einen *Auslandsbezug* auf.[32] Vor diesem Hintergrund wird im *7. Teil* die *rechtliche Zulässigkeit* einer *„grenzüberschreitenden Gefahrenabwehr"* deutscher Behörden erörtert. Zunächst soll geklärt werden, ob und inwieweit Deutschland in *völkerrechtlicher Hinsicht* bei Sachverhalten mit Auslandsberührung zu einer *Regelung befugt* ist[33] und eigene *Hoheitsakte durchsetzen* kann[34]. Von besonderer Bedeutung für eine „grenzüberschreitende Gefahrenabwehr" deutscher Behörden ist auch das *Europäische Gemeinschaftsrecht.* Insofern soll zunächst das primäre Gemeinschaftsrecht – insbesondere die *Dienstleistungsfreiheit* (Art. 49 ff. des EG-Vertrags) – in den Blick genommen werden.[35] In einem zweiten Schritt wird auf die *E-Commerce-Richtlinie* als maßgebliche sekundärrechtliche Regelung für „Dienste der Informationsgesellschaft" eingegangen, um vor allem zu klären, ob und inwieweit sich die in Art. 3 ECRL verankerte *Binnenmarktklausel* auf die Zulässigkeit der in Rede stehenden Maßnahmen auswirkt.[36]

---

27 Siehe unten 6. Teil B.

28 Siehe unten 6. Teil B. III. 2.

29 Siehe unten 6. Teil B. III. 3.

30 Siehe unten 6. Teil C.-E., G.

31 Siehe unten 6. Teil H.

32 So beeinträchtigt z.B. eine Beseitigung von Daten, die ein im Ausland ansässiger Akteur auf einen in Deutschland belegenen Internet-Rechner eingespeist hat, (auch) das Kommunikationsinteresse dieses ausländischen Akteurs und hat zur Folge, daß die betreffenden Daten nicht nur in Deutschland, sondern auch im Ausland nicht mehr abgerufen werden können.

33 Siehe unten 7. Teil A. I.

34 Siehe unten 7. Teil A. II.

35 Siehe unten 7. Teil B. I.

36 Siehe unten 7. Teil B. III.

1. Teil: Technische Grundlagen des Internet und Rollen der am Datenaustausch beteiligten Akteure

Eine Untersuchung der rechtlichen Zulässigkeit staatlicher Gefahrenabwehrmaßnahmen im Internet muß die wesentlichen *technischen Grundlagen* des weltweiten Computernetzes und die *Rollen der am Datenaustausch beteiligten Akteure* berücksichtigen[37], die für die tatsächlichen Möglichkeiten der Gefahrenabwehr im Internet[38] und die Maßnahmerichtung eines entsprechenden Vorgehens[39] von Bedeutung sind. Die folgenden Ausführungen hierzu können sich mit Blick auf die umfangreiche einschlägige Literatur[40] auf eine kompakte Darstellung beschränken.

A. Entstehung des Internet

Das *Internet* ist ein *weltweites Netz* miteinander verbundener *Computer* und *Computernetzwerke* („Netz der Netze"), die unter Verwendung der *gemeinsamen „Sprache"* TCP/IP[41] miteinander kommunizieren können.[42]

Sein *Ursprung* liegt im ARPANET[43]-Projekt des U.S.-Verteidigungsministeriums aus dem Jahre 1969. Dabei handelte es sich um ein *dezentral* strukturiertes Netz aus anfangs nur vier Rechnern militärischer Einrichtungen, in dem auch nach einer kriegsbedingten Zerstörung einzelner Teile eine weitere Kommunikation zwischen den verbleibenden Komponenten möglich sein sollte. Hierzu wurden die zu übertragenden Daten in *einzelne Pakete* zerlegt und *unabhängig* voneinander über *verschiedene Netzknoten* – bei Ausfall eines Übermittlungswegs automatisch über eine andere Verbindung – in Richtung Empfänger weitergeleitet.[44] Seit Anfang der 70er Jahre wurde zu einer auch zivilen Nutzung dieses Netzes übergegangen. Darüber hinaus wurden parallel entstandene Universitätsnetze[45] in die vorhandene Struktur integriert und erste internationale Verbindun-

---

37 Vgl. *Bleisteiner*, 13; *Greiner*, 10.

38 Siehe dazu näher unten 3. Teil.

39 Siehe dazu näher unten 5. Teil.

40 Z.B. *Bleisteiner*, 13 ff.; *Federrath*, ZUM 1999, 177 ff.; *Federrath/Pfitzmann* in Moritz/Dreier, Rn. 1 ff.; *Griese/Sieber* in Hilty, 43 ff.; *Hage/Hitzfeld* in Loewenheim/Koch, 1 ff.; *Köhntopp/Köhntopp*, CR 2000, 248 ff.; *Köhntopp/Köhntopp/Seeger*, DuD 1997, 626 ff.; *dieselben*, K&R 1998, 25 ff.; *Schneider*, MMR 1999, 571 ff.; *Sieber*, CR 1997, 581, 588 ff.; *derselbe*, Rn. 11 ff.; *derselbe* in Hoeren/Sieber, Teil 1, Rn. 1 ff.; *Strömer*, 3 ff. Siehe im übrigen z.B. auch http://selfhtml.teamone.de/intro/internet/standards.htm.

41 Transmission Control Protocol/Internet Protocol. Siehe dazu näher unten B.

42 Vgl. *Bleisteiner*, 14; *Manz*, 5 (jeweils m.w.N.).

43 Advanced Research Project Agency Network.

44 Vgl. *Bleisteiner*, 15; *Hoeren*, 9; *Manz*, 6; *Mayer*, NJW 1996, 1782, 1783.

45 Z.B. das US-amerikanische Computer Science Network (CSNet), siehe *Hage/Hitzfeld* in Loewenheim/Koch, 13.

gen (etwa nach Großbritannien und Norwegen) hergestellt. 1983 erfolgte eine Umstellung auf den *TCP/IP-Datenübertragungsstandard* und *Aufteilung* in einen militärischen Teil sowie einen Forschungsteil, der sich zum – mit Netzwerken anderer Staaten verbundenen – „Internet" entwickelte.[46] 1984 gingen die ersten deutschen Rechner ans Netz. Im Zuge der Errichtung immer leistungsfähigerer Rechenzentren und Datenleitungen seit Mitte der 80er Jahre[47] gewann die kommerzielle Nutzung des Internet zunehmend an Bedeutung. Der entscheidende Durchbruch zu einem massenhaft genutzten Medium erfolgte Anfang der 90er Jahre mit der Schaffung des anwenderfreundlichen Dienstes *World Wide Web (WWW)*.[48]

Ende 2004 waren weltweit etwa 300 Millionen Rechner an das Netz angeschlossen[49] und über fünf Milliarden WWW-Seiten abrufbar[50]; die Zahl der Internet-Nutzer betrug ca. 900 Millionen[51]. Der weltweite Umsatz im elektronischen Handel („E-Commerce") erreichte im Jahr 2004 ein Volumen von etwa 2,5 Billionen US-Dollar.[52]

B. Technische Grundlagen des Internet

Das Internet wird *nicht zentral verwaltet*, sondern bildet einen *offenen Zusammenschluß vieler Netze*, welche die einzelnen angeschlossenen Computer miteinander verbinden.[53] Diese Computer werden – je nach ihrer Funktion als Daten zur Verfügung stellender oder Daten anfordernder Rechner – als *Server*[54]

---

46 Vgl. *Bleisteiner*, 15; *Boese*, 25; *Jofer*, 15; *Manz*, 6 (jeweils m.w.N.).

47 So wurde 1986 in den USA das National Science Foundation Network (NSFNET) gestartet, welches fünf großen Universitäten des Landes eine erste Hochgeschwindigkeitsverbindung zur Verfügung stellte, die lange Zeit als Hauptschlagader des Internet fungierte und heute noch in Betrieb ist (*Hage/Hitzfeld* in Loewenheim/Koch, 13).

48 Vgl. *Bleisteiner*, 16; *Sieber* in Hoeren/Sieber, Teil 1, Rn. 3. Siehe zum WWW näher unten C.I.

49 Siehe http://www.isc.org/index.pl?/ops/ds.

50 Vgl. die Angaben auf der Homepage der Suchmaschine „Google" (http://www.google.de).

51 Http://www.tns-infratest.com/06_BI/bmwa/infrasearchreg/reg8.asp?dfile=FB8_Vollversion_de.pdf, S. 190.

52 Http://www.tns-infratest.com/06_BI/bmwa/infrasearchreg/reg8.asp?dfile=FB8_Vollversion_de.pdf, S. 280. Ungefähr 70% der Unternehmen in der EU haben eine eigene Internet-Präsenz (*KOM [2003] 702 endg.*, 5 [m.w.N.]).

53 Vgl. *Greiner*, 10 (m.w.N.).

54 Genau genommen bezeichnet der Begriff des Servers eine Anwendungssoftware, die bestimmte Internet-Dienste ermöglicht. Da diese Software regelmäßig auf besonders leistungsfähigen Computern eingesetzt wird, die speziell zum Datenaustausch via Internet betrieben werden, werden diese Rechner selbst (auch) als Server bezeichnet, vgl. *Sieber*, CR 1997, 581, 590 (dort Fußnote 74).

oder *Client* bezeichnet.[55] Sie sind über Kabel oder Funk (auch via Satellit) miteinander verbunden. Zwischen den einzelnen Teilnetzen, an deren Übergängen sich Router[56] und Gateways[57] befinden, verlaufen Datenleitungen mit besonders hoher Übertragungskapazität, die sogenannten Backbones[58].[59] Der Zugang zum Internet ist möglich über Universitäten, Unternehmen, Vereine und kommerzielle Anbieter, die eine *ständige Netz-Anbindung* zur Verfügung stellen[60] oder einen *Ein-/Aufwählknoten* betreiben, zu dem ein mit Modem ausgestatteter Computer über das Telefonnetz Verbindung aufnehmen kann[61]. An diesen Übergängen zum Internet werden oft sogenannte *Proxy-Cache-Server* eingesetzt, die zum Zweck der Verringerung von Zugriffszeiten, Verbindungskosten und Netzlasten häufig abgerufene Daten automatisch und zeitlich begrenzt *zwischenspeichern* und bei erneuter Anfrage direkt aus ihrem Speicher übermitteln, anstatt sie wieder vom Ursprungs-Server anzufordern.

Die Funktionsweise des Internet soll anhand des folgenden (stark vereinfachten) Schaubilds verdeutlicht werden:

55 Vgl. *Sieber*, Rn. 17.

56 Siehe hierzu sogleich unten.

57 Unter einem Gateway wird im engeren Sinne eine konvertierende Schnittstelle zwischen zwei nach unterschiedlichen Übertragungsstandards arbeitenden Computernetzen (*Sieber*, Rn. 21), im weiteren Sinne der Übergang zwischen zwei nach TCP/IP arbeitenden Internet-Teilnetzen (*Germann*, 107), verstanden.

58 (Engl.: Rückgrat). Von Bedeutung sind etwa das amerikanische NSFNET sowie die europäischen Backbones EBONE und EuropaNET.

59 *Sieber* in Hoeren/Sieber, Teil 1, Rn. 20 ff.

60 Hierbei handelt es sich um einen leistungsfähigen Direktanschluß an ein Internet-Teilnetz (vgl. *Germann*, 109). Ständige Internet-Anbindungen stellen insbesondere die Universitäten in ihren PC-Pools zur Verfügung.

61 Ein Einwählknoten ist ein TCP/IP-Endknotenrechner, bei dem es sich von der „Internet-Seite" gesehen um einen direkt mit dem Internet verbundenen Client-Rechner und von der „Telefonnetz-Seite" gesehen um einen Telefonanschluß mit Modem handelt. Ein Aufwählzugang ist technisch um ein Gateway, das – i.d.R. über eine Telefon-Modem-Verbindung – TCP/IP-Datenpakete von und zu dem Kunden, der selbst einen TCP/IP-Endknoten betreibt, weiterleitet (*Germann*, 109; siehe zum TCP/IP-Standard näher sogleich und zu den technischen Vorgängen im einzelnen auch *Briner* in Hilty, 490 ff., 492 ff.). Der Internet-Zugang wird i.d.R. nur für zahlende Kunden bereitgestellt, die sich bei jeder Ein-/Aufwahl mit einer Benutzerkennung (Login-Name) samt Paßwort anmelden müssen.

Schaubild: Funktionsweise des Internet im Überblick[62]

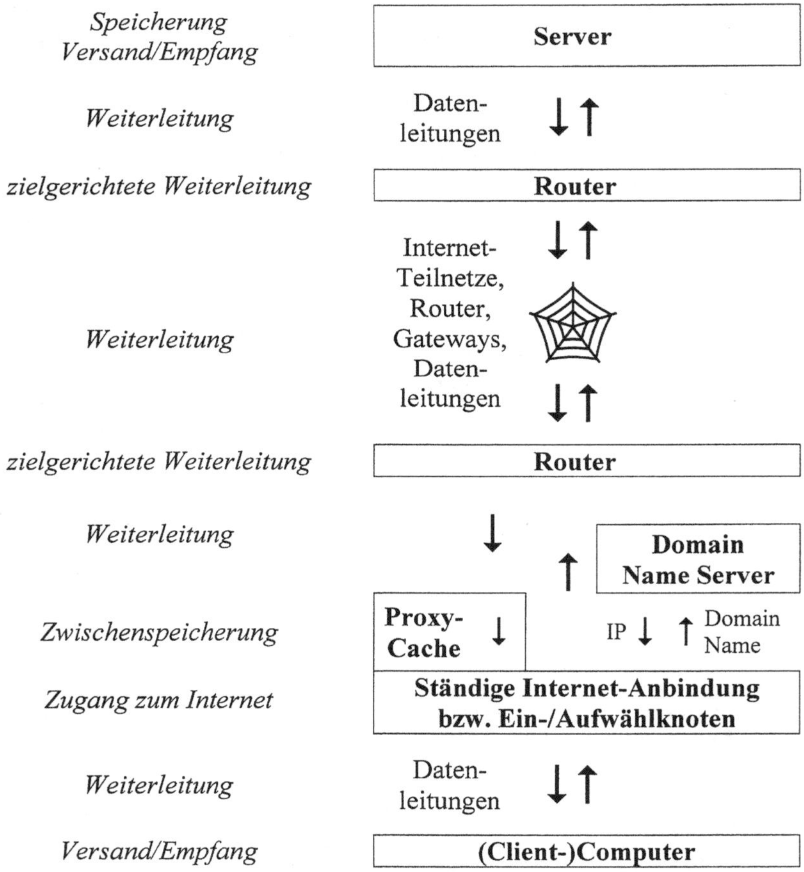

62 Vgl. auch die Darstellung bei *Sieber*, Rn. 90.

Zur Gewährleistung einer möglichst schnellen und sicheren Datenübertragung erfolgt die Kommunikation im Internet auf der Grundlage bestimmter *Protokolle*, welche die Regeln für den Datenaustausch zwischen Computern festlegen.[63]

Das *Transmission Control Protocol* (TCP) unterteilt die zu versendenden Daten in einzelne *Segmente (Datenpakete)* und fügt diesen einen *Header* bei, der die Quelle und das Ziel der zu übermittelnden Daten[64], eine fortlaufende Nummer für jedes Datenpaket sowie eine Port-Nummer enthält. Anhand dieser Angaben kann der empfangende Computer die Datenpakete auf ihre Vollständigkeit überprüfen, den Empfang bestätigen, ggf. fehlende Daten neu anfordern und die einzelnen Pakete wieder in der richtigen Reihenfolge zusammensetzen.[65] Die Port-Nummer kennzeichnet den Internet-Dienst (z.B. WWW)[66], in dessen Rahmen die beteiligten Rechner miteinander kommunizieren, und stellt sicher, daß die eingetroffenen Daten von der „zuständigen" Anwendungssoftware des Empfänger-Computers verarbeitet werden.[67]

Das *Internet Protocol* (IP) fügt den TCP-Datenpaketen zusätzlich einen *IP-Header* bei, der die Adressen des Sender- und Empfänger-Rechners enthält.[68] Die Adressierung im Internet erfolgt einheitlich anhand einer Zahlenfolge, der sogenannten *IP-Adresse*, über die jeder an das Netz angeschlossene Rechner eindeutig identifiziert werden kann. So trägt beispielsweise der WWW-Server der Juristischen Fakultät der Technischen Universität Dresden die IP-Adresse 141.30.55.17.[69] Zur leichteren Handhabung sind den IP-Adressen Klartext-

---

63 Vgl. *Hobert*, 35.

64 Siehe zur Adressierung der Datenpakete sogleich unten.

65 *Bleisteiner*, 25 (m.w.N.).

66 Siehe zu einzelnen Internet-Diensten näher unten C.

67 So ist z.B. für den Internet-Dienst World Wide Web (WWW) standardmäßig die Nummer 80 reserviert. Hierdurch wird gewährleistet, daß von einem Server versendete Datenpakete, welche die Port-Nummer 80 tragen, automatisch vom WWW-Browser des Empfänger-Computers und nicht etwa von dessen E-Mail-Software verarbeitet werden (vgl. *Sieber*, Rn. 41 ff.).

68 Die Funktion des TCP-Headers und des IP-Headers kann mit derjenigen eines Briefumschlags verglichen werden, in dessen Innerem sich jeweils ein Bestandteil der zu übermittelnden gesamten Nachricht befindet (vgl. *Hobert*, 35; *Hofer*, 16; *Sieber*, Rn. 47).

69 Bei den IP-Adressen nach dem derzeit gültigen Standard (IP Version 4) handelt es sich um Zahlen mit 32 Binärstellen (Bit) (d.h. es stehen theoretisch knapp 4,3 Milliarden IP-Adressen zur Verfügung). Sie werden aus Gründen der Übersichtlichkeit als vier durch Punkte getrennte Dezimalzahlen zwischen 0 und 255 geschrieben. Die erste, die ersten beiden oder die ersten drei Zahlen bezeichnen das jeweilige Netz; die jeweils verbleibende(n) den Rechner. Im Beispiel wird das Netz durch die Zahlen 141.30 und der Server durch die Zahlen 55.17 identifiziert. Nach Einführung der zukünftigen IP-Version 6 wird ein erheblich erweiterter IP-Adreßraum (128 Bit) zur Verfügung stehen, der es z.B.

namen, sogenannte *Domain Names*, zugeordnet. Im angeführten Beispiel lautet der Domain Name „www.jura.tu-dresden.de".[70] Einer IP-Adresse können mehrere verschiedene Domain Names zugewiesen werden.[71] Abgesehen davon bleibt der betreffende Rechner auch „direkt" über seine IP-Adresse erreichbar.[72] Da der Verbindungsaufbau nur unter Verwendung der IP-Adresse möglich ist, wird ein von einem Client-Computer nachgefragter Domain Name zunächst an einen *Domain Name Server* weitergeleitet, der entsprechende Zuordnungstabellen führt und die korrespondierende IP-Adresse rückmeldet.[73]

Der tatsächliche Vorgang der *Versendung* und *Wegewahl* im Internet wird als *Routing* bezeichnet.[74] Grundsätzlich legt *nicht* der *Sender* den Weg der verschiedenen Datenpakete zum Empfänger fest. Stattdessen bestimmen sogenannte *Router*, die einzelne Teilnetze miteinander verbinden, anhand ihrer Router Tables[75] und der Adressierung der Datenpakete die jeweils schnellste und stabilste

---

erlauben wird, jedem Haushaltsgerät eine eigene IP-Adresse zuzuteilen, um es via Internet zu steuern. Vgl. *Germann*, 61; *Hage/Hitzfeld* in Loewenheim/Koch, 26 f.; *Sieber*, Rn. 47.

70 Dieser Domain Name setzt sich zusammen aus der Top-Level-Domain „de", der Second-Level-Domain „tu-dresden" sowie den Sub-Domains „jura" und „www" (Rechnername). Auf der Ebene der Top-Level-Domains ist das Internet in Länderdomains (z.B. „de" für Deutschland) und sachgebietsspezifische Generic Top-Level-Domains (z.B. „com" für kommerzielle Angebote) eingeteilt. Vgl. *Bleisteiner*, 27; *Germann*, 62 f. Die Vergabe der IP-Adressen und Domain Names wird durch die Internet Corporation for Assigned Names and Numbers (ICANN; http://www.icann.org]) und die von ihr beauftragten Einrichtungen (z.B. das Network Coordination Center der Résaux IP Européens [RIPE NCC; http://www.ripe.net]) koordiniert, die den Adreßraum (z.T. über eine Zwischeninstanz wie das Deutsche Network Information Center [DENIC e.G.; http://www.denic.de]) auf lokale Adreßverwalter aufteilen. Vgl. *Germann*, 61 ff. Zu beachten ist, daß ein Domain Name keinen sicheren Rückschluß auf den tatsächlichen physikalischen Standort des betreffenden Rechners zuläßt, denn zum einen wird dieser bei der Vergabe eines Domain Names von der Registrierungsstelle nicht überprüft und zum anderen werden die generischen Top-Level-Domains (wie z.B. „com") unabhängig vom Rechnerstandort zugeteilt (siehe *Bleisteiner*, 27; *Germann*, 62; vgl. *Federrath/Pfitzmann* in Moritz/Dreier, Rn. 27).

71 Im Beispiel sind dies die Domain Names „www.jura.tu-dresden.de" und „www.tu-dresden.de/jura".

72 Im Beispiel ist der Server auch unter „http://141.30.55.17" erreichbar. Daher kann durch die bloße Sperrung eines Domain Names (siehe dazu näher unten 3. Teil C.) ohne Sperrung der korrespondierenden IP-Adresse ein Zugriff auf den fraglichen Server nicht wirksam verhindert werden (vgl. *Sieber*, Fn. 89).

73 Solche Domain Name Server sind über das gesamte Internet verteilt. Zwischen ihnen findet ein ständiger automatischer Austausch statt, um die Zuordnungstabellen aktuell zu halten. Siehe dazu näher *Hage/Hitzfeld* in Loewenheim/Koch, 30.

74 *Bleisteiner*, 27 (m.w.N.).

75 Bei diesen handelt es sich um ständig aktualisierte Datenbanken.

Verbindung zum Empfänger-Computer.[76] Da *jedes Datenpaket gesondert* auf diese Weise übermittelt wird, können die einzelnen Bestandteile einer versendeten Datei auf völlig *unterschiedlichen Wegen* ihr Ziel erreichen (wo sie vom TCP-Protokoll wieder in der richtigen Reihenfolge zusammengesetzt werden). Dies hat zur Folge, daß die übertragenen Daten – außer an den Übergängen zum Internet – grundsätzlich *nicht in vollständiger Form an einem Netzknoten kontrolliert* werden können.[77]

C. Internet-Dienste

Das TCP/IP-Protokoll bestimmt nur, wie der Datenaustausch im Internet als solcher abgewickelt wird. Unabhängig davon kann die Form, Verarbeitung und Darstellung übermittelter Daten auf der Anwendungsebene beliebig definiert werden. Im Laufe der Zeit haben sich verschiedene *Internet-Dienste* mit speziellen Protokollen herausgebildet, die vielfältige Nutzungsmöglichkeiten eröffnen[78] und auch zu rechtlich mißbilligten Zwecken[79] eingesetzt werden können. Im folgenden sollen die wichtigsten Internet-Dienste kurz dargestellt werden.

I. World Wide Web (WWW)

Das auf dem Hypertext Transfer Protocol (HTTP) basierende *World Wide Web* (WWW), dessen Bezeichnung häufig (ungenau) als Synonym für das gesamte Internet verwendet wird, dürfte mittlerweile – neben E-Mail[80] – der bekannteste, bedienerfreundlichste und am häufigsten genutzte Internet-Dienst sein.[81] Das WWW besteht aus mehreren Milliarden Einzeldokumenten *(„Seiten")*, die Text-, Bild-, Ton-, Video- und Programmelemente enthalten können. Zu deren Darstellung bedarf es einer besonderen Client-Software (Browser).[82] Die Gesamtheit der Seiten eines Anbieters wird als *Website* bezeichnet. Zumeist steht an der Spitze einer Website eine Leitseite, die sogenannte *Homepage*.[83]

---

76 Vgl. *Bleisteiner*, 28; *Sieber*, Rn. 48. Allerdings sieht das Internet Protocol die Möglichkeit vor, den Datenpaketen einen bestimmten Weg vorzuschreiben, um z.B. zu verhindern, daß sie über den Vermittlungsrechner eines bestimmten Staates geleitet werden (*Sieber*, Rn. 48 [dort Fußnote 69]).

77 *Greiner*, 12; *Sieber*, Rn. 48; vgl. *Germann*, 306. Abgesehen davon verarbeiten die Router in der üblichen Konfiguration nur die für die Weiterleitung relevanten Angaben und können keine inhaltliche Überprüfung der Datenpakete vornehmen (vgl. *Bleisteiner*, 26, 28; *Sieber*, Rn. 51). Zu beachten ist, daß auch Kontrollen an den Übergängen zum Internet umgehbar sind (siehe dazu näher unten 3. Teil C., D.).

78 Vgl. *Sieber*, Rn. 53.

79 Siehe näher unten 2. Teil B.

80 Siehe unten C. II.

81 Vgl. etwa *Greiner*, 15; *Manz*, 9; *Popp*, 26.

82 Bekannte Browser sind z.B. „Netscape Navigator" und „Microsoft Internet Explorer".

83 *Bleisteiner*, 33; *Sieber*, Rn. 62.

Jede WWW-Seite kann über eine eigene Adresse, den *URL* (Uniform Resource Locator), direkt aufgerufen werden.[84] Der URL besteht aus der Bezeichnung des Anwendungsprotokolls, dem Domain Name des betreffenden WWW-Servers sowie ggf. einem Verzeichnis- und Dateinamen (z.B.: http://www.tu-dresden.de/jfaufbau/aufbau.html)[85].

Charakteristisch für das World Wide Web ist die Verwendung sogenannter *Hyperlinks*. Dabei handelt es sich um oft graphisch hervorgehobene Elemente innerhalb von WWW-Seiten, die mit beliebigen (ggf. auf anderen Servern gespeicherten) Seiten oder deren Bestandteilen *verknüpft* sind.[86] Aktiviert der Betrachter einen Hyperlink[87], so wird sein Computer angewiesen, die Webseite aufzurufen, auf welche sich die Verknüpfung bezieht.[88] Dies ermöglicht eine schnelle und bequeme Navigation von Seite zu Seite („Surfen") auch ohne vorherige Kenntnis der jeweiligen URLs.[89] Das Auffinden bestimmter Informationen im WWW wird durch *Suchmaschinen* und *Webverzeichnisse*[90] erleichtert. Diese führen umfangreiche Datenbanken mit URLs von Webseiten sowie Stichworten, die auf diesen Seiten vorkommen.[91] Während Suchmaschinen individuelle „Trefferlisten" (in Form von Hyperlinks) ausgeben, stellen Webverzeich-

---

84 Daher hat – neben der IP-Adresse eines Rechners – auch der URL einer Webseite besondere Bedeutung für Kontroll- und Sperrmaßnahmen im WWW. Siehe dazu näher unten 3. Teil.

85 Im genannten Beispiel (Homepage des an der Technischen Universität Dresden angebotenen LL.M.-Aufbaustudiengangs „Gemeinsame Wege nach Europa: Mittel- und Osteuropa auf dem Weg in die Europäische Union") setzt sich der URL zusammen aus der Anwendungsprotokollbezeichnung „http:", dem Domain Name „www.tu-dresden.de", dem Verzeichnisnamen „jfaufbau" und dem Dateinamen der Homepage „aufbau.html".

86 Solche Verknüpfungen werden dadurch ermöglicht, daß jede Webseite über einen einmaligen URL verfügt. Die Einrichtung eines Hyperlinks auf einer WWW-Seite erfolgt durch Eingabe eines speziellen Befehls in dem dieser Seite zugrundeliegenden Hypertext Markup Language (HTML)-Quellcode. Beispiel: Der HTML-Befehl <a href= „http://www.abc.de">ABC</a> erzeugt eine mit „ABC" beschriftete Verknüpfung mit der WWW-Seite http://www.abc.de (vgl. http://selfhtml.teamone.de/html/verweise/definieren.htm). Siehe zu verschiedenen Arten von Hyperlinks näher unten D. VI.

87 Dies geschieht i.d.R. durch „Anklicken" mit der Computer-Maus.

88 Vgl. *Leistner/Bettinger*, CR-Beilage 12/1999, 1, 6; *Manz*, 13; *Schack*, MMR 2001, 9, 13; *Sieber*, Rn. 64 ff.

89 Vgl. *Greiner*, 15; *Popp*, 27.

90 Z.B. Google (http://www.google.de), Altavista (http://de.altavista.com), Yahoo (http://de.yahoo.com).

91 Der jeweilige Datenbestand wird durch automatisch arbeitende Programme gewonnen. Diese durchsuchen ständig das gesamte Internet, tragen neu gefundene WWW-Seiten, dort enthaltene Stichworte und die betreffenden URLs in eine Datenbank ein und löschen ggf. überholte Einträge. Vgl. *Sieber*, Rn. 69.

nisse thematisch vorsortierte, redaktionell betreute und ggf. zusätzlich kommentierte Hyperlink-Sammlungen bereit.

II. E-Mail

E-Mail („elektronische Post“)[92], der älteste Internet-Dienst, ermöglicht eine der traditionellen Briefpost vergleichbare Kommunikation.[93] Mittels E-Mail können nicht nur reine Textnachrichten, sondern auch Bild-, Ton-, Video und Programmdateien versendet werden. Jeder Teilnehmer ist über eine individuelle (allerdings vom Absender ggf. fälschbare[94]) *Adresse* erreichbar.[95] Der Versand und Empfang elektronischer Post erfolgt über *Mail-Server*.[96] Der Absender einer E-Mail schickt diese, versehen mit der Empfänger-Adresse, von seinem Computer aus an den Mail-Server, auf dem sich sein „elektronisches Postfach“ befindet. Von dort erfolgt unmittelbar die Versendung an den Mail-Server des Empfängers.[97] Dieser hält die Nachricht zumindest so lange gespeichert, bis der Empfänger sie von seinem Computer aus abgerufen hat.[98]

III. News-Dienst

Beim *News-Dienst*[99], auch Usenet genannt, handelt es sich um ein weltweites Diskussionsmedium, das aus elektronischen „schwarzen Brettern“ besteht.[100] Es

---

92 E-Mail basiert auf dem Simple Mail Transfer Protocol (SMTP).

93 Bereits Ende der 90er Jahre wurden mehr E-Mails als herkömmliche Briefe versendet (vgl. *Greiner*, 16 [m.w.N.]).

94 Siehe auch unten Fußnote 306.

95 Vgl. *Bleisteiner*, 30; *Greiner*, 16; *Sieber*, Rn. 72. Eine E-Mail-Adresse setzt sich zusammen aus dem Benutzernamen des Teilnehmers und dem Domain Name des von diesem Teilnehmer benutzten Mail-Servers (siehe hierzu sogleich), getrennt durch ein „@“ – z.B. „s.c.schmidt@gmx.de“ (E-Mail-Adresse des Verfassers).

96 Betrieben werden solche Mail-Server insbesondere von Universitäten und anderen Anbietern, die einen Internet-Zugang zur Verfügung stellen. Bekannte E-Mail-Anbieter sind etwa Hotmail (http://www.hotmail.com) und GMX (http://www.gmx.net).

97 Um eine gruppenorientierte Variante des E-Mail-Dienstes handelt es sich bei Mailinglisten, die auf List-Servern eingerichtet werden und E-Mail-Adressen vieler Teilnehmer unter einer gemeinsamen Adresse zusammenfassen. Die an die Mailingliste gesendeten E-Mails werden vom List-Server an alle Listenmitglieder weitergeleitet. Vgl. *Bleisteiner*, 30 f.; *Greiner*, 16.

98 Je nach Konfiguration des Postfachs werden eingegangene Nachrichten auch über den Zeitpunkt des Abrufs hinaus (bis zur manuellen Löschung) gespeichert gehalten. Daher bildet der Eingangs-Mail-Server einen Ansatzpunkt für Kontroll- und Löschmaßnahmen (vgl. unten 3. Teil A.).

99 Dieser Dienst basiert auf dem Network News Transfer Protocol (NNTP).

100 *Sieber*, Rn. 54. Siehe ausführlich zum News-Dienst etwa *Bleisteiner*, 31 ff.; *Germann*, 74 ff.; *Hage/Hitzfeld* in Loewenheim/Koch, 40 f.

bietet den Teilnehmern die Möglichkeit, Beiträge einzusenden[101] und abzurufen, wobei Texten beliebige Dateien angefügt werden können. Aus Gründen der Übersichtlichkeit ist der News-Dienst in Zehntausende verschiedener Themenbereiche *(Newsgroups)* unterteilt.[102] Der Dienst wird über Server abgewickelt, die jeweils eine Vielzahl von Newsgroups samt der dazugehörigen Beiträge vorhalten und zumeist öffentlich zugänglich sind.[103] Der Autor eines neuen Beitrags sendet diesen unter Angabe der Newsgroup, in der der Beitrag erscheinen soll, von seinem Computer aus an einen *News-Server*, der diese Newsgroup führt.[104] Zunächst ist der Beitrag nur dort verfügbar. Allerdings nehmen die News-Server zur Aktualisierung ihrer Datenbestände in regelmäßigen Abständen einen *Datenabgleich (Synchronisation)* vor. Dadurch gelangen neue Beiträge nach und nach auf alle anderen Server, welche die betreffende Newsgroup ebenfalls führen („Store-and-Forward-Prinzip").[105] Spiegelbildlich verläuft die Löschung eines bestimmten Beitrags mittels einer *„Cancel"-Anweisung*[106], die der betreffende Autor sowie der Betreiber des News-Servers, an den dieser Beitrag ursprünglich eingesendet wurde, erteilen können. Allerdings sind mittlerweile viele News-Server so konfiguriert, daß sie keine „Cancel"-Anweisungen mehr ausführen.[107]

---

101 Dieses Einsenden wird auch als „Posting" bezeichnet.

102 Derzeit existieren etwa 60.000 bis 80.000 Newsgroups (siehe etwa http://news.individual.de/faq.html#3.3). Diese sind (ähnlich dem Domain Name System) in verschiedene Kategorien eingeteilt – z.B. „sci" für wissenschaftliche, „soc" für gesellschaftliche/kulturelle und „alt" für beliebige Themen; daneben bestehen länderspezifische Kategorien wie „de" für Deutschland. Z.B. trägt eine deutschsprachige Newsgroup zu rechtlichen Aspekten von Computernetzen die Bezeichnung „de.soc.recht.datennetze". Einige Newsgroups werden von einem Moderator betreut, der eine gewisse inhaltliche Linie vorgibt; insgesamt überwiegen jedoch die unmoderierten Newsgroups (vgl. *Sieber*, Rn. 57).

103 Weltweit existieren mindestens 10.000 News-Server (*Sieber*, Rn. 59). Die meisten von ihnen führen etwa 10.000 bis 20.000 Newsgroups (vgl. *Bleisteiner*, 32; siehe etwa auch http://news.individual.de/faq.html#3.3). Der Anbieter Google (http://groups.google.de) hält nach eigenen Angaben ca. 845 Millionen News-Beiträge gespeichert.

104 Handelt es sich um eine moderierte Newsgroup, dann gelangt der Beitrag zuerst als E-Mail an den Moderator, der über die Aufnahme des Beitrags entscheidet.

105 Dies hat zur Folge, daß eine auf einem News-Server gesperrte oder gelöschte Newsgroup weiterhin durch andere News-Server verbreitet wird und von diesen abgerufen werden kann. Vgl. *Bleisteiner*, 31 f.; *Germann*, 74 f.; *Sieber*, Rn. 59 sowie auch unten 3. Teil A.

106 Hierbei handelt es sich um einen Steuerungsbefehl, der wie ein News-Beitrag versendet wird und jeden von ihm erreichten News-Server anweist, einen bestimmten Beitrag aus seinem Bestand zu entfernen (siehe dazu im einzelnen *Germann*, 75 f.).

107 Dies hat seine Ursache darin, daß es immer wieder zu gefälschten Cancel-Anweisungen gekommen war. Siehe *Köhntopp/Köhntopp/Seeger*, DuD 1997, 626, 630.

IV. Dateientransfer (FTP)

Der sogenannte *FTP-Dienst*[108] ermöglicht eine schnelle Übertragung von Text- und Programmdateien zwischen Internet-Rechnern. Der Dateiabruf von einem *FTP-Server* wird als Herunterladen (Download), das Einsenden von Dateien an einen solchen Server als Heraufladen (Upload) bezeichnet. Die meisten FTP-Server lassen einen freien Download zu. Allerdings können neu eingesendete Dateien regelmäßig erst nach deren Freigabe durch den Betreiber des FTP-Servers abgerufen werden.[109]

V. Internet Relay Chat (IRC)

Beim *Internet Relay Chat* (IRC) handelt es sich um eine textbasierte „*Echtzeit*"-Konversation.[110] Diese erfolgt über einen Verbund von zumeist öffentlich zugänglichen Servern, welche die Beiträge der Chat-Teilnehmer von und zu deren Computern übermitteln, ohne dabei zeitlich relevante Datenspeicherungen vorzunehmen.[111] Der IRC ist thematisch in einzelne *Kanäle (Chatrooms)* unterteilt; die Teilnehmer treten unter *Pseudonymen* (Nicknames) auf. Nach Herstellung einer Verbindung zu einem IRC-Server erhält der Teilnehmer die dort geführten Kanäle und die Pseudonyme der „Anwesenden" angezeigt; er kann dann einem Kanal beitreten[112] oder selbst einen neuen eröffnen.[113] Ein von ihm abgesendeter Beitrag wird in Sekundenbruchteilen an die anderen „Chatter" übermittelt, die wiederum unmittelbar darauf antworten können. Jeder Teilnehmer kann auch einen direkten Kanal zu einem anderen Teilnehmer eröffnen, um beliebige

---

108 Diesem Dienst liegt das File Transfer Protocol (FTP) zugrunde.

109 Neu eingesendete Dateien gelangen normalerweise zuerst in ein spezielles „incoming"-Verzeichnis des FTP-Servers, auf das Client-Computer nicht zugreifen können. Sie stehen erst dann zum allgemeinen Abruf bereit, wenn der Betreiber des FTP-Servers sie in das „Download"-Verzeichnis verschoben hat. Vgl. *Bleisteiner*, 34 f.; *Jofer*, 25; *Sieber*, Rn. 70 f.

110 Daneben existieren als weitere Echtzeit-Kommunikationsformen auch sprach- und bildbasierte Systeme (insbesondere: Internet-Telefonie und Video-Konferenz). Diese Systeme lassen sich auch miteinander kombinieren. Vgl. *Bleisteiner*, 35; *Sieber*, Rn. 74 ff.

111 Daher ist im Bereich der IRC-Server faktisch keine gezielte Kontrolle und Sperrung von Chat-Beiträgen möglich (siehe näher unten 3. Teil D.).

112 Allerdings ist hierzu eine Paßworteingabe erforderlich, wenn der Kanal von demjenigen, der ihn eröffnet hat, mit einer Zugangsbeschränkung versehen wurde.

113 Während manche Kanäle nur den mit einem lokalen IRC-Server verbundenen Teilnehmern zur Verfügung stehen, werden andere Kanäle von allen am Verbund beteiligten IRC-Servern geführt (siehe hierzu die „Introduction to IRC for people using Windows" der IRC-Client-Software „mIRC" [http://www.mirc.co.uk]).

Dateien auszutauschen, die dann unmittelbar zwischen den Beteiligten übermittelt werden.[114]

D. Rollen der am Datenaustausch beteiligten Akteure

Wie die Ausführungen zu den technischen Grundlagen des Internet gezeigt haben, sind am Datenaustausch im Netz viele verschiedene technische Komponenten und Akteure beteiligt. Im folgenden soll eine Unterscheidung nach den *typischen Rollen der involvierten Akteure* vorgenommen werden.

I. Server-Betreiber und -Verwalter

Diejenigen, die einen (datenspeichernden) Internet-Server[115] *betreiben* und im Hinblick auf diesen sowohl die *körperliche Sachherrschaft* als auch die „oberste“ *tatsächliche Einwirkungsmöglichkeit* ausüben, werden im folgenden *„Server-Betreiber“* genannt.[116] Häufig stellen diese Akteure *Dritten Speicherplatz zur Verfügung*.[117] Dabei wird der Speicher eines physikalischen Servers auf mehrere Kunden aufgeteilt (Web-Hosting)[118] oder insgesamt einem Kunden zur Verfügung gestellt (Web-Housing). Denkbar ist auch, daß der Anbieter einen dem Kunden gehörenden Server in seinen Geschäftsräumen aufstellt und über seine technische Infrastruktur an das Netz anbindet (Server-Housing).[119] Diese Anbieter werden oft als „Service Provider“[120], „Serviceanbieter“[121], „Host Service Provider“[122] oder „Host Provider“[123] bezeichnet. Allerdings sind die Begriffe „Service Provider“ und „Serviceanbieter“ wenig aussagekräftig, da sie nur

---

114 Auf diese Weise werden z.B. häufig Bilddateien übertragen. Bei einer solchen Punkt-zu-Punkt-Übertragung scheidet eine Kontrolle der übermittelten Daten durch den Betreiber des IRC-Servers aus. Vgl. *Bleisteiner*, 35 f.; *Germann*, 82 f.; *Sieber*, Rn. 79-83.

115 Nicht um datenspeichernde Server handelt es sich bei IRC-Servern, die als bloße „Durchgangsstationen“ fungieren (siehe oben C. V.). Ihre Betreiber nehmen eine Transportfunktion wahr.

116 So auch *Germann*, 104.

117 Zumindest bei Entgeltlichkeit sind solche Vereinbarungen dem Mietvertrag i.S.d. § 535 BGB ähnlich (vgl. *Komarnicki* in Hoeren/Sieber, Teil 12.2, Rn. 25 ff., 36 ff.; *Schuppert* in Spindler, Rn. 399).

118 Hierbei erhält jeder Bereich einen eigenen URL und ggf. eine eigene IP-Adresse und erscheint so nach außen hin als eigener („virtueller“) Server. Bekannte Web-Hosting-Anbieter sind z.B. AOL (http://www.aol.com), T-Online (http://www.t-online.de) und Yahoo!GeoCities (http://de.geocities.yahoo.com).

119 Vgl. *Schuppert* in Spindler, Rn. 16 ff. Neben der Einräumung des Speicherplatzes bildet bei allen Vereinbarungen auch die Anbindung an das Internet eine wesentliche Vertragspflicht des Anbieters.

120 So z.B. *Bleisteiner*, 56; *Kloepfer*, InfR, § 13, Rn. 24; *Wimmer/Michael*, 49.

121 So z.B. *Greiner*, 21; *Zimmermann*, NJW 1999, 3145.

122 So z.B. *Freytag*, 227; *Sieber*, Rn. 97.

123 So z.B. *Kloepfer*, InfR, § 13, Rn. 24; von *Bonin*, 113.

„Dienstleistungsanbieter" bedeuten.[124] Eine Bezugnahme auf „Host(ing)" soll hier vermieden werden, da bestimmte Varianten der Betätigung der in Rede stehenden Akteure als Housing bezeichnet werden.

Diejenigen, die auf einem *von einem anderen Akteur betriebenen* Server *Daten abspeichern* und ggf. nachträglich *verändern*, gegen einen Abruf *sperren* oder *löschen* können, sollen als *„Server-Verwalter"*[125] bezeichnet werden.[126] Dieser Begriff verdient den Vorzug vor Bezeichnungen wie „Content-Provider"[127] oder „Inhalteanbieter"[128], die zumeist auf das in seiner Auslegung umstrittene Kriterium des „eigenen Inhalts" im Sinne des TDG bzw. MDStV[129] abstellen und damit bereits eine rechtliche Bewertung implizieren, die im Rahmen der hier vorzunehmenden Rollenunterscheidung noch außer Betracht zu bleiben hat.[130] In Bezug auf den jeweiligen Rechner ist die *Einwirkungsmöglichkeit*[131] des Server-Verwalters derjenigen des Server-Betreibers *untergeordnet*. Gestattet der Server-Betreiber dem Server-Verwalter, Dritten ein Einspeisen von Daten sowie deren nachträgliche Veränderung, Sperrung oder Löschung zu ermöglichen, so werden Akteure, die von dieser Möglichkeit Gebrauch machen, auch zu (wiederum „untergeordneten") Server-Verwaltern.[132]

---

124 In den USA werden nicht nur im Bereich des Internet tätige, sondern auch andere Dienstleistungsunternehmen als „Service Provider" bezeichnet (*Determann*, 66).

125 So auch *Germann*, 104.

126 Server-Verwalter sind also insbesondere diejenigen, die auf dem Server eines Web-Hosting-Anbieters eine Website einrichten. Ob der Server-Verwalter die betreffenden Daten im eigenen oder fremden Namen zum Abruf bereitstellt, spielt im Rahmen der hiesigen Funktionsabgrenzung noch keine Rolle (siehe auch sogleich).

127 *Sieber*, Rn. 209 (Akteur, der eigene Inhalte herstellt oder veröffentlicht); *Wimmer/Michael*, 44 (Akteur, der „eigene Inhalte zur Nutzung durch Dritte anbietet", wobei maßgeblich das Bereithalten von Tele-/Mediendiensteangeboten, sein soll). Teilweise wird – enger – die Bezeichnung „Content-Provider" auf die Fälle beschränkt, in denen das Informationsangebot einen gewissen Umfang erreicht, vor allem wenn wirtschaftliche Interessen und Gewinnerzielungsabsicht mit im Spiel sind (vgl. *Bleisteiner*, 53).

128 *Determann*, 69 (Akteur, der „auf eigene Initiative für Benutzer eigene Inhalte zur Nutzung auf Abruf bereithält oder aktiv übermittelt"); *Zimmermann*, NJW 1999, 3145 (Akteur, der „eigene Inhalte zur Nutzung bereithält").

129 Siehe zu diesen Regelungen für „Informations- und Kommunikationsdienste" im Internet ausführlich unten 4. Teil A.

130 Vgl. auch *Germann*, 103 f.

131 Diese bezieht sich beim Web-Hosting auf einen Teil eines physikalischen Servers und beim Web-Housing sowie Server-Housing auf einen gesamten Server. Ausgeübt wird sie „ferngesteuert" mittels einer vom Server-Betreiber erteilten Benutzerkennung samt dazugehörigem Paßwort (vgl. *Schuppert* in Spindler, Rn. 22).

132 Beispiel: Auf dem Server des Web-Hosting-Anbieters A unterhält B eine Website, auf der die Kunden des B private Kleinanzeigen einstellen und auch nachträglich verändern bzw. wieder löschen können. Der fragliche Server wird von A betrieben und sowohl von B als auch dessen Kunden (im Verhältnis zu A und B untergeordnet) verwaltet.

II. Einsender

Akteure, die Daten an einen Server *schicken*, den sie selbst *weder betreiben noch verwalten*[133], sollen im folgenden als (Daten-)„*Einsender*" bezeichnet werden.[134]

III. Zugangsbetreiber

Akteure, die eine *technische Einrichtung* (ständige Internet-Anbindung, Ein-/Aufwählknotenrechner) *betreiben*, mittels derer sie *anderen Zugang zum Internet verschaffen*, werden zumeist „Access Provider"[135] oder „Zugangsanbieter"[136] genannt. Diese Begriffe wurden bisher in der Regel synonym gebraucht und verstanden, jedoch teilweise gerade in Bezug auf diejenigen verwendet, die im Sinne des TDG bzw. MDStV[137] den Zugang zur Nutzung von Tele- bzw. Mediendiensten vermitteln.[138] Um zu verdeutlichen, daß hier noch keine rechtliche Einordnung stattfindet, sollen die in Rede stehenden Akteure im folgenden – neutraler – als „*Zugangsbetreiber*" bezeichnet werden. Sie bilden ein wichtiges technisches Bindeglied zwischen dem Internet und den Rechnern ihrer Kunden, von und zu denen sie *Daten übermitteln*, *ohne* diese *auszuwählen* oder *Einfluß auf sie zu nehmen*.

IV. Proxy-Cache-Betreiber

Insbesondere die Zugangsbetreiber setzen *Proxy-Cache-Server* ein, um *automatische und zeitlich begrenzte Zwischenspeicherungen* der von ihren Kunden häufig abgerufenen Daten vorzunehmen. Werden solche Daten erneut nachgefragt, so werden sie nicht mehr von dem Server abgerufen, auf dem sie originär gespeichert sind, sondern direkt aus dem Proxy-Cache-Speicher übermittelt.[139] Zwar könnte das „Proxy-Caching" funktionell als Betreiben eines datenspeichernden Servers angesehen werden. Da es allerdings von vornherein nur

---

133 Beim Einsenden eines News-Beitrags kommt es insofern darauf an, ob der betreffende News-Server „Cancel"-Anweisungen ausführt (vgl. oben C. III.).

134 Solche Akteure werden teilweise als „Initiatoren" (eines Angebots bzw. Inhalts) bezeichnet (*Germann*, 104; *Greiner*, 19). Dies erscheint jedoch insofern nicht recht treffend, als die Initiative zur Bereitstellung eines bestimmten Angebots ebenso vom Server-Verwalter ausgehen kann.

135 So z.B. *Bleisteiner*, 55; *von Bonin*, 122 ff.; *Freytag*, 223 ff.; *Kloepfer*, InfR, § 13, Rn. 28; *Sieber*, Rn. 14, 90.

136 *Determann*, 69 (synonym zum Begriff des „Access Providers"); *Greiner*, 20 f.

137 §§ 3 Nr. 1, 3. Alt. und 5 III des TDG/MDStV von 1997 bzw. §§ 3 S. 1 Nr. 1, 3. Alt. und 9, 10/7, 8 der neugefaßten Regelwerke (siehe hierzu näher unten 4. Teil A., 5. Teil B.).

138 So etwa *Wimmer/Michael*, 51. Siehe auch die Nachweise bei *Germann*, 102 (dort Fußnote 171).

139 Vgl. oben B.

zeitlich begrenzt erfolgt und vorrangig der *Effektivierung der Datenübermittlung* dient, nimmt es eine *Sonderstellung* ein, die eine gesonderte Betrachtung rechtfertigt.[140]

V. Transporteure

Die *Betreiber von Datenleitungen*, *Internet-Teilnetzen*, *Routern* und *Gateways*[141] übernehmen reine *Transportfunktionen*[142] und sollen daher als *„Transporteure"* bezeichnet werden.[143] Da *IRC-Server* Daten ohne eine zeitlich relevante Speicherung lediglich weiterleiten[144], können auch ihre *Betreiber* als Transporteure angesehen werden.

VI. Verwender von Verweisen

1. Verknüpfungen durch Hyperlinks und Inline-Links/Frames

Wie bereits angesprochen, beruht die besondere Funktionalität und leichte Bedienbarkeit des World Wide Web vor allem auch auf dem Einsatz von *Hyperlinks*.[145] Mittels *spezieller Hyperlinks*, sogenannter *„Inline-Links"*[146], lassen sich in eine Website Elemente derselben oder einer anderen Website *einbinden*.[147] Hierzu wird ergänzend die *„Frames"*-Technologie eingesetzt, die es erlaubt, WWW-Seiten in mehrere eigenständig aktivierbare Rahmen-Bereiche (Frames) einzuteilen. Regelmäßig werden ein oder mehrere Frame(s), die bestimmte Ele-

---

140 Vgl. dazu unten 5. Teil A. III. 2., B. III. 3.

141 Diese Akteure werden auch als „Network-Provider" bezeichnet (vgl. *Bleisteiner*, 55; *Sieber*, Rn. 14). Ein bekanntes Unternehmen ist z.B. die Deutsche Telekom AG (http://www.dtag.de).

142 *Bleisteiner*, 55 (für das Routing); *von Bonin*, 126 (für die Kabel- und Netzbetreiber).

143 Soweit im Bereich dieser Komponenten zur technischen Ermöglichung des Transports TCP/IP-Datenpakete zwischengespeichert werden, sind diese dort jedoch nicht (in zusammenhängender Form) für Dritte zugänglich. Daher fungieren die genannten Akteure insofern nicht als Betreiber eines (datenspeichernden) Servers.

144 Siehe oben C. V.

145 Vgl. oben C. I.

146 Teilweise wird auch der Begriff „IMG-Link" verwendet (*Koch*, NJW-CoR 1998, 45; *Kochinke/Tröndle*, CR 1999, 190, 191), da der HTML-Befehl „IMG" es gestattet, Grafiken aus anderen Websites direkt in eine eigene Website einzustellen (vgl. *Leistner/Bettinger*, CR-Beilage 12/1999, 1, 6).

147 Während einige nur die Verknüpfung mit anderen Websites bzw. deren Elementen als Inline-Link bezeichnen (*Klett*, 186; *Leistner/Bettinger*, CR-Beilage 12/1999, 1, 6; *Schack*, MMR 2001, 9, 13; *Sieber*, Rn. 67), soll hier ein weiteres Verständnis zugrundegelegt werden, wonach auch die zur Einbindung erfolgende Verknüpfung mit anderen Elementen derselben Website einen Inline-Link darstellt (so etwa auch *Völker/Lührig*, K&R 2000, 20, 21).

mente und Funktionen[148] beinhalten, ständig eingeblendet. Im Hauptframe, der zumeist die größte Fläche einnimmt, werden die mittels Inline-Links eingebundenen Daten angezeigt.[149] Nach Aktivierung eines Inline-Links wird der Computer des Betrachters angewiesen, die WWW-Seite, auf die sich der Inline-Link bezieht, von dem Server abzurufen, auf dem sie gespeichert ist. Erst das Browser-Programm dieses Computers setzt die Bestandteile der Frames-Seite und der eingebundenen Seite zu einer einheitlichen Bildschirmdarstellung zusammen.[150]

Die Funktionsweise von Hyperlinks und Inline-Links/Frames soll anhand einiger Beispiele veranschaulicht werden:

1. Die auf dem Server A gespeicherte Website A umfaßt die WWW-Seiten A1, A2, A3. Die Seite A1 (Homepage) enthält einen *Hyperlink*, der mit der Seite A3 verknüpft ist. Nach Aktivierung des Hyperlinks wird dem Betrachter eine andere Seite derselben Website angezeigt, was er daran erkennen kann, daß sein Browser weiterhin den URL der Website A anzeigt.[151]

2. Wie 1., jedoch ist der auf der Seite A1 angebrachte *Hyperlink* mit der auf dem Server B gespeicherten und zur Website B gehörenden Seite B1 verknüpft. Nach Aktivierung des Hyperlinks „wechselt" der Betrachter zur Website B, was er daran erkennen kann, daß sein Browser nun deren URL anzeigt.[152]

3. Die auf dem Server A gespeicherte Website A enthält *Inline-Links/Frames*. Die Inline-Links sind mit den Unterseiten A1, A2, A3 verknüpft, d.h. nach Aktivierung eines Inline-Links wird beispielsweise die Seite A3 im Hauptframe angezeigt. Daß diese Seite zur Website A gehört, wird dem Betrachter daraus ersichtlich, daß sein Browser weiterhin den URL der Website A anzeigt.

4. Wie 3., jedoch sind die *Inline-Links* mit Unterseiten der auf dem Server B gespeicherten Website B verknüpft, d.h. nach Aktivierung eines Inline-Links wird beispielsweise die Seite B1 im Hauptframe angezeigt. Ob der Betrachter

---

148 Z.B. Werbebanner, Suchfunktionen, thematische Rubriken.

149 Beispiel: Die WWW-Seite http://www.tu-dresden.de/jfaufbau/aufbau.html (vgl. oben Fußnote 85) enthält am oberen Rand einen horizontal verlaufenden Frame mit (als Grafiken gestalteten) Hyperlinks auf die Homepage der TU Dresden und ihrer Juristischen Fakultät. Am linken Rand verläuft vertikal ein weiterer Frame, der Inline-Links auf Unterseiten der Website des Aufbaustudiengangs enthält. Beide Frames werden ständig angezeigt. Der Hauptframe enthält die eigentlichen Informationen über den Studiengang.

150 Vgl. *Klett*, 186; *Leistner/Bettinger*, CR-Beilage 12/1999, 1, 6.

151 Vgl. *Sieber*, Rn. 64, 65.

152 Enthält die Website B eine „Sprungmarke", so wird dem Betrachter nach Aktivierung des auf der Website A befindlichen Hyperlinks sogleich eine bestimmte Stelle (etwa eine Textpassage oder Grafik) der Website B angezeigt, in deren Bereich sich die „Sprungmarke" befindet (vgl. *Sieber*, Rn. 64). Ein Hyperlink auf tieferliegende Stellen der „Zielseite" wird auch als „Deep Link" bezeichnet (vgl. *Kochinke/Tröndle*, CR 1999, 190, 191; *Völker/Lührig*, K&R 2000, 20, 21).

erkennen kann, daß die angezeigte Seite aus einer anderen Website stammt oder ob sie als Bestandteil der Website A erscheint, hängt von der Konfiguration der Website A ab (Browser-Anzeige, eventueller Hinweis im „Navigationsframe" oder Hauptframe[153]).[154]

2. Funktionelle Einordnung

In funktioneller Hinsicht interessiert das *Verhältnis* desjenigen, der Hyperlinks auf einem Server abrufbar hält oder an einen Server einsendet, zu den *„Zieldaten"*, auf die sich die *Verknüpfung bezieht.*[155] In den oben angeführten Beispielsfällen 2 und 4 ist derjenige, der den (Hyperlinks bzw. Inline-Links/ Frames vorhaltenden) Server A betreibt oder verwaltet, nicht (auch) Betreiber bzw. Verwalter des anderen Servers B, auf den sich die Verknüpfung bezieht. Der Einsender eines Hyperlinks versendet nicht auch die Daten, auf die sich der Hyperlink bezieht.

Da Hyperlinks und Inline-Links/Frames einen bequemen und schnellen Aufruf der in Bezug genommenen Daten ermöglichen, scheinen sie auf den ersten Blick nur eine *Weiterleitungsfunktion* zu haben. Bei einer solchen Sichtweise wären die hier in Rede stehenden Akteure im Hinblick auf die Daten, die das Bezugsobjekt der Verknüpfung bilden, funktionell mit Zugangsbetreibern oder Transporteuren vergleichbar. Zu berücksichtigen ist jedoch zunächst, daß der jeweilige Betrachter der „Ausgangsseite" den URL der „Zieldaten" ebenso selbst eingeben könnte.[156] Indem Hyperlinks und Inline-Links/Frames einen „automatischen" Aufruf der Zieldaten per „Mausklick" ermöglichen, bewirken sie nur eine Bedienungserleichterung; ihre Verwender nehmen aber – anders als Zugangsbetreiber und Transporteure – *keine technisch-physikalische Datenübermittlung* vor. Wer einen Hyperlink auf einer Website anbringt oder an einen Server einsendet, *wählt* bestimmte „Zieldaten" *aus*, während Zugangsbetreiber und

153 Z.B. „Die folgenden Informationen stammen aus der Website www.xyz.de."

154 Die nicht erkennbare Einbindung von Daten, die von einem anderen stammen, mittels Inline-Links/Frames ist vergleichbar mit dem Fall, daß jemand Daten aus einer anderen Website herauskopiert und in seine eigene einfügt, ohne dies nach außen hin offenzulegen.

155 Im übrigen handelt es sich bei Hyperlinks und Inline-Links/Frames als solchen (d.h. der anzuklickenden Textstelle/Graphik bzw. dem zugrundeliegenden HTML-Code) um Daten, die – wie andere Daten auch – auf Servern gespeichert, an Server eingesendet und zwischen Internet-Rechnern übermittelt werden. Daher gilt die bisher vorgenommene Rollendifferenzierung ohne weiteres auch für den Umgang mit Hyperlinks und Inline-Links/Frames als solchen.

156 Normalerweise wird der URL der „Zieldaten" in der Statusleiste des Browser-Programms angezeigt, wenn der Betrachter den „Mauszeiger" auf einen Hyperlink bzw. Inline-Link führt. Dieser URL kann einfach abgetippt oder mittels weniger „Mausklicks" in die Browser-Befehlszeile kopiert werden.

Transporteure alle (beliebigen) Daten weiterleiten. Die entscheidende Funktion dieser Verknüpfungen besteht darin, daß sie unkundigen Betrachtern einer Website das Auffinden bestimmter Daten im Internet erst ermöglichen oder jedenfalls erleichtern, indem sie auf die Existenz dieser Daten und den „Ort“ ihrer Abrufbarkeit hinweisen bzw. *verweisen.*[157] Dies gilt insbesondere für Suchmaschinen und Webverzeichnisse, die häufig den Ausgangspunkt von Internet-Recherchen bilden, aber auch für URL-Angaben, die nicht als Hyperlink oder Inline-Link, sondern als „schlichter Normaltext“ gestaltet sind[158] und bei denen lediglich die Bedienungserleichterung entfällt[159]. Daher sollen Hyperlinks, Inline-Links/Frames und „Normaltext“-Angaben, die sich auf Daten einer auf einem anderen Server gespeicherten Website beziehen[160], im folgenden als *„Verweise“* bezeichnet werden.

VII. Rezipienten

Akteure, die im Internet Daten *nachfragen* und *empfangen*, werden häufig „Nutzer“[161] genannt.[162] Da dieser Begriff jedoch sowohl im TDG bzw. MDStV als auch in der ECRL als Rechtsterminus verwendet wird[163], soll hier der Bezeichnung *„Rezipient“* der Vorzug gegeben werden.[164] Zwar muß einem Daten-

---

157 Eine solche Funktion haben, obwohl dies dem Betrachter nicht bewußt wird, auch Inline-Links/Frames, mittels derer (wie im oben genannten Beispielsfall 4) eine nicht erkennbare Einbindung von Daten aus einer anderen Website erfolgt.

158 Bei solchen Angaben fehlt es an einer im HTML-Quellcode verankerten Verknüpfung, die bewirkt, daß ein bestimmtes Text- oder Graphikelement durch einen „Mausklick“ aktiviert werden kann. Stattdessen erhält der Betrachter den URL der Zieldaten als normalen Seitentext angezeigt. (Vgl. das oben in Fußnote 86 genannte Beispiel: Würden im HTML-Quellcode die Angaben <a href=„http://www.abc.de“> und </a> weggelassen, dann würde dem Betrachter der Schriftzug „ABC“ nicht als Hyperlink, sondern als Normaltext angezeigt (vgl. http://selfhtml.teamone.de/html/verweise/definieren.htm).

159 Solche Normaltext-Angaben sind zwar nicht durch „Anklicken“ aktivierbar, verweisen aber ebenso auf die Existenz und den URL bestimmter Daten und können einfach abgetippt oder mittels einiger „Mausklicks“ in die Browser-Befehlszeile kopiert werden.

160 Hingegen haben Hyperlinks, Inline-Links/Frames und Normaltext-URL-Angaben, die sich auf Bestandteile einer auf demselben Server gespeicherten Website beziehen (siehe die oben angeführten Beispielsfälle 1 und 3) eher den Charakter eines bloßen internen Ordnungssystems. Dessen Verwender steht zu den in Bezug genommenen Daten funktionell bereits in einer engeren Beziehung, indem er den Server betreibt bzw. verwaltet, auf dem die Daten gespeichert sind.

161 Bzw. (englisch) „User“.

162 Vgl. etwa *Germann*, 104; *Sieber*, Rn. 14; *Wimmer/Michael*, 52.

163 §§ 3 Nr. 2 des TDG/MDStV von 1997, Art. 2 lit. d) ECRL, §§ 3 S. 1 Nr. 2 des neugefaßten TDG/MDStV.

164 Ob ein Rezipient Daten im Einzelfall nachfragt oder aufgrund einer früheren Registrierung regelmäßig (z.B. in Form eines „E-Mail-Newsletters“) automatisch zugesendet er-

empfang immer ein Versand von Daten – z.B. des URL einer WWW-Seite – vorausgehen, jedoch handelt es sich hierbei lediglich um Daten, die der Bearbeitung einer Anfrage dienen. Ihr notwendiger Versand gebietet keine Einordnung des Anfragenden als Daten-Einsender.[165]

VIII. Typisch: Ein Akteur – verschiedene Rollen

Wie bereits stellenweise erwähnt, nehmen Internet-Akteure häufig *zugleich* oder *abwechselnd verschiedene Rollen* wahr:

Viele größere Anbieter[166] stellen ihren Kunden ein umfangreiches „Servicepaket“ zur Verfügung, das neben eigenen Informationsangeboten auch Web-Hosting, einen Internet-Zugang und Verweis-Datenbanken umfaßt.[167] Ein Akteur, der eine an ihn adressierte E-Mail liest, ist Rezipient. Verschickt er eine Antwort, dann wechselt seine Rolle und er wird zum Einsender. Ein ständiger Rollentausch findet insbesondere im Internet Relay Chat statt; die miteinander kommunizierenden Teilnehmer sind abwechselnd Rezipienten und Einsender.

Für die vorgenommene Rollenunterscheidung kommt es jeweils nicht auf den betreffenden Akteur, sondern allein auf seine konkret in Rede stehende *Betätigung* an.[168]

hält, muß unerheblich bleiben, da jedenfalls die Registrierung für den Empfang eine vorweggenommene Nachfrage darstellt.

165 Die Rolle eines Rezipienten ändert sich auch dann nicht, wenn ein Dritter unbefugt auf seinen Computer zugreift, denn ein solcher Entzug von Daten ist nicht mit einem (bewußten) Einsenden an einen Server vergleichbar.

166 Z.B. T-Online, AOL, CompuServe und Yahoo.

167 Vgl. *Greiner*, 21.

168 Vgl. auch *Wimmer/Michael*, 44.

2. Teil: Staatliches Vorgehen zur Bekämpfung von Störungen bzw. Gefährdungen der öffentlichen Sicherheit oder Ordnung im Internet

Die vorliegende Arbeit behandelt das staatliche Tätigwerden zur Bekämpfung bevorstehender oder bereits eingetretener Beeinträchtigungen der öffentlichen Sicherheit oder Ordnung[169] durch Internet-Kommunikation. Hierbei handelt es sich um einen Ausschnitt der *präventiv* ausgerichteten staatlichen *Gefahrenabwehr*.[170] Dieser Bereich ist von der repressiv ausgerichteten Verfolgung von Straftaten (bzw. Ordnungswidrigkeiten[171]) abzugrenzen.[172] Ferner ist zu klären, unter welchen Voraussetzungen eine Störung bzw. Gefährdung der öffentlichen Sicherheit oder Ordnung „im Internet" vorliegen kann.

A. Abgrenzung zwischen staatlicher Gefahrenabwehr und Verfolgung von Straftaten bzw. Ordnungswidrigkeiten

Bei einer (konkreten) *Gefahr*[173] handelt es sich um eine Sachlage, die (im Einzelfall) in absehbarer Zeit mit hinreichender Wahrscheinlichkeit zu einem Schaden für die öffentliche Sicherheit oder Ordnung führen würde.[174] Maßgeblich für die Beurteilung ist die objektive ex-ante-Sicht des handelnden Amts-

---

169 Siehe hierzu näher unten B.

170 Vgl. *Germann*, 184 f.; *Götz*, Rn. 78; *Würtenberger/Heckmann/Riggert*, Rn. 178.

171 Die Verfolgung von Ordnungswidrigkeiten weist im Hinblick auf die Abgrenzung zwischen repressiven und präventiven Maßnahmen keine Besonderheiten gegenüber der Strafverfolgung auf und braucht daher im folgenden nicht gesondert erörtert zu werden.

172 Diese Unterscheidung ist aus verschiedenen Gründen von Bedeutung: Während das allgemeine Gefahrenabwehrrecht in die ausschließliche Gesetzgebungskompetenz der Länder fällt (der Bund besitzt für spezielle Materien Gesetzgebungskompetenzen, die ihm z.B. nach Art. 73 Nr. 10b, 74 I Nr. 4a, 24 GG ausdrücklich zugewiesen sind oder ihm kraft Sachzusammenhangs zustehen [vgl. *Schenke*, Rn. 20 ff.]), besteht für das Strafprozeßrecht als Teil des „gerichtlichen Verfahrens" eine konkurrierende Bundeskompetenz (Art. 74 I Nr. 1 GG). Im Gefahrenabwehrrecht gilt das Opportunitätsprinzip (vgl. etwa § 3 II SächsPolG), im Bereich der Strafverfolgung hingegen das Legalitätsprinzip (§ 163 StPO). Ferner entscheiden über die Rechtmäßigkeit von Gefahrenabwehrmaßnahmen grundsätzlich die Verwaltungsgerichte, über die Rechtmäßigkeit strafprozessualer Ermittlungsmaßnahmen hingegen die ordentlichen Gerichte (vgl. *Würtenberger/Heckmann/Riggert*, Rn. 178).

173 Ihr Vorliegen (bzw. das Vorliegen einer „Steigerungsform" [erhebliche, gegenwärtige Gefahr]) bildet insbesondere die Tatbestandsvoraussetzung spezieller Ermächtigungsgrundlagen der Polizei- und Ordnungsgesetze der Länder zur Erhebung personenbezogener Daten, Einholung von Auskünften und Sicherstellung von Sachen sowie der jeweiligen Generalklauseln zur Gefahrenabwehr (siehe hierzu näher unten 4. Teil G).

174 Diese Begriffsbestimmung ist allgemein anerkannt (statt vieler: *Götz*, Rn. 140); in den neueren Polizei- und Ordnungsgesetzen der Länder ist sie ausdrücklich in den Gesetzestext aufgenommen (vgl. §§ 2 Nr. 1 a) NSOG, 3 Nr. 3 a) SOGLSA, 54 Nr. 3 a) ThürOBG).

walters.[175] Zur Gefahrenabwehr gehört auch die Beseitigung eines bereits eingetretenen Schadens (Störung[176]), soweit hiervon eine weitere Gefahr ausgeht.[177] Ein bloßer *Gefahrenverdacht*[178] besteht, wenn bestimmte Anhaltspunkte auf eine Gefahr oder Störung hindeuten, deren tatsächliches Vorliegen noch nicht beurteilt werden kann.[179] Eine solche Sachlage rechtfertigt lediglich vorläufige behördliche Maßnahmen zur weiteren Aufklärung des Sachverhalts („Gefahrerforschungsmaßnahmen"), die der Betroffene zu dulden hat.[180]

Während die Verhinderung von im Einzelfall drohenden Straftaten zweifellos zur präventiven Aufgabe der Gefahrenabwehr zu rechnen ist, bleibt zu klären, inwieweit auch Maßnahmen *im Vorfeld eines konkreten Gefahrenverdachts*, die zugleich zur Verhinderung von Straftaten beitragen können, präventiver oder repressiver Natur sind.[181] Gefahrenabwehraufgaben und -befugnisse betreffen auch das Vorfeld eines konkreten Gefahrenverdachts: Der Gefahrenvorbeugung bzw. -vorsorge[182] dienen etwa präventive Verbote mit Erlaubnisvorbehalt im „Aufsichtsbereich" des speziellen Sicherheitsrechts[183] (Anzeigepflichten, Erteilung, Rücknahme, Widerruf von Erlaubnissen bzw. Genehmigungen, Untersa-

---

175 Abzustellen ist auf die Perspektive eines „fähigen, besonnenen und sachkundigen Amtswalters" (vgl. *Knemeyer*, Rn. 95; *Martens* in Drews/Wacke/Vogel/Martens, 225).

176 Statt vieler: *Götz*, Rn. 149.

177 *Götz*, Rn. 149; *Würtenberger/Heckmann/Riggert*, Rn. 412.

178 Diese Bezeichnung dürfte der überwiegend verwendeten Terminologie entsprechen, vgl. *Denninger* in Lisken/Denninger, Rn. 38; *Knemeyer*, Rn. 96; *Schenke* in Steiner, Rn. 59 ff.; *Würtenberger* in Achterberg/Püttner/Würtenberger, Rn. 194 ff.

179 D.h. die Behörde weiß, daß es noch an der hinreichenden Wahrscheinlichkeit eines Schadenseintritts fehlt.

180 Aus dem verwaltungsverfahrensrechtlichen Untersuchungsgrundsatz (§ 24 [L]VwVfG) läßt sich eine Pflicht zur Duldung behördlicher Aufklärungsmaßnahmen ableiten (so die h.M.: *VGH Kassel*, NVwZ 1993, 1009, 1010; *OVG Koblenz*, NVwZ 1992, 499, 501; *Breuer*, NVwZ 1987, 751, 754; *Schink*, DVBl 1989, 1182, 1186; *Schoch*, JuS 1994, 667, 669 f.; kritisch *Schenke*, Rn. 90; *Würtenberger/Heckmann/Riggert*, Rn. 425). Teilweise (so etwa *VGH Mannheim*, VBlBW 1993, 298, 300 f.) wird es sogar für zulässig gehalten, dem potentiell Verantwortlichen die Durchführung der Gefahrerforschung aufzugeben, da die Behörde nach § 24 I 2 VwVfG Art und Umfang ihrer Ermittlungen selbst bestimmen könne und Gefahrerforschungsmaßnahmen zugleich den ersten Schritt zur Gefahrenbeseitigung darstellten. Letzteres trifft jedoch nicht zu, wenn sich herausstellt, daß der Gefahrenverdacht unbegründet war. Im übrigen erlegt § 24 I VwVfG die Sachverhaltsermittlung der Behörde auf; die Bestimmung bildet als Regelung des Verwaltungsverfahrens keine Ermächtigungsgrundlage dafür, einem Privaten die Sachverhaltsaufklärung aufzugeben und so die Ermittlungslast auf diesen abzuschieben. Siehe zum behördlichen Tätigwerden im Vorfeld eines Gefahrenverdachts sogleich im folgenden.

181 Vgl. *Würtenberger/Heckmann/Riggert*, Rn. 178.

182 Terminologie nach *Knemeyer*, Rn. 15, 58.

183 Zu nennen ist hier insbesondere das Wirtschaftsverwaltungsrecht (vgl. *Gusy*, Rn. 15).

gung bestimmter Betätigungen[184]). Auch Maßnahmen, die eine Behörde in den Stand setzen, erst später konkret werdende Gefahren abzuwehren, nicht jedoch ihrem Eintritt vorzubeugen – wie insbesondere das Ausschau-Halten nach einem Gefahrenverdacht – gehören als „Vorbereitung auf die Gefahrenabwehr“ zum präventiven Aufgabenbereich.[185] Zu nennen ist insofern vor allem die polizeiliche Erhebung und Verarbeitung personenbezogener Daten.[186] Auch die Nachrichtendienste[187], deren Aufgabe die Sammlung und Auswertung von Informationen über verfassungsfeindliche Bestrebungen bzw. außen- und sicherheitspolitisch relevante Vorgänge ist, werden im Vorfeld des konkreten Gefahrenverdachts zur Vorbereitung auf die Gefahrenabwehr tätig.[188]

Da die Verfolgung von Straftaten repressiven Charakter hat, ist die Abgrenzung zwischen präventivem und repressivem Tätigwerden der Polizei vor allem im Bereich der *Vorsorge für die Verfolgung von Straftaten* („vorbeugende Bekämpfung von Straftaten“[189]) problematisch.[190] Die Vorsorge für die Verfolgung von Straftaten soll – insbesondere durch Datenerhebung und -nutzung – künftige Strafverfahren erleichtern.[191] Da die Strafverfolgung gemäß § 152 II StPO einen Anfangsverdacht – d.h. zureichende tatsächliche Anhaltspunkte für eine verfolgbare Straftat – voraussetzt[192], kommt im repressiven Bereich eine „Verfolgungsvorsorge“ ohne Anfangsverdacht nicht in Betracht.[193] Allerdings regelt die StPO das Strafverfahren nicht abschließend, so daß durchaus Raum für eine Qualifi-

184 So z.B. nach §§ 14, 15 II, 33 d I 1, 33d IV 1, 35 der Gewerbeordnung.

185 Vgl. § 1 I 2, 2. Hs. MEPolG und z.B. die Regelungen in Berlin, Brandenburg, Hamburg, Mecklenburg-Vorpommern, Nordrhein-Westfalen und Thüringen (siehe *Knemeyer*, Rn. 75), die insoweit dem MEPolG entsprechen. Aber auch soweit keine Übernahme des § 1 I 2 MEPolG durch die Länder erfolgt ist (wie z.B. in Baden-Württemberg), gehört die „Vorbereitung auf die Gefahrenabwehr“ zu den präventiven Aufgaben (*Knemeyer*, Rn. 15, 71 ff.; vgl. *Germann*, 253; *Würtenberger/Heckmann/Riggert*, Rn. 33, 590).

186 Vgl. §§ 8a ff. MEPolG. Die Generalklauseln (vgl. § 8 MEPolG) können jedoch nicht herangezogen werden, da es bei solchen Vorfeldmaßnahmen (noch) an einer konkreten Gefahr fehlt.

187 Hierbei handelt es sich um die Verfassungsschutzbehörden des Bundes und der Länder, den Militärischen Abschirmdienst (MAD) und den Bundesnachrichtendienst (BND).

188 Siehe zu den Aufgaben und Befugnissen der Nachrichtendienste näher unten 4. Teil F. I.

189 Vgl. § 1 I 2, 1. Alt. MEPolG.

190 Die „Verhütung von Straftaten“, die ebenfalls Bestandteil der „vorbeugenden Bekämpfung von Straftaten“ ist (vgl. § 1 I 2, 2. Alt. MEPolG), stellt hingegen eindeutig eine präventive Aufgabe dar, da sie dem Eintritt einer Störung der öffentlichen Sicherheit in Form der Verletzung von Strafnormen vorbeugen soll (vgl. *Würtenberger/Heckmann/Riggert*, Rn. 179).

191 *Würtenberger/Heckmann/Riggert*, Rn. 181.

192 Vgl. *Meyer-Goßner*, § 152, Rn. 4.

193 *Kniesel/Vahle*, DÖV 1987, 953, 955; *Lisken*, ZRP 1994, 264, 268; *Würtenberger/Heckmann/Riggert*, Rn. 181.

zierung der „Verfolgungsvorsorge“ im Vorfeld eines Anfangsverdachts als präventive Aufgabe bleibt, wie sie im Konsens zwischen Bund und Ländern mit der Regelung in § 1 I 2, 1. Alt. MEPolG erfolgt ist.[194] Einschlägige Ermächtigungsnormen finden sich in den Regelungen über die polizeiliche Datenerhebung und -verarbeitung.[195] Sollen im Rahmen eines Strafverfahrens gewonnene Daten weiter zur „Verfolgungsvorsorge“ genutzt werden, so handelt es sich wegen des engen strafprozessualen Bezugs um eine repressive Maßnahme. Hingegen weist eine weitere Datennutzung zur Verhinderung bzw. Verhütung von Straftaten einerseits Bezug zum Strafverfahren auf, dient andererseits aber auch präventiven Zwecken. Sie kann daher im Länder-Gefahrenabwehrrecht geregelt werden, soweit der Bund keine abschließende Regelung (als „Annex“ zur Strafverfolgung) getroffen hat.[196]

Liegen tatsächliche Anhaltspunkte für eine Straftat vor, d.h. besteht zugleich ein Anfangs- und Gefahrenverdacht, so ist eine Maßnahme, die *„doppelfunktional“* sowohl repressiven als auch präventiven Zwecken dient[197], dem Bereich zuzuordnen, in dem ihr Schwergewicht liegt.[198]

B. Vorliegen einer Störung oder Gefährdung der öffentlichen Sicherheit oder Ordnung im Internet

Weiterhin ist zu klären, unter welchen Voraussetzungen eine Störung bzw. Gefährdung der öffentlichen Sicherheit oder Ordnung „im Internet“ vorliegen kann.

---

194 Mit der h.M. (*BVerwG*, NJW 1990, 2768, 2769; *VGH Mannheim*, DVBl 1992, 1309, 1311 f.; *Götz*, Rn. 86, 544; *Knemeyer*, Rn. 75; *Kniesel/Vahle*, DÖV 1987, 953, 955 f.; *Schoch*, JuS 1994, 391, 394; *Würtenberger/Heckmann/Riggert*, Rn. 181; a.A. *Denninger*, CR 1988, 51, 54; differenzierend *Germann*, 255 ff.) ist daher die „Verfolgungsvorsorge“ als präventive Aufgabe anzusehen.

195 Vgl. §§ 8a ff. MEPolG, 19 ff. BWPolG.

196 Eine bundesgesetzliche Regelung bildet § 81b, 2. Alt. StPO. Es handelt sich insoweit um „in die StPO als Fremdkörper aufgenommenes materielles Polizeirecht“, für das der Bund nach Art. 74 Nr. 1 GG kraft Sachzusammenhangs die Gesetzgebungskompetenz hat (*Meyer-Goßner*, § 81b, Rn. 3). Eingriffsbefugnisse zur weiteren (präventiven) Nutzung finden sich etwa in § 10a III MEPolG (vgl. z.B. § 38 I BWPolG).

197 „Schulbeispiel“ ist das polizeiliche Einschreiten bei einer Geiselnahme (vgl. *Knemeyer*, Rn. 123 f.; *Würtenberger/Heckmann/Riggert*, Rn. 188): Wird durch einen gezielten Schuß auf den Geiselnehmer dieser fluchtunfähig und die Geisel befreit, so dient diese Maßnahme zugleich der Strafverfolgung und der Abwehr einer Gefahr für die Geisel.

198 Vgl. *BVerwGE* 47, 255, 265; *Knemeyer*, Rn. 122 ff.; *Würtenberger/Heckmann/Riggert*, Rn. 189. Die Bestimmung des „Schwergewichts“ ist naturgemäß problematisch. Im Einzelfall wird eine Rechtsgüterabwägung (zwischen dem Rang der Rechtsgüter einer bedrohten Person und der Bedeutung des staatlichen Strafanspruchs) vorzunehmen sein. Eine ausnahmsweise „gleichgewichtige“ Maßnahme kann auf das Gefahrenabwehrrecht oder das Strafprozeßrecht gestützt werden (*Würtenberger/Heckmann/Riggert*, Rn. 191).

I. Schutzgut „öffentliche Sicherheit“

Bei der *„öffentlichen Sicherheit“* handelt es sich um die Unverletzlichkeit der objektiven Rechtsordnung, der subjektiven Rechte und Rechtsgüter des einzelnen sowie des Bestandes, der Einrichtungen und Veranstaltungen des Staates oder sonstiger Träger von Hoheitsgewalt.[199] Kein Schutzgut ist die Rechtsordnung selbst; jedoch weisen ihre Normen darauf hin, welche Schutzgüter im Fall ihrer Verletzung ein staatliches Einschreiten ermöglichen. Von besonderer Bedeutung sind insofern *öffentlich-rechtliche Normen*, insbesondere solche des Strafrechts, die bestimmte Rechtsgüter im öffentlichen Interesse schützen.[200] Was diese Normen angeht, so ist allein die Verwirklichung ihres objektiven Tatbestands maßgeblich, denn die subjektiven Vorstellungen und Absichten oder die Schuldfähigkeit eines potentiellen Maßnahmeadressaten sind regelmäßig schwer erkennbar und mit Blick auf das Erfordernis einer möglichst schnellen und effektiven Gefahrenabwehr[201] kann eine gerichtliche Klärung nicht abgewartet werden.[202]

---

199 So die Legaldefinitionen einiger Polizei- und Ordnungsbehördengesetze (§§ 2 Nr. 1 BremPolG, 3 Nr. 1 SOGLSA, 54 Nr. 1 ThürOBG); vgl. *Denninger* in Lisken/Denninger, Rn. 6; *Götz*, Rn. 89.

200 Vgl. (statt vieler) *Würtenberger/Heckmann/Riggert*, Rn. 404 f.

201 Vgl. *Gusy*, Rn. 371; *Knemeyer*, Rn. 340.

202 Vgl. *BVerwGE* 64, 55, 61; *Denninger* in Lisken/Denninger, Rn. 8; *Martens* in Drews/Wacke/Vogel/Martens, 236. Was Strafnormen betrifft, so muß außer Betracht bleiben, ob eine Tat aufgrund eines Rechtfertigungsgrundes erlaubt ist: Wäre sie dies, dann würde sie zwar weder unter dem Gesichtspunkt des Handlungs- noch des Erfolgsunrechts die öffentliche Sicherheit stören, denn das Vorliegen aller Voraussetzungen eines Rechtfertigungsgrundes schließt das Handlungs- und Erfolgsunrecht einer Straftat aus (*Wessels/Beulke*, Rn. 277; a.A. im Ergebnis *Germann*, 218). Jedoch setzt die Rechtfertigung auch subjektive Elemente – insbesondere das Bewußtsein des Täters von der rechtfertigenden Sachlage – voraus (statt vieler: *Wessels/Beulke*, Rn. 275), die im Rahmen der Gefahrenabwehr nicht berücksichtigt werden können.

1. Relevante öffentlich-rechtliche – insbesondere strafrechtliche – Normen im Überblick

Als „Netz-Kriminalität“[203] wurden in jüngerer Zeit vor allem Fälle der Verbreitung von Pornographie, extremistischer Propaganda, Beleidigungen, Gewaltdarstellungen, Anleitungen oder Verabredungen zu Straftaten sowie Urheberrechtsverletzungen im Internet zum Gegenstand behördlicher und gerichtlicher Befassung und öffentlicher Diskussion. Als Beispiele seien nur die Fälle „xs4all/radikal“[204], „CompuServe“[205], „Napster“[206] sowie die Anfang 2002 von der Bezirksregierung Düsseldorf erlassenen Sperrungsverfügungen[207] genannt.

---

203 Dabei handelt es sich um Fälle des Computermißbrauchs in offenen Netzen. Hierzu zählen – neben den sogleich erörterten Delikten – etwa das Ausspähen von Daten (§ 202a StGB), die Datenveränderung (§ 303a StGB), die Computersabotage (§ 303b StGB), der Computerbetrug (§ 263a StGB), die Verletzung geschützter Geheimnisse (§§ 203, 204, 206 StGB) und Verstöße gegen Datenschutzbestimmungen (vgl. §§ 43, 44 BDSG); vgl. *Sieber* in Hoeren/Sieber, Teil 19, Rn. 19, 29 ff., 416 ff. Das erste internationale Abkommen über Datennetz-Kriminalität, die *Convention on Cybercrime* (CCC), wurde im November 2001 von 26 Mitgliedstaaten des Europarats sowie Japan, Kanada, Südafrika und den USA unterzeichnet (acht weitere Staaten folgten bisher) und ist am 01.07.2004 in Kraft getreten. Eine Ratifikation durch Deutschland steht allerdings noch aus. *Art. 2 ff. CCC* enthalten materielle Strafbestimmungen zum Schutz der Vertraulichkeit, Integrität und Verfügbarkeit von Computerdaten/-systemen und Schutz vor Computerbetrug sowie Strafvorschriften betreffend Kinderpornographie und Urheberrechtsverletzungen. Aufgrund des Widerstands der USA fand die Verbreitung rassistischen und fremdenfeindlichen Materials keinen Eingang in die Straftatbestandsliste (verabschiedet wurde jedoch ein entsprechendes Zusatzprotokoll). *Art. 14 ff. CCC* betreffen strafverfahrensrechtliche Befugnisse zur Erhebung, Sicherung, Weitergabe und Herausgabe von Computerdaten, Durchsuchung bzw. Beschlagnahme von Computersystemen/-daten und Regelungen über die Gerichtsbarkeit. *Art. 23 ff. CCC* befassen sich mit der internationalen Zusammenarbeit bei Ermittlungs- und Strafverfahren, einschließlich der Erhebung von in elektronischer Form vorliegenden Beweisen. Siehe näher etwa *Baier*, ZUM 2004, 39, 41 ff.; *Gercke*, CR 2004, 782 ff.; *Kloepfer*, InfR, § 2, Rn. 44; *Sanchez-Hermosilla*, CR 2003, 774, 775 ff. Für die materielle Strafrechtsvereinheitlichung im europäischen Rahmen ist insbesondere auch der vom Rat der EU am 29.07.2003 vorgelegte überarbeitete Entwurf für einen *Rahmenbeschluß zur Bekämpfung der sexuellen Ausbeutung von Kindern und der Kinderpornografie* bedeutsam (siehe dazu etwa *Baier*, ZUM 2004, 39, 48 ff.; *Sanchez-Hermosilla*, CR 2003, 774, 778 f.).

204 Auf einem niederländischen Server war eine WWW-Seite mit einer digitalisierten Ausgabe der Zeitschrift „radikal“ abrufbar, die eine Anleitung zur Sabotage von Einrichtungen der Deutschen Bahn AG enthielt. Daraufhin ermittelte die Generalbundesanwaltschaft u.a. gegen den Betreiber dieses Servers und deutsche Zugangsbetreiber. Die Ermittlungen richteten sich auch gegen die ehemalige stellvertretende PDS-Vorsitzende Marquardt, die auf ihrer Homepage einen Hyperlink auf die WWW-Seiten angebracht hatte, auf denen später die fragliche Sabotageanleitung erschien. Das 1996 angelaufene Verfahren gegen Marquardt endete im Juni 1997 mit einem Freispruch durch das *AG Berlin-Tiergarten* (CR 1998, 111; m. Anm. *Vassilaki*, 111 f.); vgl. *Bleisteiner*, 61 f.

Wird das Internet als Kommunikationsmittel genutzt, um verbotene Handlungen zu verabreden, die als solche keinen Bezug zum „Online"-Datenaustausch haben, so ersetzt oder ergänzt es lediglich andere Kommunikationsformen. Solche Kommunikation stört bzw. gefährdet die öffentliche Sicherheit nur, soweit ausnahmsweise bereits die Vorbereitung der betreffenden Handlung selbständig rechtlich mißbilligt ist.[208] Anders liegt es hingegen im Fall einer *rechtlichen Mißbilligung bestimmter Daten*[209] oder eines *bestimmten Umgangs mit Daten.*[210]

(m.w.N.); *Boese*, 45 f.; *Flechsig/Gabel*, CR 1998, 351, 352; *Vassilaki*, MMR 1998, 247, 248.

205 Auf einem News-Server der CompuServe USA war von Dritten eingespeistes pornographisches Material abrufbar. Der Geschäftsführer der Tochtergesellschaft CompuServe Deutschland, die die deutschen Kunden über Einwählknoten und eine Standleitung mit der CompuServe USA verband, wurde in erster Instanz u.a. wegen mittäterschaftlicher Verbreitung pornographischer Schriften verurteilt (*AG München*, CR 1998, 500 ff. [CompuServe I]; siehe dazu etwa *Moritz*, CR 1998, 505 ff.; *Sieber*, MMR 1998, 438 ff.; *Vassilaki*, NStZ 1998, 521 f.), jedoch in der Berufungsinstanz freigesprochen (*LG München I*, CR 2000, 117 ff. [CompuServe II]; siehe dazu etwa *Heghmanns*, ZUM 2000, 463 ff.; *Moritz*, CR 2000, 119 ff.).

206 Napster ermöglichte den unentgeltlichen Austausch von „MP3"-Musikdateien. Hierzu registrierte der Dienst die auf den Rechnern der Teilnehmer gespeicherten Dateien in einer Datenbank und stellte auf entsprechende Anfragen hin über seine Server direkte Verbindungen zwischen den Rechnern der Teilnehmer her, über die ein Download der gewünschten Dateien erfolgen konnte (vgl. *U.S. District Court for the Northern District of California*, Entscheidung vom 05.05.2000, A&M Records Inc. v. Napster Inc., GRUR Int. 2000, 1066 ff.). Das massive gerichtliche Vorgehen der Musikindustrie führte schließlich zur Einstellung der Tauschbörse im Juli 2001 (siehe etwa http://www.heise.de/newsticker/meldung/18951; *Grimming*). Seit Oktober 2003 wird Napster als kostenpflichtiger Download-Dienst fortgeführt (siehe http://www.heise.de/newsticker/meldung/41511).

207 Die Bezirksregierung Düsseldorf verpflichtete eine große Zahl von Zugangsbetreibern zur Sperrung des Zugangs zur Nutzung zweier rechtsextremistischer Websites, die auf ausländischen Servern abrufbar sind. Siehe hierzu näher unten 6. Teil H.

208 Vgl. insbesondere § 30 StGB. Um einen solchen Fall handelte es sich bei der Planung der terroristischen Anschläge in den USA vom 11.09.2001, bei der die Täter auch per E-Mail kommunizierten (vgl. http://www.washingtonpost.com/wp-dyn/articles/A2325-2001Oct3.html).

209 Insofern sind vor allem die Äußerungs- und Verbreitungsverbote des StGB und des JMStV von Bedeutung (siehe näher unten a) und b)). Der Anteil pornographischen Materials im Internet wird auf ca. 0,3 bis 1 % geschätzt (vgl. *Sieber*, CR 1997, 581, 587; *derselbe* in Hoeren/Sieber, Teil 19, Rn. 320); die Angaben über die Zahl rechtsextremistischer Webseiten bewegen sich zumeist zwischen 1.000 und 4.000 (siehe etwa http://odem.org/informationsfreiheit/zahlen-naziseiten.html).

210 Zu nennen sind insbesondere die urheberrechtlichen Strafvorschriften, wie z.B. § 106 UrhG (siehe unten c)). Um einen mißbilligten Umgang mit bestimmten Daten geht es etwa auch bei §§ 202a, 303a, 303b StGB, die destruktive Manipulationen fremder Rechner erfassen („Hacking", Computersabotage, -spionage, -manipulation – insbesondere

Insofern kann von einer Störung bzw. Gefährdung der öffentlichen Sicherheit *„durch“* Internet-Kommunikation die Rede sein.[211] Auf einige relevante Fälle soll im folgenden näher eingegangen werden.

a) Äußerungs- und Verbreitungsdelikte des Strafgesetzbuchs

Äußerungsdelikte erfassen die Entäußerung bzw. Mitteilung bestimmter Gedankeninhalte an andere Personen. Diese Gedankeninhalte sind als solche rechtlich mißbilligt, weil sie geschützte Rechtsgüter – wie die Menschenwürde, die ungestörte psychische Entwicklung Jugendlicher oder die persönliche Ehre[212] – beeinträchtigen können. So stellen etwa §§ 129 I, 129a V, 130 I und 185-187 StGB[213] verschiedene *Äußerungen* unter Strafe. Die Palette der Tathandlungen umfaßt das „Aufstacheln“, „Auffordern“, „Beschimpfen“, „Verächtlichmachen“, „Werben“, „Beleidigen“, „Behaupten“ und „Verbreiten“. Die Äußerung muß sich an eine oder mehrere andere Person(en) richten und zu deren Kenntnisnahme bestimmt sein[214], wobei hinsichtlich der verschiedenen Tathandlungen zum Teil umstritten ist, ob auch tatsächlich ein Dritter Kenntnis erlangen muß.[215] Die konkrete Form der Äußerung ist jeweils unerheblich.[216] Durch entsprechende Äußerungen im Internet können diese Straftatbestände also unabhängig von der gewählten Kommunikationsform verwirklicht werden.[217] Einige Straftatbestände stellen auf *bestimmte Modalitäten einer Äußerung* ab: So setzen beispielsweise §§ 86a I Nr. 1, 2., 3. Alt., 111 I, 1., 2. Alt., 130a II Nr. 2, 166 I, 1. Alt., II, 1. Alt. StGB[218] eine *„öffentliche“* oder *„in einer Versammlung“* erfolgte Äußerung

---

durch unbefugtes Eindringen in Computersysteme oder Versenden von Computerviren); siehe näher *Sieber* in Hoeren/Sieber, Teil 19, Rn. 30 ff.; *Zöller*, GA 2000, 563, 565 f.

211 So etwa *Germann*, 184.

212 Diese Rechtsgüter werden etwa durch §§ 130, 131, 184 ff., 185 ff. StGB geschützt. Siehe zur Sanktionierung der Verbreitung jugendgefährdenden pornographischen Materials in anderen europäischen Staaten näher *Liesching*, MMR 2003, 156 ff., 162 f.

213 Werbung für kriminelle bzw. terroristische Vereinigungen, Volksverhetzung, Beleidigung, üble Nachrede, Verleumdung.

214 Vgl. zu §§ 185 ff. StGB etwa *Wessels/Hettinger*, Rn. 479, und zu § 130 I Nr. 1, 2. Alt. StGB *Kühl* in Lackner/Kühl, § 130, Rn. 5, § 111, Rn. 3.

215 Bei §§ 185 ff. StGB ist dies erforderlich (vgl. *Wessels/Hettinger*, Rn. 487). Hingegen ist bezüglich des „Aufforderns“ i.S.d. § 130 I Nr. 1, 2. Alt. StGB umstritten, ob ein anderer Kenntnis erlangen muß (wohl bejahend *Lenckner* in Schönke/Schröder, § 130, Rn. 5b; verneinend [offenbar, weil die Vorschrift als abstraktes Gefährdungsdelikt angesehen wird] *Fischer* in Tröndle/Fischer, § 130, Rn. 10, § 111, Rn. 3; *Kühl* in Lackner/Kühl, § 130, Rn. 5, § 111, Rn. 3).

216 Für § 130 I StGB: *Lenckner* in Schönke/Schröder, § 130, Rn. 5.

217 Vgl. *Germann*, 185.

218 Verwenden von Kennzeichen verfassungswidriger Organisationen, öffentliche Aufforderung zu Straftaten, Anleitung zu Straftaten, Beschimpfung von Bekenntnissen, Religionsgesellschaften oder Weltanschauungsvereinigungen.

voraus. Eine Äußerung ist *„öffentlich"*, wenn sie für einen nach Zahl und Individualität *unbestimmten* oder nicht durch persönliche Beziehungen verbundenen *größeren bestimmten Kreis von Personen* wahrnehmbar ist oder zur Wahrnehmung angeboten wird.[219] Öffentlich sind daher (mit Ausnahme der E-Mail-Kommunikation) die meisten im Internet getätigten Äußerungen – insbesondere solche, die auf allgemein zugänglichen Servern abrufbar sind oder im „Chat"[220] erfolgen.[221] Bei geschlossenen Benutzergruppen[222] kommt es darauf an, inwieweit die Gruppenangehörigen durch persönliche Beziehungen verbunden sind. Eine *„Versammlung"* ist eine räumlich zu einem bestimmten Zweck vereinigte Personenmehrheit[223]; die betreffenden Personen müssen sich also zusammen an einem „realen" Ort aufhalten.[224] Eine „virtuelle Zusammenkunft", beispielsweise im IRC, kann mit Blick auf das strafrechtliche Analogieverbot (Art. 103 II GG, § 1 StGB) nicht als „Versammlung" im Sinne der fraglichen Straftatbestände angesehen werden.[225]

Häufig ist die Begehungsweise „(durch) *Verbreiten* bzw. *Zugänglichmachen* von *Schriften*" unter Strafe gestellt – so etwa in §§ 86 II[226], 86a I Nr. 1, 111 I, 130 II Nr. 1, 131 I Nr. 1, 2[227], 166 I, II, 184 I Nr. 5[228], 184a Nr. 1, 2[229], 184b I

219 *Kühl* in Lackner/Kühl, § 80a, Rn. 2.

220 Vgl. oben 1. Teil C. V.

221 Zwar ist vor jeder Äußerung im IRC der Kreis der Empfänger fest umrissen, so daß sich die Äußerung nicht an eine unbestimmte Vielzahl von Personen richtet (*Germann*, 186). Jedoch bleibt (entgegen *Germann*, 186) der Teilnehmerkreis eines IRC-Kanals nur dann „überschaubar", d.h. „mit einem Blick" zu erfassen, wenn der Betreiber des Kanals die Zahl der Teilnehmer von sich aus auf ein überschaubares Maß beschränkt. Ansonsten kann – gerade in „Stoßzeiten" – schnell eine größere Anzahl von Teilnehmern erreicht sein, die nicht durch persönliche Beziehungen untereinander verbunden sind.

222 Diese sind nur Personen zugänglich, die über eine vom Administrator der Gruppe vergebene Benutzerkennung mit dazugehörigem Paßwort verfügen.

223 *Fischer* in Tröndle/Fischer, § 80a, Rn. 2; *Willms* in Jescheck/Ruß/Willms, § 90, Rn. 8. Anders *Stree/Sternberg-Lieben* in Schönke/Schröder, § 90, Rn. 5; *Kühl* in Lackner/Kühl, § 80a, Rn. 2 („Beisammensein einer größeren Zahl von Personen"), die dann aber auf „anwesende Personen" bzw. „Zusammenkünfte" abstellen, was darauf hindeutet, daß es ebenfalls auf die gleichzeitige physische Anwesenheit an einem „realen" Ort ankommen soll.

224 Vgl. hierzu die von *Fischer* in Tröndle/Fischer, § 80a, Rn 2; *Willms* in Jescheck/Ruß/Willms, § 90, Rn. 8; *Stree/Sternberg-Lieben* in Schönke/Schröder, § 90, Rn. 5, genannten Beispiele (Vereinsversammlungen, Betriebsversammlungen, Filmvorführungen, Vorträge).

225 So im Ergebnis auch *Germann*, 187.

226 Verbreiten von Propagandamitteln verfassungswidriger Organisationen.

227 Gewaltdarstellung.

228 Verbreitung pornographischer Schriften.

229 Verbreitung gewalt- oder tierpornographischer Schriften.

Nr. 1, 2[230], 186 und 187 StGB. Diese Normen verweisen jeweils auf § 11 III StGB. Hiernach stehen den „Schriften" (auch) *„Datenspeicher"* gleich. Um solche handelt es sich bei elektronischen, elektromagnetischen und sonstigen Datenspeichern, die gedankliche Inhalte verkörpern, welche unter Zuhilfenahme technischer Geräte – insbesondere einer Bildschirmanzeige – wahrnehmbar werden.[231] Hierunter fallen sowohl Datenträger, auf denen Daten dauerhaft gespeichert werden (z.B. Computer-Festplatten, CDs), als auch nur vorübergehend gespeicherte Inhalte elektronischer Rechner-Arbeitsspeicher[232] – nicht jedoch Echtzeitübermittlungen (insbesondere: Rundfunkübertragung, paketweise Datenübermittlung) einschließlich zu deren Durchführung erfolgender kurzfristiger Zwischenspeicherungen.[233] Seit dem 01.04.2004 erfassen §§ 130 II Nr. 2, 131 II und 184c StGB ausdrücklich das Verbreiten bestimmter Darbietungen durch *Rundfunk, Medien-* oder *Teledienste*. Um ein *„Verbreiten"* handelt es sich bei einer *Weitergabe* von Daten an einen unbestimmten bzw. unkontrollierbaren Personenkreis oder auch nur eine andere Person mit dem Ziel, sie einem größeren (bestimmten oder unbestimmten) Personenkreis zugänglich zu machen.[234]

---

230 Verbreitung kinderpornographischer Schriften.

231 *BT-Drs. 13/7385*, 36. Vor der Einfügung des Begriffs „Datenspeicher" in § 11 III StGB durch das Informations- und Kommunikationsdienstegesetz (1997) umfaßten die den „Schriften" gleichstehenden „Darstellungen" alle sinnlich – wenn auch lediglich durch den Einsatz von Hilfsmitteln – wahrnehmbaren und stofflich verkörperten bzw. sonst auf einige Dauer fixierten Zeichen (vgl. *Beisel/Heinrich*, CR 1997, 360, 361; *Derksen*, NJW 1997, 1878, 1881; *Eser* in Schönke/Schröder, § 11, Rn. 78). Darunter fielen nur körperliche Gebilde von gewisser Dauer, also z.B. Datenträger, nicht aber der (flüchtige) Inhalt von Computer-Arbeitsspeichern oder Bildschirmanzeigen (*Ackermann*, 104; *Beisel/Heinrich*, CR 1997, 360, 361 f.; *Derksen*, NJW 1997, 1878, 1881; *Eser* in Schönke/Schröder, § 11, Rn. 78; *Sieber*, JZ 1996, 494, 495; *Tröndle* in Tröndle/Fischer [49. Auflage 1999], § 11, Rn. 42a; a.A. *Altenhain*, CR 1997, 485, 495).

232 Nach der Gesetzesbegründung (*BT-Drs. 13/7385*, 36) soll die Einfügung des Begriffs des „Datenspeichers" lediglich „klarstellen", daß § 11 III StGB auch elektronische Arbeitsspeicher erfaßt (vgl. auch *Fischer* in Tröndle/Fischer, § 11, Rn. 36 f.; *Lackner* in Lackner/Kühl, § 11, Rn. 28). Ob Computer-Bildschirmanzeigen selbst auch vom Schriftenbegriff umfaßt sind, kann dahinstehen, da sie auf dem Inhalt des Arbeitsspeichers beruhen, der nun eindeutig unter § 11 III StGB fällt (vgl. *BGH*, NJW 2001, 3558, 3559; *Sieber* in Hoeren/Sieber, Teil 19, Rn. 604; a.A. *Germann*, 188, der den „mit den ... nötigen Daten gefüllten Bildschirmspeicher" nicht als „Datenspeicher" ansieht, da dieser nur der einmaligen Wahrnehmung der Darstellung diene).

233 *BT-Drs. 13/7385*, 36. Es sollte nicht auf das Erfordernis einer gewissen – wenn auch minimalen – stofflichen Fixierung verzichtet werden (*Engel-Flechsig/Maennel/Tettenborn*, 32). Die Übermittlung von Chat-Beiträgen im IRC fällt als solche – mangels Speicherung auf den beteiligten IRC-Servern – nicht unter den Schriftenbegriff (so auch *Germann*, 189); erfaßt sind jedoch die Chat-Beiträge, die (wenn auch nur vorübergehend) in Arbeitsspeichern vorgehalten werden.

234 Vgl. *Fischer* in Tröndle/Fischer, § 74d, Rn. 4; *Lackner* in Lackner/Kühl, § 74d, Rn. 5; *Lenckner/Perron* in Schönke/Schröder, § 184, Rn. 57.

Entgegen der herrschenden Meinung[235] liegt ein „Verbreiten" (auch) vor, wenn Daten via Internet unkörperlich von einem Datenspeicher in einen anderen übertragen werden.[236] Ein (öffentliches) *„Zugänglichmachen"* setzt keine Weitergabe von Daten voraus, sondern nur, daß einem anderen die Möglichkeit eröffnet wird, ihren Inhalt sinnlich wahrzunehmen.[237] Dies ist (bereits) der Fall, wenn entsprechende Daten auf einem Server zum Lesezugriff bereitgestellt werden; nicht erforderlich ist, daß auch tatsächlich ein Zugriff erfolgt.[238]

Einige Strafnormen erfassen auch denjenigen, der Schriften „bezieht", „einzuführen unternimmt"[239], „besitzt"[240] oder es „unternimmt, sich (ihren) Besitz zu verschaffen"[241]. Bei diesen Tathandlungen geht es nicht um eine Weitergabe, sondern um das *Herbeiführen* oder *Aufrechterhalten* eines *tatsächlichen Herrschaftsverhältnisses* über entsprechende Daten.[242] Entgegen der überwiegenden

---

235 Hiernach soll es bei der „Online"-Übermittlung – auch bei anschließender dauerhafter Speicherung auf einem Datenträger – mangels körperlicher Datenübertragung an einer „Verbreitung" fehlen (*OLG Nürnberg*, NStZ-RR 1999, 238, 240; *Cornils*, JZ 1999, 394, 397; *Eser* in Schönke/Schröder, § 11, Rn. 78; *Jofer*, 167 ff.; *Koch*, MMR 1999, 709; *Lenckner/Perron* in Schönke/Schröder, § 184, Rn. 57; *Sieber* in Hoeren/Sieber, Teil 19, Rn. 606).

236 Angesichts der Einbeziehung der Inhalte von Computer-Arbeitsspeichern in den Schriftenbegriff des § 11 III StGB und der technischen Möglichkeiten der Duplizierung und elektronischen Übertragung digitalisierter Daten erscheint nämlich das Festhalten am Erfordernis der „körperlichen Übertragung" zweifelhaft. Es ist nicht einzusehen, warum der „Online"-Versand einer „Schrift" anders zu bewerten sein soll als der etwa mittels Briefpost erfolgende „Offline"-Versand eines Datenträgers, auf dem dieselben Daten verkörpert sind. Ein „Verbreiten" liegt also vor, wenn unkörperlich übermittelte Daten beim Rezipienten-Computer angekommen sind; unerheblich ist, ob sie dort dann auch permanent gespeichert werden (*BGH*, NJW 2001, 3558, 3559; vgl. *Germann*, 191 f.; *Koch*, 262; *Pelz*, wistra 1999, 53, 54). Ein „Verbreiten" von Daten findet auch im IRC statt, da die empfangenen Chat-Beiträge in den Arbeitsspeicher des Rezipienten-Computers gelangen (abweichend *Germann*, 192).

237 Vgl. *Fischer* in Tröndle/Fischer, § 74d, Rn. 6; *Kühl* in Lackner/Kühl, § 184, Rn. 5; *Sieber*, JZ 1996, 494, 495.

238 *BGH*, NJW 2001, 3558, 3559 f. (vgl. *BGH*, NJW 2001, 624, 626); *Eser* in Schönke/Schröder, § 11, Rn. 78; vgl. *Pelz*, wistra 1999, 53, 54; *Sieber* in Hoeren/Sieber, Teil 19, Rn. 607. Im Hinblick auf das Merkmal des „öffentlichen" Zugänglichmachens kann auf die Ausführungen zur „öffentlichen" Äußerung von Gedankeninhalten verwiesen werden.

239 So etwa §§ 130 II Nr. 1 d), 184 I Nr. 4 („im Wege des Versandhandels"), Nr. 8, 184a Nr. 3, 184b I Nr. 3 StGB. Diese Strafvorschriften setzen zumeist voraus, daß der Täter die Absicht hat, die betreffenden Schriften wiederum zu verbreiten oder zugänglich zu machen.

240 So etwa § 184b IV 2 StGB.

241 § 184b IV 1 StGB.

242 *Fischer* in Tröndle/Fischer, § 184, Rn. 51; *Kühl* in Lackner/Kühl, § 184, Rn. 8b; *Lenckner/Perron* in Schönke/Schröder, § 184, Rn. 44, 65.

Ansicht[243] ist diese Voraussetzung nicht erst erfüllt, wenn „online" übermittelte Daten dauerhaft auf einem Datenträger verkörpert worden sind, sondern bereits dann, wenn sie sich im Arbeitsspeicher des empfangenden Computers befinden[244], denn dessen (flüchtiger) Inhalt fällt unter § 11 III StGB und der Rezipient übt ein tatsächliches Herrschaftsverhältnis über die im Arbeitsspeicher befindlichen Daten aus.[245]

b) Bestimmungen des Teledienstegesetzes, Mediendienste-Staatsvertrags, Rundfunkrechts und Jugendmedienschutz-Staatsvertrags

Das *TDG* und der *MDStV*[246] normieren für elektronische Informations- und Kommunikationsdienste bestimmte *inhaltliche Vorgaben* und *Informationspflichten der Anbieter*: Hiernach haben Mediendiensteangebote die verfassungsmäßige Ordnung, die allgemeinen Gesetze sowie die gesetzlichen Bestimmungen zum Schutz der Ehre einzuhalten[247], Verteildienste und bestimmte journalistisch-redaktionell gestaltete Angebote den anerkannten Grundsätzen journalistischer Sorgfalt zu entsprechen[248] und alle Tele-/Mediendiensteanbieter ihren Namen, ihre Anschrift sowie ggf. weitere Informationen leicht erkennbar, unmittelbar erreichbar und ständig zur Verfügung zu halten[249].

Soweit Internet-Angebote unter das *Rundfunkrecht* fallen[250], unterliegen sie dessen inhaltlichen Anforderungen hinsichtlich Programmgestaltung, Werbung, Sponsoring und Informationspflichten der Rundfunkveranstalter.[251]

Der *JMStV* bezweckt den einheitlichen *Schutz der Kinder und Jugendlichen* vor Angeboten in elektronischen Informations- und Kommunikationsmedien[252], die deren Entwicklung oder Erziehung beeinträchtigen oder gefährden, sowie den Schutz vor Angeboten, die die Menschenwürde oder sonstige durch das

---

243 *Laubenthal*, Rn. 884; *Lenckner/Perron* in Schönke/Schröder, § 184, Rn. 65; *Sieber* in Hoeren/Sieber, Teil 19, Rn. 627; ausdrücklich offengelassen dagegen von *OLG Hamburg*, JR 2000, 125.

244 So auch *Fischer* in Tröndle/Fischer, § 184, Rn. 50.

245 Der Rezipient kann mit diesen Daten nach seinem Willen verfahren und sie insbesondere dauerhaft abspeichern oder wiederum anderen zugänglich machen. Vgl. *Germann*, 202; *Moritz* in Loewenheim/Koch, 525 f.

246 Siehe zu diesen Regelwerken näher unten 4. Teil A., 5. Teil B.

247 § 11 I MDStV.

248 § 11 II, III MDStV.

249 §§ 6, 7 TDG/10 MDStV.

250 Siehe hierzu näher unten 4. Teil C.

251 Diese Anforderungen ergeben sich insbesondere aus §§ 3, 7 ff., 25, 41, 43 ff. RfStV.

252 Hierbei handelt es sich um Rundfunk und „Telemedien" (Tele- und Mediendienste), §§ 2 I, 3 II Nr. 1 JMStV. Siehe zur Abgrenzung zwischen den Informations- und Kommunikationsmedien unten 4. Teil A. II. 1.

StGB geschützte Rechtsgüter verletzen.[253] Soweit derartige Angebote nicht bereits generell unzulässig sind[254], dürfen sie nur Erwachsenen zugänglich gemacht werden[255] bzw. hat der Anbieter dafür Sorge zu tragen, daß sie von Kindern oder Jugendliche üblicherweise nicht wahrgenommen werden[256].[257] Zusammen mit dem JMStV ist das novellierte Jugendschutzgesetz (JSchG) in Kraft getreten, das insbesondere den Schutz vor jugendgefährdenden Trägermedien[258] und die sogenannte Indizierung von Trägermedien und Tele-/Mediendiensten durch die Bundesprüfstelle für jugendgefährdende Medien regelt[259].[260]

Bei Verstößen gegen die angesprochenen Bestimmungen handelt es sich überwiegend um Ordnungswidrigkeiten oder Straftaten.[261]

c) Urheberrechtliche Bestimmungen

Das UrhG mißbilligt einen bestimmten *Umgang mit Daten*, insbesondere die in anderen als den gesetzlich zugelassenen Fällen ohne Einwilligung des Berechtigten erfolgende *Vervielfältigung*, *Verbreitung* und *öffentliche Wiedergabe*

---

253 § 1 JMStV. Insbesondere wurden die vormaligen Jugendschutzbestimmungen der §§ 12, 13 I MDStV und 3 RfStV in den JMStV verlagert.

254 Vgl. § 4 I 1 Nr. 1-11 JMStV. Der Katalog des § 4 I JMStV umfaßt auch Angebote, die (noch) nicht unter die Strafnormen des StGB fallen, wie z.B. Darstellungen unterhalb der Schwelle der von §§ 184 ff. StGB erfaßten Pornographie (§ 4 I Nr. 9 JMStV); vgl. *Grapentin*, CR 2003, 458, 459.

255 § 4 II JMStV. Diese Vorschrift erfaßt insbesondere „in sonstiger Weise pornographische“ Angebote (§ 4 II Nr. 1 JMStV), die nicht mit Angeboten i.S.d. § 4 I JMStV verknüpft sind.

256 § 5 I JMStV. Dieser Pflicht kann der Anbieter dadurch entsprechen, daß er durch technische oder sonstige Mittel die Wahrnehmung des Angebots durch Kinder bzw. Jugendliche unmöglich macht oder wesentlich erschwert, daß er die Zeit, in der die Angebote verbreitet oder zugänglich gemacht werden, so wählt, daß Kinder bzw. Jugendliche diese üblicherweise nicht wahrnehmen, oder daß er die betreffenden Angebote für ein als geeignet anerkanntes Jugendschutzprogramm programmiert bzw. es ihnen vorschaltet (§ 5 III, IV, § 11 I JMStV), wodurch die elterliche Aufsicht erleichtert werden soll (siehe hierzu *Grapentin*, ZUM 2003, 458, 460 f.).

257 Spezifische Einschränkungen bestehen auch im Hinblick auf Werbung und Teleshopping (§ 6 JMStV).

258 § 15 JSchG. Trägermedien sind „Medien mit Texten, Bildern oder Tönen auf gegenständlichen Trägern, die zur Weitergabe geeignet, zur unmittelbaren Wahrnehmung bestimmt oder in einem Vorführ- oder Spielgerät eingebaut sind“ (§ 1 II JSchG), mithin „Offline“-Medien wie z.B. CDs oder DVDs.

259 §§ 17 ff. JSchG.

260 Insofern tritt das JSchG an die Stelle des Gesetzes über die Verbreitung jugendgefährdender Schriften und Medieninhalte (GjSM). Siehe zur Neuordnung des Jugendschutzes im Internet näher *Grapentin*, CR 2003, 458 ff.; *Langenfeld*, MMR 2003, 303 ff.

261 §§ 12 TDG, 24 MDStV, 49 RfStV, 23 f. JMStV, 27 I Nr. 1-4 JSchG.

eines geschützten Werks.[262] Das Zugänglichmachen eines Werks im Internet stellt eine öffentliche Wiedergabe in unkörperlicher Form dar[263], während es sich beim „Herunterladen" auf einen Computer um eine Vervielfältigung handelt[264]. Sowohl das Recht der öffentlichen Wiedergabe als auch das Vervielfältigungsrecht stehen ausschließlich dem Urheber, ausübenden Künstler bzw. Tonträgerhersteller zu.[265] Strafbar macht sich, wer ein Werk ohne Einwilligung des Berechtigten auf einem Server zum Abruf bereitstellt oder von dort abruft, soweit nicht ein gesetzlich zugelassener Fall – z.B. eine unentgeltliche oder zu Unterrichts-/Forschungszwecken dienende öffentliche Wiedergabe[266] oder eine bloß vorübergehende oder zum privaten bzw. sonstigen eigenen Gebrauch stattfindende Vervielfältigung[267] – vorliegt.

---

262 § 106 UrhG. Ein Werk i.S.d. UrhG als „persönliche geistige Schöpfung" (§ 2 II UrhG) ist eine von einem Menschen hervorgebrachte schöpferische Leistung, die als Ausdruck einer individuellen Geisteshaltung gewollt und empfunden wird, wahrgenommen werden kann und Individualität bzw. einen gewissen Grad an Neuheit aufweist (vgl. *Nordemann/Vink* in Fromm/Nordemann, § 2, Rn. 3 ff., 8 ff.; *Schack*, Rn. 152 ff.). Um urheberrechtlich geschützte Werke handelt es sich z.B. bei im Internet abrufbaren digitalisierten Musiktiteln (vgl. § 2 I Nr. 2 UrhG).

263 Gemäß § 15 II 1, 2 Nr. 2 UrhG i.V.m. dem neu eingefügten § 19a UrhG wird ein Werk öffentlich zugänglich gemacht, wenn es drahtgebunden oder drahtlos der Öffentlichkeit in einer Weise zugänglich gemacht wird, daß es Mitgliedern der Öffentlichkeit von Orten und zu Zeiten ihrer Wahl zugänglich ist. Vgl. *Heghmanns*, MMR 2004, 14, 15; *Lehmann*, CR 2003, 553, 554; *Schippan*, ZUM 2003, 378, 379.

264 Gemäß §§ 15 I Nr. 1, 16 I UrhG ist unerheblich, welches Verfahren angewendet wird und ob eine vorübergehende oder dauerhafte Vervielfältigung stattfindet. Vgl. *Heghmanns*, MMR 2004, 14, 15.

265 §§ 15 I Nr. 1 i.V.m. 16, 15 II 1, 2 Nr. 2 i.V.m. 19a UrhG, §§ 78 I, 85 I UrhG.

266 §§ 52, 52a UrhG.

267 Zulässig sind nach dem neu eingefügten § 44a UrhG vorübergehende, flüchtige oder begleitende Vervielfältigungen, die allein dazu dienen, eine Übertragung im Netz oder rechtmäßige Nutzung zu ermöglichen und keine eigenständige wirtschaftliche Bedeutung haben. Hierbei handelt es sich insbesondere um Vervielfältigungshandlungen der Zugangsbetreiber und Proxy-Cache-Betreiber (vgl. Erwägungsgrund 5 der RL 2001/29/EG). § 53 I 1 UrhG gestattet einzelne Vervielfältigungen zum privaten Gebrauch, sofern sie weder unmittelbar noch mittelbar Erwerbszwecken dienen, soweit nicht zur Vervielfältigung eine offensichtlich rechtswidrig hergestellte Vorlage verwendet wird. Mit Blick auf das Erfordernis der offensichtlichen Rechtswidrigkeit der Herstellung (!) der Vorlage wird insbesondere das Herunterladen von geschützten digitalisierten Musikwerken aus Internet-„Tauschbörsen" oftmals zulässig sein (vgl. dazu auch *Abdallah/Gercke/Reinert*, ZUM 2004, 31, 33; *Heghmanns*, MMR 2004, 14, 15 f.; *Pichlmaier*, CR 2003, 910, 911 f.). Jedoch dürfen auf diese Weise hergestellte Vervielfältigungsstücke gemäß § 53 VI 1 UrhG nicht zu öffentlichen Wiedergaben benutzt, also insbesondere nicht wiederum auf einem Server zum Abruf bereitgestellt werden.

2. Schutz privater Rechte

Soweit *Individualrechte* und *-rechtsgüter* – wie die Menschenwürde, das Leben, die Gesundheit, die Freiheit, die Ehre oder das Eigentum – durch Internet-Kommunikation beeinträchtigt oder gefährdet werden und nicht auch ein Verstoß gegen öffentlich-rechtliche Normen vorliegt oder droht[268], kommt ein gefahrenabwehrrechtliches Einschreiten nur in Betracht, wenn gerichtlicher Schutz nicht rechtzeitig zu erlangen ist und zudem ohne die Hilfe der Gefahrenabwehrbehörde die Verwirklichung des betroffenen Rechts vereitelt oder wesentlich erschwert würde.[269] Selbst in einem solchen Fall können lediglich vorläufige Maßnahmen getroffen werden.[270] Demnach spielt der Schutz privater Rechte im Wege der staatlichen Gefahrenabwehr nur eine untergeordnete Rolle.

II. Schutzgut „öffentliche Ordnung"

Die *„öffentliche Ordnung"*[271] umfaßt die „Gesamtheit der im Rahmen der verfassungsmäßigen Ordnung liegenden ungeschriebenen Regeln für das Verhalten des einzelnen in der Öffentlichkeit, deren Beachtung nach den jeweils herrschenden Anschauungen als unerläßliche Voraussetzung eines geordneten staatsbürgerlichen Zusammenlebens gilt".[272] Da es sich hierbei nicht um Rechtsnormen handelt, sondern um Regeln der Sitte und Moral, deren Inhalt schwer zu bestimmen ist[273], begegnet die Verfassungsmäßigkeit des Schutzguts der „öffentlichen Ordnung" erheblichen Bedenken.[274] Allerdings hat diese Problematik

---

268 So z.B. das Zusenden unerwünschter E-Mail-Werbung („Spamming"; dieses ist zivilrechtlich rechtswidrig [vgl. etwa *BGH*, MMR 2004, 386, 388 f.; *OLG Koblenz*, CR 2003, 766; *LG München*, CR 2003, 615; *Flechsig*, MMR 2002, 347; *Härting/Eckart*, CR 2004, 119; *Ziem*, MMR 2000, 129 – jeweils m.w.N.]) oder das Zugänglichmachen einer Anleitung zu einer einfachen Körperverletzung (dieses erfüllt nicht den Straftatbestand des § 130a I bzw. II Nr. 1 StGB, da die einfache Körperverletzung keine Katalogtat gemäß § 126 I StGB darstellt, auf den die genannten Vorschriften jeweils verweisen).

269 Vgl. § 1 II MEPolG.

270 Statt vieler: *Würtenberger/Heckmann/Riggert*, Rn. 172 (m.w.N.).

271 Vgl. § 8 I MEPolG sowie die entsprechenden Bestimmungen der überwiegenden Polizei- und Ordnungsgesetze der Länder.

272 So die Legaldefinitionen einiger Polizei- und Ordnungsbehördengesetze (§§ 2 Nr. 2 BremPolG, 3 Nr. 2 SOGLSA, 54 Nr. 2 ThürOBG); vgl. *Denninger* in Lisken/Denninger, Rn. 6; *Götz*, Rn. 89.

273 Vgl. *Denninger* in Lisken/Denninger, Rn. 26; *Würtenberger/Heckmann/Riggert*, Rn. 408. Unklar ist vor allem, auf wessen Anschauungen (z.B. diejenigen einer örtlichen Gemeinschaft, einer Region oder des Volkes der Bundesrepublik Deutschland) abzustellen wäre und wie die „herrschende Anschauung" empirisch bestimmt werden könnte.

274 Diese Bedenken bestehen vor allem im Hinblick auf das Demokratieprinzip und den Grundsatz, daß die Bestimmung der wesentlichen Voraussetzungen staatlicher Ein-

heute kaum noch praktische Bedeutung, denn die Verhaltenspflichten des Bürgers sind mittlerweile umfangreich durch geschriebene (und häufig weit gefaßte) Normen geregelt, deren Verletzung eine Störung der öffentlichen Sicherheit darstellt.[275]

III. Vorliegen einer Störung oder Gefährdung

Im Fall der rechtlichen Mißbilligung bestimmter Daten oder eines bestimmten Umgangs mit diesen besteht eine *Störung* der öffentlichen Sicherheit entweder bereits dann, wenn entsprechende Daten auf einem Server *zugänglich* sind, oder (spätestens) dann, wenn sie von einem Rezipienten-Computer *empfangen* wurden.[276] Die *Zugänglichkeit* solcher Daten begründet (jedenfalls) eine *konkrete Gefahr* für die öffentliche Sicherheit, da es hinreichend wahrscheinlich ist, daß in absehbarer Zeit ein Abruf erfolgen wird.[277] Daten, deren Zugänglichkeit auf einem Server eine Störung oder konkrete Gefährdung der öffentlichen Sicherheit darstellt, sollen im folgenden (zusammenfassend) als *„störende" Daten* bezeichnet werden.

Was *Verweise* betrifft, so ist zu unterscheiden zwischen einem *Verweis als solchem* und den in Bezug genommenen *„Zieldaten"*. Dies soll an zwei Beispielen verdeutlicht werden:

1. Ist auf einem Server A ein Verweis zugänglich, der sich auf eine früher auf einem Server B vorgehaltene – mittlerweile entfernte – störende Website B bezieht und graphisch als Kennzeichen einer für verfassungswidrig erklärten Partei gestaltet ist, so begründet die Zugänglichkeit des Verweises auf dem Server A eine Störung der öffentlichen Sicherheit[278], obwohl die „Zieldaten" auf dem Server B nicht mehr vorhanden sind. Insofern geht es nur um den *Verweis als solchen*, nicht (auch) um seine Beziehung zu den „Zieldaten".

2. Zu klären bleibt, ob die Zugänglichkeit eines Verweises auf einem Server A auch dann (zumindest) eine konkrete Gefährdung der öffentlichen Sicherheit

---

griffsverwaltung den Parlamenten vorbehalten ist. Vgl. etwa *Denninger* in Lisken/Denninger, Rn. 26; *Götz*, Rn. 126 ff.; *Gusy*, Rn. 98 f.; *Martens* in Drews/Wacke/Vogel/Martens, 246 f.; *Würtenberger/Heckmann/Riggert*, Rn. 409 (jeweils m.w.N.).

275 Vgl. *Denninger* in Lisken/Denninger, Rn. 25; *Martens* in Drews/Wacke/Vogel/Martens, 247 f., 251 ff.; *Würtenberger/Heckmann/Riggert*, Rn. 409.

276 Vgl. oben B. I.

277 So im Ergebnis auch *Germann*, 379; *Greiner*, 95 f.; *Zimmermann*, NJW 1999, 3145, 3148.

278 Insofern ist zu berücksichtigen, daß § 86a I Nr. 1, 2. Alt. StGB auch das „öffentliche Verwenden" eines Kennzeichens einer verfassungswidrigen Partei erfaßt (vgl. oben I. 1. a)).

darstellt, wenn der Verweis als solcher „neutral“ gestaltet ist[279], aber die stören-den „Zieldaten“ auf einem Server B tatsächlich abrufbar sind. Die entscheidende Funktion von Verweisen besteht darin, daß sie Unkundigen das Auffinden bestimmter Daten im Internet ermöglichen bzw. erleichtern.[280] Demnach ist ein Verweis auf störendes Material regelmäßig für dessen Abruf *(mit)kausal*.[281] Seine Zugänglichkeit begründet selbst eine *konkrete Gefahr* für die öffentliche Sicherheit, wenn sie die (bereits bestehende) *hinreichende Wahrscheinlichkeit eines Schadenseintritts erhöht*[282], d.h. es kommt darauf an, ob ein Verweis auf störendes Material konkret die *Wahrscheinlichkeit eines Abrufs der „Zieldaten“ steigert*.[283] Zu bejahen ist dies etwa, wenn eine Suchmaschine oder ein Webverzeichnis Verweise auf störende Daten an vorderer Stelle ausgibt[284] oder ein auf einer Website angebrachter Verweis exponiert (z.B. im Anfangsbereich der Homepage) angebracht, auffällig hervorgehoben oder sonst „verlockend“ gestaltet ist.[285] Bei einer Dateneinbindung mittels Inline-Links/Frames liegt eine „Gefahrerhöhung“ jedenfalls vor, wenn die eingebundenen (störenden) Daten automatisch angezeigt werden, ohne daß der Rezipient den Inline-Link noch aktivieren müßte.[286] Ist hingegen noch eine Aktivierung erforderlich, so kommt es wiederum auf die konkreten Umstände der Präsentation des Verweises an.

Unter Umständen kann bereits *im Vorfeld der Zugänglichkeit störender Daten bzw. Verweise* eine konkrete Gefahr bestehen, denn je schwerwiegender ein möglicher Schaden für die öffentliche Sicherheit ist, desto geringer sind die An-

---

279 Z.B. bei einem Verweis auf die Website einer extremistischen Gruppierung X in Form eines schlichten Hyperlinks „http://www.x-gruppierung.de“.

280 Vgl. oben 1. Teil D. VI. 2.

281 So auch *Greiner*, 125.

282 Ähnlich *Germann*, 378, 380 (vgl. allgemein zum Aspekt der „Gefahrerhöhung“ *Schenke*, Rn. 242 [m.w.N.]); anders im Ergebnis *Greiner*, 125 ff., wonach zwar ein Hyperlink die Ausstrahlungswirkung eines in Verweis genommenen störenden Angebots verstärke, jedoch im Hinblick auf seine „Akzessorietät“ zu diesem Angebot nicht selbst unmittelbar gefahrverursachend wirke.

283 Unerheblich ist insofern, ob die „Zieldaten“ bereits im Zeitpunkt der Einrichtung des Verweises störenden Charakter hatten oder diesen erst später angenommen haben

284 Insbesondere Suchmaschinen geben Verweise als Listen aus, die mehrere tausend Hyperlinks umfassen und sich auf eine Vielzahl von WWW-Seiten verteilen können. Wer eine Suchanfrage gestellt hat, wird i.d.R. nur die an vorderer Stelle ausgegebenen Hyperlinks aktivieren.

285 Nicht „gefahrerhöhend“ wirken regelmäßig Verweise, die von Suchmaschinen bzw. Webverzeichnissen erst an weit hinterer Stelle einer Liste ausgegeben oder auf einer Website unauffällig, in einem entlegenen Bereich oder als Bestandteil einer unübersichtlichen Sammlung angezeigt werden.

286 Siehe zu dieser technischen Gestaltung von Websites oben 1. Teil D. VI. 1.

forderungen an die Wahrscheinlichkeit seines Eintritts.[287] Daher kann bereits eine *konkrete Gefahr* vorliegen, wenn aufgrund besonderer Umstände damit zu rechnen ist, daß *in absehbarer Zeit* störendes Material auf einem Server *zugänglich* sein wird – wie etwa, wenn ein Server, der in der Vergangenheit (ggf. häufiger) störende Daten vorgehalten hatte, weiterhin so konfiguriert ist, daß Dritte unkontrolliert Daten einspeisen können[288], ein News-Server eine Newsgroup führt, deren Bezeichnung das Einsenden störender Beiträge nahelegt[289] oder (allgemein) eine Website so gestaltet ist bzw. beworben wird, daß sie störendes Material besonders „anzieht".[290] Geht es um den Schutz eines besonders hochwertigen Rechtsguts, dann kann auch bereits die drohende Einsendung störender Daten bzw. Verweise an einen Server eine konkrete Gefahr begründen.[291]

---

287 Wenn es um ein besonders hochwertigen Rechtsgut geht, kann schon die entferntere Möglichkeit eines Schadenseintritts eine konkrete Gefahr begründen; vgl. statt vieler: *Martens* in Drews/Wacke/Vogel/Martens, 224 (dort Fußnote 21 [m.w.N.]).

288 Dies betrifft vor allem FTP-Server, die als „Umschlagplatz" für störende Daten gedient hatten und weiterhin einen unkontrollierten „Upload" ermöglichen.

289 Z.B. „Sex", „Nur für Erwachsene" (vgl. etwa den Fall von *OG Zürich*, Urteil vom 07.12.1998, MMR 1999, 537, wo auf einem Server Verzeichnisse für das Herauf- und Herunterladen von Bilddateien eingerichtet waren, die u.a. die Bezeichnungen "GIF18" und "SEX" trugen). Gleiches gilt für entsprechende Bezeichnungen von IRC-Kanälen.

290 Vgl. *Germann*, 380; *Greiner*, 95.

291 Als Beispiel möge die drohende Einsendung einer Bombenbauanleitung an einen News-Server dienen. Der drohende Versand eines störenden Chat-Beitrags begründet sogar im Regelfall eine konkrete Gefahr für die öffentliche Sicherheit, denn ein abgesendeter Beitrag trifft bereits innerhalb von Sekundenbruchteilen bei dem bzw. den Kommunikationspartner(n) ein.

3. Teil: Technisch mögliche und geeignete Maßnahmen zur Abwehr von Gefahren im Internet

Wie sich gezeigt hat, besteht im Fall der rechtlichen Mißbilligung bestimmter Daten oder eines bestimmten Umgangs mit Daten eine Störung bzw. konkrete Gefährdung der öffentlichen Sicherheit, wenn entsprechendes Material auf einem Server zugänglich ist oder in absehbarer Zeit zugänglich zu werden droht. Daher müssen Gefahrenabwehrmaßnahmen darauf ausgerichtet sein, die *Zugänglichkeit* entsprechenden Materials auf einem Server *abzustellen*, ihr *vorzubeugen* oder die *Übermittlung* störender Daten zwischen Internet-Rechnern *zu unterbinden*. Vorrang vor einer behördlichen Durchführung solcher Maßnahmen haben entsprechende Anordnungen gegenüber Internet-Akteuren.[292] Im folgenden ist näher zu untersuchen, welche Maßnahmen technisch möglich und zur Gefahrenabwehr geeignet sind.[293]

A. Maßnahmen der Server-Betreiber und -Verwalter

Weil Daten auf Servern meist längerfristig gespeichert werden und der datenspeichernde Rechner unter der Kontrolle seines Betreibers bzw. Verwalters steht, sind Maßnahmen, die unmittelbar auf einen Server einwirken, von besonderer Bedeutung.[294]

Steht fest, daß auf einem Server bestimmte störende Daten zugänglich sind, so können diese gegen einen Abruf durch Rezipienten *gesperrt* oder vom Server *gelöscht* werden. Beide Maßnahmen können vom Server-Betreiber und vom Verwalter des Server-Bereichs, in dem sich die fraglichen Daten befinden, un-

---

292 Dies folgt bereits aus allgemeinen gefahrenabwehrrechtlichen Grundsätzen (vgl. §§ 5a, 30 MEPolG [unmittelbare Ausführung, Ersatzvornahme]). Im übrigen müßte die Behörde, um entsprechende Maßnahmen vornehmen zu können, grundsätzlich erst dem „zuständigen" Internet-Akteur aufgeben, ihr eine Einwirkung auf seine Hardware zu ermöglichen (insbesondere durch Angabe der erforderlichen Kennung samt Paßwort) und diese Anordnung ggf. zwangsweise durchsetzen. Ein solches Prozedere dürfte im Regelfall keine hinreichend schnelle und effektive Gefahrenabwehr erlauben.

293 Eine eingehende technische Analyse würde den Rahmen der Arbeit sprengen. Insofern sei insbesondere auf die Untersuchungen von *Bleisteiner*, 36 ff.; *Cheswick/Bellovin*; *Fuhrberg*; *Germann*, 264 ff.; *Köhntopp/Köhntopp*, CR 2000, 248 ff.; *Köhntopp/Köhntopp/Seeger*, DuD 1997, 626 ff.; *dieselben*, K&R 1998, 25 ff.; *Kyas*; *Schneider*, MMR 1999, 571 ff.; *Sieber*, Rn. 88 ff.; *derselbe*, CR 1997, 581 ff., 653 ff.; *derselbe* in Hoeren/Sieber, Teil 19, Rn. 133 ff., verwiesen.

294 Soweit es um E-Mails geht, rücken Maßnahmen im Bereich des (Eingangs-)Mail-Servers des vom Empfänger genutzten E-Mail-Dienstes ins Blickfeld, da dieser Server die elektronische Post erheblich länger – zumindest bis zum Abruf durch den Empfänger, ggf. aber auch darüber hinaus – gespeichert hält als der vom Absender genutzte (Ausgangs-)Mail-Server, auf dem sie i.d.R. nur Sekundenbruchteile verweilt (vgl. *Sieber* in Hoeren/Sieber, Teil 19, Rn. 145, 147, sowie oben 1. Teil C. II.).

problematisch bewerkstelligt werden.[295] Sie sind zur Beseitigung der in der Zugänglichkeit dieses Materials auf diesem Server liegenden Störung bzw. konkreten Gefahr *geeignet.* Dies gilt unabhängig davon, ob dieselben Daten auch auf anderen Servern vorhanden sind. „Relative“ Sperrungen, die gezielt einen Abruf durch bestimmte (insbesondere minderjährige) Personen verhindern sollen, sind zwar regelmäßig umgehbar[296], können aber einen Zugriff solcher Rezipienten zumindest erschweren und sind daher ebenfalls zur Gefahrenabwehr geeignet.

Ist unklar, ob ein Server störendes Material vorhält, d.h. sind solche Daten noch nicht identifiziert bzw. lokalisiert, dann muß zunächst eine *Kontrolle* stattfinden. Diese kann vom Server-Betreiber oder im Hinblick auf einen bestimmten Speicher-Bereich von dessen Verwalter durchgeführt werden.[297]

Die Erfolgsaussicht einer solchen Kontrolle und damit ihre *Eignung zur Gefahrenabwehr* ist umso höher, je geringer und konstanter die zu überprüfende Datenmenge ist. Erhebliche Schwierigkeiten bereitet es, störende Daten aus einem umfangreichen Datenbestand (etwa auf dem Server eines großen Web-Hosting- oder News-Anbieters), der sich ggf. rasch verändert oder zum Teil in

---

295 Vgl. *Sieber* in Hoeren/Sieber, Teil 19, Rn. 145, 147 sowie oben 1. Teil D. I. Gibt die Gefahrenabwehrbehörde einem Web-Hosting-Anbieter auf, Daten im Bereich der Website eines seiner Kunden zu sperren bzw. zu löschen, dann muß sie ggf. zusätzlich gegen den Server-Verwalter eine Duldungsverfügung erlassen, um dessen (obligatorische) Berechtigung am Server, die ein Vollstreckungshindernis bildet (vgl. *Schenke*, Rn. 281), zu überwinden.

296 Eine „relative“ Sperrung dürfte die größten Erfolgsaussichten haben, wenn sie den Abruf auf Rezipienten beschränkt, die sich mittels einer sicheren digitalen Signatur i.S.d. Signaturgesetzes, die das Geburtsdatum ihres Verwenders angibt, bei dem betreffenden Server anmelden. Auch dann versagt sie aber, wenn es einem Minderjährigen gelingt, die Signatur-Chipkarte (samt Paßwort) eines Erwachsenen zu verwenden oder wenn sich ein Volljähriger anmeldet und dann einen Minderjährigen an den Computer läßt. Umgehbar ist insbesondere auch die anonyme Abfrage einer Personalausweis- oder Kreditkartennummer (vgl. dazu *KG Berlin*, MMR 2004, 478, 479 f.; *OLG Düsseldorf*, CR 2004, 456, 457; LG *Düsseldorf*, CR 2003, 452, 453 f.; *Döring/Günter*, MMR 2004, 231, 233 ff.).

297 Eine behördliche Kontrolle würde eine im Vorfeld eines Gefahrenverdachts angesiedelte oder der Aufklärung eines Gefahrenverdachts dienende Maßnahme darstellen (vgl. oben 2. Teil A.). Sie würde im Hinblick auf zugangsbeschränkte Datenbestände voraussetzen, daß der Server-Betreiber bzw. -Verwalter der Behörde eine Zugangsberechtigung eingeräumt hat, wozu er ggf. im Wege einer Anordnung verpflichtet worden ist (Beispiel: Auf dem Server des Web-Hosting-Anbieters A unterhält B ein Meinungsforum, zu dem nur Personen Zugang haben, die sich mit einer von B vergebenen Kennung samt Paßwort am Server anmelden. Will die Behörde Einblick in das Forum nehmen, so muß sie zunächst B verpflichten, ihr eine Zugangsberechtigung einzuräumen. Vermutet sie, daß B störende Daten bewußt zuläßt oder deren Einsendung gar fördert, wird sie sich – um B nicht vorzuwarnen – wegen der Zugangsberechtigung an A wenden).

verschlüsselter Form[298] vorliegt, herauszufinden. In einem solchen Fall wäre eine *manuelle Überprüfung* durch Kontrollpersonen in der Regel *aussichtslos*. Aber auch *automatisierte Kontrollen*, insbesondere mittels Filterprogrammen, sind *problematisch*: Filter, die nach bestimmten Schlüsselwörtern[299] suchen, können zwar Klartext bearbeiten, nicht aber Dateien, die in einem anderen Format, verschlüsselt oder komprimiert vorliegen. Sie versagen auch, wenn „Tarnbegriffe" eingesetzt werden[300] und wirken kontraproduktiv, wenn sie Dateien aussondern, die das Schlüsselwort in einem unbedenklichen Kontext enthalten.[301] Darin liegt überhaupt der grundsätzliche Nachteil „grober" Filter[302], während „feine" Filter[303] häufig tatsächlich störende Daten nicht erfassen.[304] Allerdings steigen die Erfolgsaussichten einer Filterung (ggf. mit anschließender manueller Sichtung), wenn gezielt bestimmte Server-Bereiche durchsucht werden, die in der Vergangenheit bekanntermaßen störende Daten enthalten oder besonders „angezogen" hatten. Bild-, Video- und Tondateien, die keinen Text enthalten, lassen sich mittels spezieller Filterprogramme kontrollieren, die allerdings nur einen gewissen Anteil störender Daten zuverlässig (wieder)erkennen können.[305] Eine Filterung anhand bestimmter E-Mail-Adressen kann durch Fäl-

---

298 Zur Verschlüsselung kann z.B. die frei erhältliche Software „Pretty Good Privacy" eingesetzt werden, die mit einem „asymmetrischen Verfahren" operiert: Jeder Benutzer besitzt einen nur ihm bekannten „privaten Schlüssel", dem ein allgemein zugänglicher „öffentlicher Schlüssel" zugeordnet ist. Mit diesem kann ein Dritter eine für den Inhaber des privaten Schlüssels bestimmte Nachricht so verschlüsseln, daß nur dieser sie wieder lesbar machen kann. Vgl. *Bleisteiner*, 50.

299 Z.B. „Sex", „Porno".

300 Z.B. „Verkehr" statt „Sex". Das gleiche Problem besteht hinsichtlich Newsgroup-Bezeichnungen: So wurde z.B. nach einer Sperrung aller Newsgroups mit der Bezeichnung „sex" eine früher „de.talk.sex" genannte Newsgroup unter dem Namen „de.talk. verkehr" bzw. „de.soc.verkehr" weitergeführt (Beispiele bei *Köhntopp/Köhntopp/Seeger*, DuD 1997, 626, 630, dort Fußnote 14; *Sieber* in Hoeren/Sieber, Teil 19, Rn. 157). Siehe zu Problemen der Schlüsselwort-Suche auch *Köhntopp/Köhntopp/Seeger* K&R 1998, 25, 27 f.

301 So etwa, wenn die Suche nach dem Schlüsselwort „Sex" auch Webseiten von Urologen oder Vereinigungen gegen sexuellen Mißbrauch herausfiltert.

302 Dies sind solche, die z.B. nur ein oder wenige Schlüsselwort(e) suchen und die Häufigkeit bzw. das Zusammentreffen bestimmter Begriffe nicht berücksichtigen. Sie wirken kontraproduktiv, soweit zur Vermeidung einer ungewollten Sperrung bzw. Löschung eine zusätzliche manuelle Einzelsichtung erforderlich wird.

303 Das sind Filter, die z.B. nach mehreren in einem Text kumulativ oder in einer bestimmten Reihenfolge vorkommenden Begriffen suchen.

304 Aufgrund der komplexeren Suchkriterien steigt hier die Wahrscheinlichkeit, daß der „Soll-Wert" nicht vorliegt, obwohl es sich um störende Daten handelt.

305 Beispiele: Die Software „ImageCensor", die die Farbanteile und ihre Häufigkeit in Bilddateien prüft, kann Schwarzweißbilder nicht analysieren und Nacktbilder nicht von unbedenklichen Aktgemälden unterscheiden. Das u.a. vom Bundeskriminalamt eingesetzte Programm „Perkeo" berechnet aus den zu untersuchenden Bilddateien Prüfsummen, die

schung oder Wechsel der E-Mail-Adresse oder Nutzung eines Anonymous-Remailers umgangen werden.[306] Eine *Vorabkontrolle* der neu bei einem Server eingehenden Daten[307] ist mit denselben Problemen verbunden, wobei noch hinzukommt, daß wegen des erforderlichen Zeitaufwands eine Verzögerung der Daten-Bereitstellung eintritt, die ein Ausweichen der Einsender auf andere Server zur Folge haben kann.[308] Allerdings sind solche Ausweichbewegungen ihrerseits mit Unannehmlichkeiten verbunden, die eine gewisse Abschreckungswirkung entfalten können.[309]

Die bisherigen Ausführungen gelten grundsätzlich auch hinsichtlich auf einem Server zugänglicher bzw. dort neu eingehender *Verweise* auf anderswo abrufbare störende Daten. Allerdings ist zu berücksichtigen, daß ggf. nicht nur der Verweis selbst aufzuspüren ist, sondern auch die in Bezug genommenen Daten kontrolliert werden müssen. Letzteres gestaltet sich besonders schwierig, da die „Zieldaten" auf einem anderen Server gespeichert sind und sich ständig verändern können, ohne daß der Verwender des Verweises hiervon Kenntnis erhält oder dies beeinflussen kann. Soweit es nur um wenige auf einer Website angebrachte Verweise geht, wird deren Anbieter, dem die URLs der „Zieldaten" bekannt sind, zumindest eine stichprobenartige oder intervallmäßige Nachschau durchführen können. Hingegen dürfte ein Web-Hosting-Anbieter, auf dessen Server sich Millionen von Verweisen befinden, unter den bereits angesprochenen Einschränkungen allenfalls noch überprüfen können, ob auf bestimmte

---

es mit den denjenigen bereits bekannter pornographischer Bilder vergleicht. Daher erkennt es weder unbekannte Bilder noch solche, die zwar bekannt sind, aber – wenn auch nur minimal – verändert wurden (vgl. *Sieber* in Hoeren/Sieber, Teil 19, Rn. 153 f.; *Zöller*, GA 2000, 563, 568).

306 Ein E-Mail-Postfach kann einfach eingerichtet und wieder aufgelöst werden. Anonymous Remailer-Dienste (z.B. http://www.gilc.org/speech/anonymous/remailer.html; http://freedom.gmsociety.org/remailer) ermöglichen die Verschleierung der E-Mail-Absenderadresse: Auf der Website eines solchen Dienstes gibt der Absender eine Nachricht und die E-Mail-Adresse des Empfängers ein, nicht aber seine eigene Adresse. Diese ist daher für den Empfänger nicht ersichtlich (siehe z.B. http://freedom.gmsociety.org/remailer/faq.html#reply).

307 Hierbei werden neu eingehende Daten kontrolliert, bevor sie zum Rezipientenabruf bereitgestellt werden.

308 Vgl. *Sieber* in Hoeren/Sieber, Teil 19, Rn. 155.

309 Dies etwa deshalb, weil viele Web-Hosting-Anbieter die bei ihnen eingerichteten privaten Websites zwingend mit einem bestimmten URL versehen (z.B. http://de.geocities.com/Kundenname). Wechselt der Betreiber einer Website den Web-Hosting-Anbieter, so muß er seinen „Stammbesuchern" den neuen URL mitteilen, was voraussetzt, daß er zumindest z.B. deren E-Mail-Adressen kennt. Jedoch wird er – vor allem, wenn der Wechsel unter „Beobachtungsdruck" zügig erfolgt – viele bisherige Nutzer seiner Website erst einmal verlieren. Auch der Wechsel von einem bekannten zu einem weniger bekannten Web-Hosting-Anbieter wird i.d.R. mit Besucherzahl-Einbußen verbunden sein. Hinzu kommen ggf. die Kosten eines Anbieterwechsels.

URLs verwiesen wird, während eine Kontrolle der in Bezug genommenen Daten selbst nicht mehr realisierbar sein dürfte.[310]

Als vorbereitende Maßnahmen sind auch *Auskunftsanordnungen* gegenüber Server-Betreibern und -Verwaltern von Bedeutung. Die Möglichkeit einer Auskunft über gespeicherte *störende Daten* (bzw. Verweise) hängt in der Regel von den Erfolgsaussichten einer vorausgegangenen Kontrolle ab. Insofern kann auf die vorangegangen Ausführungen verwiesen werden. Auskunft über die *Identität eines Kommunikationspartners* kann der Anordnungsadressat nur erteilen, wenn er mit dem betreffenden Akteur eine Vereinbarung über entgeltliche Leistungen (z.B. Web-Hosting, E-Mail-Dienst) geschlossen hat, zu deren Abrechnung er den Namen und die Anschrift dieses Akteurs kennen muß.[311] Abgesehen davon kann anhand der Server-Logdatei[312] Auskunft über die IP-Adressen bzw. URLs der Rechner, mit denen kommuniziert wurde, sowie über den Zeitpunkt des Datenaustauschs erteilt werden, soweit die entsprechenden Einträge noch vorhanden sind.[313] Eine solche Auskunft kann der Server-Betreiber immer erteilen; ggf. ist hierzu auch der Server-Verwalter in der Lage[314]. Allerdings sei an dieser Stelle bereits darauf hingewiesen, daß verschiedene Möglichkeiten bestehen, den Rückschluß von einer IP-Adresse bzw. einem URL auf einen bestimmten Rechner gezielt zu vereiteln.[315] Damit sind die hier angesprochenen Auskunftsverlangen praktisch nur *begrenzt* zur Gefahrenabwehr *geeignet.*

---

310 Vgl. zur Kontrolle bei großzügigem Einsatz von Inline-Links/Frames etwa *Klett*, 180.

311 Da jedoch viele Internet-Dienste unentgeltlich und ohne verifizierbare Identitätsangaben in Anspruch genommen werden können, kann die Identität von Akteuren, die unerkannt bleiben wollen, mittels Auskunftsverlangen faktisch nicht geklärt werden.

312 Die Logdatei (Logfile) ist eine Datei auf dem Server, die insbesondere die URLs/IP-Adressen anderer Rechner, mit denen kommuniziert wurde, sowie den genauen Zeitpunkt des Kommunikationsvorgangs verzeichnet (vgl. *Köhntopp/Köhntopp*, CR 2000, 248, 251; *Strömer*, 188 f.).

313 Häufig werden Logdateien monatlich aggregiert (d.h. so zusammengefaßt, daß sie über persönliche Verhältnisse einer Person nichts mehr aussagen [*Engel-Flechsig* in E-F/M/T, § 12 MDStV, Rn. 8]) und ausgewertet; dann werden die Rohdaten gelöscht (*Köhntopp/Köhntopp*, CR 2000, 248, 251). Anhand des URL kann (z.B. durch eine Anfrage bei der DENIC e.G. [http://www.denic.de/de/whois/index.jsp] für „de"-Domains) zumindest die Identität desjenigen, für den der Domain-Name registriert ist, ermittelt werden. Ist nur die IP-Adresse bekannt, so läßt sich (durch Anfrage bei einem „Whois"-Server [z.B. http://www.iks-jena.de/cgi-bin/whois]) der Server-Betreiber bzw. Zugangsbetreiber herausfinden, zu dessen Kontingent sie gehört. Da die „Datenspur" hier zunächst endet, hängt die Ermittlung der Kommunikationsbeteiligten davon ab, ob die soeben genannten Akteure weitere Angaben machen können (siehe dazu auch unten C.).

314 Dies hängt davon ab, ob ihm der Server-Betreiber ermöglicht, eine Logdatei zu führen bzw. einzusehen.

315 Siehe näher unten C.

B. Maßnahmen der Einsender

Wer störende Daten (bzw. Verweise) an einen Server eingesendet hat, welchen er nicht betreibt oder verwaltet, kann auf diesem Server keine Sperrung oder Löschung vornehmen. Ihm kann allerdings *verboten* werden, zukünftig bestimmtes störendes Material an einen Server *einzusenden*.[316]

C. Maßnahmen der Zugangsbetreiber

Im Bereich der technischen Infrastruktur der Zugangsbetreiber[317] geht es vor allem um eine *Sperrung der Übermittlung* störender Daten zwischen Servern und Client-Computern. Diese wird grundsätzlich dadurch ermöglicht, daß die von und zu den Kunden eines Zugangsbetreibers gesendeten Daten an dessen Verbindungsrechner – dem einzigen Netzknoten, den sie unbedingt passieren müssen – im Klartext und oft unverschlüsselt vorliegen.[318]

Eine derartige Maßnahme setzt aber immer eine Identifizierung der zu sperrenden Daten mittels einer *Kontrolle* voraus. Deren grundsätzliche Schwierigkeiten wurden bereits angesprochen.[319] Hinzu kommt hier allerdings das Problem, daß sich die Überprüfung nicht auf den auf einem Server bereits vorhandenen Datenbestand (und ggf. neu eingehende Daten), sondern auf Daten bezieht, die sich gerade *in der Übermittlung* befinden. Die Kontrolle muß vor der weiteren Übermittlung abgeschlossen sein und kann eine erhebliche Verzögerung der Datenübertragung bewirken[320], die „Echtzeit"dienste (wie den IRC) de facto vereitelt. Daher sind Sperrmaßnahmen der Zugangsbetreiber faktisch allenfalls dann realisierbar, wenn störende Datenpakete ohne eine Überprüfung ihres gesamten Inhalts identifiziert werden können. Dies wird in der Praxis auf verschiedene Weise zu erreichen versucht:

Ratingsysteme wie z.B. „PICS"[321] zielen darauf, Datenpakete in ihrem Header mit einer an bestimmten Kriterien (beispielsweise „Gewalt" oder „Sex") ausgerichteten Bewertung zu versehen, anhand derer diese Daten ggf. ausgesondert werden können. Jedoch vermögen sie eine schnelle und effektive Erkennung störenden Materials schon deshalb nicht zu gewährleisten, weil – abgesehen von

316 So auch *Greiner*, 44 f. Darüber hinaus kann der Computer dieses Akteurs „deaktiviert" oder sichergestellt werden (vgl. unten F.).

317 Siehe zum Proxy-Caching die Ausführungen zu Maßnahmen der Server-Betreiber (oben A.).

318 Vgl. *Germann*, 306.

319 Vgl. oben A.

320 Vgl. hierzu *eco Forum e.V.*, 16. Zudem sind solche Kontrollmaßnahmen i.d.R. mit erheblichen Kosten verbunden (vgl. zu den Kosten beim Einsatz von High-End-Firewalls *eco Forum e.V.*, 17, sowie näher zu Firewalls sogleich unten).

321 Platform for Internet Content Selection (http://www.w3.org/pics).

der Frage, wie überhaupt eine zutreffende Bewertung sichergestellt werden könnte[322] – nur ein verschwindend geringer Anteil der im Internet kursierenden Daten überhaupt bewertet ist[323] und die Erfassung eines erheblichen Teils der weiter rasch wachsenden Datenmasse auf Dauer illuscrisch sein dürfte. Außerdem würden dynamisch generierte Daten[324] von vornherein aus der Bewertung herausfallen.[325]

Ein anderes Konzept ist der Einsatz von *Firewalls*.[326] Firewalls im engeren Sinne sind Hardware- oder Softwarekomponenten[327], die ein internes privates Netz mit einem externen öffentlichen Netz verbinden und einen ungestörten Zugriff der Teilnehmer des privaten Netzwerks auf das öffentliche Datennetz ermöglichen sowie zugleich das private Netz vor externen Übergriffen schützen sollen.[328] Im Bereich der technischen Infrastruktur der Zugangsbetreiber ist vor allem die Möglichkeit interessant, mittels einer Firewall die von und zu Kunden übermittelten Daten einer *„Paketfilterung"* zu unterziehen. Diese kann sich insbesondere auf die in den TCP/IP-Headern der Datenpakete eingetragenen IP-Adressen, URLs oder Port-Nummern beziehen.[329] Allerdings sind Sperrungen

322 Die Rating-Bewertung erfolgt durch private Organisationen, die allerdings häufig wenig objektiv und transparent arbeiten (vgl. *Köhntopp/Köhntopp/Seeger*, DuD 1997, 626, 628).

323 Siehe (im Hinblick auf das Ratingsystem PICS) *Herzog*, 200.

324 Die Möglichkeit der dynamischen Generierung bewirkt, daß WWW-Seiten abhängig vom Kontext des Abrufs völlig unterschiedlich aussehen können (vgl. *Köhntopp/Köhntopp/Seeger*, DuD 1997, 626, 628).

325 Vgl. näher *Bleisteiner*, 42 ff.; *Köhntopp/Köhntopp/Seeger*, K&R 1998, 25, 27 f.

326 Ausführlich zur Funktion und Wirkungsweise von Firewalls: *Fuhrberg*, 137 ff., *Kyas*, 245 ff., 257 ff.

327 D.h. apparative Bestandteile einer Datenverarbeitungsanlage oder Computerprogramme.

328 *Kyas*, 245 f. Theoretisch könnte man ein gesamtes geschlossenen Teilnetz eines Online-Dienstes oder sogar eines Staates an seinem Übergang zum weltweiten Netz kontrollieren, indem man alle Teilnehmer dieses Netzes nur auf einen Zentralrechner zugreifen ließe, dessen Kommunikation mit dem Internet durch eine Firewall kontrolliert würde. Nach einer einmaligen Kontrolle der Daten würden diese für den Zugriff aller Client-Computer des Teilnetzes freigegeben. Das Konzept einer solchen Abschottung wird z.B. von der chinesischen Regierung verfolgt. Allerdings würde eine derartige „Totalüberwachung" – abgesehen von den rechtlichen Bedenken – angesichts des zu überwachenden Datenvolumens und damit verbundenen Zeitaufwands die Nutzbarkeit des Internet erheblich einschränken. Im übrigen könnte sie über die Einwahl in ausländische Netze via Satellitenverbindung umgangen werden (vgl. *Sieber* in Hoeren/Sieber, Teil 19, Rn. 167 ff.).

329 Ein Paketfilter kann z.B. so konfiguriert werden, daß er TCP/IP-Pakete abblockt, die von Servern mit bestimmten IP-Adressen – etwa 141.30.0.0 bis 141.30.255.255 (Rechner der Domain tu-dresden.de) – stammen oder an die Zielport-Adresse 80 (WWW) gerichtet sind. Wird als Bestandteil einer Firewall ein sogenanntes Application Gateway eingesetzt, dann kann auch eine Nutzdatenanalyse vorgenommen werden, d.h. insbe-

im Wege einer Paketfilterung – abgesehen von ihren Auswirkungen auf die Geschwindigkeit der Datenübertragung – vor allem deswegen problematisch, weil sie ggf. erhebliche unerwünschte *Nebenwirkungen* nach sich ziehen und im übrigen auf verschiedene Weise *umgangen* werden können: So bewirkt die Sperrung der IP-Adresse eines Servers, der bestimmte störende Daten vorhält, daß auch alle anderen auf dem Server gespeicherten Daten nicht mehr abrufbar sind.[330] Würde eine gesperrte IP-Adresse oder ein gesperrter URL[331] zu Umgehungszwecken gewechselt[332], so müßte die Sperrung ggf. auf eine ganze Internet-Domain oder ein Teilnetz ausgeweitet werden – was zur Folge hätte, daß sämtliche zugehörigen Einzelserver nicht mehr erreichbar wären.[333] Schließlich können IP- bzw. URL-Sperrungen auch umgangen werden durch Kopieren der

---

sondere eine Schlüsselwort-Filterung der in den TCP/IP-Paketen enthaltenen Daten selbst. Hierbei treten allerdings in besonderem Maße Performance-Probleme auf (vgl. *Fuhrberg*, 150 ff., 152).

330 Im Fall der Sperrung des Servers „xs4all“ (vgl. oben Fußnote 204) waren nicht nur die störenden WWW-Seiten, sondern auch Websites von ca. 6.000 anderen Anbietern nicht mehr abrufbar; zudem war der E-Mail-Verkehr mit diesem Server gestört (vgl. *Bleisteiner*, 40, 61 f.; *Sieber*, Rn. 171.). Die mit einer IP-Sperrung kombinierte Sperrung z.B. des Ports 80 (WWW) würde immerhin noch sämtliche HTTP-Daten blockieren, während z.B. Verkehr auf Port 25 (E-Mail) weiterhin möglich bliebe (vgl. *Köhntopp/Köhntopp/Seeger*, K&R 1998, 25, 28 f.).

331 Allerdings ist eine URL-Sperrung nur wirksam, wenn gleichzeitig auch die korrespondierende IP-Adresse gesperrt wird (vgl. oben 1. Teil B.).

332 Im Fall der Sperrung des Servers „xs4all“ (siehe oben Fußnote 204) wechselte dessen Betreiber alle 20 Minuten die IP-Adresse (vgl. *Köhntopp/Köhntopp/Seeger*, DuD 1997, 626, 630). Ein solcher Wechsel kann erfolgen, wenn für eine Domain bzw. ein Teilnetz ein Block von IP-Adressen zur Verfügung steht. Innerhalb dieses Adreßbereichs kann jederzeit (auch automatisiert in Intervallen) ein Wechsel vorgenommen werden. Die ständige Aktualisierung der Domain-Name-Server untereinander (vgl. oben 1. Teil B., Fußnote 73) gewährleistet, daß der betreffende Server weiterhin erreichbar bleibt; für die Rezipienten wird der Wechsel i.d.R. nicht einmal ersichtlich. Ein IP-Adressenwechsel tritt im übrigen auch ein, wenn Zugangsbetreiber – denen regelmäßig weniger IP-Adressen zur Verfügung stehen, als sie Kunden haben – ihren Kunden bei jeder „Online“-Sitzung eine gerade verfügbare IP-Adresse aus ihrem Bestand zuteilen (sog. „dynamische“ IP-Adresse). Daher tragen die von einem Kunden bei verschiedenen Sitzungen versendeten Daten grundsätzlich jedesmal eine andere IP-Adresse. Entsprechend kann auch der URL bestimmter Daten verändert werden. Um den Abruf dieser Daten zu verhindern, müßte ebenfalls der gesamte Server pauschal gesperrt werden (siehe *Köhntopp/Köhntopp/Seeger*, K&R 1998, 25, 30). Schließlich kann auch die Port-Nummer gewechselt werden. Dazu müssen sich nur die beteiligten Akteure darauf einigen, ihre Kommunikation auf einem anderen als dem Standard-Port durchzuführen, und softwareseitig die Port-Einstellung entsprechend ändern (vgl. *Schneider*, MMR 1999, 571, 574). Siehe zu weiteren Möglichkeiten der Umgehung von Port-Sperrungen etwa *Bleisteiner*, 49; *Sieber*, CR 1997, 653, 663 f.

333 Würde man z.B. den IP-Adreßbereich 141.30.(...).(...) sperren, so wäre die Kommunikation mit sämtlichen Servern der Domain „tu-dresden.de“ abgeschnitten.

fraglichen störenden Daten auf andere Server („Spiegelung"), Versand dieser Daten als News-Beiträge oder E-Mails[334], Nutzung eines Anonymisier-Dienstes (wodurch bewirkt wird, daß die störenden Datenpakete nicht mehr die IP-Adresse des gesperrten Servers tragen)[335] oder Herstellung einer Verbindung zu einem zweiten – insbesondere ausländischen – Provider, der seinen Kunden ermöglicht, ihre Anwendungen auf seinem Rechner ablaufen zu lassen[336] (mit der Folge, daß der Paketfilter des sperrenden Zugangsbetreibers keine Kommunikation mit einer gesperrten Adresse erkennt, sondern nur Kommunikation mit dem zweiten Anbieter).[337]

Durch einen Eingriff an seinem Domain Name Server[338] *(DNS-Sperrung)* kann ein Zugangsbetreiber bewirken, daß seine Kunden bei Anfrage eines bestimmten URL bzw. einer bestimmten IP-Adresse eine Fehlermeldung angezeigt erhalten oder auf eine andere Website „umgeleitet" werden. Allerdings kann eine solche Maßnahme durch Ausweichen auf einen anderen Domain Name Server oder Abruf der gewünschten Daten von einem „Spiegel"-Server umgangen werden.[339]

Demnach ist eine *zielgenaue* und *wirksame Sperrung* der Übermittlung störender Daten *kaum möglich*. Entsprechende Maßnahmen dürften gegenüber ver-

---

334 Auch dies geschah im „xs4all-radikal"-Fall; vgl. *eco Forum e.V.*, 10 f.

335 Ein solcher Dienst ist z.B. „Anonymizer" (http://www.anonymizer.com). Nach der Eingabe eines URL auf der Homepage eines Anonymisier-Dienstes ruft dessen Server die betreffenden Daten ab und leitet sie an den Rezipienten weiter. Ein Paketfilter bei dessen Zugangsbetreiber würde keine Kommunikation mit einer gesperrten Adresse erkennen, sondern nur solche mit dem Anonymisier-Server. Der von der Technischen Universität Dresden und dem unabhängigen Landeszentrum für Datenschutz Schleswig-Holstein entwickelte „Java Anon Proxy" (http://anon.inf.tu-dresden.de) geht noch einen Schritt weiter: Hier wird die Kommunikation über mindestens drei „Mix-Proxy-Server" geschickt, deren Betreiber sich verpflichtet haben, weder selbst Daten über Verbindungen zu speichern noch mit den anderen Betreibern auszutauschen. Zusätzlich werden alle Daten mehrfach verschlüsselt und die Internetverbindungen jedes Teilnehmers unter denen aller anderen Teilnehmer „versteckt", die den Dienst gleichzeitig in Anspruch nehmen. Dadurch kann weder ein Außenstehender noch der Betreiber des Dienstes herausfinden, welche Verbindungen ein bestimmter Teilnehmer hatte. (Vgl. http://anon.inf.tu-dresden.de/help/about_de.html).

336 Z.B. „Pobox" (http://www.pobox.com); „Geocities" (http://www.geocities.com).

337 Siehe zu weiteren Umgehungsmöglichkeiten durch Aufbau einer „Mobile-IP-Verbindung" zu einem zweiten Anbieter *Köhntopp/Köhntopp/Seeger*, K&R 1998, 25, 29 f. Schließlich besteht auch noch die Möglichkeit, IP-Pakete mit gefälschten IP-Adressen zu versenden (sogenanntes „IP-Spoofing"; siehe näher *Fox*, DuD 1997, 724; *Hobert*, 55 [m.w.N.]).

338 Dieser „übersetzt" angefragte URLs in die zum Verbindungsaufbau erforderlichen IP-Adressen (vgl. oben 1. Teil B.).

339 Siehe hierzu auch *Spindler/Volkmann*, K&R 2002, 398, 405 f.; *Stadler*, MMR 2002, 343, 345.

sierten Internet-Akteuren, die es darauf anlegen, störende Daten zugänglich zu machen bzw. abzurufen, praktisch wirkungslos sein. Jedoch ist zu berücksichtigen, daß die weitaus meisten Akteure sich „seriös" betätigen[340] und schon mangels Interesse keine Umgehung eventueller Sperrungen versuchen werden. Zudem sind Umgehungsmaßnahmen häufig ihrerseits mit Unannehmlichkeiten verbunden.[341] Es läßt sich damit festhalten, daß Sperrmaßnahmen eines Zugangsbetreibers zwar die Übermittlung störender Daten nicht zuverlässig unterbinden, aber immerhin erschweren können und damit – wenn auch nur *begrenzt* – zur Gefahrenabwehr *geeignet* sind.[342]

Die vorangegangenen Ausführungen gelten auch im Hinblick auf die Sperrung der Übermittlung von *Verweisen*. Anzumerken ist allerdings, daß eine Sperrung, die darauf ausgerichtet wäre, Verweise dann auszusondern, wenn die jeweils in Bezug genommenen Daten bestimmte Störkriterien aufweisen, eine Kontrolle der „Zieldaten-Server" erfordern würde, die im Rahmen des Übermittlungsvorgangs keinesfalls realisierbar wäre.[343]

Ferner kommen *Auskunftsanordnungen* in Betracht. Auskünfte über weitergeleitete störende Daten setzen ebenfalls Kontrollen voraus; hinsichtlich deren Realisierbarkeit und Erfolgsaussichten kann auf die vorangegangenen Ausführungen verwiesen werden. Interessant können auch Auskünfte eines Zugangsbetreibers über seine Kunden sein: Wurde störendes Material an einen Server gesendet bzw. von diesem abgerufen und hat der Betreiber oder Verwalter dieses Servers die IP-Adresse des sendenden bzw. abrufenden Computers sowie den Zeitpunkt der Kommunikation mitgeteilt[344], so liegt es nahe, von dem Zugangsbetreiber, zu dessen Kontingent die fragliche IP-Adresse gehört[345], Aus-

---

340 Vgl. oben Fußnote 209.

341 Zumindest schränken die angesprochenen Sperrmaßnahmen den Komfort der Internet-Nutzung ein (vgl. *Spindler/Volkmann*, K&R 2002, 398, 406): Zur Umgehung einer DNS-Sperrung muß der Rezipient die korrekte IP-Adresse als lange Zahlenfolge eingeben bzw. seinen Computer speziell konfigurieren. Die Inanspruchnahme von Anonymisier-Diensten ist häufig kostenpflichtig; bei kostenfreien Varianten müssen i.d.R. Nutzungseinschränkungen, Geschwindigkeitseinbußen oder Funktionsdefizite hingenommen werden. Das Ausweichen auf einen anderen Zugangsbetreiber dürfte oft mit höheren Verbindungskosten verbunden sein. Nimmt ein Server-Betreiber/-Verwalter einen URL-Wechsel vor, so verliert er ggf. eine weithin bekannte Internet-Adresse und die mit dem bisherigen URL verknüpften Suchmaschinen-Einträge werden für ihn wertlos.

342 Zweifelnd hingegen (insbesondere bezüglich Maßnahmen gegen Zugangsbetreiber) *Zimmermann*, NJW 1999, 3145, 3150.

343 Insofern ist auch zu berücksichtigen, daß die „Zieldaten-Server" ihrerseits mit Zugangsbeschränkungen versehen sein können, die Kontrollen vereiteln.

344 Vgl. oben A.

345 Die IP-Adressen-Zuordnung läßt sich über eine Anfrage bei der zuständigen Registrierungsstelle (vgl. oben Fußnote 70) oder Diensten wie Network-Tools (http://www.network-tools.com) ermitteln.

kunft über die Identität des Kunden zu verlangen, dessen Computer sie zum relevanten Zeitpunkt zugeteilt war.[346] Diese Auskunft kann der Zugangsbetreiber erteilen, soweit die betreffenden Angaben noch in seiner Logdatei gespeichert sind.[347] Zu berücksichtigen ist allerdings, daß (etwa durch Nutzung eines Anonymisier-Dienstes[348]) verhindert werden kann, daß die Logdatei eines Servers, mit kommuniziert wird, die IP-Adresse des Kommunikationspartners verzeichnet. Im übrigen können Internet-Akteure eine Ermittlung ihrer Identität beispielsweise auch durch Benutzung eines öffentlich zugänglichen Computers (etwa in einem „Internet-Café") vereiteln.[349] Damit kann festgehalten werden, daß auch die hier angesprochenen Auskunftsanordnungen nur *begrenzt* zur Gefahrenabwehr *geeignet* sind.

D. Maßnahmen der Transporteure

Eine *Sperrung der Übermittlung* störender Daten (bzw. Verweise) zwischen Servern und Client-Computern durch einen Transporteur würde ebenfalls eine *Kontrolle* erfordern, die vor der weiteren Übermittlung abgeschlossen sein müßte.[350] Weitere Schwierigkeiten ergeben sich daraus, daß die im Internet übermittelten TCP/IP-Datenpakete regelmäßig nur Teile einer Gesamtdatei enthalten und auf völlig unterschiedlichen Wegen zum Empfänger befördert werden.[351] Zudem liegen sie auf der „Routing-Ebene" in einer Form vor, die zwar die IP-Adresse des Sender- und Empfänger-Rechners, nicht aber den Inhalt des Daten-

---

346 Zugangsbetreiber weisen ihren Kunden i.d.R. dynamische IP-Adressen zu, die nur für die Dauer einer „Online"-Sitzung gültig sind (siehe oben Fußnote 332). Hier soll von dem praktisch wohl häufigsten Fall, daß der Kunde sich bei einem Zugangsbetreiber einwählt, mit dem er (unter Angabe seines Namens und seiner Anschrift) eine Vereinbarung über die entgeltliche Nutzung des Internet-Zugangs geschlossen hat, ausgegangen werden. Erfolgt eine Einwahl „by-Call" ohne vorherige Registrierung, so wird die Rufnummer des Kunden an den Zugangsbetreiber übermittelt, der das zu zahlende Entgelt über den jeweiligen Netzbetreiber, z.B. die Deutsche Telekom AG, bei dem Kunden einziehen läßt. Der Zugangsbetreiber kann dann immerhin noch über die fragliche Rufnummer Auskunft erteilen.

347 Auch die Vermittlungsrechner der Zugangsbetreiber führen Logdateien, die insbesondere Benutzerkennung (vgl. oben Fußnote 346), Datum, Uhrzeit und zugeteilte IP-Adresse verzeichnen. Vgl. *Köhntopp/Köhntopp*, CR 2000, 248, 250; *Schaar/Schulz* in Roßnagel, § 5 TDDSG, Rn. 107.

348 Dies hat zur Folge, daß der kontaktierte Server allein die IP-Adresse des Anonymisier-Servers verzeichnet. Siehe im übrigen die vorangegangenen Ausführungen zur Umgehung von Paketfilterungen.

349 Der Zugangsbetreiber kann dann nur Auskunft über die Identität des Betreibers des öffentlich zugänglichen Computers erteilen. Bei diesem endet die „Datenspur".

350 Siehe zu den Problemen einer solchen Kontrolle oben C.

351 Vgl. oben 1. Teil B.

pakets erkennen läßt.[352] Aufgrund dieser technischen Gegebenheiten können Transporteure in aller Regel *weder gezielte Sperrungen* realisieren[353] *noch* für Zwecke der Gefahrenabwehr dienliche *Auskünfte* erteilen[354]. Auch eine gezielte Sperrung von „Chat"-Kommunikation durch IRC-Server-Betreiber ist praktisch kaum durchführbar. Zwar kann ein Teilnehmer, der bekanntermaßen und ggf. wiederholt störende Kommentare versendet hat, vom IRC ausgeschlossen werden; jedoch ist eine solche Maßnahme ohne weiteres umgehbar.[355] Letztlich dürfte insofern als geeignete Gefahrenabwehrmaßnahme nur die *Sperrung bzw. Schließung eines IRC-Kanals*, der störende Konversation besonders anzieht, in Betracht kommen.

E. Maßnahmen der Rezipienten

Im Bereich eines Rezipienten-Computers kommt zunächst eine *Sperrung des Empfangs* störender Daten in Betracht. Die erforderliche *Kontrolle* könnte durch eine auf dem Computer installierte Firewall-Software erfolgen, die eintreffende Daten automatisch einer Filterung unterzieht und als störend identifiziertes Material nicht zur Kenntnis des Rezipienten gelangen läßt. Hinsichtlich der Erfolgsaussichten[356] ist allerdings zu berücksichtigen, daß eine hochwirksame Firewall im Rahmen eines Sicherheits-Gesamtkonzepts umfangreiche Anforderungen bezüglich Management, Sicherheitspolitik, Protokollierung und Filterung erfüllen müßte, was im privaten Einsatzbereich – insbesondere bei Fehlen entspre-

---

352 Bleisteiner, 37 f.

353 Solche Maßnahmen könnten allenfalls am Übergang zu einem Internet-Backbone in Betracht kommen, da hier u.U. sämtliche eine Gesamtdatei bildenden TCP/IP-Datenpakete passieren. Allerdings würden sich dort erfolgende Sperrungen besonders gravierend auf die Leistungsfähigkeit des Internet insgesamt auswirken; abgesehen davon wären sie umgehbar (siehe oben C.). Vgl. *Sieber* in Hoeren/Sieber, Teil 1, Rn. 74; *derselbe* in Hoeren/Sieber, Teil 19, Rn. 137.

354 Eine Ausnahme wäre die mögliche Auskunft eines Telefonnetz-Betreibers über die Identität eines Kunden, der sich zu einem bestimmten Zeitpunkt bei einem Zugangsbetreiber eingewählt hat (vgl. oben Fußnote 346). Allerdings würde eine entsprechende Auskunftsanordnung voraussetzen, daß sowohl der Betreiber bzw. Verwalter des Servers, mit dem die fragliche Kommunikation stattgefunden hat, als auch der Zugangsbetreiber, über den die Einwahl erfolgt war, die ihnen möglichen Auskünfte bereits erteilt haben (vgl. oben A., C.). Das Auskunftsverlangen würde ins Leere gehen, wenn der gesuchte Akteur seine IP-Adresse verschleiert hatte (vgl. oben C.).

355 Da sich die Chat-Teilnehmer mit einem Pseudonym („Nickname") am IRC-Server anmelden müssen, könnte dieser so konfiguriert werden, daß ein bestimmter „Nickname" nicht mehr akzeptiert wird. Es ließe sich aber nicht verhindern, daß die betreffende Person unter einem anderen Pseudonym wiederum am IRC teilnimmt.

356 Vgl. dazu die vorangegangenen Ausführungen zu den Erfolgsaussichten einer Paketfilterung (oben C.).

chender Fachkenntnisse – *kaum zu verwirklichen* sein dürfte.[357] Eine „manuelle" Kontrolle durch den Rezipienten selbst wäre nicht (mehr) zur Gefahrenabwehr geeignet, da sie erst nach der bereits erfolgten Kenntnisnahme von störenden Daten einsetzen könnte. Allerdings kann einem Rezipienten *verboten* werden, zukünftig bestimmte *störende Daten abzurufen*.

F. Deaktivierung und Sicherstellung von Hardware-Komponenten, Untersagung einer „Betätigung im Internet"

Schließlich kommen auch Maßnahmen in Betracht, die darauf abzielen, bestimmte am Datenaustausch beteiligte *Hardware-Komponenten* „außer Gefecht zu setzen".[358] Um dies zu erreichen, kann die betreffende Hardware abgeschaltet oder vom Netz getrennt, d.h. *deaktiviert*, oder behördlich *sichergestellt*[359] werden. Eine solche – unproblematisch realisierbare – Maßnahme verhindert zuverlässig, daß das fragliche Gerät (weiterhin) dazu eingesetzt wird, störende Daten zu speichern, zu übermitteln oder zu empfangen und ist daher zur Gefahrenabwehr *geeignet*. Gleiches gilt im Hinblick auf die *Untersagung* einer „Betätigung im Internet" in Form einer Teilnahme bzw. Mitwirkung am Datenaustausch im Internet.[360]

G. Zwischenergebnis

Zusammenfassend läßt sich festhalten, daß folgende Maßnahmen – wenn auch ggf. nur begrenzt – technisch möglich und zur Gefahrenabwehr im Internet geeignet sind:

---

357 Siehe dazu etwa *Fuhrberg*, 137 ff.

358 Solche Maßnahmen kommen insbesondere im Hinblick auf datenspeichernde Server, Ein-/Aufwählknotenrechner, IRC-Server und Client-Computer in Betracht. Auf der Routing-Ebene wären sie nur an den Übergängen zu den Internet-Backbones effektiv (vgl. oben Fußnote 353), würden sich aber so gravierend auf die Leistungsfähigkeit des Internet insgesamt auswirken, daß sie ersichtlich nicht mehr in einem angemessenen Verhältnis zum angestrebten Zweck stünden.

359 Vgl. § 21 MEPolG. Einige Polizeigesetze (vgl. etwa §§ 26, 27 SächsPolG) unterscheiden zwischen der dem Interesse des Eigentümers oder Inhabers der tatsächlichen Gewalt dienenden Sicherstellung und der i.d.R. gegen dessen Willen erfolgenden Beschlagnahme zum Schutz anderer Personen oder der Allgemeinheit (vgl. *Schenke* in Steiner, Rn. 109; *Würtenberger/Heckmann/Riggert*, Rn. 383 ff., 391 ff.). Im folgenden soll nur auf die Sicherstellung nach § 21 (Nr. 1) MEPolG eingegangen werden. Diese beendet den Gewahrsam des betroffenen Akteurs und begründet neuen behördlichen Gewahrsam (*Knemeyer*, Rn. 257).

360 Eine solche Maßnahme verbietet das Versenden, Empfangen, Speichern oder Übermitteln von Daten insgesamt und ist daher weitreichender als eine Sperrungs-/Löschungsanordnung, ein Verbot des Versands oder Empfangs bestimmter Daten oder eine Deaktivierung bzw. Sicherstellung einer Hardware-Komponente.

- Maßnahmen der *Server-Betreiber/-Verwalter*:
  - *Sperrung* oder *Löschung* von Daten (bzw. Verweisen), die auf einem Server zugänglich sind,
  - *Sperrung* der von Dritten neu an einen Server eingesendeten Daten (bzw. Verweise),
  - *Ermöglichung* einer behördlichen *Kontrolle*,
  - Erteilung von *Auskunft* über Daten (bzw. Verweise), die auf einem Server zugänglich sind oder dort neu eingehen,
  - Erteilung von *Auskunft* über die Identität eines Internet-Akteurs, mit dem kommuniziert wurde, oder Umstände, die einen Rückschluß hierauf zulassen können (z.B.: Rechner-IP-Adresse).
- Maßnahmen der *Einsender*:
  - *Unterlassung* des zukünftigen *Einsendens* von Daten (bzw. Verweisen) an einen Server.
- Maßnahmen der *Zugangsbetreiber*:
  - *Sperrung* der Übermittlung von Daten (bzw. Verweisen),
  - Erteilung von *Auskunft* über weitergeleitete Daten (bzw. Verweise),
  - Erteilung von *Auskunft* über die Identität eines Kunden oder Umstände, die einen Rückschluß hierauf zulassen können (z.B.: Rechner-IP-Adresse).
- Maßnahmen der *IRC-Server-Betreiber* (*Transporteure*):
  - *Sperrung* bzw. *Schließung* eines IRC-Kanals.
- Maßnahmen der *Rezipienten*:
  - *Unterlassung* des zukünftigen *Abrufs* von Daten (bzw. Verweisen) von einem Server.
- Darüber hinaus, als behördliche Maßnahmen gegenüber *Server-Betreibern*, *Server-Verwaltern*, *Einsendern*, *Zugangsbetreibern*, *IRC-Server-Betreibern* oder *Rezipienten*:
  - *Deaktivierung* einer Hardware-Komponente,
  - *Sicherstellung* einer Hardware-Komponente,
  - *Untersagung* einer „Betätigung im Internet“.

4. Teil: Der maßgebliche einfachrechtliche Rahmen – insbesondere: Ermächtigungsgrundlagen für Gefahrenabwehrmaßnahmen

Nachdem herausgearbeitet wurde, auf welche Weise Störungen bzw. Gefährdungen der öffentlichen Sicherheit „im Internet" bekämpft werden können, ist die Rechtmäßigkeit eines solchen Vorgehens zu erörtern. Vor allem im Hinblick auf einschlägige *Ermächtigungsgrundlagen* für Gefahrenabwehrmaßnahmen soll zunächst der maßgebliche *einfachrechtliche Rahmen* skizziert werden.

Wie noch zu zeigen sein wird, fällt Internet-Kommunikation insbesondere unter die Regelungen des *TDG/MDStV*[361], *TKG*[362], *Rundfunkrechts*[363] und *JMStV*[364], die an bestimmte Kommunikationsformen bzw. Funktionen von Internet-Akteuren anknüpfen[365] und grundsätzlich alternativ zur Anwendung gelangen[366]. Mit Blick auf die verschiedenen in Betracht kommenden Ermächtigungsgrundlagen für Aufsichtsmaßnahmen[367], die speziellen Verantwortlichkeitsregelungen des TDG/MDStV[368] und die jeweiligen bereichsspezifischen Bestimmungen zum Schutz des Fernmeldegeheimnisses und informationellen Selbstbestimmungsrechts[369] ist eine *Abgrenzung* der Anwendungsbereiche der genannten Regelwerke geboten.[370]

A. Teledienstegesetz und Mediendienste-Staatsvertrag

I. Entwicklung bis 2001/2002

Zunächst soll die Entstehung des deutschen und des europäischen Rechtsrahmens für Informations- und Kommunikationsdienste bzw. Dienste der Informationsgesellschaft im Überblick dargestellt werden.

---

361 Siehe näher unten A.

362 Siehe näher unten B.

363 Siehe näher unten C.

364 Siehe näher unten D.

365 Vgl. *Greiner*, 56.

366 Siehe näher unten A. II. 1.

367 Insbesondere ermächtigt § 22 II, III MDStV die Aufsichtsbehörden zu Maßnahmen gegen Mediendiensteanbieter, während das TDG keine besondere Befugnisnorm enthält – so daß für entsprechende Maßnahmen gegenüber Telediensteanbietern auf die polizei- und ordnungsrechtlichen Generalklauseln zurückgegriffen werden muß (siehe näher unten G.).

368 §§ 8-11 TDG/6-9 MDStV. Diese Vorschriften gelten nur für Tele-/Mediendiensteanbieter i.S.d. §§ 3 S. 1 Nr. 1 TDG/MDStV.

369 Siehe hierzu näher unten 6. Teil B. III. 2.

370 So ausdrücklich auch *Greiner*, 56.

1. Informations- und Kommunikationsdienstegesetz und Mediendienste-Staatsvertrag von 1997

Mit der wachsenden Bedeutung des Internet seit Anfang der 90er Jahre stellte sich – vor allem auch im Hinblick auf die Verantwortlichkeit der Internet-Akteure für von ihnen gespeichertes oder übermitteltes störendes Material[371] – zunehmend die Frage nach einem Rechtsrahmen für die neuen Dienste. Während die Regelung der inhaltlichen Aspekte von Internet-Angeboten mit besonderer Relevanz für die öffentliche Meinungsbildung und typischerweise massenkommunikativem[372] Charakter den Ländern oblag, war der Bund für die technische Seite des Datentransports und die inhaltlichen Aspekte wirtschaftsbezogener, typischerweise individualkommunikativ[373] ausgestalteter Angebote zuständig.[374] Nach umfangreichen Vorarbeiten seit 1994[375] konnte im Sommer

---

371 Dabei ging es vor allem um die Verantwortlichkeit der Server-Betreiber/-Verwalter und Zugangsbetreiber für Daten, die von anderen – nicht ermittelbaren oder greifbaren – Akteuren eingespeist worden waren. Insofern sei nur auf das Ende 1995 eingeleitete Ermittlungsverfahren gegen CompuServe Deutschland (vgl. oben Fußnote 205) verwiesen, in dessen Verlauf sich CompuServe USA veranlaßt sah, ca. 300 beanstandete Newsgroups zu sperren. In der Folge kam es in den USA zu massiven Protesten und Drohungen, Datennetz-Investitionen in Deutschland zurückzustellen, sowie zu Beschränkungen des Datenverkehrs durch deutsche Universitätsrechenzentren. Vgl. *Derksen*, NJW 1997, 1878 m.w.N; *Sieber*, JZ 1996, 429.

372 Als Massenkommunikation wird traditionell jede Form der Kommunikation verstanden, bei der Aussagen öffentlich (d.h. ohne begrenzte und personell definierte Empfängerschaft) durch technische Verbreitungsmittel (Medien) indirekt (d.h. bei räumlicher oder zeitlicher Distanz zwischen den Beteiligten) und einseitig (d.h. ohne Rollenwechsel zwischen Aussagendem und Aufnehmendem) an ein disperses (d.h. überwiegend räumlich verstreutes und ohne Kontakt zueinander stehendes) Publikum vermittelt werden. Vgl. *Lent*, 31 (m.w.N.).

373 Individualkommunikation ist – ausgehend vom Modell der „Face-to-Face-Kommunikation" – durch die Möglichkeit der Interaktion, d.h. eines Rollenwechsels zwischen Aussagendem und Aufnehmendem, und einen begrenzten bzw. bestimmten Empfänger(kreis) gekennzeichnet. Vgl. statt vieler: *Schmitz* in Hoeren/Sieber, Teil 16.4, Rn. 31; *Schulz*, ZUM 1996, 487, 489 (m.w.N.).

374 Der Bund und die Länder haben ihre Regelungen (siehe hierzu näher sogleich) auf Art. 73 Nr. 9, 74 I Nr. 1, 7, 11 i.V.m. 72 II GG bzw. Art. 30, 70 GG gestützt (*BT-Drs. 13/7385*, 17; *BWLT-Drs. 12/1302*, 19). Art. 73 Nr. 7 GG erfaßt die „Sendetechnik" des Internet, nicht aber Regelungen bezüglich des Inhalts übermittelter Daten (*Degenhart* in Sachs, Art. 73, Rn. 34; *Stettner* in Dreier, Art. 73, Rn. 31, 34; a.A. *Bullinger/Mestmäcker*, 161, 168 f.). Auf Art. 73 Nr. 9 GG konnte sich der Bund für die Änderungen des UrhG durch Art. 7 IuKDG (siehe hierzu sogleich unten) stützen. Art. 74 I Nr. 11 GG erfaßt alle wirtschaftlichen Aspekte von Internet-Angeboten (vgl. *Tettenborn* in E-F/M/T, Rn. 17, 21 vor § 1 TDG). Ergänzt wird diese Hauptkompetenz durch Art. 74 I Nr. 1 GG bezüglich der zivil- und strafrechtlichen Verantwortlichkeit von Diensteanbietern und 74 I Nr. 7 GG bezüglich des Jugendschutzes im Internet. Das IuKDG hält den Anforderungen des Art. 72 II GG stand, da die besondere Bedeutung der Informations-

1996 eine Einigung dahingehend erzielt werden, daß die „an die Allgemeinheit gerichteten" Dienste in einem *Staatsvertrag der Länder (MDStV)* und andere Dienste in einem *Informations- und Kommunikationsdienstegesetz des Bundes (IuKDG)* geregelt werden sollten.[376] Die anschließenden Verhandlungen[377] und Gesetzgebungsverfahren konzentrierten sich auf die Abgrenzung der Anwendungsbereiche des MDStV, IuKDG und TKG. Die beiden Regelwerke traten am 01.08.1997 in Kraft. Von den Bestimmungen des IuKDG sind für die vorliegende Arbeit in erster Linie das *TDG*[378] und das *TDDSG*[379] relevant. Die Regelwerke von 1997 sollen im folgenden als TDG 97, TDDSG 97 und MDStV 97 bezeichnet werden. Bedeutsame Vorschriften des TDG/MDStV 97 waren insbesondere die weitgehend wortgleichen §§ 5 betreffend die Verantwortlichkeit der (Dienste-)Anbieter für eigene oder fremde Inhalte, die sie zur Nutzung bereithielten bzw. für fremde Inhalte, zu denen sie den Zugang zur Nutzung vermittelten.[380]

2. E-Commerce-Richtlinie

Die Europäische Kommission hatte 1997 angekündigt, bis zum Jahr 2000 einen kohärenten Rechtsrahmen für den elektronischen Geschäftsverkehr errei-

---

und Kommunikationstechnologie für den Wirtschaftsstandort Deutschland und ihre grenzüberschreitenden Wirkungen bundeseinheitliche Regelungen notwendig macht (vgl. *Tettenborn* in E-F/M/T, Rn. 18 vor § 1 TDG; *BT-Drs. 13/7385*, 17). Inhaltliche Regelungen des Rundfunks und (vorbehaltlich des Art. 75 I Nr. 2 GG) auch des Pressewesens fallen in den Kompetenzbereich der Länder. Diesen obliegt daher die Regelung der inhaltlichen Aspekte von Internet-Angeboten, die durch eine besondere Breitenwirkung, Aktualität und Suggestivkraft gekennzeichnet sind bzw. eine besondere Relevanz für die öffentliche Meinungsbildung aufweisen (siehe hierzu näher unten II. 1. b), c)).

375 Einen ersten Regelungsansatz bildete die Ende 1994 erstellte „Negativliste" der *Rundfunkreferenten der Länder*, welche die Dienste nannte, die nicht als Rundfunk einzustufen sein sollten (vgl. *Holznagel/Kibele* in Hoeren/Sieber, Teil 5, Rn. 38 f.). Anfang Mai 1996 legte die *Bundesregierung* ein Eckwertepapier vor, wonach der Anwendungsbereich des neuen Bundesgesetzes alle Informations- und Kommunikationsdienste umfassen sollte. Die *Rundfunkkommission der Länder* stellte als Verhandlungsposition fest, daß die Zuständigkeit für „Massenkommunikation" (d.h. Dienste, die „ein möglichst großes Publikum erreichen" wollen) bei den Ländern und diejenige für „Individualkommunikation" (d.h. Mitteilungen an eine andere Person oder einen ganz bestimmten Empfängerkreis) beim Bund liegen solle. Vgl. *Tettenborn* in E-F/M/T, § 2 TDG, Rn. 11 ff.

376 Vgl. *Knothe*, AfP 1997, 494, 495; *Tettenborn* in E-F/M/T, § 2 TDG, Rn. 17.

377 Deren Ergebnisse kamen in den Entwürfen zum IuKDG und MDStV vom 11.12.1996 bzw. 20.11.1996 (*BT-Drs. 13/7385*, 5 ff.; *BWLT-Drs. 12/837*, 2 ff.) zum Ausdruck, welche mit den endgültigen Regelungen bereits fast identisch waren.

378 Art. 1 IuKDG.

379 Art. 2 IuKDG.

380 Siehe hierzu näher unten 5. Teil B.

chen zu wollen.[381] Vor dem Hintergrund bestehender Rechtsunsicherheiten und einer drohenden Zersplitterung des Binnenmarktes aufgrund bereits erfolgter Reglementierungen in Deutschland und bevorstehender Änderungen oder Neuregelungen in anderen EU-Mitgliedstaaten[382] legte sie Ende 1998 einen auf Art. 47 II, 55, 95 des EG-Vertrags (EGV) gestützten Vorschlag für eine *Richtlinie über den elektronischen Geschäftsverkehr* vor.[383] Das Europäische Parlament nahm den Vorschlag in erster Lesung mit zahlreichen Änderungsvorschlägen an[384], die jedoch überwiegend nur Klarstellungszwecken dienten.[385] Nachdem die Kommission einen geänderten Richtlinienvorschlag[386] vorgelegt hatte, einigte sich der Rat auf einen Gemeinsamen Standpunkt[387], der vom Parlament in zweiter Lesung unverändert angenommen wurde[388]. Die *ECRL* trat am 17.07.2000 in Kraft.[389]

Die Richtlinie soll einen Beitrag zum einwandfreien Funktionieren des Binnenmarktes leisten, indem sie den freien Verkehr von *Diensten der Informationsgesellschaft*[390] zwischen den Mitgliedstaaten sicherstellt.[391] Hierzu sieht sie eine Angleichung bestimmter für Dienste der Informationsgesellschaft geltender innerstaatlicher Regelungen vor.[392] Sie findet keine Anwendung auf Dienste aus

---

381 *KOM (1997) 157 endg.* Grundlage für die Schaffung von Rahmenbedingungen für den elektronischen Geschäftsverkehr war die Kommissionsmitteilung „Europas Weg in die Informationsgesellschaft" (*KOM [1994] 347 endg.*). Weitere bedeutende Weichenstellungen für die EU-Medienordnung erfolgten insbesondere mit der Revision der Fernsehrichtlinie (1997) und der Vorlage des *Grünbuchs* „Zur Konvergenz der Branchen Telekommunikation, Medien und Informationstechnologie und ihren ordnungspolitischen Auswirkungen" (*KOM [1997] 623 endg.*). Vgl. *Marly* in Grabitz/Hilf/Wolf, A 4, Vorbem., Rn. 47; *Tettenborn* in E-F/M/T, IntR, Rn. 1 ff.

382 Siehe hierzu im einzelnen *KOM (1998) 586 endg.*, 8.

383 KOM (1998) 586 endg., 37.

384 Legislative Entschließung mit Stellungnahme vom 06.05.1999 (ABlEG 1999 C 279, 389).

385 Vgl. *Marly* in Grabitz/Hilf/Wolf, A 4, Vorbem., Rn. 48; *Tettenborn* in E-F/M/T, IntR, Rn. 32 ff.

386 KOM (1999) 427 endg.

387 Gemeinsamer Standpunkt vom 28.02.2000, ABlEG 2000 C 128, 32.

388 Legislative Entschließung vom 04.05.2000, ABlEG 2001 C 41, 38.

389 Weitere Elemente des Rechtsrahmens für die Informationsgesellschaft bilden insbesondere die Richtlinien 95/46/EG, 97/7/EG, 97/66/EG, 98/34/EG, 98/48/EG, 1999/93/EG, 2001/29/EG, 2002/58/EG und 2002/65/EG.

390 Hierbei handelt es sich gemäß Art. 2 lit. a) ECRL i.V.m. Art. 1 Nr. 2 RL 98/34/EG in der Fassung der RL 98/48/EG um Dienstleistungen, die in der Regel gegen Entgelt elektronisch im Fernabsatz und auf individuellen Abruf eines Empfängers erbracht werden. Siehe hierzu näher unten II. 1. e).

391 Art. 1 I ECRL.

392 Dabei handelt es sich um Regelungen betreffend den Binnenmarkt, die Niederlassung der Diensteanbieter, kommerzielle Kommunikationen, elektronische Verträge, die Ver-

Drittländern[393], den Bereich der Besteuerung[394], die in den Datenschutzrichtlinien 95/46/EG und 97/66/EG geregelten Aspekte[395], kartellrechtlich relevante Verhaltensweisen[396], die Tätigkeit von Notaren und Angehörigen gleichwertiger Berufe[397], die Vertretung von Mandanten und Verteidigung ihrer Interessen vor Gericht[398] sowie Glücksspiele mit Geldeinsatz[399].

Bedeutsam für die vorliegende Arbeit sind vor allem die *Binnenmarktklausel* des Art. 3 ECRL[400] und die abgestuften Regelungen der Art. 12-15 ECRL über die *Verantwortlichkeit der Vermittler*[401], die nach der konkreten Betätigung eines Diensteanbieters („Reine Durchleitung“, „Caching“, „Hosting“) unterscheiden.[402]

3. Umsetzung der E-Commerce-Richtlinie

Zur Umsetzung der ECRL[403] wurden das Teledienstegesetz und der Mediendienste-Staatsvertrag novelliert.[404] Die neuen Fassungen traten zum 21.12.2001 bzw. 01.07.2002 in Kraft.

---

antwortlichkeit von Vermittlern, Verhaltenskodizes, Systeme zur außergerichtlichen Beilegung von Streitigkeiten, Klagemöglichkeiten und die Zusammenarbeit zwischen den Mitgliedstaaten (Art. 1 II ECRL).

393 Dies läßt sich bereits Art. 1 I ECRL („zwischen den Mitgliedstaaten“) entnehmen und wird auch in Erwägungsgrund 58 der ECRL ausdrücklich klargestellt.

394 Art. 1 V lit. a) ECRL.

395 Art. 1 V lit. b) ECRL.

396 Art. 1 V lit. c) ECRL.

397 Art. 1 V lit. d), 1. Spiegelstrich ECRL.

398 Art. 1 V lit. d), 2. Spiegelstrich ECRL.

399 Art. 1 V lit. d), 3. Spiegelstrich ECRL.

400 Hiernach trägt jeder Mitgliedstaat dafür Sorge, daß die Dienste der Informationsgesellschaft, die von einem in *seinem* Hoheitsgebiet niedergelassenen Diensteanbieter erbracht werden, den in diesem Mitgliedstaat geltenden innerstaatlichen Vorschriften entsprechen (Art. 3 I ECRL); der freie Verkehr von Diensten der Informationsgesellschaft aus einem *anderen* Mitgliedstaat darf aus Gründen, die in den „koordinierten Bereich“ fallen, nur ausnahmsweise bei Vorliegen besonderer Voraussetzungen eingeschränkt werden (Art. 3 II i.V.m. IV-VI ECRL). Siehe hierzu näher unten 7. Teil B. III. 1.

401 Sie orientieren sich sowohl an §§ 5 TDG/MDStV 97 als auch an Sec. 512 DMCA. Siehe zu Art. 12-15 ECRL näher unten 5. Teil B.

402 Für alle Betätigungen gilt, daß dem Diensteanbieter keine allgemeine Verpflichtung zur Überwachung übermittelter oder gespeicherter Informationen auferlegt werden darf (Art. 15 I ECRL). Hingegen regelt die ECRL nicht die Verantwortlichkeit für Hyperlinks und Suchmaschinen (vgl. Art. 21 II ECRL). Auf Art. 12-15 ECRL wird noch ausführlich einzugehen sein (siehe unten 5. Teil B.).

403 Die Umsetzungsfrist lief gemäß Art. 22 I ECRL bis zum 17.01.2002.

404 Die Anpassung erfolgte durch Art. 1 des Elektronischer Geschäftsverkehr-Gesetzes (EGG) bzw. Art. 3 des Sechsten Rundfunkänderungsstaatsvertrags. Der MDStV wurde erneut zum 01.04.2003 teilweise durch den JMStV geändert.

Der jeweilige *Anwendungsbereich* des TDG und MDStV blieb bis auf die Herausnahme des Bereichs der Besteuerung[405] unverändert.[406] Die *Binnenmarktklausel* und die *Verantwortlichkeitsregelungen* wurden nahezu wörtlich in den neuen §§ 4 TDG/5 MDStV bzw. §§ 8-11 TDG/6-9 MDStV umgesetzt.[407]

II. Anwendungsbereiche des Teledienstegesetzes und Mediendienste-Staatsvertrags

1. Tele-/Mediendienste

Unter das TDG fallen „alle elektronischen Informations- und Kommunikationsdienste, die für eine individuelle Nutzung kombinierbarer Daten wie Zeichen, Bilder oder Töne bestimmt sind und denen eine Übermittlung mittels Telekommunikation zugrunde liegt (Teledienste)“[408]; der MDStV gilt „für das Angebot und die Nutzung von an die Allgemeinheit gerichteten Informations- und Kommunikationsdiensten (Mediendienste) in Text, Ton oder Bild, die unter Benutzung elektromagnetischer Schwingungen ohne Verbindungsleitung oder längs oder mittels eines Leiters verbreitet werden“[409]. Demnach handelt es sich bei Tele- und Mediendiensten[410] im weitesten Sinne um *Angebote zur Nutzung von Daten*, die *auf elektronischem Weg übertragen* werden.[411] Die in §§ 2 II

---

405 § 2 IV Nr. 4 TDG; § 2 I 3, 3. Hs. MDStV. Diese Änderung erfolgte, da die ECRL auf den Bereich der Besteuerung keine Anwendung findet (Art. 1 V lit. a) ECRL).

406 Die Anwendungsbereiche des TDG/MDStV 97 mußten nicht geändert werden, da sie bereits alle Dienste der Informationsgesellschaft i.S.d. ECRL erfaßten (vgl. unten II. 1. e)).

407 Im übrigen wurden die Begriffsbestimmungen der §§ 3 TDG/MDStV teilweise präzisiert bzw. sprachlich an die ECRL angepaßt, die in Art. 5-7 ECRL enthaltenen Informationspflichten – soweit erforderlich – in §§ 6, 7 TDG/10 MDStV normiert und der Sanktionsverpflichtung des Art. 20 ECRL durch die Einführung eines Ordnungswidrigkeitstatbestands in § 12 TDG Rechnung getragen. (Art. 9-11 ECRL und Art. 17 I ECRL wurden durch Änderungen des BGB, des Signaturgesetzes und der ZPO umgesetzt. Eine Umsetzung des Art. 4 ECRL war aufgrund der bereits bestehenden Regelungen [jetzt: §§ 5 TDG/4 MDStV] nicht erforderlich. Keiner Umsetzung bedurften ferner die Art. 8, 16, 17 II, III, 18 und 19 ECRL.) Die Änderungen im bereichsspezifischen Datenschutzrecht (TDDSG, §§ 16-21 MDStV) waren nicht durch die ECRL motiviert. Vgl. *BT-Drs. 14/6098*, 15 ff.; *BWLT-Drs. 13/951*, 30 ff.; *Nickels*, CR 2002, 302, 309.

408 § 2 I TDG.

409 § 2 I 1 MDStV.

410 Die Bezeichnung „Informations- und Kommunikationsdienste“ bildet den Oberbegriff für Tele- und Mediendienste.

411 Vgl. *Greiner*, 58. Zwar ist in § 2 II TDG von *Angeboten*, in § 2 II MDStV hingegen von (Abruf- bzw. Verteil-)*Diensten* die Rede, jedoch kommt den abweichenden Begriffen keine unterschiedliche Bedeutung zu (statt vieler: *Tettenborn* in E-F/M/T, § 2 TDG, Rn. 40). Das Angebot bzw. der Dienst muß der Information oder Kommunikation dienen. Die Einbeziehung der Alternative „Information“ verdeutlicht, daß nicht nur zweiseitige

TDG/MDStV genannten Regelbeispiele ordnen bestimmte charakteristische Erscheinungsformen als Tele- bzw. Mediendienste ein.[412]

Das TDG gilt nicht für Telekommunikationsdienstleistungen und das geschäftsmäßige Erbringen von Telekommunikationsdiensten nach § 3 TKG, Rundfunk im Sinne von § 2 des Rundfunkstaatsvertrags (RfStV) und inhaltliche Angebote bei Verteil- und Abrufdiensten im Sinne des § 2 MDStV, soweit die redaktionelle Gestaltung zur Meinungsbildung für die Allgemeinheit im Vordergrund steht[413]; der MDStV läßt die Bestimmungen des RfStV, TDG und TKG unberührt[414] und der RfStV gilt nicht für Mediendienste im Sinne des § 2 MDStV.[415] Demnach kann ein Internet-Angebot grundsätzlich nur *einem* der genannten Regelwerke unterfallen.[416]

a) Tele-/Mediendienste versus Telekommunikationsdienste

Telediensten liegt „eine Übermittlung mittels *Telekommunikation* zugrunde".[417] Mediendienste werden „unter Benutzung elektromagnetischer Schwingungen ohne Verbindungsleitung oder längs oder mittels eines Leiters" verbreitet[418]; gemeint ist damit ebenfalls *Telekommunikation* (im Sinne des TKG) [419]

Bei Telekommunikation im Sinne des TKG vom 25.07.1996 (im folgenden: TKG 96) handelte es sich um den „technische(n) Vorgang des Aussendens, Übermittelns und Empfangens von Nachrichten jeglicher Art in der Form von Zeichen, Sprache, Bildern oder Tönen

---

Kommunikation (Beispiel: IRC) erfaßt wird, sondern auch einseitige Kommunikation, bei der ein Beteiligter nur rezipiert (Beispiel: Abruf einer WWW-Seite). Etwas ungenau ist in §§ 2 I TDG/MDStV vom Angebot bzw. der Nutzung von „Zeichen, Bilder(n) oder Töne(n)" bzw. „Text, Ton oder Bild" die Rede, obwohl jede Datennetz-Kommunikation in Form elektrischer bzw. optischer Zustände erfolgt, die erst beim Empfänger als Zeichen, Text, Bilder oder Töne wahrnehmbar werden. Im Ergebnis können daher jegliche computerlesbaren Daten Bestandteil eines Tele- oder Mediendienstes sein (vgl. *Popp*, 54).

412 Während die ECRL angesichts der auf wirtschaftliche Sachverhalte beschränkten Regelungskompetenz der EU nur für in der Regel gegen Entgelt erbrachte Dienste gilt, erfassen das TDG und der MDStV weiterhin auch den nicht-kommerziellen Bereich (vgl. § 2 III TDG). Allerdings gelten (§§ 4 I, II TDG/5 I, II MDStV) nur für geschäftsmäßig angebotene oder erbrachte Tele-/Mediendienste (siehe dazu unten 7. Teil B. III. 1.).

413 § 2 IV Nr. 1-3 TDG.

414 § 2 I 2, 3 MDStV.

415 § 2 I 3, 1. Hs. RfStV. Siehe zu § 20 II RfStV (wonach „Mediendienste dem Rundfunk zuzuordnen" sein können) unten Fußnote 475.

416 Siehe jedoch zur kumulativen Anwendbarkeit des TKG und TDG/MDStV unten 2. a) cc).

417 § 2 I TDG (Hervorhebung vom Verfasser).

418 § 2 I 1 MDStV.

419 Vgl. *Engel-Flechsig/Maennel/Tettenborn*, 15; *Meier* in Roßnagel, § 2 MDStV, Rn. 48; *Popp*, 53 f.; *Tettenborn* in E-F/M/T, § 2 MDStV, Rn. 50.

mittels Telekommunikationsanlagen“[420], d.h. „technische(n) Einrichtungen oder Systeme(n), die als Nachrichten identifizierbare elektromagnetische oder optische Signale senden, übertragen, vermitteln, empfangen, steuern oder kontrollieren können“[421]. Diese weite Definition erfaßte nicht nur herkömmliche Sprachtelefonie, sondern auch das Aussenden, Übermitteln und Empfangen computerlesbarer Daten („Nachrichten jeglicher Art“) via Kabel- oder Funkverbindungen.[422]

Die Definition des seit Juni 2004 geltenden neuen TKG[423], wonach Telekommunikation der „technische Vorgang des Aussendens, Übermittelns und Empfangens von Signalen mittels Telekommunikationsanlagen“[424] ist, entspricht inhaltlich der bisherigen Regelung.[425]

Daß die Telekommunikation dem Tele-/Mediendienst zugrunde liegen muß, impliziert, daß sie selbst nicht dessen Bestandteil ist und daher auch nicht dem TDG/MDStV unterfällt.[426] Vielmehr betreffen das TDG und der MDStV ausschließlich *inhaltliche und nutzungsrelevante Aspekte* mittels Telekommunikation übertragener Angebote[427], *nicht* aber den *Datentransport* als solchen.[428]

Der Datentransport fiel vor allem als „Telekommunikationsdienstleistung“[429], „Telekommunikationsdienstleistung für die Öffentlichkeit“[430] oder „geschäftsmäßiges Erbringen von

---

420 § 3 Nr. 16 TKG 96.

421 § 3 Nr. 17 TKG 96. Bei Telekommunikationsanlagen handelt es sich – vereinfacht ausgedrückt – um technische Einrichtungen, die der Telekommunikation dienen (*Spoerr* in Trute/Spoerr/Bosch, § 3, Rn. 80), wie herkömmliche Telefonnetz-Vermittlungseinrichtungen, aber auch Server, Router und Ein-/Aufwählknotenrechner (*Wuermeling/ Felixberger*, CR 1997, 230, 233).

422 *Popp*, 55; *Wuermeling/Felixberger*, CR 1997, 230, 233; vgl. *Büchner* in B/E/G/K/P/S/S, § 89, Rn. 13; *Spoerr* in Trute/Spoerr/Bosch, § 3, Rn. 79.

423 Siehe zu der Novellierung auch unten B.

424 § 3 Nr. 22 TKG. Die Definition der Telekommunikationsanlagen in § 3 Nr. 23 TKG entspricht derjenigen des § 3 Nr. 17 TKG 96.

425 Siehe auch *BT-Drs. 15/2316*, 58.

426 Vgl. *Popp*, 55. Für den MDStV folgt dies bereits aus Art. 73 Nr. 7 GG, wonach die Regelung der technisch-telekommunikativen Aspekte ausschließlich dem Bund obliegt (vgl. oben Fußnote 374). Da es bei „Offline-Angeboten“ (wie etwa CDs) an einem Transport mittels Telekommunikation fehlt, sind sie keine Tele-/Mediendienste (so auch *Tettenborn* in E-F/M/T, § 2 TDG, Rn. 88, § 2 MDStV, Rn. 49 f.).

427 Vgl. *BT-Drs. 13/7385*, 17, 19; *14/1191*, 7; *Engel-Flechsig/Maennel/Tettenborn*, NJW 1997, 2981, 2983; *Meier* in Roßnagel, § 2 MDStV, Rn. 48; *Schmitz* in Hoeren/Sieber, Teil 16.4, Rn. 19 ff. (m.w.N.); *Tettenborn* in E-F/M/T, § 2 TDG, Rn. 88, § 2 MDStV, Rn. 50.

428 Vgl. § 2 IV Nr. 1 TDG, § 2 I 3, 2. Alt. MDStV; *Lünenbürger* in Scheurle/Mayen, § 3, Rn. 67. Wegen Art. 73 Nr. 7 GG (vgl. oben Fußnoten 374, 426) muß auch der RfStV das TKG unberührt lassen; einer (nur deklaratorischen) Unberührtheitsklausel (wie derjenigen des § 2 I 3, 2. Alt. MDStV) bedurfte es insoweit nicht.

429 § 3 Nr. 18 TKG 96.

430 § 3 Nr. 19 TKG 96.

Telekommunikationsdiensten“[431] unter das TKG 96. Aus § 3 Nr. 5, 18, 19 TKG 96 ließ sich ein Oberbegriff *„Telekommunikationsdienst“* als *„Angebot von Telekommunikation für Dritte“* gewinnen. Dieser umfaßte das nachhaltige oder gewerbliche Angebot an Dritte, für diese Daten auszusenden, zu übermitteln oder zu empfangen.[432]

Die in § 3 Nr. 24 TKG normierte Definition des Begriffs *„Telekommunikationsdienste“* (im folgenden: *„TK-Dienste“*) als „in der Regel gegen Entgelt erbrachte Dienste, die ganz oder überwiegend in der Übertragung von Signalen über Telekommunikationsnetze bestehen, einschließlich Übertragungsdienste in Rundfunknetzen“ ist an Art. 2 lit. c) der Richtlinie 2002/21/EG[433] angelehnt und war der Sache nach bereits in § 3 Nr. 18, 19 TKG 96 enthalten.[434] Unter diesen Begriff fällt das gewerbliche Angebot an Dritte („Teilnehmer“ oder „Nutzer“[435]), für diese Daten auszusenden, zu übermitteln oder zu empfangen. Um ein „geschäftsmäßiges Erbringen von Telekommunikationsdiensten“ handelt es sich bei einem nachhaltigen Angebot von Telekommunikation für Dritte mit oder ohne Gewinnerzielungsabsicht.[436] Telekommunikation wird *„für* einen Dritten“ geleistet, wenn der Dritte bestimmt, welche Daten von wem an wen ausgesendet und übermittelt werden. Hiervon zu unterscheiden ist Telekommunikation *mit* einem Dritten, bei der die Kommunikationspartner selbst den Datenversand initiieren und empfangene Daten inhaltlich verarbeiten oder „beantworten“.[437]

Zugangsbetreiber, *Proxy-Cache-Betreiber* und *Transporteure* bieten Dritten an, für diese Daten auszusenden, zu übermitteln oder zu empfangen. Bei solchen

---

431 § 3 Nr. 5 TKG 96.

432 Vgl. *Germann*, 124; *Lünenbürger* in Scheurle/Mayen, § 3, Rn. 61 i.V.m. 59. Um „Telekommunikationsdienstleistungen“ bzw. „Telekommunikationsdienstleistungen für die Öffentlichkeit“ i.S.d. § 3 Nr. 18, 19 TKG 96 handelte es sich bei gewerblichen Angeboten; um ein „geschäftsmäßiges Erbringen von Telekommunikationsdiensten“ i.S.d. § 3 Nr. 5 TKG 96 bei nachhaltigen Angeboten mit oder ohne Gewinnerzielungsabsicht.

433 Siehe dazu auch unten Fußnoten 502, 620.

434 Vgl. *BT-Drs. 15/2316*, 58.

435 „Teilnehmer“ ist jede natürliche oder juristische Person, die mit einem Anbieter von TK-Diensten einen Vertrag über die Erbringung derartiger Dienste geschlossen hat (§ 3 Nr. 20 TKG); „Nutzer“ ist jede natürliche Person, die einen TK-Dienst für private oder geschäftliche Zwecke nutzt, ohne notwendigerweise Teilnehmer zu sein (§ 3 Nr. 14 TKG).

436 § 3 Nr. 10 TKG. Aus der Zusammenschau von § 3 Nr. 10 und Nr. 24 TKG ergibt sich, daß alle Angebote von Telekommunikation für Dritte mit nachhaltigem oder gewerblichem Charakter dem TKG unterfallen. *„Diensteanbieter“* i.S.d. § 3 Nr. 6 TKG ist jeder, der ganz oder teilweise geschäftsmäßig TK-Dienste erbringt oder an ihrer Erbringung mitwirkt.

437 Vgl. *Germann*, 125 f.; in diesem Sinne auch *Wuermeling/Felixberger*, CR 1997, 230, 231.

Angeboten, die in aller Regel nachhaltigen und meist gewerblichen Charakter haben, handelt es sich um *TK-Dienste*.[438]

Was *Server-Betreiber* und *-Verwalter* betrifft, so ist zwischen einer „Rollenzweiteilung“ und einer „Rollendreiteilung“ zu unterscheiden:[439]

Im Fall einer *„Rollenzweiteilung“* existiert neben dem Betreiber eines Servers kein (personenverschiedener) Server-Verwalter:[440]

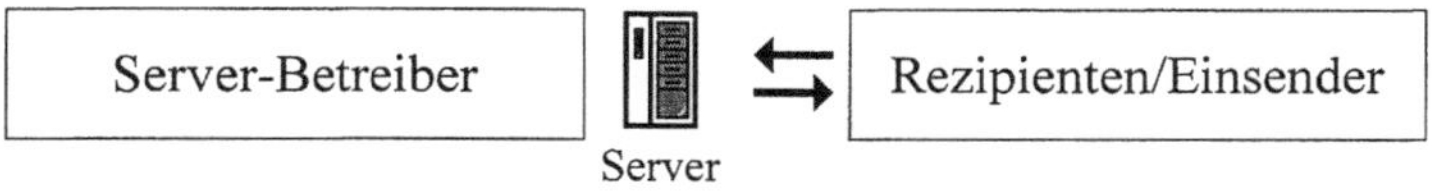

Hier bestimmt der Server-Betreiber, welche Daten ausgesendet, übermittelt und entgegengenommen werden; er führt also nicht Telekommunikation für die Rezipienten bzw. Einsender, sondern mit diesen.

Im Fall einer *„Rollendreiteilung“* wird ein Server von verschiedenen Akteuren betrieben und verwaltet:[441]

---

438 So auch *Bettinger/Freytag*, CR 1998, 545, 549; *Germann*, 128; *Koenig/Loetz*, CR 1999, 438, 439 f., 442; *Popp*, 59; *Schmitz* in Hoeren/Sieber, Teil 16.4, Rn. 41, 46; *Schuster* in B/E/G/K/P/S/S, § 4, Rn. 4b; *Spindler/Volkmann*, K&R 2002, 398, 399; *Stadler*, MMR 2003, 208, 209; *Wuermeling/Felixberger*, CR 1997, 230, 233; a.A. *VG Düsseldorf*, MMR 2003, 205, 206 (jeweils im Hinblick auf Zugangsbetreiber bzw. „Access Provider“, die auch Proxy-Caching vornehmen); *Bleisteiner*, 83 f.; *Germann*, 165 f., 180 f.; *Koenig/Loetz*, CR 1999, 438, 439; *Spindler* in Hoeren/Sieber, Teil 29, Rn. 78; *Wuermeling/Felixberger*, CR 1997, 230, 233 (jeweils im Hinblick auf Transporteure).

439 Denkbar ist auch eine „Rollenvierteilung“ bei mehrfach gestuften Herrschaftsverhältnissen an einem Server (Server-Betreiber – übergeordneter Server-Verwalter – untergeordneter Server-Verwalter – Rezipienten/Einsender [vgl. oben 1. Teil D. I.]). Allerdings soll sich die weitere Untersuchung aus Gründen der Übersichtlichkeit auf die am häufigsten anzutreffenden Fälle einer „Rollenzweiteilung“ bzw. „-dreiteilung“ beschränken.

440 Beispiel: Ein Unternehmen nimmt nicht die Dienste eines Web-Hosting-Anbieters in Anspruch, sondern betreibt selbst den Server, auf dem seine Website gespeichert ist. Soweit diese z.B. ein „Gästebuch“ beinhaltet, können Dritte Beiträge dorthin einsenden (aber nicht nachträglich verändern oder löschen). Zu dieser Fallgruppe gehört auch das Betreiben eines News-Servers, der keine „Cancel“-Anweisungen ausführt.

441 Beispiel: Ein Web-Hosting-Anbieter (Server-Betreiber) hat einem Kunden Speicherplatz auf seinem Server zur Verfügung gestellt; der Kunde (Server-Verwalter) hat dort eine Website eingerichtet, die ein „Gästebuch“ enthält (vgl. oben Fußnote 440). Zu dieser Fallgruppe gehört auch das Betreiben eines News-Servers, der „Cancel“-Anweisungen ausführt.

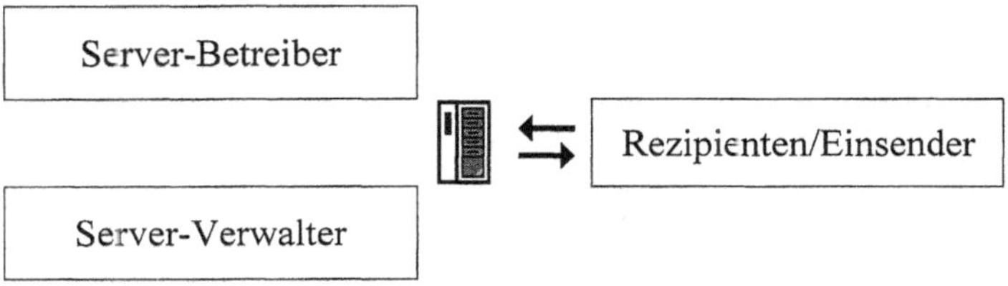

Hier bestimmt der *Server-Verwalter* im Rahmen der ihm eingeräumten Möglichkeit der tatsächlichen Einwirkung auf einen Server-Bereich vorrangig, welche Daten von dort ausgesendet und übermittelt bzw. dort entgegengenommen werden. Er führt daher Telekommunikation nicht für die Rezipienten bzw. Einsender, sondern mit ihnen.[442] Der *Server-Betreiber* läßt den Server diese Telekommunikation für den Server-Verwalter führen. Eine solche Ermöglichung des Nachrichtenaustauschs zwischen zwei anderen Akteuren, die in der Regel nachhaltigen und meist gewerblichen Charakter hat, stellt einen *TK-Dienst* zugunsten der Kommunikationsbeteiligten dar.[443]

b) Teledienste versus Mediendienste

Mit Blick auf die Differenzierung in §§ 2 II TDG/MDStV ist für die Unterscheidung zwischen Tele- und Mediendiensten nicht auf die Gesamtheit aller Angebote eines Akteurs, sondern jeweils auf ein konkretes, in sich geschlossenes Angebot abzustellen.[444] Daher können einzelne Komponenten einer Website[445] unabhängig voneinander als Tele- oder Mediendienste einzustufen sein.[446]

---

442 Diese Telekommunikation ist ihm im Verhältnis zum Server-Betreiber als die seinige zuzurechnen

443 So im Ergebnis auch *Greiner*, 57; *Germann*, 170 f.; *Zerres* in Scheurle/Mayen, § 85, Rn. 12. Ob aus §§ 2 IV Nr. 1 TDG/2 I 3, 2. Alt. MDStV folgt, daß Akteure, die TK-Dienste anbieten, nicht (auch) Diensteanbieter i.S.d. TDG/MDStV sein können, wird noch gesondert zu erörtern sein (siehe unten 2. a) cc)).

444 So auch *Bleisteiner*, 117 f.; *von Bonin/Köster*, ZUM 1997, 821, 822; *Engel-Flechsig*, ZUM 1997, 231, 234; *Pichler*, MMR 1998, 79, 80; *Schmitz* in Hoeren/Sieber, Teil 16.4, Rn. 27; vgl. auch *BT-Drs. 14/1191*, 6.

445 Z.B. redaktionell gestaltete Seiten, Produktwerbung, Kunden-Homepages, Meinungsforen. Siehe zur konkreten Einordnung einzelner Dienste unten d).

446 Zwar würde eine wertende Gesamtschau der vollständigen unter einem URL abrufbaren Website, mit der Konsequenz, daß diese insgesamt entweder als Tele- oder als Mediendienst einzustufen wäre (so etwa *Tettenborn* in E-F/M/T, § 2 MDStV, Rn. 29; *Waldenberger/Hoß*, AfP 2000, 237, 238), prinzipiell mehr Rechtssicherheit bewirken. Jedoch würde sie der in §§ 2 II TDG/MDStV vorgenommenen Differenzierung widersprechen und gerade bei „Komplettanbietern" eine Vielzahl von Angeboten nur deshalb dem jeweils anderen Diensttyp zuschlagen, weil dieser auf der Anbieter-Website insgesamt überwiegt. Andererseits darf zur Wahrung von Rechtssicherheit auch nicht auf die

Das TDG gilt nicht für „inhaltliche Angebote bei Verteildiensten und Abrufdiensten, soweit die redaktionelle Gestaltung zur Meinungsbildung für die Allgemeinheit im Vordergrund steht, nach § 2 MDStV"[447] und der MDStV läßt die Bestimmungen des TDG unberührt[448]. Diese gegenseitige Verweisung entspricht dem Willen des Bundes und der Länder, eine trennscharfe Abgrenzung der Regelungsbereiche des TDG und MDStV zu erreichen.[449] *Teledienste* sind „für eine individuelle Nutzung von kombinierbaren Daten ... bestimmt"[450]; sie ermöglichen eine individuelle, selbstbestimmte und frei kombinierbare („interaktive") Datennutzung.[451] Hieran fehlt es, wenn die Steuerungs- und Kommunikationsmöglichkeiten des Rezipienten sich auf den Beginn und die Beendigung der Rezeption beschränken oder ein Angebot nur unter Zuhilfenahme eines weiteren Kommunikationsmittels (z.B. Sprachtelefon), d.h. mittels „Medienbruchs"[452], genutzt werden kann.[453] Hingegen sind *Mediendienste* „an die Allgemeinheit gerichtet".[454] Bei Tele- und Mediendiensten kann es sich in technischer Hinsicht um Verteil- oder Abrufdienste handeln.[455]

---

kleinste denkbare Einheit einer Website – etwa bis hin zu einzelnen Textpassagen einer WWW-Seite – abgestellt werden. Angesichts der in §§ 2 II TDG/MDStV vorgenommenen Differenzierung sind zumindest die dort genannten (sowie nicht aufgeführte, aber funktionell von anderen abgrenzbare) Angebots- bzw. Dienstekategorien getrennt zu beurteilen.

447 § 2 IV Nr. 3 TDG.

448 § 2 I 3, 1. Alt. MDStV. Dies gilt allerdings nicht, soweit das TDG nicht klarstellt, daß Mediendienste i.S.d. MDStV von seinem Anwendungsbereich ausgenommen sind (§ 27 II MDStV).

449 *Engel-Flechsig/Maennel/Tettenborn*, NJW 1997, 2981, 2983 (unter Verweis auf *BT-Drs. 13/7385*, 50, 69); *Meier* in Roßnagel, § 2 MDStV, Rn. 46.

450 § 2 I TDG.

451 Vgl. *BT-Drs. 13/7385*, 17; *14/1191*, 7; *Tettenborn* in E-F/M/T, § 2 TDG, Rn. 57 (der hierin das „Multimedia-Element" der Teledienste sieht).

452 So etwa bei den „Teleshopping"-Angeboten von Home Order Television (H.O.T.), die im herkömmlichen Fernsehen ausgestrahlt werden und bei denen Bestellungen unter Einsatz anderer Medien (Sprachtelefon, Internet) abgegeben werden.

453 Vgl. *Tettenborn* in E-F/M/T, § 2 TDG, Rn. 57.

454 § 2 I 1 MDStV.

455 Dies ergibt sich aus §§ 2 IV Nr. 3 TDG, 2 II Nr. 1-4 MDStV. *Verteildienste* (als „klassische Erscheinungsform der Massenkommunikation" [*Holznagel/Kibele* in Hoeren/Sieber, Teil 5, Rn. 41; vgl. oben Fußnote 372]) werden „im Wege der Übertragung von Daten ohne individuellen Abruf gleichzeitig für eine unbegrenzte Zahl von Nutzern erbracht" (§ 3 S. 1 Nr. 3 TDG/MDStV). Dabei werden Daten von einer Stelle zeitgleich an eine unbestimmte Vielzahl von Empfängern übermittelt; der Sender legt den Zeitpunkt der Ausstrahlung einseitig fest. Die technisch anspruchsvolleren *Abrufdienste* werden „im Wege einer Übertragung von Daten auf individuelle Anforderung eines einzelnen Nutzers erbracht" (§ 3 S. 1 Nr. 4 TDG/MDStV). Hierbei werden verschiedene Angebote so vorgehalten, daß sie auf Anfrage zum Rezipienten übertragen werden, der zwischen einzelnen Angeboten auswählen, den Zeitpunkt des Empfangs bestimmen und

Das maßgebliche Unterscheidungskriterium ergibt sich aus *§ 2 IV Nr. 3 TDG*, der auf Wunsch der Länder zur „Klarstellung" der Anwendungsbereiche der beiden Regelwerke aufgenommen wurde[456] und die angestrebte Abgrenzung nach der *inhaltlichen Ausrichtung* eines Dienstes[457] zum Ausdruck bringt.[458] Hiernach ist ein Angebot „an die Allgemeinheit gerichtet" und unterfällt (vorbehaltlich der Abgrenzung zum RfStV) dem MDStV, wenn die *„redaktionelle Gestaltung zur Meinungsbildung für die Allgemeinheit im Vordergrund steht"*. Ist dies nicht der Fall – wie etwa, wenn der individuelle Leistungsaustausch oder die reine Datenübermittlung dominiert[459] – so ist das TDG einschlägig.[460] Da der MDStV auf Angebote zugeschnitten ist, die „offline" unter die Landespressegesetze fallen würden[461], kann zur Feststellung der „Meinungsbildungsrelevanz" eines Informations- und Kommunikationsdienstes auf die allgemeinen Grundsätze des *Presserechts* zurückgegriffen werden.[462] Der (einfachgesetzliche) Pressebegriff orientiert sich am Begriff des „Druckwerks".[463] Druckwerke, die unpolitischen

---

von interaktiven Kommunikationsmöglichkeiten Gebrauch machen kann. *„Zugriffsdienste"* sind Verteildienste, bei denen ein Angebot in raschen periodischen Abständen wiederholt und dadurch in hoher zeitlicher Disponibilität zur Verfügung gestellt wird. Die Legaldefinitionen in § 3 S. 1 Nr. 3, 4 TDG/MDStV entsprechen dem bisherigen Verständnis der Verteil- und Abrufdienste. Vgl. *Bleisteiner*, 120; *Gersdorf*, 37 ff.; *Hoffmann-Riem*, AfP 1996, 9, 13; *Holznagel/Kibele* in Hoeren/Sieber, Teil 5, Rn. 40 ff.; *Meier* in Roßnagel, § 2 MDStV, Rn. 50, 63.

456 Siehe *BT-Drs. 13/7385*, 50.

457 *BT-Drs. 13/7385*, 69.

458 Wie sich an §§ 2 IV Nr. 3 TDG, 2 II MDStV zeigt, kommt es nicht auf die technische Ausgestaltung als Verteil- oder Abrufdienst an (siehe auch *BT-Drs. 13/7385*, 69).

459 Vgl. § 2 II Nr. 4 MDStV.

460 *Engel-Flechsig/Maennel/Tettenborn*, NJW 1997, 2981, 2983; *Meier* in Roßnagel, § 2 MDStV, Rn. 47; *Spindler* in Hoeren/Sieber, Teil 29, Rn. 48; *Tettenborn* in E-F/M/T, § 2 TDG, Rn. 96, § 2 MDStV, Rn. 48; *Waldenberger/Hoß*, AfP 2000, 237, 238. § 2 IV Nr. 3 TDG übernimmt das aus der verfassungsrechtlichen Kompetenzverteilung folgende Abgrenzungskriterium der besonderen Relevanz für die öffentliche Meinungsbildung (vgl. oben Fußnote 374) auf die einfachrechtliche Ebene.

461 Vgl. insbesondere die Vorschriften über Zulassungsfreiheit, Impressums-, Sorgfalts-, Gegendarstellungspflichten und das Auskunftsrecht gegenüber Behörden in §§ 4, 10, 11, 14, 15 MDStV und (z.B.) §§ 2, 4, 5, 6, 10 SächsPresseG.

462 Zu den bedeutendsten Aufgaben der Presse gehört gerade die Mitwirkung bei der Bildung der öffentlichen Meinung (*Löffler/Ricker*, 1. Kap. Rn. 18 unter Verweis auf *BVerfGE 12*, 260; *20*, 175). Für das Abstellen auf presserechtliche Grundsätze insbesondere *Engel-Flechsig/Maennel/Tettenborn*, NJW 1997, 2981, 2983; *Gounalakis/Rhode*, CR 1998, 487, 490; *Schmitz* in Hoeren/Sieber, Teil 16.4, Rn. 34; *Tettenborn* in E-F/M/T, § 2 TDG, Rn. 96, § 2 MDStV, Rn. 48; *Waldenberger/Hoß*, AfP 2000, 237.

463 Jeweils § 7 der überwiegenden Landespressegesetze. Hiernach sind Druckwerke alle mittels der Buchdruckerpresse oder eines sonstigen zur Massenherstellung geeigneten Vervielfältigungsverfahrens hergestellte und zur Verbreitung bestimmte Schriften, besprochene Tonträger, bildliche Darstellungen mit oder ohne Schrift und Musikalien mit

Zwecken wie dem Gewerbe[464], Verkehr[465] oder häuslichen und geselligen Leben[466] dienen, sowie amtliche Mitteilungen[467] sind als „harmlose Druckwerke" ganz oder überwiegend von den Ordnungsvorschriften der Landespressegesetze befreit[468], da sie nicht der Meinungsbildung für die Öffentlichkeit dienen.[469] Diese inhaltlichen Kriterien können entsprechend für die Abgrenzung zwischen Tele- und Mediendiensten herangezogen werden.[470] Demnach gilt z.B. für Websites mit reiner Produktwerbung oder Selbstdarstellung, Routenplaner und ÖPNV-Fahrplandienste das TDG, während etwa die auf den Websites der F.A.Z. oder des Spiegel[471] enthaltenen Angebote „elektronischer Presse"[472] unter den MDStV fallen.[473]

c) Tele-/Mediendienste versus Rundfunk

Das TDG gilt nicht für Rundfunk im Sinne des § 2 RfStV.[474] Der MDStV läßt den RfStV unberührt.[475] *Rundfunk* im Sinne des § 2 I 1 RfStV (und der überwie-

---

Text oder Erläuterungen. Da nur die verkörperte Massenvervielfältigung geistiger Sinngehalte (nicht hingegen die körperlose Verbreitung) erfaßt wird, fällt die unkörperliche Datenübermittlung im Internet nicht unter die Landespressegesetze (*Determann*, 536; *Germann*, 122 f.; *Lerch*, CR 1997, 261, 265; *Löffler/Ricker*, 1. Kap., Rn. 9, 12. Kap., Rn. 6a; *Ory*, AfP 1996, 105, 110; *Waldenberger/Hoß*, AfP 2000, 237).

464 Z.B. reine Reklame.

465 Z.B. Fahrpläne, Landkarten.

466 Z.B. Konzertprogramme, Familienanzeigen, Glückwunschkarten, Vereinssatzungen.

467 Z.B. Gesetz- und Verordnungsblätter.

468 Jeweils § 7 III Nr. 2 der überwiegenden Landespressegesetze.

469 Vgl. *Tettenborn* in E-F/M/T, § 2 TDG, Rn. 96, sowie zu den einzelnen Arten von „harmlosen Druckwerken" *Sedelmaier* in Löffler, § 7 LPG, Rn. 61 ff.

470 *Tettenborn* in E-F/M/T, § 2 TDG, Rn. 96, § 2 MDStV, Rn. 48.

471 Http://www.faz.net; http://www.spiegel.de.

472 Diese stimmen übrigens teilweise mit den Artikeln der jeweiligen Druckversion überein.

473 Freilich ist dabei – wie ausgeführt – nicht auf die gesamte Website abzustellen, sondern jeweils auf ein konkretes Angebot, wie etwa die Politiknachrichten unter http://www.spiegel.de/politik.

474 § 2 IV Nr. 2 TDG.

475 § 2 I 2 MDStV. Der RfStV gilt wiederum gemäß § 2 I 3, 1. Hs. RfStV nicht für Mediendienste i.S.d. § 2 MDStV. Anders als dies auf den ersten Blick erscheint, ergibt sich aus § 2 I 3, 2. Hs. RfStV i.V.m. § 20 II RfStV (wonach Anbieter von Mediendiensten, die „dem Rundfunk zuzuordnen" sind, eine rundfunkrechtliche Zulassung erwerben oder den Dienst so anbieten müssen, daß er nicht dem Rundfunk zuzuordnen ist) kein materieller Überschneidungsbereich zwischen MDStV und RfStV. § 20 II RfStV soll nämlich (nur) – vor allem in Bezug auf Dienste, die in den Grenzbereichen zwischen Rundfunk und Mediendiensten angesiedelt sind – klarstellen, daß alles, was sich materiell und inhaltlich als Rundfunk darstellt, auch den Regelungen des RfStV unterfällt (*BWLT-Drs. 12/357*, 28).

genden Rundfunk-/Mediengesetze der Länder[476]) ist die „für die Allgemeinheit bestimmte Veranstaltung und Verbreitung von Darbietungen aller Art in Wort, in Ton und in Bild unter Benutzung elektromagnetischer Schwingungen ohne Verbindungsleitung oder längs oder mittels eines Leiters", wobei das Merkmal der (an die Allgemeinheit gerichteten) *„Darbietung"* die besondere Rolle des Rundfunks als Medium und Faktor der öffentlichen Meinungsbildung kennzeichnet.[477] Da der einfachrechtliche Rundfunkbegriff nach Maßgabe der Verfassung und der einschlägigen Rechtsprechung des BVerfG auszulegen ist[478], kommt es entscheidend auf die Kriterien der besonderen *„Breitenwirkung, Aktualität und Suggestivkraft"* an.[479] Eine derart gesteigerte Relevanz für die öffentliche Meinungsbildung ist zu bejahen im Falle eines *redaktionell gestalteten, planmäßig ablaufenden Gesamtprogramms*, bei dem sich die Dispositionsfreiheit des Rezipienten im wesentlichen auf das Ein- und Ausschalten des Programms beschränkt.[480] Von den derzeit bekannten Internet-Angeboten ist als

---

476 So etwa § 1a I 1 SächsPRG.

477 Vgl. *BWLT-Drs. 12/1302*, 19; *Bleisteiner*, 124; *DLM-Strukturpapier*, 2.1; *Engel-Flechsig/Maennel/Tettenborn*, NJW 1997, 2981, 2983; *Gounalakis/Rhode*, CR 1998, 487, 491; *Sieber*, MMR-Beilage 2/1999, 10; *Tettenborn* in E-F/M/T, § 2 MDStV, Rn. 40, sowie § 11 I RfStV in der seit 01.04.2004 geltenden Fassung.

478 So ausdrücklich die amtliche Begründung zu § 20 II RfStV (*BWLT-Drs. 12/357*, 28): „Es ist danach ein funktionaler Rundfunkbegriff im Sinne der Rechtsprechung des Bundesverfassungsgerichts ... zugrunde zu legen." Vgl. auch *Jarass*, AfP 1998, 133; *Libertus*, ZUM 2000, 555, 559.

479 *Bleisteiner*, 124; *Gounalakis/Rhode*, CR 1998, 487, 491; *Janik*, K&R 2001, 572, 577; *Jarass*, AfP 1998, 133, 140; vgl. *DLM-Strukturpapier*, 2.1.2; *Tettenborn* in E-F/M/T, § 2 MDStV, Rn. 41; *Waldenberger/Hoß*, AfP 2000, 237, 239 f.; anders hingegen *Brand*, 115 ff. Es existiert keine „für allemal gültige Definition des Rundfunks" (*BVerfGE 74*, 297, 350); vielmehr ist der verfassungsrechtliche Rundfunkbegriff dynamisch und entwicklungsoffen zu verstehen (*BVerfGE 83*, 238, 302; *Bethge* in Sachs, Art. 5, Rn. 44; *Heim*, K&R 2004, 121, 122; *Janik*, K&R 2001, 572, 574; *Ricker*, ZUM 2001, 28, 29) und erfaßt alle Formen der Übermittlung elektromagnetischer Signale, so auch die Datenübertragung im Internet (statt vieler: *Degenhart* in Dolzer/Vogel/Graßhof, Art. 5, Rn. 673). Das *BVerfG* hat im Rundfunkgebühren-Urteil von 1994 (*BVerfGE 90*, 60, 87) betont, daß die besondere Bedeutung des Rundfunks unter den Medien auf seiner *Breitenwirkung, Aktualität und Suggestivkraft* beruhe.

480 *Bullinger/Mestmäcker*, 52 ff.; *Degenhart*, ZUM 1998, 333, 336, 341 ff.; *Germann*, 161 f.; *Greiner*, 69; *Herzog*, 159 f.; ähnlich *Kloepfer*, InfR, § 13, Rn. 15; *Ricker*, ZUM 2001, 28, 30; a.A. *Brand*, 94 ff. Für den Grad der Beeinflussung dürfte es nicht maßgeblich auf einen zeitgleichen Empfang aller Rezipienten ankommen (vgl. *BVerfGE 74*, 297, 351 f.; *Brand*, 85 ff.; *Gersdorf*, 131; *Herzog*, 160; *Hoffmann-Riem*, AfP 1996, 9, 14; *Jarass*, AfP 1998, 133, 135 f.; a.A. *Bullinger/Mestmäcker*, 56 ff.; *Degenhart*, ZUM 1998, 333, 341 f.; *Lent*, 100 ff. – jeweils m.w.N.). Was das Verhältnis zwischen MDStV und RfStV angeht, so fallen alle Angebote, die materiell-inhaltlich ein „Minus" gegenüber dem Rundfunk darstellen, unter den MDStV. Allerdings können sie zum Rundfunk „mutieren" (*Tettenborn* in E-F/M/T, § 2 MDStV, Rn. 41) und unterliegen dann, wie §

Rundfunk in diesem Sinne (nur) der „Audio-/Video-Stream“[481] einzuordnen, bei dem die Rezipienten sich in ein planmäßig ablaufendes Gesamtprogramm „einklinken“, nicht aber individuell und stückweise auf einzelne Sendungen oder Informationen zugreifen können.[482]

d) Einordnung typischer Internet-Angebote als Tele-/Mediendienste im Sinne der §§ 2 II TDG/MDStV

Nach der abstrakten Abgrenzung sollen einige typische Internet-Angebote als Tele- bzw. Mediendienste eingeordnet werden:

Teledienste im Sinne des *§ 2 II Nr. 1 TDG* sind Angebote im Bereich der Individualkommunikation (z.B. Telebanking[483], Datenaustausch). Hierunter fallen insbesondere Meinungsforen[484] und Newsgroups[485], Angebote zur Nutzung

---

20 II RfStV klarstellt, allein dem Rundfunkrecht. Hingegen kann ein Angebot, das eine die „elektronische Presse“ kennzeichnende Relevanz für die öffentliche Meinungsbildung nicht erreicht – und daher unter das TDG fällt – erst recht keinen Rundfunk i.S.d. RfStV darstellen.

481 Dieser wird auch „Internet-Radio/-TV“ oder „Live-Stream“ genannt (vgl. *Tschentscher*, AfP 2001, 93, 94). Nach Auswahl eines auf dem Server des Anbieters eingespeisten „Streams“ wird dieser kontinuierlich zum Rezipienten-Computer übertragen und dort (nach anfänglicher kurzer Zwischenspeicherung) praktisch in Echtzeit wiedergegeben (vgl. *Lent*, 159 f.). Es erfolgt ein zeitgleicher Empfang durch alle Rezipienten.

482 Unter den RfStV fallen daher insbesondere „klassische“ Hörfunk- oder Fernsehprogramme, die parallel im Internet ausgestrahlt werden (wie z.B. die Programme der Deutschen Welle [http://www.dwelle.de] oder des SWR 3 [http://www.swr3.de]); *Determann*, 423 (dort Fn. 765); *Herzog*, 161; *Tschentscher*, AfP 2001, 93, 94; im Ergebnis auch *Brand*, 170 ff, 184; *Janik*, K&R 2001, 572, 578; *Lent*, 164; *Libertus*, ZUM 2000, 555, 560 (vgl. auch *Degenhart*, ZUM 1998, 333, 341 ff). A.A. *Gounalakis/Rhode*, CR 1998, 487, 492; *Hochstein*, NJW 1997, 2977, 2980 (der „postkartengroßen, ruckelnden“ Bildern die erforderliche Suggestivkraft abspricht; jedoch dürfte diese Auffassung angesichts neuer Übertragungstechniken heute nicht mehr haltbar sein); *DLM-Strukturpapier*, 2.2.2.4.2 (im Hinblick auf die Breitenwirkung des Rundfunks, die jedoch „bei Verbesserung der Technik“ so zunehmen könne, daß „Internetradio“ als Rundfunk zu klassifizieren sei); *Tettenborn* in E-F/M/T, § 2 MDStV, Rn. 46 (mangels ausreichender Breitenwirkung; hiergegen zu Recht *Janik*, K&R 2001, 572, 576).

483 Hierunter fällt die unmittelbare, interaktive „Online“-Nutzung der Dienstleistung einer Bank (*Tettenborn* in E-F/M/T, § 2 TDG, Rn. 63).

484 *BT-Drs. 13/7385*, 18.

485 Wie Meinungsforen sind auch Newsgroups „elektronische schwarze Bretter“ und fallen unter § 2 II Nr. 1 TDG (*BT-Drs. 14/1191*, 7; *Germann*, 175; *Tettenborn* in E-F/M/T, § 2 TDG, Rn. 69), es sei denn, es stünde ausnahmsweise die redaktionelle Gestaltung zur Meinungsbildung für die Allgemeinheit im Vordergrund (§ 2 IV Nr. 3 TDG). Unerheblich ist, ob das Angebot beliebigen Teilnehmern offensteht oder zugangsbeschränkt ist und ob eine Moderation stattfindet oder nicht (a.A. *Bleisteiner*, 131; *Brand*, 245 f., 248; *Spindler* in Hoeren/Sieber, Teil 29, Rn. 54-59).

von E-Mail[486] und der FTP-Dienst. *§ 2 II Nr. 2 TDG* nennt Angebote zur Information oder Kommunikation, soweit nicht die redaktionelle Gestaltung zur Meinungsbildung für die Allgemeinheit im Vordergrund steht, wie z.B. Verkehrs-, Wetter-, Umwelt- und Börsen-Datendienste und Informationen über Waren und Dienstleistungen. Solche Angebote sind insbesondere Websites, bei denen Selbstdarstellung, Werbung oder Kontaktanbahnung im Vordergrund steht[487] und die sich oft durch weitere „Interaktivitätselemente" (z.B. Gästebücher) auszeichnen.[488] Bei Angeboten zur Nutzung des Internet oder weiterer Netze im Sinne von *§ 2 II Nr. 3 TDG* handelt es sich um Suchmaschinen und Webverzeichnisse; nicht erfaßt wird jedoch die Dienstleistung eines Zugangsbetreibers.[489] Unter *§ 2 II Nr. 4 TDG* (Angebote zur Nutzung von Telespielen) fallen

---

486 Ein solches Angebot umfaßt neben der Zurverfügungstellung eines E-Mail-Postfachs i.d.R. auch die Speicherung, Verwaltung und Virenkontrolle von E-Mails. Für eine Einordnung als Teledienst: *Holznagel/Kibele* in Hoeren/Sieber, Teil 5, Rn. 73; *Meier* in Roßnagel, § 2 MDStV, Rn. 66; *Schilling*, 63; *Schmitz* in Hoeren/Sieber, Teil 16.4, Rn. 44 f.; *Spindler* in Hoeren/Sieber, Teil 29, Rn. 52; *Tettenborn* in E-F/M/T, § 2 TDG, Rn. 67. A.A. *Kieper*, DuD 1998, 583, 584 f.; *Kloepfer*, InfR, § 13, Rn. 19; *Möller*, DuD 2000, 344, 345, wonach (allein) das TKG einschlägig sein soll. Hiergegen spricht jedoch, daß die fragliche Dienstleistung über das reine Aussenden, Übermitteln und Empfangen von Daten für Dritte (vgl. oben b)) hinausgeht.

487 *Engel-Flechsig/Maennel/Tettenborn*, 11; *Tettenborn* in E-F/M/T, § 2 TDG, Rn. 74; im Ergebnis auch *Meier* in Roßnagel, § 2 MDStV, Rn. 66; *Spindler* in Roßnagel, § 2 TDG, Rn. 70-72. Vgl. *BT-Drs. 13/7385*, 19 („Homepages"); *Flechsig/Gabel*, CR 1998, 351, 353; *Sieber*, MMR-Beilage 2/1999, 1, 9.

488 Vgl. *Tettenborn* in E-F/M/T, § 2 TDG, Rn. 75.

489 Zwar heißt es in der Gesetzesbegründung, § 2 II Nr. 3 TDG erfasse „die von den Zugangsvermittlern – insbesondere Online-Anbietern – bereitgestellten Angebote zur Nutzung der neuen Dienste ... (z.B. Navigationshilfen)" (*BT-Drs. 13/7385*, 19). Daher wird die *Verschaffung des Internet-Zugangs* teilweise unter § 2 II Nr. 3 TDG subsumiert (so etwa *Holznagel/Kibele* in Hoeren/Sieber, Teil 5, Rn. 68; *Lent*, 171 f.; *Schaar*, RDV 2002, 4, 6 f.; *Tettenborn* in E-F/M/T, § 2 TDG, Rn. 77). Hiergegen spricht jedoch, daß Zugangsbetreiber pauschal Daten weiterleiten, ohne selbst in einem inhaltlichen Bezug zu diesen zu stehen. Der technische Vorgang der Datenübermittlung unterfällt aber als solcher allein dem TKG (siehe oben b)) und Zugangsbetreiber bieten auch keine Nutzung „von kombinierbaren Daten" i.S.d. § 2 I TDG an, sondern ermöglichen (nur), daß ihre Kunden auf solche von Dritten angebotenen Daten zugreifen können (vgl. *Koenig/Loetz*, CR 1999, 438, 440). Sie fallen damit ebensowenig unter § 2 II Nr. 3 TDG wie Transporteure (so auch *Bleisteiner*, 111 f.; *Bettinger/Freytag*, CR 1998, 545, 549; *Koenig/Loetz*, CR 1999, 438, 440; *Popp*, 57, 59; *Schmitz* in Hoeren/Sieber, Teil 16.4, Rn. 41; *Sieber*, MMR-Beilage 2/1999, 1, 9; *Spindler* in Roßnagel, § 2 TDG, Rn. 86). Bei den in der Gesetzesbegründung genannten *„Navigationshilfen"* handelt es sich vor allem um *Suchmaschinen* (*Bleisteiner*, 133; *Popp*, 57; *Tettenborn* in E-F/M/T, § 2 TDG, Rn. 77; *Wimmer/Michael*, 40). Indem die Suchmaschinen-Anbieter eine Auswahl aus Milliarden von WWW-Seiten treffen, weist ihre Betätigung – im Unterschied zu derjenigen der Zugangsbetreiber – einen inhaltlichen Bezug zu bestimmten Daten auf. Obwohl sich Suchmaschinen grundsätzlich an die Allgemeinheit wenden, steht jeweils eine

interaktive Computerspiele und „Videofilme" mit Spielcharakter.[490] Teledienste im Sinne des *§ 2 II Nr. 5 TDG* (Angebote von Waren und Dienstleistungen in elektronisch abrufbaren Datenbanken mit interaktivem Zugriff und unmittelbarer Bestellmöglichkeit) sind z.B. interaktiv nutzbare Bestell-/Buchungskataloge und Beratungsdienste, die ohne „Medienbruch" in Anspruch genommen werden können.[491]

Mediendienste im Sinne des *§ 2 II Nr. 1 MDStV* sind Verteildienste in Form von direkten Angeboten an die Öffentlichkeit für den Absatz von Waren oder die Erbringung von Dienstleistungen, einschließlich unbeweglicher Sachen, Rechte und Verpflichtungen, gegen Entgelt (Teleshopping). Hierunter fallen Teleshopping-Kanäle mit „Dauerwerbecharakter".[492] *§ 2 II Nr. 2 MDStV* (Verteildienste, in denen Meßergebnisse und Datenermittlungen in Text, Ton oder Bild mit oder ohne Begleitton verbreitet werden) erfaßt z.B. Ergebnisse von Messungen aus dem Umweltbereich oder Wetterdaten.[493] *§ 2 II Nr. 3 MDStV* nennt die früher[494] im RfStV geregelten Verteildienste in Form von Fernsehtext, Radiotext und vergleichbaren Textdiensten.[495] Um Mediendienste handelt es

individuelle Leistungsbeziehung (Bearbeitung einer individuellen Suchabfrage) im Vordergrund; sie fallen daher unter § 2 II Nr. 3 TDG. Hingegen sind *einzelne* z.B. *auf einer Website angebrachte Verweise* je nach dem Charakter dieser Website als Tele- oder Mediendienst einzustufen (vgl. *Bleisteiner*, 133).

490 Bei diesen fehlt es an einer im Vordergrund stehenden redaktionellen Gestaltung zur Meinungsbildung für die Allgemeinheit (§ 2 IV Nr. 3 TDG); vgl. *Spindler* in Roßnagel, § 2 TDG, Rn. 93.

491 *BT-Drs. 13/7385*, 19. Unter § 2 II Nr. 5 TDG fallen viele Erscheinungsformen des E-Commerce, wie z.B. virtuelle Kaufhäuser oder Reisebüros und „Online-Auktionen" (vgl. statt vieler: *Spindler*, MMR 2001, 737; *Tettenborn* in E-F/M/T, § 2 TDG, Rn. 82-84).

492 Soweit die Kaufbereitschaft des Kunden gefördert werden soll und auch bei informierenden Umfeldbeschreibungen beworbener Waren bzw. Dienstleistungen oder deren „Live-Präsentation" der angestrebte Verkaufszweck des Ganzen erkennbar im Vordergrund bleibt, weisen solche Angebote eine geringe Relevanz für die öffentliche Meinungsbildung auf (*DLM-Strukturpapier*, 2.2.2.1.2; *Lent*, 139). Dem RfStV unterfallen hingegen Angebote, die auch Informationsteile ohne Produktbezug enthalten und bei denen der Verkaufscharakter nicht durchgehend eindeutig im Vordergrund steht (*DLM-Strukturpapier*, 2.2.2.1.2; *Tettenborn* in E-F/M/T, § 2 MDStV, Rn. 54; enger *Lent*, 141).

493 *BWLT-Drs. 12/1302*, 20. Die Norm erfaßt solche Angebote jedoch – in Abgrenzung zu Datendiensten i.S.d. § 2 II Nr. 2 TDG – nur, soweit sie nicht durch das Merkmal der Interaktivität gekennzeichnet sind.

494 D.h. vor Inkrafttreten des MDStV 97.

495 Diese werden nicht (mehr) dem Ordnungsrahmen des RfStV unterworfen, da ihnen die „Suggestivkraft der bewegten Bilder" bzw. „rundfunkspezifische Wirkungskraft" fehlt (*BWLT-Drs. 12/1302*, 20; *Lent*, 148). Nach anderer Auffassung (*DLM-Strukturpapier*, 2.2.2.3) soll Videotext dem Rundfunkrecht unterfallen, wenn das Textangebot mit der

sich gemäß *§ 2 II Nr. 4 MDStV* auch bei Abrufdiensten, die auf Anforderung aus elektronischen Speichern zur Nutzung übermittelt werden, mit Ausnahme von Diensten, bei denen der individuelle Leistungsaustausch oder die reine Datenübermittlung im Vordergrund steht, sowie von Telespielen. Diese Vorschrift erfaßt insbesondere „elektronische Presse", „Video-on-Demand"-Angebote, bei denen die redaktionelle Gestaltung zur Meinungsbildung für die Allgemeinheit im Vordergrund steht[496], und „Audio-/Video-Streams", soweit deren Rezipienten stückweise auf einzelne Sendungen oder Informationen zugreifen können.[497]

e) Dienste der Informationsgesellschaft im Sinne der E-Commerce-Richtlinie

Dienste der Informationsgesellschaft im Sinne der ECRL sind Dienstleistungen, die „in der Regel gegen Entgelt elektronisch im Fernabsatz und auf individuellen Abruf eines Empfängers" erbracht werden.[498] Hierbei handelt es sich um selbständig und grenzüberschreitend erbrachte Dienstleistungen im Sinne von Art. 49, 50 EGV.[499] Sie werden „elektronisch im Fernabsatz" erbracht, wenn sie ohne gleichzeitige physische Anwesenheit der Vertragsparteien mittels Geräten für die elektronische Datenverarbeitung und -speicherung am Ausgangspunkt gesendet und am Endpunkt empfangen und vollständig über Draht, Funk, optisch oder auf anderem elektromagnetischem Weg gesendet, weitergeleitet und empfangen werden.[500] Auf diese Weise werden Tele- und Mediendienste sowie

---

Bewegtbilddarbietung in engem Zusammenhang steht (hiergegen angesichts des klaren Wortlauts des MDStV zu Recht *Tettenborn* in E-F/M/T, § 2 MDStV, Rn. 60).

496 Video-on-Demand kann sich auch bei weiterer Optimierung der Speichermedien und Übertragungstechnik nicht zu Rundfunk wandeln, da es sich nicht um eine bloß passiv zu rezipierende Darbietung handelt, die einseitig über die Vorgabe eines zeitlich und inhaltlich strukturierten Gesamtprogramms gesteuert wird (vgl. *Lent*, 156; so im Ergebnis auch *Tettenborn* in E-F/M/T, § 2 MDStV, Rn. 65; a.A. *Germann*, 181 f.; *DLM-Strukturpapier*, 2.2.2.4.1).

497 Vgl. zur Abgrenzung MDStV – RfStV oben d).

498 Art. 2 lit. a) ECRL i.V.m. Art. 1 Nr. 2 RL 98/34/EG in der Fassung der RL 98/48/EG.

499 Vgl. *Arndt/Köhler*, EWS 2001, 102, 103; *Freytag*, CR 2000, 600, 602; *Maennel* in Moritz/Dreier, Rn. 391; *Spindler*, MMR-Beilage 7/2000, 4, 5 sowie Erwägungsgrund 18 der ECRL. Die ECRL gilt auch für Dienste, die eine wirtschaftliche Tätigkeit darstellen, aber nicht von denjenigen vergütet werden, die sie empfangen (Erwägungsgrund 18), wie insbesondere mittels Werbung drittfinanzierte Angebote (*Arndt/Köhler*, EWS 2001, 102, 103; *Freytag*, CR 2000, 600, 602; *Spindler*, MMR-Beilage 7/2000, 4). Sie findet keine Anwendung auf nicht-kommerzielle Dienste wie z.B. Angebote der Universitäten oder Betreiber privater Homepages. Dies hindert die Mitgliedstaaten allerdings nicht daran, ihre zur Umsetzung der Richtlinie getroffenen Regelungen auf unentgeltlich erbrachte Dienste zu erstrecken (so auch *Freytag*, CR 2000, 600, 602; *Greiner*, 171; *Hoeren*, MMR 1999, 192, 193).

500 Art. 1 Nr. 2, 1. und 2. Spiegelstrich RL 98/34/EG in der Fassung der RL 98/48/EG.

Rundfunkdarbietungen übertragen, denen eine Übermittlung mittels Telekommunikation im Sinne des TKG zugrunde liegt.[501] TK-Dienste selbst werden nicht „gesendet, weitergeleitet und empfangen“, sondern stellen – als elektronische Kommunikationsdienste im Sinne des EG-Sekundärrechts[502] – das Senden, Weiterleiten und Empfangen elektronisch im Fernabsatz erbrachter Dienstleistungen sicher.[503] Es ist also auch insofern zwischen dem transportierten Dienst und dem Dienst, der im Datentransport besteht, zu unterscheiden.[504] „Auf individuellen Abruf eines Empfängers“ erbracht werden Dienstleistungen, bei denen eine Übertragung von Daten auf individuelle Anforderung erfolgt.[505] Nicht hierzu zählen Dienste, die im Wege einer Übertragung von Daten ohne individuellen Abruf gleichzeitig für eine unbegrenzte Zahl von einzelnen Empfängern erbracht werden, wie Fernsehdienste nach Art. 1 lit. a) der Fernsehrichtlinie[506], Hörfunkdienste und Teletext (über Fernsehsignal)[507].[508] Da es nicht auf die inhaltliche Ausrichtung eines Dienstes ankommt, erfaßt die ECRL sowohl Tele- als auch Mediendienste, soweit diese als Abrufdienste ausgestaltet sind.[509] Das Kriterium des individuellen Abrufs kann beim „Audio-/Video-Stream“ bejaht werden, soweit die Rezipienten selektiv auf einzelne Angebotsbestandteile zu-

---

501 Vgl. *Greiner*, 169; *Maennel* in Moritz/Dreier, Rn. 393.

502 Hierbei handelt es sich um gewöhnlich gegen Entgelt erbrachte Dienste, die ganz oder überwiegend in der Übertragung von Signalen über elektronische Kommunikationsnetze bestehen, einschließlich Telekommunikations- und Übertragungsdienste in Rundfunknetzen, jedoch ausgenommen Dienste, die die Bereitstellung oder redaktionelle Kontrolle von mittels elektronischer Kommunikationsnetze und -dienste übertragenen Inhalten zum Gegenstand haben; nicht dazu gehören Dienste der Informationsgesellschaft im Sinne von Art. 1 RL 98/34/EG, die nicht ganz oder überwiegend in der Übertragung von Signalen über elektronische Kommunikationsnetze bestehen (Art. 2 lit. c) RL 2002/21/EG, Art. 1 Nr. 3 RL 2002/77/EG).

503 Vgl. *Greiner*, 169 (der allerdings im Ergebnis TK-Dienste i.S.d. TKG als von der ECRL erfaßt ansieht; so im übrigen auch *Freytag*, CR 2000, 600, 603 [im Hinblick auf Network-Provider und Router-Betreiber] und *Hoeren*, MMR 1999, 192, 193). Gegen die Anwendbarkeit der ECRL auf TK-Dienste i.S.d. TKG auch *Maennel* in Moritz/Dreier, Rn. 392 f.; *Tettenborn*, K&R 2000, 59, 61; *Tettenborn/Bender/Lübben/Karenfort*, K&R-Beilage 1/12/2001, 1, 6.

504 Vgl. *Maennel* in Moritz/Dreier, Rn. 392.

505 Art. 1 Nr. 2, 3. Spiegelstrich RL 98/34/EG in der Fassung der RL 98/48/EG.

506 Richtlinie 89/552/EWG, geändert durch RL 97/36/EG.

507 Art. 1 Nr. 2 i.V.m. Anhang V Nr. 3 RL 98/34/EG in der Fassung der RL 98/48/EG.

508 Nicht erfaßt werden auch Verteildienste i.S.d. §§ 3 S. 1 Nr. 3 TDG/MDStV (vgl. die „Negativliste“ des Art. 1 Nr. 2 i.V.m. Anhang V Nr. 3 RL 98/34/EG in der Fassung der RL 98/48/EG sowie *Greiner*, 170; *Maennel* in Moritz/Dreier, Rn. 394 [dort Fußnote 1]; *Waldenberger*, EuZW 1999, 296).

509 *Greiner*, 171; *Tettenborn* in E-F/M/T, IntR, Rn. 41.

greifen können[510]; nicht jedoch, wenn ein planmäßig ablaufendes Gesamtprogramm vorgegeben ist, das lediglich ein- bzw. ausgeschaltet werden kann[511].[512]

Demnach umfaßt die Definition der „Dienste der Informationsgesellschaft" Tele- und Mediendienste[513], die geschäftsmäßig erbracht werden und als Abrufdienste ausgestaltet sind.[514]

2. Diensteanbieter und Nutzer

Da die für behördliche Gefahrenabwehrmaßnahmen bedeutsamen Vorschriften des TDG, TDDSG und MDStV[515] in personeller Hinsicht auf *„Diensteanbieter"* und *„Nutzer"* Bezug nehmen, ist weiter zu klären, unter welchen Voraussetzungen die verschiedenen am Datenaustausch im Internet beteiligten Akteure[516] als Anbieter oder Nutzer von Tele- bzw. Mediendiensten im Sinne der gesetzlichen Definitionen zu qualifizieren sind.

a) Diensteanbieter

„Diensteanbieter" im Sinne des TDG/MDStV ist „jede natürliche oder juristische Person[517], die eigene oder fremde Tele-/Mediendienste zur Nutzung bereithält oder den Zugang zur Nutzung vermittelt".[518] Die Unterscheidung zwischen den drei Handlungsformen des *Bereithaltens eines eigenen*, *Bereithaltens eines fremden* und *Vermittelns des Zugangs zur Nutzung eines* (fremden) *Tele-/Mediendienstes* ist sowohl hinsichtlich der in § 22 III 1 MDStV vorgesehene

510 Dann handelt es sich um einen Mediendienst i.S.d. § 2 II Nr. 4 MDStV (vgl. oben d), e)).

511 Dann handelt es sich um Rundfunk i.S.d. RfStV (vgl. oben d), e)).

512 Vgl. *Greiner*, 171; im Ergebnis auch *Arndt/Köhler*, EWS 2001, 102, 104; *Freytag*, CR 2000, 600, 602; *Maennel* in Moritz/Dreier, Rn. 393 f.; *Spindler*, MMR-Beilage 7/2000, 4, 5 f.; *Tettenborn/Bender/Lübben/Karenfort*, K&R-Beilage 1/12/2001, 1, 6; zweifelnd *Tettenborn* in E-F/M/T, IntR, Rn. 43. A.A. – im Hinblick auf die *Kommissionsbegründung* zum ursprünglichen Richtlinienvorschlag (*KOM [1998] 586 endg.*, 21) – *Brisch*, CR 1999, 235, 236; *Hamann*, ZUM 2000, 290, 293 f.; *Hoeren*, MMR 1999, 192, 194, wonach „originärer ‚Internet-Rundfunk'" unter die ECRL falle. Jedoch findet diese Auffassung in der endgültigen Fassung der Richtlinie keine Stütze mehr.

513 Nicht hingegen: TK-Dienste i.S.d. TKG und Rundfunk i.S.d. RfStV.

514 Vgl. statt vieler: *Maennel* in Moritz/Dreier, Rn. 392-394.

515 Hierbei handelt es sich um die Ermächtigungsgrundlage des § 22 II, III MDStV, die Verantwortlichkeitsregelungen der §§ 8-11 TDG/6-9 MDStV und die Datenschutzbestimmungen des TDDSG bzw. der §§ 16 ff. MDStV (vgl. oben 4. Teil, vor A.).

516 Siehe zur Unterscheidung der Rollen dieser Akteure oben 1. Teil D.

517 Einer juristischen Person steht eine Personengesellschaft gleich, die mit der Fähigkeit ausgestattet ist, Rechte zu erwerben und Verbindlichkeiten einzugehen (§§ 3 S. 2 TDG/MDStV).

518 §§ 3 S. 1 Nr. 1 TDG/MDStV.

„Rangfolge“ der Inanspruchnahme von Diensteanbietern im Rahmen von Aufsichtsmaßnahmen[519] als auch in Bezug auf die nach diesen Handlungsformen differenzierenden Verantwortlichkeitsregelungen des TDG und MDStV[520] von Bedeutung.

aa) Bereithalten zur Nutzung

Weder das TDG noch der MDStV enthalten eine Definition des *„Bereithaltens zur Nutzung“*. In den Gesetzesbegründungen heißt es, daß ein Akteur Tele-/ Mediendienste zur Nutzung bereithält, wenn diese auf einem Medium gespeichert sind, das ihm „zuzurechnen“ ist oder wenn er sie „in sein Diensteangebot“ (z.B. „seinen eigenen News-Server oder ... Online-Dienst“) „einstellt“ oder „übernimmt“.[521] Das Fehlen von Ausführungen zu den zivilrechtlichen Eigentumsverhältnissen[522] spricht dafür, daß eine „tatsächliche“ Betrachtungsweise

---

519 Gemäß § 22 III 1 MDStV setzen Maßnahmen gegen „Diensteanbieter von fremden Inhalten nach den §§ 7 bis 9“ u.a. voraus, daß sich Maßnahmen „gegenüber dem Verantwortlichen nach § 6 Abs. 1“ (d.h. einem Diensteanbieter, der eigene Informationen zur Nutzung bereithält) „als nicht durchführbar oder nicht erfolgversprechend“ erweisen.

520 Bereits die (Dienste-)Anbieter-Definitionen und Verantwortlichkeitsregelungen des TDG/MDStV 97 waren aufeinander abgestimmt (vgl. *BT-Drs. 13/7385*, 19; *BWLT-Drs. 12/1302*, 20 f.; *Bleisteiner*, 160), indem sie jeweils zwischen dem Bereithalten eigener Tele-/Mediendienste(inhalte), Bereithalten fremder Tele-/Mediendienste(inhalte) und Vermitteln des Zugangs zur Nutzung von (fremden) Tele-/Mediendiensten bzw. Inhalten unterschieden. Sie waren hinsichtlich der Handlungsformen des Bereithaltens und der Zugangsvermittlung deckungsgleich. Bei einem anderen Verständnis wäre es möglich gewesen, daß ein Akteur zwar dem TDG/MDStV 97 unterfiel, aber von vornherein nicht in den Genuß einer für ihn möglicherweise vorteilhaften Verantwortlichkeitsregelung kommen konnte – was der auf die Schaffung von Rechtssicherheit gerichteten Motivation des Gesetzgebers widersprochen hätte (so auch *Hütig* in Moritz/Dreier, Rn. 26; vgl. *Spindler*, NJW 1997, 3193, 3195). „Inhalte“ i.S.d. §§ 5 TDG/MDStV 97 waren alle in einem Tele-/Mediendienst enthaltenen Daten (vgl. *Freytag*, ZUM 1999, 185, 191; *Gounalakis/Rhode*, NJW 2000, 2168, 2169), d.h. die Begriffe „Tele-/Mediendienste“ und „Inhalte“ waren letztlich synonym zu verstehen (so auch *Bleisteiner*, 163; *Hütig* in Moritz/Dreier, Rn. 25). Trotz teilweise abweichender Formulierungen gilt Entsprechendes für §§ 3 S. 1 Nr. 1, 8-11/6-9 TDG/MDStV (vgl. *BT-Drs. 14/6098*, 15, 22 f.; *BWLT-Drs. 13/951*, 30, 37, sowie unten 5. Teil B. I. 2. b)).

521 Die Gesetzesbegründungen zu §§ 3 TDG/MDStV 97 nehmen Bezug auf ihre Ausführungen zu §§ 5 TDG/MDStV 97 (*BT-Drs. 13/7385*, 19, 20, 51; vgl. *BWLT-Drs. 12/ 1302*, 20, 21 f.).

522 Zwar hätte die Formulierung „seinen eigenen“ in diesem Sinne verstanden werden können, jedoch handelte es sich bei der Bezugnahme auf einen „eigenen News-Server“ bzw. „Online-Dienst“ des Diensteanbieters lediglich um eine Aufzählung von Beispielen. Als „bereithaltender“ Diensteanbieter kann nicht nur der Server-Eigentümer in Betracht kommen, denn ansonsten würde mit denjenigen, die Speicherplatz auf einem fremden Server „anmieten“, ein großer Teil der Internet-Akteure von vornherein nicht

zugrunde zu legen ist.[523] Voraussetzung für ein „Einstellen" von Tele-/Mediendiensten und Begründen eines „eigenen Dienstebereichs"[524] auf einem Server ist die Möglichkeit der Entscheidung darüber, welche Daten dort gespeichert werden; d.h. es kommt auf die *tatsächliche Sachherrschaft* über einen Server an.[525] Bei Akteuren, die eine solche Sachherrschaft ausüben, handelt es sich funktionell um *Server-Betreiber und -Verwalter*.[526]

Der Betreiber oder Verwalter eines Servers, auf dem Verweise abrufbar sind, hält zwar diese Verweise zur Nutzung bereit, nicht aber auch die auf anderen Servern gespeicherten „Zieldaten". Insofern kommt (entgegen einer verbreiteten Auffassung[527]) ein „virtuelles" Bereithalten zur Nutzung nicht in Betracht.[528]

Das Bereithalten zur Nutzung beschränkt sich nicht auf Informationen (d.h. in einem Tele-/Mediendienst enthaltene Daten[529]), die der Diensteanbieter selbst eingegeben oder aktiv von einem anderen übernommen hat, denn ansonsten würden von Dritten auf dem allein vom Diensteanbieter verwalteten Speicherplatz abgelegte Informationen von niemandem bereitgehalten.[530] Andererseits

---

unter das TDG/MDStV fallen, während sich andererseits ein Server-Eigentümer durch eine Sicherungsübereignung dem TDG/MDStV entziehen könnte (vgl. *Popp*, 73 f.).

523 Teilweise wird vertreten, der Tele-/Mediendienst(inhalt) müsse in einem eigenen Speicher bzw. auf einem eigenen Server vorgehalten werden (*Hoeren/Pichler* in Loewenheim/Koch, 396; *Koch*, CR 1997, 193, 195, 198; *Meier* in Roßnagel, § 3 MDStV, Rn. 14-17; *Pichler*, MMR 1998, 79, 87; *Schütz/Attendorn*, MMR 2001, 401, 404; *Waldenberger*, MMR 1998, 124, 128). Dabei wird jedoch überwiegend im Unklaren gelassen, unter welchen Umständen ein Speicher bzw. Server als „eigener" angesehen wird. Ungeachtet dessen ist dieser Auffassung jedenfalls entgegenzuhalten, daß im TDG/MDStV für das „Bereithalten" nirgendwo das Betreiben eines eigenen Servers oder Vorhalten eigener Speicherkapazitäten gefordert wird (so auch *Spindler* in Hoeren/Sieber, Teil 29, Rn. 74). Abzulehnen ist daher insbesondere die Auffassung von *Koch*, CR 1997, 193, 195, und *Pichler*, MMR 1998, 79, 80, wonach der Inhaber einer Homepage kein Diensteanbieter sei, da er nur einen Dienst nutze.

524 *BT-Drs. 13/7385*, 20; *BWLT-Drs. 12/1302*, 22.

525 So im Ergebnis auch *Altenhain*, AfP 1998, 457, 459; *Bleisteiner*, 165; *Jaeger*, RDV 1998, 266, 268; *Popp*, 73; *Sieber*, MMR-Beilage 2/1999, 1, 18; *Spindler* in Hoeren/Sieber, Teil 29, Rn. 74.

526 Vgl. oben 1. Teil D. I.

527 *OLG Hamm*, MMR 2001, 611; *LG Frankfurt/Main*, CR 1999, 45; *Bettinger/Freytag*, CR 1998, 545, 550 f.; *von Bonin/Köster*, ZUM 1997, 821, 823 f.; *Engels/Köster*, MMR 1999, 522, 524; *Flechsig/Gabel*, CR 1998, 351, 354; differenzierend *Gercke*, ZUM 2001, 34, 37 f.; *Sieber*, MMR-Beilage 2/1999, 1, 15 f., 17 f.; *Maennel* in E-F/M/T, § 5 TDG, Rn. 29; *Vassilaki*, CR 1999, 85, 86.

528 Siehe hierzu näher unten dd).

529 Vgl. oben Fußnote 520.

530 Dies hätte zur Folge, daß die Verantwortlichkeitsregelungen gerade solche Fälle nicht erfassen würden, die für ihre Einführung mit ausschlaggebend waren (vgl. oben I. 1.) und daß beim Einsenden von Informationen an einen Server weder der Einsender noch

setzt das Bereithalten weder voraus, daß der Diensteanbieter alle auf einem Server gespeicherten Informationen jederzeit sperren bzw. löschen kann[531], noch daß er zu einer ihm möglichen Einwirkung auf einen Server auch rechtlich befugt ist[532]. Da im Fall einer *„Rollendreiteilung"* der Server-Betreiber einen TK-Dienst erbringt[533], jedoch das TDG nicht für TK-Dienste gilt und der MDStV die Bestimmungen des TKG unberührt läßt[534], scheint hier der Server-Betreiber nicht (auch) Diensteanbieter im Sinne des TDG/MDStV sein zu können, sondern allein dem TKG zu unterfallen. Allerdings erfassen das TDG und der MDStV nicht den Datentransport als solchen, sondern die inhaltlichen und nutzungsrelevanten Aspekte mittels Telekommunikation übertragener Angebote.[535] Im Sinne einer „funktionsspezifischen Überlagerung"[536] fällt die inhaltliche und für die Nutzung von Tele-/Mediendiensten relevante „Mehrwert"-Komponente der Betätigung des Server-Betreibers als „Bereithalten zur Nutzung" unter das TDG bzw. den MDStV.[537]

---

der Betreiber bzw. Verwalter des Servers verantwortlich wären (vgl. *Altenhain*, AfP 1998, 457, 459).

531 Andernfalls hätten die §§ 5 I, II TDG/MDStV 97 immer bereits die technische Möglichkeit vorausgesetzt, die Nutzung der Inhalte zu verhindern; die gesonderte Nennung der technischen Möglichkeit der Nutzungsverhinderung als Verantwortlichkeitsvoraussetzung in §§ 5 II TDG/MDStV 97 wäre überflüssig gewesen. Für ein „Bereithalten" genügt daher, daß der betreffende Akteur den Zugriff auf den Speicherplatz insgesamt hat und diesen ggf. sperren oder löschen kann (so im Ergebnis auch *Altenhain*, AfP 1998, 457, 459; enger hingegen *Sieber*, MMR-Beilage 2/1999, 1, 17, der auf die „Beherrschung der einzelnen gespeicherten Daten" abstellt).

532 In den Gesetzesbegründungen (siehe oben Fußnote 524) ist keine Rede von einer rechtlichen Einwirkungsbefugnis. Auf das Eigentum an einem Server kommt es nicht an (siehe oben Fußnote 522). Auch die schuldrechtlichen Beziehungen zu einem Server können nicht maßgeblich sein: Zwar ergeben sich Befugnisse zur tatsächlichen Einwirkung auf Server regelmäßig aus vertraglichen Vereinbarungen, jedoch kann es für die Frage, ob Daten zur Nutzung bereitgehalten werden, offensichtlich nicht von Belang sein, ob ein Akteur mit dem ihm zur Verfügung gestellten Speicherplatz vertragsgemäß umgeht oder ohne Rechtsgrund auf den Server einwirkt, indem er dort Daten ablegt, deren Speicherung gegen die Web-Hosting-Vereinbarung verstößt (vgl. *Spindler* in Hoeren/Sieber, Teil 29, Rn. 74; a.A. *Bleisteiner*, 165 f.; *Popp*, 73 f.).

533 Siehe oben 1. b).

534 §§ 2 IV Nr. 1 TDG, 2 I 3, 2. Hs. MDStV.

535 Siehe oben 1. b).

536 *Sieber*, MMR-Beilage 2/1999, 1, 9.

537 Dies folgt zum einen auch daraus, daß ansonsten die Regelwerke – entgegen der gesetzgeberischen Zielsetzung der Schaffung einer verläßlichen Grundlage für Informations- und Kommunikationsdienste (*BT-Drs. 13/7385*, 16; *BWLT-Drs. 12/1302*, 18) – von Anfang an diejenigen, die die unentbehrliche Server-Infrastruktur zur Verfügung stellen, nicht erfaßt hätten und die Verantwortlichkeitsregelungen der §§ 5 II TDG/MDStV 97 weitgehend leergelaufen wären. Zum anderen wäre der in §§ 5 IV TDG/5 III 3 i.V.m. 18 III MDStV 97 enthaltene Verweis auf den nur für TK-Diensteanbieter geltenden § 85

bb) Eigene oder fremde Tele-/Mediendienste

Im Unterschied zu *„fremden"* sind *„eigene"* Tele-/Mediendienste(angebote) bzw. Inhalte oder Informationen eines Akteurs solche, die er *selbst hergestellt* oder sich – soweit sie von einem Dritten stammen – *„zu eigen (ge)macht"* hat.[538] Das „Herstellen" setzt eine Editierung als computerlesbare Daten voraus.[539] Umstritten sind die Voraussetzungen des „Zu-eigen-Machens":[540]

Teilweise wird – in Anlehnung an die urheberrechtliche Veranstalterhaftung – ein eigenes Angebot angenommen, wenn der Diensteanbieter maßgeblichen Einfluß auf dessen inhaltliche Gestaltung und/oder ein bestimmendes wirtschaftliches oder sonstiges Interesse an der Verbreitung eines ursprünglich fremden Angebots gerade in der vorliegenden Form hat(te).[541] Hiergegen ist jedoch einzuwenden, daß sich der konkrete Einfluß eines Akteurs auf die Gestaltung eines

---

TKG 96 sinnlos gewesen, wenn ein TK-Diensteanbieter nicht grundsätzlich auch Tele-/Mediendiensteanbieter i.S.d. TDG/MDStV 97 sein konnte. Entsprechendes gilt im Hinblick auf die neuen §§ 11, 8 II 3 TDG/9, 6 II 3 MDStV.

538 Vgl. *BT-Drs. 13/7385*, 19; *14/6098*, 23; *BWLT-Drs. 12/1302*, 21; *13/951*, 37.

539 *Altenhain*, AfP 1998, 457, 460. Hersteller von Tele-/Mediendiensten bzw. Informationen ist also insbesondere derjenige, der eine WWW-Seite programmiert.

540 Außer Zweifel steht nur, daß die zivilrechtlichen Eigentumsverhältnisse an einem Server bzw. darauf gespeicherten Daten außer Betracht bleiben müssen. Dies ergibt sich aus den Gesetzesbegründungen (vgl. oben Fußnote 532) sowie aus der folgenden Erwägung: Selbst wenn man §§ 929 ff. BGB auf als solche unkörperliche Computerdaten anwenden oder auf die Sachqualität der auf einem Server perpetuierten Daten abstellen wollte (vgl. *BGH*, NJW 1993, 2436, 2437 f.; *Heinrichs* in Palandt, § 90, Rn. 2 [m w.N.]; *Marly*, Rn. 102 ff.), würde der einzig nach § 947 BGB denkbare Eigentumserwerb eines vom Server-Eigentümer verschiedenen Akteurs, der Daten auf einen Server einspeist, daran scheitern, daß es sich bei dem Server und den Daten wegen ihrer unproblematischen Trennbarkeit nicht um wesentliche Bestandteile einer einheitlichen Sache i.S.d. § 93 BGB handelt. Demnach stehen bereitgehaltene Computerdaten immer im Eigentum des Server-Eigentümers. Wäre dieses Eigentum maßgeblich, so würden die Server-Betreiber, deren Verantwortlichkeit durch §§ 5 II TDG/MDStV 97, 11 TDG/9 MDStV beschränkt werden sollte (vgl. *BT-Drs. 13/7385*, 20; *14/6098*, 25; *BWLT-Drs. 12/1302*, 22; *13/951*, 41), regelmäßig eigene Informationen bereithalten und wären für diese uneingeschränkt verantwortlich (§§ 5 I TDG/MDStV 97, 8 I TDG/6 I MDStV). Hingegen wären Server-Verwalter, die eine selbst gestaltete Website auf dem Server eines Web-Hosting-Anbieters bereithalten, immer (nur) prima facie eingeschränkt verantwortlich (§§ 5 II TDG/MDStV 97, 11 TDG/9 MDStV). Abgesehen davon wird der unterschiedlichen Einwirkungsmöglichkeit auf Informationen je nach dem Ort ihrer Speicherung bereits durch die Differenzierung zwischen dem „Bereithalten" und der „Zugangsvermittlung" Rechnung getragen, was nur dann einen Sinn ergibt, wenn der Differenzierung „eigen" – „fremd" eine andere Bedeutung zukommt als ebenfalls die Unterscheidung nach dem Ort der Speicherung (vgl. *Popp*, 66).

541 *Bettinger/Freytag*, CR 1998, 545, 550; *Brauneck*, ZUM 2000, 480, 481; *Freytag*, ZUM 1999, 185, 191.

bestimmten Angebots häufig nur schwer ermitteln lassen wird. Das vage Kriterium des „wirtschaftlichen oder sonstigen Interesses an der Verbreitung" würde im Zweifel die uneingeschränkte Verantwortlichkeit[542] auf praktisch alle „bereithaltenden" Diensteanbieter ausdehnen, die grundsätzlich immer ein Interesse daran haben, ihr Angebot durch die Aufnahme möglichst vieler Inhalte attraktiv zu machen.[543]

Andere sehen Angebote als zu eigen gemacht an, wenn diese bewußt einzeln ausgewählt und übernommen werden oder wenn sich der betreffende Akteur bewußt und eindeutig mit ihrem Inhalt in dem Sinne identifiziert, daß er hierfür die Verantwortung übernehmen will.[544] Allerdings handelt es sich bei der „bewußten" Einzelauswahl bzw. Verantwortungsübernahme um subjektiv geprägte Kriterien[545], deren Vorliegen häufig nicht ohne weiteres feststellbar sein dürfte. Zudem birgt das Abstellen darauf, ob jemand eindeutig eine Verantwortung übernehmen will[546], die Gefahr eines Zirkelschlusses dahingehend, daß ein Akteur verantwortlich ist, wenn er Verantwortung übernehmen will; nicht aber dann, wenn er nicht verantwortlich sein möchte.[547]

---

542 §§ 5 I TDG/MDStV 97, 8 I TDG/6 I MDStV.

543 Anbieter zugangsbeschränkter Dienste berechnen das Nutzungsentgelt häufig nach der zeitlichen Inanspruchnahme und die durch Werbebanner erzielbaren Einnahmen hängen i.d.R. von der Zahl der Seitenaufrufe ab. Vgl. *Sieber*, MMR-Beilage 2/1999, 1, 13.

544 *Sieber*, MMR-Beilage 2/1999, 1, 14 f.; im Hinblick auf das zweite Kriterium ebenso *Schilling*, 72 (der im übrigen – zu pauschal – annimmt, daß ein Server-Betreiber immer fremde Inhalte bereithalte); ähnlich *von Bonin/Köster*, ZUM 1997, 821, 824; *Flechsig/Gabel*, CR 1998, 351, 354.

545 So ausdrücklich *Sieber*, MMR-Beilage 2/1999, 1, 14.

546 *Sieber*, MMR-Beilage 2/1999, 1, 14.

547 Daher verwundert es, daß *Sieber*, MMR-Beilage 2/1999, 1, 13, dieses Argument gegen eine andere Auffassung anführt. Nicht gefolgt werden kann auch der Auffassung des *LG Trier* (MMR 2002, 694, 695), wonach derjenige, der eine regelmäßige Kontrolle der auf einem von ihm verwalteten Server neu eingehenden Inhalte unterlasse, sich diese zu eigen mache: Bereits §§ 5 II, IV TDG/5 II MDStV 97 schlossen nämlich proaktive Kontrollpflichten aus; Gleiches ergibt sich nun nach §§ 11, 8 II TDG/9, 6 II MDStV (siehe näher unten 5. Teil B. II. 2. a) aa), b) aa)). Würde die Kenntnis fremder Inhalte deren Zu-eigen-Machen bewirken, so hätte es der §§ 5 II TDG/MDStV 97 bzw. 11 TDG/9 MDStV nicht bedurft (vgl. *Gercke*, MMR 2002, 695, 696). Abzulehnen ist schließlich eine weitere Ansicht (*Popp*, 68 ff.), wonach durch Einbindung eines fremden Inhalts in einen eigenen Kontext nicht der fremde Inhalt zu eigen gemacht werde, sondern eine neue, dann eigene, Aussage entstehe. Gleiches gelte bei Abgabe einer inhaltlich positiven Bewertung des fremden Inhalts. Besitze (wie z.B. bei kinderpornographischen Darstellungen) der ursprüngliche Inhalt keine „Aussage", so komme auch keine Aneignung einer Aussage in Betracht, sondern allenfalls eine neue Aussage. Gegen diese Auffassung spricht, daß die Herauslösung und getrennte Behandlung des Sinngehalts eines Inhalts weder im Gesetzeswortlaut noch in den Gesetzesmaterialien eine Stütze findet. Außerdem dürfte in der Praxis, z.B. bei Bilddarstellungen mit Textunterschriften, eine

Die überwiegende Auffassung stellt – in Anlehnung an die presserechtliche Haftung für übernommene Informationen oder Zitate[548] – auf die äußerlich erkennbare Einstellung zu bestimmten Inhalten ab: Um eigene soll es sich handeln, wenn der Anbieter sie nicht als fremde kennzeichnet[549], sich nicht von ihnen (im Sinne der Rechtsprechung zur Distanzierung von Presseorganen[550]) distanziert[551], sich mit ihnen identifiziert[552] oder sie billigt[553].[554] Diesen Ansätzen ist mit Blick auf die gesetzgeberischen Motivation der Schaffung von Rechtssicherheit insoweit zu folgen[555], als es für die Abgrenzung auf die *für einen objektiven Betrachter erkennbare Einstellung* zu den fraglichen Inhalten ankommen muß. Wird nicht erkennbar, daß ein Inhalt nicht von dessen Anbieter, sondern von einem Dritten hergestellt wurde, so hat der Anbieter ihn sich zu eigen gemacht.[556] Unerheblich ist, ob der Diensteanbieter sich mit dem Inhalt identifiziert oder ihn billigt.[557] Bei einer Fremdkennzeichnung oder (deutlichen) Distanzierung wird auch die fehlende Herstellereigenschaft des Diensteanbieters äußerlich erkennbar, so daß im Ergebnis auf jeden Fall ein Zu-eigen-Machen ausscheidet.

---

klare Unterscheidung zwischen Inhalten mit Aussage und solchen ohne Aussage häufig nicht möglich sein.

548 Siehe etwa *BGH*, NJW 1996, 1131; AfP 1997, 700; *Löffler/Ricker*, 41. Kap., Rn. 14 ff. (m.w.N.).

549 *AG München*, CR 1998, 500, 505; ähnlich *LG München I*, K&R 2000, 307, 308; *Koch*, CR 1997, 193, 197 f.; *Pelz*, ZUM 1998, 530, 532; *Schütz/Attendorn*, MMR 2001, 401, 403.

550 Siehe oben Fußnote 548.

551 *OLG Köln*, MMR 2002, 548, 549; *LG Hamburg*, CR 1998, 565, 566; *Bleisteiner*, 164; *Spindler*, NJW 1997, 3193, 3196; *derselbe* in Roßnagel, § 5 TDG, Rn. 61; *Ukrow* in Roßnagel, § 5 MDStV, Rn. 41; *Vassilaki*, MMR 1998, 630, 633; *Waldenberger*, AfP 1998, 373, 375.

552 *LG Frankenthal*, MMR 2001, 401; *Jaeger*, RDV 1998, 266, 268; *Pelz*, ZUM 1998, 530, 532; *Spindler* in Roßnagel, § 5 TDG, Rn. 61.

553 *Vassilaki*, NStZ 1998, 521, 522.

554 Teilweise werden mehrere der genannten Kriterien kombiniert (so etwa *OLG Köln*, MMR 2002, 548, 549; *Bleisteiner*, 163 f.; *Pelz*, ZUM 1998, 530, 532; *Spindler* in Roßnagel, § 5 TDG, Rn. 61).

555 Für die Übertragung klassischer Verantwortlichkeitsgrundsätze des Presserechts spricht zwar im Hinblick auf den MDStV, daß dessen Regelungen Parallelen zum ‚klassischen" Presserecht aufweisen (vgl. oben 1. c)). Andererseits sind die Diensteanbieter-Definitionen und Verantwortlichkeitsregelungen des Rechts der Informations- und Kommunikationsdienste einheitlich auszulegen (vgl. oben 2. a), Fußnote 520 sowie unten 5. Teil B. I. 2. b)) und das TDG erfaßt gerade nicht die „elektronische Presse"

556 In diesem Sinne auch *Schwarz/Poll* in Schwarz/Peschel-Mehner, Teil 20-G, Rn. 83.

557 So auch *Altenhain*, AfP 1998, 457, 460.

cc) Vermitteln des Zugangs zur Nutzung

Diensteanbieter im Sinne des TDG/MDStV ist auch, wer den Zugang zur Nutzung fremder Tele-/Mediendienste vermittelt.[558] Die *Zugangsvermittlung* umfaßt die Übermittlung fremder Informationen in einem Kommunikationsnetz[559], die automatische kurzzeitige Zwischenspeicherung von Informationen zur Durchführung der Übermittlung[560] und die automatische, zeitlich begrenzte Zwischenspeicherung zur Steigerung der Effizienz der Übermittlung an Nutzer[561].[562] Diese Tätigkeiten sind „auf den technischen Vorgang beschränkt ..., ein Kommunikationsnetz zu betreiben und den Zugang zu diesem zu vermitteln, über das von Dritten zur Verfügung gestellte Informationen übermittelt oder ... vorübergehend gespeichert werden ...".[563] Demnach ist bei der Bestimmung der Zugangsvermittlung ein rein *technisches Verständnis* zugrunde zu legen.[564] Dies hat insbesondere zur Folge, daß das Bereithalten eines Verweises, welches keine

---

558 §§ 3 S. 1 Nr. 1, 3. Alt. TDG/MDStV. Daß diese Bestimmungen nur die Vermittlung des Zugangs zur Nutzung *fremder* Tele-/Mediendienste erfassen, folgt daraus, daß die Diensteanbieter-Definitionen und Verantwortlichkeitsregelungen einheitlich auszulegen sind (vgl. oben Fußnote 520 sowie unten 5. Teil B. I. 2. b)). Da eine (vierte) Handlungsform des Vermittelns des Zugangs zur Nutzung *eigener* Inhalte/Informationen nicht von §§ 8-11 TDG/6-9 MDStV erfaßt würde, kann sie auch nicht unter §§ 3 S. 1 Nr. 1 TDG/MDStV fallen.

559 §§ 9 I TDG/7 I MDStV.

560 §§ 9 II TDG/7 II MDStV. Hier steht die Hilfsfunktion der automatischen Zwischenspeicherung für die Übermittlungsleistung im Vordergrund (vgl. *BT-Drs. 14/6098*, 24; *Spindler*, MMR-Beilage 7/2000, 4, 17; *Tettenborn/Bender/Lübben/Karenfort*, K&R-Beilage 1/12/2001, 1, 29).

561 §§ 10 TDG/8 MDStV. Diese Vorschriften erfassen das Proxy-Caching, welches bisher unter §§ 5 III 2 TDG/MDStV fiel (vgl. *BT-Drs. 14/6098*, 24; *BWLT-Drs. 13/951*, 39 f.; *Freytag* in Lehmann, Rn. 42; *Tettenborn/Bender/Lübben/Karenfort*, K&R-Beilage 1/12/2001, 1, 24).

562 Die Übermittlung bzw. Zwischenspeicherung fremder Informationen wird weder von §§ 8 I TDG/6 I MDStV noch von §§ 11 TDG/9 MDStV erfaßt. Da jedoch diejenigen, die sie vornehmen, gemäß §§ 9, 10 TDG/7, 8 MDStV Diensteanbieter sind, handelt es sich jeweils um Diensteanbieter, die i.S.d. §§ 3 S. 1 Nr. 1, 3. Alt. TDG/MDStV den Zugang zur Nutzung fremder Informationen vermitteln.

563 *BT-Drs. 14/6098*, 24; *BWLT-Drs. 13/951*, 39 f. (Hervorhebung vom Verfasser).

564 So auch *Bettinger/Freytag*, CR 1998, 545, 549; *von Bonin/Köster*, ZUM 1997, 821, 825; *Eichler*, K&R 1998, 412, 414; *Flechsig/Gabel*, CR 1998, 351, 354; *Gercke*, ZUM 2001, 34, 36; *Schütz/Attendorn*, MMR 2001, 401, 403; *Sieber*, MMR-Beilage 2/1999, 1, 21 f.; *Waldenberger*, MMR 1998, 124, 128. Anderer Ansicht sind diejenigen, die (ggf. unter Heranziehung weiterer Kriterien) Hyperlinks unter §§ 5 III TDG/MDStV 97 subsumieren, wie etwa *OLG Schleswig*, MMR 2001, 399, 400; *LG Frankenthal*, MMR 2001, 401; *Engel-Flechsig/Maennel/Tettenborn*, NJW 1997, 2981, 2985; *Germann*, 137; *Koch*, CR 1997, 193, 200; *Koenig/Loetz*, CR 1999, 438, 440; *Maennel* in E-F/M/T, § 5 TDG, Rn. 29; *Moritz* in Loewenheim/Koch, 512; *Pelz*, ZUM 1998, 530, 533; *Spindler* in Roßnagel, § 5 TDG, Rn. 117-121; *Vassilaki*, CR 1999, 85, 86.

technische Voraussetzung für die Übermittlung der in Bezug genommenen Informationen bildet, nicht als Vermittlung des Zugangs zur Nutzung der „Zieldaten“ angesehen werden kann.[565]

Wären *Transporteure* als Zugangsvermittler anzusehen, so würden sie immer dann, wenn Zugangsbetreiber und deren Kunden normale Telefonverbindungen nutzen, ohne ihr Zutun und Wissen zu Diensteanbietern im Sinne des TDG/ MDStV[566] und unterlägen damit auch den Anbieterkennzeichnungspflichten dieser Regelwerke.[567] Würden außerdem schon Transporteure den Zugang zum Internet vermitteln, so müßte fraglich erscheinen, wozu die „nachgeschalteten“ Zugangsbetreiber und Proxy-Cache-Betreiber noch den Zugang vermitteln könnten.[568] Bereits deshalb[569] unterfällt die Betätigung der Transporteure allein dem TKG.[570]

Gegen eine Einordnung der *Zugangsbetreiber* als Zugangsvermittler werden vor allem die §§ 2 IV Nr. 1 TDG, 2 I 3, 2. Alt. MDStV ins Feld geführt[571], wonach das TDG nicht für TK-Dienste gilt und der MDStV das TKG unberührt läßt. Jedoch können inhaltliche und für die Nutzung von Tele-/Mediendiensten relevante Aspekte der Betätigung eines Zugangsbetreibers durchaus – im Sinne einer „funktionsspezifischen Überlagerung“ – dem TDG/MDStV unterfallen.[572] Praktisch ist keine Vermittlung des Zugangs zu einem Kommunikationsnetz denkbar, die ohne ein Angebot des Aussendens, Übermittelns oder Empfangens von Daten für einen Dritten – d.h. einen TK-Dienst – auskäme.[573] Würde der Umstand, daß ein Akteur (auch) einen TK-Dienst erbringt, die Anwendbarkeit des TDG/MDStV ausschließen[574], so wären bereits die Verantwortlichkeits-

565 Siehe zur abweichenden Auffassung die Nachweise oben in Fußnote 564 und zur rechtlichen Einordnung des Bereithaltens von Verweisen näher unten dd).

566 *Koenig/Loetz*, CR 1999, 438, 439.

567 §§ 6 TDG/10 MDStV.

568 Vgl. *Koenig/Loetz*, CR 1999, 438, 439. Wie bereits angesprochen (vgl. oben Fußnote 561), stellt jedenfalls das Proxy-Caching eine Zugangsvermittlung dar. Siehe zur Einordnung der Zugangsbetreiber sogleich.

569 D.h. ungeachtet der Frage, ob auch die §§ 2 IV Nr. 1 TDG/2 I 3, 2. Alt. MDStV es verbieten, Transporteure unter §§ 3 S. 1 Nr. 1, 3. Alt. TDG/MDStV zu subsumieren (siehe hierzu sogleich).

570 So auch *Beucher/Leyendecker/von Rosenberg*, § 5 TDG, Rn. 36 f.; *Germann*, 180, 180 f.; *Koch*, CR 1997, 193, 199; *Koenig/Loetz*, CR 1999, 438, 439; *Spindler* in Roßnagel, § 5 TDG, Rn. 56; *Tettenborn* in E-F/M/T, § 2 TDG, Rn. 77; *Waldenberger* in Roßnagel, § 3 TDG, Rn. 21. A.A. *Bleisteiner*, 167; *Freytag*, ZUM 1999, 185, 192; *Sieber*, MMR-Beilage 2/1999, 1, 9, 22. Siehe zur Subsumtion unter das TKG oben 1. b).

571 Vgl. *Germann*, 128 ff.; *Greiner*, 73 ff.; *Schmitz* in Hoeren/Sieber, Teil 16.4, Rn. 41.

572 Vgl. oben 1. b).

573 Ähnlich *Popp*, 85.

574 In diesem Sinne *RegTP*, Entscheidung vom 16.06.1999, MMR, 557, 565 f.; *Lünenbürger* in Scheurle/Mayen, § 3, Rn. 68, wonach Tätigkeiten eines Internet-Providers je

regelungen der §§ 5 III TDG/MDStV 97 weitgehend leergelaufen; Gleiches würde im Hinblick auf die neuen §§ 9, 10 TDG/7, 8 MDStV gelten.[575] Überdies wären die in den Verantwortlichkeitsregelungen enthaltenen Verweise auf das Fernmeldegeheimnis nach dem Telekommunikationsgesetz[576], die für Zugangsvermittler gelten[577], sinnlos, wenn ein TK-Diensteanbieter nicht grundsätzlich auch Zugangsvermittler sein könnte.[578] Die vorangegangenen Ausführungen gelten entsprechend auch für das *Proxy-Caching.*

Damit läßt sich festhalten, daß *Zugangsbetreiber* und *Proxy-Cache-Betreiber* als Zugangsvermittler im Sinne des TDG/MDStV zu qualifizieren sind.[579] Hat ein solcher Akteur einem Rezipienten den Zugang zur Nutzung eines Verweises vermittelt, so nimmt er nach der Aktivierung dieses Verweises durch den Rezipienten eine Vermittlung des Zugangs zur Nutzung der „Zieldaten“ vor.

dd) Bereithalten von Verweisen

Wer *Verweise*, die sich auf Tele-/Mediendienste beziehen, zur Nutzung bereithält, übt weder eine tatsächliche Sachherrschaft über den Server aus, auf dem die „Zieldaten“ gespeichert sind, noch nimmt er eine technische Übermittlung

---

nach ihrem Schwerpunkt insgesamt dem TKG oder aber dem TDG/MDStV bzw. Rundfunkrecht unterfallen sollen.

575 Unabhängig davon, ob diese Normen konstitutive Verantwortlichkeitsbegrenzungen oder aber nur Klarstellungen bilde(te)n (siehe dazu unten 5. Teil B. III.), kann ein solches Ergebnis nicht dem Willen des Gesetzgebers entsprochen haben. Vgl. *Spindler/Volkmann*, K&R 2002, 398, 399 sowie oben Fußnote 537.

576 Siehe §§ 5 IV TDG/5 III 3 i.V.m. 18 III MDStV 97 bzw. §§ 8 II 3 TDG/6 II 3 MDStV. Die einfachgesetzliche Konkretisierung des Fernmeldegeheimnisses in § 85 TKG 96 gilt im wesentlichen unverändert als § 88 TKG fort.

577 Dies war bereits für die alte Rechtslage unumstritten und kann auch im Hinblick auf die Neufassungen des TDG und MDStV keinem Zweifel unterliegen. Vgl. auch unten 6. Teil B. III. 2. b).

578 Vgl. oben Fußnote 537. Schließlich sprachen für die Einordnung der Zugangsbetreiber als Zugangsvermittler auch die §§ 5 III 2 TDG/MDStV 97: Wohl alle Zugangsbetreiber nehmen Proxy-Caching vor, um die Datenübermittlung an ihre Kunden zu beschleunigen. Wären sie nur insoweit in den Genuß der §§ 5 III TDG/MDStV 97 gekommen, so wären sie für (zwischen-)gespeicherte Daten nicht verantwortlich gewesen, während im Hinblick auf bloß durchgeleitete Daten eine Verantwortlichkeitsbeschränkung nicht in Betracht gekommen wäre. Ähnliches würde nach der neuen Rechtslage gelten: Für Informationen im Proxy-Cache bestünde eine gemäß §§ 10 TDG/8 MDStV eingeschränkte Verantwortlichkeit, während die Verantwortlichkeitsregelungen auf übermittelte Informationen nicht anwendbar wären.

579 So im Ergebnis auch *OVG Münster*, MMR 2003, 348, 350 f.; *Bettinger/Freytag*, CR 1998, 545, 549; *Bleisteiner*, 111 f., 167; *Freytag*, ZUM 1999, 185, 192; *Koch*, CR 1997, 193, 200; *Koenig/Loetz*, CR 1999, 438, 440; *Sieber*, MMR-Beilage 2/1999, 1, 9, 22; *Spindler* in Hoeren/Sieber, Teil 29, Rn. 352; *Spindler/Volkmann*, K&R 2002, 398, 399; *dieselben*, MMR 2003, 353.

dieser Daten vor.[580] Daher wird sein Verhältnis zu den „Zieldaten" nicht (unmittelbar) von den Diensteanbieter-Definitionen des TDG/MDStV erfaßt. Zu klären bleibt, ob eine *analoge Anwendung* der Regelwerke in Betracht kommt. Dies würde voraussetzen, daß eine planwidrige Regelungslücke vorliegt und die in Rede stehenden Sachverhalte im Hinblick auf ihre rechtliche Bewertung ähnlich sind.[581]

(a) Analoge Anwendung des TDG/MDStV 97

Hyperlinks waren seit jeher ein Charakteristikum des World Wide Web. Bereits vor dem Inkrafttreten des TDG/MDStV 97 hatte ein Strafverfahren wegen eines Hyperlinks großes Aufsehen erregt.[582] Mit Blick auf die Bedeutung der Verantwortlichkeit für Verweise und die gesetzgeberische Zielsetzung der Schaffung von Rechtssicherheit[583] konnte die Nichterwähnung von Verweisen in den Begründungen zum TDG/MDStV 97 kaum dahingehend verstanden werden, daß die Regelwerke Verweise nicht erfassen sollten. Der Gesetzgeber wollte offenbar ihre Einordnung zunächst der Rechtsprechung und Wissenschaft überlassen und eine ausdrückliche Regelung nur treffen, wenn keine angemessenen Ergebnisse erzielt würden bzw. Rechtsunsicherheiten fortbestünden.[584] Da sich jedoch – wie gezeigt – das Bereithalten von Verweisen nicht unter die Diensteanbieter-Definitionen des TDG/MDStV 97 subsumieren ließ[585], bestand insofern eine planwidrige Regelungslücke. Für deren Ausfüllung im Wege der Analogie war maßgeblich, mit welchen Sachverhalten die in Rede stehende Betätigung am ehesten vergleichbar war.

Das Bereithalten von Verweisen, die sich *erkennbar* auf *fremde* Tele-/Mediendienste beziehen, ist mit dem Bereithalten fremder Tele-/Mediendienste insofern vergleichbar, als es in beiden Fällen um die Beziehung zu erkennbar von einem anderen Akteur stammenden Angeboten geht.[586] Das Kenntniselement der §§ 5 II TDG/MDStV 97 paßte insofern auch auf Verweise, als ein Akteur, der einen Verweis selbst eingerichtet hatte, regelmäßig zuvor Kenntnis von den „Zieldaten" genommen hatte[587] und sie grundsätzlich auch später kontrollieren konnte. Verhindern konnte er zwar nicht deren Abruf „von der Quelle", aber immerhin die Aktivierung des Verweises – so daß sich auch eine Parallele zum Kriterium

---

580 Vgl. oben a) aa) und cc).

581 Vgl. *Larenz/Canaris*, 194 ff.

582 Es handelte sich um das Strafverfahren gegen Frau Marquardt im Fall „xs4all/radikal" (siehe oben Fußnote 204).

583 *BT-Drs. 13/7385*, 16; *BWLT-Drs. 12/1302*, 18.

584 In diesem Sinne läßt sich auch der Evaluationsbericht der *Bundesregierung* zum IuKDG (*BT-Drs. 14/1191*, 11) interpretieren, wo es heißt, eine ergänzende gesetzliche Regelung bezüglich Hyperlinks sei nicht notwendig, da die aufgetretenen Auslegungsfragen mit der differenzierten Regelung des § 5 TDG beantwortet werden könnten. Im übrigen ist zu berücksichtigen, daß das TDG und der MDStV weitgehend abstrakte, offene Regelungen beinhalten, die Beschreibungen bekannter Internet-Angebote nur beispielhaft anführen (vgl. §§ 2 II TDG/MDStV).

585 Vgl. oben aa), cc).

586 Das für Computernetze charakteristische Herstellen von Verknüpfungen zwischen eigenen und fremden Daten kann sowohl im Wege des Bereithaltens als auch des Verweisens erfolgen (vgl. *Waldenberger*, MMR 1998, 124, 129).

587 Dies traf ggf. auch auf denjenigen zu, der Verweise als fremde bereithielt.

der Nutzungsverhinderung in §§ 5 II TDG/MDStV 97 ergab. Wenn schließlich schon derjenige, der fremde Inhalte bereithielt, prima facie für diese nur eingeschränkt verantwortlich sein sollte, dann mußte dies erst recht für denjenigen gelten, der (ohne tatsächliche Einwirkungsmöglichkeit) auf fremde Inhalte nur verwies.[588] Daher waren die für das *Bereithalten fremder Tele-/Mediendienste(inhalte)* geltenden Vorschriften[589] *analog anwendbar.*[590] Auch bei Verweisen, die sich *nicht erkennbar* auf *fremde* Tele-/Mediendienste beziehen[591], mußte es auf die äußerlich erkennbare Einstellung des Verweis-Verwenders zu den „Zieldaten" ankommen.[592] Da die „Zieldaten" nach außen hin nicht von anderen (als eigenen bereitgehaltenen) Inhalten unterscheidbar waren, mußten sie rechtlich wie diese behandelt werden, d.h. es waren insofern die für das *Bereithalten eigener Tele-/Mediendienste(inhalte)* geltenden Vorschriften[593] *analog anwendbar.*[594]

---

588 *Waldenberger*, MMR 1998, 124, 129.

589 §§ 3 Nr. 1, 2. Alt., 5 II TDG/MDStV 97.

590 So im Ergebnis auch *Altenhain*, AfP 1998, 457, 464; *Schütz/Attendorn*, MMR 2001, 401, 404; *Waldenberger*, MMR 1998, 124, 128 f.; *Waldenberger/Hoß*, AfP 2000, 237, 243. Hingegen hält *Kloepfer*, InfR, § 13, Rn. 49, eine Haftung für Hyperlinks nach §§ 5 II TDG/MDStV 97 nur für sachgerecht, soweit die Verweise „im Bewußtsein des fremden Inhalts" eingerichtet werden. Gegen eine analoge Anwendung der §§ 3 Nr. 1, 3. Alt., 5 III TDG/MDStV 97 sprach, daß die prima facie vollständige Verantwortlichkeitsfreistellung durch §§ 5 III TDG/MDStV 97 ihren Grund darin hatte, daß Zugangsvermittler zu fremden Inhalten lediglich (pauschal) „den Weg öffnen" (*BT-Drs. 13/7385*, 20; *BWLT-Drs. 12/1302*, 22), aber in keiner inhaltlichen Beziehung zu ihnen stehen. Hingegen treffen Verweise eine Auswahl aus Milliarden von WWW-Seiten; derjenige, der einen Verweis selbst einrichtet, nimmt in der Regel zuvor Kenntnis von den „Zieldaten" und kann sie (wie derjenige, der einen Verweis als fremden bereithält) grundsätzlich auch später überprüfen. Es besteht also – anders als bei der Zugangsvermittlung – ein inhaltlicher Bezug zu den in Verweis genommenen Inhalten. Überdies war auch nicht einzusehen, wieso derjenige, der bewußt einen Verweis auf störende Inhalte setzte, dafür nicht grundsätzlich verantwortlich sein sollte (vgl. *Schütz/Attendorn*, MMR 2001, 401, 404). A.A. im Hinblick auf „pauschale Weiterverzweigungen" mittels Hyperlinks *Kloepfer*, InfR, § 13, Rn. 48, der insofern eine Anwendung der §§ 5 III TDG/MDStV 97 bejaht.

591 Hierbei handelt es sich um die mittels Inline-Links/Frames erfolgende Einbindung von Tele-/Mediendiensten bzw. Inhalten in eine Website ohne Offenlegung ihrer Herkunft (vgl. oben 1. Teil D. VI.).

592 Vgl. oben bb). Nicht auf die Erkennbarkeit des Herstellers in Verweis genommener Inhalte, sondern auf einen „Vereinnahmungswillen" abstellend hingegen *Kloepfer*, InfR, § 13, Rn. 50.

593 §§ 3 Nr. 1, 1. Alt., 5 I TDG/MDStV 97.

594 Dies bewirkte zwar, daß ein solcher Akteur nicht in den Genuß der §§ 5 II TDG/MDStV 97 kam. Jedoch wurde er dadurch nicht unangemessen gegenüber denjenigen benachteiligt, die fremde Inhalte bereithielten oder erkennbar auf diese verwiesen, denn er konnte sich durch eine einfache Kenntlichmachung der Einbindung in den Genuß der §§ 5 II TDG/MDStV 97 bringen.

(b) Analoge Anwendung des TDG/MDStV

Die Gesetzesmaterialien zum neugefaßten TDG nehmen hinsichtlich der Verantwortlichkeit im Zusammenhang mit Hyperlinks ausdrücklich auf Art. 21 II ECRL Bezug.[595] Diese Vorschrift betraut die Europäische Kommission mit der Untersuchung der Erforderlichkeit von Vorschlägen zur Haftung der Anbieter von Hyperlinks, welche die ECRL selbst nicht regelt.[596] Mangels Sperrwirkung der ECRL war der deutsche Gesetzgeber nicht gehindert, die Verantwortlichkeit für Hyperlinks eigenständig zu regeln.[597]

Allerdings erteilten die Bundesregierung und der Bundestag dem Begehren des Bundesrates, eine spezifische Regelung zu schaffen[598], eine Absage.[599] In der Gegenäußerung der Bundesregierung heißt es: „Daher (wegen Art. 21 II ECRL[600]) hat auch die Bundesregierung davon abgesehen, ... Regelungen für Hyperlinks mit aufzunehmen. Im Hinblick auf die Komplexität der damit zusammenhängenden Fragen, die sich insbesondere aus den unterschiedlichen Verfahren und Handlungsformen ... ergeben, ist zunächst die weitere Entwicklung in Wissenschaft und Rechtsprechung zu verfolgen und eine generelle Regelung möglichst auf europäischer Ebene anzustreben. Ohne spezielle Beschränkungen der zivil- oder strafrechtlichen Verantwortlichkeit bleibt es für Hyperlinks bei der Haftung nach allgemeinen Vorschriften.“[601]

Angesichts dessen kann *nicht* (mehr) von einer *planwidrigen Regelungslücke* ausgegangen werden – was zur Folge hat, daß die novellierten Regelwerke[602] *nicht* (mehr) *analog* auf das Verhältnis zu mittels Hyperlinks in Verweis ge-

595 *BT-Drs. 14/6098*, 37.

596 Die Haftung der Anbieter von Hyperlinks findet auch in den Erwägungsgründen keine Erwähnung. Vgl. *Nickels*, CR 2002, 302, 308; *Spindler*, ZRP 2001, 203, 206; *derselbe*, MMR 2002, 495, 497; *Tettenborn/Bender/Lübben/Karenfort*, K&R-Beilage 1/12/2001, 1, 27. Die *Kommission* hat ihren ersten Bericht über die Anwendung der ECRL (*KOM [2003] 702 endg.*) am 21.11.2003 vorgelegt. Siehe dazu unten auch unten 5. Teil B. II. 2. c), III.

597 Vgl. *Spindler*, MMR 2002, 495, 497; siehe auch *KOM (2003) 702 endg.*, 14 f.

598 Stellungnahme des *Bundesrates*, *BT-Drs. 14/6098*, 34.

599 Der *Bundestag* debattierte diese Frage nicht mehr (siehe dazu *Spindler*, MMR 2002, 495, 498).

600 Anmerkung des Verfassers (siehe *BT-Drs. 14/6098*, 37).

601 *BT-Drs. 14/6098*, 37.

602 Zwar enthält die Gesetzesbegründung zum neugefaßten MDStV keine Ausführungen zu Hyperlinks. Da allerdings der MDStV im Gefolge des TDG ebenfalls an die ECRL angepaßt wurde und seine hier interessierenden Vorschriften weitgehend wortgleich mit denjenigen des TDG übereinstimmen, können die vorangegangen Ausführungen entsprechend für den Mediendienstebereich gelten.

nommenen Tele-/Mediendiensten *anwendbar* sind.[603] Dies wird auch im Hinblick auf Inline-Links/Frames als spezielle Formen von Hyperlinks zu gelten haben, nicht jedoch in Bezug auf „Normaltext“-URL-Angaben.[604] Jedoch sollte der Gesetzgeber im Interesse der Rechtssicherheit die Einordnung von Verweisen im Sinne der oben gefundenen Ergebnisse zur analogen Anwendung des TDG/MDStV 97 normieren.[605]

b) Nutzer

„Nutzer“ im Sinne des TDG/MDStV ist „jede natürliche oder juristische Person[606], die zu beruflichen oder sonstigen Zwecken Tele-/Mediendienste in Anspruch nimmt, insbesondere um Informationen zu erlangen oder zugänglich zu machen“.[607] Da die Inanspruchnahme des Tele-/Mediendienstes sowohl dem

603 So auch *Müglich*, CR 2002, 583, 584, 591; *Nickels*, CR 2002, 302, 308; *Spindler*, MMR 2002, 495, 499; a.A. *Schilling*, 114. Allerdings führt die beispielhafte Erwähnung der „externe(n) programmgesteuerte(n) Links wie Suchmaschinen“ nicht dazu, daß Suchmaschinen entgegen der vorgenommenen Einordnung (siehe oben 1. e)) als solche keine Tele- bzw. Mediendienste sind: Zum einen wird in den angesprochenen Gesetzesmaterialien eine eventuelle Nichtanwendbarkeit des § 2 II Nr. 3 TDG auf Suchmaschinen nirgends erwähnt, obwohl sich dies geradezu aufgedrängt hätte, da die Gesetzesbegründung zu § 2 II Nr. 3 TDG 97 ausdrücklich von „Navigationshilfen“ gesprochen hatte und Suchmaschinen bislang einhellig unter diese Vorschrift subsumiert worden waren (vgl. oben Fußnote 489). Zum anderen beziehen sich die Ausführungen der *Bundesregierung* zur Nichtregelung von Hyperlinks und Suchmaschinen ausschließlich auf die Verantwortlichkeitsvorschriften. Nur insofern konnte auch von einer „Komplexität der damit zusammenhängenden Fragen“ die Rede sein, denn umstritten war (und ist) nicht die Einordnung von Suchmaschinen und Hyperlinks als Tele- bzw. Mediendienste, sondern die Verantwortlichkeit ihrer Anbieter für in Verweis genommene Informationen.

604 Vgl. die angesprochene Passage der Gesetzesmaterialien, in der auf „Hyperlinks“ sowie „unterschiedliche Verfahren und Handlungsformen“ (bei der Verwendung von Hyperlinks) Bezug genommen wird. Da es sich bei „Normaltext“-Angaben von URLs anderer WWW-Seiten um Verweise handelt, die sich erkennbar auf fremde Tele-/Mediendienste(inhalte) beziehen, sind insofern – entsprechend der alten Rechtslage (siehe oben (a)) – die §§ 3 S. 1 Nr. 1, 2. Alt. TDG/MDStV, 11 TDG/9 MDStV analog anwendbar.

605 Insbesondere würde hiernach das Bereithalten von Verweisen, die sich erkennbar auf fremde Tele-/Mediendienste beziehen, unter §§ 3 S. 1 Nr. 1, 2. Alt. TDG/MDStV, 11 TDG/9 MDStV fallen. Auch *Österreich*, *Portugal* und *Spanien* haben an Art. 14 ECRL angelehnte Verantwortlichkeitsregelungen für Hyperlinks erlassen (siehe z.B. § 17 des österreichischen E-Commerce-Gesetzes [ECG]; allerdings wurde für Suchmaschinen mit § 14 ECG eine dem Vorbild des Art. 12 ECRL entsprechende Regelung getroffen, wogegen nach der hier vertretenen Auffassung Bedenken bestehen).

606 Vgl. oben Fußnote 517.

607 §§ 3 S. 1 Nr. 2 TDG/MDStV. Die sprachlich an Art. 2 lit. d) ECRL angepaßten Bestimmungen entsprechen inhaltlich den bisherigen Nutzerdefinitionen der §§ 3 Nr. 2 TDG/ MDStV 97, die auf ein „Nachfragen“ von Tele-/Mediendiensten abstellten (siehe *BT-Drs. 14/6098*, 15; *BWLT-Drs. 13/951*, 30).

Erlangen als auch dem Zugänglichmachen von Informationen dienen kann, sind als Nutzer nicht nur *Rezipienten*, sondern auch Akteure, die Informationen an einen Server *einsenden*, sowie Akteure, die Informationen auf einen fremdbetriebenen, *selbst verwalteten* Server *einspeisen* (im Verhältnis zum Betreiber dieses Servers) als Nutzer zu qualifizieren.[608]

III. Ermächtigungsgrundlage des § 22 II, III MDStV

Das *TDG* enthält *keine Befugnisnorm* für behördliche Maßnahmen gegenüber Anbietern oder Nutzern von Telediensten.[609]

Hingegen bildet *§ 22 II, III MDStV* (wie bereits § 18 II, III MDStV 97) eine Ermächtigungsgrundlage für Aufsichtsmaßnahmen gegenüber Mediendiensteanbietern. Stellt die zuständige Behörde[610] einen Verstoß gegen Bestimmungen des Staatsvertrags[611] (mit Ausnahme der §§ 10 III, 11 II, III, 14, 16-20 MDStV) fest, so hat sie gegenüber dem Diensteanbieter „die zur Beseitigung des Ver-

---

608 So auch *BT-Drs. 14/6098*, 25; *BWLT-Drs. 13/951*, 30; *Freytag*, CR 2000, 600, 603; *Gounalakis/Rhode*, Rn. 288, und (bereits im Hinblick auf § 3 Nr. 2 TDG/MDStV 97) *Koch*, CR 1997, 193, 194 f; a.A. insofern *Germann*, 135 f., 171, 437 f., der darüber hinaus auch den Einsender nicht als Nutzer ansieht. Der Server-Verwalter nutzt einerseits einen TK-Dienst des Server-Betreibers (siehe oben 1. b)). Andererseits nimmt er – um selbst Informationen zugänglich zu machen – das vom Server-Betreiber angebotene Bereithalten von Informationen zur Nutzung durch Dritte in Anspruch. §§ 3 S. 1 Nr. 1 und 2 TDG/MDStV gehen davon aus, daß ein Nutzer im nächsten Augenblick selbst zum Diensteanbieter werden kann (so bereits *Maennel* in E-F/M/T, § 3 TDG, Rn. 5, im Hinblick auf § 3 Nr. 2 TDG/MDStV 97).

609 Die Verantwortlichkeitsregelungen der §§ 8-11 TDG bestimmen (nur), wer Adressat einer auf anderweitige Eingriffsbefugnisse gestützten Maßnahme sein kann, bilden aber keine eigenständigen Ermächtigungsgrundlagen. Dies gilt insbesondere auch für § 8 II 2 TDG, der – wie bereits § 5 IV TDG 97 – eine anderweitig bestehende Verpflichtung zur Entfernung bzw. Sperrung der Nutzung von Informationen voraussetzt (vgl. statt vieler: *Maennel* in E-F/M/T, § 5 TDG, Rn. 13).

610 Die *sachliche Zuständigkeit* für die Aufsicht über die Einhaltung des MDStV (mit Ausnahme der Datenschutzregelungen [§§ 16-20 MDStV]) richtet sich gemäß § 22 I 3 MDStV nach dem jeweiligen Landesrecht. Z.B. ist in Sachsen nach Art. 1 II des Gesetzes zum MDStV das Regierungspräsidium Dresden zuständig. Für die *örtliche Zuständigkeit* enthält § 22 V MDStV eine Sonderregelung, wonach die Aufsichtsbehörde desjenigen Bundeslandes zuständig ist, in dem der betroffene Diensteanbieter seinen Sitz, Wohnsitz oder ständigen Aufenthalt hat (§ 22 V 1 MDStV). Da der von einer Aufsichtsmaßnahme betroffene Diensteanbieter regelmäßig eindeutig zu lokalisieren sein wird, dürfte § 22 V 2 MDStV, wonach – wenn sich aus § 22 V 1 MDStV keine Zuständigkeit ergibt – diejenige Aufsichtsbehörde zuständig ist, in deren Bezirk der Anlaß für die Amtshandlung hervortritt, praktisch keine Rolle spielen (so auch *Greiner*, 103).

611 Erfaßt werden über § 11 I MDStV auch Verstöße gegen die verfassungsmäßige Ordnung, die Vorschriften der allgemeinen Gesetze und die gesetzlichen Bestimmungen zum Schutz der persönlichen Ehre.

stoßes *erforderlichen Maßnahmen*“ zu treffen.[612] Sie kann „insbesondere Angebote untersagen und deren Sperrung anordnen“.[613] Da Untersagungs- und Sperrungsanordnungen nur beispielhaft genannt sind, können auch *andere Maßnahmen* auf diese Vorschrift gestützt werden.[614]

Ein *„Verstoß“* gegen Bestimmungen des MDStV setzt deren bereits eingetretene Verletzung voraus; die bloße Möglichkeit oder Wahrscheinlichkeit einer Verletzung genügt nicht. Demnach muß grundsätzlich ein Angebot bereits *zugänglich* sein; nicht ausreichend ist, daß es vorbereitet wird, daß seine Einsendung an einen Server droht oder daß ein Verweis auf ein solches Angebot vorgehalten wird.[615] Da der Verstoß auch bereits *festgestellt* sein muß, können Maßnahmen, die ihn erst ausfindig machen sollen, nicht auf § 22 II, III MDStV gestützt werden.[616] Eine Besonderheit ergibt sich bei Verteildiensten[617]: Da bei diesen Daten von einer Stelle an eine unbestimmte Vielzahl von Empfängern ausgesendet werden und der Zeitpunkt der Aussendung vom Anbieter einseitig festgelegt wird[618], steht der unzulässige Charakter eines Angebots genaugenommen erst im Moment der Aussendung fest. Damit der Versand inhaltlich unzulässiger Verteildienst-Angebote überhaupt verhindert werden kann, d.h. § 22 II, III MDStV insofern nicht leerläuft, muß ein Verstoß bereits angenommen werden, wenn ein Verteildienst-Server zur Entgegennahme von Registrierungen für die Zusendung eines Angebots bereit ist, das nach den Umständen – insbesondere der Angebotsbeschreibung – als inhaltlich unzulässig anzusehen ist.[619]

---

612 § 22 II 1 MDStV.

613 § 22 II 2 MDStV.

614 Vgl. (statt vieler) *Vesting* in Roßnagel, § 18 MDStV, Rn. 29, 32.

615 Grundsätzlich ebenso *Germann*, 378 (anders als hier jedoch bezüglich Verweisen, die eine Beihilfe zu einer durch das in Verweis genommene Angebot verwirklichten rechtswidrigen Tat darstellen). Der „Verstoß“ ist mit dem Begriff der Störung im Sinne des allgemeinen Polizei- und Ordnungsrechts vergleichbar (*Greiner*, 86).

616 Daher können Sperrungs-/Löschungs- und Auskunftsanordnungen nach § 22 II, III MDStV nur ergehen, soweit sie sich auf bereits als störend identifizierte Mediendienst-Angebote beziehen. (A.A. *Determann*, 595 [zum MDStV 97] für den Fall, daß im Zusammenhang mit dem Angebot von Mediendiensten Gebote und Verbote aus anderen Gesetzen verletzt werden.) Hingegen kommt es nicht auf die tatsächliche Kenntnisnahme eines unzulässigen Angebots durch Rezipienten an (so etwa auch *Germann*, 378).

617 Vgl. § 2 II Nr. 1-3, § 3 Nr. 3 MDStV.

618 Siehe *Tettenborn* in E-F/M/T, § 2 MDStV, Rn. 51 (m.w.N.).

619 Vgl. *Germann*, 377 f. Die Aufsichtsbehörde kann insbesondere die zukünftige Versendung eines Verteildienst-Angebots untersagen, das mit einem bereits früher in Erscheinung getretenen unzulässigen Angebot identisch ist oder diesem wesensmäßig entspricht (so auch *Greiner*, 87 f.).

B. Telekommunikationsgesetz

Das TKG 96 wurde zum Zweck der Umsetzung mehrerer EU-Richtlinien im Bereich der elektronischen Kommunikation (RL 2002/21/EG, 2002/19/EG, 2002/20/EG, 2002/22/EG[620] und 2002/58/EG[621]) novelliert. Die neue Fassung des Telekommunikationsgesetzes ist am 26.06.2004 in Kraft getreten.

Wie bereits das TKG 96 stellt auch das neue TKG *keine Ermächtigungsgrundlage* für die im Rahmen dieser Arbeit interessierenden Gefahrenabwehrmaßnahmen bereit: Zwar versieht es die Regulierungsbehörde für Telekommunikation und Post (RegTP) nicht nur mit *speziellen Befugnissen* insbesondere im Hinblick auf die Marktregulierung, die Vergabe von Frequenzen, Nummern, Wegerechten und die Auferlegung von Universaldienstverpflichtungen[622] sowie die Einhaltung der Vorschriften über das Fernmeldegeheimnis, den Datenschutz und die öffentliche Sicherheit[623], sondern normiert in §§ 126 ff. TKG auch

620 Die Richtlinie 2002/21/EG gibt einen harmonisierten Rahmen für die Regulierung elektronischer Kommunikationsdienste und -netze sowie zugehöriger Einrichtungen und Dienste vor. Innerhalb dieses Rahmens betreffen die anderen drei Richtlinien den Zugang zu elektronischen Kommunikationsnetzen und zugehörigen Einrichtungen sowie deren Zusammenschaltung (RL 2002/19/EG [Zugangsrichtlinie]), die Genehmigung elektronischer Kommunikationsnetze und -dienste (RL 2002/20/EG [Genehmigungsrichtlinie]) bzw. den Universaldienst und Nutzerrechte bei elektronischen Kommunikationsnetzen und -diensten (RL 2002/22/EG [Universaldienstrichtlinie]). Siehe hierzu etwa *Ellinghaus*, CR 2003, 657 ff.; CR 2004, 23 ff.; *Klotz*, MMR 2003, 495 ff.

621 Siehe zur RL 2002/58/EG (Datenschutzrichtlinie für elektronische Kommunikation) näher unten 6. Teil B. III. 2. a).

622 Siehe z.B. §§ 20, 21, 24, 30, 39, 40, 41 I, 42 IV, 43 I, 52 II, 54, 55, 62, 66 II, 67, 81 TKG.

623 Diese Befugnis ist in *§ 115 TKG* normiert. Was die Vorschriften über das Fernmeldegeheimnis, den Datenschutz und die öffentliche Sicherheit angeht, so regelt *§ 88 III TKG* (vormals: § 85 III TKG 96) die Erlangung und Verwendung von Kenntnissen über dem Fernmeldegeheimnis unterliegende Tatsachen durch TK-Diensteanbieter, bildet aber selbst keine Ermächtigungsgrundlage für behördliche Gefahrenabwehrmaßnahmen (vgl. *Trute* in Trute/Spoerr/Bosch, § 85, Rn. 20 ff.). Gleiches gilt für *§ 113 TKG* (vormals: § 89 VI TKG 96), der TK-Diensteanbieter dazu verpflichtet, von ihnen zu erhebende und zu speichernde Daten an Behörden zu übermitteln, die entsprechende Auskünfte aufgrund spezieller Befugnisse verlangen (vgl. *Bär*, MMR 2000, 472, 479; *Reimann*, DuD 2001, 601, 602; *Trute* in Trute/Spoerr/Bosch, § 89, Rn. 57; *Wuermeling/Felixberger*, CR 1997, 555, 556, 559 f.; zweifelnd *Büchner* in B/E/G/K/P/S/S, § 89, Rn. 44 f.; a.A. *Germann*, 604 f.), und *§ 112 I, II TKG* (vormals: § 90 TKG 96), wonach die RegTP anderen Behörden Auskünfte über von TK-Diensteanbietern erhobene und für einen automatisierten Abruf zur Verfügung zu stellende Daten zu erteilen hat (vgl. *Ehmer* in B/E/G/K/P/S/S, § 90, Rn. 4; *Koenig/Neumann*, K&R 1999, 145, 151; *Trute* in Trute/Spoerr/Bosch, § 90, Rn. 4; *Wuermeling/Felixberger*, CR 1997, 555, 561; *Hobert*, 112 f.). *§ 110 TKG* (vormals: § 88 TKG 96) regelt nur die Gestaltung des Verfahrens, in dem staatlichen Stellen Überwachungsmaßnahmen ermöglicht werden müssen (vgl.

allgemeine Befugnisse der RegTP zur Durchsetzung der Bestimmungen des Gesetzes. Da jedoch das TKG selbst keine inhaltlichen Anforderungen an mittels Telekommunikation übertragene Informationen stellt und insofern auch nicht auf andere Regelungen verweist, kann das hier in Rede stehende Vorgehen gegen solche Informationen nicht auf diese Ermächtigungen gestützt werden.[624]

Für die Thematik dieser Arbeit sind vor allem die *Konkretisierungen des Fernmeldegeheimnisses und informationellen Selbstbestimmungsrechts* in *§§ 88 ff. TKG* von Bedeutung, auf die noch gesondert näher einzugehen sein wird.[625]

C. Rundfunkstaatsvertrag und Rundfunk-/Mediengesetze der Länder

Nach den einschlägigen *rundfunkrechtlichen Bestimmungen* kann die jeweils zuständige Landesmedienanstalt[626] *Auskünfte* verlangen[627], Rechtsverstöße *beanstanden*[628], deren künftige *Unterlassung verlangen*[629], die *Verbreitung* eines Programms oder einer Sendung *untersagen*[630], die zur Veranstaltung von Rundfunk erforderliche *Zulassung*[631] *zurücknehmen*[632] oder *widerrufen*[633] und die Veranstaltung von Rundfunk ohne Erlaubnis *untersagen*[634]. Adressat solcher

Ehmer in B/E/G/K/P/S/S, § 88, Rn. 1). Siehe zum Ganzen auch unten 6. Teil B. III. 2. b) aa), bb).

624 Ebenso (im Hinblick auf das TKG 96) *Greiner*, 96 f.

625 Siehe unten 6. Teil B. III. 2. b).

626 Z.B. die Sächsische Landesanstalt für privaten Rundfunk und neue Medien mit Sitz in Leipzig (§§ 27 I, 28 I SächsPRG). Die *Zuständigkeitsverteilung zwischen den Bundesländern* ist im RfStV nicht festgelegt. Allerdings läßt § 20 II 2 RfStV den Willen der Länder erkennen, daß für die Aufsicht über einen Akteur, der Rundfunk veranstaltet oder verbreitet, nur *eine* Landesmedienanstalt zuständig sein soll (so auch *Greiner*, 105). Dieser Rechtsgedanke kommt auch in § 20 VI JMStV zum Ausdruck. Für eine entsprechende Anwendung der in § 20 VI JMStV (vgl. unten Fußnote 642) genannten Kriterien spricht, daß hierdurch eine einheitliche Abgrenzung der Zuständigkeit im Bereich der Aufsicht über die Einhaltung des RfStV und JMStV durch Rundfunkveranstalter und „Rundfunk-Server"-Betreiber sichergestellt wird (a.A. [allerdings vor Inkrafttreten des JMStV] *Germann*, 362 f.; *Greiner*, 104 f.; die die §§ 3 der Verwaltungsverfahrensgesetze des Bundes bzw. der Länder direkt oder analog anwenden und daher gemäß § 3 I Nr. 2 VwVfG auf den jeweiligen Standort des Angebotsservers abstellen wollen). Zuständig ist demnach die Landesmedienanstalt des Bundeslandes, in dem die rundfunkrechtliche Zulassung des Maßnahmeadressaten erteilt wurde.

627 Z.B. nach §§ 31 S. 1 BWMedienG, 39 I SächsPRG; vgl. auch § 22 RfStV.

628 Z.B. nach §§ 32 II 2 BWMedienG, 39 II SächsPRG.

629 Z.B. nach § 39 II 4 SächsPRG.

630 Z.B. nach §§ 32 II BWMedienG, 39 III 1 SächsPRG.

631 Vgl. §§ 20 I RfStV, 5 SächsPRG.

632 Z.B. nach §§ 119 I NWMedienG, 40 SächsPRG.

633 Z.B. nach §§ 120 I, II NWMedienG, 41 SächsPRG.

634 Z.B. nach § 39 IV SächsPRG.

Maßnahmen ist vor allem der Rundfunkveranstalter[635], d.h. derjenige, der ein Rundfunkprogramm in eigener inhaltlicher Verantwortung gestaltet und verbreitet.[636] Als Adressat einer Untersagung der Rundfunkverbreitung kommt als „Betreiber einer Anlage“ auch der Betreiber eines Servers in Betracht, dessen sich ein Rundfunkveranstalter zur Verbreitung bedient.[637] Nicht anwendbar sind hingegen die Regelungen über die Weiterverbreitung[638], denn sie sind darauf zugeschnitten, daß ein Programm von einem Übertragungsmedium in ein anderes überführt wird[639], was beim Internet-Rundfunk nicht der Fall ist.[640]

D. Jugendmedienschutz-Staatsvertrag

Der am 01.04.2003 in Kraft getretene *JMStV* normiert eine einheitliche Kinder- und Jugendschutzregelung für alle elektronischen Informations- und Kommunikationsmedien, d.h. Teledienste, Mediendienste und Rundfunk.[641] § 20 I JMStV ermächtigt die zuständige Landesmedienanstalt[642], bei einem festgestellten Verstoß gegen den JMStV die *erforderlichen Maßnahmen* gegenüber dem Anbieter zu treffen. Gemäß § 20 II, IV JMStV wird die jeweilige Entscheidung

---

635 Vgl. etwa §§ 39 III 1 SächsPRG, 32 II 5, 1. Alt. BWMedienG. Die Ausführungen beschränken sich hier auf den privaten Rundfunk.

636 Vgl. § 2 Nr. 3 HPRG. Teilweise wird (nur) auf das Verbreiten in eigener Verantwortung abgestellt (vgl. §§ 2 Nr. 10 BWMedienG, 1a XI SächsPRG).

637 § 32 II 5, 3. Alt. BWMedienG (eine solche „Anlage“ ist eine „technische Einrichtung zur drahtlosen oder leitungsgebundenen Verbreitung von Rundfunk oder Mediendiensten“ [§ 2 Nr. 8 BWMedienG]). Hingegen sind Zugangsbetreiber, Proxy-Cache-Betreiber und Transporteure nicht als Anlagenbetreiber in diesem Sinne anzusehen, da sie nicht auf eine „Rundfunkquelle“ als solche einwirken (können).

638 § 52 RfStV sowie z.B. §§ 37 f. SächsPRG. Die Erstverbreitung ist vom Begriff der Veranstaltung umfaßt (*Hartstein/Ring/Kreile/Dörr/Stettner*, § 52 RfStV, Rn. 13).

639 Z.B. von einem terrestrischen Sendernetz in eine Kabelanlage. Auch die Weiterverbreitung eines nach dem Recht eines Landes über Kabel (erst)verbreiteten Programms in Kabelanlagen eines anderen Landes fällt unter die Weiterverbreitungsregelungen (*Hartstein/Ring/Kreile/Dörr/Stettner*, § 52 RfStV, Rn. 13).

640 Das Internet selbst ist kein „rundfunkspezifisches Übertragungsmedium“ (hierauf hinweisend auch *Germann*, 163). Daß die Weiterverbreitungsregelungen auf „Internet-Rundfunk“ nicht passen, zeigt sich auch daran, daß hier eine Abgrenzung zwischen Veranstaltungs- und Weiterverbreitungsregelungen anhand Landesgrenzen (vgl. *Hartstein/Ring/Kreile/Dörr/Stettner*, § 52 RfStV, Rn. 13) mangels Vorhersehbarkeit des Weges der Daten vom Server des Senders zum Empfänger-Computer nicht möglich wäre.

641 Vgl. §§ 1, 2 I JMStV. Der JMStV bezeichnet Tele- und Mediendienste mit dem Oberbegriff „Telemedien“ (§ 3 II Nr. 1 JMStV).

642 Siehe oben Fußnote 626. Die *Zuständigkeitsverteilung zwischen den Bundesländern* bestimmt sich nach § 20 VI JMStV: Zuständig ist hiernach die Landesmedienanstalt des Bundeslandes, in dem die Zulassung des Rundfunkveranstalters erteilt wurde oder der Tele-/Mediendiensteanbieter seinen Sitz, Wohnsitz oder ständigen Aufenthalt hat (vgl. oben Fußnote 610).

von der Landesmedienanstalt durch die Kommission für Jugendmedienschutz[643] gegenüber Rundfunkveranstaltern entsprechend den landesrechtlichen Regelungen[644] und gegenüber Tele-/Mediendiensteanbietern *entsprechend § 22 II-IV MDStV* getroffen.[645] Insofern kann auf die entsprechenden vorangegangenen Ausführungen verwiesen werden.[646]

E. Gewerbeordnung

Für gewerbliche Betätigungen im Internet, die nicht vom Anwendungsbereich der *Gewerbeordnung* (GewO) ausgenommen sind[647], besteht eine *Anzeigepflicht*[648]; jedoch sind sie nicht nach der GewO[649] genehmigungsbedürftig.[650] Tele- und Mediendienste sind (nur) „im Rahmen der Gesetze zulassungs- und anmeldefrei"[651], d.h. Anzeigeerfordernisse des Gewerberechts bleiben unberührt.[652] Gleiches gilt grundsätzlich auch für die Veranstaltung von Rundfunk[653] und das Erbringen von TK-Diensten[654]. Bei Unzuverlässigkeit des Gewerbetreibenden hat die zuständige Behörde[655] ihm seine Betätigung zu *untersagen*

---

643 Vgl. §§ 13 ff. JMStV.

644 Siehe zu diesen oben C.

645 D.h. die Frage, welche Aufsichtsmaßnahmen zulässig sind und gegen wen sie gerichtet werden können, bestimmt sich nach dem Rundfunkrecht bzw. MDStV (Begründung zum JMStV, *BWLT-Drs. 13/1551*, 41 f.).

646 Siehe oben A. III., C.

647 Vgl. § 6 GewO.

648 § 14 GewO.

649 §§ 30 ff. GewO.

650 Insbesondere ist das Veranstalten von Internet-Auktionen nicht nach § 34b GewO genehmigungsbedürftig, denn solche Auktionen unterscheiden sich erheblich von klassischen Versteigerungen: Zum einen sind sie regelmäßig auf eine längere Dauer angelegt, d.h. es herrscht kein den klassischen Versteigerungen vergleichbarer Zeitdruck, der augenblicks- und situationsbedingte Entschlüsse der Bieter erfordert. Zum anderen ist der „virtuelle Raum", in dem sie stattfinden, nicht mit dem klassischen Versteigerungssaal zu vergleichen, denn es fehlt an der gleichzeitigen physischen Anwesenheit einer Personenmehrzahl an einem (realen) Ort, die emotionale und psychologische Wechselwirkungen („Bietergefecht") in besonderer Weise begünstigt (vgl. *KG Berlin*, CR 2002, 47, 48 f.; *Bullinger*, WRP 2000, 253, 254 f.; *Wilmer*, NJW-CoR 2000, 94, 102; a.A. *LG Hamburg*, K&R 1999, 424, 425; *Huppertz*, MMR 2000, 65, 66; *Stögmüller*, K&R 1999, 391, 392 f.).

651 §§ 5 TDG/4 MDStV.

652 Statt vieler (im Hinblick auf § 4 TDG): *Rüßmann/Reich*, K&R 2000, 116, 117; *Tettenborn* in E-F/M/T, § 4 TDG, Rn. 21 f.

653 Vgl. (für das Verhältnis von Presse- und Gewerberecht) *Determann*, 568.

654 *Spoerr* in Trute/Spoerr/Bosch, § 4, Rn. 4.

655 *Sachlich zuständig* sind z.B. in Sachsen die Landratsämter und kreisfreien Städte als untere Verwaltungsbehörden (§ 2 SächsGewODVO); *örtlich zuständig* ist die Behörde, in deren Bezirk der Gewerbetreibende eine gewerbliche Niederlassung unterhält bzw. das Gewerbe ausgeübt wird (§ 35 VII GewO).

(§ 35 GewO). Allerdings kann die Unzuverlässigkeit mit Blick auf das spezielle medienrechtliche Aufsichtsinstrumentarium nicht mit einer Verletzung des MDStV, Rundfunkrechts oder JMStV begründet werden.[656]

F. Recht der Nachrichtendienste, Zollfahndungsdienstgesetz, Bundeskriminalamtgesetz

I. Nachrichtendienste

Die *Nachrichtendienste*[657] verfügen zur Erfüllung ihrer Aufgaben, Informationen über verfassungsfeindliche Bestrebungen bzw. außen- und sicherheitspolitisch relevante Vorgänge zu sammeln und auszuwerten[658], über generalklauselartig gefaßte Ermächtigungen zur *Erhebung*, *Verarbeitung* und *Nutzung personenbezogener Daten*[659].

Durch das Terrorismusbekämpfungsgesetz vom 09.01.2002 wurde (zunächst bis zum 10.01.2007[660]) dem Bundesamt für Verfassungsschutz, dem MAD und dem BND in den neuen §§ 8 VIII BVerfSchG, 10 III MADG, 8 IIIa BNDG[661] die Befugnis eingeräumt, unter den Voraussetzungen des § 3 I G 10 bei denjenigen, die geschäftsmäßig TK-Dienste und Teledienste anbieten, *Auskünfte* über *Telekommunikationsverkehrsdaten*[662] und *Teledienstenutzungsdaten*[663] – *auch* in

656 Vgl. (für das Verhältnis von Rundfunk- und Gewerberecht) *Determann*, 573. Die GewO spielt für die Gefahrenabwehr im Internet auch deshalb kaum eine Rolle, weil andere (mildere) Maßnahmen – wie Sperrungs- und Löschungsanordnungen (die auf andere Befugnisnormen, wie insbesondere § 22 II, III MDStV bzw. die Generalklauseln der Polizei- und Ordnungsgesetze zu stützen sind) Vorrang vor Untersagungen haben.

657 Verfassungsschutzbehörden des Bundes und der Länder, Militärischer Abschirmdienst (MAD), Bundesnachrichtendienst (BND).

658 §§ 3 I, II 1 BVerfSchG, (z.B.) 2 I, II SächsVSG, 1 I-III MADG, 1 II 1 BNDG.

659 §§ 8 ff. BVerfSchG, (z.B.) 4 ff. SächsVSG, 4 ff. MADG, 2 ff. BNDG. Dabei dürfen „Methoden, Gegenstände und Instrumente zur heimlichen Informationsbeschaffung", wie der Einsatz von Vertrauensleuten und Gewährspersonen oder Bild- und Tonaufzeichnungen, angewendet werden (§§ 8 II i.V.m. 9 BVerfSchG, [z.B.] 5 SächsVSG, 4, 5 MADG i.V.m. §§ 8 II, 9 BVerfSchG, 3 BNDG i.V.m. §§ 8 II, 9 BVerfSchG). Siehe zur Zulässigkeit der Erhebung, Verarbeitung und Nutzung personenbezogener Daten auch unten 6. Teil B.

660 Art. 22 II des Terrorismusbekämpfungsgesetzes.

661 Art. 1 Nr. 3 b), 2 Nr. 4 b), 3 Nr. 2 des Terrorismusbekämpfungsgesetzes. Ähnliche Befugnisse wurden im repressiven Bereich mit den neuen §§ 100g, 100h StPO geschaffen.

662 Der im BVerfSchG, MADG und BNDG verwendete Begriff *„Telekommunikationsverbindungsdaten"* nimmt noch Bezug auf die Terminologie der am 26.06.2004 außer Kraft getretenen *TDSV* (siehe dazu auch unten 6. Teil B. III. 2. b) bb)), die solche Daten als „personenbezogene Daten eines an der Telekommunikation Beteiligten, die bei der Bereitstellung und Erbringung von Telekommunikationsdiensten erhoben werden" definierte (§ 2 Nr. 4 TDSV). Da das *neue Telekommunikationsrecht* (in Übereinstimmung

Bezug auf *zukünftige Telekommunikation* und *zukünftige Nutzung von Telediensten* – einzuholen[664]; einige Bundesländer haben ihre Verfassungsschutzbehörden mit entsprechenden Befugnissen versehen.[665] Aufgrund dieser Ermächtigungen können TK-Diensteanbieter und Telediensteanbieter zur Herausgabe noch nicht gelöschter Daten über abgeschlossene Kommunikationsvorgänge sowie zur Speicherung von im Rahmen ihrer Diensterbringung zukünftig erhobenen Daten und späteren Herausgabe dieser Daten verpflichtet werden.[666]

Ferner sind die Nachrichtendienste nach dem G 10, das auch den Datenverkehr im Internet erfaßt[667], zur *Überwachung* und *Aufzeichnung der Telekommunikation* befugt.[668] Beschränkungen in Einzelfällen sind nach § 1 I Nr. 1 in Ver-

---

mit Art. 2 lit. b) RL 2002/58/EG) statt „Verbindungsdaten" die Bezeichnung *„Verkehrsdaten"* gebraucht, deren Definition („Daten, die bei der Erbringung eines Telekommunikationsdienstes erhoben, verarbeitet oder genutzt werden" [§ 3 Nr. 30 TKG]) inhaltlich derjenigen der TDSV entspricht (vgl. *BT-Drs. 15/2316*, 58, 89), soll im folgenden nur diese Bezeichnung verwendet werden. Bei den in Rede stehenden Daten handelt es sich der Sache nach um Angaben darüber, wer wann wie lange von wo wohin und auf welche Weise kommuniziert hat (vgl. *Büchner* in B/E/G/K/P/S/S, § 85, Rn. 3). Hierunter fallen z.B. IP-Adressen, E-Mail-Adressen, Benutzerkennungen und Angaben über Zeitpunkt und Dauer einer TK-Nutzung. Siehe auch unten 6. Teil B. III. 2. b).

663 *Teledienstenutzungsdaten* sind personenbezogene Daten eines Nutzers, die der Diensteanbieter ohne Einwilligung des Nutzers (nur) erheben, verarbeiten und nutzen darf, soweit dies erforderlich ist, um die Inanspruchnahme von Telediensten zu ermöglichen und abzurechnen (§ 6 I 1 TDDSG). Der Begriff der Teledienstenutzungsdaten bildet das Pendant zu den TK-Verkehrsdaten (vgl. *Engel-Flechsig* in E-F/M/T, § 6 TDDSG, Rn. 5). Teledienstenutzungsdaten sind z.B. IP-Adressen, E-Mail-Adressen, Benutzerkennungen und Angaben über Zeitpunkt und Dauer einer Teledienstenutzung. Siehe auch unten 6. Teil B. III. 2. c).

664 Gemäß §§ 8 IX BVerfSchG, 10 III 4-6 MADG, 8 IIIa 4-6 BNDG hat der betreffende Nachrichtendienst vor der Auskunftseinholung einen Antrag zu stellen, über den das vom Bundeskanzler beauftragte Bundesministerium (bzw. der Chef des Bundeskanzleramts) entscheidet. Die Zulässigkeit und Notwendigkeit der Einholung von Auskünften wird durch die G 10-Kommission (vgl. §§ 1 II, 15 G 10) überprüft. Entscheidungen über Auskünfte, die von der G 10-Kommission für unzulässig oder nicht notwendig erklärt wurden, hat das Bundesministerium unverzüglich aufzuheben.

665 Siehe Art. 6b I, II BayVSG, §§ 4 VIII, IX HVSG, 5a IV, V NWVSG, 10a IV, V RPVSG, 5 IV ThürVSG. Aus Gründen der Übersichtlichkeit soll im folgenden in erster Linie nur auf die Bestimmungen des *BVerfSchG* eingegangen werden.

666 Vgl. *Gercke*, DuD 2004, 210, 214. Siehe näher unten 6. Teil B. III. 2. b).

667 Die Überwachungsvorschriften des G 10 beziehen sich auf Telekommunikation i.S.d. TKG und damit auch auf den Datenverkehr im Internet (vgl. oben A. II. 1. a)).

668 §§ 1 I i.V.m. 3, 5 G 10. Beschränkungsmaßnahmen dürfen nur auf Antrag des betreffenden Nachrichtendienstes durch das zuständige Bundesministerium bzw. die zuständige oberste Landesbehörde (befristet) angeordnet werden. Ihre Zulässigkeit und Notwendigkeit wird durch die G 10-Kommission überprüft. Anordnungen, die sie für unzu-

bindung mit § 3 G 10 zulässig zur Abwehr von drohenden Gefahren für die freiheitliche demokratische Grundordnung oder den Bestand bzw. die Sicherheit des Bundes oder eines Landes[669], soweit tatsächliche Anhaltspunkte für den Verdacht bestehen, daß jemand eine Katalogstraftat[670] plant, begeht oder begangen hat[671] und die Erforschung des Sachverhalts auf andere Weise aussichtslos oder wesentlich erschwert wäre[672].[673] Der BND ist nach § 1 I Nr. 2 in Verbindung mit § 5 G 10 auch dazu befugt, ungezielte „strategische Beschränkungen" für Telekommunikationsbeziehungen zwischen der Bundesrepublik und ausländischen Staaten vorzunehmen, die dazu dienen, aus einer großen Menge verschiedener Sachverhalte einzelne auszuwerten, die sich hierfür aufgrund bestimmter Merkmale qualifizieren.[674] Solche Beschränkungen sind nur zulässig, soweit die Informationsgewinnung notwendig ist, um bestimmte schwere Gefahren rechtzeitig zu erkennen und ihnen zu begegnen.[675]

---

lässig oder nicht notwendig erklärt, hat das zuständige Bundesministerium unverzüglich aufzuheben (vgl. §§ 9, 10, 15 VI 3 G 10).

669 Ferner sind sie zulässig zur Abwehr drohender Gefahren für die Sicherheit der im Inland stationierten Truppen der nichtdeutschen NATO-Vertragsstaaten (§ 3 I 1 i.V.m. 1 I Nr. 1 G 10).

670 § 3 I 1 Nr. 1-7 G 10.

671 D.h. eine reine Verdachtssuche zur „Vorbereitung auf die Gefahrenabwehr" (vgl. oben 2. Teil A.) kann nicht auf § 1 I Nr. 1 i.V.m. § 3 G 10 gestützt werden.

672 § 3 II 1 G 10.

673 Die Maßnahme darf sich nur gegen den Verdächtigen (Verdachtsstörer) oder Personen richten, von denen aufgrund bestimmter Tatsachen anzunehmen ist, daß sie für den Verdächtigen bestimmte oder von diesem herrührende Mitteilungen entgegennehmen oder weitergeben oder daß der Verdächtige ihren Anschluß benutzt. Mögliche Adressaten sind daher z.B. auch Betreiber/Verwalter von Mail-Servern, Zugangsbetreiber, Proxy-Cache-Betreiber, Transporteure und Rezipienten, deren Computer der Verdächtige benutzt. Die „Mittelsperson" muß weder wissen, daß sie die betreffenden Mitteilungen entgegennimmt oder weitergibt bzw. daß ihr Anschluß benutzt wird, noch muß zwischen ihr und dem Verdächtigen eine besondere Beziehung bestehen (vgl. *Meyer-Goßner*, § 100a, Rn. 11 f.).

674 Vgl. *BT-Drs. 14/5655*, 18; *BVerfGE 67*, 157, 174 f., 181. Das zuständige Bundesministerium legt mit Zustimmung des Parlamentarischen Kontrollgremiums generalisierend fest, welche ausländischen Staaten in die Überwachung einbezogen werden sollen (§ 5 I 2 G 10); vgl. *Huber*, NJW 2001, 3296, 3298. Desweiteren darf der BND strategische Beschränkungen nach § 1 I Nr. 2 i.V.m. § 8 G 10 vornehmen, soweit dies erforderlich ist, um eine im Einzelfall bestehende Gefahr für Leib oder Leben einer Person im Ausland rechtzeitig zu erkennen oder ihr zu begegnen und dadurch Belange der Bundesrepublik Deutschland in besonderer Weise berührt sind.

675 § 5 I 3 Nr. 1-6 G 10. Die Überwachung anhand bestimmter Suchbegriffe (vgl. §§ 5 II 1, 10 IV 1 G 10) setzt an internationalen Übertragungssträngen bzw. deren Knotenpunkten an, über die große Datenmengen gebündelt verkehren. Nicht überwacht werden dürfen Kabel, die zu individuellen Anschlüssen führen (*BT-Drs. 14/5655*, 18). Als Adressaten

Abgesehen davon, daß die Nachrichtendienste die Erteilung von Auskünften über TK-Verkehrsdaten und Teledienstenutzungsdaten anordnen dürfen, sind sie grundsätzlich (nur) zu *Aufklärungsmaßnahmen* im Vorfeld eines konkreten Gefahrenverdachts ermächtigt und verfügen nicht über polizeiliche Befugnisse; d.h. sie können Gebote oder Verbote gegen Internet-Akteure weder selbst erlassen (oder gar zwangsweise durchsetzen) noch die Polizei im Wege der Amtshilfe um solche Maßnahmen ersuchen.[676]

II. Zollkriminalamt

Das *Zollkriminalamt* war bereits nach dem bis Ende Dezember 2004 geltenden § 39 AWG zur *Überwachung* und *Aufzeichnung* der *Telekommunikation* und Einholung von *Auskunft* über *nähere Umstände* der *Telekommunikation* ermächtigt.[677] Nun ist es gemäß § 23a I 1, III ZFdG und § 23a VIII ZFdG in Verbindung mit § 2 I 3 G 10 befugt, die *Telekommunikation* zu *überwachen* und *aufzuzeichnen* sowie von TK-Diensteanbietern *Auskunft* über die *näheren Umstände* der nach Wirksamwerden einer Beschränkungsanordnung durchgeführten *Telekommunikation* zu verlangen, wenn Tatsachen die Annahme rechtfertigen, daß Personen bestimmte Straftaten nach dem KWG oder eine unerlaubte Ausfuhr von Waffen, Munition, Rüstungsmaterial bzw. zu deren Entwicklung, Herstellung, Wartung, Lagerung oder Einsatz geeigneten und bestimmten Gütern vorbereiten.[678]

III. Bundeskriminalamt

Die Hauptaufgabe des Bundeskriminalamts (BKA) liegt darin, als Zentralstelle für das polizeiliche Auskunfts- und Nachrichtenwesen und für die Kriminalpolizei die Polizeien des Bundes und der Länder bei der Verhütung und Ver-

---

solcher Maßnahmen kommen vor allem Zugangsbetreiber, Proxy-Cache-Betreiber und Betreiber von Router-Rechnern in Betracht.

676 Vgl. §§ 8 III BVerfSchG (bzw. etwa 5 V 2, 3 NWVSG), 4 II MADG, 2 III BNDG sowie *Götz*, Rn. 493; *Knemeyer*, Rn. 43 f.

677 § 39 I 1 AWG, § 39 V AWG i.V.m. § 2 I 3 G 10.

678 Beschränkungsanordnungen aufgrund des ZFdG setzen insbesondere voraus, daß es ohne die Erkenntnisse aus den damit verbundenen Maßnahmen aussichtslos oder wesentlich erschwert wäre, die vorbereiteten Taten zu verhindern, und die Maßnahmen nicht außer Verhältnis zur Schwere der zu verhindernden Tat stehen (§ 23a VI ZFdG). Sie können sich richten gegen Personen, bei denen die Voraussetzungen für eine Beschränkung vorliegen (Verdachtsstörer), sowie Personen, deren Telekommunikationsanschluß von einem Verdächtigen benutzt wird oder die für einen Verdächtigen Mitteilungen entgegennehmen oder weitergeben (§ 23a IV ZFdG). Diese Regelung entspricht weitgehend § 3 II 2 G 10 (siehe oben Fußnote 673). Beschränkungen nach dem ZFdG bedürfen einer richterlichen Anordnung (§ 23b ZFdG). Weitere Verfahrensanforderungen ergeben sich aus §§ 23c ff. ZFdG i.V.m. 11 II, III G 10.

folgung von Straftaten mit länderübergreifender, internationaler oder erheblicher Bedeutung zu unterstützen.[679] Im Rahmen dieser Funktion ist das BKA grundsätzlich *nicht* zur *Erhebung* personenbezogener Daten, sondern *nur* zu deren *Speicherung*, *Veränderung* und *Nutzung* befugt.[680] Da sich im übrigen seine präventiv-polizeilichen Aufgaben und Befugnisse auf den Schutz der Mitglieder von Verfassungsorganen und den Zeugenschutz beschränken[681], soll auf die Gefahrenabwehr durch das BKA nicht näher eingegangen werden.

G. Polizei- und Ordnungsgesetze der Länder

I. Ermächtigungsgrundlagen

Die *Polizei- und Ordnungsgesetze der Länder* stellen den jeweils zuständigen Gefahrenabwehrbehörden[682] eine Reihe von Spezialermächtigungen[683] („Standardbefugnisse“[684]) sowie Generalklauseln[685] zur Verfügung.

---

679 § 2 I BKAG. Weitere Unterstützungsfunktionen sind in § 2 II-VII BKAG aufgeführt.

680 §§ 7 ff. i.V.m. 27 ff. BKAG. Ausnahmsweise dürfen Daten erhoben werden, wobei auch Auskunftsverlangen gegen nichtöffentliche Stellen, d.h. Privatpersonen, gerichtet werden können (§ 7 II BKAG). Durch Art. 10 Nr. 2 Terrorismusbekämpfungsgesetz wurden die Befugnisse des BKA dahingehend erweitert, daß es nun nach § 7 II 1, 2 BKAG bei anderen Stellen als den Polizeien des Bundes und der Länder Daten unabhängig davon erheben kann, ob die Polizeien über die erforderlichen Daten verfügen (vgl. *Rublack*, DuD 2002, 202, 205). Jedoch darf die Datenerhebung nur in engen Grenzen – zur „Ergänzung vorhandener Sachverhalte“ – erfolgen (§ 7 II 1 BKAG). Da die Formulierung „oder sonst zur Auswertung“ insofern nicht die erforderliche Normenklarheit aufweist, kann aus ihr keine weitergehende Erhebungsermächtigung (etwa hinsichtlich aller Daten, die für eine Auswertung interessant sein könnten) entnommen werden.

681 §§ 5, 6, 21 ff. BKAG.

682 Als *„Gefahrenabwehrbehörden“* sollen alle staatlichen Stellen bezeichnet werden, die Gefahrenabwehraufgaben wahrnehmen. Im Bereich des allgemeinen Polizei- und Ordnungsrechts sind dies in den Ländern mit „Einheitssystem“ (z.B. Sachsen) die Polizeiverwaltungsbehörden bzw. Polizeibehörden einerseits und die Vollzugspolizei bzw. der Polizeivollzugsdienst andererseits; in den Ländern mit „Trennungssystem“ die Verwaltungsbehörden der Gefahrenabwehr, Ordnungsbehörden, Sicherheitsbehörden bzw. Gefahrenabwehrbehörden einerseits und die Polizei andererseits (siehe zu den einzelnen Regelungen *Schenke*, Rn. 450). *Sachlich zuständig* sind in den Bereichen der vorbeugenden Bekämpfung von Straftaten und der Vorbereitung auf die Gefahrenabwehr sowie bei besonderer Eilbedürftigkeit die jeweils zuletzt genannten Behörden und im übrigen die jeweils zuerst genannten Behörden (vgl. § 1 a MEPolG). Die *örtliche Zuständigkeit* beurteilt sich in den einzelnen Bundesländern unterschiedlich: Stellt eine spezielle Regelung darauf ab, wo die zu schützenden Interessen verletzt oder gefährdet werden (so z.B. § 100 I 2 NSOG), so sind angesichts der räumlich unbegrenzten Zugänglichkeit von Internet-Angeboten alle sachlich zuständigen Behörden auch örtlich zuständig. Kommt es darauf an, wo die Gefahrenabwehraufgabe wahrzunehmen ist (wie z.B. nach § 70 II 1 SächsPolG), so ist der Aufenthaltsort des Anordnungsadressaten

Von den *Standardbefugnissen* sind für die hier in Rede stehenden Gefahrenabwehrmaßnahmen zunächst die Regelungen über die *Erhebung, Verarbeitung* und *Nutzung personenbezogener Daten*[686] von Bedeutung. Diese beziehen sich insbesondere auf die allgemeine Datenerhebung („Datenerhebungs-Generalklausel")[687], besondere Formen der Datenerhebung[688], die allgemeine Daten-

---

maßgeblich. Gleiches gilt in den Ländern, die keine speziellen Regelungen vorsehen (wie z.B. Bayern), da nach § 3 I Nr. 2 des jeweiligen Landesverwaltungsverfahrensgesetzes ausschlaggebend ist, wo „das Unternehmen oder die Betriebsstätte betrieben oder der Beruf oder die Tätigkeit ausgeübt wird". (A.A. *Greiner*, 105, der immer eine Zuständigkeit der Behörden aller Bundesländer annimmt, sowie *Germann*, 362 f., der bei den an zweiter Stelle genannten Länderregelungen eine Zuständigkeit aller Länderbehörden bejaht und bei Fehlen spezieller Regelungen auf den Serverstandort abstellt.) Wegen der Länderregelungen, nach denen es darauf ankommt, wo die zu schützenden Interessen gefährdet oder verletzt werden, kommt es im Ergebnis immer zu einer parallelen Zuständigkeit der Behörden mehrerer Bundesländer. Allerdings sind diese gehalten, ihr Vorgehen im Rahmen des ihnen zustehenden Ermessens zu koordinieren (vgl. *Greiner*, 106; *Germann*, 367 f.). De lege ferenda wäre eine Konzentration der Zuständigkeit bei einer zentralen Stelle zu erwägen (vgl. *Koenig*, MMR-Beilage 12/1998, 1, 12 ff.; *derselbe*, K&R 2000, 1, 4 ff.).

683 Vgl. §§ 8a ff. MEPolG.

684 Statt vieler: *Würtenberger/Heckmann/Riggert*, Rn. 250 ff.

685 Vgl. § 8 MEPolG.

686 Vgl. §§ 8a ff. MEPolG, 35 ff. SächsPolG. Siehe zu den Begriffen des Datenschutzrechts, die auch für das allgemeine Polizei- und Ordnungsrecht maßgeblich sind, näher unten 6. Teil B. II., III. 2. b)-d).

687 Vgl. § 8a MEPolG. Nach den überwiegenden Länderregelungen ist die Erhebung personenbezogener Daten zulässig, wenn eine konkrete Gefahr besteht oder Tatsachen die Annahme rechtfertigen, daß Straftaten (ggf. solche von erheblicher Bedeutung [§§ 13 II Nr. 1 HSOG, 18 I 3 ASOGBln]) begangen werden. Siehe zu den Regelungen im einzelnen *Koch*, 93 ff. Der Personenkreis, über den Daten erhoben werden dürfen, ist sehr weit: Erfaßt werden nicht nur potentielle Straftäter, Verantwortliche i.S.d. §§ 4, 5 MEPolG und Nichtverantwortliche (bei Vorliegen der Voraussetzungen des § 6 MEPolG), sondern auch z.B. geschädigte oder gefährdete Personen, deren Angehörige, gesetzliche Vertreter oder Vertrauenspersonen, Zeugen, sonstige Auskunftspersonen sowie Kontakt-/Begleitpersonen eines potentiellen Straftäters (vgl. § 8a I Nr. 1-4, II Nr. 1-4, III Nr. 1.3 MEPolG).

688 Vgl. § 8b ff. MEPolG. Besondere Mittel der Datenerhebung sind die längerfristige Observation, der verdeckte Einsatz technischer Mittel (insbesondere zur Anfertigung von Bildaufnahmen/-aufzeichnungen und zum Abhören/Aufzeichnen des gesprochenen Wortes auf Tonträger), der Einsatz von Vertrauenspersonen und Informanten sowie der Einsatz von Polizeibeamten unter einer Legende (verdeckte Ermittler). Mit diesen Mitteln können Daten erhoben werden über Verantwortliche und Nichtverantwortliche, Personen, bei denen Tatsachen die Annahme rechtfertigen, daß sie Straftaten von erheblicher Bedeutung begehen werden, sowie über deren Kontakt- und Begleitpersonen. Ggf. können mit den besonderen Mitteln personenbezogene Daten in oder aus Woh-

verarbeitung und -nutzung („Datenverarbeitungs-Generalklausel")[689] und die Datenübermittlung[690]. Den Ermächtigungen stehen Regelungen zum Schutz des von einer entsprechenden Maßnahme Betroffenen gegenüber.[691] Die Befugnisnormen regeln weitgehend selbst, wer von einer Datenerhebung, -verarbeitung oder -nutzung betroffen sein kann.[692] Da insbesondere auch personenbezogene Daten von Nichtverantwortlichen erhoben werden dürfen, ohne daß die Voraussetzungen der § 6 MEPolG entsprechenden Regelungen erfüllt sein müssen[693], verliert insofern die herkömmliche Differenzierung zwischen Verantwortlichen und Nichtverantwortlichen weitgehend an Bedeutung.[694] Desweiteren sind die Gefahrenabwehrbehörden zur *Einholung von Auskünften* ermächtigt.[695] Soweit keine besonderen Regelungen bestehen[696], sind Auskunftsverlangen auf die Generalklausel zu stützen. Adressat kann der Verhaltens- oder Zustandsverantwortliche, teilweise auch (unter den Voraussetzungen der § 6 MEPolG entsprechenden Vorschriften) der Nichtverantwortliche oder sogar jeder sein, der anscheinend sachdienliche Angaben machen kann.[697]

---

nungen erhoben werden (vgl. § 8c III MEPolG). Siehe zu den einzelnen Länderregelungen *Koch*, 127 ff., 140 ff.

689 Vgl. § 10a MEPolG. Danach dürfen personenbezogene Daten insbesondere gespeichert, verändert und genutzt werden, soweit dies zur Erfüllung polizeilicher Aufgaben, zeitlich befristeten Dokumentation oder Vorgangsverwaltung erforderlich ist. Die Speicherung, Veränderung oder Nutzung darf grds. nur für Zwecke erfolgen, für welche die Daten erhoben worden sind; für andere Zwecke ist sie nur zulässig, wenn die Daten zu diesen Zwecken hätten erhoben werden dürfen. Vgl. *Koch*, 160 f.

690 Vgl. § 10c MEPolG; siehe näher *Koch*, 166 ff., 169.

691 Z.B. Belehrungs- und Unterrichtungspflichten (vgl. §§ 8a V, 8c V MEPolG), Anordnungserfordernisse (vgl. § 8c I Nr. 2 b) S. 3, III 2 MEPolG), Auskunftsansprüche (z.B. §§ 51 SächsPolG i.V.m. 18 SächsDSG) und Verpflichtungen zur Berichtigung, Sperrung und Löschung gespeicherter Daten (vgl. § 10g MEPolG).

692 Vgl. oben Fußnoten 687, 688.

693 Vgl. § 8a I Nr. 2-4, II, III MEPolG; *Berner/Köhler*, Art. 31, Rn. 2.

694 So auch *Götz*, Rn. 194; *Gusy*, Rn. 326 (dort Fußnote 2).

695 Befugnisnormen für Auskunftsverlangen sind z.B. §§ 20 I, 27 IV 1 i.V.m. III Nr. 1 BWPolG, 18 I, VI 1 i.V.m. III, V Nr. 1 SächsPolG (die allerdings eine über die Angabe der Personalien hinausgehende Auskunftspflicht nur vorsehen, soweit es um die Abwehr einer Gefahr für Leben, Gesundheit oder Freiheit einer Person oder bedeutende fremde Sach- oder Vermögenswerte geht), 9 I, II NWPolG, 12 I, II HSOG.

696 Eine besondere Regelung der Auskunftspflicht fehlt etwa in Bayern.

697 Nach einigen Länderregelungen (z.B. § 9 II 2 NWPolG) ist zur Auskunft jede Person verpflichtet, für die „gesetzliche Handlungspflichten" bestehen, d.h. im Ergebnis der Verhaltens- oder Zustandsverantwortliche (vgl. *Götz*, Rn. 284; *Kay/Böcking*, Rn. 118) bzw. derjenige, der nach Lage der Dinge als solcher in Betracht kommt, also der Verdachtsstörer. Teilweise bestimmt sich der Adressat ausdrücklich nach den allgemeinen Verantwortlichkeitsregelungen (so z.B. gemäß § 12 II 1 HSOG). In anderen Bundesländern ist jeder zur Auskunft verpflichtet, von dem tatsächliche Anhaltspunkte die Annahme rechtfertigen, daß er sachdienliche Angaben machen kann, die zur Erfüllung ei-

Eine besondere Stellung nehmen die in den Jahren 2002-2004 in Thüringen, Niedersachsen und Rheinland-Pfalz eingeführten Bestimmungen über eine *Datenerhebung durch Telekommunikationsüberwachung* ein: Nach *§ 34a ThürPAG* kann die Polizei von einem TK-Diensteanbieter *Auskunft* über den *Inhalt* und die *näheren Umstände von Telekommunikation* – auch im Hinblick auf einen rückwärtigen Zeitraum von bis zu zwei Monaten – verlangen, soweit Tatsachen die Annahme rechtfertigen, daß Personen Straftaten im Sinne des § 100a StPO begehen wollen oder die Maßnahme zur Abwehr einer Gefahr für den Bestand oder die Sicherheit des Bundes oder eines Landes oder für Leben, Gesundheit oder Freiheit einer Person erforderlich ist.[698] *§ 33a NSOG* ermächtigt zur *Überwachung und Aufzeichnung* des *Inhalts* und der *näheren Umstände von Telekommunikation* zur Abwehr einer gegenwärtigen Gefahr für Leib, Leben oder Freiheit einer Person[699] oder soweit Tatsachen die Annahme rechtfertigen, daß Personen Straftaten von erheblicher Bedeutung begehen werden[700]; gemäß *§ 33c NSOG* sind diejenigen, die geschäftsmäßig TK-Dienste erbringen oder daran mitwirken zur *Erteilung von Auskunft über TK-Verkehrsdaten*[701] verpflichtet.[702] *§ 31 RPPOG* erlaubt eine *Überwachung und Aufzeichnung* des *Inhalts* und der

---

ner bestimmten polizeilichen Aufgabe erforderlich sind (so z.B. nach § 18 I SächsPolG; §§ 20 I, 27 I BWPolG).

698 Im Fall des § 34a I 1 Nr. 2 ThürPAG darf Auskunft „über die für (die) Gefahr Verantwortlichen" verlangt werden; ferner dürfen bei Vorliegen der Voraussetzungen des § 34a I 1 Nr. 1 ThürPAG Daten von Kontakt- und Begleitpersonen der potentiellen Straftäter erhoben werden (§ 34 I 1 Nr. 3 ThürPAG). Die Maßnahme ist nur zulässig, wenn die Erforschung des Sachverhalts auf andere Weise aussichtslos oder wesentlich erschwert wäre und die Maßnahme nicht außer Verhältnis zur Bedeutung des aufzuklärenden Sachverhalts steht (§ 34a I 3 ThürPAG). Sie muß von einem Richter angeordnet bzw. bestätigt werden (§ 34a II ThürPAG). Im übrigen gilt insbesondere § 2 I 3 G 10 entsprechend (§ 34 IV 1 ThürPAG).

699 § 33a I Nr. 1, II NSOG. In diesem Fall dürfen personenbezogene Daten über die in §§ 6, 7 NSOG genannten Personen – d.h. Verhaltens- und Zustandsverantwortliche – erhoben werden, wenn die Aufklärung des Sachverhalts auf andere Weise nicht möglich erscheint; Daten über Nichtverantwortliche i.S.d. § 8 NSOG dürfen unter den Voraussetzungen dieser Bestimmung erhoben werden, wenn dies für die Aufklärung des Sachverhalts unerläßlich ist.

700 § 33a I Nr. 2, II NSOG. Voraussetzung ist, daß die Vorsorge für die Verfolgung oder die Verhütung dieser Straftaten auf andere Weise nicht möglich erscheint. Nach § 33a I Nr. 3 NSOG dürfen Daten über Kontakt- und Begleitpersonen der in § 33 I Nr. 2 NSOG genannten Personen erhoben werden, wenn dies zur Vorsorge für die Verfolgung oder zur Verhütung einer Straftat nach § 33 I Nr. 2 NSOG unerläßlich ist.

701 Hierbei handelt es sich um TK-Verkehrsdaten der in § 33a I NSOG genannten Personen.

702 Maßnahmen nach § 33a I NSOG bedürfen der Anordnung durch das zuständige Amtsgericht, die auf höchstens drei Monate zu befristen ist und jeweils um drei Monate verlängert werden darf, soweit die Voraussetzungen des § 33a I NSOG noch vorliegen (§ 33a III 1-3 NSOG).

näheren Umstände von Telekommunikation sowie *entsprechende Auskunftsverlangen*[703] – die sich im Hinblick auf nähere Umstände von Telekommunikation auch auf zurückliegende Zeiträume erstrecken dürfen[704] – zur Abwehr einer gegenwärtigen Gefahr für Leib oder Leben einer Person.[705]

Von Bedeutung sind ferner die speziellen Ermächtigungen zur *Sicherstellung* von Sachen.[706] Der Adressatenkreis einer solchen Maßnahme bestimmt sich nach den allgemeinen Verantwortlichkeitsregelungen.[707]

Soweit Standardbefugnisse nicht einschlägig sind, kommen die jeweiligen *Generalklauseln*[708] zum Tragen. Sie ermächtigen zu „atypischen Maßnahmen" wie *Sperrungs-* und *Löschungsanordnungen*, *Verboten* des *Versands* oder *Empfangs* bestimmter Daten und *Deaktivierungen* von Hardware-Komponenten.[709] Der Adressatenkreis bestimmt sich nach den allgemeinen Verantwortlichkeitsregelungen.[710]

Die angesprochenen Befugnisnormen setzen grundsätzlich eine *konkrete Gefahr* für die öffentliche Sicherheit oder Ordnung[711] bzw. als Steigerungsform eine *gegenwärtige* oder *erhebliche Gefahr*[712] voraus.[713] Eine gegenwärtige Ge-

---

703 § 31 I, II Nr. 1, 2, VI RPPOG.

704 § 31 II 3 RPPOG.

705 Es dürfen Daten über die nach §§ 4, 5 RPPOG Verantwortlichen sowie unter den Voraussetzungen des § 7 RPPOG über Nichtverantwortliche erhoben werden; die Datenerhebung muß jeweils zur Gefahrenabwehr „zwingend erforderlich" sein (§ 31 I RPPOG). Die Maßnahme bedarf der richterlichen Entscheidung, die auf höchstens drei Monate zu befristen ist und jeweils um drei Monate verlängert werden darf, soweit die Voraussetzungen des § 31 I RPPOG noch vorliegen (§ 31 V 1, 2 RPPOG).

706 Vgl. § 21 Nr. 1 MEPolG (siehe auch oben Fußnote 359). Eine Sicherstellung kommt insbesondere hinsichtlich Servern, Ein-/Aufwählknotenrechnern, Rezipienten-Computern und Datenträgern in Betracht.

707 § 21 Nr. 1 MEPolG regelt den Adressatenkreis selbst nicht. Vgl. auch *Berner/Köhler*, Art. 25, Rn. 1.

708 Vgl. § 8 MEPolG.

709 Hingegen ermächtigen sie nicht auch zur Erhebung, Verarbeitung oder Nutzung personenbezogener Daten, denn die oben angesprochenen speziellen Regelungen sind insofern als abschließend anzusehen (statt vieler: *Koch*, 95) und die Generalklauseln weisen im übrigen auch nicht die nach der Rechtsprechung des *BVerfG* (*BVerfGE 65*, 1 ff., 44 [Volkszählungsurteil], siehe dazu unten 6. Teil B. II., III. 1.) erforderliche Normenklarheit auf (so im Ergebnis auch *Berner/Köhler*, Art. 31, Rn. 1; *Knemeyer*, NVwZ 1988, 193, 195; *Koch*, 95 [im Hinblick auf die Rechtslage in Nordrhein-Westfalen, wo eine Datenerhebungs-Generalklausel fehlt]; a.A. *Bäumler* in Lisken/Denninger, Rn. 691 ff., 694; *Germann*, 504 f.).

710 §§ 4, 5, 6 MEPolG bzw. die entsprechenden Länderregelungen.

711 Vgl. §§ 8 I, 8a I MEPolG.

712 Vgl. etwa §§ 8c I Nr. 1, III 1, 21 Nr. 1 MEPolG, 18 VI i.V.m. III, V Nr. 1 SächsPolG, 33 I Nr. 1 NSOG, 31 I RPPOG, 34a I 1 Nr. 1, 2 ThürPAG.

fahr, d.h. eine Sachlage, bei der „die Einwirkung des schädigenden Ereignisses bereits begonnen hat oder ... unmittelbar oder in allernächster Zeit mit an einer an Sicherheit grenzenden Wahrscheinlichkeit bevorsteht“[714], dürfte im Fall der Zugänglichkeit störender Daten (bzw. Verweise) auf einem Server mit Blick auf die kurzen Übermittlungszeiten im Internet in aller Regel zu bejahen sein. Eine erhebliche Gefahr liegt vor, wenn ein bedeutsames Rechtsgut (wie etwa der Bestand des Staates, das Leben oder die Gesundheit einer Person[715]) bedroht ist.

II. Verhältnis zu spezialgesetzlichen Ermächtigungsgrundlagen

Das *TDG* enthält keine Befugnisnorm, die als speziellere Bestimmung einen Rückgriff auf das allgemeine Gefahrenabwehrrecht verbieten könnte.[716] Hingegen bildet *§ 22 II, III MDStV* eine abschließende Spezialermächtigung, die im Mediendienstebereich eine Inanspruchnahme von Diensteanbietern aufgrund des allgemeinen Polizei- und Ordnungsrechts in Fällen eines (noch) nicht festgestellten Verstoßes gegen den MDStV ausschließt.[717] Das *TKG* ermächtigt nicht zu Maßnahmen, die eine (als solche nicht gegen telekommunikationsrechtliche Bestimmungen verstoßende) Übermittlung störender Informationen verhindern sollen.[718] Insoweit bleibt das Polizei- und Ordnungsrecht der Länder anwend-

713 Daher ermächtigen sie zur Anordnung einer anlaßunabhängigen Kontrolle der auf einem Server gespeicherten Daten (bzw. Verweise) nur, wenn der Server störendes Material besonders „anzieht“ (vgl. oben 2. Teil B. III.). Da es sich es sich bei einer solchen Anordnung um eine konkret-individuelle bzw. (wenn die Kontrolle wiederkehrend stattfinden soll) abstrakt-individuelle Regelung handelt, sind die polizei- und ordnungsrechtlichen Verordnungsermächtigungen (z.B. § 9 I SächsPolG) insofern nicht einschlägig (vgl. *Greiner*, 96 [dort Fußnote 410]).

714 So z.B. die Legaldefinition des § 2 Nr. 1 b) NSOG.

715 Siehe z.B. die Legaldefinition des § 2 Nr. 1 c) NSOG.

716 Vgl. *BT-Drs. 13/7385*, 21; *13/8153*, 9 f.; *Bleisteiner*, 205; *Germann*, 379; *Greiner*, 90 f.; *Maennel* in E-F/M/T, § 5 TDG, Rn. 13; *Schenke*, Rn. 388, 391; *Spindler/Volkmann*, K&R 2002, 398, 399.

717 So auch *Spindler/Volkmann*, K&R 2002, 398, 400 und im Ergebnis ebenfalls *Greiner*, 85 ff., 90. A.A. *Schilling*, 103 f., der einen Rückgriff auf das Polizei- und Ordnungsrecht der Länder für zulässig hält.

718 Vgl. oben B. Im übrigen hätte der Bundesgesetzgeber eine solche Ermächtigung im TKG auch nicht vorsehen dürfen, denn seine ausschließliche Gesetzgebungskompetenz für den Bereich der Telekommunikation (Art. 73 Nr. 7 GG) erstreckt sich nur auf die „Sendetechnik“, nicht hingegen auch auf inhaltliche Aspekte übermittelter Daten (vgl. oben Fußnote 374 sowie *Spoerr* in Trute/Spoerr/Bosch, Einführung V, Rn. 3). Im Rahmen des Art. 74 Nr. 11 GG ist der Bund zu sicherheitsrechtlichen Regelungen nur befugt, soweit sich diese als Annex des Rechts der Wirtschaft darstellen und nicht die Wahrung der öffentlichen Sicherheit und Ordnung den alleinige Regelungszweck darstellt (*BVerfGE 41*, 344, 351 f.; *Stettner* in Dreier, Art. 74, Rn. 55).

bar.[719] Das *Rundfunkrecht* stellt den Landesmedienanstalten in der Regel ein umfangreiches Befugnisinstrumentarium zur Verfügung, das insbesondere auch die Untersagung der Rundfunkverbreitung sowie die Einholung von Auskünften umfaßt[720] und als abschließend anzusehen ist.[721] Die Aufsicht über die Einhaltung des *JMStV* wird durch die Spezialermächtigung des § 20 JMStV abschließend geregelt; ein Rückgriff auf das allgemeine Gefahrenabwehrrecht kommt insoweit nicht in Betracht.[722] Was das Verhältnis zur *GewO* betrifft, so kann im Hinblick auf die Art und Weise der Gewerbeausübung nach allgemeinem Polizei- und Ordnungsrecht gegen einen gewerbetreibenden Internet-Akteur vorgegangen werden.[723] Bei den oben angesprochenen Ermächtigungen der *Nachrichtendienste* und des *Zollkriminalamts* handelt es sich um eng begrenzte Spezialregelungen, die in ihrem Anwendungsbereich einen Rückgriff auf die Polizei- und Ordnungsgesetze der Länder ausschließen.

H. Zwischenergebnis

Der Datenaustausch im Internet kann unter *verschiedene kommunikations- und medienrechtliche Bestimmungen* fallen. Von Bedeutung ist insofern vor allem die *Abgrenzung* zwischen dem *TDG*, *MDStV*, *TKG* und *Rundfunkrecht*.[724] §§ 2 TDG/MDStV[725] ermöglichen eine trennscharfe Abgrenzung der Anwen-

---

719 Entgegen *Koenig/Loetz*, CR 1999, 438, 439, schlossen §§ 88 ff. TKG 96, die keine Ermächtigungsgrundlagen für ein behördliches Vorgehen gegen die Übermittlung störender Daten darstellten (vgl. oben Fußnote 623), einen Rückgriff auf das allgemeine Polizei- und Ordnungsrecht nicht aus (so auch *Greiner*, 97 f.; wie hier im Ergebnis ebenfalls *Germann*, 446; *Spindler/Volkmann*, K&R 2002, 398, 399 f.). Entsprechendes gilt auch im Hinblick auf die neuen §§ 110 ff. TKG.

720 Siehe oben C.

721 Vgl. *Determann*, 573 f.; a.A. *Martens* in Drews/Wacke/Vogel/Martens, 276. Nur soweit das Rundfunkrecht keine Untersagungsbefugnisse vorsieht (z.B. fehlt eine ausdrückliche Befugnis zur Untersagung der Verbreitung eines Rundfunkprogramms in Mecklenburg-Vorpommern und Thüringen), gelangt das Polizei- und Ordnungsrecht zur Anwendung (so auch *Germann*, 375 f., 446).

722 Da § 20 II, IV JMStV hinsichtlich der Aufsicht über Rundfunkveranstalter und Tele-/Mediendiensteanbieter auf die landesrechtlichen Rundfunkregelungen bzw. § 22 II-IV MDStV verweist, gelten die Ausführungen zum Verhältnis des Rundfunkrechts bzw. MDStV zum allgemeinen Polizei- und Ordnungsrecht entsprechend.

723 Vgl. *Würtenberger/Heckmann/Riggert*, Rn. 274 (m.w.N.). Demnach bleibt das allgemeine Polizei- und Ordnungsrecht neben der Gewerbeordnung anwendbar, soweit rechtsfolgenseitig nicht die dauernde Untersagung der Betätigung in Rede steht.

724 Sie ist auch maßgeblich im Hinblick auf den JMStV, der Teledienste, Mediendienste und Rundfunk erfaßt.

725 Insbesondere: § 2 IV Nr. 3 TDG.

dungsbereiche des TDG und MDStV.[726] Entsprechendes leistet das Kriterium der rundfunktypischen „Breitenwirkung, Aktualität und Suggestivkraft" für die Unterscheidung zwischen Tele-/Mediendiensten und Rundfunk. *Problematisch* ist allerdings die Abgrenzung zwischen dem TDG/MDStV einerseits und dem TKG andererseits. Obwohl sich auf den ersten Blick aus §§ 2 IV Nr. 1 TDG, 2 I 3, 2. Alt. MDStV etwas anderes ergibt, können Zugangsbetreiber und Proxy-Cache-Betreiber, die TK-Dienste erbringen, auch Diensteanbieter (Zugangsvermittler) im Sinne des TDG/MDStV[727] sein.[728] *Zu kritisieren* ist auch, daß das TDG und der MDStV auf eine Regelung für *Verweise* auf Tele-/Mediendienste[729] verzichten, obwohl gerade insofern ein Bedürfnis nach Rechtssicherheit besteht.

Die für die Gefahrenabwehr im Internet *bedeutsamsten Ermächtigungsgrundlagen* finden sich im *MDStV, JMStV, Recht der Nachrichtendienste, ZFdG* sowie in den *Polizei- und Ordnungsgesetzen der Länder*, die vor allem für ein Einschreiten gegen störende Teledienste heranzuziehen sind, da das TDG keine Ermächtigungsgrundlage enthält. Einer schnellen und effektiven Gefahrenabwehr hinderlich ist, daß die meisten Internet-Anbieter *zugleich mehreren Regelwerken* unterliegen und von *verschiedenen Behörden* beaufsichtigt werden.[730]

---

726 Der insoweit teilweise geäußerten Kritik, wonach eine Reihe von Überschneidungsbereichen verblieben (so etwa *Holznagel/Kibele* in Hoeren/Sieber, Teil 5, Rn. 73 f.; *Spindler* in Hoeren/Sieber, Teil 29, Rn. 66; siehe auch die Nachweise bei *Waldenberger/Hoß*, AfP 2000, 237, 238), kann nicht gefolgt werden. In diesem Sinne auch *BT-Drs. 14/1191*, 6 f.; *Engel-Flechsig/Maennel/Tettenborn*, 13; *Tettenborn* in E-F/M/T, § 2 TDG, Rn. 98.

727 §§ 3 S. 1 Nr. 1, 3. Alt. TDG/MDStV.

728 Vor diesem Hintergrund wäre zu erwägen, die Zugangsvermittlung (samt der für sie geltenden Verantwortlichkeitsregelungen) gänzlich dem TKG zu unterstellen.

729 Genauer gesagt: Für das Verhältnis eines Diensteanbieters zu in Verweis genommenen Tele-/Mediendiensten.

730 So unterliegt z.B. ein Akteur, der den Zugang zu Tele- und Mediendiensten vermittelt, dem TDG, MDStV, TKG, JMStV und allgemeinen Polizei- und Ordnungsrecht. Siehe zu den jeweiligen Aufsichtszuständigkeiten oben Fußnoten 610, 626, 642, 682 (kritisch zur Aufsplitterung der Aufsichtskompetenzen etwa auch *Schenke*, Rn. 387, dort Fußnote 80). Da mit einem weiteren Verschwimmen der Grenzen zwischen Massen- und Individualkommunikation sowie wirtschaftlich ausgerichteten und für die öffentliche Meinungsbildung relevanten Angeboten („Konvergenz der Medien") zu rechnen ist, erscheint fraglich, ob die derzeitige verfassungsrechtliche Kompetenzverteilung mit der aus ihr resultierenden divergierenden einfachrechtlichen Behandlung von Telediensten, Mediendiensten, Telekommunikation und Rundfunk dauerhaft aufrecht erhalten werden kann. Da der Bund bereits für die technisch-telekommunikative Seite des Internet ausschließlich zuständig ist (Art. 73 Nr. 7 GG) und mit Blick auf den ubiquitären Charakter des Internet eine Regelung inhaltlicher Aspekte durch die Länder nur staatsvertraglich erfolgen kann, wäre der einfachste Ausweg die Schaffung einer umfassenden Bundeskompetenz zur Regelung aller Internet-Angebote (vgl. *Bleisteiner*, 107; *Gounalakis*,

Aus Gründen der Übersichtlichkeit sollen die rechtliche Qualifizierung verschiedener Internet-Akteure im Hinblick auf das Anbieten bzw. Nutzen von Telediensten, Mediendiensten und Telekommunikation sowie die wichtigsten Ermächtigungsgrundlagen für die Gefahrenabwehr im Internet nachfolgend tabellarisch zusammengefaßt werden:

NJW 1997, 2993, 2994 f. [m.w.N.]). Allerdings hätte dies auch zur Folge, daß die Regelungszuständigkeit für Presse und Rundfunk davon abhinge, ob die Verbreitung auf herkömmlichem Weg oder via Internet erfolgt.

Übersicht: Rechtliche Qualifizierung verschiedener Internet-Akteure und wichtige Ermächtigungsgrundlagen für die Gefahrenabwehr im Internet

(Anmerkung: Inwieweit die aufgeführten Befugnisnormen zu *Eingriffen in bestimmte Grundrechte* – insbesondere das Fernmeldegeheimnis und das informationelle Selbstbestimmungsrecht – ermächtigen, wird noch *gesondert erörtert* [siehe unten 6. Teil].)

		Ermächtigungsgrundlagen für folgende Anordnungs-/Maßnahmetypen:			
Adressat/Betroffener:	**Mögl. rechtl. Qualifizierg. im Hinblick auf Anbieten/Nutzen von Tele-/Mediendiensten oder Telekommunikation:***	**Sperrung oder Löschung von Inhalten/Informationen, die auf einem Server gespeichert sind**	**Sperrung von neu bei einem Server eingehenden Inhalten/ Informationen**	**Sperrung der Übermittlung von Inhalten/Informationen**	**Verbot des Einsendens bzw. Abrufs von Inhalten/Informationen an einen bzw. von einem Server**
Server-Verwalter	• **Tele-/Mediendiensteanbieter (Bereithalten eigener Tele-/Mediendienste)** • **Tele-/Mediendienstenutzer** • **TK-Dienstenutzer**	- POG-Generalklauseln - § 22 II, III MDStV (zuvor: § 18 II, III MDStV 97) - § 20 I, IV JMStV i.V.m. § 22 II, III MDStV			
Server-Betreiber	• **Tele-/Mediendiensteanbieter (Bereithalten eigener oder fremder Tele-/Mediendienste)** • **TK-Diensteanbieter**	- POG-Generalklauseln - § 22 II, III MDStV (zuvor: § 18 II, III MDStV 97) - § 20 I, IV JMStV i.V.m. § 22 II, III MDStV	- POG-Generalklauseln - Mediendienstebereich und JMStV: Maßnahme unzulässig, da grds. noch kein (festgestellter) Verstoß gegen MDStV bzw. JMStV**		

Zugangs-betreiber	• **Tele-/Medien-diensteanbieter (Zugangsvermitt-lung)** • **TK-Diensteanbieter**			- POG-General-klauseln - § 22 II, III MDStV (zuvor: § 18 II, III MDStV 97) - § 20 I, IV JMStV i.V.m. § 22 II, III MDStV	
Proxy-Cache-Betreiber	• **Tele-/Medien-diensteanbieter (Zugangsvermitt-lung)** • **TK-Diensteanbieter**			- POG-General-klauseln - § 22 II, III MDStV (zuvor: § 18 II, III MDStV 97) - § 20 I, IV JMStV i.V.m. § 22 II, III MDStV	
Einsender	• **Tele-/Medien-dienstenutzer** • **TK-Dienstenutzer**				- POG-General-klauseln
Rezipient	• **Tele-/Medien-dienstenutzer** • **TK-Dienstenutzer**				- POG-General-klauseln
Transporteur (IRC-Server-Betreiber)	• **TK-Diensteanbieter**			- POG-General-klauseln	

		Ermächtigungsgrundlagen für folgende Anordnungs-/Maßnahmetypen:			
Adressat:	**Mögl. rechtl. Qualifizierg. im Hinblick auf Anbieten/Nutzen von Tele-/Mediendiensten oder Telekommunikation:***	**Sicherstellung, Deaktivierung von Hardware-Komponenten; Untersagung einer „Betätigung im Internet“**	**Auskunft über Inhalte/Informationen**	**Auskunft über Tele-/Mediendienstenutzungsdaten bzw. TK-Verkehrsdaten**	**Behördliche Kontrolle von Inhalten/Informationen**
Server-Verwalter	• **Tele-/Mediendiensteanbieter (Bereithalten eigener Tele-/Mediendienste)** • **Tele-/Mediendienstenutzer** • **TK-Dienstenutzer**	- Einschlägige POG-Standardbefugnisse/-Generalklauseln - § 22 II, III MDStV (zuvor: § 18 II, III MDStV 97) - § 20 I, IV JMStV i.V.m. § 22 II, III MDStV (- Rundfunkrecht) (- § 35 GewO)	- Einschlägige POG-Befugnisse*** - § 22 II, III MDStV (zuvor: § 18 II, III MDStV 97) - § 20 I, IV JMStV i.V.m. § 22 II, III MDStV (- Rundfunkrecht)	- Einschlägige POG-Befugnisse*** - § 22 II, III MDStV (zuvor: § 18 II, III MDStV 97) - § 20 I, IV JMStV i.V.m. § 22 II, III MDStV - §§ 8 VIII BVerfSchG, 10 III MADG, 8 IIIa BNDG****	- Einschlägige POG-Befugnisse***** - § 22 II, III MDStV (zuvor: § 18 II, III MDStV 97) - § 20 I, IV JMStV i.V.m. § 22 II, III MDStV
Server-Betreiber	• **Tele-/Mediendiensteanbieter (Bereithalten eigener oder fremder Tele-/ Mediendienste)** • **TK-Diensteanbieter**	- Einschlägige POG-Standardbefugnisse/-Generalklauseln - § 22 II, III MDStV (zuvor: § 18 II, III MDStV 97) - § 20 I, IV JMStV i.V.m. § 22 II, III MDStV (- Rundfunkrecht) (- § 35 GewO)	- Einschlägige POG-Befugnisse*** - § 22 II, III MDStV (zuvor: § 18 II, III MDStV 97) - § 20 I, IV JMStV i.V.m. § 22 II, III MDStV (- Rundfunkrecht)	- Einschlägige POG-Befugnisse*** - § 22 II, III MDStV (zuvor: § 18 II, III MDStV 97) - § 20 I, IV JMStV i.V.m. § 22 II, III MDStV - §§ 8 VIII BVerfSchG, 10 III MADG, 8 IIIa BNDG**** - § 23a VIII ZFdG i.V.m. § 2 I 3 G 10	- Einschlägige POG-Befugnisse***** - § 22 II, III MDStV (zuvor: § 18 II, III MDStV 97) - § 20 I, IV JMStV i.V.m. § 22 II, III MDStV - §§ 1 I i.V.m. 3, 5 G 10 - § 23a I 1, III ZFdG

Zugangs-betreiber	• **Tele-/Mediendiensteanbieter (Zugangsvermittlung)** • **TK-Diensteanbieter**	- Einschlägige POG-Standardbefugnisse/ -Generalklauseln - § 22 II, III MDStV (zuvor: § 18 II, III MDStV 97) - § 20 I, IV JMStV i.V.m. § 22 II, III MDStV (- § 35 GewO)	- Einschlägige POG-Befugnisse*** - § 22 II, III MDStV (zuvor: § 18 II, III MDStV 97) - § 20 I, IV JMStV i.V.m. § 22 II, III MDStV	- Einschlägige POG-Befugnisse*** - § 22 II, III MDStV (zuvor: § 18 II, III MDStV 97) - § 20 I, IV JMStV i.V.m. § 22 II, III MDStV - §§ 8 VIII BVerfSchG, 10 III MADG, 8 IIIa BNDG**** - § 23a VIII ZFdG i.V.m. § 2 I 3 G 10	- Einschlägige POG-Befugnisse***** - § 22 II, III MDStV (zuvor: § 18 II, III MDStV 97) - § 20 I, IV JMStV i.V.m. § 22 II, III MDStV - §§ 1 I i.V.m. 3, 5 G 10 - § 23a I 1, III ZFdG
Proxy-Cache-Betreiber	• **Tele-/Mediendiensteanbieter (Zugangsvermittlung)** • **TK-Diensteanbieter**	- Einschlägige POG-Standardbefugnisse/ -Generalklauseln - § 22 II, III MDStV (zuvor: § 18 II, III MDStV 97) - § 20 I, IV JMStV i.V.m. § 22 II, III MDStV (- § 35 GewO)	- Einschlägige POG-Befugnisse*** - § 22 II, III MDStV (zuvor: § 18 II, III MDStV 97) - § 20 I, IV JMStV i.V.m. § 22 II, III MDStV	- Einschlägige POG-Befugnisse*** - § 22 II, III MDStV (zuvor: § 18 II, III MDStV 97) - § 20 I, IV JMStV i.V.m. § 22 II, III MDStV - §§ 8 VIII BVerfSchG, 10 III MADG, 8 IIIa BNDG**** - § 23a VIII ZFdG i.V.m. § 2 I 3 G 10	- Einschlägige POG-Befugnisse***** - § 22 II, III MDStV (zuvor: § 18 II, III MDStV 97) - § 20 I, IV JMStV i.V.m. § 22 II, III MDStV - §§ 1 I i.V.m. 3, 5 G 10 - § 23a I 1, III ZFdG
Einsender	• **Tele-/Mediendienstenutzer** • **TK-Dienstenutzer**	- Einschlägige POG-Standardbefugnisse/ -Generalklauseln			
Rezipient	• **Tele-/Mediendienstenutzer** • **TK-Dienstenutzer**	- Einschlägige POG-Standardbefugnisse/ -Generalklauseln			

Transporteur (IRC-Server-Betreiber)	• **TK-Diensteanbieter**	- Einschlägige POG-Standardbefugnisse/ -Generalklauseln			

* Aus Gründen der Übersichtlichkeit werden hier nur die praktisch wichtigsten Fallkonstellationen und die Einordnung der Akteure als Diensteanbieter oder Nutzer i.S.d. *TDG*, *MDStV* und *TKG* aufgeführt.

** Ein Verstoß gegen den MDStV bzw. JMStV liegt grds. erst dann vor, wenn ein inhaltlich unzulässiges Angebot auf einem Server zugänglich ist (siehe oben A. III.).

*** Z.B. §§ 18 I, VI 1 i.V.m. III, V Nr. 1 SächsPolG (Auskunft) i.V.m. §§ 35 ff. SächsPolG (Erhebung, Verarbeitung und Nutzung personenbezogener Daten); §§ 33c i.V.m. 33a NSOG, 31 RPPOG, 34a ThürPAG (Auskunft über Inhalt und nähere Umstände von Telekommunikation bzw. über TK-Verkehrsdaten).

**** Entsprechende Regelungen enthalten auch einige Länderverfassungsschutzgesetze (siehe oben F. I.).

***** Z.B. §§ 35 ff. SächsPolG (Erhebung personenbezogener Daten); §§ 33a NSOG, 31 RPPOG (Erhebung personenbezogener Daten durch Überwachung und Aufzeichnung von Telekommunikation).

5. Teil: Internet-Akteure als Adressaten von Gefahrenabwehrmaßnahmen

Mit Blick auf die *Verantwortlichkeitsregelungen* der *Art. 12-15 ECRL, §§ 8-11 TDG/6-9 MDStV* ist zu erörtern, welche Internet-Akteure als *Adressaten* von Gefahrenabwehrmaßnahmen in Anspruch genommen werden können. Um die möglichen Auswirkungen der genannten speziellen Regelungen feststellen zu können, soll zunächst untersucht werden, wie sich die Verantwortlichkeit nach *allgemeinen gefahrenabwehrrechtlichen Grundsätzen* darstellen würde.

A. Verantwortlichkeit nach allgemeinen Grundsätzen

Das allgemeine Gefahrenabwehrrecht unterscheidet zwischen *Verhaltens-*, *Zustands-* und *Nichtverantwortlichen* (bzw. *„-störern"*).[731] *Verhaltensverantwortlicher* ist derjenige, der durch sein Verhalten (Tun oder Unterlassen) eine Gefahr für die öffentliche Sicherheit (oder Ordnung) verursacht.[732] Maßgeblich ist die „unmittelbare" Gefahrverursachung durch ein Verhalten, das bei wertender Betrachtung als solches die Schwelle zur konkreten Gefahr überschreitet.[733] Verantwortlicher ist auch der „Zweckveranlasser", dessen Verhaltensbeitrag für sich noch nicht die Gefahrenschwelle überschreitet, aber in einem engen Ursache-Wirkungs-Zusammenhang zum späteren Eintritt einer konkreten Gefahr steht.[734] Die *Zustandsverantwortlichkeit* knüpft an die in Bezug auf einen ge-

---

731 Vgl. §§ 4, 5, 6 MEPolG.

732 Vgl. § 4 I MEPolG. Die Unterlassensverantwortlichkeit setzt voraus, daß eine öffentlich-rechtlich normierte Pflicht zur Gefahrenabwehr besteht (*Martens* in Drews/Wacke/Vogel/Martens, 307; *Schoch*, JuS 1994, 849, 853 [m.w.N.]; für die Einbeziehung privatrechtlicher Normen hingegen etwa *Schenke*, Rn. 239).

733 Theorie der unmittelbaren Verursachung (vgl. *Götz*, Rn. 195 ff.; *Würtenberger/Heckmann/Riggert*, Rn. 441 [m.w.N.]). Bei der Bestimmung der unmittelbaren Verursachung kommt es nur auf objektive Gesichtspunkte an, nicht hingegen z.B. auf ein Verschulden (*Götz*, Rn.195; siehe auch unten Fußnote 734). Die (Mit-) Kausalität eines Verhaltens für den Eintritt einer Gefahr – die zu bejahen ist, wenn ein Tun als „Conditio-sine-qua-non" nicht hinweggedacht bzw. ein Unterlassen nicht hinzugedacht werden kann, ohne daß die Gefahr entfiele – ist zwar Bedingung, nicht aber hinreichende Voraussetzung der Verantwortlichkeit (statt vieler: *Schenke*, Rn. 241; a.A. *Muckel*, DÖV 1998, 18, 21 ff.). Bei einer Kette von Verhaltensbeiträgen kommt es nicht auf deren zeitliche Abfolge an, d.h. es kann auch derjenige Verantwortlicher sein, dessen früherer Beitrag bereits die Gefahrengrenze überschritten hatte (statt vieler: *Martens* in Drews/Wacke/Vogel/Martens, 315 [m.w.N.]).

734 Diese Gefahr muß sich bei wertender Betrachtung als naheliegende, typische bzw. zwangsläufige Folge des vorangegangenen Verhaltens darstellen (vgl. *Götz*, Rn. 198, 202, 206; *Martens* in Drews/Wacke/Vogel/Martens, 316; z.T. werden hingegen subjektive Kriterien herangezogen [so etwa *VGH Mannheim*, DÖV 1990, 346; *Knemeyer*, Rn. 328 f.] oder objektive und subjektive Gesichtspunkte kombiniert [so z.B. *Schenke*, Rn. 244 f.; *Würtenberger/Heckmann/Riggert*, Rn. 448] – hiergegen ist jedoch einzuwenden, daß es im Gefahrenabwehrrecht sonst nur auf objektive Gesichtspunkte ankommt und

fahrverursachenden Gegenstand bestehende Sachherrschaft (tatsächliche Gewalt) bzw. Rechtsstellung als Eigentümer oder anderweitig Berechtigter an. Voraussetzung ist auch insofern, daß (durch eine Sache) eine konkrete Gefahr unmittelbar verursacht wird.[735] Wer weder verhaltens- noch zustandsverantwortlich ist *(„Nichtstörer")*, kann nur unter den besonderen Voraussetzungen des „polizeilichen Notstands" in Anspruch genommen werden; überdies steht ihm ein Ausgleichsanspruch zu.[736]

I. Akteure, die eigene Daten zur Nutzung bereithalten

Bei Akteuren, die eigene Daten zur Nutzung bereithalten, handelt es sich funktionell um *Server-Betreiber* und *-Verwalter.*[737] Während im Fall einer „Rollenzweiteilung"[738] der Server-Betreiber regelmäßig (nur) die von ihm selbst eingespeisten Daten als eigene zur Nutzung bereithält[739], werden bei einer „Rollendreiteilung"[740] grundsätzlich (nur) vom Server-Verwalter Daten als eigene zur Nutzung bereitgehalten.[741] Diese Konstellationen sind im folgenden zu erörtern.

---

subjektive Vorstellungen i.d.R. schwer erkennbar und nachweisbar sind). Zu berücksichtigen ist auch das Gewicht des Verhaltensbeitrags desjenigen, der schließlich die Gefahrengrenze überschreitet und nicht als „willenloses Werkzeug" handelt (*Martens* in Drews/Wacke/Vogel/Martens, 315 f.). Teilweise wird der „Hintermann" nur dann als Verantwortlicher angesehen, wenn sein Verhalten eine Gebots- oder Verbotsnorm verletzt (*Denninger* in Lisken/Denninger, Rn. 69 [m.w.N.]) bzw. das allgemeine Lebensrisiko in sozial inadäquater Weise steigert (*Gusy*, Rn. 338 f. [m.w.N.]). Jedoch ermöglicht die erste Ansicht keine klare Bestimmung der Verantwortlichkeit, soweit verhaltenssteuernde Normen fehlen; die zweite Auffassung kann keine stichhaltigen Kriterien für die „Sozialadäquanz" eines Verhaltens liefern. Da beide Lehren im Einzelfall eine Prüfung der Existenz und des Regelungsgehalts besonderer verhaltenssteuernder Normen voraussetzen, begegnen sie auch Bedenken im Hinblick auf das Erfordernis einer schnellen und effektiven Gefahrenabwehr (vgl. *Götz*, Rn. 198; *Schoch*, JuS 1994, 932, 933).

735 *Schenke*, Rn. 268 (m.w.N.); *Schoch*, JuS 1994, 932, 936 f.

736 Vgl. § 45 MEPolG.

737 Siehe oben 4. Teil A. II. 2. a) aa).

738 Siehe oben 4. Teil A. II. 1. a).

739 Die von Dritten (z.B. in ein „Gästebuch") eingesendeten Daten wird der Server-Betreiber in der Regel als fremde bereithalten. Siehe zur Unterscheidung „eigen" – „fremd" oben 4. Teil A. II. 2. a) bb).

740 Siehe oben 4. Teil A. II. 1. a).

741 Regelmäßig liegt es bei der „Rollendreiteilung" (d.h. insbesondere beim Web-Hosting) so, daß der *Server-Betreiber* die vom Server-Verwalter eingespeisten sowie die von Dritten eingesendeten Daten als fremde bereithält, während der *Server-Verwalter* die von ihm eingespeisten und nicht als fremd gekennzeichneten Daten als eigene und die von Dritten eingesendeten Daten als fremde bereithält.

1. Server-Betreiber (bei „Rollenzweiteilung" Server-Betreiber – Einsender/Rezipient)

Das Betreiben eines Servers, auf dem störende Daten zugänglich sind, bildet ein aktives Tun, das den eigentlichen und zeitlich letzten Kausalbeitrag für eine konkrete Gefahr darstellt[742], d.h. unmittelbar die Gefahrenschwelle überschreitet. Der Server-Betreiber ist also *Verhaltensverantwortlicher*.[743] Auch wenn die Zugänglichkeit bestimmter Daten nur insoweit eine konkrete Gefahr begründet, als dieses Material von Minderjährigen abgerufen werden kann[744], und der Server-Betreiber keine wirksamen technischen Vorkehrungen zur Beschränkung des Abrufs auf Volljährige trifft[745], liegt der Schwerpunkt seines Verhaltens bei wertender Betrachtung eher auf einem Tun – nämlich dem Betreiben des Servers – als auf dem Unterlassen der Einrichtung einer wirksamen Zugangsbeschränkung.

Die Zustandsverantwortlichkeit setzt voraus, daß eine Sache unmittelbar eine konkrete Gefahr verursacht. Die Gefahrenschwelle wird überschritten, wenn störende Daten in ein hard-/softwaremäßiges Umfeld eingebunden sind, das einen „Online"-Abruf gestattet. Ein mit dem Internet verbundener Server bildet ein solches Umfeld. Bei wertender Betrachtung geht vom (Gesamt-)Zustand eines Servers, der störende Daten vorhält, unmittelbar eine konkrete Gefahr aus; ein solcher Rechner stellt also eine Gefahrenquelle dar.[746] Der Server-Betreiber

742 So auch *Greiner*, 120.

743 So im Ergebnis auch *Germann*, 386 f.; *Greiner*, 120; *Schenke*, Rn. 395; *Spindler/Volkmann*, K&R 2002, 398, 402; *Zimmermann*, NJW 1999, 3145, 3148.

744 Vgl. oben 2. Teil B. I. 1. a), b), III.

745 Vgl. § 4 II 2 JMStV, wonach das Verbot des Zugänglichmachens jugendgefährdender Angebote in Tele-/Mediendiensten nicht gilt, wenn der Anbieter sicherstellt, daß der Abruf auf Volljährige beschränkt werden kann bzw. beschränkt wird. Siehe zur technischen Möglichkeit der Einrichtung einer solchen Zugangsbeschränkung oben 3. Teil A.

746 So im Ergebnis auch *Germann*, 393 f.; *Greiner*, 120 f.; *Zimmermann*, NJW 1999, 3145, 3148. Anders *von Bonin*, 114, wonach vom Server selbst keine Gefahr ausgehe, sondern die Gefahr erst durch die Abrufentscheidung des Rezipienten bzw. Verbreitungsentscheidung des Anbieters entstehe. Diese Auffassung verkennt jedoch zum einen, daß regelmäßig bereits die Zugänglichkeit störender Daten auf einem Server – unabhängig von einem tatsächlichen Rezipientenabruf – eine konkrete Gefahr begründet. Zum anderen spielt die Verbreitungsentscheidung des Anbieters zwar eine wesentliche Rolle für dessen Verhaltensverantwortlichkeit, sie ändert jedoch nichts daran, daß vom Server unmittelbar eine Gefahr ausgeht.

übt die körperliche Sachherrschaft über diese Gefahrenquelle aus[747] und ist daher *Zustandsverantwortlicher*.[748]

2. Server-Verwalter

Der Server-Verwalter kann kraft seiner ihm vom Betreiber des Rechners eingeräumten tatsächlichen Einwirkungsmöglichkeit „ferngesteuert" Daten auf dem Server abspeichern, nachträglich verändern, gegen einen Abruf sperren und löschen.[749] Das Verwalten eines störende Daten enthaltenden Servers (welches zugleich das Bereithalten dieser Daten zur Nutzung ausmacht[750]) überschreitet unmittelbar die Gefahrenschwelle und begründet daher eine *Verhaltensverantwortlichkeit*.[751] Unerheblich ist insofern, ob im hier erörterten Fall der „Rollendreiteilung" auch den Server-Betreiber eine Verantwortlichkeit trifft.[752]

Die Möglichkeit der Einwirkung auf einen Server, der störende Daten vorhält, vermittelt dem Server-Verwalter die „tatsächliche Gewalt"[753] über eine Gefahrenquelle. Er ist daher auch *Zustandsverantwortlicher*.[754]

II. Akteure, die fremde Daten zur Nutzung bereithalten

Bei einer „Rollenzweiteilung" hält der *Server-Betreiber* üblicherweise die von ihm eingespeisten und als fremd gekennzeichneten sowie die von Dritten eingesendeten Daten als fremde zur Nutzung bereit. Bei einer „Rollendreiteilung" liegt es regelmäßig so, daß der *Server-Betreiber* die vom Server-Verwalter eingespeisten und von Dritten eingesendeten Daten als fremde bereithält und der *Server-Verwalter* die von ihm eingespeisten, als fremd gekennzeichneten, sowie die von Dritten eingesendeten Daten als fremde zur Nutzung anbietet. Auf diese Konstellationen ist im folgenden näher einzugehen.

---

747 Vgl. oben 1. Teil D. I. Zumeist wird der Server-Betreiber auch Eigentümer des Servers sein. Soweit dies – wie etwa im Fall des Eigentumsvorbehalts oder der Sicherungsübereignung – nicht der Fall sein sollte, wäre auch der Eigentümer Zustandsverantwortlicher (vgl. § 5 II MEPolG).

748 So im Ergebnis auch diejenigen, die einen Server, der störende Daten vorhält, als unmittelbar gefahrverursachend ansehen (siehe oben Fußnote 746).

749 Vgl. oben 1. Teil D. I.

750 Vgl. oben 4. Teil A. II. 2. a) aa).

751 So im Ergebnis auch *Greiner*, 120; *Schenke*, Rn. 395; *Spindler/Volkmann*, K&R 2002, 398, 402 f. Differenzierend *Germann*, 387 ff.

752 Siehe hierzu sogleich unten II. 1.

753 Vgl. § 5 I MEPolG.

754 So auch *Germann*, 394 (der zutreffend darauf hinweist, daß es nach dem Sinn der Regelungen über die Zustandsverantwortlichkeit nicht auf den Besitz im bürgerlichrechtlichen Sinne ankommen kann); *Greiner*, 120 f.; *Spindler/Volkmann*, K&R 2002, 398, 402 f. Anders hingegen *von Bonin*, 114 f., der den Server nicht als Gefahrenquelle ansieht (vgl. oben Fußnote 746).

1. Server-Betreiber

Denkbar ist zunächst, daß der *Server-Betreiber selbst* als fremd gekennzeichnetes störendes Material eingespeist hat. Zwar ist dann – im Unterschied zu der oben behandelten Konstellation[755] – erkennbar, daß das betreffende Material von einem Dritten hergestellt wurde. Allerdings hängt das Gefährdungspotential eines Servers, auf dem bestimmte störende Daten zugänglich sind, nicht davon ab, ob diese Daten dort als als eigene oder fremde zur Nutzung bereitgehalten werden. In beiden Fällen ist für die Verantwortlichkeit des Server-Betreibers (nur) dessen Beziehung zur Gefahrenquelle von Bedeutung. Insofern kann auf die vorangegangenen Ausführungen verwiesen werden.[756] Demnach ist auch in der hier behandelten Konstellation der Server-Betreiber als *Verhaltens-* und *Zustandsverantwortlicher* zu qualifizieren.

Zu erörtern bleiben die Fälle, in denen störende Daten vom *Server-Verwalter* eingespeist[757] oder von *Dritten* eingesendet[758] wurden. Insofern wird gegen eine *Handlungsverantwortlichkeit* des Server-Betreibers eingewendet, daß durch die Bereitstellung von Serverkapazitäten für Dritte für sich genommen eine konkrete Gefahr noch nicht begründet werde und daher allenfalls eine *Unterlassensverantwortlichkeit* des Server-Betreibers in Betracht komme, die aber mangels einer rechtlichen Handlungspflicht regelmäßig nicht gegeben sei.[759] Allerdings hat diese Sichtweise zur Folge, daß die Verhaltensverantwortlichkeit des Server-Betreibers im Ergebnis allein davon abhängt, ob die störenden Daten von ihm oder einem anderen Akteur eingespeist wurden[760] – was jedoch nicht ohne weiteres nach außen hin erkennbar ist.[761] Berücksichtigt man, daß in der hier erörterten Fallkonstellation drei Phasen mit jeweils verschiedenen Verhaltensbeiträgen der Beteiligten – nämlich (1.) die Bereitstellung von Speicherkapazität durch den Server-Betreiber, (2.) das Einspeisen/Einsenden störender Daten durch den Server-Verwalter bzw. Dritte und (3.) das Bereithalten dieser Daten durch den Server-Betreiber (und Server-Verwalter) – unterschieden werden

755 Siehe oben I. 1.

756 Siehe oben I 1. zur Verantwortlichkeit des Server-Betreibers, der störende Daten als eigene zur Nutzung bereithält.

757 Konstellation der „Rollendreiteilung“.

758 Konstellationen der „Rollenzweiteilung“ oder „Rollendreiteilung“.

759 *Germann*, 387 ff.; *Greiner*, 121 ff.; *Schenke*, Rn. 396; im Ergebnis auch *Zimmermann*, NJW 1999, 3145, 3148; offengelassen von *Würtenberger/Heckmann/Riggert*, Rn. 556.

760 Im ersten Fall wäre der Server-Betreiber (wie ausgeführt) Handlungsverantwortlicher; im zweiten Fall würde sein Unterlassen mangels Rechtspflicht zum Handeln keine Verantwortlichkeit begründen.

761 Es ist zwar ersichtlich, daß die als fremde bereitgehaltenen Daten nicht vom Server-Betreiber hergestellt wurden. Es muß aber nicht erkennbar sein, *wer* die Daten eingespeist bzw. eingesendet hat. Dies gilt vor allem im Hinblick auf FTP-Server, deren Betreiber i.d.R. alle dort gespeicherten Daten als fremde bereithalten.

können, so erscheint es auch vertretbar, den während aller Phasen mit dem Betreiben des Servers stattfindenden „maschinellen Energieeinsatz“ als ein andauerndes *aktives Tun* anzusehen, das die Gefahrenschwelle überschreitet.[762] Welcher Sichtweise der Vorzug zu geben ist, spielt allerdings im Ergebnis kaum eine Rolle, denn der Server-Betreiber ist aufgrund seiner körperlichen Sachherrschaft über den Server als Gefahrenquelle jedenfalls *Zustandsverantwortlicher*[763].[764]

---

762 Vgl. *Altenhain*, CR 1997, 485, 488 ff. (einer Entscheidung des *Schweizerischen Bundesgerichts* [BGE 121 (1995), IV 109, 121] zustimmend, welches die Verurteilung eines Generaldirektors der staatlichen Telecom PTT wegen Beihilfe zur Pornographieverbreitung darauf stützte, daß wegen seines Nichteinschreitens den Anbietern pornographischer Inhalte weiterhin telefonische Einrichtungen zur Verfügung gestellt wurden); *Pelz*, wistra 1999, 53, 55 (dort Fußnote 45); *Wimmer/Michael*, 131 ff. Für eine Handlungsverantwortlichkeit des Server-Betreibers würde auch sprechen, daß dieser Akteur grundsätzlich individuell entscheiden kann, ob Daten eingespeist bzw. eingesendet werden dürfen. Vor allem FTP-Server sind meist so konfiguriert, daß eingehende Dateien zunächst „geparkt“ werden und erst nach einer manuellen Freigabe des Server-Betreibers zum Abruf bereitstehen (vgl. oben 1. Teil C. IV.). Eine individuelle Freigabe störender Daten begründet unzweifelhaft eine Handlungsverantwortlichkeit (vgl. auch *Sieber*, JZ 1996, 494, 499). Nicht grundlegend anders zu beurteilen ist der Fall, daß ein Server-Betreiber im voraus das Einspeisen bzw. Einsenden von Daten generell zuläßt.

763 So im Ergebnis auch *Germann*, 393 ff.; *Greiner*, 123; *Schenke*, Rn. 397; *Spindler/Volkmann*, K&R 2002, 398, 403; *Würtenberger/Heckmann/Riggert*, Rn. 557; *Zimmermann*, NJW 1999, 3145, 3148. Anders hingegen *von Bonin*, 114 f., der den Server nicht als Gefahrenquelle ansieht (vgl. oben Fußnote 746).

764 Die Verhaltens- und die Zustandsverantwortlichkeit ziehen nur dann unterschiedliche Rechtsfolgen nach sich, wenn vor dem beabsichtigten Erlaß einer Gefahrenabwehranordnung eine Rechtsnachfolge eingetreten war. Insofern geht es um den Übergang der *„abstrakten“ Verantwortlichkeit*. Die Zustandsverantwortlichkeit entsteht bei der Rechtsnachfolge in die tatsächliche Sachherrschaft oder in das Eigentum originär und neu (*Götz*, Rn. 247; *Würtenberger/Heckmann/Riggert*, Rn. 456). Die Rechtsnachfolge in die Verhaltensverantwortlichkeit setzt einen Rechtsgrund für den Übergang und die Übergangsfähigkeit der Pflicht voraus (*Schoch*, JuS 1994, 1026, 1029 f. [m.w.N.]). Bei der zivilrechtlichen Einzelrechtsnachfolge fehlt es i.d.R. an einem solchen Rechtsgrund, denn der Bürger kann die Verpflichtung, Gesetze zu befolgen, nicht privatrechtlich auf Dritte abwälzen (vgl. *Denninger* in Lisken/Denninger, Rn. 110) und das Gefahrenabwehrrecht ordnet grundsätzlich keine Rechtsnachfolge an. Bei der Gesamtrechtsnachfolge (z.B. gemäß §§ 1922, 1967 BGB) geht es um einen gesetzlich angeordneten Übergang aller Rechte und Pflichten; sie kann daher Rechtsgrund für den Übergang öffentlich-rechtlicher Pflichten sein (*Würtenberger/Heckmann/Riggert*, Rn. 455 f. [m.w.N.]). Jedoch ist die „abstrakte“ Verhaltensverantwortlichkeit (entgegen der wohl h.M.; siehe etwa die Nachweise bei *Schenke*, Rn. 296) nicht übergangsfähig, denn die Pflichtenstellung wird wesentlich durch persönliche Umstände bestimmt und vor der behördlichen Ermessensausübung ist noch offen, ob bzw. welche Maßnahmen gegen wen ergriffen werden (vgl. *Schenke*, Rn. 296 [m.w.N.]; *Scholler/Schloer*, 269). Übergangsfähig ist jedoch die durch eine Anordnung *konkretisierte Verhaltens-* oder *Zu-*

2. Server-Verwalter

Hat der Server-Verwalter das störende Material *selbst eingespeist*, so ist er ohne weiteres *Verhaltens-* und *Zustandsverantwortlicher*.[765]

Auf den Fall, daß störende Daten *von Dritten eingesendet* wurden, sind die vorigen Ausführungen zur Verantwortlichkeit des Server-Betreibers[766] sinngemäß übertragbar. Demnach ist in diesem Fall der Server-Verwalter aufgrund seiner Einwirkungsmöglichkeit auf den Rechner jedenfalls *zustandsverantwortlich*.[767]

III. Akteure, die den Zugang zur Nutzung fremder Daten vermitteln

1. Zugangsbetreiber

Zwar ist das Betreiben einer technischen Einrichtung, über die andere Akteure Zugang zum Internet erhalten, (mit)ursächlich für die Möglichkeit eines Abrufs störender Daten.[768] Jedoch wird bei wertender Betrachtung die Gefahrenschwelle durch das Verhalten des Betreibers bzw. die Verhaltensbeiträge des Betreibers und des Verwalters eines störende Daten vorhaltenden Servers überschritten.[769] Die Verschaffung des Zugangs zum Internet eröffnet den Weg zu allen Netz-Servern und damit zu sämtlichen dort gespeicherten (unbedenklichen oder störenden) Daten; sie verursacht als solche nicht unmittelbar eine konkrete Gefahr und begründet daher *keine Verhaltensverantwortlichkeit*.[770]

---

standsverantwortlichkeit, hinsichtlich derer eine Gesamtrechtsnachfolge in Betracht kommt (*Schoch*, JuS 1994, 1026, 1030 f.; *Würtenberger/Heckmann/Riggert*, Rn. 455; hingegen auf den „dinglichen Charakter" der Zustandsverantwortlichkeit abstellend z.B. *BVerwG*, DÖV 1971, 640; *VGH Mannheim*, NVwZ 1992, 392; *OVG Münster*, UPR 1996, 393; *Götz*, Rn. 249).

765 Vgl. oben I. 2.

766 Soeben 1.

767 So auch *Germann*, 393 ff.; *Greiner*, 121; *Schenke*, Rn. 397; *Spindler/Volkmann*, K&R 2002, 398, 403; *Würtenberger/Heckmann/Riggert*, Rn. 557; *Zimmermann*, NJW 1999, 3145, 3148.

768 Maßgeblich ist insofern nur die Zugangsverschaffung durch den konkret in Rede stehenden Akteur, d.h. es spielt keine Rolle, daß der Rezipient alternativ auch über einen anderen Zugangsbetreiber Zugang zum Internet erhalten könnte. Bei der alternativen Zugangsverschaffung durch einen anderen Akteur handelt es sich um eine unbeachtliche „Reserveursache" (so auch *Altenhain*, CR 1997, 485, 493; *Germann*, 393; *Greiner*, 129).

769 Vgl. oben I., II. sowie 2. Teil III.

770 Auch eine *Unterlassensverantwortlichkeit* scheidet aus, denn unmittelbar ursächlich für die konkrete Gefahr ist nicht das Unterlassen einer Kontrolle und Sperrung der Übermittlung störender Daten durch einen Zugangsbetreiber, sondern die Abrufbarkeit solcher Daten auf einem Server. Im übrigen träfe den Zugangsbetreiber auch keine Rechts-

Eine *Zustandsverantwortlichkeit* kommt ebenfalls *nicht in Betracht*, denn der Vermittlungsrechner des Zugangsbetreibers ist zwar (mit)ursächlich für die Möglichkeit eines Abrufs im Netz gespeicherter störender Daten, bildet aber nicht selbst eine Gefahrenquelle.[771]

Demnach handelt es sich bei Zugangsbetreibern um *Nichtverantwortliche*.[772]

2. Proxy-Cache-Betreiber

Im Wege der Zwischenspeicherung störenden Materials auf einem Proxy-Cache-Server wird eine neue Gefahrenquelle geschaffen. Unerheblich ist insofern, daß die fraglichen Daten auch vom „Ursprungsserver", von dem aus sie in den Proxy-Cache gelangt sind, abgerufen werden könnten.[773] Demnach ist der Proxy-Cache-Betreiber jedenfalls[774] aufgrund seiner körperlichen Sachherrschaft über eine (weitere) Gefahrenquelle *zustandsverantwortlich*.[775] Der Umstand, daß das störende Material von vornherein nur für einen begrenzten Zeitraum vor-

---

pflicht zur Vornahme von Kontrollen und Sperrungen: Im Öffentlichen Recht ist sie nicht vorgesehen (vgl. *Germann*, 334 ff.) und im übrigen besteht weder eine strafrechtliche Garantenpflicht aus „Ingerenz" (denn die Verschaffung des Zugangs zum Internet als solche stellt kein pflichtwidriges Vorverhalten dar; vgl. *Sieber* in Hoeren/Sieber, Teil 19, Rn. 342 f.) noch eine Handlungsverpflichtung aufgrund Verkehrssicherungspflichten (denn es fehlt an der Voraussetzung, daß der Zugangsbetreiber in seinem Bereich eine Gefahrenlage schafft oder unterhält; vgl. *Zeuner* in Soergel, § 823, Rn. 187 [m.w.N.]).

771 Vgl. oben I., II.

772 So auch *Germann*, 447; *Greiner*, 129 f.; *Schenke*, Rn. 399; *Spindler/Volkmann*, K&R 2002, 398, 403 f.; *Zimmermann*, NJW 1999, 3145, 3149 (allerdings ist gegen die von *Greiner* und *Zimmermann* angeführte Begründung, es fehle bereits an einem polizeiwidrigen Zustand, da sich die transportierten Daten ständig veränderten, anzuführen, daß allein der Zustand der technischen Einrichtung des Zugangsbetreibers maßgeblich sein kann). Eine Verantwortlichkeit des „Access Providers" für möglich halten *Koenig/Loetz*, CR 1999, 438, 440, allerdings ohne Differenzierung zwischen Verhaltens- und Zustandsverantwortlichkeit.

773 Vgl. oben Fußnote 768. Zu widersprechen ist daher der Ansicht von *Greiner*, 125, der aufgrund der alternativen Abrufbarkeit der Daten die Kausalität des Proxy-Cachings für die konkrete Gefahr verneint.

774 Vgl. oben II. 1.

775 A.A. *Greiner*, 125, und im Ergebnis auch (allerdings im Hinblick auf §§ 5 III TDG/MDStV 97) *Germann*, 447. Der Auffassung *Zimmermanns* (NJW 1999, 3145, 3149), der die Zustandsverantwortlichkeit des Proxy-Cache-Betreibers mit der Begründung ablehnt, daß sich der Inhalt des Proxy-Cache kontinuierlich verändere und kein Einfluß auf die Originalinformation bestehe, ist entgegenzuhalten, daß der Proxy-Cache-Server zumindest während der Speicherung störender Daten eine Gefahrenquelle darstellt. Im übrigen ist es für die Zustandsverantwortlichkeit des Proxy-Cache-Betreibers ohne Belang, ob dieser Akteur Einfluß auf die Originaldaten bzw. den „Ursprungsserver" ausüben kann.

gehalten wird, gibt keinen Anlaß zu einer anderen Beurteilung, denn der Begriff der konkreten Gefahr setzt kein längeres Andauern einer Gefahrenlage voraus. Ebenso unbeachtlich ist die vorrangige Motivation einer bloßen Effektivierung der Datenübermittlung.

IV. Nutzer (Einsender und Rezipienten)

1. Einsender

Das Einsenden störender Daten an einen Server ist mit dem Einspeisen solcher Daten durch einen Server-Verwalter (im Fall einer „Rollendreiteilung") vergleichbar und begründet (wie dieses) eine *Verhaltensverantwortlichkeit*.[776]

Hingegen kommt eine *Zustandsverantwortlichkeit* des Einsenders mangels tatsächlicher Einwirkungsmöglichkeit auf den Server, der die Gefahrenquelle bildet, *nicht in Betracht*.[777]

2. Rezipienten

Soweit der Abruf bestimmter Daten eine (eigenständige) Störung der öffentlichen Sicherheit darstellt[778], wird der Rezipient durch seine Nachfrage nach solchem Material zum *Verhaltensverantwortlichen*.[779] Eine *Zustandsverantwortlichkeit* besteht hingegen *nicht*: Zwar ist die Beschaffenheit des vom Rezipienten verwendeten Computers Voraussetzung für dessen Einsatz zum Datenempfang und damit auch (mit-)ursächlich für die im drohenden Datenabruf liegende Gefahr. Jedoch dient dieser Computer eher nur als Werkzeug; die Gefahr eines Datenabrufs geht nicht (unmittelbar) von ihm aus.[780]

---

776 Vgl. oben I. 2.

777 Könnte der Einsender den Server „fernsteuern", so wäre er als Server-Verwalter und Zustandsverantwortlicher zu qualifizieren (vgl. oben I. 2. sowie 1. Teil, D. I.).

778 Vgl. oben 2. Teil B. I. 1. a), c).

779 Soweit auf dem Rezipienten-Computer störende Daten gespeichert sind, können diese ggf. während einer „Online"-Sitzung von Dritten unbefugt abgerufen werden. Insoweit kommt allerdings eine Verhaltensverantwortlichkeit des Rezipienten bereits deshalb nicht in Betracht, weil der unbefugte Drittzugriff, der kein übliches Nutzerverhalten darstellt, bei wertender Betrachtung (erst) unmittelbar die Gefahrenschwelle überschreitet und sich auch nicht als typische Folge des Verhaltens des Rezipienten ansehen läßt.

780 Auch mit Blick auf einen möglichen Drittzugriff auf den Rezipienten-Computer (siehe oben Fußnote 779) kommt eine Zustandsverantwortlichkeit des Rezipienten nicht in Betracht, denn es ist hinsichtlich der „unmittelbaren" Verursachung derselbe Maßstab zugrunde zu legen wie bezüglich der Verhaltensverantwortlichkeit. Zwar ist der Rezipienten-Computer (mit)ursächlich dafür, daß auf ihm gespeicherte störenden Daten für Dritte zugänglich werden, jedoch überschreitet (erst) der unbefugte Drittzugriff unmittelbar die Gefahrenschwelle. Der Rezipienten-Computer wird als Datenquelle mißbraucht, bildet aber nicht selbst die unmittelbare Gefahrenquelle.

V. Transporteure

Zwar ist die Betätigung der *Betreiber von Datenleitungen, Internet-Teilnetzen, Routern* und *Gateways* (mit)ursächlich für die Verbreitung störenden Datenmaterials, jedoch wird die Gefahrenschwelle durch das Verhalten anderer Akteure überschritten.[781] Die technische Infrastruktur der in Rede stehenden Transporteure bildet nicht selbst eine Gefahrenquelle. Demnach handelt es sich bei diesen Akteuren um *Nichtverantwortliche.*[782]

Anders zu beurteilen ist die Verantwortlichkeit eines *IRC-Server-Betreibers*[783]: Soweit (ausnahmsweise) bereits das „Führen" eines bestimmten IRC-Kanals eine konkrete Gefahr begründet[784], leitet der IRC-Server-Betreiber nicht nur beliebige Daten weiter, sondern stellt eine Plattform für störende Kommunikation zur Verfügung. In diesem Fall ist er (jedenfalls) *Zustandsverantwortlicher.*[785]

VI. Verwender von Verweisen

Die vorangegangenen Ausführungen gelten grundsätzlich sinngemäß auch im Hinblick auf den Umgang mit *Verweisen*, deren Zugänglichkeit wegen der textlichen oder graphischen Gestaltung des Verweises oder deshalb, weil der Verweis konkret die Wahrscheinlichkeit eines Abrufs störender „Zieldaten" erhöht, eine konkrete *Gefahr* für die öffentliche Sicherheit darstellt.[786] Insbesondere sind daher Akteure, die solche störenden Verweise *zur Nutzung bereithalten, verhaltens-* und/oder *zustandsverantwortlich*[787], und Dritte, die sie an einen Server *eingesendet* haben, *verhaltensverantwortlich.*[788]

---

781 Siehe oben I., II., III. 2.

782 Insofern kann ein Erst-Recht-Schluß aus der Nichtverantwortlichkeit der Zugangsbetreiber gezogen werden. Wie hier im Ergebnis auch *Germann*, 447; *Greiner*, 129 f.; *Zimmermann*, NJW 1999, 3145, 3149. Abgesehen davon, daß Betreiber von Datenleitungen, Internet-Teilnetzen, Routern und Gateways keine Verantwortlichkeit trifft, wäre eine Bekämpfung störender Daten durch diese Akteure, soweit sie überhaupt technisch realisierbar wäre, grundsätzlich mit so schwerwiegenden Nebenwirkungen verbunden, daß sie aus diesem Grund nicht angeordnet werden dürfte (vgl. oben 3. Teil D.).

783 Siehe zum IRC (Internet Relay Chat) oben 1. Teil C. V.

784 Dies kann z.B. der Fall sein, wenn der IRC-Kanal aufgrund seiner Bezeichnung störende Kommunikation besonders anzieht (vgl. oben 2. Teil B. III.).

785 Auf diesen Fall lassen sich die Ausführungen zur Verantwortlichkeit des Server-Betreibers im Fall einer „Rollendreiteilung" (siehe oben II. 1.) sinngemäß übertragen. A.A. *Germann*, 447 f., der im Ergebnis eine Verantwortlichkeit des IRC-Server-Betreibers ablehnt.

786 Vgl. oben 2. Teil III.

787 Ähnlich *Germann*, 378, 380, 387 (der allerdings bei Verweisen auf störende Internet-Angebote immer eine unmittelbare Handlungsverantwortlichkeit begründet sieht). A.A. *Greiner*, 125 f., 127 (vgl. oben Fußnote 282), mit der Begründung, daß die Bejahung

Eine Besonderheit ergibt sich, wenn auf einem Server B gespeicherte störende Daten mittels („gefahrerhöhender“) Inline-Links/Frames dergestalt in eine auf einem Server A vorgehaltene Website eingebunden werden, daß sie aus der Sicht des Betrachters zur Website A zu gehören scheinen[789]: Derjenige, der den Server A betreibt bzw. verwaltet, hält aus der Sicht des Betrachters (auch) die auf dem Server B gespeicherten „Zieldaten“ zur Nutzung bereit und kann daher grundsätzlich als *„Anscheinsstörer“*[790] zu einer Sperrung bzw. Löschung dieser Daten verpflichtet werden.[791] Im Hinblick darauf, daß eine solche Anordnung erst vollstreckt werden könnte, nachdem ihr Adressat eine Möglichkeit zur Einwirkung auf den Server *B* eingeräumt erhalten hat, läßt sich eine schnelle und effektive Gefahrenabwehr nur im Wege einer Sperrungs- oder Löschungsanordnung gegenüber dem Betreiber bzw. Verwalter des Servers *B* erreichen. Wird dennoch (zunächst) der Betreiber oder Verwalter des Servers *A* in Anspruch genommen und von ihm verlangt, die Website A so umzugestalten, daß bei deren Aufruf die fraglichen störenden Daten nicht mehr angezeigt werden, so ist diese Anordnung dahingehend auszulegen, daß (nur) der betreffende Inline-Link gesperrt bzw. gelöscht werden soll.[792]

---

einer Verhaltensverantwortlichkeit des Hyperlink-Anbieters eine gegebene Haftungsfreistellung nach zivil- und strafrechtlichen Maßstäben in Frage stelle und in Bezug auf die Zustandsverantwortlichkeit eine eindeutige Beurteilung der Hyperlink-Technik im Rahmen der Theorie der unmittelbaren Verursachung nicht erreichbar sei. Vage zum Vorgehen gegen einen „Homepage-Betreiber, der einen Hyperlink mit Verweis auf fragwürdige Inhalte vorhält“ *Flechsig/Gabel*, CR 1998, 351, 357, die zwar eine Inanspruchnahme auf Beseitigung des Hyperlinks für denkbar halten, aber keine näheren Ausführungen zur Verantwortlichkeit des in Rede stehenden Akteurs machen.

788 Keine Rolle spielt eine etwaige Erklärung eines solchen Akteurs, er lehne eine Verantwortlichkeit für in Verweis genommene Daten ab, distanziere sich von diesen oder mißbillige sie: Abgesehen davon, daß gerade eine solche Anmerkung gewisse Rezipienten zur Aktivierung eines Verweises animieren dürfte, kann sich derjenige, der störende Verweise zur Nutzung bereithält, zwischenspeichert oder versendet, nicht (pauschal) durch eine einseitige Erklärung von seiner Verantwortlichkeit befreien.

789 Siehe dazu oben 1. Teil D. VI. 1.

790 Die Terminologie ist insofern allerdings uneinheitlich (vgl. *Schenke*, Rn. 252 f.).

791 Wer aus der ex-ante-Sicht der Gefahrenabwehrbehörde bei verständiger Würdigung der Sachlage Verhaltens- oder Zustandsverantwortlicher ist, kann auf der „Primärebene“ als Verantwortlicher in Anspruch genommen werden (*VGH Mannheim*, DÖV 1991, 165; *Götz*, Rn. 163; *Rachor* in Lisken/Denninger, Rn. 42; *Schoch*, JuS 1994, 932, 934; *Würtenberger/Heckmann/Riggert*, Rn. 867; vgl. *Schenke*, Rn. 253). Erst auf der „Sekundärebene“, wo es um die auf der Grundlage einer ex-post-Betrachtung zu klärende Kostentragung geht, ist ein solcher Akteur ggf. als Nichtverantwortlicher zu behandeln (vgl. *Schenke*, Rn. 253).

792 Es ist (entsprechend § 133 BGB) danach zu fragen, wie die Anordnung von ihrem Adressaten nach den Umständen des Einzelfalls bei verständiger Würdigung zu verstehen ist (vgl. statt vieler: *Peine*, Rn. 129). Im genannten Fall ist der Wille der Behörde

VII. Besonderheiten bei der Inanspruchnahme eines Nichtverantwortlichen

Die Inanspruchnahme eines Nichtverantwortlichen richtet sich nach den § 6 MEPolG entsprechenden Regelungen der Polizei- und Ordnungsgesetze der Länder.[793] Diese setzen zunächst eine *gegenwärtige erhebliche Gefahr* voraus.[794] Die Zugänglichkeit störender Daten auf einem Internet-Server begründet regelmäßig eine gegenwärtige Gefahr; ob diese auch als erheblich zu qualifizieren ist, hängt davon ab, welches Rechtsgut bedroht ist.[795] Ferner darf die *Heranziehung eines Verantwortlichen nicht oder nicht rechtzeitig möglich sein* bzw. *keinen Erfolg versprechen.*[796] Insbesondere kann daher ein Zugangsbetreiber nur herangezogen werden, wenn eine Inanspruchnahme von Akteuren, die störende Daten (bzw. Verweise) zur Nutzung bereithalten, nicht in Betracht kommt.[797] In einer solchen Situation spielt der *Vorrang eines Tätigwerdens der Gefahrenabwehrbehörde selbst*[798] praktisch keine Rolle mehr, denn ein solches Tätigwerden würde grundsätzlich die Möglichkeit einer Einwirkung auf einen (gefahrverursachenden) Server voraussetzen, welche sich die Behörde wiederum nur im Wege einer Inanspruchnahme des „zuständigen" Server-Betreibers bzw. -Verwalters – d.h. eines Verantwortlichen – verschaffen könnte. Die weitere Voraussetzung, daß der Nichtverantwortliche *ohne erhebliche eigene Gefährdung* oder *Verletzung höherwertiger Pflichten* in Anspruch genommen werden können muß[799], dürfte regelmäßig erfüllt sein, denn zur Gefahrenabwehr im Internet herangezogene Nichtverantwortliche werden in erster Linie (nur) in ihrer wirtschaftlichen Dispositionsfreiheit betroffen[800] und können zudem einen Ausgleichsanspruch[801] geltend machen.[802]

---

erkennbar darauf gerichtet, daß die Anzeige der fraglichen störenden Daten im Rahmen der Website A unterbunden werden soll. Das zur Erreichung dieses eindeutigen Ziels anzuwendende Mittel muß die Behörde grundsätzlich nicht angeben (vgl. *Peine*, Rn. 206). Abgesehen davon dürfen mit Blick auf das Erfordernis einer schnellen und effektiven Gefahrenabwehr bei Eindeutigkeit des Anordnungsziels keine zu hohen Anforderungen an die Bestimmtheit des Mittels gestellt werden.

793 Z.B. § 7 SächsPolG.

794 Vgl. § 6 I Nr. 1 MEPolG. Zwar verlangen einige Regelungen (z.B. §§ 9 BWPolG, 7 SächsPolG) keine erhebliche Gefahr, jedoch sind auch insofern – unter dem Aspekt der Verhältnismäßigkeit – höhere Anforderungen an das gefährdete Schutzgut zu stellen (*Greiner*, 128 [dort Fußnote 532]; *Martens* in Drews/Wacke/Vogel/Martens, 333).

795 Vgl. oben 4. Teil G. I.

796 Vgl. § 6 I Nr. 2 MEPolG.

797 D.h. vor allem dann, wenn der fragliche Server-Betreiber bzw. -Verwalter nicht ermittelbar oder greifbar ist.

798 Bzw. eines von ihr Beauftragten; vgl. § 6 I Nr. 3 MEPolG.

799 Vgl. § 6 I Nr. 4 MEPolG.

800 Siehe näher unten 6. Teil.

801 Vgl. § 45 MEPolG.

802 So auch *Greiner*, 129.

VIII. Zwischenergebnis

Die Verantwortlichkeit der Internet-Akteure stellt sich nach allgemeinen gefahrenabwehrrechtlichen Grundsätzen wie folgt dar:

- Bei *Server-Betreibern* und *-Verwaltern*, die störende Daten (bzw. Verweise) als eigene oder fremde zur Nutzung bereithalten, handelt es sich um Verantwortliche.
- *Zugangsbetreiber*, die den Zugang zur Nutzung störenden Materials vermitteln, sind Nichtverantwortliche. Sie können nur in Anspruch genommen werden, soweit Maßnahmen gegen einen Verantwortlichen nicht oder nicht rechtzeitig möglich sind oder keinen Erfolg versprechen. Bei *Proxy-Cache-Betreibern*, die störendes Material zwischenspeichern, handelt es sich um Verantwortliche.
- *Einsender* störender Daten (bzw. Verweise) sind Verantwortliche.
- *Rezipienten* sind als Verantwortliche zu qualifizieren, soweit der Abruf bestimmter Daten eine eigenständige Störung darstellt.
- Was *Transporteure* angeht, so können lediglich Betreiber von IRC-Servern, die störende Kommunikation besonders anziehen, als Verantwortliche zur Gefahrenabwehr herangezogen werden.

B. Verantwortlichkeitsregelungen der E-Commerce-Richtlinie und des Teledienstegesetzes/Mediendienste-Staatsvertrags

Zu klären ist nun, ob und inwieweit sich die speziellen Regelungen der *Art. 12-15 ECRL, §§ 8-11 TDG/6-9 MDStV* auf die Verantwortlichkeit der Tele-/ Mediendiensteanbieter auswirken.[803]

Dabei wird angesichts des Vorbildcharakters der bis 2001/2002 geltenden Verantwortlichkeitsregelungen (*§§ 5 TDG/MDStV 97*[804]) auch auf diese Bestimmungen einzugehen sein.

Zunächst sollen die *dogmatische Einordnung* der Verantwortlichkeitsregelungen und ihr *Anwendungsbereich* erörtert werden.[805] Im Anschluß daran werden die möglichen *Auswirkungen* dieser Bestimmungen auf die *Verantwortlichkeit einzelner Akteure* in den Blick genommen.[806]

Der besseren Übersichtlichkeit halber sollen die genannten Regelungen zunächst synoptisch gegenübergestellt werden:

803 Zu berücksichtigen ist dabei freilich, daß ein Verantwortlichkeitsausschluß durch die genannten Bestimmungen, der zur Folge hat, daß der nicht verantwortliche Akteur nur unter den Voraussetzungen des polizeilichen Notstands zur Gefahrenabwehr herangezogen werden kann, im Ergebnis die rechtliche Zulässigkeit einer Gefahrenabwehrmaßnahme nicht modifiziert, wenn diese Maßnahme aus anderen Gründen, insbesondere mit Blick auf die Grundrechte der Internet-Akteure, nicht ergehen darf (siehe hierzu unten 6. Teil).

804 Die neuen Verantwortlichkeitsregelungen orientieren sich inhaltlich an §§ 5 TDG/ MDStV 97 und Sec. 512 DMCA. Siehe zur Bedeutung der alten Rechtslage für die Interpretation der neuen Bestimmungen näher unten I., II.

805 Siehe unten I.

806 Siehe unten II.

Synoptische Gegenüberstellung der §§ 5 TDG/MDStV 97, Art. 12-15 ECRL, §§ 8-11 TDG/6-9 MDStV

(vom TDG abweichende Formulierungen des MDStV sind kursiv gedruckt)

§§ 5 TDG/ MDStV 97 Verantwortlichkeit	**Art. 12-15 ECRL**	**§§ 8-11 TDG/6-9 MDStV**
(1) Diensteanbieter *(Anbieter)* sind für eigene Inhalte, die sie zur Nutzung bereithalten, nach den allgemeinen Gesetzen verantwortlich.	-	**§ 8/§ 6 Allgemeine Grundsätze** (1) Diensteanbieter sind für eigene Informationen, die sie zur Nutzung bereithalten, nach den allgemeinen Gesetzen *(nach diesem Staatsvertrag oder den allgemeinen Gesetzen)* verantwortlich.
(2) Diensteanbieter *(Anbieter)* sind für fremde Inhalte, die sie zur Nutzung bereithalten, nur dann verantwortlich, wenn sie von diesen Inhalten Kenntnis haben und es ihnen technisch möglich und zumutbar ist, deren Nutzung zu verhindern.	**Art. 14 Hosting** (1) Die Mitgliedstaaten stellen sicher, daß im Fall eines Dienstes der Informationsgesellschaft, der in der Speicherung von durch einen Nutzer eingegebenen Informationen besteht, der Diensteanbieter nicht für die im Auftrag eines Nutzers gespeicherten Informationen verantwortlich ist, sofern folgende Voraussetzungen erfüllt sind: a) Der Anbieter hat keine tatsächliche Kenntnis von der rechtswidrigen Tätigkeit oder Information, und, in bezug auf Schadenersatzansprüche, ist er sich auch keiner Tatsachen oder Umstände bewußt, aus denen die rechtswidrige Tätigkeit oder Information offensichtlich wird, oder b) der Anbieter wird, sobald er diese Kenntnis oder dieses Bewußtsein erlangt, unverzüglich tätig, um die Information zu entfernen oder den Zugang zu ihr zu sperren. (2) Absatz 1 findet keine Anwendung, wenn der Nutzer dem Diensteanbieter untersteht oder von ihm beaufsichtigt wird.	**§ 11/§ 9 Speicherung von Informationen** [1]Diensteanbieter sind für fremde Informationen, die sie für einen Nutzer speichern, nicht verantwortlich, sofern 1. sie keine Kenntnis von der rechtswidrigen Handlung oder der Information haben und ihnen im Falle von Schadensersatzansprüchen auch keine Tatsachen oder Umstände bekannt sind, aus denen die rechtswidrige Handlung oder die Information offensichtlich wird, oder 2. sie unverzüglich tätig geworden sind, um die Information zu entfernen oder den Zugang zu ihr zu sperren, sobald sie diese Kenntnis erlangt haben. [2]Satz 1 findet keine Anwendung, wenn der Nutzer dem Diensteanbieter untersteht oder von ihm beaufsichtigt wird.

(3) [1]Diensteanbieter *(Anbieter)* sind für fremde Inhalte, zu denen sie lediglich den Zugang zur Nutzung vermitteln, nicht verantwortlich.	**Art. 12 Reine Durchleitung** (1) Die Mitgliedstaaten stellen sicher, daß im Fall eines Dienstes der Informationsgesellschaft, der darin besteht, von einem Nutzer eingegebene Informationen in einem Kommunikationsnetz zu übermitteln oder Zugang zu einem Kommunikationsnetz zu vermitteln, der Diensteanbieter nicht für die übermittelten Informationen verantwortlich ist, sofern er a) die Übermittlung nicht veranlaßt, b) den Adressaten der übermittelten Informationen nicht auswählt und c) die übermittelten Informationen nicht auswählt oder verändert. (2) Die Übermittlung von Informationen und die Vermittlung des Zugangs im Sinne von Absatz 1 umfassen auch die automatische kurzzeitige Zwischenspeicherung der übermittelten Informationen, soweit dies nur zur Durchführung der Übermittlung im Kommunikationsnetz geschieht und die Information nicht länger gespeichert wird, als es für die Übermittlung üblicherweise erforderlich ist.	**§ 9/§ 7 Durchleitung von Informationen** (1) [1]Diensteanbieter sind für fremde Informationen, die sie in einem Kommunikationsnetz übermitteln oder zu denen sie den Zugang zur Nutzung vermitteln, nicht verantwortlich, sofern sie 1. die Übermittlung nicht veranlasst, 2. den Adressaten der übermittelten Informationen nicht ausgewählt und 3. die übermittelten Informationen nicht ausgewählt oder verändert haben. [2]Satz 1 findet keine Anwendung, wenn der Diensteanbieter absichtlich mit einem der Nutzer seines Dienstes zusammenarbeitet, um rechtswidrige Handlungen zu begehen. (2) Die Übermittlung von Informationen nach Absatz 1 und die Vermittlung des Zugangs zu ihnen umfasst auch die automatische kurzzeitige Zwischenspeicherung dieser Informationen, soweit dies nur zur Durchführung der Übermittlung im Kommunikationsnetz geschieht und die Informationen nicht länger gespeichert werden, als für die Übermittlung üblicherweise erforderlich ist.
(3) [2]Eine automatische und kurzzeitige Vorhaltung fremder Inhalte auf Grund Nutzerabfrage gilt als Zugangsvermittlung.	**Art. 13 I Caching** (1) Die Mitgliedstaaten stellen sicher, daß im Fall eines Dienstes der Informationsgesellschaft, der darin besteht, von einem Nutzer eingegebene Informationen in einem Kommunikationsnetz zu übermitteln, der Diensteanbieter nicht für die automatische, zeitlich begrenzte Zwischenspeicherung verantwortlich ist, die dem alleinigen Zweck dient, die Übermittlung der Information an andere Nutzer auf deren Anfrage effizienter zu gestalten, sofern folgende Voraussetzungen erfüllt sind: a) Der Diensteanbieter verändert die Information nicht; b) der Diensteanbieter beachtet die Bedingungen für den Zugang zu der Information;	**§ 10/§ 8 Zwischenspeicherung zur beschleunigten Übermittlung von Informationen** [1]Diensteanbieter sind für eine automatische, zeitlich begrenzte Zwischenspeicherung, die allein dem Zweck dient, die Übermittlung der fremden Information an andere Nutzer auf deren Anfrage effizienter zu gestalten, nicht verantwortlich, sofern sie 1. die Informationen nicht verändern, 2. die Bedingungen für den Zugang zu den Informationen beachten, 3. die Regeln für die Aktualisierung der Information, die in weithin anerkannten und verwendeten Industriestandards festgelegt sind, beachten,

	c) der Diensteanbieter beachtet die Regeln für die Aktualisierung der Information, die in weithin anerkannten und verwendeten Industriestandards festgelegt sind; d) der Diensteanbieter beeinträchtigt nicht die erlaubte Anwendung von Technologien zur Sammlung von Daten über die Nutzung der Information, die in weithin anerkannten und verwendeten Industriestandards festgelegt sind; e) der Diensteanbieter handelt zügig, um eine von ihm gespeicherte Information zu entfernen oder den Zugang zu ihr zu sperren, sobald er tatsächliche Kenntnis davon erhält, daß die Information am ursprünglichen Ausgangsort der Übertragung aus dem Netz entfernt wurde oder der Zugang zu ihr gesperrt wurde oder ein Gericht oder eine Verwaltungsbehörde die Entfernung oder Sperrung angeordnet hat.	4. die erlaubte Anwendung von Technologien zur Sammlung von Daten über die Nutzung der Information, die in weithin anerkannten und verwendeten Industriestandards festgelegt sind, nicht beeinträchtigen und 5. unverzüglich handeln, um im Sinne dieser Vorschrift gespeicherte Informationen zu entfernen oder den Zugang zu ihnen zu sperren, sobald sie Kenntnis davon erhalten haben, dass die Informationen am ursprünglichen Ausgangsort der Übertragung aus dem Netz entfernt wurden oder der Zugang zu ihnen gesperrt wurde oder ein Gericht oder eine Verwaltungsbehörde die Entfernung oder Sperrung angeordnet hat. [2]§ 9 *(§ 7)* Abs. 1 Satz 2 gilt entsprechend.
§ 5 (4) TDG 97 Verpflichtungen zur Sperrung der Nutzung rechtswidriger Inhalte nach den allgemeinen Gesetzen bleiben unberührt, wenn der Diensteanbieter unter Wahrung des Fernmeldegeheimnisses gemäß § 85 des Telekommunikationsgesetzes von den Inhalten Kenntnis erlangt und eine Sperrung technisch möglich und zumutbar ist.	**Art. 12 Reine Durchleitung** (3) Dieser Artikel läßt die Möglichkeit unberührt, daß ein Gericht oder eine Verwaltungsbehörde nach den Rechtssystemen der Mitgliedstaaten vom Diensteanbieter verlangt, die Rechtsverletzung abzustellen oder zu verhindern. **Art. 13 Caching** (2) Dieser Artikel läßt die Möglichkeit unberührt, daß ein Gericht oder eine Verwaltungsbehörde nach den Rechtssystemen der Mitgliedstaaten vom Diensteanbieter verlangt, die Rechtsverletzung abzustellen oder zu verhindern. **Art. 14 Hosting** (3) Dieser Artikel läßt die Möglichkeit unberührt, daß ein Gericht oder eine Verwaltungsbehörde nach den Rechtssystemen der Mitgliedstaaten vom Diensteanbieter verlangt, die Rechtsverletzung abzustellen oder zu verhindern, oder daß die Mitgliedstaaten Verfahren für die Entfernung einer Information oder die Sperrung des Zugangs zu ihr festlegen.	**§ 8/§ 6 Allgemeine Grundsätze** (2) [2]Verpflichtungen zur Entfernung oder Sperrung der Nutzung von Informationen nach den allgemeinen Gesetzen *(nach diesem Staatsvertrag oder den allgemeinen Gesetzen)* bleiben auch im Falle der Nichtverantwortlichkeit des Diensteanbieters nach den §§ 9 bis 11 *(7 bis 9)* unberührt. [3]Das Fernmeldegeheimnis nach § 85 des Telekommunikationsgesetzes ist zu wahren.

§ 5 (3) MDStV 97 *[3] § 18 Abs. 3 bleibt unberührt.* ***§ 18 MDStV 97 – Aufsicht*** *(3) Erweisen sich Maßnahmen gegenüber dem Verantwortlichen nach § 5 Abs. 1 und 2 als nicht durchführbar oder nicht erfolgversprechend, können Maßnahmen zur Sperrung von Angeboten nach Absatz 2 auch gegen den Anbieter von fremden Inhalten nach § 5 Abs. 3 gerichtet werden, sofern der Anbieter unter Wahrung des Fernmeldegeheimnisses gemäß § 85 des Telekommunikationsgesetzes von den Inhalten Kenntnis erlangt und eine Sperrung technisch möglich und zumutbar ist.*		

-	**Art. 15 Keine allgemeine Überwachungspflicht** (1) Die Mitgliedstaaten erlegen Anbietern von Diensten im Sinne der Artikel 12, 13 und 14 keine allgemeine Verpflichtung auf, die von ihnen übermittelten oder gespeicherten Informationen zu überwachen oder aktiv nach Umständen zu forschen, die auf eine rechtswidrige Tätigkeit hinweisen.	**§ 8/§ 6 Allgemeine Grundsätze** (2) [1]Diensteanbieter im Sinne der §§ 9 bis 11 *(7 bis 9)* sind nicht verpflichtet, die von ihnen übermittelten oder gespeicherten Informationen zu überwachen oder nach Umständen zu forschen, die auf eine rechtswidrige Tätigkeit hinweisen.
-	**Art. 15 Keine allgemeine Überwachungspflicht** (2) Die Mitgliedstaaten können Anbieter von Diensten der Informationsgesellschaft dazu verpflichten, die zuständigen Behörden unverzüglich über mutmaßliche rechtswidrige Tätigkeiten oder Informationen der Nutzer ihres Dienstes zu unterrichten, oder dazu verpflichten, den zuständigen Behörden auf Verlangen Informationen zu übermitteln, anhand deren die Nutzer ihres Dienstes, mit denen sie Vereinbarungen über die Speicherung geschlossen haben, ermittelt werden können.	-

I. Dogmatische Einordnung und Anwendungsbereich der Regelungen

1. Dogmatische Einordnung

Die Verantwortlichkeitsregelungen unterscheiden ausdrücklich[807] oder konkludent[808] zwischen der Verantwortlichkeit nach dem TDG/MDStV und derjenigen nach den *„allgemeinen Gesetzen"*.[809] Bei den „allgemeinen Gesetzen" handelt es sich nicht allein um solche im Sinne des Art. 5 II, 1. Alt. GG[810], denn zum einen sind „Betätigungen im Internet" nicht nur durch die Kommunikationsfreiheiten geschützt[811] und zum anderen wäre eine Ausgrenzung der „gesetzlichen Bestimmungen zum Schutze der Jugend" (Art. 5 II, 2. Alt. GG) bereits angesichts der spezifisch jugendschützenden Vorschriften des MDStV (in seiner Fassung bis zum 31.03.2003) nicht nachvollziehbar gewesen; Gleiches gilt nun im Hinblick auf die Jugendschutzregelungen des JMStV[812]. Vielmehr war und ist die angesprochene Formulierung im Sinne von *„sonstigem"* (d.h. außerhalb des TDG/MDStV stehendem) *Recht* zu verstehen.[813]

Im Hinblick auf die *Beziehung* der Verantwortlichkeitsregelungen zum *„sonstigen Recht"* hieß es in der Gesetzesbegründung zu § 5 II TDG 97: „Liegen die Voraussetzungen der Verantwortlichkeit für rechtswidrige fremde Inhalte vor, bestimmen sich die Rechtsfolgen nach der geltenden Rechtsordnung; im Bereich des Strafrechts ist dies z.B. die Strafbarkeit, im deliktischen Bereich die Schadensersatzpflicht des Diensteanbieters."[814] Der Bundesrat führte in seiner Stellungnahme aus: „Die Regelungen zur Verantwortlichkeit sind der straf- und zivilrechtlichen Prüfung vorgelagert. Ergibt sich danach im Grundsatz eine Verantwortlichkeit des Anbieters, ist in einem zweiten Schritt die straf- und zivilrechtliche Beurteilung vorzunehmen."[815] In der Gesetzesbegründung zum MDStV 97 war ebenfalls von einer *vorgelagerten Prüfung* der „medienrechtlichen Verantwortlichkeit" die Rede.[816]

---

807 So bereits in §§ 5 I, IV TDG/5 I MDStV 97 und nun in §§ 8 I, II 2 TDG/6 I, II 2 MDStV.

808 So bereits in §§ 5 II, III TDG/MDStV 97 und nun in §§ 9-11 TDG/7-9 MDStV.

809 Vgl. *Altenhain*, AfP 1998, 457, 458; Bleisteiner, 150.

810 So aber *Ukrow* in Roßnagel, § 5 MDStV, Rn. 42 (jedoch ohne Begründung).

811 Siehe ausführlich unten 6. Teil.

812 Die Verantwortlichkeitsregelungen des MDStV gelten über §§ 20 IV JMStV i.V.m. 22 II-IV MDStV auch für die Jugendschutzaufsicht über Tele-/Mediendiensteanbieter.

813 So auch (bereits im Hinblick auf TDG/MDStV 97) etwa *Bleisteiner*, 151; *Hoeren*, MMR 1998, 97, 98.

814 BT-Drs. 13/7385, 20.

815 *BT-Drs. 13/7385*, 51. Die *Bundesregierung* schloß sich diesem Verständnis einer Zwei-Schritt-Prüfung an: § 5 TDG 97 sei „eine zum Zivil-, Straf- und Ordnungswidrigkeitenrecht akzessorische Regelung zu der Frage, unter welchen Voraussetzungen Anbieter von Telediensten für die von ihnen zur Nutzung bereitgehaltenen Inhalte einstehen müssen" (Antwort auf eine Kleine Anfrage der Abgeordneten Dr. Kiper, Schlauch, Such und der Fraktion Bündnis 90/Die Grünen, *BT-Drs. 13/8153*, 8).

816 BWLT-Drs. 12/1302, 21.

Demzufolge waren die §§ 5 TDG/MDStV 97 als *„(Vor-)Filter"* anzusehen[817], der zunächst passiert werden mußte, bevor eine Prüfung nach den Maßstäben des jeweiligen Rechtsgebiets erfolgen konnte – wobei diese Maßstäbe durch die Verantwortlichkeitsregelungen nicht modifiziert wurden. Es wurde zwar teilweise für eine Integration der Verantwortlichkeitsregelungen in den herkömmlichen Normaufbau des jeweils einschlägigen Rechtsgebiets – etwa auf der Tatbestands- oder Verschuldensebene – plädiert *(„Integrationslösung").*[818] Jedoch sprach für die „Filterlösung" neben dem erklärten Willen des Gesetzgebers vor allem auch der Gesetzeswortlaut mit den allgemeinen, nicht rechtsgebietsspezifischen Begriffen der „Kenntnis" (statt „Vorsatz") oder „Verantwortlichkeit" (statt „Haftung" oder „Strafbarkeit").[819]

Art. 12-15 ECRL begrenzen die Verantwortlichkeit der Diensteanbieter ebenfalls „horizontal", d.h. in Bezug auf alle (unerlaubten) Netz-Aktivitäten Dritter. Soweit ein Diensteanbieter die Voraussetzungen einer Verantwortlichkeitseinschränkung nicht erfüllt, richten sich Art und Umfang seiner Verantwortlichkeit nach den jeweiligen innerstaatlichen Vorschriften.[820] Somit liegt auch den Art. 12-15 ECRL ein *(Vor-)Filtermodell* zugrunde.[821] Gleiches gilt für §§ 8-11 TDG/6-9 MDStV, die der Umsetzung der Richtlinienbestimmungen dienen.[822]

---

817 So etwa *OLG München*, CR 2000, 541, 542; *Altenhain*, AfP 1998, 457, 458; *Beucher/Leyendecker/von Rosenberg*, § 5 TDG, Rn. 1, 2; *Bleisteiner*, 153, 157; *von Bonin/Köster*, ZUM 1997, 821, 823; *Engel-Flechsig/Maennel/Tettenborn*, 16; *Jaeger*, RDV 1998, 266, 267; *Kloepfer*, InfR, § 13, Rn. 36; *Maennel* in E-F/M/T, § 5 TDG, Rn. 14; *Moritz*, CR 1998, 505, 506; *Sieber* in Hoeren/Sieber, Teil 19, Rn. 236; *Ukrow* in Roßnagel, § 5 MDStV, Rn. 33.

818 So etwa *LG München I*, CR 2000, 117, 119; *Bettinger/Freytag*, CR 1998, 545, 546; *Freytag*, ZUM 1999, 185, 189; *Gounalakis*, NJW 1997, 2993, 2995; *Haft/Eisele*, JuS 2001, 112, 117 f.; *Spindler* in Hoeren/Sieber, Teil 29, Rn 33, 37 (allerdings konstatierend, die Prüfung auf der Tatbestandsebene wirke „ähnlich wie ein Filter"). Mit dem rechtsgebietsübergreifenden Charakter der §§ 5 TDG/MDStV 97 nicht zu vereinbaren war die von *Vassilaki*, MMR 1998, 630, 633 f., allein aus der Sicht des Strafrechts vorgenommene Interpretation des § 5 TDG 97 als Regelung der Täterschaft und Teilnahme im Hinblick auf ein besonderes „Telediensteinhaltsdelikt" (hiergegen zu Recht *Spindler* in Hoeren/Sieber, Teil 29, Rn. 34 ff.).

819 Überdies hätte die „Integrationslösung" den §§ 5 TDG/MDStV 97 ihren Charakter als einheitliche und eigenständige Verantwortlichkeitsregelungen genommen, was wiederum der gesetzgeberischen Intention der Schaffung von Rechtssicherheit zuwidergelaufen wäre (vgl. *Bleisteiner*, 154, 156 f.; *Sieber* in Hoeren/Sieber, Teil 19, Rn. 230-232).

820 KOM (1998) 586 endg., 30.

821 So etwa *Arndt/Köhler*, EWS 2001, 102, 110; *Marly* in Grabitz/Hilf/Wolf, A 4, Art. 12 ECRL, Rn. 4.

822 In diesem Sinne jetzt auch ausdrücklich die Gesetzesbegründungen (*BT-Drs. 14/6098*, 23; *BWLT-Drs. 13/951*, 37): „Wie bei den bisherigen ... Regelungen läßt sich die Wirkungsweise der §§ 9 bis 11 (bzw.: 7 bis 9) untechnisch mit der eines Filters vergleichen". Für die Filterlösung auch *Nickels*, CR 2002, 302, 305; *Schwarz/Poll* in Schwarz/Peschel-Mehner, Teil 20-G, Rn. 52; *Tettenborn/Bender/Lübben/Karenfort*, K&R-Beilage 1/12/2001, 1, 26; a.A. *Spindler*, NJW 2002, 921, 922.

Da die Verantwortlichkeitsregelungen die Maßstäbe des jeweils einschlägigen Rechtsgebiets nicht modifizieren, kommt es im Ergebnis nicht darauf an, ob sie als „Vor-" oder „Nach"filter behandelt werden.[823] Somit können sie – in einem weiten Sinn – als *Filter* bezeichnet werden.

2. Anwendungsbereich

a) Anwendbarkeit auf das öffentliche Recht

Die fraglichen Bestimmungen können sich auf die rechtliche Zulässigkeit der im Rahmen dieser Arbeit erörterten Maßnahmen nur auswirken, wenn sie überhaupt auf das *öffentliche Recht* bzw. die *öffentlich-rechtliche Verantwortlichkeit anwendbar* sind, d.h. insofern eine Filterwirkung zu entfalten vermögen.

Der Begriff der *„Verantwortlichkeit"* wurde bereits im TDG/MDStV 97 nicht näher definiert. Allerdings schienen die Gesetzesmaterialien darauf hinzudeuten, daß die Regelwerke die *öffentlich-rechtliche* Verantwortlichkeit *nicht* erfassen sollten: Zum einen war in den bereits angeführten Passagen[824] nur von der straf- und zivilrechtlichen Haftung die Rede, zum anderen hieß es in der Begründung zu § 5 TDG 97: „Während Absatz 1 bis 3 die strafrechtliche und deliktische Verantwortlichkeit der Diensteanbieter für eigenes Verschulden zum Gegenstand haben, stellt Absatz 4 klar, daß die objektiven, d.h. keine Schuld voraussetzenden Verpflichtungen der Diensteanbieter zur Unterlassung von Rechtsgutverletzungen für alle Diensteangebote davon unberührt bleiben sollen."[825]

Angesichts dessen ging ein Teil der Literatur davon aus, daß §§ 5 I-III TDG/MDStV 97 auf verschuldensunabhängige Tatbestände – d.h. auch auf das öffentliche Recht – nicht anwendbar waren (und daher § 5 IV TDG 97 nur deklaratorische Bedeutung besaß).[826] Nach dieser Ansicht bezog sich der Begriff der Verantwortlichkeit im Sinne des TDG/MDStV 97 ausschließlich auf das Einstehenmüssen für *eigenes Verschulden*.[827] Zur Begründung wurde unter anderem angeführt, daß die Wirkung „ex post facto" wirkender polizeilicher Sperrmaßnahmen geringer als diejenige zivil- bzw. strafrechtlicher Verbote und Haftungsrisiken einzuschätzen sei.[828] Ferner wurden kompetenzrechtliche Bedenken erhoben[829]; allerdings ohne nähere Begründung der These, daß eine Regelung der gefahren-

---

823 So auch *Schwarz/Poll* in Schwarz/Peschel-Mehner, Teil 20-G, Rn. 57; *Sieber*, Rn. 246 (der zutreffend darauf hinweist, daß für die „Vorfilterprüfung" vor allem arbeitsökonomische Gesichtspunkte sprechen). Auch in bisher ergangenen Gerichtsentscheidungen wurden die Regelungen häufig nach den jeweils in Betracht kommenden Haftungsnorm geprüft (siehe etwa *OLG Köln*, MMR 2002, 548; *LG München I*, CR 2000, 117; *AG München*, CR 1998, 500).

824 Siehe oben 1.

825 *BT-Drs. 13/7385*, 20 f.

826 *Beucher/Leyendecker/von Rosenberg*, § 5 TDG, Rn. 38; *Bröhl*, CR 1997, 73, 75 f.; *Engel-Flechsig*, ZUM 1997, 231, 236; *Germann*, 385 f., 446; *Koch*, CR 1997, 193, 202; *Kuch*, ZUM 1997, 225, 229; *Zimmermann*, NJW 1999, 3145, 3148.

827 So auch *BT-Drs. 13/7385*, 19.

828 *Zimmermann*, NJW 1999, 3145, 3148.

829 *Germann*, 386.

abwehrrechtlichen Verantwortlichkeit im TDG 97 über eine (durch Art. 74 Nr 11 GG gedeckte) Annexregelung zu im übrigen wirtschaftlichen Sachverhalten hinausgegangen wäre.[830]

Jedoch hätten die Verantwortlichkeitsregelungen bei einer Einschränkung ihres Anwendungsbereichs auf Fälle des Einstehenmüssens für eigenes Verschulden weder die *Zurechnung fremden Verschuldens* des Erfüllungsgehilfen zum Schuldner ohne dessen eigenes Verschulden[831] noch den gesamten Bereich der völlig verschuldensunabhängigen *Gefährdungshaftung* erfaßt.[832] Ein solches Ergebnis hätte kaum der Intention des Gesetzgebers entsprochen, der – zur Schaffung von Rechtssicherheit – mit der Verwendung des rechtsgebiets- und rechtsfolgenunspezifischen Begriffs der „Verantwortlichkeit" offensichtlich eine *querschnittsartige Erfassung aller denkbaren „Verantwortlichkeiten"* der Tele-/Mediendiensteanbieter erreichen wollte, ohne für alle eventuell einschlägigen Rechtsgrundlagen jeweils gesonderte Regelungen treffen zu müssen.[833] Überdies fand eine Begrenzung der Anwendungsbereiche der §§ 5 TDG/MDStV 97 auf verschuldensabhängige Tatbestände im Gesetzeswortlaut keine Stütze.

Was die neue Rechtslage angeht, so bestimmt zwar die ECRL[834], daß ihre Verantwortlichkeitsregelungen die Möglichkeit unberührt lassen, daß von einem Diensteanbieter verlangt wird, eine Rechtsverletzung abzustellen oder zu verhindern. Nach den korrespondierenden Bestimmungen der §§ 8 II 2, 3 TDG/6 II 2, 3 MDStV[835] bestehen Verpflichtungen zur Entfernung oder Sperrung der Nutzung von Informationen nach den allgemeinen Gesetzen auch im Fall der Nichtverantwortlichkeit eines Diensteanbieters nach den Regelungen der §§ 9-11 TDG bzw. 7-9 MDStV. Allerdings stellen die zuerst genannten Bestimmungen lediglich auf die *Rechtsfolge* (d.h. das „Anspruchsziel") einer Entfernung oder Sperrung der Nutzung von Informationen ab, ohne generell eine Anwendung der Verantwortlichkeitsregelungen auf verschuldensunabhängige Verpflichtungen[836] auszuschließen.[837] Im übrigen gelten die gegen eine Begrenzung der Anwendungsbereiche der §§ 5 TDG/MDStV 97 auf verschuldensabhängige Tatbestän-

---

830 Entgegen der genannten Auffassung wies diese Regelung einen notwendigen, überwiegenden Zusammenhang zum Sachbereich „Teledienste" auf und war daher durch Art. 74 Nr. 11 GG (mit)gedeckt (vgl. oben Fußnote 718).

831 § 278 BGB.

832 Vgl. *Bleisteiner*, 158 f.; *Spindler* in Hoeren/Sieber, Teil 29, Rn. 29 f.; *Ukrow* in Roßnagel, § 5 MDStV, Rn. 32.

833 *Spindler* in Hoeren/Sieber, Teil 29, Rn. 31.

834 Art. 12 III, 13 II, 14 III ECRL.

835 Siehe hierzu auch unten c), II. 2. b), 3. b).

836 D.h. Verpflichtungen, die tatbestandlich kein Verschulden voraussetzen.

837 Abzulehnen ist daher die Auffassung von *Nickels*, CR 2002, 302, 306 (dort Fußnote 54), wonach allein verschuldensunabhängige Pflichten nach dem Zivil- oder Verwaltungsrecht unberührt bleiben sollen.

de vorgebrachten Argumente entsprechend auch im Hinblick auf die Anwendungsbereiche der neuen §§ 8-11 TDG/6-9 MDStV.[838]

Demnach sind die Verantwortlichkeitsregelungen auf alle Rechtsgebiete – mithin auch das *öffentliche Recht – anwendbar.*[839] Der Begriff der *„Verantwortlichkeit"* bezieht sich in einem weiten Sinn auf *jedes* (verschuldensabhängige oder -unabhängige) *Einstehenmüssen für Rechtsfolgen*[840], die das Recht an das Bereithalten oder Vermitteln des Zugangs zur Nutzung von Tele-/Mediendiensteinformationen knüpft. Ein Diensteanbieter, dessen Verantwortlichkeit durch das TDG bzw. den MDStV *ausgeschlossen* ist, kann nur unter den besonderen Voraussetzungen der Inanspruchnahme eines *„Nichtstörers"* zur Gefahrenabwehr herangezogen werden.[841]

---

838 Die Gesetzesbegründungen sind wenig aufschlußreich: Zwar nehmen sie (nur) auf „eine Verantwortlichkeit im zivil- oder strafrechtlichen Bereich" Bezug (*BT-Drs. 14/6098*, 23; *BWLT-Drs. 13/951*, 37); andererseits enthalten sie aber weder Ausführungen zur (Nicht-)Anwendbarkeit der Verantwortlichkeitsregelungen auf das öffentliche Recht noch zu einer Klarstellung der Unberührtheit verschuldensunabhängiger Verpflichtungen durch §§ 8 II 2, 3 TDG/6 II 2, 3 MDStV, welche § 5 IV TDG 97 bzw. §§ 5 III 3 i.V.m. 18 III MDStV 97 entsprechen (*BT-Drs. 14/6098*, 23; *BWLT-Drs. 13/951*, 38).

839 So im Hinblick auf §§ 5 TDG/MDStV 97 auch *Bleisteiner*, 151; *Engel-Flechsig/Maennel/Tettenborn*, NJW 1997, 2981, 2984; *Freytag*, ZUM 1999, 185, 188, 189 f.; *Gabel*, K&R 1998, 367, 368; *Greiner*, 113 f.; *Hütig* in Moritz/Dreier, Rn. 9; *Kloepfer*, InfR, § 13, Rn. 36; *Maennel* in E-F/M/T, § 5 TDG, Rn. 14; *Schilling*, 77; *Sieber*, MMR-Beilage 2/1999, 1, 3, 7; *Spindler* in Hoeren/Sieber, Teil 29, Rn. 31; *Ukrow* in Roßnagel, § 5 MDStV, Rn. 33; im Hinblick auf §§ 8-11 TDG/6-9 MDStV auch *Freytag* in Lehmann, Rn. 6; *Hütig* in Moritz/Dreier, Rn. 9; *Schwarz/Poll* in Schwarz/Peschel-Mehner, Teil 20-G, Rn. 52; *Spindler*, NJW 2002, 921, 922.

840 Vgl. im Hinblick auf §§ 5 TDG/MDStV 97 *Engel-Flechsig/Maennel/Tettenborn*, NJW 1997, 2981, 2984; *Freytag*, ZUM 1999, 185, 189; *Maennel* in E-F/M/T, § 5 TDG, Rn. 14; *Ukrow* in Roßnagel, § 5 MDStV, Rn. 33; im Ergebnis ebenso *Bleisteiner*, 159; *Sieber* in Hoeren/Sieber, Teil 19, Rn. 219; *Spindler* in Hoeren/Sieber, Teil 29, Rn. 31; im Hinblick auf §§ 8-11 TDG/6-9 MDStV *Freytag* in Lehmann, Rn. 6; *Hütig* in Moritz/Dreier, Rn. 9.

841 So im Hinblick auf §§ 5 TDG/MDStV 97 *Koenig/Loetz*, CR 1999, 438, 442 und im Ergebnis auch *Greiner*, 128; *Sieber*, MMR-Beilage 2/1999, 1, 5. Zwar scheint der rechtsgebietsübergreifende Charakter des Verantwortlichkeitsbegriffs des TDG/MDStV (der sich nicht mit demjenigen des allgemeinen Gefahrenabwehrrechts decken muß) die Annahme zuzulassen, daß bei einem Verantwortlichkeitsausschluß durch diese Vorschriften der betreffende Diensteanbieter gar nicht mehr – also auch nicht mehr nach den Regelungen über die Inanspruchnahme des „Nichtstörers" – als Adressat einer Gefahrenabwehrmaßnahme in Betracht kommen soll. Jedoch würde ein derart weitgehendes Verständnis der Filterregelung die klassische Differenzierung zwischen der vorrangigen Heranziehung des Verantwortlichen und der nur ausnahmsweise möglichen Inanspruchnahme eines Dritten im Fall des „polizeilichen Notstands" einebnen und eine vom Gesetzgeber nicht gewollte (vgl. oben 1.) Modifikation der Maßstäbe des Gefahrenabwehrrechts durch die „Filter"regelungen bewirken. Abgesehen davon hätte – gera-

b) Anwendungsbereich im Hinblick auf „eigene“ bzw. „fremde“ „Informationen“

Die in Rede stehenden Vorschriften des TDG/MDStV regeln die Verantwortlichkeit *für „eigene“* bzw. *„fremde“ „Informationen“* (während in §§ 5 TDG/MDStV 97 von „Inhalten“ die Rede war). Zu klären ist, welche Daten hiervon erfaßt werden.

Bei *„Inhalten“* im Sinne der §§ 5 TDG/MDStV 97 handelte es sich um *alle in einem Tele-/Mediendiensteangebot enthaltenen Daten.*[842] Gegen eine teilweise vertretene Ansicht, wonach nur „kommunikative“ Inhalte (bzw. der Aussagegehalt von Inhalten) – nicht aber insbesondere urheberrechtlich geschützte Daten – erfaßt werden sollten[843], sprach vor allem, daß infolge einer solchen Einschränkung bestimmte Diensteanbieter, die vom TDG/MDStV 97 erfaßt wurden, von vornherein nicht in den Genuß einer Verantwortlichkeitsbeschränkung hätten kommen können[844], was der vom Gesetzgeber beabsichtigten Schaffung umfassender Rechtssicherheit für Informations- und Kommunikationsdienste[845] widersprochen hätte.[846] Die Differenzierung zwischen „eigenen“ und „fremden“ Inhalten

---

de weil mit dem Terminus „verantwortlich“ im TDG/MDStV ein zentraler gefahrenabwehrrechtlicher Begriff verwendet wird – eine etwaige Absicht des Gesetzgebers, daß ein Ausschluß der „Verantwortlichkeit“ durch das TDG bzw. den MDStV für das öffentliche Gefahrenabwehrrecht nicht (nur) zu einer Nichtverantwortlichkeit, sondern sogar zu einer „Nichtheranziehbarkeit“ führen soll, im Gesetzeswortlaut klar(er) zum Ausdruck kommen müssen.

842 So etwa *Freytag*, ZUM 1999, 185, 191; *Gounalakis/Rhode*, NJW 2000, 2168, 2169; *Popp*, 65; vgl. auch *Kloepfer*, InfR, § 13, Rn. 40. Keine „Inhalte“ waren Tele-/Mediendienstenutzungs- oder TK-Verkehrsdaten (vgl. oben 4. Teil F. I. sowie unten 6. Teil B. III. 2. b), c)), da sie weder in einem Angebot enthalten sind noch zur Nutzung bereitgehalten werden oder den Gegenstand einer Zugangsvermittlung bilden.

843 *OLG München*, MMR 2001, 375, 377; *Koch*, CR 1997, 193, 196, 197 (dort Fußnote 26); *Schaefer/Rasch/Braun*, ZUM 1998, 451, 452 ff.; *Ukrow* in Roßnagel, § 5 MDStV, Rn. 38; *Waldenberger*, MMR 1998, 124, 127 f.

844 Vgl. *Hütig* in Moritz/Dreier, Rn. 25; *Schwarz/Poll* in Schwarz/Peschel-Mehner, Teil 20-G, Rn. 65; *Spindler*, NJW 1997, 3193, 3195; *derselbe* in Hoeren/Sieber, Teil 29, Rn. 85.

845 *BT-Drs. 13/7385*, 16; *BWLT-Drs. 12/1302*, 18. Vgl. auch *Freytag*, ZUM 1999, 185, 190; *Gounalakis/Rhode*, NJW 2000, 2168, 2169; *Spindler* in Hoeren/Sieber, Teil 29, Rn. 84.

846 Überdies sprachen auch die identischen Tätigkeitsbeschreibungen des „Bereithaltens zur Nutzung“ und „Vermittelns des Zugangs zur Nutzung“ für einen deckungsgleichen Anwendungsbereich der Diensteanbieter-Definitionen und Verantwortlichkeitsregelungen. Da die Regelung des § 5 MDStV 97 keinen hinreichend engen Sachzusammenhang mit der verfassungsrechtlichen Materie „Urheberrecht“ aufwies, gebot Art. 73 Nr. 9 GG keine Beschränkung dieser Norm auf „kommunikative“ Inhalte (vgl. *Freytag*, ZUM 1999, 185, 187; *Sieber*, MMR-Beilage 2/1999, 1, 4; a.A. wohl *Kloepfer*, InfR, § 13, Rn. 37). Entgegen *Lehmann*, CR 1998, 232, 233 f., und *Ukrow* in Roßnagel, § 5 MDStV, Rn. 34, führte auch Art. 45 des TRIPS-Abkommens nicht zur Unanwendbarkeit der §§ 5 II, III TDG/MDStV 97 auf urheberrechtliche Fragen, denn das Abkommen überläßt die Bestimmung der für eine Urheberrechtsverletzung (mit)verantwortlichen Personen den Vertragsstaaten (vgl. *Dekker*, MMR 1999, 7, 8; *Hoeren*, MMR 2001, 379, 381;

deckte sich ersichtlich mit der Unterscheidung zwischen eigenen und fremden Tele-/ Mediendiensten. Daher kam es auch im Rahmen der Verantwortlichkeitsregelungen auf die äußerlich erkennbare Einstellung des Diensteanbieters zu den fraglichen Inhalten an.[847]

Der Begriff der *„Information"* im Sinne von Art. 12-15 ECRL ist – wie sich schon aus dem Wortlaut ergibt – ebenfalls weit zu verstehen.[848] Der in §§ 8-11 TDG/6-9 MDStV übernommene Begriff erfaßt *alle im Rahmen eines Tele-/ Mediendienstes gespeicherten oder übermittelten Daten*[849], d.h. sowohl „kommunikative" als auch sonstige Inhalte.[850] Demnach sind die Begriffe „Inhalte" und „Informationen" deckungsgleich.

Was die Differenzierung zwischen *eigenen* und *fremden* Informationen angeht, so unterscheiden die Verantwortlichkeitsregelungen des TDG/MDStV zwischen *eigenen* Informationen, die zur Nutzung bereitgehalten werden, und *fremden* Informationen, die übermittelt, zwischengespeichert oder für einen Nutzer gespeichert werden, während Art. 12-15 ECRL allein auf die Übermittlung, Zwischenspeicherung bzw. Speicherung der *von einem Nutzer eingegebenen* Informationen abstellen. Daher scheinen §§ 9-11 TDG/7-9 MDStV *richtlinienkonform* dahingehend *auszulegen* sein, daß sie auch dann einschlägig sind, wenn ein Diensteanbieter sich die von einem Nutzer eingespeisten bzw. eingesendeten Daten „zu eigen macht".[851] Ob eine solche Auslegung geboten ist, kann jedoch letztlich offenbleiben: Bei der Zugangsvermittlung ist ein „Zu-eigen-Machen" übermittelter bzw. zwischengespeicherter Informationen ohnehin nicht denkbar. Beim Bereithalten von Informationen zur Nutzung kommt ein „Zu-eigen-Machen" durch den Diensteanbieter in der Regel nur hinsichtlich der von ihm selbst eingespeisten Informationen in Betracht.[852] Soweit sich der Diensteanbieter dennoch von einem Nutzer eingespeiste bzw. eingesendete Informatio-

---

Manz, 158; *Sieber*, Rn. 226). Gegen eine Beschränkung der §§ 5 TDG/MDStV 97 auf „kommunikative" Inhalte etwa auch *LG Frankenthal*, MMR 2001, 401; *LG München I*, K&R 2000, 307, 308; *Bettinger/Freytag*, CR 1998, 545, 546; *Beucher/Leyendecker/von Rosenberg*, § 5 TDG, Rn. 5; *Bleisteiner*, 162 f., 224; *Gounalakis/Rhode*, NJW 2000, 2168, 2169; *Hütig* in Moritz/Dreier, Rn. 24 ff., 30; *Spindler* in Hoeren/Sieber, Teil 29, Rn. 83 ff.; *Wimmer/Kleineidam/Zang*, K&R 2001, 456, 457 ff.

847 Vgl. oben 4. Teil II. 2. b).

848 So bereits KOM (1998) 586 endg., 30.

849 So jetzt ausdrücklich die Gesetzesbegründungen zu den neugefaßten Verantwortlichkeitsregelungen (*BT-Drs. 14/6098*, 23; *BWLT-Drs. 13/951*, 38).

850 *Hütig* in Moritz/Dreier, Rn. 34 f.; *Spindler*, MMR-Beilage 7/2000, 4, 16; *Tettenborn/Bender/Lübben/Karenfort*, K&R-Beilage 1/12/2001, 1, 27; *Wimmer/Kleineidam/Zang*, K&R 2001, 456, 460.

851 So etwa *Säcker*, MMR-Beilage 9/2001, 2, 3; *Schwarz/Poll* in Schwarz/Peschel-Mehner, Teil 20-G, Rn. 84; *Spindler*, MMR 1999, 199, 203; *derselbe*, NJW 2002, 921, 923 (maßgeblich auf die Veranlassung und Beeinflussung der Informationsübermittlung und -speicherung abstellend *derselbe*, MMR 2004, 440, 441 f.).

852 Vgl. oben A. I. und 4. Teil A. II. 2. a) bb).

nen „zu eigen machen" würde, könnte kaum mehr von einer Speicherung „im Auftrag eines Nutzers"[853] die Rede sein.[854] Demnach bestehen im Ergebnis keine Bedenken dagegen, daß die Verantwortlichkeitsregelungen des TDG/MDStV an der Unterscheidung zwischen eigenen und fremden Informationen festhalten.[855]

c) Einschränkungen des Anwendungsbereichs

aa) Nichtgeltung der Verantwortlichkeitsregelungen im Hinblick auf Verpflichtungen zur Entfernung oder Sperrung der Nutzung von Informationen

Nach den *letzten Absätzen* der *Art. 12, 13* und *14 ECRL* lassen diese Artikel die Möglichkeit unberührt, daß ein Gericht oder eine Verwaltungsbehörde nach dem Rechtssystem eines Mitgliedstaats von einem Diensteanbieter verlangt, eine Rechtsverletzung abzustellen oder zu verhindern.[856] Die der Umsetzung dieser Richtlinienbestimmungen dienenden *§§ 8 II 2 TDG/6 II 2 MDStV*[857] ordnen an, daß Verpflichtungen zur *Entfernung oder Sperrung der Nutzung von Informationen* nach den allgemeinen Gesetzen *auch im Falle der Nichtverantwortlichkeit* eines Diensteanbieters nach §§ 9-11 TDG bzw. 7-9 MDStV *unberührt* bleiben (wobei das Fernmeldegeheimnis nach dem TKG zu wahren ist [§§ 8 II 3 TDG/6 II 3 MDStV]).

Die Vorgängerregelungen der §§ 5 IV TDG 97 bzw. 5 III 3 in Verbindung mit 18 III MDStV 97 erklärten Verpflichtungen zur Sperrung der Nutzung rechtswidriger Inhalte nach den allgemeinen Gesetzen für unberührt. Während die Regelungen des MDStV 97 systematisch und nach ihrem klaren Wortlaut nur auf die Zugangsvermittlung Bezug nahmen[858], war in *§ 5 IV TDG 97* lediglich von einem „Diensteanbieter" die Rede, so daß sich die Frage stellte, auf *welche Fallgestaltungen* sich diese Vorschrift bezog. Zwar sprachen

853 Art. 14 I 1 ECRL.

854 Vgl. *Freytag*, CR 2000, 600, 603 f. In diesem Fall ist – entgegen *Greiner*, 186, und *Spindler*, NJW 2002, 921, 923 – Art. 14 ECRL nicht bereits in der Regel oder sogar immer wegen der Kenntnis des Diensteanbieters von den betreffenden Informationen nicht einschlägig. Auch der vereinzelt angeführte Verweis auf die Begründung der *Kommission* zum ursprünglichen Richtlinienvorschlag (*KOM [1998] 586 endg.*, 32), wonach Art. 14 ECRL nur die reine Speicherung von Informationen erfassen soll, führt nicht weiter, denn ein „Zu-eigen-Machen" setzt keine über die bloße Speicherung hinausgehende Kommentierung oder Auswahl eingespeister bzw. eingesendeter Informationen voraus (so aber *Greiner*, 186).

855 So im Ergebnis auch *Freytag*, CR 2000, 600, 603 f.; *Greiner*, 186; *Hütig* in Moritz/Dreier, Rn. 44; *Marly* in Grabitz/Hilf/Wolf, A 4, Art. 14 ECRL, Rn. 8; *Tettenborn/Bender/Lübben/Karenfort*, K&R-Beilage 1/12/2001, 1, 31 ff.

856 Art. 12 III, 13 II, 14 III ECRL.

857 Vgl. *BT-Drs. 14/6098*, 23; *BWLT-Drs. 13/951*, 38.

858 Vgl. *Beucher/Leyendecker/von Rosenberg*, § 5 MDStV, Rn. 11; *Ukrow* in Roßnagel, § 5 MDStV, Rn. 69.

die Gesetzesbegründung[859] und die systematische Stellung der Norm dafür, daß diese sich auf alle Absätze des § 5 TDG 97 beziehen sollte.[860] Allerdings hätte ihre Anwendung auf Diensteanbieter im Sinne des § 5 I TDG 97 zur Folge gehabt, daß für deren verschuldensunabhängige Sperrungsverpflichtungen prima facie strengere Voraussetzungen (Kenntnis von zu sperrenden Inhalten, technische Möglichkeit und Zumutbarkeit der Sperrung) gegolten hätten als für ihre verschuldensabhängige Strafbarkeit bzw. Schadensersatzverpflichtung (die durch den deklaratorischen[861] § 5 I TDG 97 nicht modifiziert wurde), was einen Wertungswiderspruch dargestellt hätte.[862] Nach überwiegender Auffassung[863] sollte sich die Bestimmung nur auf § 5 III TDG 97 beziehen, da sie auf Wunsch der Länder, die sonst den dort geregelten Verantwortlichkeitsausschluß für die Zugangsvermittlung nicht akzeptiert hätten, in den Gesetzentwurf[864] aufgenommen worden sei und ein anderes Verständnis dem gesetzgeberischen Willen, im TDG/MDStV 97 „identische Verantwortlichkeitsregelungen" zu schaffen, widersprochen hätte.[865] Jedoch kam ein etwaiger Wille des Gesetzgebers, die Vorschrift allein auf § 5 III TDG 97 zu beziehen, weder in der Gesetzesbegründung noch im Gesetzeswortlaut zum Ausdruck.[866] Bei Bestehen eines solchen Willens hätte es sich aufgedrängt, § 5 IV als dritten Satz des § 5 III TDG 97 zu normieren oder zumindest mit einem entsprechenden Verweis zu versehen.[867] Daher war anzunehmen, daß sich § 5 IV auf *§ 5 II* und *III TDG 97* – also Diensteanbieter, die fremde Inhalte zur Nutzung bereithalten oder den Zugang zu deren Nutzung vermitteln – beziehen sollte.[868]

---

859 Dort hieß es, die Vorschrift stelle klar, daß die objektiven, d.h. keine Schuld voraussetzenden Verpflichtungen der Diensteanbieter zur Unterlassung von Rechtsgutverletzungen für alle Diensteangebote von § 5 I-III TDG 97 unberührt bleiben sollen (*BT-Drs. 13/7385*, 20 f).

860 Hierauf hinweisend auch *Bleisteiner*, 204; *Greiner*, 111. Im Ergebnis für die Anwendung von § 5 IV auf alle Absätze des § 5 TDG 97: *Von Bonin/Köster*, ZUM 1997, 821, 826; *Spindler* in Hoeren/Sieber, Teil 29, Rn. 146; *derselbe* in Roßnagel, § 5 TDG, Rn. 141, und wohl auch *Engel-Flechsig*, ZUM 1997, 231, 236.

861 Siehe *BT-Drs. 13/7385*, 19.

862 Vgl. *Bleisteiner*, 204; *Sieber*, Rn. 383.

863 *Bettinger/Freytag*, CR 1998, 545, 548; *Bleisteiner*, 204 f.; *Freytag*, ZUM 1999, 185, 188; *Greiner*, 111; *Hütig* in Moritz/Dreier, Rn. 58; *Schilling*, 88 f.; *Sieber*, Rn. 381 ff.

864 *BR-Drs. 966/96*, 7 ff.

865 *Sieber*, Rn. 381-383.

866 So auch *Spindler* in Hoeren/Sieber, Teil 29, Rn. 148.

867 Etwa mit der Formulierung „Verpflichtungen zur Sperrung der Nutzung rechtswidriger Inhalte nach den allgemeinen Gesetzen bleiben unberührt, wenn der Diensteanbieter *von fremden Inhalten nach Absatz 3* unter Wahrung des Fernmeldegeheimnisses gemäß § 85 des Telekommunikationsgesetzes von diesen Inhalten Kenntnis erlangt und eine Sperrung technisch möglich und zumutbar ist" (vgl. den Wortlaut des § 18 III MDStV 97).

868 So im Ergebnis auch *Germann*, 386 (allerdings davon ausgehend, daß § 5 I-III TDG 97 verschuldensunabhängige Tatbestände nicht regelte); *Maennel* in E-F/M/T, § 5 TDG, Rn. 13. Die Auffassung von *Koenig/Loetz*, CR 1999, 438, 440 ff. (zustimmend *Haft/Eisele*, JuS 2001, 112, 117, dort Fußnote 47), daß § 5 IV TDG 97 sich gerade nicht auf „Access Provider" i.S.d. § 5 III TDG 97 (deren Dienstleistung trotz Erfassung durch § 3 Nr. 1, 3. Alt. TDG 97 ihrer Natur nach dem Telekommunikationsrecht zuzurechnen sei) habe beziehen sollen, steht im klaren Widerspruch zur Entstehungsgeschichte des TDG/MDStV 97 sowie zur Gesetzesbegründung zu § 5 IV TDG 97 und ist daher abzulehnen (ebenso *Sieber*, Rn. 384).

§§ 8 II 2, 3 TDG/6 II 2, 3 MDStV, die ausdrücklich auf §§ 9-11 TDG bzw. 7-9 MDStV verweisen, beziehen sich auf Diensteanbieter, die fremde Informationen zur Nutzung bereithalten oder den Zugang zu deren Nutzung vermitteln. Nach den Gesetzesbegründungen entsprechen diese Vorschriften ihren Vorgängerregelungen[869], welche zum Ausdruck bringen sollten, daß bestimmte Verpflichtungen der Diensteanbieter vom Regelungsgehalt der übrigen Verantwortlichkeitsbestimmungen unberührt bleiben sollen.[870] Berücksichtigt man ferner, daß die letzten Absätze der Art. 12-14 ECRL es den Mitgliedstaaten gestatten, gerichtliche und verwaltungsbehördliche Anordnungen der Abstellung oder Verhinderung einer Rechtsverletzung in weiterem Umfang zuzulassen, als dies in der Richtlinie im übrigen vorgesehen ist[871], so sind §§ 8 II 2, 3 TDG/6 II 2, 3 MDStV als *Einschränkungen des Anwendungsbereichs der §§ 9-11 TDG/7-9 MDStV* anzusehen. Nach diesem Verständnis *gelten* die prima facie verantwortlichkeitsbeschränkenden Regelungen des TDG bzw. MDStV bei Vorliegen der Voraussetzungen der §§ 8 II 2, 3 TDG/6 II 2, 3 MDStV[872] *nicht* im Hinblick auf Verpflichtungen zur Entfernung oder Sperrung der Nutzung von Informationen.[873] Insofern bleiben daher die *allgemeinen gefahrenabwehrrechtlichen Grundsätze* maßgeblich.

Rechtsfolgenseitig geht es in den fraglichen Bestimmungen um eine „*Entfernung* oder *Sperrung der Nutzung* von Informationen". Mangels einer Legaldefinition der „Sperrung" ist zu klären, ob unter diesen Begriff nur Sperrungen im engeren Sinn oder aber auch andere Maßnahmen zur Bekämpfung störender Informationen fallen.

§ 5 IV TDG 97, der von „Verpflichtungen zur Sperrung von Inhalten" sprach, bezog sich in einem weiten Sinn auf die „objektiven ... Verpflichtungen der Diensteanbieter zur Unterlassung von Rechtsgutverletzungen".[874] Hierunter ließen sich alle Verpflichtungen zur

869 *BT-Drs. 14/6098*, 23; *BWLT-Drs. 13/951*, 38.

870 Vgl. *BT-Drs. 13/7385*, 20 f.

871 Vgl. Erwägungsgrund 40 der ECRL (wo ohne Bezugnahme auf einen eventuellen Verantwortlichkeitsausschluß bekräftigt wird, daß die Diensteanbieter unter bestimmten Voraussetzungen verpflichtet sind, rechtswidrige Tätigkeiten zu verhindern oder abzustellen) sowie *Tettenborn/Bender/Lübben/Karenfort*, K&R-Beilage 1/12/2001, 1, 34.

872 Siehe dazu näher unten II. 2. b), 3. b).

873 So im Ergebnis auch *Freytag* in Lehmann, Rn. 40; *Gounalakis/Rhode*, Rn. 295; *Hütig* in Moritz/Dreier, Kap. D, Rn. 58; *Spindler/Volkmann*, K&R 2002, 398, 401 f.; *dieselben*, MMR 2003, 353, 354. Die angeführten Aspekte sprechen zugleich gegen ein Verständnis der fraglichen Bestimmungen als (bloß deklaratorische) Feststellungen, daß entsprechende Anordnungen gegenüber einem Akteur, dessen Verantwortlichkeit nach §§ 9-11 TDG/7-9 MDStV ausgeschlossen ist, unter den Voraussetzungen der Inanspruchnahme eines Nichtverantwortlichen ergehen dürfen.

874 *BT-Drs. 13/7385*, 21.

Verhinderung der Nutzung störender Inhalte verstehen[875]; d.h. maßgeblich war die Rechtsfolge bzw. das Ergebnis einer *Nutzungsverhinderung*, nicht aber (auch) die konkrete Art ihrer Bewerkstelligung. Demnach wurden insbesondere auch *Löschungsanordnungen*, *Deaktivierungen* und *Sicherstellungen* von Hardware-Komponenten sowie *Untersagungen* einer Teilnahme an oder Ermöglichung von Internet-Kommunikation erfaßt, nicht jedoch Maßnahmen wie *Auskunftsanordnungen* und *behördliche Kontrollen*, die (noch) nicht unmittelbar auf eine Nutzungsverhinderung abzielen.

Da in den Richtlinienbestimmungen, deren Umsetzung die in Rede stehenden Normen dienen, von der „Abstellung oder Verhinderung einer Rechtsverletzung" die Rede ist und im übrigen die §§ 8 II 2, 3 TDG/6 II 2, 3 MDStV ihren Vorgängerregelungen entsprechen sollen[876], kann davon ausgegangen werden, daß auch die neuen Vorschriften alle auf eine *Nutzungsverhinderung* gerichteten Verpflichtungen der Diensteanbieter erfassen sollen.

bb) Nichtgeltung der Regelungen über die Verantwortlichkeit für fremde zur Nutzung bereitgehaltene Informationen im Hinblick auf behördliche Kontrollmaßnahmen

Im Fall der behördlichen Sichtung einer Website, die zugleich von einem Tele-/Mediendiensteanbieter als eigene und von einem anderen als fremde zur Nutzung bereitgehalten wird, wären im Hinblick auf die Verpflichtungen der Diensteanbieter zur *Duldung bzw. Ermöglichung einer Kontrolle* der bereitgehaltenen Informationen §§ 8 I TDG/6 I MDStV bzw. §§ 11 TDG/9 MDStV einschlägig. Während derjenige, der die Informationen als eigene zur Nutzung bereithält, uneingeschränkt verantwortlich wäre[877], dürfte die Kontrolle im Verhältnis zu dem Akteur, der die Website als fremde zur Nutzung bereithält, bei dessen fehlender Kenntnis vom Vorhandensein störender Informationen nur unter den Voraussetzungen des polizeilichen Notstands erfolgen[878].

Jedoch ist für eine ermittelnde Behörde häufig nicht von vornherein ersichtlich, ob zu überprüfende Informationen nur von einem Diensteanbieter (als eigene) oder aber von mehreren Diensteanbietern (als eigene bzw. als fremde) zur

---

875 So im Ergebnis etwa *Beucher/Leyendecker/von Rosenberg*, § 5 TDG, Rn. 40; *Bleisteiner*, 208; *Engel-Flechsig/Maennel/Tettenborn*, 18; *Maennel* in E-F/M/T, § 5 TDG, Rn. 23 f.; *Spindler* in Hoeren/Sieber, Teil 29, Rn. 148; a.A. (allerdings davon ausgehend, daß § 5 IV nur auf § 5 III TDG 97 anwendbar war und daß sich die Handlungsmöglichkeiten der Zugangsbetreiber auf Sperrungen beschränkten) *Schilling*, 90 f.; *Sieber*, Rn. 386.

876 *BT-Drs. 14/6098*, 23; *BWLT-Drs. 13/951*, 38.

877 §§ 8 I TDG/6 I MDStV (die insofern nur deklaratorischen Charakter haben [vgl. *BT-Drs. 14/6098*, 23; *BWLT-Drs. 13/951*, 37 f. sowie unten II. 1.]).

878 §§ 11 S. 1 Nr. 1 TDG/9 S. 1 Nr. 1 MDStV.

Nutzung bereitgehalten werden.[879] In solchen Fällen könnte *vor Durchführung der Kontrolle nicht beurteilt werden*, ob ggf. im Verhältnis zu einem Akteur, der die betreffenden Informationen als fremde zur Nutzung bereithält, *§§ 11 TDG/9 MDStV zu beachten* wären. Kann die Behörde davon ausgehen, daß zu kontrollierende Informationen (auch) als fremde zur Nutzung bereitgehalten werden, so kommt eine Überprüfung im Verhältnis zu dem Tele-/Mediendiensteanbieter, der die fraglichen Informationen als fremde zur Nutzung bereithält, wegen §§ 11 TDG/9 MDStV nur in Betracht, soweit dieser Akteur Kenntnis von den Informationen hat[880] oder die Voraussetzungen der Inanspruchnahme eines Nichtverantwortlichen erfüllt sind[881]. Liegt kein Fall des polizeilichen Notstands vor, so hängt die Zulässigkeit der Kontrolle vom *Kenntnisstand des Diensteanbieters* ab. Diesen Kenntnisstand kann jedoch die ermittelnde Behörde *vor Durchführung der Überprüfung noch nicht beurteilen.*[882]

Entsprechendes galt jeweils in Bezug auf die Unklarheit der Geltung der §§ 5 II TDG/MDStV 97 und die Abhängigkeit der Zulässigkeit einer Kontrolle vom (nicht ermittelbaren) Kenntnisstand des Diensteanbieters im Hinblick auf das Kenntniserfordernis der §§ 5 II TDG/MDStV 97.

Würde man angesichts dessen die in Rede stehenden Kontrollmaßnahmen generell nur unter Beachtung der Voraussetzungen der Inanspruchnahme eines Nichtverantwortlichen für zulässig erachten, so würden zwar im Verhältnis zu Anbietern fremder Informationen Verstöße gegen §§ 11 TDG/9 MDStV vermieden; andererseits käme es jedoch zu einer vom Gesetzgeber nicht gewollten *Besserstellung* der *Anbieter eigener Informationen*, deren Verantwortlichkeit durch das TDG bzw. den MDStV ja gerade nicht beschränkt wird.[883]

Da die beschriebenen Unklarheiten hinsichtlich der Geltung der §§ 11 TDG/9 MDStV bzw. der Ermittlung ihrer Tatbestandsvoraussetzungen im Zusammenhang mit den erörterten behördlichen Kontrollmaßnahmen im *Widerspruch* zur

---

879 Es kann insofern eine Rollenzweiteilung oder eine Rollendreiteilung vorliegen (vgl. oben 4. Teil A. II. 1. a)).

880 Siehe §§ 11 S. 1 Nr. 1 TDG/9 S. 1 Nr. 1 MDStV.

881 Bei fehlender Kenntnis wird die Verantwortlichkeit des Diensteanbieters durch §§ 11 S. 1 Nr. 1 TDG/9 S. 1 Nr. 1 MDStV ausgeschlossen, jedoch bleibt eine gefahrenabwehrrechtliche Inanspruchnahme zulässig, soweit die Voraussetzungen der Heranziehung eines „Nichtstörers" vorliegen (vgl. oben I. 2. a)).

882 Um ihn einschätzen zu können, müßte die Behörde *selbst* bereits Kenntnisse über bereitgehaltene Informationen haben, die ihr erst die in Rede stehende *Kontrolle* verschaffen kann.

883 Die Besserstellung eines Anbieters eigener Informationen, dessen Website auch von einem anderen Akteur als fremde zur Nutzung bereitgehalten wird, läge darin, daß die Überprüfung der Website – die zugleich beide Diensteanbieter betrifft – nur unter den Voraussetzungen des polizeilichen Notstands erfolgen dürfte. Der Anbieter eigener Informationen würde von der zugunsten eines *anderen* Diensteanbieters vorgesehenen Verantwortlichkeitsbeschränkung profitieren.

gesetzgeberischen Intention der Schaffung von *Rechtssicherheit* stehen, wird man eine *teleologische Reduktion* der Verantwortlichkeitsregelungen dahingehend vorzunehmen haben, daß §§ 11 TDG/9 MDStV *nicht* für *behördliche Kontrollen zur Nutzung bereitgehaltener Informationen* gelten. Dies hat zur Folge, daß für solche Maßnahmen weiterhin die *allgemeinen gefahrenabwehrrechtlichen Grundsätze* maßgeblich bleiben.[884]

3. Zwischenergebnis

§§ 8-11 TDG/6-9 MDStV erfassen grundsätzlich *jedes Einstehenmüssen für Rechtsfolgen* des *Bereithaltens* oder *Vermittelns des Zugangs zur Nutzung* von *Informationen* im Rahmen eines Tele- bzw. Mediendienstes. Allerdings gelten die Bestimmungen über die Verantwortlichkeit für zur Nutzung bereitgehaltene Informationen[885] – anders als ihre Vorgängerregelungen[886] – *nicht analog* für das Verhältnis zu in *Verweis* genommenen Daten.[887]

Die Verantwortlichkeitsregelungen fungieren als *Filter*, dessen Voraussetzungen zusätzlich zu den rechtsgebietsspezifischen Voraussetzungen der Verantwortlichkeit – d.h. im Gefahrenabwehrrecht neben den die Störereigenschaft begründenden Umständen[888] – zu prüfen sind. Ein Akteur, dessen *Verantwortlichkeit* hiernach *ausgeschlossen* ist, kann nur unter den Voraussetzungen der Inanspruchnahme eines *„Nichtstörers"* zur Gefahrenabwehr herangezogen werden.

Der *Anwendungsbereich* der prima facie verantwortlichkeitsbeschränkenden Regelungen ist in zweierlei Hinsicht *eingeschränkt*: Bei Vorliegen der Voraussetzungen der *§§ 8 II 2, 3 TDG/6 II 2, 3 MDStV*[889] gelten *§§ 9-11 TDG/7-9 MDStV nicht* im Hinblick auf Verpflichtungen der Diensteanbieter zur *Verhinderung der Nutzung* von Informationen. Ferner sind *§§ 11 TDG/9 MDStV* nicht anwendbar, soweit es um *behördliche Kontrollen zur Nutzung bereitgehaltener Informationen* geht. In den genannten Fällen bleiben infolge der Nichtgeltung der Spezialregelungen jeweils die *allgemeinen gefahrenabwehrrechtlichen Grundsätze* maßgeblich.

---

884 Da Akteure, die eigene oder fremde störende Informationen zur Nutzung bereithalten, nach allgemeinen Grundsätzen Verantwortliche sind (siehe oben A. I., II.), können demnach behördliche Website-Überprüfungen immer ohne Rücksicht auf den Kenntnisstand des Diensteanbieters bzw. das Vorliegen der Voraussetzungen des polizeilichen Notstands vorgenommen werden.

885 §§ 8 I, 11 TDG/6 I, 9 MDStV.

886 §§ 5 I, II TDG/MDStV 97.

887 Vgl. demgegenüber die ausdrückliche Regelung für Verweise in Sec. 512 (d) DMCA (siehe Anhang).

888 So treffend *Sieber*, Rn. 249.

889 Siehe dazu näher unten II. 2. b), 3. b).

Nach den bisher gefundenen Ergebnissen stellt sich die gefahrenabwehrrechtliche Verantwortlichkeit der Internet-Akteure unter Berücksichtigung des TDG/ MDStV wie folgt dar:

Übersicht: Gefahrenabwehrrechtliche Verantwortlichkeit der Internet-Akteure unter Berücksichtigung des TDG und MDStV*

		Verantwortlichkeit unter Berücksichtigung der Spezialregelungen des TDG/MDStV					
		Grundregeln		**Sonderfall: Behördl. Kontrollen zur Nutzung bereitgehaltener Informationen**		**Regelungen bezüglich Verpflichtungen zur Verhinderung der Nutzung störender Informationen**	
Adressat/ Betroff. einer Maßn.	**Verantw. nach allg. Grundsätzen**						
Diensteanbieter (DA), der eigene Tele-/ Mediendienste bereithält	DA ist verantwortlich	- §§ 5 I TDG/MDStV 97 - Vorschriften hatten nur deklaratorischen Charakter - Daher blieben die *allg. Grundsätze* maßgeblich	- §§ 8 I TDG/6 I MDStV - Vorschriften haben nur deklaratorischen Charakter - Daher bleiben die *allg. Grundsätze* maßgeblich	- §§ 5 II TDG/ MDStV 97 waren *nicht anwendbar* (teleologische Reduktion) - Daher blieben die *allg. Grundsätze* maßgeblich	- §§ 11 TDG/ 9 MDStV sind *nicht anwendbar* (teleologische Reduktion) - Daher bleiben die *allg. Grundsätze* maßgeblich	- §§ 5 I TDG/MDStV 97 - Vorschriften hatten nur deklaratorischen Charakter - Daher blieben die *allg. Grundsätze* maßgeblich	- §§ 8 I TDG/6 I MDStV - Vorschriften haben nur deklaratorischen Charakter - Daher bleiben die *allg. Grundsätze* maßgeblich
Diensteanbieter (DA), der fremde Tele-/ Mediendienste bereithält	DA ist verantwortlich	- §§ 5 II TDG/ MDStV 97 - Hiernach war der DA *nicht verantwortlich*, wenn er keine Kenntnis von den Inhalten hatte** - Soweit d. Verantw.-ausschluß *nicht eingriff*, blieben die *allg. Grundsätze* maßgeblich	- §§ 11 TDG/9 MDStV - Hiernach ist der DA *nicht verantwortlich*, wenn er keine Kenntnis von der rw. Handlung oder der Inform. hat***; *dies gilt nicht*, wenn der Nutzer, für den gespeichert wird, dem DA untersteht oder von diesem beaufsichtigt wird - Soweit d. Verantw.-ausschluß *nicht eingreift*, bleiben die *allg. Grundsätze* maßgeblich			- Bei Vorliegen der Vorauss. des § 5 IV TDG 97 (Kenntnis ****) war § 5 II TDG 97 nicht anwendbar - In solchem Fall blieben die *allg. Grundsätze* maßgeblich - § 5 II MDStV 97 - Hiernach war der DA *nicht verantwortlich*, wenn er keine Kenntnis v. den Inh. hatte** - Soweit der Verantwort.ausschluß *nicht eingriff*, blieben die *allgemeinen Grundsätze* maßgeblich	- Bei Vorliegen der Vorauss. der §§ 8 II 2, 3 TDG/6 II 2, 3 MDStV (Kenntnis *****) sind §§ 11 TDG/9 MDStV nicht anwendbar - In solchem Fall bleiben die *allg. Grundsätze* maßgeblich

Zugangsbetreiber (Zugangsvermittler)	DA ist nicht verantwortlich	- §§ 5 III TDG/ MDStV 97 - Hiernach war der DA *nicht verantwortlich*	- §§ 9 TDG/7 MDStV - Hiernach ist der DA *nicht verantwortlich*, sofern er die Übermittlung nicht veranlaßt, den Adressaten der übermittelten Information nicht ausgewählt und die übermittelten Informationen nicht ausgewählt oder verändert hat; *dies gilt nicht*, wenn der DA absichtlich mit einem Nutzer seines Dienstes zusammenarbeitet, um rw. Handlungen zu begehen - Soweit d. Verantw.-ausschluß *nicht eingreift*, bleiben die *allg. Grundsätze* maßgeblich		- Bei Vorliegen der Voraussetzungen der §§ 5 IV TDG/5 III 3, 18 III MDStV 97 (Kenntnis****) waren §§ 5 III TDG/MDStV 97 nicht anwendbar - In solchem Fall blieben die *allg. Grundsätze* maßgeblich	- Bei Vorliegen der Voraussetzungen der §§ 8 II 2, 3 TDG/6 II 2, 3 MDStV (Kenntnis*****) sind §§ 9 TDG/7 MDStV nicht anwendbar - In solchem Fall bleiben die *allg. Grundsätze* maßgeblich

Adressat/ Betroff. einer Maßn.	Verantw. nach allg. Grundsätzen	Verantwortlichkeit unter Berücksichtigung der Spezialregelungen des TDG/MDStV				
		Grundregeln		Sonderfall: Behördl. Kontrollen zur Nutzung bereitgehaltener Informationen	Regelungen bezüglich Verpflichtungen zur Verhinderung der Nutzung störender Informationen	
Proxy-Cache-Betreiber (Zugangsvermittler)	DA ist verantwortlich	- §§ 5 III TDG/ MDStV 97 - Hiernach war der DA *nicht verantwortlich*	- §§ 10 TDG/8 MDStV - Hiernach ist der DA *nicht verantwortlich*, sofern er die Inform. nicht verändert, die Bedingungen für den Zugang zu den Inform. beachtet, die Regeln für die Aktualisierung der Inform. beachtet, und die erlaubte Anwendung von Technologien zur Sammlung von Daten über die Nutzung der Inform. nicht beeinträchtigt; *dies gilt nicht*, wenn der DA absichtlich mit einem Nutzer seines Dienstes zusammenarbeitet, um rw. Handlungen zu begehen† - Soweit d. Verantw.-ausschluß *nicht eingreift*, bleiben die *allg. Grundsätze* maßgeblich		- Bei Vorliegen der Voraussetzungen der §§ 5 IV TDG/5 III 3, 18 III MDStV 97 (Kenntnis****) waren §§ 5 III TDG/MDStV 97 nicht anwendbar - In solchem Fall blieben die *allg. Grundsätze* maßgeblich	- Bei Vorliegen der Voraussetzungen der §§ 8 II 2, 3 TDG/6 II 2, 3 MDStV (Kenntnis*****) sind §§ 10 TDG/8 MDStV nicht anwendbar - In solchem Fall bleiben die *allg. Grundsätze* maßgeblich

Einsen-der	Akteur ist verant-wortlich	- §§ 5 TDG/MDStV 97 waren nicht ein-schlägig - Daher blieben die *allg. Grundsätze* maß-geblich	- §§ 8-11 TDG/6-9 MDStV sind nicht einschlägig - Daher bleiben die *allg. Grundsätze* maßgeblich		- §§ 5 TDG/MDStV 97 waren nicht ein-schlägig - Daher blieben die *allg. Grundsätze* maß-geblich	- §§ 8-11 TDG/6-9 MDStV sind nicht einschlägig - Daher bleiben die *allg. Grundsätze* maßgeblich
Rezipient	Akteur ist u.U. ver-antwort-lich††	- §§ 5 TDG/MDStV 97 waren nicht ein-schlägig - Daher blieben die *allg. Grundsätze* maß-geblich	- §§ 8-11 TDG/6-9 MDStV sind nicht einschlägig - Daher bleiben die *allg. Grundsätze* maßgeblich		- §§ 5 TDG/MDStV 97 waren nicht ein-schlägig - Daher blieben die *allg. Grundsätze* maß-geblich	- §§ 8-11 TDG/6-9 MDStV sind nicht einschlägig - Daher bleiben die *allg. Grundsätze* maßgeblich
IRC-Server-Betreiber (Trans-porteur)	Akteur ist u.U. ver-antwort-lich†††				- §§ 5 TDG/MDStV 97 waren nicht ein-schlägig - Daher blieben die *allg. Grundsätze* maß-geblich	- §§ 8-11 TDG/6-9 MDStV sind nicht einschlägig - Daher bleiben die *allg. Grundsätze* maßgeblich

Anmerkungen zur tabellarischen Übersicht:

* In Bezug auf die Verantwortlichkeit für in *Verweis* genommene Informationen gelten hinsichtlich der *alten Rechtslage* wegen der analogen Anwendbarkeit der §§ 5 I, 5 II TDG/5 II MDStV 97 jeweils die Einträge bei den Akteuren, die eigene bzw. fremde Dienste zur Nutzung bereithalten. Die *neuen Bestimmungen* sind nicht mehr analog auf das Verhältnis zu in Verweis genommenen Informationen anwendbar; daher bleiben insofern die allgemeinen Verantwortlichkeitsgrundsätze maßgeblich.

** Das in §§ 5 II TDG/MDStV 97 genannte Kriterium der technischen Möglichkeit und Zumutbarkeit einer Nutzungsverhinderung hatte lediglich deklaratorischen Charakter (siehe unten II. 2. b) bb)).

*** Die Bestimmung, daß Diensteanbieter nicht verantwortlich sind, sofern sie unverzüglich tätig geworden sind, um die Information zu entfernen oder den Zugang zu ihr zu sperren, sobald sie Kenntnis von der rechtswidrigen Handlung oder der Information erlangt haben (§§ 11 S. 1 Nr. 2 TDG/9 S. 1 Nr. 2 MDStV), ist in Bezug auf die hier in Rede stehenden Verpflichtungen der Diensteanbieter nicht von Bedeutung (siehe unten II. 2. a) bb)).

**** Das in §§ 5 IV TDG/5 III 3, 18 III MDStV 97 genannte Kriterium der technischen Möglichkeit und Zumutbarkeit einer Nutzungsverhinderung hatte lediglich deklaratorischen Charakter (siehe unten II. 2. b) bb), 3. b)).

***** Das Kenntniserfordernis gilt trotz der Nichterwähnung im Wortlaut der §§ 8 II 2, 3 TDG/6 II 2, 3 MDStV (siehe unten II. 2. b) aa)).

† Die Bestimmung, daß Diensteanbieter nicht verantwortlich sind, sofern sie unverzüglich handeln, um (zwischen)gespeicherte Informationen zu entfernen oder den Zugang zu ihnen zu sperren, sobald sie Kenntnis davon erhalten haben, daß die Informationen am ursprünglichen Ausgangsort der Übertragung aus dem Netz entfernt wurden oder der Zugang zu ihnen gesperrt wurde oder ein Gericht oder eine Verwaltungsbehörde die Entfernung oder Sperrung angeordnet hat (§§ 10 S. 1 Nr. 5 TDG/8 S. 1 Nr. 5 MDStV), ist in Bezug auf die hier in Rede stehenden Verpflichtungen der Diensteanbieter nicht von Bedeutung (siehe unten II. 3. a) bb) (c)).

†† Der Akteur ist verantwortlich, soweit der Abruf bestimmter Informationen eine eigenständige Störung der öffentlichen Sicherheit darstellt (siehe oben A. IV. 2.).

††† Der Akteur ist verantwortlich, soweit der IRC-Server störende Kommunikation besonders anzieht (siehe oben A. V.).

II. Voraussetzungen und Auswirkungen der Regelungen

Zu erörtern sind nun die Voraussetzungen der Regelungen sowie ihre Auswirkungen auf die gefahrenabwehrrechtliche Verantwortlichkeit einzelner Internet-Akteure.

Vorweg sei daran erinnert, daß die Bestimmungen nur die Verantwortlichkeit der *Tele-/Mediendiensteanbieter* – nicht hingegen diejenige der Einsender, Rezipienten oder Transporteure – zum Gegenstand haben.[890]

1. Verantwortlichkeit der Diensteanbieter, die eigene Informationen zur Nutzung bereithalten

Wie zuvor §§ 5 I TDG/MDStV 97 stellen *§§ 8 I TDG/6 I MDStV* klar, daß Diensteanbieter für eigene Informationen, die sie zur Nutzung bereithalten, nach den allgemeinen Gesetzen verantwortlich sind, *ohne* daß sich insofern *Beschränkungen* aus dem TDG bzw. MDStV ergeben.[891] Die Regelungen haben lediglich *deklaratorischen Charakter* und wirken sich nicht auf die Verantwortlichkeit der Diensteanbieter aus, die sich (weiterhin) nach den *allgemeinen gefahrenabwehrrechtlichen Grundsätzen* bestimmt.[892] Nach diesen Grundsätzen handelt es sich bei Akteuren, die eigene störende Informationen zur Nutzung bereithalten, um Verantwortliche.

2. Verantwortlichkeit der Diensteanbieter, die fremde Informationen zur Nutzung bereithalten

a) Grundregeln (Art. 14 I, II ECRL, §§ 11 TDG/9 MDStV)

Die Verantwortlichkeit der Diensteanbieter, die fremde Tele-/Mediendienste zur Nutzung bereithalten, könnte durch *Art. 14 I, II ECRL, §§ 11 TDG/9 MDStV* modifiziert werden.

Zuvor waren insofern §§ 5 II TDG/MDStV 97 einschlägig.

Gemäß Art. 14 I, II ECRL, §§ 11 TDG/9 MDStV[893] sind Diensteanbieter für fremde Informationen, die sie für einen Nutzer speichern (bzw. zur Nutzung

---

890 Vgl. oben 4. Teil A. II. 2. a), b).

891 Siehe *BT-Drs 13/7385*, 19; *14/6098*, 23; *BWLT-Drs. 12/1302*, 21; *13/951*, 37 f.

892 Auch die Verantwortlichkeit für „unerkennbar“ in Verweis genommene Tele-/Mediendiensteinformationen bestimmt sich weiterhin nach den allgemeinen Grundsätzen (vgl. oben 4. Teil A. II. 2. a) dd) (b)).

893 Vgl. die ähnliche, wenn auch detailliertere Regelung in Sec. 512 (c) DMCA (siehe Anhang).

bereithalten[894]), *nicht verantwortlich*, sofern sie *keine Kenntnis* von der rechtswidrigen Handlung oder der Information haben[895] bzw. unverzüglich tätig geworden sind, um die Information zu entfernen oder den Zugang zu ihr zu sperren, sobald sie diese Kenntnis erlangt haben[896]. Dies *gilt nicht*, wenn der Nutzer dem Diensteanbieter untersteht oder von ihm beaufsichtigt wird.[897]

aa) Keine Kenntnis von der rechtswidrigen Handlung oder der Information

Ein Diensteanbieter ist für fremde zur Nutzung bereitgehaltene Informationen nicht verantwortlich, wenn er „keine Kenntnis von der rechtswidrigen Handlung oder der Information" hat.[898]

Bereits §§ 5 II TDG/MDStV 97 stellten auf die „Kenntnis" von zur Nutzung bereitgehaltenen Inhalten ab. Nach dem klaren Wortlaut der Bestimmungen war die *positive (sichere) Kenntnis* eines *einzelnen, konkreten Inhalts* maßgeblich; ein „Kennenkönnen", „Kennenmüssen" oder „bedingter Vorsatz" reichte nicht aus.[899] Hierdurch wurden Verpflichtungen

---

894 Während die §§ 8 I TDG/6 I MDStV den §§ 5 I TDG/MDStV 97 entsprechen, ist in §§ 11 TDG/9 MDStV nicht mehr vom „Bereithalten zur Nutzung" (§§ 5 II TDG/MDStV 97), sondern von einem „Speichern für einen Nutzer" die Rede. Allerdings beruht diese Abweichung offensichtlich nur darauf, daß der Wortlaut des Art. 14 ECRL übernommen werden sollte (so im Hinblick auf die Verwendung des Begriffs „Informationen" statt „Inhalte" ausdrücklich *BT-Drs. 14/6098*, 23; *BWLT-Drs. 13/951*, 38). Die Beschränkung der Verantwortlichkeit nach §§ 11 TDG/9 MDStV soll dem Grundsatz der §§ 5 II TDG/MDStV 97 entsprechen (*BT-Drs. 14/6098*, 25; *BWLT-Drs. 13/951*, 41). Auch im Hinblick auf die Parallelität der Diensteanbieter-Definitionen und Verantwortlichkeitsregelungen (vgl. oben I. 2. b)) ist davon auszugehen, daß das „Speichern für einen Nutzer" dem „Bereithalten zur Nutzung" entspricht (so etwa auch *Hütig* in Moritz/Dreier, Rn. 44).

895 Art. 14 I lit. a), 1. Hs. ECRL, §§ 11 S. 1 Nr. 1, 1. Hs. TDG/9 S. 1 Nr. 1, 1. Hs. MDStV (siehe zum Wortlaut des Art. 14 ECRL sogleich unten). Der jeweils zweite Halbsatz der Vorschriften („und ihnen *im Falle von Schadensersatzansprüchen* auch keine Tatsachen oder Umstände bekannt sind, aus denen die rechtswidrige Handlung oder die Information offensichtlich wird") spielt im Hinblick auf das Gefahrenabwehrrecht keine Rolle.

896 Art. 14 I lit. b) ECRL, §§ 11 S. 1 Nr. 2 TDG/9 S. 1 Nr. 2 MDStV.

897 Art. 14 II ECRL, §§ 11 S. 2 TDG/9 S. 2 MDStV.

898 Art. 14 I lit. a) ECRL, §§ 11 S. 1 Nr. 1/9 S. 1 Nr. 1 MDStV.

899 Vgl. *BT-Drs. 13/7385*, 20; *BWLT-Drs. 12/1302*, 21 f. (dort ist zwar von einer „Eingrenzung auf vorsätzliches Handeln" die Rede, andererseits heißt es aber, dem Diensteanbieter müsse der einzelne, konkrete Inhalt bekannt sein bzw. er müsse fremde rechtswidrige Inhalte bewußt zum Abruf bereithalten); *BT-Drs. 13/8153*, 9 („Wer fahrlässig unwissend ist, hat keine Kenntnis ..."); *AG München*, CR 1998, 500, 504; *Bettinger/Freytag*, CR 1998, 545, 551; *Beucher/Leyendecker/von Rosenberg*, § 5 TDG, Rn. 17; *Bleisteiner*, 179; *Engel-Flechsig/Maennel/Tettenborn*, NJW 1997, 2981, 2985; *Freytag*, ZUM 1999, 185, 192; *Hütig* in Moritz/Dreier, Rn. 45; *Koch*, CR 1997, 193, 198; *Maennel* in E-F/M/T, § 5 TDG, Rn. 22; *Schilling*, 83; *Sieber*, MMR-Beilage 2/1999, 1, 18; *Spindler* in Hoeren/Sieber, Teil 29, Rn. 101; *Ukrow* in Roßnagel, § 5 MDStV, Rn. 47; *Wimmer/Kleineidam/Zang*, K&R 2001, 456, 461. A.A. *OLG Köln*, MMR 2002, 548,

zur *proaktiven („verantwortlichen") Kontrolle* von Servern auf das Vorhandensein störender Inhalte *ausgeschlossen.*[900]

Wie bereits nach der alten Rechtslage ist auch im Rahmen der neuen Regelungen die *positive Kenntnis* des Diensteanbieters maßgeblich.[901] Was deren *Bezugsobjekt* betrifft, so stellen die Bestimmungen des novellierten TDG/MDStV auf die Kenntnis „von der rechtswidrigen Handlung oder der Information" ab.[902]

Die Vorgängerregelungen setzten *keine* positive Kenntnis der etwaigen *Rechtswidrigkeit* eines bekannten Inhalts voraus[903], denn zunächst fand sich für ein solches Erfordernis kein Anhaltspunkt im Wortlaut der Bestimmungen, ferner wäre eine vom Diensteanbieter vorgenommene zutreffende rechtliche Bewertung störender Inhalte kaum nachweisbar gewesen und schließlich hätten die Bestimmungen bei einem anderen Verständnis in allen Fällen, in denen dem Diensteanbieter der störende Charakter bestimmter Inhalte nicht mitgeteilt wurde[904], entgegen ihrem Sinn und Zweck faktisch einen Verantwortlichkeitsausschluß bewirkt.[905]

Mit Blick auf den Wortlaut der ECRL („Kenntnis von der rechtswidrigen Tätigkeit oder Information", „connaissance de l'activité ou de l'information illicites") sind nach teilweise vertretener Auffassung das TDG und der MDStV richtlinienkonform dahingehend auszulegen, daß sich bei einer Information, die als solche rechtlich mißbilligt ist, die Kenntnis des Diensteanbieters sowohl auf

549 (allerdings im Hinblick auf das Kenntniserfordernis des § 5 IV TDG 97 – insofern sei „eine konkrete Kenntnis vom Inhalt ... nicht vonnöten"); *LG München I*, K&R 2000, 307, 308 und *Kloepfer*, InfR, § 13, Rn. 42 („bedingter Vorsatz" reiche aus); *Wimmer/Michael*, 129 f.

900 *Bettinger/Freytag*, CR 1998, 545, 551; *Beucher/Leyendecker/von Rosenberg*, § 5 TDG, Rn. 17; *Bleisteiner*, 179; *Freytag*, ZUM 1999, 185, 192; *Hütig* in Moritz/Dreier, Rn. 45; *Maennel* in E-F/M/T, § 5 TDG, Rn. 22; *Schilling*, 83; *Sieber*, MMR-Beilage 2/1999, 1, 19; *Spindler* in Hoeren/Sieber, Teil 29, Rn. 102.

901 Vgl. *BT-Drs. 14/6098*, 25; *BWLT-Drs. 13/951*, 41.

902 Damit sollen zwei Konstellationen erfaßt werden, nämlich zum einen die Fälle, in denen eine *Information als solche* rechtlich mißbilligt ist – insoweit kommt es auf die Kenntnis von der Information an –, und zum anderen die Fälle, in denen nicht die Information als solche zu beanstanden ist, sondern die *insoweit entfaltete Tätigkeit* (insbesondere die Verwendung von Informationen ohne Erlaubnis des Rechteinhabers) – insoweit muß sich die Kenntnis auch auf das Fehlen einer Erlaubnis beziehen (*BT-Drs. 14/6098*, 25; *BWLT-Drs. 13/951*, 41).

903 *LG München I*, K&R 2000, 307, 308; *Beucher/Leyendecker/von Rosenberg*, § 5 TDG, Rn. 19; *Bleisteiner*, 181; *Gounalakis/Rhode*, NJW 2000, 2168, 2170 f.; *Hütig* in Moritz/Dreier, Rn. 48; *Pichler*, MMR 1998, 79, 87 f.; *Schilling*, 83 f.; *Sieber*, MMR-Beilage 2/1999, 1, 19 f.; *Spindler* in Hoeren/Sieber, Teil 29, Rn. 115; *Ukrow* in Roßnagel, § 5 MDStV, Rn. 49; *Wimmer/Kleineidam/Zang*, K&R 2001, 456, 461.

904 Siehe dazu sogleich näher unten.

905 Vgl. *Spindler* in Hoeren/Sieber, Teil 29, Rn. 115; *Ukrow* in Roßnagel, § 5 MDStV, Rn. 49.

die Information als auch auf deren *Rechtswidrigkeit* beziehen muß.[906] Allerdings erscheint eine solche Auslegung nicht zwingend, denn eine „Kenntnis von der *rechtswidrigen ... Information*" (Art. 14 I lit. a) ECRL) ist nicht gleichbedeutend mit einer Kenntnis von der *Rechtswidrigkeit einer Information.* Überdies ist in Erwägungsgrund 42 der ECRL nur die Rede von der „Kenntnis über die ... gespeicherte Information". Schließlich würden §§ 11 TDG/9 MDStV nach der angeführten Auffassung eine äußerst weitgehende Verantwortlichkeitsfreistellung und eine nicht gerechtfertigte Besserstellung rechtsunkundiger Diensteanbieter bewirken.[907] Demnach dürften die (nur) auf die Kenntnis der Information als solcher abstellenden deutschen Bestimmungen mit der ECRL vereinbar sein.[908]

Wie ihre Vorgängerregelungen schreiben auch §§ 11 TDG/9 MDStV nicht vor, auf *welche Weise* der Diensteanbieter von der Information erfahren haben muß. Daher kann sich seine Kenntnis auch aus der *Mitteilung* eines Nutzers, eines Gerichts oder einer Behörde ergeben. Da die Kenntnis sich allerdings auf eine einzelne, konkrete Information beziehen muß, wird sie nicht schon durch einen allgemeinen Hinweis darauf, daß sich „im Netz" oder (irgendwo) im Bereich eines Internet-Angebots (nicht näher bezeichnete) störende Informationen befänden, herbeigeführt. Vielmehr muß die fragliche Information – etwa durch Angabe des URL oder Dateinamens oder z.B. durch Benennung eines bestimmten News-/Forenbeitrags (Newsgroup-/Forenname, Autor, Datum, Betreff) – so konkret bezeichnet werden, daß sie ohne weiteres identifizierbar ist.[909]

Insbesondere wenn es sich bei einem Diensteanbieter um eine arbeitsteilig strukturierte juristische Person oder Personengesellschaft handelt (und etwa nur ein Angestellter derselben Kenntnis von einer konkreten störenden Information hat), stellt sich die Frage, auf *wessen* Kenntnis es ankommt. Mangels einer Regelung im TDG/MDStV ist diese Frage – in ausnahmsweiser Abkehr von der „strengen" Filterlösung und der eigenständigen Auslegung der Tatbestandsmerkmale der Verantwortlichkeitsregelungen aus sich heraus[910] – jeweils *rechts-*

---

906 So etwa *Eck/Ruess*, MMR 2003, 363, 365 f.; *Freytag*, CR 2000, 600, 608; *Schilling*, 108; *Spindler*, NJW 2002, 921, 924; *Tettenborn/Bender/Lübben/Karenfort*, K&R-Beilage 1/12/2001, 1, 33.

907 So z.B. die Kritik von *Spindler*, NJW 2002, 921, 924.

908 In diesem Sinne auch *Hütig* in Moritz/Dreier, Rn. 48; *Marly* in Grabitz/Hilf/Wolf, A 4, Art. 14 ECRL, Rn. 12; *Nickels*, CR 2002, 302, 307.

909 Vgl. etwa *Bleisteiner*, 181 f.; *Sieber*, MMR-Beilage 2/1999, 1, 20; *Spindler* in Hoeren/Sieber, Teil 29, Rn. 106; *Ukrow* in Roßnagel, § 5 MDStV, Rn. 51 (jeweils zu den Vorgängerregelungen). Würde man annehmen, daß die Kenntnis immer erst durch eine Nachschau des Diensteanbieters begründet werden kann, so hätte dies zur Folge, daß Diensteanbieter sich durch bewußtes Ignorieren von Hinweisen in den Genuß einer Verantwortlichkeitsbeschränkung bringen könnten.

910 Vgl. oben I. 1.

gebietsspezifisch zu beantworten.[911] Im Bereich des Gefahrenabwehrrechts dürfte in Übertragung des Rechtsgedankens, daß ein Geschäftsherr das Verhalten eines von ihm bestellten Verrichtungsgehilfen zu verantworten hat[912], die im Rahmen einer auftragsgemäßen Tätigkeit (z.B. Einrichtung und „Pflege" eines News-Servers) erlangte Kenntnis eines Arbeitnehmers[913] als Kenntnis der ihn anstellenden juristischen Person oder Personengesellschaft bzw. deren Organe anzusehen sein.

bb) Unverzügliches Tätigwerden zur Entfernung oder Sperrung des Zugangs zu der Information nach Kenntniserlangung

Die Bestimmung, daß Diensteanbieter für fremde zur Nutzung bereitgehaltene Informationen nicht verantwortlich sind, sofern sie *nach Erlangung der Kenntnis* von einer rechtswidrigen Handlung oder einer Information *unverzüglich tätig geworden* sind, um die Information zu *entfernen* oder den Zugang zu ihrer Nutzung zu *sperren*[914], steht im Zusammenhang mit der soeben erörterten Beschränkung der Verantwortlichkeit bei fehlender Kenntnis. Die Regelung soll offenbar bewirken, daß Diensteanbieter nach Erlangung von Kenntnissen, die an sich eine Verantwortlichkeitsbeschränkung entfallen lassen würden, durch unverzügliches Vornehmen einer Löschung oder Sperrung einer ansonsten drohenden *zivil-* oder *strafrechtlichen Haftung entgehen* können[915], und ist in Bezug auf die hier in Rede stehenden Verpflichtungen der Diensteanbieter nicht von Bedeutung.

---

911 So auch *Bleisteiner*, 183 (im Hinblick auf die alte Rechtslage).

912 Vgl. § 4 III MEPolG.

913 Vgl. *Denninger* in Lisken/Denninger, Rn. 89, 91.

914 Art. 14 I lit. b) ECRL, §§ 11 S. 1 Nr. 2/9 S. 1 Nr. 2 MDStV.

915 Vgl. *BT-Drs. 14/6098*, 25; *BWLT-Drs. 13/951*, 42; *Tettenborn/Bender/Lübben/Karenfort*, K&R-Beilage 1/12/2001, 1, 32 f. Hierfür spricht vor allem, daß die Regelung nach ihrem Wortlaut – wonach Diensteanbieter nicht verantwortlich sind, sofern sie (bereits) „*unverzüglich tätig geworden*" sind, um eine Information zu entfernen oder den Zugang zu ihrer Nutzung zu sperren – auf eine *rückwirkende Betrachtung* unter Berücksichtigung eines etwaigen *Verschuldens* des Diensteanbieters (vgl. die Legaldefinition der „Unverzüglichkeit" in § 121 I 1 BGB) abstellen. Gegen eine Qualifikation als Verantwortlichkeitsbeschränkung im Hinblick auf öffentlich-rechtliche Verpflichtungen zur Verhinderung der Nutzung von Informationen spricht auch, daß es für die gefahrenabwehrrechtliche Verantwortlichkeit eines Diensteanbieters keine Rolle spielen kann, ob dieser in der *Vergangenheit* tätig geworden ist, um störende Informationen zu löschen bzw. zu sperren, oder ob ihm im Hinblick auf eine etwaige Verzögerung der Löschung/ Sperrung ein *Verschulden* vorgeworfen werden kann.

cc) Nichtgeltung der Verantwortlichkeitsbeschränkung, wenn der Nutzer dem Diensteanbieter untersteht oder von ihm beaufsichtigt wird

Eine Abweichung gegenüber der alten Rechtslage ergibt sich insoweit, als nach den neuen Bestimmungen ein Verantwortlichkeitsausschluß nicht in Betracht kommt, wenn der Nutzer, für den Informationen gespeichert werden, dem Diensteanbieter „*untersteht* oder von ihm *beaufsichtigt* wird".[916] Insofern kommt es darauf an, ob der Nutzer dem Diensteanbieter gegenüber *weisungsabhängig* ist.[917] Hingegen kann ein bloßes vertragliches Verbot des Einspeisens störender Informationen für sich noch kein „Unterstehen" oder „Beaufsichtigtwerden" begründen, da ansonsten die Verantwortlichkeitsbeschränkung praktisch weitgehend leerlaufen würde.[918]

dd) Nichtgeltung der Verantwortlichkeitsbeschränkung im Hinblick auf behördliche Kontrollen zur Nutzung bereitgehaltener Informationen

Wie bereits ausgeführt[919], scheidet ein Verantwortlichkeitsausschluß nach §§ 11 TDG/9 MDStV aus, soweit es um behördliche Kontrollen zur Nutzung bereitgehaltener Informationen geht.

Entsprechend waren zuvor in solchen Fällen §§ 5 II TDG/MDStV 97 nicht anwendbar.[920]

b) Regelungen bezüglich Verpflichtungen zur Verhinderung der Nutzung von Informationen (Art. 14 III ECRL, §§ 8 II 2, 3 TDG/6 II 2, 3 MDStV)

Die erörterten Verantwortlichkeitsbeschränkungen gelten bei Vorliegen der Voraussetzungen der *§§ 8 II 2, 3 TDG/6 II 2, 3 MDStV nicht* im Hinblick auf

---

916 Art. 14 II ECRL, §§ 11 S. 2 TDG/9 S. 2 MDStV.

917 So auch *Marly* in Grabitz/Hilf/Wolf, A 4, Art. 14 ECRL, Rn. 18. Teilweise wird unter Berufung auf die englische Fassung der ECRL („acting under the authority or the control of the provider") eine Parallele zur Konzernbilanz-RL 83/349/EWG gezogen und angenommen, daß bereits wirtschaftliche Abhängigkeiten ausreichen sollen (*Freytag*, CR 2000, 600, 608; *Spindler*, MMR 1999, 199, 203; *derselbe*, NJW 2002, 921, 923 [dort Fußnote 36]; anders *derselbe*, MMR 2004, 440, 442). Gegen dieses Verständnis bestehen jedoch Bedenken im Hinblick auf die unterschiedlichen Regelungsbereiche der Richtlinien. Abgesehen davon war bereits in der Begründung zum ECRL-Vorschlag (*KOM [1998] 586 endg.*, 33) ausdrücklich die Rede von einer „Aufsicht". Denkbar ist allerdings, daß eine wirtschaftliche Abhängigkeit eine faktische Weisungsabhängigkeit begründet (vgl. *Marly* in Grabitz/Hilf/Wolf, A 4, Art. 14 ECRL, Rn. 18).

918 Es kann nämlich davon ausgegangen werden, daß solche Verbote in den Allgemeinen Geschäftsbedingungen praktisch aller Web-Hosting-Anbieter enthalten sind (siehe z.B. Punkt 6.6.2. der AGB der T-Online AG [ftp://software.t-online.de/pub/service/pdf/agbdiens.pdf]).

919 Siehe oben I. 2. c) bb).

920 Siehe oben I. 2. c) bb).

Verpflichtungen der Diensteanbieter zur *Verhinderung der Nutzung von Informationen.*[921]

aa) Kenntnis von den Informationen, deren Nutzung verhindert werden soll

Anders als dies bei den Vorgängerregelungen (§§ 5 IV TDG/5 II MDStV 97[922]) der Fall war, ist im Wortlaut der §§ 8 II 2, 3 TDG/6 II 2, 3 MDStV *nicht* die Rede davon, daß der Diensteanbieter *Kenntnis* von den Informationen, deren Nutzung verhindert werden soll, erlangt haben muß.

Das *Kenntniserfordernis* des § 5 IV TDG 97 war im selben Sinne zu verstehen wie dasjenige in §§ 5 II TDG/MDStV 97923, d.h. es war die positive Kenntnis des einzelnen, konkreten Inhalts maßgeblich, dessen Nutzung verhindert werden sollte.[924]

Würde diese Kenntnis keine Rolle mehr spielen, so könnten Akteure, die fremde Tele-/Mediendienste zur Nutzung bereithalten, entgegen der bisherigen Rechtslage im Rahmen einer *pauschalen Sperrungs- bzw. Löschungsanordnung*[925], einer *selektiven Sperrungs-/Löschungsanordnung*[926] ohne konkrete Bezeichnung der betroffenen Informationen[927], einer *Deaktivierung* bzw. *Sicherstellung* oder einer *Untersagungsanordnung* als *Verantwortliche* herangezogen werden.

---

921 Vgl. oben I. 2. c) aa).

922 Siehe zu §§ 5 III 3, 18 III MDStV 97 unten 3. b).

923 Dies ergab sich schon aus dem übereinstimmenden Gesetzeswortlaut. Im übrigen wurde das Kenntniserfordernis in der Gesetzesbegründung zu § 5 IV TDG 97 nicht mehr gesondert erwähnt. Für ein einheitliches Verständnis der „Kenntnis" etwa auch *Beucher/Leyendecker/von Rosenberg*, § 5 TDG, Rn. 24; *Bleisteiner*, 209; *Engel-Flechsig/Maennel/Tettenborn*, 17 f.; *Greiner*, 112; *Hütig* in Moritz/Dreier, Rn. 58; *Maennel* in E-F/M/T, § 5 TDG, Rn. 22; *Sieber*, Rn. 381 ff.; *Spindler* in Hoeren/Sieber, Teil 29, Rn. 144 ff.

924 Die Bezugnahme auf § 85 TKG 96 sollte „hervorheben, daß Diensteanbieter ... durch das Fernmeldegeheimnis gehindert sind, individuell abgerufene oder sonst nicht öffentlich übermittelte Inhalte von sich aus mitzulesen und Inhalt und Umstände der Telekommunikation von sich aus Dritten zu offenbaren" (*BT-Drs. 13/7385*, 21). Auf die einfachgesetzliche Konkretisierung des Fernmeldegeheimnisses wird noch gesondert näher eingegangen sein (siehe unten 6. Teil B. III. 2. b) aa)).

925 Hiermit ist eine Anordnung gemeint, die ihrem Adressaten die Sperrung oder Löschung aller auf einem Server(bereich) gespeicherter bzw. dort neu eingehender Informationen aufgibt.

926 Hiermit ist eine Anordnung gemeint, die sich sich auf einzelne, konkrete Informationen bezieht.

927 Zur Befolgung einer solchen Anordnung müßte ihr Adressat eine *proaktive Kontrolle* der zur Nutzung bereitgehaltenen bzw. neu eingehenden Informationen durchführen. (An dieser Stelle sei angemerkt, daß Art. 15 I ECRL, §§ 8 II 1 TDG/6 II 1 MDStV zwar Überwachungspflichten allgemeiner Art, nicht aber Kontrollpflichten in spezifischen Fällen, insbesondere aufgrund behördlicher Anordnungen, ausschließen [vgl. *BT-Drs. 14/6098*, 23; *BWLT-Drs. 13/951*, 38]).

Allerdings gehen die Gesetzesbegründungen ausdrücklich davon aus, daß es weiterhin auf die Kenntnis ankommen soll, indem sie ausführen: „Dementsprechend ordnet § 8 Abs. 2 Satz 2 (bzw.: § 6 Abs. 2 Satz 2) an, daß Verpflichtungen zur Entfernung oder Sperrung der Nutzung rechtswidriger Informationen nach den allgemeinen Gesetzen auch bei Vorliegen der Voraussetzungen der §§ 9 bis 11 (bzw.: §§ 7 bis 9) unberührt bleiben, *wenn* der Diensteanbieter von solchen Informationen *Kenntnis* erlangt. Dies *entspricht der bisherigen Rechtslage* ... . Die für Sperrungsverpflichtungen erforderliche Kenntnis kann dem Diensteanbieter auch durch *Dritte* oder eine *Behörde* verschafft werden.“[928]

Demnach sind die in Rede stehenden Vorschriften dahingehend zu verstehen, daß der zu einer Nutzungsverhinderung herangezogene Diensteanbieter *Kenntnis* von den zu entfernenden bzw. zu sperrenden Informationen haben muß.[929] Diese Kenntnis kann ihm insbesondere auch durch eine *behördliche Anordnung* verschafft werden.[930]

bb) Technische Möglichkeit und Zumutbarkeit der Nutzungsverhinderung

Anders als ihre Vorgängerregelungen stellen §§ 8 II 2, 3 TDG/6 II 2, 3 MDStV *nicht* mehr ausdrücklich auf die *technische Möglichkeit* und *Zumutbarkeit* einer Nutzungsverhinderung ab.

In den Gesetzesbegründungen zu §§ 5 II TDG/MDStV 97 hieß es, der Diensteanbieter müsse technisch in der Lage sein, den einzelnen, konkreten Inhalt gegen weitere Nutzung zu sperren.[931] Es kam darauf an, ob es dem Diensteanbieter *subjektiv technisch möglich* war, den Abruf des Inhalts durch Nutzer zu verhindern.[932] Da ein Server-Betreiber bzw. -Verwalter einen Abruf ihm bekannter gespeicherter Inhalte ohne weiteres verhindern kann[933], wirkte sich das Kriterium der technischen Möglichkeit letztlich nicht auf die Zulässigkeit der Inanspruchnahme eines solchen Akteurs aus. Ferner mußte die Maßnahme

---

928 *BT-Drs. 14/6098*, 23; *BWLT-Drs. 13/951*, 38 (Hervorhebungen vom Verfasser).

929 So im Ergebnis auch *Freytag* in Lehmann, Rn. 40; *Gounalakis/Rhode*, Rn. 295 f.; *Nikkels*, CR 2002, 302, 306; *Tettenborn/Bender/Lübben/Karenfort*, K&R-Beilage 1/12/2001, 1, 34. A.A. wohl *Spindler*, MMR 2001, 737, 743; *derselbe/Volkmann*, K&R 2002, 398, 402; *Volkmann*, CR 2003, 440, 441 („Kenntnis oder Kennenmüssen“).

930 Vgl. auch oben a) aa).

931 *BT-Drs. 13/7385*, 20; *BWLT-Drs. 12/1302*, 21.

932 Vgl. *Altenhain*, AfP 1998, 457, 461; *Engel-Flechsig/Maennel/Tettenborn*, 18; *Hütig* in Moritz/Dreier, Rn. 51; *Maennel* in E-F/M/T, § 5 TDG, Rn. 23; *Sieber*, Rn. 358, 404; *Ukrow* in Roßnagel, § 5 MDStV, Rn. 60. Gegen die (jeweils ohne nähere Begründung vorgetragene) abweichende Auffassung von *Beucher/Leyendecker von Rosenberg*, § 5 TDG, Rn. 23, und *Bleisteiner*, 194, wonach ein objektiver Maßstab zugrunde zu legen sei, sprach vor allem, daß (auch) die Kriterien der „Kenntnis“ und der „Zumutbarkeit“ die Berücksichtigung subjektiver Gesichtspunkte – Wissen des Diensteanbieters, konkret von ihm zu betreibender Aufwand zur Realisierung der Nutzungsverhinderung – verlangen.

933 Siehe oben 3. Teil A.

dem Diensteanbieter *zumutbar* sein. Maßgeblich waren insofern „die Bedeutung des Einzelfalles und der Aufwand sowie die Auswirkung auf andere Teile des Dienstes im Verhältnis zueinander“.[934] Somit mußte eine Abwägung zwischen dem privaten Interesse des Diensteanbieters und der Nutzer sowie dem öffentlichen Interesse an einer Verhinderung der Nutzung störender Inhalte stattfinden[935], in deren Rahmen es auch auf die Rettungschancen für das bedrohte Rechtsgut und etwaige Möglichkeiten der Umgehung einer Gefahrenabwehrmaßnahme ankam.[936] Hierbei handelte es sich um dieselben Gesichtspunkte, die auch im Hinblick auf die *Verhältnismäßigkeit* einer Gefahrenabwehrmaßnahme zu berücksichtigen waren.[937] Da eine unverhältnismäßige Maßnahme – die immer auch „unzumutbar“ war – ohnehin nicht ergehen durfte, wirkte sich auch das Zumutbarkeitskriterium der §§ 5 II TDG/MDStV 97 im Ergebnis nicht auf die rechtliche Zulässigkeit einer solchen Maßnahme aus. Demnach hatte das Kriterium der technischen Möglichkeit und Zumutbarkeit der Nutzungsverhinderung in den fraglichen Bestimmungen letztlich nur *deklaratorischen Charakter*.

Hinsichtlich des Kriteriums der technischen Möglichkeit und Zumutbarkeit einer Sperrung im Sinne von § 5 IV TDG 97 wurde teilweise für eine objektivierte Betrachtung, bei der „Allgemeininteressen unmittelbar heranzuziehen“ seien, plädiert.[938] Hiergegen sprach allerdings die Gesetzesbegründung.[939] Abgesehen davon hätte ein „objektiviertes“ Verständ-

934 *BT-Drs. 13/7385*, 20; *BWLT-Drs. 12/1302*, 22. Weiter hieß es dort, daß der Anbieter nicht gezwungen werde, z.B. ganze Dienstbereiche zu sperren oder den gesamten Mediendienst einzustellen, obwohl nur ein einziger oder vereinzelte rechtswidrige Inhalte von Dritten eingestellt worden seien.

935 So im Ergebnis auch *Bettinger/Freytag*, CR 1998, 545, 551 f.; *Bleisteiner*, 195 f.; *Engel-Flechsig/Maennel/Tettenborn*, 18; *Freytag*, ZUM 1999, 185, 193; *Maennel* in E-F/M/T, § 5 TDG, Rn. 26; *Sieber*, Rn. 403 ff., 409 ff.; *Spindler* in Hoeren/Sieber, Teil 29, Rn. 116 f. A.A. *Altenhain*, AfP 1998, 457, 462 f., wonach die Informationsinteressen der Nutzer nicht zu berücksichtigen sein sollten (hiergegen sprachen jedoch die Gesetzesbegründungen zu §§ 5 II TDG/MDStV 97, die ausdrücklich auch auf die „Auswirkung [der Nutzungsverhinderung] auf andere Teile des Dienstes“ abstellten).

936 *Altenhain*, AfP 1998, 457, 463; *Bleisteiner*, 195 f.; *Freytag*, ZUM 1999, 185, 193; *Sieber*, Rn. 417 ff.

937 Vgl. auch (für § 5 II MDStV 97) *Gounalakis*, NJW 1997, 2993 („Das Kriterium der Zumutbarkeit ist im Sinne der ... verfassungsrechtlichen Interpretation zu verstehen.“) sowie *Ukrow* in Roßnagel, § 5 MDStV, Rn. 59 („Das Zumutbarkeitskriterium findet ferner im aus dem Rechtsstaatsprinzip abgeleiteten Verhältnismäßigkeitsgrundsatz eine auch auslegungsrelevante Stütze.“).

938 Dies wurde damit begründet, daß im Hinblick auf die technische Möglichkeit und Zumutbarkeit der „Sperrung“ in § 5 IV TDG 97 das (in § 5 II TDG 97 enthaltene, sich auf Diensteanbieter beziehende) Objekt „ihnen“ fehlte (*Beucher/Leyendecker/von Rosenberg*, § 5 TDG, Rn. 24; *Sieber*, Rn. 404; ihm folgend *Schilling*, 91 f.; für das Kriterium der technischen Möglichkeit der „Sperrung“ ebenso *Maennel* in E-F/M/T, § 5 TDG, Rn. 23).

939 In der Passage zu § 5 IV TDG 97 wurde hinsichtlich des Kriteriums der technischen Möglichkeit und Zumutbarkeit auf § 5 II TDG 97 Bezug genommen (*BT-Drs. 13/7385*, 21). Gegen eine „objektivierte“ Betrachtungsweise auch *Bleisteiner*, 209 f.; *Freytag*, ZUM 1999, 185, 194, sowie – hinsichtlich des Zumutbarkeitskriteriums – *Maennel* in E-F/M/T, § 5 TDG, Rn. 26.

nis zu keinen abweichenden Ergebnissen geführt, denn eine verhältnismäßige Gefahrenabwehrmaßnahme wurde bei einer Ausblendung der privaten Interessen des Diensteanbieters und der Nutzer[940] nicht im Sinne von § 5 IV TDG 97 unzumutbar und eine unverhältnismäßige Maßnahme konnte durch die Vorschrift nicht „geheilt" werden.

Die Gesetzesbegründungen zu den novellierten Bestimmungen bringen zum Ausdruck, daß der bisherigen ausdrücklichen Normierung des Erfordernisses der technischen Möglichkeit und Zumutbarkeit einer Nutzungsverhinderung lediglich *deklaratorische Bedeutung* zukam.[941]

Mit Blick darauf, daß es Akteuren, die fremde Informationen zur Nutzung bereithalten, grundsätzlich immer *(technisch) möglich* ist, den Abruf ihnen bekannter Informationen zu verhindern, und daß eine Inanspruchnahme solcher Akteure ohnehin nur in Betracht kommt, soweit sie verhältnismäßig und damit zugleich auch *zumutbar* ist, bewirken (auch) die neuen Bestimmungen – ungeachtet ihres Wortlauts – nicht, daß Diensteanbieter (als Verantwortliche) zur Vornahme einer technisch unmöglichen oder unzumutbaren Gefahrenabwehrmaßnahme herangezogen werden können.[942]

c) Auswirkungen der Regelungen

Die gefahrenabwehrrechtliche Verantwortlichkeit eines Diensteanbieters, der störende *fremde Informationen zur Nutzung bereithält*, wird durch *Art. 14 I ECRL, §§ 11 TDG/9 MDStV* ausgeschlossen, wenn der Anbieter die Informationen *nicht kennt* (d.h. weder selbst entdeckt noch einen hinreichend konkreten Hinweis auf sie erhalten hat, wobei ggf. auf den Kenntnisstand eines Verrichtungsgehilfen abzustellen ist), und der *Nutzer*, für den die Speicherung erfolgt, dem Diensteanbieter gegenüber *nicht weisungsabhängig* ist.

Liegen diese Voraussetzungen vor, so ist der Diensteanbieter *Nichtverantwortlicher* und kann nur unter den Voraussetzungen des *polizeilichen Notstands* in Anspruch genommen werden. Mit Blick darauf, daß eine ermittelnde Behörde, die einen Akteur zur Erteilung von *Auskunft* über fremde zur Nutzung bereitgehaltene Informationen heranziehen will, zumeist (noch) *nicht beurteilen* können wird, ob dem Diensteanbieter diese Informationen *bekannt* sind (und

---

940 Diese Interessen waren nach der hier vertretenen Auffassung bei der Abwägung im Rahmen des Zumutbarkeitskriteriums des § 5 IV TDG 97 gerade *zu Lasten* einer „Sperrung" zu berücksichtigen.

941 *BT-Drs. 14/6098*, 23, 25; *BWLT-Drs. 13/951*, 38, 42 („... [D]iese Anforderungen ergeben sich bereits aus allgemeinen übergeordneten Grundsätzen." „Der allgemeine Grundsatz, daß die Entfernung technisch möglich und zumutbar sein muß, gilt hier ebenfalls.").

942 Dies verkennt offenbar *Schilling*, 111, der annimmt, daß nach § 8 II 2 TDG eine Inanspruchnahme zu einer Entfernung oder Sperrung „jederzeit angeordnet werden" könne, was ein „völliges Novum" darstelle.

unter Berücksichtigung des Umstands, daß Web-Hosting-Vereinbarungen[943] grundsätzlich keine einem Verantwortlichkeitsausschluß entgegenstehenden Weisungsabhängigkeiten begründen), dürften solche Auskunftsanordnungen regelmäßig nur unter den Voraussetzungen des *polizeilichen Notstands* in Betracht kommen.

Wenn zumindest eine der Voraussetzungen nicht vorliegt, bleiben die *allgemeinen gefahrenabwehrrechtlichen Grundsätze* maßgeblich. Hiernach kann der Diensteanbieter als *Verantwortlicher* in Anspruch genommen werden. Auch behördliche *Kontrollmaßnahmen*, hinsichtlich derer der „Verantwortlichkeitsfilter" nicht gilt[944], sind ohne Rücksicht auf die Voraussetzungen des polizeilichen Notstands zulässig.

Die Verantwortlichkeitsbeschränkungen gelten gemäß *§§ 8 II 2, 3 TDG/6 II 2, 3 MDStV nicht* im Hinblick auf Verpflichtungen der Diensteanbieter zur *Verhinderung der Nutzung* ihnen *positiv bekannter Informationen*. Die Kenntnis kann dem Diensteanbieter insbesondere durch eine behördliche *Sperrungs-/ Löschungsanordnung* verschafft werden, welche die betroffenen Informationen so konkret bezeichnet, daß der Anordnungsadressat keine proaktiven Kontrollen durchführen muß, um die Nutzungsverhinderung zu realisieren. In einem solchen Fall kann der Diensteanbieter nach den *allgemeinen gefahrenabwehrrechtlichen Grundsätzen* als *Verantwortlicher* in Anspruch genommen werden.

Fehlt es hingegen an der Kenntnis, so kann der Diensteanbieter nur als *Nichtverantwortlicher* herangezogen werden. So liegt es im Fall der Anordnung einer *pauschalen Sperrung/Löschung* aller zur Nutzung bereitgehaltenen oder auf einem Server neu eingehenden Informationen (denn es ist kaum denkbar, daß dem Diensteanbieter alle betroffenen Informationen bekannt sind), der Anordnung einer *selektiven Sperrung* bzw. *Löschung* bestimmter weder dem Diensteanbieter zweifelsfrei (bereits) bekannter noch behördlicherseits genau bezeichneter Informationen sowie im Fall einer *Deaktivierung* bzw. *Sicherstellung* eines Servers oder einer *Untersagungsanordnung* (da auch insofern eine Kenntnis des Diensteanbieters von allen Informationen, deren Nutzung verhindert wird, praktisch nicht denkbar ist). Anderes gilt nur, wenn der Nutzer, für den Informationen gespeichert werden, dem Diensteanbieter untersteht oder von diesem beaufsichtigt wird.

Die Auswirkungen der neuen Verantwortlichkeitsregelungen *unterscheiden* sich von denjenigen der *Vorgängervorschriften* insofern, als der – grundsätzlich nach wie vor bestehende – *Ausschluß der Verantwortlichkeit des „nichtwissen-*

943 Die Bezeichnung „Web-Hosting" soll hier stellvertretend für alle in Betracht kommenden Vertragstypen (siehe oben 1. Teil D. I.) gebraucht werden.

944 Siehe oben I. 2. c) bb), II. 2. a) dd).

den" Diensteanbieters für zur Nutzung bereitgehaltene störende Informationen *nicht mehr* in Betracht kommt, wenn der Diensteanbieter gegenüber demjenigen, für den er die Informationen speichert, *weisungsbefugt* ist. Zudem ist zu berücksichtigen, daß die neuen Regelungen nicht (mehr) analog auf das Verhältnis zu mittels Hyperlinks oder Inline-Links/Frames in *Verweis* genommenen fremden Informationen anwendbar sind[945], so daß nun ein Akteur, der entsprechende störende Verweise zur Nutzung bereithält, hierfür *uneingeschränkt nach den allgemeinen Grundsätzen verantwortlich* ist.

3. Verantwortlichkeit der Diensteanbieter, die den Zugang zur Nutzung fremder Informationen vermitteln

a) Grundregeln (Art. 12 I, II, 13 I ECRL, §§ 9, 10 TDG/7, 8 MDStV)

Die Verantwortlichkeit der Diensteanbieter, die den Zugang zur Nutzung fremder Tele-/Mediendienste vermitteln, könnte durch *Art. 12 I, II, 13 I ECRL, §§ 9, 10 TDG/7, 8 MDStV* modifiziert werden. Insofern ist zwischen der *Übermittlung* fremder Informationen in einem Kommunikationsnetz (*„Durchleitung"*)[946] und der *Zwischenspeicherung* zur beschleunigten Übermittlung von Informationen (*Caching*)[947] zu unterscheiden.

Zuvor fielen die Durchleitung wie auch das (Proxy-)Caching unter §§ 5 III TDG/MDStV 97.

aa) Übermittlung fremder Informationen in einem Kommunikationsnetz (Durchleitung)

Gemäß §§ 5 III 1 TDG/MDStV 97 waren Diensteanbieter *generell nicht* für übermittelte fremde Inhalte *verantwortlich.*

Nach Art. 12 I ECRL, §§ 9 I TDG/7 I MDStV[948] sind Diensteanbieter für fremde Informationen, die sie in einem Kommunikationsnetz übermitteln oder zu denen sie den Zugang zur Nutzung vermitteln[949], *nicht verantwortlich*, sofern

945 Vgl. oben 4. Teil A. II. 2. a) dd) (b).
946 Die Durchleitung fällt unter Art. 12 ECRL, §§ 9 TDG/7 MDStV.
947 Das Caching fällt unter Art. 13 ECRL, §§ 10 TDG/8 MDStV.
948 Vgl. die ähnliche Regelung in Sec. 512 (a) DMCA (siehe Anhang).
949 Daß die Vermittlung des Zugangs zu fremden Informationen nur in §§ 9 TDG/7 MDStV (nicht aber auch in §§ 10 TDG/8 MDStV) aufgeführt wird, ist insofern mißverständlich, als sich aus §§ 3 S. 1 Nr. 1 TDG/MDStV ergibt, daß die Zugangsvermittlung den Oberbegriff für die Übermittlung und die Zwischenspeicherung fremder Informationen bildet. Unter §§ 9 I TDG/7 I MDStV fällt auch eine automatische kurzzeitige Zwischenspeicherung von Informationen, soweit diese nur zur Durchführung der Übermittlung im Kommunikationsnetz geschieht und die Informationen nicht länger gespeichert wer-

sie (1.) die *Übermittlung nicht veranlaßt*, (2.) den *Adressaten* der übermittelten Informationen *nicht ausgewählt* und (3.) die übermittelten *Informationen nicht ausgewählt* oder *verändert* haben.[950] Dies *gilt nicht*, wenn der Diensteanbieter absichtlich mit einem Nutzer seines Dienstes zusammenarbeitet, um rechtswidrige Handlungen zu begehen.[951]

(a) Keine Veranlassung der Übermittlung, keine Auswahl des Adressaten der übermittelten Informationen, keine Auswahl oder Veränderung der übermittelten Informationen

Das Erfordernis, daß der Diensteanbieter die *Übermittlung nicht veranlaßt* hat, liegt vor, wenn der Diensteanbieter nicht selbst die Ausführung der Übermittlung beschlossen hat. Bewirkt er auf Aufforderung eines Nutzers automatisch eine Übermittlung, dann geht diese nicht von ihm selbst aus, d.h. er büßt seine Stellung als „bloßer Vermittler" nicht ein.[952]

Die übermittelten *Informationen* und deren *Adressat* werden *nicht* von dem die Übermittlung durchführenden Diensteanbieter *ausgewählt*, wenn ein Nutzer bestimmte Informationen abfragt oder an einen anderen Nutzer versendet.[953]

Eine *Veränderung übermittelter Informationen* liegt nur im Fall einer gezielten Beeinflussung der Datenintegrität vor, nicht aber bei Eingriffen technischer Art im Verlauf der Übermittlung wie insbesondere Umwandlungen von URLs in IP-Adressen durch Domain-Name-Server.[954]

Entgegen dem ersten Anschein führen die Anforderungen der Art. 12 I ECRL, §§ 9 TDG/7 MDStV im Vergleich zu der bisherigen Regelung in §§ 5 III TDG/MDStV 97 *nicht* zu einer *Erweiterung der gefahrenabwehrrechtlichen Verantwortlichkeit*, denn zum einen handelt es sich bei den fraglichen Bestimmungen (lediglich) um Filterregelungen[955] und zum anderen nehmen Diensteanbieter, deren Betätigung unter die Vorschriften fällt, gerade typischerweise

---

den, als für die Übermittlung üblicherweise erforderlich ist (Art. 12 II ECRL, §§ 9 II TDG/7 II MDStV).

950 Art. 12 I ECRL, §§ 9 I 1 TDG/7 I 1 MDStV.

951 Erwägungsgrund 44 der ECRL, §§ 9 I 2 TDG/7 I 2 MDStV.

952 So bereits KOM [1998] 586 endg., 31.

953 Demgegenüber würde das Angebot einer moderierten „Mailingliste" (vgl. oben Fußnote 97), deren Betreiber die E-Mail-Empfänger auswählt, nicht unter Art. 12 ECRL, §§ 9 TDG/7 MDStV fallen (vgl. *Marly* in Grabitz/Hilf/Wolf, A 4, Art. 12 ECRL, Rn. 6; *Spindler*, MMR-Beilage 7/2000, 4, 17; *Tettenborn/Bender/Lübben/Karenfort*, K&R-Beilage 1/12/2001, 1, 29).

954 *BT-Drs. 14/6098*, 25; *BWLT-Drs. 13/951*, 40; vgl. *Marly* in Grabitz/Hilf/Wolf, A 4, Art. 12 ECRL, Rn. 7.

955 Vgl. oben I. 1. sowie auch unten c).

auf Veranlassung von Nutzern eine unveränderte Übermittlung der von diesen nachgefragten bzw. versendeten Daten vor.

(b) Keine Kenntnis von den übermittelten Informationen

Zwar stellen Art. 12 I ECRL, §§ 9 TDG/7 MDStV nicht ausdrücklich auf die fehlende Kenntnis von übermittelten Informationen ab. Jedoch decken Art. 12 ff. ECRL nur Fälle ab, in denen die Tätigkeit eines Diensteanbieters *rein technischer, automatischer* und *passiver Art* ist, und eine derartige Tätigkeit läge nicht (mehr) vor, wenn ein Diensteanbieter Kenntnis von übermittelten oder gespeicherten Informationen hätte.[956] Allerdings handelt es sich bei der Durchleitung von Informationen typischerweise um einen automatisiert ablaufenden Prozeß, bei dem der Diensteanbieter keine Kenntnis von übermittelten Informationen nimmt.[957]

(c) Nichtgeltung der Verantwortlichkeitsbeschränkung, wenn der Diensteanbieter absichtlich mit einem Nutzer zusammenarbeitet, um rechtswidrige Handlungen zu begehen

Die neuen Bestimmungen gehen davon aus, daß ein Diensteanbieter, der absichtlich mit einem Nutzer seines Dienstes zusammenarbeitet, um rechtswidrige Handlungen zu begehen, *mehr* leistet als eine *„reine Durchleitung"* von Informationen und daher den Verantwortlichkeitsausschluß nicht in Anspruch nehmen kann.[958] Allerdings dürften solche Fälle eines kollusiven Zusammenwirkens eher selten vorkommen und im übrigen praktisch kaum nachweisbar sein.

bb) Zwischenspeicherung zur beschleunigten Übermittlung von Informationen (Caching)

Gemäß §§ 5 III 1, 2 TDG/MDStV 97 waren Diensteanbieter *generell nicht* für eine automatische und kurzzeitige Vorhaltung fremder Inhalte aufgrund Nutzeranfrage *verantwortlich.*

Nach Art. 13 I ECRL, §§ 10 TDG/8 MDStV[959] sind Diensteanbieter für eine automatische, zeitlich begrenzte Zwischenspeicherung, die allein dem Zweck dient, die Übermittlung der fremden Information an andere Nutzer auf deren Anfrage effizienter zu gestalten, *nicht verantwortlich*, sofern sie (1.) die *Informationen nicht verändern*, (2.) die *Bedingungen für den Zugang zu den Informationen beachten*, (3.) die *Regeln für die Aktualisierung der Information*, die in weithin anerkannten und verwendeten Industriestandards festgelegt sind, *be-*

956 Vgl. Erwägungsgrund 42 der ECRL.
957 Vgl. *BT-Drs. 14/6098*, 24; *BWLT-Drs. 13/951*, 39.
958 Erwägungsgrund 44 der ECRL, *BT-Drs. 14/6098*, 24; *BWLT-Drs. 13/951*, 39.
959 Vgl. die ähnliche Regelung in Sec. 512 (b) DMCA (siehe Anhang).

achten, (4.) die erlaubte *Anwendung von Technologien zur Sammlung von Daten über die Nutzung der Information*, die in weithin anerkannten und verwendeten Industriestandards festgelegt sind, *nicht beeinträchtigen* und (5.) *unverzüglich handeln*, um gespeicherte Informationen zu *entfernen* oder den Zugang zu ihnen zu *sperren*, sobald sie *Kenntnis* davon *erhalten* haben, daß die Informationen am ursprünglichen Ausgangsort der Übertragung aus dem Netz entfernt wurden oder der Zugang zu ihnen gesperrt wurde oder ein Gericht oder eine Verwaltungsbehörde die Entfernung oder Sperrung angeordnet hat.[960] Dies *gilt nicht*, wenn der Diensteanbieter absichtlich mit einem Nutzer seines Dienstes zusammenarbeitet, um rechtswidrige Handlungen zu begehen.[961]

(a) Keine Veränderung der Informationen, Beachtung der Bedingungen für den Zugang zu den Informationen, Beachtung der Regeln für die Aktualisierung der Information, keine Beeinträchtigung von Technologien zur Sammlung von Daten über die Nutzung der Information

Hinsichtlich der Voraussetzung, daß die *Informationen nicht verändert* werden, kann auf die vorangegangenen Ausführungen verwiesen werden.[962] Hiernach läge eine Veränderung zwischengespeicherter Daten nur vor, wenn deren Integrität gezielt beeinflußt würde.

Das Erfordernis, daß die *Bedingungen für den Zugang zu den Informationen beachtet* werden, soll vermeiden, daß durch das Caching von Informationen Zugangskontrollen unterlaufen werden, die der Anbieter einer zwischengespeicherten Website installiert hat, um z.B. den Jugendschutz oder die Entrichtung eines Entgelts sicherzustellen.[963] So würde etwa eine von einem Anbieter eingerichtete Paßwortabfrage umgangen, wenn vom Paßwortinhaber abgefragte Informationen von anderen Nutzern ohne Paßworteingabe aus einem Cache-Speicher abgerufen werden könnten.

Das Kriterium der *Beachtung der Regeln für die Aktualisierung der Information* soll Fälle erfassen, in denen Daten aktualisiert werden müssen, um ihren Informationswert zu erhalten (wie z.B. bei Börsen-Nachrichten oder Wetterdaten). Es soll vermieden werden, daß eine zeitlich überholte Cache-Kopie den Eindruck vermittelt, sie entspreche der (aktualisierten) Original-Website.[964]

---

960 Art. 13 I ECRL, §§ 10 S. 1 TDG/8 S. 1 MDStV.

961 Erwägungsgrund 44 der ECRL, §§ 10 S. 2 i.V.m. 9 I 2 TDG/8 S. 2 i.V.m. 7 I 2 MDStV.

962 Siehe oben aa) (a).

963 *BT-Drs. 14/6098*, 25; *BWLT-Drs. 13/951*, 40; vgl. *Marly* in Grabitz/Hilf/Wolf, A 4, Art. 13 ECRL, Rn. 8; *Tettenborn/Bender/Lübben/Karenfort*, K&R-Beilage 1/12/2001, 1, 30.

964 *BT-Drs. 14/6098*, 25; *BWLT-Drs. 13/951*, 40 f.; *Marly* in Grabitz/Hilf/Wolf, A 4, Art. 13 ECRL, Rn. 9; *Tettenborn/Bender/Lübben/Karenfort*, K&R-Beilage 1/12/2001, 1, 30 f.

Die Voraussetzung, daß erlaubte *Technologien zur Sammlung von Daten* über die *Nutzung* der Information *nicht beeinträchtigt* werden, soll vermeiden, daß ein vom Anbieter der Original-Website eingerichtetes System zur Erfassung von Zugriffszahlen durch Cache-Kopien unterlaufen wird.[965]

Im Vergleich zu den Vorgängerregelungen scheinen die neuen Verantwortlichkeitsbeschränkungen *erheblich strengere Anforderungen* zu stellen. Jedoch ist zu berücksichtigen, daß beim Proxy-Caching typischerweise die zwischengespeicherten Informationen nicht verändert werden, die Anforderungen hinsichtlich des Zugangs zu den Informationen, deren Aktualisierung und der Sammlung von Nutzungsdaten nur in bestimmten Fallkonstellationen von Bedeutung sind[966] und zumindest die Beachtung der Regeln für die Aktualisierung der Information auch im eigenen Interesse der Zugangsvermittler liegt[967]. Demzufolge wird in der Praxis auch nach den neuen Regelungen *häufig* ein *Verantwortlichkeitsausschluß* eingreifen.

(b) Keine Kenntnis von den zwischengespeicherten Informationen

Obwohl dies im Wortlaut der Art. 13 I ECRL, §§ 10 TDG/8 MDStV nicht zum Ausdruck kommt, setzen die Bestimmungen voraus, daß der Diensteanbieter *keine Kenntnis* von den zwischengespeicherten Informationen hat.[968] Diese Anforderung wird in der Praxis regelmäßig erfüllt sein, da das Caching typischerweise eine Tätigkeit automatischer Art darstellt, bei der der Diensteanbieter keine Kenntnis von den zwischengespeicherten Informationen erlangt.[969]

---

965 Wenn sich die Höhe von Werbeeinnahmen nach der Häufigkeit des Abrufs der Original-Website richtet, entsteht deren Anbieter ein finanzieller Verlust, wenn ein von ihm installiertes Zählsystem durch Caching unterlaufen wird. Vgl. *BT-Drs. 14/6098*, 25; *BWLT-Drs. 13/951*, 40 f.; *Marly* in Grabitz/Hilf/Wolf, A 4, Art. 13 ECRL, Rn. 9; *Tettenborn/Bender/Lübben/Karenfort*, K&R-Beilage 1/12/2001, 1, 30 f.

966 Hierbei handelt es sich nur um Fälle, in denen der Anbieter der „gecachten" Original-Website eine Zugangsbeschränkung eingerichtet hat, seine Informationen in kurzen Intervallen aktualisiert oder ein Zählsystem betreibt.

967 Die Bereitstellung möglichst aktueller Informationen stellt ein Qualitätsmerkmal der Zugangsvermittlung dar. Zugangsvemittler werden auch deshalb an einer raschen Aktualisierung zwischengespeicherter Daten interessiert sein, weil ihre Kunden durch probeweises Ausweichen auf den Dienst eines anderen Anbieters selbst herausfinden könnten, ob eine Lieferung veralteter Daten auf der Konfiguration des bisher genutzten Proxy-Cache-Servers beruht.

968 Vgl. oben aa) (c).

969 Vgl. *BT-Drs. 14/6098*, 24; *BWLT-Drs. 13/951*, 40.

(c) Unverzügliches Handeln zur Entfernung oder Sperrung des Zugangs zu Informationen nach Erhalt der Kenntnis von einer Entfernung/Sperrung am Ausgangsort oder einer entsprechenden Anordnung

Die Bestimmung, daß Diensteanbieter für ein Caching nicht verantwortlich sind, wenn sie *unverzüglich handeln*, um gespeicherte Informationen zu *entfernen* oder den Zugang zu ihnen zu *sperren*, sobald sie *Kenntnis* davon *erhalten* haben, daß die Informationen am Ausgangsort der Übertragung entfernt wurden oder der Zugang zu ihnen gesperrt wurde bzw. die Entfernung oder Sperrung angeordnet wurde[970], ist mit der bereits erörterten Regelung in Art. 14 ECRL, §§ 11 TDG/9 MDStV[971] vergleichbar und – wie diese – hinsichtlich der hier in Rede stehenden Verpflichtungen der Diensteanbieter nicht von Bedeutung.

(d) Nichtgeltung der Verantwortlichkeitsbeschränkung, wenn der Diensteanbieter absichtlich mit einem Nutzer zusammenarbeitet, um rechtswidrige Handlungen zu begehen

Auch beim Caching kann ein Diensteanbieter, der *absichtlich* mit einem *Nutzer* seines Dienstes *zusammenarbeitet*, um *rechtswidrige Handlungen* zu begehen, keinen Verantwortlichkeitsausschluß in Anspruch nehmen.[972] Wie bereits ausgeführt, dürfte dieser Regelung in der Praxis keine allzu große Bedeutung zukommen.[973]

b) Regelungen bezüglich Verpflichtungen zur Verhinderung der Nutzung von Informationen (Art. 12 III, 13 II ECRL, §§ 8 II 2, 3 TDG/6 II 2, 3 MDStV)

Die erörterten Verantwortlichkeitsbeschränkungen gelten bei Vorliegen der Voraussetzungen der *§§ 8 II 2, 3 TDG/6 II 2, 3 MDStV nicht* im Hinblick auf Verpflichtungen der Diensteanbieter zur *Verhinderung der Nutzung von Informationen*.[974]

Entsprechendes sahen bereits §§ 5 IV TDG/5 III 3, 18 III MDStV 97 vor.[975] Im Mediendienstebereich war zu beachten, daß *§ 18 III MDStV 97* die Möglichkeit der Inanspruchnahme eines Zugangsvermittlers unter den Vorbehalt stellte, daß sich Maßnahmen gegen-

---

970 Art. 13 I lit. e) ECRL, §§ 10 S. 1 Nr. 5 TDG/8 S. 1 Nr. 5 MDStV.

971 Art. 14 I lit. b) ECRL, §§ 11 S. 1 Nr. 2 TDG/9 S. 1 Nr. 2 MDStV. Die Regelung soll offensichtlich bewirken, daß Diensteanbieter nach Erlangung von Kenntnissen, die an sich eine Verantwortlichkeitsbeschränkung entfallen lassen würden, durch unverzügliches Vornehmen einer Löschung bzw. Sperrung einer ansonsten drohenden *zivil-* oder *strafrechtlichen Haftung entgehen* können (vgl. oben 2. a) bb)).

972 Erwägungsgrund 44 der ECRL; §§ 10 S. 2 i.V.m. 9 I 2 TDG/8 S. 2 i.V.m. 7 I 2 MDStV.

973 Vgl. oben a) cc).

974 Vgl. oben I. 2. c) aa).

975 Vgl. oben 2. b).

über einem Verantwortlichen im Sinne des § 5 I oder II MDStV 97 als nicht durchführbar oder nicht erfolgversprechend erwiesen.[976]

§§ 8 II 2, 3 TDG/6 II 2, 3 MDStV setzen voraus, daß der in Anspruch genommene Diensteanbieter *Kenntnis* von den zu entfernenden bzw. zu sperrenden Informationen hat. Diese Kenntnis kann ihm insbesondere auch durch eine *behördliche Anordnung* verschafft werden, welche die betroffenen Informationen so konkret bezeichnet, daß der Anordnungsadressat keine proaktiven Kontrollen durchführen muß, um die Nutzungsverhinderung zu realisieren.[977] Das nicht mehr ausdrücklich normierte Erfordernis der *technischen Möglichkeit und Zumutbarkeit* der Nutzungsverhinderung ergibt sich (bereits) aus allgemeinen Grundsätzen.[978]

Zu beachten ist, daß *§ 22 III 1 MDStV* die Inanspruchnahme eines Zugangsvermittlers nur noch unter den Vorbehalt stellt, daß sich Maßnahmen gegenüber einem Verantwortlichen im Sinne des § 6 I MDStV – d.h. einem Diensteanbieter, der *eigene Mediendienste zur Nutzung bereithält* – als nicht durchführbar oder nicht erfolgversprechend erweisen.[979]

c) Auswirkungen der Regelungen

Der in *Art. 12 I ECRL, §§ 9 I TDG/7 I MDStV* vorgesehene Ausschluß der Verantwortlichkeit für *„durchgeleitete"* Informationen greift ein, wenn der Diensteanbieter die Daten nicht kennt, die Übermittlung nicht veranlaßt und weder den Adressaten der Informationen ausgewählt noch die Informationen ausgewählt oder verändert hat. Anderes gilt nur, wenn der Diensteanbieter absichtlich mit einem Nutzer zusammenarbeitet, um rechtswidrige Handlungen zu begehen. Die Voraussetzungen der Verantwortlichkeitsbeschränkung werden von Zugangsbetreibern *typischerweise erfüllt.*

Allerdings sind Akteure, die in einer für Zugangsbetreiber typischen Weise fremde störende Informationen übermitteln, ohne die Übermittlung zu veranlassen oder in Bezug auf deren Adressaten oder die Informationen eine Auswahl bzw. Veränderung vorzunehmen, (bereits) *nach allgemeinen gefahrenabwehrrechtlichen Grundsätzen „Nichtstörer"*.[980] Daher können die in Rede stehenden

---

976 Hierbei handelte es sich um eine gesetzlich angeordnete Subsidiarität des Vorgehens gegen Zugangsvermittler (so auch *Bleisteiner*, 222).

977 Siehe oben 2. b) aa).

978 Siehe oben 2. b) bb).

979 In § 22 III 1 MDStV nicht mehr ausdrücklich vorgesehen ist die in § 18 III MDStV 97 normierte Subsidiarität der Inanspruchnahme von Zugangsvermittlern auch gegenüber der Heranziehung von Diensteanbietern, die *fremde Informationen zur Nutzung bereithalten.*

980 Siehe oben A. III. 1.

Bestimmungen, die lediglich eine *Filterwirkung* entfalten (und somit zwar eine nach allgemeinen Grundsätzen bestehende Verantwortlichkeit ausschließen können, eine Nichtverantwortlichkeit aber unberührt lassen), im Ergebnis die Zulässigkeit der gefahrenabwehrrechtlichen Inanspruchnahme solcher Akteure *nicht modifizieren.*[981]

Ein Ausschluß der gefahrenabwehrrechtlichen Verantwortlichkeit für *zwischengespeicherte* Informationen nach *Art. 13 I ECRL, §§ 10 TDG/8 MDStV* setzt voraus, daß der Diensteanbieter die Informationen nicht kennt, sie nicht verändert, die Bedingungen für den Zugang zu ihnen und die Regeln für ihre Aktualisierung beachtet, die Sammlung von Daten über die Nutzung der Informationen nicht beeinträchtigt und nicht absichtlich mit einem Nutzer zusammenarbeitet, um rechtswidrige Handlungen zu begehen.

Sind diese Anforderungen erfüllt, so ist der Diensteanbieter *Nichtverantwortlicher* und kann nur unter den Voraussetzungen des *polizeilichen Notstands* in Anspruch genommen werden. Wenn zumindest eine der Anforderungen nicht erfüllt wird, bleiben die *allgemeinen gefahrenabwehrrechtlichen Grundsätze* maßgeblich, nach denen der Diensteanbieter als *Verantwortlicher* in Anspruch genommen werden kann. Mit Blick darauf, daß eine ermittelnde Behörde, die einen Proxy-Cache-Betreiber zur Erteilung von *Auskunft* über fremde zwischengespeicherte Informationen heranziehen oder solche Informationen selbst *kontrollieren* will, in der Regel (noch) nicht feststellen kann, daß Anforderungen des Verantwortlichkeitsausschlusses nicht erfüllt werden[982], kommen solche Gefahrenabwehrmaßnahmen grundsätzlich nur unter den Voraussetzungen des *polizeilichen Notstands* in Betracht.

Die Verantwortlichkeitsbeschränkungen gelten nach *§§ 8 II 2, 3 TDG/6 II 2, 3 MDStV nicht* im Hinblick auf Verpflichtungen der Diensteanbieter zur Verhinderung der Nutzung von Informationen, die ihnen – beispielsweise aufgrund einer hinreichend konkreten Sperrungs-/Löschungsanordnung – *bekannt* sind.[983]

981 Ginge man davon aus, daß ein Diensteanbieter, der eine Übermittlung selbst veranlassen oder durch eine eigene Auswahl oder Datenveränderung beeinflussen würde, nicht mehr lediglich den Zugang zum Internet verschaffen würde und bereits *nach allgemeinen Grundsätzen Verantwortlicher* wäre, so würden allerdings auch in einem solchen Fall Art. 12 I ECRL, §§ 9 I TDG/7 I MDStV (nach denen dann kein Verantwortlichkeitsausschluß in Betracht käme) die rechtliche Zulässigkeit der Inanspruchnahme des Diensteanbieters im Ergebnis nicht modifizieren.

982 Um dies beurteilen zu können, müßte die Behörde grundsätzlich die Informationen, um deren Ermittlung es geht, bereits selbst kennen.

983 Siehe dazu bereits oben 2. b) aa), c).

Insofern bleiben also die *allgemeinen gefahrenabwehrrechtlichen Grundsätze* maßgeblich.[984]

Wenn die *Kenntnis fehlt*, bleiben die Verantwortlichkeitsbeschränkungen anwendbar.[985] Während Art. 12 I ECRL, §§ 9 I TDG/7 I MDStV die Nichtverantwortlichkeit für „durchgeleitete" Informationen unberührt lassen, können Art. 13 I ECRL, §§ 10 TDG/8 MDStV die Verantwortlichkeit für zwischengespeicherte Informationen ausschließen. Dies betrifft insbesondere Fälle der Anordnung einer *pauschalen Sperrung/Löschung* aller zwischengespeicherten oder bei einem Cache-Server neu eingehenden Informationen oder einer *selektiven Sperrung* bzw. *Löschung* bestimmter weder dem Diensteanbieter zweifelsfrei bekannter noch behördlicherseits genau bezeichneter Informationen sowie *Deaktivierungen, Sicherstellungen* und *Untersagungsanordnungen.*[986]

Anders als die Detailliertheit der neuen Verantwortlichkeitsregelungen auf den ersten Blick vermuten läßt, *unterscheiden* sich die Auswirkungen dieser Bestimmungen im Ergebnis *kaum* von denjenigen der *Vorgängerregelungen.* Dies liegt einerseits am bloßen Filtercharakter der Vorschriften und andererseits daran, daß der Verantwortlichkeitsausschluß von Voraussetzungen abhängig gemacht wird, die von Zugangsvermittlern ohnehin typischerweise erfüllt werden, ggf. nur in bestimmten Fallkonstellationen eine Rolle spielen oder praktisch schwer feststellbar sind. Abgesehen davon ist zu beachten, daß die Subsidiarität der Inanspruchnahme eines Zugangsvermittlers nun gemäß *§ 22 III 1 MDStV* auf Fälle beschränkt ist, in denen sich Maßnahmen gegenüber einem *Anbieter eigener Informationen* als nicht durchführbar oder nicht erfolgversprechend erweisen.

III. Zwischenergebnis und Bewertung

Es kann festgehalten werden, daß sich die Verantwortlichkeitsregelungen der ECRL und des TDG/MDStV dahingehend auswirken, daß Diensteanbieter, die störende *fremde Informationen für einen nicht weisungsabhängigen Nutzer speichern*, sowie Diensteanbieter, die störende *fremde Informationen* (ohne ein kollusives Zusammenwirken mit Nutzern) *im Wege des Proxy-Cachings zwischenspeichern*, grundsätzlich zur Erteilung von *Auskunft* über solche Informationen, zu einer *pauschalen Sperrung/Löschung* solcher Informationen, zu einer *selek-*

---

984 Nach diesen Grundsätzen können Diensteanbieter, die störende Informationen „durchleiten", als *Nichtverantwortliche* und Diensteanbieter, die störende Informationen zwischenspeichern, als *Verantwortliche* zu einer Nutzungsverhinderung herangezogen werden.

985 Vgl. oben I. 2. c) aa). Hinsichtlich der Voraussetzungen dieser Regelungen kann auf die vorangegangenen Ausführungen (oben a)) verwiesen werden.

986 Vgl. oben 2. c). Freilich setzt ein Verantwortlichkeitsausschluß das Vorliegen aller Voraussetzungen der Art. 13 I ECRL, §§ 10 TDG/8 MDStV voraus.

tiven Sperrung/Löschung bestimmter weder dem Diensteanbieter (bereits) bekannter noch behördlicherseits genau bezeichneter Informationen sowie im Rahmen einer *Hardware-Deaktivierung* bzw. *-Sicherstellung* oder *Untersagungsanordnung* nur als *Nichtverantwortliche* in Anspruch genommen werden können.

Die Konzeption der Verantwortlichkeitsregelungen als eigenständige, querschnittsartig für alle Rechtsgebiete – einschließlich des öffentliche Rechts – geltende *Filtervorschriften* verdient mit Blick auf die wünschenswerte *Rechtssicherheit* für Informations- und Kommunikationsdienste Zustimmung. Kritikwürdig war unter diesem Aspekt der unterschiedliche Anwendungsbereich des § 5 IV TDG 97 einerseits und der §§ 5 III 3, 18 III MDStV 97 andererseits.[987] Abhilfe schafft insofern die einheitliche Regelung in §§ 8 II 2, 3 TDG/6 II 2, 3 MDStV, die jeweils das Übermitteln, Caching und Speichern fremder Informationen erfaßt.

Da Diensteanbieter, die störende *eigene Informationen zur Nutzung bereithalten*, grundsätzlich die bereitgehaltenen Daten kennen und deren Nutzung ohne weiteres verhindern können, besteht *kein Anlaß* für eine *Beschränkung* ihrer *Verantwortlichkeit.*[988] Wie dies bereits für die Vorgängerregelungen (§§ 5 I TDG/MDStV 97) galt, verdienen unter dem Aspekt der Rechtssicherheit auch die entsprechenden *Klarstellungen* in den neuen §§ 8 I TDG/6 I MDStV Zustimmung. Mit Blick auf diese Regelungen sollte allerdings erwogen werden, auch die Verantwortlichkeit der Tele-/Mediendienste*nutzer* („nach den allgemeinen Gesetzen“) im TDG und MDStV klarzustellen, um den Eindruck zu vermeiden, daß nur Diensteanbieter als Verantwortliche in Betracht kommen können.

Was das *Speichern* störender *fremder Informationen für einen Nutzer* angeht, so bewirkt das *Kenntniserfordernis* in Art. 14 I, II ECRL, §§ 11 TDG/9 MDStV, das demjenigen der §§ 5 II TDG/MDStV 97 entspricht[989], einen grundsätzlichen *Ausschluß proaktiver („verantwortlicher“) Kontrollpflichten* der Diensteanbieter. Dies wird dem Umstand gerecht, daß ein Aufspüren unbekannter auf einem Server gespeicherter störender Informationen in aller Regel problematisch ist. Angemessen ist aber auch, daß die Filterregelungen die Möglichkeit unberührt lassen, daß ein Diensteanbieter bei *fehlender Kenntnis* unter den Voraussetzun-

987 Siehe oben I. 2. c) aa).

988 So wäre etwa auch nicht einzusehen, wieso ein Antisemit, der für eine volksverhetzende Parole an seiner Hauswand uneingeschränkt verantwortlich ist, hinsichtlich einer solchen Parole auf seiner Homepage in den Genuß einer Verantwortlichkeitsbeschränkung kommen sollte.

989 Dieses Kriterium konnte als die eigentliche Novität der Vorschriften bezeichnet werden (so etwa *Freytag*, ZUM 1999, 185, 192 f.).

gen des *polizeilichen Notstands* zur Gefahrenabwehr herangezogen wird. Ein völliger Ausschluß einer Inanspruchnahme wäre zu weit gegangen, denn bei Vorliegen einer erheblichen Gefahr, zu deren Bekämpfung kein anderer Akteur in der Lage ist, müssen einem Anbieter fremder Informationen im Einzelfall auch Kontrollmaßnahmen aufgegeben werden können.[990] Sachgerecht erscheint ferner, daß nach den neuen Bestimmungen ein *Verantwortlichkeitsausschluß nicht in Betracht kommt*, wenn der Diensteanbieter gegenüber demjenigen, der Daten einspeist, *weisungsbefugt* ist, denn in einem solchen Fall kann der Diensteanbieter eher als ein „typischer" Web-Hosting-Anbieter kontrollieren, welche Informationen gespeichert werden. Da die Nutzung bekannter gespeicherter Daten leicht verhindert werden kann[991], ist es schließlich auch angemessen, daß §§ 8 II 2, 3 TDG/6 II 2, 3 MDStV (die der Sache nach §§ 5 IV TDG/5 II MDStV 97 entsprechen) im Hinblick auf *Verpflichtungen* der Diensteanbieter zur *Verhinderung der Nutzung ihnen bekannter Informationen* eine *Verantwortlichkeitsbeschränkung ausschließen*. Allerdings sollte der *Wortlaut* dieser Vorschriften im Interesse der Rechtssicherheit um das (in den Gesetzesbegründungen ausdrücklich genannte) *Kenntniserfordernis ergänzt* werden.

Da Diensteanbieter, die störende *fremde Informationen* in einem Kommunikationsnetz *übermitteln*, (bereits) nach allgemeinen Grundsätzen „Nichtstörer" sind, wirken sich §§ 9 TDG/7 MDStV, die (wie bereits §§ 5 III TDG/MDStV 97) lediglich als Filter fungieren, im Ergebnis *nicht* auf die Zulässigkeit einer gefahrenabwehrrechtlichen Inanspruchnahme solcher Akteure aus. Unter dem Aspekt der Rechtsklarheit wäre auf europäischer Ebene zu erwägen, *Art. 12 I ECRL*, dessen Voraussetzungen ohnehin typischerweise erfüllt werden[992], als *generellen Verantwortlichkeitsausschluß* nach dem Vorbild der §§ 5 III TDG/ MDStV 97 auszugestalten, wodurch auch eine entsprechende Vereinfachung der §§ 9 TDG/7 MDStV ermöglicht würde. Abgesehen davon erscheint es mit Blick auf die Schwierigkeit der Abgrenzung der Anwendungsbereiche des TDG/ MDStV einerseits und des TKG andererseits[993] sinnvoll, eine *Klarstellung* der *Nichtverantwortlichkeit der TK-Diensteanbieter* für übermittelte Informationen in das *TKG* aufzunehmen.

Was die *Zwischenspeicherung fremder Informationen* zum Zweck der beschleunigten Übermittlung betrifft, so machen Art. 13 I ECRL, §§ 10 TDG/ 8 MDStV einen Verantwortlichkeitsausschluß unter anderem davon abhängig, daß bestimmte Anforderungen in Bezug auf Bedingungen für den Zugang zu den Informationen, die Aktualisierung der Informationen und die Ermöglichung

---

990 Vgl. Erwägungsgrund 47 der ECRL; *BT-Drs. 14/6098*, 23; *BWLT-Drs. 13/951*, 38; unten 6. Teil G.

991 Vgl. oben 3. Teil A.

992 Vgl. oben II. 3. a) aa) (a).

993 Siehe oben 4. Teil A. II. 1. a).

der Sammlung von Nutzungsdaten erfüllt werden. Da diese Anforderungen *nur in bestimmten Fallkonstellationen* eine Rolle spielen und weniger mit der Verantwortlichkeit für zwischengespeicherte Informationen als solche als mit einem *erwünschten Verhalten* bei der *Durchführung des Caching* zu tun haben[994], wäre zu überlegen, sie als *eigenständige Pflichten* der Diensteanbieter außerhalb der Verantwortlichkeitsregelungen zu normieren.[995] Angemessen ist, daß ein Diensteanbieter, der die Anforderungen der Art. 13 I ECRL, §§ 10 TDG/8 MDStV erfüllt, nur (ausnahmsweise) unter den Voraussetzungen des *polizeilichen Notstands* zur Durchführung von *Kontrollmaßnahmen* herangezogen werden kann. Andererseits erscheint es auch sachgerecht, daß §§ 8 II 2, 3 TDG/6 II 2, 3 MDStV im Hinblick auf Verpflichtungen zur *Verhinderung der Nutzung bekannter Informationen* eine *Verantwortlichkeitsbeschränkung ausschließen.*[996] Kritikwürdig war die in § 18 III MDStV 97 vorgesehene *Beschränkung* einer Inanspruchnahme von Zugangsvermittlern auf Fälle, in denen sich Maßnahmen gegen einen verantwortlichen *Anbieter eigener oder fremder Inhalte* als nicht durchführbar oder nicht erfolgversprechend erwiesen, denn zum einen bildet ein Proxy-Cache-Server, der störende Daten vorhält, eine (weitere) Gefahrenquelle[997], auf die der Betreiber einwirken kann, und zum anderen führte der in Rede stehende Vorbehalt prima facie zu einer nicht gerechtfertigten Besserstellung der Zwischenspeicherung von Mediendiensteinhalten gegenüber dem Caching von Telediensteinhalten.[998] Dies hat wohl auch der Gesetzgeber erkannt[999], denn der neue § 22 III 1 MDStV erklärt die Inanspruchnahme eines Proxy-

---

994 Vgl. *Freytag* in Lehmann, Rn. 21 f. Besonders deutlich wird dies bei Art. 13 I lit. c) ECRL, §§ 10 S. 1 Nr. 4 TDG/8 S. 1 Nr. 4 MDStV, die nicht die *Beziehung zu zwischengespeicherten Informationen* betreffen, sondern Proxy-Cache-Betreiber davon abhalten sollen, statistische Erhebungen der Anbieter der Original-Websites zu beeinträchtigen.

995 Dies wäre auch insofern begrüßenswert, als die Frage, ob „weithin anerkannte und verwendete Industriestandards" eingehalten werden (Art. 13 I lit. c), d) ECRL, §§ 10 I Nr. 3 TDG/8 I Nr. 3 MDStV), im Rahmen der eilbedürftigen Gefahrenabwehr oft schwer zu klären sein dürfte.

996 Art. 13 I ECRL, §§ 10 TDG/8 MDStV und §§ 8 II 2, 3 TDG/6 II 2, 3 MDStV werden dem Umstand gerecht, daß unbekannte zwischengespeicherte Daten schwer aufzuspüren sind, aber behördlicherseits hinreichend konkret bezeichnete Informationen leicht gesperrt bzw. gelöscht werden können. Vgl. oben 3. Teil A. sowie die Ausführungen im vorhergehenden Absatz.

997 Vgl. oben A. III. 2.

998 A.A. *Zimmermann*, NJW 1999, 3145, 3149, der allerdings unzutreffend von der Prämisse ausgeht, daß auch Proxy-Cache-Betreiber nach allgemeinen Grundsätzen Nichtstörer sind und Sperrungsanordnungen gegenüber diesen Akteuren überhaupt nur bei Aussichtslosigkeit von Maßnahmen gegenüber anderen Diensteanbieter in Betracht kommen.

999 Allerdings finden sich in der Begründung zum neugefaßten MDStV hierzu keine Ausführungen.

Cache-Betreibers nur noch gegenüber der Heranziehung eines verantwortlichen *Anbieters eigener Informationen* für nachrangig.

Mit (wehmütigem) Blick auf die kompakte Fassung der Vorgängervorschriften ist die *Unübersichtlichkeit* der (auch sprachlich verbesserungswürdigen[1000]) neuen Bestimmungen zu kritisieren. Abgesehen davon handelt es sich im großen und ganzen um *sachlich angemessene* Regelungen, die keine zu weitgehende Verantwortlichkeitsbeschränkung bewirken.[1001] Hiervon unberührt bleibt allerdings die grundsätzliche Kritik, daß die Vorschriften das Verhältnis zu mittels Hyperlinks oder Inline-Links/Frames in *Verweis* genommenen Informationen *nicht erfassen* und daher für diesen bedeutsamen Bereich keine Rechtssicherheit herbeiführen. Wünschenswert wäre insofern vor allem eine *Ergänzung der ECRL* um eine an deren Art. 14 angelehnte ausdrückliche Regelung für Verweise auf fremde Informationen.[1002] Der *deutsche Gesetzgeber* sollte eine den §§ 11 TDG/9 MDStV entsprechende Beschränkung der (nach allgemeinen Grundsätzen bestehenden) Verantwortlichkeit für Verweise auf fremde Tele-/Mediendienste einführen.[1003]

1000 Dies betrifft insbesondere die komplizierten Regelungen in Art. 13 I ECRL, §§ 10 S. 1 TDG/8 S. 1 MDStV.

1001 So (im Hinblick auf §§ 5 TDG/MDStV 97) etwa auch *Bleisteiner*, 210; *Freytag*, ZUM 1999, 185, 195; *Sieber*, Rn. 533 f.; a.A. *Altenhain*, AfP 1998, 457, 460 f., 464; *Haft/Eisele*, JuS 2001, 112, 118; *Lehmann*, ZUM 1999, 180, 183; *Spindler* in Hoeren/Sieber, Teil 29, Rn. 23; *Ukrow* in Roßnagel, § 5 MDStV, Rn. 73. Vgl. zur Bewertung der Art. 12-15 ECRL, §§ 8-11 TDG/6-9 MDStV etwa *Freytag* in Lehmann, Rn. 13 ff., 54; *Hütig* in Moritz/Dreier, Rn. 36 ff., 82 ff; *Marly* in Grabitz/Hilf/Wolf, A 4, Vorbem., Rn. 73 ff.; *Spindler*, MMR-Beilage 7/2000, 4, 16 ff.; *derselbe*, NJW 2002, 921 ff.

1002 Die *Kommission* führt in ihrem ersten Bericht über die Anwendung der ECRL aus, daß sie derzeit (noch) keinen Handlungsbedarf sehe, jedoch weiterhin alle künftigen Entwicklungen beobachten und die Notwendigkeit einer Anpassung der ECRL prüfen werde (*KOM [2003] 702 endg.*, 15).

1003 So auch *Freytag* in Lehmann, Rn. 47; vgl. im übrigen bereits oben 4. Teil A. II. 2. a) dd), H. Siehe zu den Regelungen in Österreich, Spanien und Portugal oben Fußnote 605.

6. Teil: Grundrechte der Internet-Akteure

Im Hinblick auf die rechtliche Zulässigkeit staatlicher Gefahrenabwehrmaßnahmen im Internet ist von besonderer Bedeutung, ob und inwieweit solche Maßnahmen in *Grundrechte* der Internet-Akteure eingreifen und unter welchen Voraussetzungen solche Eingriffe gerechtfertigt sind.

A. Kommunikationsfreiheiten (Art. 5 I 1, 2 GG)

I. Schutzbereich

Art. 5 I 1, 2 GG gewährleistet die freie Meinungsäußerung, die Informationsfreiheit sowie die Presse-, Rundfunk- und Filmfreiheit.

Unter die *Rundfunkfreiheit* (Art. 5 I 2, 2. Alt. GG) fallen alle Formen fernmeldetechnisch übertragener Massenkommunikation, denen wegen ihrer *Breitenwirkung*, *Aktualität* und *Suggestivkraft* besondere Bedeutung unter den Medien zukommt.[1004] Eine solche gesteigerte Relevanz für die öffentliche Meinungsbildung weist ein Internet-Angebot auf, wenn es sich um ein *redaktionell gestaltetes*, *planmäßig ablaufendes Gesamtprogramm* handelt, bei dem sich die Dispositionsfreiheit der Rezipienten im wesentlichen auf das Ein- und Ausschalten des Programms beschränkt. Derzeit sind (nur) „Audio/Video-Stream"-Angebote, bei denen die Rezipienten sich lediglich in ein planmäßig ablaufendes Gesamtprogramm „einklinken", nicht aber individuell und stückweise auf einzelne Sendungen oder Informationen zugreifen können, als Rundfunk im verfassungsrechtlichen Sinne einzuordnen.[1005]

Die *Pressefreiheit* (Art. 5 I 2, 1. Alt. GG) umfaßt nach traditionellem Verständnis die Verbreitung von in Druckwerken und anderen Informationsträgern

---

1004 Siehe bereits oben 4. Teil A. II. 1. c). Die Übertragung kann terrestrisch, via Satellit, Breitbandkabel oder Telefonnetz erfolgen. Als Massenkommunikation wird traditionell jede Form der Kommunikation verstanden, bei der Aussagen öffentlich (d.h. ohne begrenzte und personell definierte Empfängerschaft) durch technische Verbreitungsmittel (Medien) indirekt (d.h. bei räumlicher oder zeitlicher Distanz zwischen den Kommunikationspartnern) und einseitig (d.h. ohne Rollenwechsel zwischen Aussagendem und Aufnehmendem) an ein disperses (d.h. überwiegend räumlich verstreutes und ohne Kontakt zueinander stehendes) Publikum vermittelt werden (*Maletzke*, 32; *Lent*, 32). Hingegen ist Individualkommunikation – ausgehend vom Modell der „Face-to-Face-Kommunikation" – durch die Möglichkeit der Interaktion, d.h. eines Rollenwechsels zwischen Aussagendem und Aufnehmendem, und einen begrenzten bzw. bestimmten Empfänger(kreis) gekennzeichnet (vgl. statt vieler: *Schmitz* in Hoeren/Sieber, Teil 16.4, Rn. 31; *Schulz*, ZUM 1996, 487, 489 [m.w.N.]).

1005 Vgl. oben 4. Teil A. II. 1. c).

verkörperten Gedankeninhalten.[1006] Im Hinblick auf Internet-Angebote wird überwiegend dafür plädiert, an der Abgrenzung zwischen körperlicher und unkörperlicher Verbreitung festzuhalten.[1007] Hierfür spricht zwar die klare Unterscheidbarkeit anhand der Übertragungstechnik.[1008] Andererseits ist das Grundrecht entwicklungsoffen.[1009] Im Rahmen ihrer verfassungsrechtlichen Freiheit muß die Presse in der Lage sein, neue – kostengünstigere und schnellere, aber funktionell äquivalente – „Online"-Verbreitungsarten einzusetzen.[1010] Daher erfaßt Art. 5 I 2, 1. Alt. GG grundsätzlich auch die *alternative „Online"-Verbreitung* eines körperlichen Presseerzeugnisses[1011] und die *originäre elektronische Verbreitung* von Informationen, die nicht (auch) in verkörperter Form vorliegen[1012]. Da jedoch keineswegs alle Informationsangebote die pressetypische Bedeutung eines „unentbehrlichen Mediums und essentiellen Faktors der öffentlichen Meinungsbildung"[1013] aufweisen, ist eine Eingrenzung dahingehend vorzunehmen, daß nur *institutionelle Einwirkungen auf die öffentliche Meinungsbildung* geschützt werden, nicht jedoch einzelne Informationen, die keinen Bezug zu im Pressewesen tätigen Personen, den institutionell-organisatorischen Voraussetzungen und Rahmenbedingungen einer freien Presse oder deren Insti-

---

1006 Vgl. *BVerfGE 95*, 28, 35; *Herzog*, 162; *Starck* in von Mangoldt/Klein/Starck, Art. 5, Rn. 59.

1007 So etwa *Degenhart* in Dolzer/Vogel/Graßhof, Art. 5, Rn. 410; *Hoffmann-Riem* in Denninger/Hoffmann-Riem/Schneider/Stein, Art. 5 I, II, Rn. 145; *Jarass*, AfP 1998, 133, 136 f.; *Kuch*, ZUM 1997, 225, 228; *Pieper/Wiechmann*, ZUM 1995, 82, 92 f. A.A. *Burkhardt*, CR 1999, 38, 40 f.; *Gersdorf*, 144 (m.w.N.); *Hoffmann-Riem* in Benda/Maihofer/Vogel, § 7, Rn. 26.

1008 So auch *Degenhart* in Dolzer/Vogel/Graßhof, Art. 5, Rn. 410.

1009 *Bethge* in Sachs, Art. 5, Rn. 68; *Bullinger*, AfP 1996, 1, 3; *Schulze-Fielitz* in Dreier, Art. 5, Rn. 68 ff.

1010 Vgl. *Bullinger*, AfP 1996, 1, 3; *derselbe/Mestmäcker*, 62 (die von einem „Pressesurrogat" sprechen, das annexweise als „Ersatzpresse" von der Pressefreiheit mitumfaßt werde); *Gersdorf*, 147 f.; *Herzog*, 164; *Germann*, 116. A.A. *Degenhart* in Dolzer/Vogel/Graßhof, Art. 5, Rn. 402, 410; *Jarass*, AfP 1998, 133, 136 f.; *Löffler/Ricker*, 1. Kap., Rn. 5.

1011 *Bullinger/Mestmäcker*, 62; *Herzog*, 164; im Ergebnis auch *Degenhart* in Dolzer/Vogel/Graßhof, Art. 5, Rn. 411. Da unter den Pressebegriff auch Bild- und Tonträger, wie etwa Videobänder und CDs, fallen (*Wendt* in von Münch/Kunig, Art. 5, Rn. 30 [m.w.N.]), erfaßt Art. 5 I 2, 1. Alt. GG auch die alternative elektronische Verbreitung verkörperter Bild- und Tonsequenzen (vgl. *Bullinger/Mestmäcker*, 63 f.; *Herzog*, 165; a.A. *Bethge* in Sachs, der „elektro-magnetisch verbreitete massenmediale Produkte von Printmedien" dem Rundfunk zurechnet).

1012 Hierbei handelt es sich um reine „Online-Ausgaben", die nicht auch in gedruckter Form vorliegen. Für die Subsumtion originär elektronisch verbreiteter Informationen unter Art. 5 I 2, 1. Alt. GG spricht, daß eine typische Eigenschaft der Presse darin besteht, als Lesemedium den Menschen zu aktivieren – was auch am Bildschirm erfolgen kann (*Bullinger/Mestmäcker*, 63).

1013 *BVerfGE 12*, 205, 260.

tution aufweisen.[1014] Unter Art. 5 I 2, 1. Alt. GG fallen demnach insbesondere elektronisch verbreitete traditionelle Presseerzeugnisse[1015] und vergleichbare reine „Online"-Ausgaben[1016]; nicht hingegen der Selbstdarstellung dienende Websites, News-/Forenbeiträge oder Chat-Kommentare.

Die *Filmfreiheit* (Art. 5 I 2, 3. Alt. GG) erfaßt herkömmlich auf Zelluloid oder ähnlichem Material fixierte Bild-/Tonfolgen, die durch Projektion sichtbar gemacht und in der Öffentlichkeit verbreitet werden.[1017] Zwar spricht die Entwicklungsoffenheit des Filmbegriffs[1018] dafür, auch Bild-/Tonsequenzen auf Servern unter Art. 5 I 2, 3. Alt. GG zu fassen. Jedoch ist die Verbreitung im Internet hinsichtlich des Merkmals der „Öffentlichkeit" nicht mit der Filmvorführung (in einem Vorführraum) vor einer bestimmten Anzahl gleichzeitig in enger räumlicher Verbundenheit anwesender Zuschauer vergleichbar, sondern eher mit dem Vertreiben und privaten Abspielen von Videobändern, welches unter die Pressefreiheit fällt.[1019] Bild-/Tonfolgen, die im Rahmen eines redaktionell gestalteten, planmäßig ablaufenden Gesamtprogramms gezeigt werden, sind hingegen Rundfunk.[1020] Demnach fallen Internet-Angebote *nicht* unter die *Filmfreiheit.*

Die *Meinungsäußerungsfreiheit* (Art. 5 I 1, 1. Hs. GG) schützt die Äußerung und Verbreitung einer Meinung. „Meinung" ist jede Ansicht, Wertung oder Stellungnahme – gleichgültig, ob sie sich auf private oder öffentliche Angelegenheiten bezieht oder als „wertvoll" einzustufen ist.[1021] Maßgeblich ist das Vorliegen einer subjektiven Wertung im Rahmen einer geistigen Auseinandersetzung.[1022]

1014 Vgl. *Bullinger/Mestmäcker*, 47, 63 (unter Bezugnahme auf *BVerfGE 85*, 1, 12 f.); *Herzog*, 165 f.

1015 Z.B. die Artikel des Spiegel, die auch im Internet (unter http://www.spiegel.de) abrufbar sind.

1016 Z.B. die ausschließlich im Internet verbreitete „Netzeitung" (http://www.netzeitung.de) oder die Internet-Ausgabe der F.A.Z. (http://www.faz.de), soweit die dort abrufbaren Informationen nicht mit dem Inhalt der Druckversion übereinstimmen.

1017 *Herzog*, 210; vgl. *Degenhart* in Dolzer/Vogel/Graßhof, Art. 5, Rn. 733; *Jarass* in Jarass/Pieroth, Art. 5, Rn. 50.

1018 Daher können auch neue Formen von Bild-/Ton-Trägern als Film angesehen werden (vgl. *Jarass* in Jarass/Pieroth, Art. 5, Rn. 50; *Schulze-Fielitz* in Dreier, Art. 5, Rn. 84). An Bedeutung gewinnt insofern die DVD (Digital Versatile Disk), die bis zu 8 Stunden Video in bester Qualität speichern kann (siehe http://www.dvdbrennen.com/index.php?module=dvd_tipps&func=display &pid=2).

1019 Vgl. *Herzog*, 211; *Wendt* in von Münch/Kunig, Art. 5, Rn. 61. A.A. *Degenhart* in Dolzer/Vogel/Graßhof, Art. 5, Rn. 732.

1020 Vgl. oben 4. Teil A. II. 1. c).

1021 *BVerfGE 30*, 336, 347; *33*, 1, 14 f.; *85*, 1, 14 f.; *Starck* in von Mangoldt/Klein/Starck, Art. 5, Rn. 23; *Wendt* in von Münch/Kunig, Art. 5, Rn. 8; vgl. *Holznagel*, ZUM 2000, 1007, 1014.

1022 *Kannengießer* in Schmidt-Bleibtreu/Klein, Art. 5, Rn. 3; *Starck* in von Mangoldt/Klein/Starck, Art. 5, Rn. 23; vgl. *Holznagel*, ZUM 2000, 1007, 1014.

Da Meinungen in der Regel auf Tatsachen beruhen und Schilderungen bestimmter Tatsachen durch deren Auswahl bereits wertende Elemente enthalten, erfaßt Art. 5 I 1, 1. Hs. GG grundsätzlich auch Tatsachenmitteilungen[1023], soweit diese nicht bewußt oder erwiesen unwahr sind.[1024] Das Grundrecht schützt die Kundgabe einer Meinung durch deren Äußerung bzw. Verbreitung in Wort, Schrift oder Bild. Die Aufzählung ist nicht abschließend und weit auszulegen[1025]; neue technische Artikulations- und Transportmittel können in den Schutzbereich hineinwachsen.[1026] Soweit eine Meinungsäußerung im Internet nicht unter die Rundfunk- oder Pressefreiheit fällt, ist sie durch Art. 5 I 1, 1. Hs. GG geschützt.[1027] [1028]

Die Nutzung allgemein zugänglicher Internet-Informationsquellen ist durch die in Art. 5 I 1, 2. Hs. GG verbürgte *Informationsfreiheit* geschützt.[1029]

Grundrechtsträger sind Akteure, die Rundfunk veranstalten und verbreiten oder als Redakteur tätig sind[1030], wesensmäßig mit der Presse zusammenhängende Tätigkeiten „von der Beschaffung der Information bis zur Verbreitung der Nachricht und Meinung" ausüben[1031], eine eigene Meinung äußern bzw. verbreiten oder sich Informationen verschaffen.[1032] Hierbei handelt es sich vor allem

1023 Vgl. *Herzog* in Maunz/Dürig, Art. 5 I, II, Rn. 51-54; *Starck* in von Mangoldt/Klein/Starck, Art. 5, Rn. 26; *Wendt* in von Münch/Kunig, Art. 5, Rn. 9.

1024 Die Behandlung unwahrer Tatsachenmitteilungen ist umstritten. Wie hier *BVerfGE 54*, 208, 219; *61*, 1, 8; *85*, 1, 15; *Holznagel*, ZUM 2000, 1007, 1014; *Starck* in von Mangoldt/Klein/Starck, Art. 5, Rn. 27; a.A. etwa *Wendt* in von Münch/Kunig, Art. 5, Rn. 10 (m.w.N.).

1025 *Bethge* in Sachs, Art. 5, Rn. 44; *Herzog* in Maunz/Dürig, Art. 5 I, II, Rn. 69, 73.

1026 D.h. auch die Meinungsäußerungsfreiheit ist entwicklungsoffen. Vgl. *Bethge* in Sachs, Art. 5, Rn. 44.

1027 Da das Grundrecht keine Eingrenzung im Hinblick auf den Adressatenkreis der Meinungsäußerung enthält, erfaßt es sowohl Individual- als auch Massenkommunikation (anders *Bethge* in Sachs, Art. 5, Rn. 45, wonach die Meinungsäußerungsfreiheit auf Individualkommunikation zugeschnitten sei und nur dann als Auffanggrundrecht fungiere, wenn eine neuartige technische Modalität nicht auf Massenkommunikation angelegt sei).

1028 Darüber hinaus können auch die Schutzbereiche des Art. 5 III 1, 1. bis 4. Fall GG (Freiheit von Kunst und Wissenschaft, Forschung und Lehre) einschlägig sein.

1029 Als Informationsquelle kommt jeder Träger von Informationen in Betracht, wobei ohne weiteres auch neue Kommunikationstechniken erfaßt sind (vgl. *Bethge* in Sachs, Art. 5, Rn. 54; *Degenhart* in Dolzer/Vogel/Graßhof, Art. 5, Rn. 247; *Herzog*, 188).

1030 *BVerfGE 97*, 298, 310; *Jarass* in Jarass/Pieroth, Art. 5, Rn. 41.

1031 *BVerfGE 20*, 162, 176; *Jarass* in Jarass/Pieroth, Art. 5, Rn. 27; *Schulze-Fielitz* in Dreier, Art. 5, Rn. 73.

1032 Träger der Grundrechte aus Art. 5 I GG können neben natürlichen Personen auch inländische juristische Personen bzw. Personenvereinigungen des Privatrechts sein (*Rüfner* in Isensee/Kirchhof, § 116, Rn. 42; *Starck* in von Mangoldt/Klein/Starck, Art. 5, Rn. 167 ff.). Juristische Personen des öffentlichen Rechts sind prinzipiell keine Grundrechtsum Diensteanbieter, die ein in den sachlichen Schutzbereich des Art. 5 I 1, 2 GG fallendes *eigenes* Angebot *zur Nutzung bereithalten*, sowie *Einsender* und *Rezipienten* entsprechender Informationen. Fraglich ist allerdings, ob auch *andere Akteure* – insbesondere solche, die fremde Informationen zur Nutzung bereithalten oder den Zugang zu deren Nutzung vermitteln – in den Genuß der Kommunikationsfreiheiten kommen. Da die *Pressefreiheit* sich auf Hilfstätigkeiten (z.B. technische Vervielfältigung, Vertrieb und Zustellung) erstreckt, die nicht nur beiläufig, sondern spezifisch zur Erzeugung und Verbreitung von Presseerzeugnissen beitragen[1033], in enger organisatorischer Anbindung an die Presse erfolgen und für deren Funktionieren notwendig sind[1034], dürften jedenfalls Diensteanbieter, die (im Rahmen einer Vertragsbeziehung) fremde „elektronische Presse“ *zur Nutzung bereithalten*, als Grundrechtsträger anzusehen sein.[1035] Hingegen weist das Übermitteln von (beliebigen) Informationen durch *Zugangsvermittler* und *Transporteure* und das Bereithalten von *Verweisen* auf „elektronische Presse“ keine hinreichend enge organisatorische Anbindung an die Presse auf.[1036] Entsprechendes gilt auch hinsichtlich der *Rundfunkfreiheit*.[1037] Auf die *Meinungsäußerungsfreiheit* kann sich nur berufen, wer eine eigene Meinung äußert bzw. verbreitet.[1038] Hierbei handelt es sich zunächst um Akteure, die eine *eigene* Meinung *zur Nutzung bereithalten* oder an einen Server *einsenden*. Ein Diensteanbieter, der *fremde* Meinungen *zur Nutzung bereithält*, ist nur Grundrechtsträger, wenn er zu den gespeicherten Informationen selbst wertend Stellung bezieht[1039], indem er etwa eine Newsgroup „moderiert“[1040] oder bestimmte

träger, denn die Grundrechte haben nicht den Sinn, den Staat gegen sich selbst zu schützen (*Rüfner* in Isensee/Kirchhof, § 116, Rn. 64). Ausnahmen gelten zugunsten der öffentlich-rechtlichen Rundfunkanstalten (vgl. *Schulze-Fielitz* in Dreier, Art. 5, Rn. 91) und Landesmedienanstalten (*Schulze-Fielitz* in Dreier, Art. 5, Rn. 91; a.A. *Starck* in von Mangoldt/Klein/Starck, Art. 5, Rn. 172).

1033 Vgl. *Bethge* in Sachs, Art. 5, Rn. 75; *Starck* in von Mangoldt/Klein/Starck, Art. 5, Rn. 62 f.

1034 *BVerfGE 77*, 346, 354 f.

1035 Vgl. auch *Determann*, 445. Die Tätigkeit dieser Diensteanbieter ist mit derjenigen von Pressegrossisten vergleichbar.

1036 A.A. *Herzog*, 213. Zugangsvermittler und Transporteure haben regelmäßig weder Kenntnis von den übermittelten Informationen noch ein eigenes Interesse an diesen als solchen. Ihre Tätigkeit ist mit der Auslieferung (auch) von Zeitungen z.B. durch die Deutsche Post AG vergleichbar. Bei Verweisen, die aufgrund einer ausdrücklichen Vereinbarung mit dem Grundrechtsträger eingerichtet werden, kann ausnahmsweise eine spezifische Unterstützung der Presse zu bejahen sein.

1037 Insofern ist maßgeblich, ob die betreffende Tätigkeit in spezifischer Weise zur Rundfunkveranstaltung bzw. -verbreitung beiträgt (vgl. *Bethge* in Sachs, Art. 5, Rn. 108 f.).

1038 Art. 5 I 1, 1. Hs. GG: „Jeder hat das Recht, *seine* Meinung ... zu äußern und zu verbreiten ....“ (Hervorhebung vom Verfasser.)

1039 Nur dann gibt er eine eigene Meinung zu erkennen, die in der Befürwortung oder Ablehnung einer anderen Meinung besteht (vgl. *Determann*, 422, der allerdings auch bei

Informationen auswählt und kommentiert. Nicht in den Genuß der Meinungsäußerungsfreiheit kommen dagegen Akteure, die lediglich anderen *Server-Speicherplatz zur Verfügung stellen*, sowie *Zugangsvermittler* und *Transporteure*.[1041]

II. Eingriffe

Soweit der Schutzbereich einer Kommunikationsfreiheit einschlägig ist, stellen Gefahrenabwehrmaßnahmen, die unmittelbar auf die *Verhinderung* der *Verbreitung* bzw. *Kenntnisnahme* eines Internet-Angebots abzielen – mithin *Sperrungs-* und *Löschungsanordnungen*, *Hardware-Deaktivierungen* und *-Sicherstellungen*, *Versand-* und *Abrufverbote* sowie *Untersagungsanordnungen* – Eingriffe in Art. 5 I 1, 2 GG dar.[1042]

Hingegen wirken sich *Auskunftsanordnungen* und *behördliche Kontrollmaßnahmen* (noch) nicht auf die Verbreitung bzw. Kenntnisnahme von Internet-Angeboten aus und greifen daher *nicht* in Art. 5 I 1, 2 GG ein.

III. Einschränkbarkeit

Art. 5 II GG normiert drei *Schranken* der Kommunikationsfreiheiten, nämlich die allgemeinen Gesetze, die gesetzlichen Bestimmungen zum Schutz der Jugend und das Recht der persönlichen Ehre. Vor deren Erörterung ist auf das

---

der Ablehnung einer fremden Meinung davon ausgeht, daß der Ablehnende sich die fremde Meinung zu eigen mache).

1040 Ähnlich *Germann*, 117, für den Verwalter eines News-Servers, der Beiträge entgegennimmt und zum Abruf bereitstellt.

1041 Bei der Betätigung dieser Akteure handelt es sich lediglich um ein Speichern bzw. Übermitteln fremder Meinungen. Vgl. *Determann*, 422 (der allerdings auch Server-Betreiber/-Verwalter generell nicht als durch Art. 5 I 1, 1. Hs. GG geschützt ansieht); a.A. *Bethge* in Sachs, Art. 5, Rn. 44 (wonach Art. 5 I 1, 1. Hs. GG „jede Art [friedlicher] Artikulation und Transportierung" von Meinungen schütze); *Herzog*, 213 (wonach die Verpflichtung eines Zugangsbetreibers zum Einsatz von Inhalts-Filtern in den Schutzbereich der Meinungsäußerungsfreiheit eingreife).

1042 Ergehen Maßnahmen zur Verhinderung der Verbreitung bzw. Kenntnisnahme von Informationen gegenüber einem Diensteanbieter, der *eigene* Informationen *zur Nutzung bereithält*, so greifen sie zu dessen Lasten und (mittelbar) zu Lasten der Einsender und Rezipienten in Art. 5 I 1, 2 GG ein. Ergehen sie gegenüber einem Diensteanbieter, der *fremde* Informationen *zur Nutzung bereithält*, so hängt es von den Umständen des Einzelfalls ab, ob ein Eingriff in Kommunikationsfreiheiten des Diensteanbieters vorliegt (vgl. oben I.). Wird ein *Zugangsvermittler* zur Gefahrenabwehr herangezogen, so wird (mittelbar) zu Lasten derjenigen, die Informationen zur Nutzung bereithalten, einsenden oder rezipieren, in Art. 5 I 1, 2 GG eingegriffen.

Zensurverbot des Art. 5 I 3 GG[1043] einzugehen, welches „die Tatbestandsseite der Grundrechte festigt“[1044] und durch beschränkende Gesetze im Sinne des Art. 5 II GG nicht durchbrochen werden kann.[1045]

Das Zensurverbot des Art. 5 I 3 GG erfaßt nur die *Vor-* bzw. *Präventivzensur* als ein Verfahren, vor dessen Abschluß ein Werk nicht veröffentlicht werden darf.[1046] Nach der Veröffentlichung kommt nur noch Art. 5 II GG zum Zuge.[1047] Im Bereich der Meinungsäußerungsfreiheit, die keine Äußerung an die Öffentlichkeit voraussetzt, gilt Art. 5 I 3 GG für den Zeitraum bis zum erstmaligen Zugänglichwerden einer Information für (mindestens) einen Empfänger. Insbesondere *Sperrungsanordnungen*, die sich auf *neu* bei einem Server *eingehende* oder auf *übermittelte* Informationen beziehen, sowie *Verbote*, Informationen auf einem Server *einzuspeisen* oder an diesen *einzusenden*, könnten mit dem Zensurverbot unvereinbar sein, soweit sie bewirken, daß bestimmte Informationen kontrolliert und ggf. unterdrückt werden, bevor sie erstmals für Rezipienten zugänglich werden können.[1048] Jedoch soll das Zensurverbot gerade verdachts-

---

1043 Es gilt ebenfalls im Hinblick auf alle Grundrechte des Art. 5 I 1, 2 GG (*Bethge* in Sachs, Art. 5, Rn. 129; *Jarass* in Jarass/Pieroth, Art. 5, Rn. 63) und fungiert als „Schranken-Schranke“ (*Pieroth/Schlink*, Rn. 604; *Starck* in von Mangoldt/Klein/Starck, Art. 5, Rn. 159).

1044 *Starck* in von Mangoldt/Klein/Starck, Art. 5, Rn. 159.

1045 *Jarass* in Jarass/Pieroth, Art. 5, Rn. 63.

1046 *BVerfGE 87*, 209, 230; *Jarass* in Jarass/Pieroth, Art. 5, Rn. 63; vgl. *Starck* in von Mangoldt/Klein/Starck, Art. 5, Rn. 156. Typisches Beispiel ist ein Präventivverbot mit Erlaubnisvorbehalt.

1047 Art. 5 I 3 GG erfaßt keine „Nachzensur“, da ansonsten die Schranken des Art. 5 II GG gegenstandslos würden (vgl. *Bethge* in Sachs, Art. 5, Rn. 132; *Starck* in von Mangoldt/Klein/Starck, Art. 5, Rn. 158). Da Art. 5 I 1, 1. Hs. GG nicht voraussetzt, daß sich eine Meinungsäußerung an die Öffentlichkeit richtet, muß das Merkmal der (erstmaligen) Veröffentlichung so verstanden werden, daß es im Bereich der Individualkommunikation auch das Zugänglichmachen für nur einen Empfänger erfaßt. Das Zensurverbot schützt jeweils den Zeitraum vor der erstmaligen Zugänglichkeit des „Geisteswerks“

1048 Zwar findet die zur Befolgung einer sich auf neu bei einem Server eingehende Informationen beziehenden Sperrungsanordnung vorgenommene Kontrolle erst statt, nachdem die betreffenden Informationen bereits für den Anordnungsadressaten zugänglich geworden waren, so daß der für Art. 5 I 3 GG maßgebliche Zeitraum nicht betroffen zu sein scheint. Jedoch schützt das Zensurverbot nicht nur denjenigen, der Informationen auf einem Server einspeist oder an diesen einsendet, sondern insbesondere auch diejenigen, die aufgrund einer Zensurmaßnahme nicht mehr von ihrer Informationsfreiheit Gebrauch machen können. (Anders *Germann*, 433, der isoliert auf die erstmalige Entäußerung von Informationen gegenüber dem zur Sperrung verpflichteten Server-Betreiber/-Verwalter abstellt.) Ein möglicher Verstoß gegen Art. 5 I 3 GG scheidet nicht deswegen aus, weil die fraglichen Maßnahmen einem Privaten aufgegeben werden, denn es kann mit Blick auf den Schutzzweck des Art. 5 I 3 GG keinen Unterschied machen, ob der Staat die Meldung oder Vorlage bestimmter Informationen verlangt, um sie selbst zu überprüfen, oder einen Privaten zu deren Kontrolle veranlaßt.

unabhängige, „routinemäßige“ Kontrollen bzw. Veröffentlichungsverbote ausschließen, d.h. es bezieht sich auf den Bereich der *Gefahrenvorbeugung.*[1049] Hingegen setzen die angesprochenen Maßnahmen grundsätzlich eine bereits bestehende *konkrete Gefahr* für die öffentliche Sicherheit oder zumindest einen entsprechenden Verdacht voraus.[1050] Sie beziehen sich nicht pauschal auf beliebige Informationen, die möglicherweise störenden Charakter aufweisen, sondern knüpfen an bereits vorliegende *Anhaltspunkte* an, aufgrund derer gezielt zur Bekämpfung einer konkreten Gefährdungslage vorgegangen wird. Im übrigen sind die fraglichen Anordnungen mit einem zivilrechtlichen Unterlassungstitel vergleichbar[1051], der keine durch Art. 5 I 3 GG verbotene Vorzensur darstellt.[1052] Demnach verstoßen sie *nicht* gegen das verfassungsrechtliche Zensurverbot.[1053]

„Allgemeine Gesetze“ im Sinne des Art. 5 II GG sind Normen, die sich nicht gegen die Meinungsfreiheit oder eine bestimmte Meinung als solche richten, sondern dem *Schutz eines schlechthin* – ohne Rücksicht auf eine bestimmte Meinung – *zu bewahrenden Rechtsguts* dienen.[1054] Sie sind ihrerseits im Lichte der Kommunikationsfreiheiten zu sehen, unter Berücksichtigung des hohen Rangs dieser Grundrechte auszulegen und so in ihrer beschränkenden Wirkung selbst wieder einzuschränken („Wechselwirkungstheorie“).[1055] Normen, die zwar die Äußerung oder Verbreitung bestimmter Meinungen verbieten, sich jedoch nur auf das verfassungsrechtlich verankerte Parteien- bzw. Vereinigungsverbot oder die Art und Weise der Betätigung einer Meinung – nicht aber auf deren Inhalt – beziehen[1056], fallen ebenfalls unter Art. 5 II GG.[1057] *Beschränkun-*

1049 Vgl. *Bullinger* in Löffler, § 1 LPG, Rn. 138; *Germann*, 433; *Schulze-Fielitz* in Dreier, Art. 5, Rn. 140.

1050 Vgl. oben 2. Teil B., 4. Teil A. III., G.

1051 So auch *Germann*, 433.

1052 *Schulze-Fielitz* in Dreier, Art. 5, Rn. 141; *Starck* in von Mangoldt/Klein/Starck, Art. 5, Rn. 161.

1053 So im Ergebnis für eine Anordnung, Inhalte vor deren Bereitstellung auf einem Server zu überprüfen, auch *Germann*, 431 ff.; *Greiner*, 144 f.; für Sperrungsanordnungen gegen Zugangsbetreiber *Spindler/Volkmann*, K&R 2002, 398, 407. A.A. *Engel*, MMR-Beilage 4/2003, 1, 12, 24.

1054 Vgl. *BVerfGE 7*, 198, 209; *71*, 206, 214; *97*, 125, 146; *Bethge* in Sachs, Art. 5, Rn. 143; *Jarass* in Jarass/Pieroth, Art. 5, Rn. 56; *Pieroth/Schlink*, Rn. 592. Um solche „meinungsneutralen“ Normen handelt es sich insbesondere bei den hier in Rede stehenden gefahrenabwehrrechtlichen Ermächtigungsgrundlagen (vgl. im Hinblick auf die polizei- und ordnungsrechtlichen Generalklauseln *BVerwGE 84*, 247, 256; *Wendt* in von Münch/Kunig, Art. 5, Rn. 74 [m.w.N.]).

1055 Vgl. *BVerfGE 7*, 198, 208; *71*, 206, 214; *Bethge* in Sachs, Art. 5, Rn. 145; *Degenhart* in Dolzer/Vogel/Graßhof, Art. 5, Rn. 107 ff.; *Jarass* in Jarass/Pieroth, Art. 5, Rn. 57.

1056 So z.B. §§ 84 ff., 90 ff. StGB.

1057 *Pieroth/Schlink*, Rn. 599; *Starck* in von Mangoldt/Klein/Starck, Art. 5, Rn. 232.

gen bestimmter Kommunikationsinhalte[1058] sind keine „allgemeinen Gesetze"; jedoch sind sie verfassungsrechtlich gerechtfertigt, soweit sie Konflikte zwischen Art. 5 I 1, 2 GG und anderen Grundrechten bzw. Verfassungsgütern – insbesondere dem Schutz der Jugend und der persönlichen Ehre (Art. 5 II, 2., 3. Alt. GG) – im Sinne einer *„praktischen Konkordanz"* ausgleichen.[1059] Die hier in Rede stehenden Beschränkungen von Kommunikationsinhalten schützen insbesondere die Menschenwürde[1060], die ungestörte Entwicklung Minderjähriger[1061], die persönliche Ehre[1062], den demokratischen Rechtsstaat[1063] und den öffentlichen Frieden[1064] – mithin ebenfalls *hochrangige Rechtsgüter*[1065] – und die einschlägigen gefahrenabwehrrechtlichen Ermächtigungsgrundlagen sehen jeweils einen Ermessensspielraum vor, in dessen Rahmen die tätig werdende Behörde insbesondere auch die Bedeutung der Kommunikationsfreiheiten zu berücksichtigen hat. Demnach kann davon ausgegangen werden, daß die fraglichen Normen den Anforderungen an Art. 5 I 1, 2 GG einschränkende Gesetze *genügen.*[1066]

1058 So etwa §§ 111, 129a V, 130-131, 184 ff., 185 ff. StGB, §§ 4-6 i.V.m. 23 f. JMStV.

1059 Vgl. *Herzog* in Maunz/Dürig, Art. 5 I, II, Rn. 276 ff.; *Hoffmann-Riem* in Denninger/Hoffmann-Riem/Schneider/Stein, Art. 5 I, II, Rn. 60 f.; *Schulze-Fielitz* in Dreier, Art. 5, Rn. 120 f. Insofern ist ebenfalls der hohe Rang der Kommunikationsfreiheiten zu berücksichtigen.

1060 So z.B. §§ 130 I, II StGB, § 4 I Nr. 3, 5, 8 JMStV.

1061 So insbesondere §§ 184 ff. StGB, §§ 4-6 i.V.m. 23 f. JMStV.

1062 So vor allem §§ 185 ff. StGB.

1063 So z.B. § 86a StGB.

1064 So z.B. §§ 130 I, II, 166 StGB (vgl. *Fischer* in Tröndle/Fischer, § 130, Rn. 2, § 166, Rn. 2).

1065 In diesem Sinne etwa auch *Herzog*, 200.

1066 Vgl. *BVerfGE 47*, 130, 143; *69*, 257, 268 f.; *93*, 266, 290 f.; *BVerfG*, NJW 2001, 61 ff.; *Fischer* in Tröndle/Fischer, § 129, Rn. 2; *Herzog*, 191 ff.; *Schulze-Fielitz* in Dreier, Art. 5, Rn. 143; *Starck* in von Mangoldt/Klein/Starck, Art. 5, Rn. 232; *Wendt* in von Münch/Kunig, Art. 5, Rn. 74 ff. – jeweils m.w.N. (Siehe zum Streit um die Verfassungsmäßigkeit des § 130 III StGB *Lenckner* in Schönke/Schröder, § 130, Rn. 16 [m.w.N.]). Zu beachten ist insofern die der Legislative zustehende Einschätzungsprärogative. Diese wirkt sich etwa dahingehend aus, daß der Gesetzgeber, soweit er alle verfügbaren Informationsquellen ausgeschöpft hat und keine falschen Tatsachen zugrunde legt, von einem Zusammenhang zwischen Pornographiekonsum – dessen schädliche Wirkung nicht sicher, aber auch nicht auszuschließen ist – und Fehlentwicklungen bei Jugendlichen ausgehen darf (vgl. *BVerfGE 83*, 130, 141; *Altenhain* in Roßnagel, Einl. GjS, Rn. 42 f.).

B. Fernmeldegeheimnis und Recht auf informationelle Selbstbestimmung (Art. 10 I GG, Art. 2 I in Verbindung mit Art. 1 I GG)

Zwischen dem Fernmeldegeheimnis (Art. 10 I GG) und dem informationellen Selbstbestimmungsrecht (Art. 2 I in Verbindung mit 1 I GG) besteht ein *enger Zusammenhang*, denn durch Art. 2 I, 1 I GG geschützte Informationen, die auf fernmeldetechnischem Weg übertragen werden, fallen auch in den Schutzbereich des Art. 10 I GG, der insoweit als spezielleres Grundrecht vorgeht.[1067] Dieses Näheverhältnis spiegelt sich auch in den *einfachgesetzlichen Konkretisierungen* der beiden Grundrechte wider.[1068] Daher sollen das Fernmeldegeheimnis und das informationelle Selbstbestimmungsrecht im Zusammenhang behandelt werden.

I. Schutzbereich

Art. 10 I (3. Alt.) GG garantiert die *Vertraulichkeit* der *fernmeldetechnisch übertragenen Individualkommunikation.*[1069] Kennzeichnend für die fernmeldetechnische Übertragung ist die körperlose Informationsübermittlung.[1070] Das für technische Entwicklungen offene Grundrecht gilt auch für die Datenübertragung im Internet.[1071] Erfaßt werden sowohl private als auch geschäftliche Sprachmitteilungen, Textnachrichten, Bilder und sonstige Informationen.[1072] Der Schutz des Art. 10 I GG bezieht sich sowohl auf den *Kommunikationsinhalt* als auch die *„näheren Umstände" der Kommunikation*, d.h. die beteiligten Personen und Anschlüsse, den Zeitpunkt ihres Stattfindens und ihre Dauer -- auch im Hinblick auf nicht zustande gekommene fernmeldetechnische Verbindungen.[1073] Zu den näheren Umständen eines Kommunikationsvorgangs gehören Angaben, die ggf. einen Rückschluß auf die Identität der Beteiligten zulassen, wie insbesondere Server-IP-Adressen, URLs, Benutzerkennungen und E-Mail-Adressen.[1074]

1067 Siehe unten I.

1068 Siehe hierzu unten III. 2.

1069 *BVerfGE 67*, 157, 172; *85*, 386, 396; *Gusy* in von Mangoldt/Klein/Starck, Art. 10, Rn. 39; *Hermes* in Dreier, Art. 10, Rn. 32.

1070 Vgl. *BVerfGE 46*, 120, 143.

1071 Vgl. *Jarass* in Jarass/Pieroth, Art. 10, Rn. 5; *Krüger/Pagenkopf* in Sachs, Art. 10, Rn. 14, 14a; *Löwer* in von Münch/Kunig, Art. 10, Rn. 18.

1072 *LG Hanau*, StV 2000, 354; *Gusy* in von Mangoldt/Klein/Starck, Art. 10, Rn. 40; *Hermes* in Dreier, Art. 10, Rn. 36.

1073 *BVerfGE 67*, 157, 172; *85*, 386, 396; *Hermes* in Dreier, Art. 10, Rn. 37; *Schmitt Glaeser* in Isensee/Kirchhof, § 129, Rn. 62.

1074 Vgl. *Büchner* in B/E/G/K/P/S/S, § 85, Rn. 3 i.V.m. § 89, Rn. 25; *Trute* in Trute/Spoerr/Bosch, § 85, Rn. 9. Die genannten Daten ermöglichen ggf. die Feststellung der an einem Kommunikationsvorgang beteiligten Rechner und Personen (vgl. oben 3. Teil A., C.).

Dem Fernmeldegeheimnis unterliegt nur Kommunikation, die *auf Vertraulichkeit angelegt*, also nicht ohnehin öffentlich ist – mithin Individualkommunikation, die sich an einen Empfänger oder einen bestimmten, abgegrenzten Empfängerkreis richtet.[1075] Erfaßt werden insbesondere E-Mails und Konversationen in geschlossenen Benutzergruppen.[1076] Diese Unterscheidung führt allerdings zu *Abgrenzungsproblemen*, denn im Internet wird sowohl vertrauliche als auch „öffentliche" Kommunikation übertragen.[1077] Weil den Netzkomponenten „nicht anzusehen ist", was (gerade) übermittelt wird, läßt sich im Regelfall nicht ohne eine *Kenntnisnahme* vom Inhalt oder den IP-Adressen der Datenpakete feststellen, ob diese dem Fernmeldegeheimnis unterliegen.[1078] Da eine solche Kenntnisnahme ggf. bereits einen Grundrechtseingriff darstellen würde[1079], muß jede Internet-Kommunikation, die (nur) möglicherweise vertraulichen Charakter hat, als durch Art. 10 I GG geschützt angesehen werden.[1080]

Umstritten ist, ob Art. 10 I GG ausschließlich die Phase der *reinen (unkörperlichen) Datenübermittlung* oder auch den Zeitraum schützt, in dem Daten auf einem an der Übermittlung beteiligten Rechner *gespeichert* sind.[1081] Bei der

---

1075 Nicht erfaßt ist an die Öffentlichkeit gerichtete (Massen-)Kommunikation, zu der insbesondere der Rundfunk (als „mediales Gegenstück zur Individualkommunikation") zählt (vgl. *Gusy* in von Mangoldt/Klein/Starck, Art. 10, Rn. 42; *Hermes* in Dreier, Art. 10, Rn. 34; *Löwer* in von Münch/Kunig, Art. 10, Rn. 18). Soweit ein Diensteanbieter den Zugang zu bereitgehaltenen Informationen zahlenden Nutzern vorbehält, dient dies in erster Linie der Realisierung von Einnahmen, während die Herstellung von Vertraulichkeit allenfalls ein Nebeneffekt ist. Die betreffenden Informationen fallen daher nicht in den Schutzbereich des Fernmeldegeheimnisses.

1076 Bei einer geschlossenen Benutzergruppe handelt es sich um einen bestimmten, abgegrenzten Personenkreis, dessen Angehörige sich vor der Teilnahme an der Kommunikation mittels Benutzerkennung und Paßwort „ausweisen" müssen.

1077 Vgl. *Gusy* in von Mangoldt/Klein/Starck, Art. 10, Rn. 43; *Hermes* in Dreier, Art. 10, Rn. 35; *Löwer* in von Münch/Kunig, Art. 10, Rn. 18.

1078 Anders liegt es, wenn die betreffenden Daten verschlüsselt sind, denn dieser Umstand läßt darauf schließen, daß Vertraulichkeit gewollt ist (vgl. *Gusy* in von Mangoldt/Klein/Starck, Art. 10, Rn. 43, der im übrigen vorschlägt, einen Eingriff in das Fernmeldegeheimnis immer anzunehmen, wenn eine Kenntnisnahme des Inhalts übermittelter Daten nur unter Bruch oder Umgehung technischer Schutzvorkehrungen – wie z.B. Verschlüsselung oder Paßwortschutz – erfolgen könnte).

1079 Vgl. unten II

1080 Vgl. *Gusy* in von Mangoldt/Klein/Starck, Art. 10, Rn. 44; *Hermes* in Dreier, Art. 10, Rn. 35; *Löwer* in von Münch/Kunig, Art. 10, Rn. 18.

1081 Die Frage wird in Rechtsprechung und Literatur überwiegend im Hinblick auf den Anwendungsbereich des § 100a StPO beim Einwählen in eine paßwortgeschützte „Mailbox" durch Strafverfolgungsbehörden erörtert. Auch insofern geht es um die Kernfrage, „zu welchem Zeitpunkt Fernmeldeverkehr beim Betrieb einer Mailbox endet" (vgl. *Palm/Roy*, NJW 1996, 1791, 1793). Die Bezeichnung „Mailbox" wird als Oberbegriff für verschiedene Arten von Mitteilungsdiensten verwendet, bei denen die Teilnehmer

E-Mail-Kommunikation[1082] lassen sich diese Phasen wie folgt unterscheiden:[1083] (1.) Übermittlung einer Nachricht vom Computer des Absenders an den Mail-Server des von ihm genutzten E-Mail-Dienstes, (2.) Speicherung auf diesem Mail-Server, (3.) Übermittlung an den Mail-Server des vom Adressaten genutzten E-Mail-Dienstes, (4.) Speicherung auf diesem Mail-Server, (5.) Übermittlung an den Computer des Adressaten. Die *Übermittlungsphasen* (1., 3. und 5.) sind unzweifelhaft fernmeldetechnische Übertragungsvorgänge, die *Art. 10 I GG unterliegen.*[1084] Im Hinblick auf Gefahrenabwehrmaßnahmen rückt allerdings vor allem die Speicherung einer eingegangenen Nachricht auf dem Mail-Server des vom Adressaten genutzten Dienstes (Phase 4) ins Blickfeld, die – im Unterschied zu den anderen Phasen – nicht nur Sekundenbruchteile dauert[1085], sondern erheblich länger, nämlich mindestens bis zum Abruf der gespeicherten Nachricht durch den Adressaten und ggf. auch darüber hinaus.[1086] Eine Ansicht stellt darauf ab, daß als Kern des Fernmeldeverkehrs der Vorgang des Übermittelns anzusehen sei, der eine *Bewegung* verlange. Da die Speicherung einer Nachricht in einer Mailbox (bzw. auf einem Mail-Server[1087]) durch ein statisches Moment gekennzeichnet sei, müsse in dieser Phase zumindest von einer *Unterbrechung der Übermittlung* ausgegangen werden.[1088] Nach anderer Auffassung soll die Übermittlung abgeschlossen und eine Nachricht nicht mehr durch das Fernmeldegeheimnis geschützt sein, wenn der empfangende Mail-Server es dem Adressaten ermöglicht, gespeicherte Nachrichten beliebig oft abzurufen und sie nach dem Lesen aufzubewahren oder zu löschen.[1089] Da Mail-Server regelmäßig entsprechend konfiguriert sind, bestünde auch nach dieser Auffassung während der in Rede stehenden Speicherphase *kein Schutz* durch Art. 10 I GG. Hiergegen

---

ein individuelles, paßwortgeschütztes „Postfach" erhalten. Da der E-Mail-Dienst als Unterfall eines „Mailbox"-Dienstes angesehen werden kann, lassen sich die Ausführungen zur Funktion und rechtlichen Behandlung von „Mailboxen" ohne weiteres auf den Versand und Empfang von E-Mails übertragen (in diesem Sinne auch *LG Hanau*, StV 2000, 354, 355 mit zustimmender Anmerkung *Dübbers*, StV 2000, 354, 355).

1082 Diese dürfte den praktisch bedeutsamsten Fall vertraulicher Konversation darstellen. Die folgenden Ausführungen gelten entsprechend auch für andere Formen vertraulicher Kommunikation.

1083 Vgl. oben 1. Teil C. II.

1084 Vgl. etwa *BGH*, NJW 1997, 1934, 1935; *Nack* in Pfeiffer, § 100a, Rn. 7 (m.w.N.); *Palm/Roy*, NJW 1996, 1791, 1793.

1085 Vgl. *Sieber* in Hoeren/Sieber, Teil 19, Rn. 143 (dort insbesondere Fußnote 1).

1086 Soweit keine Löschung seitens des Adressaten erfolgt, ist die Speicherdauer bei den meisten E-Mail-Diensten nur durch die dem Kunden eingeräumte Speicherkapazität des „Postfachs" begrenzt.

1087 Siehe oben Fußnote 1081.

1088 *Bizer*, DuD 1996, 625, 627; *Palm/Roy*, NJW 1996, 1791, 1793; *dieselben*, NJW 1997, 1904, 1905.

1089 *Germann*, 499.

ist jedoch einzuwenden, daß diese Phase einen *notwendigen Bestandteil des gesamten Übermittlungsvorgangs* bildet, der vor dem Abruf der gespeicherten Nachricht durch ihren Adressaten (Phase 5) noch nicht abgeschlossen ist.[1090] Daß der Schutz des Fernmeldegeheimnisses sich hierauf erstrecken muß, folgt auch aus dem Gebot des effektiven Grundrechtsschutzes[1091], denn bei Betrachtung des gesamten Übertragungsvorgangs wird deutlich, daß gerade während der Speicherung eine *Gefahr für die Vertraulichkeit der Mitteilung* besteht. Für die Einbeziehung dieser Phase in den Schutzbereich spricht schließlich auch der *Vergleich mit dem Briefgeheimnis* (Art. 10 I, 1. Alt. GG): Es wäre nämlich undenkbar, eine vor der Abholung durch den Empfänger bei einer Postfiliale lagernde Sendung vom Briefgeheimnis auszunehmen, weil sie sich vorübergehend nicht in „Bewegung" befindet.[1092] Die Speicherung einer eingegangenen E-Mail auf einem Mail-Server ist mit der Briefpostlagerung vergleichbar. Eine unterschiedliche Behandlung von Briefen und E-Mails wäre unvereinbar mit dem Charakter des Art. 10 I GG als einheitliches Grundrecht der auf Distanz geführten Individualkommunikation.[1093] Demnach *endet der Schutz des Fernmeldegeheimnisses* im Internet *erst*, wenn eine vertrauliche Mitteilung *beim Rechner des Kommunikationspartners eingetroffen* ist.[1094]

Grundrechtsträger ist jeder, der an vertraulicher Kommunikation *beteiligt* ist, d.h. als Absender oder (vom Absender ausgewählter) Empfänger agiert.[1095] Es fragt sich allerdings, ob Art. 10 I GG auch Akteure schützt, die vertrauliche

---

1090 Vgl. *BGH*, NJW 1997, 1934, 1935; *LG Hanau*, StV 2000, 354, 355; *Dübbers*, StV 2000, 354, 355; *Kudlich*, JuS 1998, 209, 213; *derselbe*, JA 2000, 227, 232; *Sieber* in Hoeren/Sieber, Teil 19, Rn. 535; *Vassilaki*, JR 2000, 446, 447.

1091 Um diesen zu gewährleisten, sind die grundrechtlichen Schutzbereiche prinzipiell weit zu fassen (ständige Rechtsprechung des *BVerfG*, vgl. nur *BVerfGE 39*, 1, 37).

1092 Vgl. *Dübbers*, StV 2000, 354, 355; *Kudlich*, JuS 1998, 209, 213.

1093 Vgl. *Jarass* in Jarass/Pieroth, Art. 10, Rn. 1; *Kudlich*, JuS 1998, 209, 213; *Löwer* in von Münch/Kunig, Art. 10, Rn. 1, 11.

1094 Vgl. in Bezug auf den Schutz der Sprachtelefonie auch *BVerfG* NJW 2002, 3619, 3621, wonach Art. 10 I GG das Vertrauen in die Sicherheit einer zur Nachrichtenübermittlung verwendeten Telekommunikationsanlage schützt, jedoch nicht (mehr) das Vertrauen darauf, daß der Gesprächspartner keine andere Person an seinem Endgerät mithören läßt. Nach Abschluß der Übertragungsphase ist (nur noch) Art. 2 I i.V.m. 1 I GG einschlägig.

1095 *Gusy* in von Mangoldt/Klein/Starck, Art. 10, Rn. 47; *Jarass* in Jarass/Pieroth, Art. 10, Rn. 10. Begünstigte des Fernmeldegeheimnisses sind daher z.B. Absender und Adressaten von E-Mails sowie Teilnehmer eines „geschlossenen" Meinungsforums oder IRC-Kanals. Grundrechtsträger können neben natürlichen Personen auch inländische juristische Personen und Personenvereinigungen des Privatrechts, nicht aber juristische Personen des öffentlichen Rechts, sein (vgl. *Gusy* in von Mangoldt/Klein/Starck, Art. 10, Rn. 47; *Jarass* in Jarass/Pieroth, Art. 10, Rn. 10; *Rüfner* in Isensee/Kirchhof, § 116, Rn. 37).

Kommunikation, an der sie *nicht* selbst *beteiligt* sind, *übermitteln*. Teilweise wird dies mit der Begründung bejaht, daß nur auf diese Weise ein wirksamer Schutz der Kommunikationsteilnehmer vor hoheitlichen Eingriffen gewährleistet werden könne.[1096] Gegen eine Grundrechtsträgerschaft der in Rede stehenden Akteure spricht aber, daß diese sich in einer anderen Position als die Kommunikationsteilnehmer befinden: Das Fernmeldegeheimnis soll die *Privatsphäre* desjenigen schützen, der sich technischer Mittel bedient, um auf Distanz zu kommunizieren[1097]; diese „kommunikative Privatheit" läßt sich als Ausprägung der Menschenwürde der Kommunizierenden begreifen[1098]. Hingegen läßt sich die Übermittlung fremder Kommunikation weder der Privatsphäre zurechnen noch weist sie einen Bezug zur Menschenwürde desjenigen auf, der sie vornimmt. Demnach gewährleistet Art. 10 I GG die Vertraulichkeit des Fernmeldeverkehrs allein im Interesse der *Kommunikationsteilnehmer*.[1099]

Im Volkszählungsurteil[1100] hat das BVerfG aus Art. 2 I in Verbindung mit Art. 1 I GG ein *Recht auf informationelle Selbstbestimmung* abgeleitet, welches sich als Zusammenfassung aller auf Informationen über die Persönlichkeit und die Privatsphäre eines Menschen bezogenen Aspekte des Persönlichkeitsschutzes verstehen läßt.[1101] Es gewährleistet die Befugnis des Einzelnen, grundsätzlich *selbst* über die *Preisgabe* und *Verwendung* seiner *personenbezogenen Daten* zu bestimmen.[1102]

Bei personenbezogenen Daten handelt es sich um *„Einzelangaben über persönliche oder sachliche Verhältnisse einer bestimmten oder bestimmbaren Person"*[1103], d.h. jegliche Informationen (ungeachtet ihrer inhaltlichen Bedeutung und Verwendbarkeit für Entscheidungen oder Handlungen), die etwas über die Identität, äußerlichen Merkmale, inneren Zustände, Beziehungen zur Umwelt oder Verhaltensweisen einer Bezugsperson aussagen.[1104] Da der Aussagewert eines Datums und die Auswirkungen seiner Verwendung vom jeweiligen Ver-

---

1096 *Schmitt Glaeser* in Isensee/Kirchhof, § 129, Rn. 67; vgl. *BVerfGE 85*, 386, 396; zweifelnd *Pieroth/Schlink*, Rn. 774.

1097 *BVerfGE 85*, 386, 395 f.

1098 Vgl. statt vieler: *Gusy* in von Mangoldt/Klein/Starck, Art. 10, Rn. 14 ff.

1099 So auch *Gusy* in von Mangoldt/Klein/Starck, Art. 10, Rn. 49; *Hermes* in Dreier, Art. 10, Rn. 25; *Jarass* in Jarass/Pieroth, Art. 10, Rn. 10; *Löwer* in von Münch/Kunig, Art. 10, Rn. 20.

1100 *BVerfGE 65*, 1 ff.

1101 *Murswiek* in Sachs, Art. 2, Rn. 73.

1102 *BVerfGE 65*, 1, 43; vgl. *Büttgen* in Hoeren/Sieber, Teil 16.3, Rn. 4.

1103 *BVerfGE 65*, 1, 42; vgl. die entsprechende Legaldefinition des § 3 I BDSG.

1104 Personenbezogene Daten sind z.B. Angaben über Namen, Wohnort, Bankverbindung, Beruf, Einkommen, Ansichten, Handlungen, familiäre Situation, Mitgliedschaft/Betätigung in Organisationen oder Kontakte einer Person (vgl. *Dammann* in Simitis/Dammann/Geiger/Mallmann/Walz, § 3, Rn. 5 ff.).

wendungszusammenhang und vom etwaigen Hinzutreten weiterer (verknüpfbarer) Daten abhängen, ist keine Unterscheidung zwischen „sensitiven" und „harmlosen" Daten möglich.[1105] Geschützt sind auch offenkundige oder bereits veröffentlichte Daten.[1106] Insbesondere auch IP-Adressen, URLs, Benutzerkennungen und E-Mail-Adressen sowie die Tatsache, daß bestimmte Informationen überhaupt im Internet abrufbar sind, können personenbezogene Daten darstellen, weil diese Angaben, obwohl sie ggf. für sich noch keiner bestimmten Person zugeordnet werden können, möglicherweise einen solchen Rückschluß zulassen, wenn sie mit weiteren Daten verknüpft werden.[1107] Allerdings fallen personenbezogene Daten, die auf fernmeldetechnischem Weg übertragen werden, auch in den Schutzbereich des *Art. 10 I GG*, der insoweit als *spezielleres Grundrecht* vorgeht.[1108]

Grundrechtsträger sind alle natürlichen Personen. Hingegen werden juristische Personen und Personenvereinigungen des Privatrechts wegen des genuinen Bezugs des informationellen Selbstbestimmungsrechts zur Menschenwürde nicht geschützt.[109]

II. Eingriffe

Der Staat greift in das Fernmeldegeheimnis ein, wenn er sich während der *Übertragungsphase*[1110] *Kenntnis* vom *Inhalt* oder den *näheren Umständen vertraulicher Kommunikation verschafft*, derart erlangte Kenntnisse *(weiter)verwendet*[1111] oder *einem Privaten* eine Kenntnisnahme vom Inhalt oder den nähe-

1105 Unter den Bedingungen der automatischen Datenverarbeitung gibt es keine „belanglosen" Daten mehr (*Dreier* in Dreier, Art. 2, Rn. 52; *Germann*, 471; *Kloepfer*, InfR, § 8, Rn. 46; *Simitis* in Simitis/Dammann/Geiger/Mallmann/Walz, § 1, Rn. 181; vgl. *BVerfGE 65*, 1, 45).

1106 *Dammann* in Simitis/Dammann/Geiger/Mallmann/Walz, § 3, Rn. 8; *Germann*, 471 f.; vgl. *BVerfGE 80*, 367, 374. Gleiches gilt für anonymisierte Daten, wenn durch Rückrechnung oder Verwendung von Zusatzdaten bzw. -wissen die Anonymisierung aufgehoben und das Datum einer bestimmten Person zugeordnet werden kann, vgl. *Schaffland/Wiltfang*, § 3 BDSG, Rn. 15.

1107 Vgl. hierzu oben 3. Teil A., C.

1108 Vgl. *BVerfGE 67*, 157, 171; *Gusy* in von Mangoldt/Klein/Starck, Art. 10, Rn. 103; *Hermes* in Dreier, Art. 10, Rn. 82; *Jarass* in Jarass/Pieroth, Art. 10, Rn. 2; *Krüger/Pagenkopf* in Sachs, Art. 10, Rn. 52; *Löwer* in von Münch/Kunig, Art. 10, Rn. 55. Der Schutz solcher Daten bestimmt sich allein nach Art. 10 GG (vgl. *Pieroth/Schlink*, Rn. 339).

1109 Vgl. *Dreier* in Dreier, Art. 2, Rn. 56; *Schmitt Glaeser* in Isensee/Kirchhof, § 129, Rn. 88; offengelassen von *BVerfG*, NJW 1994, 1784; bejahend hingegen *BGHZ 78*, 24, 25 f.; *98*, 95, 97.

1110 Vgl. oben I.

1111 Z.B. in Form einer Speicherung oder zur Durchführung einer Sperrung bzw. Löschung übertragener Informationen.

ren Umständen vertraulicher Kommunikation während der Übertragungsphase oder eine Verwendung derart erlangter Kenntnisse *aufgibt.*[1112]

Ein Eingriff würde nur dann ausscheiden, wenn *alle* an der Kommunikation Beteiligten mit einer derartigen Maßnahme *einverstanden* wären[1113], was allerdings bei Sachverhalten, die zu Gefahrenabwehrmaßnahmen Anlaß geben, praktisch nie der Fall sein dürfte.[1114] Zwar wird vertreten, daß bereits das Einverständnis *eines* Beteiligten ausreiche, da das Fernmeldegeheimnis nicht zwischen den Kommunikationsteilnehmern gelte.[1115] Jedoch vermag diese Auffassung nicht zu überzeugen, denn Art. 10 I GG schützt *jeden* Kommunikationsbeteiligten davor, daß sich vom Absenden einer vertraulichen Nachricht bis zu deren Eintreffen bei *allen anderen* Teilnehmern ein Außenstehender Kenntnis vom Inhalt oder den näheren Umständen der Mitteilung verschafft oder derartige Kenntnisse (weiter)verwendet.[1116]

Demnach greifen folgende Gefahrenabwehrmaßnahmen in das Fernmeldegeheimnis ein:

- Maßnahmen gegenüber einem *Server-Betreiber* im Fall einer „Rollendreiteilung", soweit vertrauliche Kommunikation betroffen sein kann und die erforderliche Kenntniserlangung des Diensteanbieters während der Übertragungsphase erfolgt(e):

1112 Vgl. *BVerfGE 85*, 386, 398; *100*, 313, 359 f., 366; *Hermes* in Dreier, Art. 10, Rn. 44 f., 47; *Jarass* in Jarass/Pieroth, Art. 10, Rn. 11. Ein Eingriff liegt jeweils auch dann vor, wenn während der Übertragungsphase erlangte Kenntnisse über dem Fernmeldegeheimnis unterliegende Tatsachen erst später verwendet werden.

1113 Vgl. *BVerfGE 85*, 386, 399; *BVerwGE 79*, 110, 116; *Germann*, 497; *Gusy* in von Mangoldt/Klein/Starck, Art. 10, Rn. 48; *Hermes* in Dreier, Art. 10, Rn. 48; *Jarass* in Jarass/Pieroth, Art. 10, Rn. 12; *Zerres* in Scheurle/Mayen, § 85, Rn. 33 (insofern wird z.T. bereits der Schutzbereich des Art. 10 I GG für nicht einschlägig gehalten). Ein Eingriff in das Fernmeldegeheimnis liegt daher z.B. auch dann vor, wenn ein kooperierender Inhaber eines E-Mail-Postfachs oder Teilnehmer eines zugangsbeschränkten Meinungsforums einer Gefahrenabwehrbehörde seine Benutzerkennung und sein Paßwort zur Verfügung stellt und die Behörde sich damit (vor Abschluß der Übertragungsphase) Kenntnis von Nachrichten verschafft, die auf dem Mail-Server bzw. Foren-Server gespeichert sind.

1114 Stattdessen wird bei solchen Sachverhalten entweder noch nicht einmal ersichtlich sein, auf wessen Einverständnis es ankäme, oder jedenfalls das Einverständnis des Störers fehlen.

1115 *Löwer* in von Münch/Kunig, Art. 10, Rn. 7 (m.w.N.), unter Berufung auf *BGH*, NJW 1994, 596, 597 f. (allerdings war in dem dieser *BGH*-Entscheidung zugrundeliegenden Fall des polizeilichen Mithörens eines Telefonats mit der Zustimmung nur eines Gesprächsteilnehmers nach hier vertretener Auffassung der Schutzbereich des Fernmeldegeheimnisses nicht einschlägig [vgl. oben I.]).

1116 Vgl. *Hermes* in Dreier, Art. 10, Rn. 44 f., 47.

- Anordnung einer *selektiven Sperrung* oder *Löschung* von Informationen, die auf einem Server gespeichert sind oder dort neu eingehen[1117],
- Anordnung einer Erteilung von *Auskunft* über auf einem Server gespeicherte oder neu eingehende Kommunikationsinhalte[1118] oder TK-Verkehrsdaten[1119].[1120]

• Maßnahmen gegenüber einem *Zugangsbetreiber*, *Proxy-Cache-Betreiber* oder *IRC-Server-Betreiber*:[1121]
- Anordnung einer *selektiven Sperrung* oder *Löschung* zwischengespeicherter Informationen bzw. *Sperrung* der Übermittlung von Informationen[1122],
- Anordnung der Erteilung von *Auskunft* über zwischengespeicherte bzw. übermittelte Kommunikationsinhalte oder TK-Verkehrsdaten.

• *Behördliche Kontrollmaßnahmen*, soweit vertrauliche Kommunikation betroffen sein kann und die behördliche Kenntniserlangung während der Übertragungsphase erfolgt.

1117 Beispiel: Einem E-Mail-Diensteanbieter wird aufgegeben, auf seinem (Eingangs-)Mail-Server gespeicherte „ungeöffnete" Nachrichten, die bestimmte Schlüsselworte enthalten oder von einem bestimmten Absender stammen, zu sperren bzw. zu löschen. Zur Identifizierung der betreffenden Nachrichten muß der Anordnungsadressat Kenntnis vom Inhalt bzw. den näheren Umständen der Kommunikation nehmen. Da vertrauliche Kommunikation betroffen ist und die Kenntnisnahme während der Übertragungsphase erfolgt, handelt es sich bei der behördlichen Anordnung um einen Eingriff in das Fernmeldegeheimnis. So auch *Germann*, 434 ff.; übersehen wird dieser Aspekt hingegen von *Greiner*, 150 ff.

1118 Beispiel (vgl. oben Fußnote 1117): Einem E-Mail-Diensteanbieter wird aufgegeben, über den Inhalt bestimmter auf seinem (Eingangs-)Mail-Server gespeicherter, „ungeöffneter" Nachrichten Auskunft zu geben.

1119 Vgl. oben 4. Teil F. I. sowie näher unten III. 2. b).

1120 Vgl. *Germann*, 618 ff. Hingegen greift beispielsweise eine gegen einen Server-Betreiber gerichtete Anordnung, Auskunft über die Identität eines Server-Verwalters zu erteilen, nicht in das Fernmeldegeheimnis ein, denn sie bezieht sich auf *Bestandsdaten* (vgl. unten III. 2. b), c)), von denen der Anordnungsadressat *unabhängig von einem Übertragungsvorgang* Kenntnis hat.

1121 Die sogleich genannten Maßnahmen können immer (auch) vertrauliche Kommunikation betreffen und die erforderliche Kenntniserlangung des Maßnahmeadressaten erfolgt(e) immer während der Übertragungsphase.

1122 Insofern wird ein Eingriff in das Fernmeldegeheimnis auch bejaht von *Germann*, 450 ff., und *Greiner*, 157, während etwa *OVG Münster*, MMR 2003, 348 ff.; *VG Düsseldorf*, MMR 2003, 205 ff.; die *Bezirksregierung Düsseldorf* (Sperrungsverfügungen vom Februar 2002 [siehe unten Fußnote 1410]); *Engel*, MMR-Beilage 4/2003, 1 ff.; *Spindler/Volkmann*, MMR 2003, 353 ff.; K&R 2002, 398 ff. und *Stadler*, MMR 2003, 208 ff., diesen Aspekt übersehen. (Siehe auch unten H.) Um eine Sperrung der Übermittlung von Informationen handelt es sich auch bei der Sperrung eines IRC-Kanals.

Der Staat greift in das informationelle Selbstbestimmungsrecht ein, wenn er *personenbezogene Daten ohne Einwilligung des Betroffenen*[1123] *erhebt* (d.h. sich aktiv verschafft[1124]), erhobene Daten *verwendet*[1125] oder einem *Privaten* entsprechende Maßnahmen *aufgibt.*

Als Eingriffe in Art. 2 I, 1 I GG bedürfen folgende Gefahrenabwehrmaßnahmen einer weiteren Erörterung:[1126]

- Maßnahmen gegenüber einem *Server-Betreiber* (bei „Rollenzweiteilung") oder *Server-Verwalter*, der personenbezogene Informationen zur Nutzung bereithält:
  - Anordnung einer *selektiven Sperrung* oder *Löschung* von Informationen, die auf einem Server gespeichert sind oder dort neu eingehen,
  - Anordnung einer Erteilung von *Auskunft* über auf einem Server gespeicherte oder neu eingehende Informationen, Tele-/Mediendienstenutzungsdaten oder Tele-/Mediendienste-Bestandsdaten.
- *Behördliche Kontrollen* personenbezogener Informationen.[1127]

Hingegen geht es bei pauschalen Sperrungs-/Löschungsanordnungen, Verboten des Versands oder Empfangs von Informationen, Hardware-Deaktivierungen und -Sicherstellungen sowie Untersagungsanordnungen um eine reine Verhinderung oder Erschwerung der Kommunikation, die regelmäßig ohne eine Erhebung oder Verwendung von Kenntnissen über dem Fernmeldegeheimnis bzw.

1123 Betroffener ist derjenige, auf dessen Person sich die Daten beziehen. An einer Einwilligung des Betroffenen in die staatliche Erhebung, Verarbeitung bzw. Nutzung seiner personenbezogenen Daten wird es bei Konstellationen, die zu Gefahrenabwehrmaßnahmen Anlaß geben, zumeist fehlen (vgl. oben 1.).

1124 *Dammann* in Simitis/Dammann/Geiger/Mallmann/Walz, § 3, Rn. 108; *Kloepfer*, InfR, § 8, Rn. 42.

1125 Vgl. *BVerfGE 65*, 1, 43; ähnlich *Dreier* in Dreier, Art. 2, Rn. 57; *Murswiek* in Sachs, Art. 2, Rn. 88; *Starck* in von Mangoldt/Klein/Starck, Art. 2, Rn. 108. Bei der *Verwendung* kann es sich um eine *Verarbeitung* (insbesondere in Form einer Speicherung, Veränderung oder Übermittlung) oder eine *Nutzung* erhobener Daten handeln (siehe zur Terminologie des § 3 IV, V BDSG *Dammann* in Simitis/Dammann/Geiger/Mallmann/Walz, § 3, Rn. 108; *Kloepfer*, InfR, § 8, Rn. 43).

1126 Insofern ist daran zu erinnern, daß insbesondere gegen *Zugangsbetreiber*, *Proxy-Cache-Betreiber* oder *IRC-Server-Betreiber* gerichtete *selektive Sperrungsanordnungen* und Anordnungen der Erteilung von *Auskunft* über zwischengespeicherte bzw. übermittelte Kommunikationsinhalte oder über TK-Verkehrsdaten in das – als spezielleres Grundrecht vorgehende – Fernmeldegeheimnis eingreifen (siehe oben 1.).

1127 Ob die erlangten Daten auch zu weiteren Maßnahmen verwendet werden sollen, ist ebenso unerheblich wie die Methode der Datenbeschaffung (*Dammann* in Simitis/Dammann/Geiger/Mallmann/Walz, § 3, Rn. 111).

informationellen Selbstbestimmungsrecht unterliegende Tatsachen auskommt. Daher greifen diese Maßnahmen nicht in besagte Grundrechte ein.[1128]

III. Einschränkbarkeit

1. Verfassungsrechtliche Anforderungen

Gemäß Art. 10 II 1 GG dürfen Beschränkungen des Fernmeldegeheimnisses nur *auf Grund eines Gesetzes* angeordnet werden; daneben ist für „verfassungsimmanente Schranken" kein Raum.[1129] Die hier in Rede stehenden Ermächtigungsgrundlagen genügen diesem Gesetzesvorbehalt.[1130]

Auf Grundrechte, die – wie Art. 10 I GG – aufgrund ausdrücklicher Ermächtigung vom Gesetzgeber eingeschränkt werden dürfen, findet das *Zitiergebot* des Art. 19 I 2 GG Anwendung.[1131] Es verlangt, daß ein Gesetz, welches ein Grundrecht einschränkt, dieses unter Angabe des Artikels nennt. In den relevanten *Verfassungsschutzgesetzen* sowie im *MADG*, *BNDG*, *G 10* und *ZFdG* ist jeweils ausdrücklich normiert, daß Art. 10 GG eingeschränkt wird.[1132] Auch das *NSOG*, das *RPPOG* und das *ThürPAG* nennen das Fernmeldegeheimnis als eingeschränktes Grundrecht.[1133] Demgegenüber finden sich im *TDG*, *MDStV*,

---

1128 Vgl. *Hermes* in Dreier, Art. 10, Rn. 83; *Jarass* in Jarass/Pieroth, Art. 10, Rn. 11 (jeweils m.w.N.]). Jedoch können die genannten Maßnahmen in *Art. 5 I 1, 2* und *Art. 12 I* bzw. *14 I GG* eingreifen (siehe oben A. II. sowie unten C. und D.).

1129 *BVerfGE 85*, 386, 396 f.; *Gusy* in von Mangoldt/Klein/Starck, Art. 10, Rn. 64; *Hermes* in Dreier, Art. 10, Rn. 50.

1130 Art. 10 II 1 GG erlaubt zum Zweck des Verfassungs- und Staatsschutzes, daß Eingriffe dem Betroffenen nicht mitgeteilt werden müssen und daß an die Stelle des Rechtsweges eine Nachprüfung durch von der Volksvertretung bestellte Organe und Hilfsorgane tritt. Insofern relevante einfachgesetzliche Regelungen finden sich insbesondere in den Verfassungsschutzgesetzen sowie im MADG, BNDG, G 10 und ZFdG.

1131 Nach ständiger Rechtsprechung des *BVerfG* gilt Art. 19 I 2 GG *nur* für solche Grundrechte (siehe aus jüngerer Zeit z.B. *BVerfG*, NJW 1999, 3399, 3400 m.w.N.), nicht hingegen etwa für Art. 2 I, 5 I, 12 I und 14 I GG (*BVerfGE 28*, 36, 46; *44*, 197, 201; *64*, 72, 79 ff.); ebenso *Jarass* in Jarass/Pieroth, Art. 19, Rn. 3; *Krebs*, in von Münch/Kunig, Art. 19, Rn. 16; a.A. *Dreier* in Dreier, Art. 19, Rn. 18; *Huber* in von Mangoldt/Klein/Starck, Art. 19, Rn. 88 ff. (jeweils m.w.N.). Daher ist Art. 19 I 2 GG im Rahmen dieser Arbeit nur im Hinblick auf Eingriffe in Art. 10 I GG von Bedeutung.

1132 Siehe § 8 XII BVerfSchG (sowie z.B. § 5a VII NWVSG), § 10 III 7 MADG, § 8 IIIa 7 BNDG, § 21 G 10, § 44 ZFdG.

1133 §§ 10 Nr. 3 NSOG, 8 Nr. 3 RPPOG, 11 ThürPAG. Ferner wird auch in §§ 10 HSOG und 78 SOGMV Art. 10 GG als eingeschränkt zitiert. Allerdings erfassen § 15 II i.V.m. V HSOG und §§ 32 I 3, 33 I Nr. 2 SOGMV, die zum Abhören und Aufzeichnen des gesprochenen Wortes bzw. zu einer Tonüberwachung und -aufzeichnung durch technische Mittel ermächtigen, nur auf natürliche Weise geäußerte (nicht aber in elektrische Impulse umgesetzte) Schallwellen; technische Mittel zum Abhören und Aufzeichnen des

JMStV sowie in den meisten *Polizei- und Ordnungsgesetzen der Länder* keine entsprechenden Zitate; die im *TKG* enthaltenen Zitate[1134] beziehen sich nur auf bestimmte Aufsichtsbefugnisse der RegTP[1135], nicht jedoch auf die im Rahmen dieser Arbeit interessierenden Ermächtigungsgrundlagen.[1136] Allerdings hat dies nicht zwangsläufig zur Folge, daß der *MDStV*, der *JMStV* und die in Rede stehenden *Polizei- und Ordnungsgesetze* generell keine Eingriffe in das Fernmeldegeheimnis gestatten, denn die Geltung des Zitiergebots beschränkt sich auf Gesetze, die „darauf *abzielen*, ein Grundrecht über die in ihm selbst angelegten Grenzen zu beschränken“[1137], d.h. auf *finale* Grundrechtsbeeinträchtigungen[1138]. Die gesetzlichen Befugnisse zur Anordnung von (selektiven) *Sperrungen* bzw. *Löschungen*[1139] zielen in erster Linie darauf ab, *störende Kommunikation zu unterbinden*, nicht jedoch darauf, dem Staat oder einem Privaten Kenntnisse über dem Fernmeldegeheimnis unterliegende Tatsachen zu verschaffen. Soweit eine entsprechende Maßnahme in Art. 10 I GG eingreift[1140], stellt sich dieser Eingriff als (unvermeidbare) Folge der Arbeitsweise der technischen Infrastruktur des Anordnungsadressaten dar[1141]; es handelt sich somit um eine *faktische*, *nicht finale* Grundrechtsbeeinträchtigung, hinsichtlich derer das Zitiergebot des Art.

---

gesprochenen Wortes bzw. zur Tonüberwachung und -aufzeichnung sind nur Vorrichtungen, die das natürlich geäußerte Wort durch technische Verstärkung oder Übertragung über seinen natürlichen Schallbereich hinaus wahrnehmbar und reproduzierbar machen können (*Mann/Müller*, ZRP 1995, 180, 181; vgl. auch *Germann*, 551; *Koch*, 135; *Riegel*, ZRP 1991, 286, 288; zweifelnd *Bäumler* in Lisken/Denninger, Rn. 641). Im übrigen erklärt § 33 II 3 SOGMV gegenüber Maßnahmen nach § 33 I Nr. 2 SOGMV das Fernmeldegeheimnis für unberührt.

1134 §§ 64 I 5 und 115 V TKG.

1135 Hierbei handelt es sich um Befugnisse nach § 64 I 2-4 TKG (Sicherstellung der Einhaltung der Frequenzordnung) bzw. § 115 I-IV TKG (Kontrolle und Durchsetzung der Verpflichtungen im Hinblick auf das Fernmeldegeheimnis, den Datenschutz und die öffentliche Sicherheit).

1136 Entsprechendes galt für das Zitat in § 91 V TKG 96, das sich nur auf Maßnahmen der RegTP nach § 91 I, IV TKG 96 bezog und daher entgegen *Germann*, 434, im Hinblick auf Anordnungen von Kontrollmaßnahmen zum Zweck der Unterdrückung störender Inhalte nicht dem Zitiergebot des Art. 19 I 2 GG Genüge tat.

1137 *BVerfGE 28*, 36, 46; *28*, 55, 62; *64*, 72, 79 f.; *BVerfG* NJW 1999, 3399, 3400 (Hervorhebung vom Verfasser).

1138 So ausdrücklich *BVerfG* NJW 1999, 3399, 3400; in diesem Sinne etwa auch *Jarass* in Jarass/Pieroth, Art. 19, Rn. 3; *Krebs* in von Münch/Kunig, Art. 19, Rn. 16 (m.w.N.); *Manssen*, Rn. 511; *Selk*, Jus 1992, 816, 817 f. Differenzierend *Dreier* in Dreier, Art. 19, Rn. 18, 23; kritisch *Huber* in von Mangoldt/Klein/Starck, Art. 19, Rn. 88 ff.

1139 Hingegen greifen pauschale Sperrungs-/Löschungsanordnungen, Versand-/Empfangsverbote, Hardware-Deaktivierungen/-Sicherstellungen und Untersagungsanordnungen ohnehin grds. nicht in Art. 10 I GG ein (vgl. oben II.). Siehe zu Auskunftsanordnungen und behördlichen Kontrollmaßnahmen sogleich unten.

1140 Dies ist durchaus nicht immer der Fall (siehe oben II.).

1141 Siehe dazu insbesondere oben I. sowie 3. Teil C.

19 I 2 GG *nicht* gilt.[1142] Anders liegt es bei *Auskunftsanordnungen* und *behördlichen Kontrollen*, die auf eine *Erlangung von Kenntnissen* über den Inhalt oder nähere Umstände vertraulicher Kommunikation *abzielen*. Da insofern das verfassungsrechtliche Zitiergebot uneingeschränkt gilt, können solche Maßnahmen *nicht* auf den MDStV, den JMStV oder die Polizei- und Ordnungsgesetze, die Art. 10 GG nicht als eingeschränkt zitieren, gestützt werden.[1143]

Gesetze, die zu Beschränkungen des Fernmeldegeheimnisses bzw. informationellen Selbstbestimmungsrechts ermächtigen, müssen den *Anlaß*, den *Zweck* und die *Grenzen* des Eingriffs *präzise festlegen* (unzulässig wäre eine *„Datensammlung auf Vorrat"* zu unbestimmten oder noch nicht bestimmbaren Zwekken), ferner sicherstellen, daß erlangte Daten nur zu Zwecken *verwendet* werden, die auch die ursprüngliche Erhebung gerechtfertigt hätten, sowie *organisations- und verfahrensrechtliche Sicherungen* vorsehen – wobei insgesamt dem *Verhältnismäßigkeitsprinzip* besondere Bedeutung zukommt.[1144] Eine eingehende Untersuchung der Verfassungsmäßigkeit aller im Hinblick auf die Gefahrenabwehr im Internet bedeutsamer Eingriffsermächtigungen würde den Rahmen der vorliegenden Arbeit sprengen.[1145] Jedoch kann hier zunächst festgehalten

---

1142 So auch *Greiner*, 158.

1143 Die genannten Regelwerke sind verfassungskonform dahingehend auszulegen, daß sie nicht zu entsprechenden Eingriffen ermächtigen sollen. Vgl. zur verfassungskonformen Auslegung von Gesetzen, die den Anforderungen des Art. 19 I 2 GG nicht genügen, *Herzog* in Maunz/Dürig, Art. 19, Rn. 60.

1144 *BVerfGE 65*, 1, 42, 43 ff., 46 ff., 61 ff.; *100*, 313, 359 f., 372, 385 ff., 389; *BVerfG*, Beschluß vom 03.03.2004, Az. 1 BvF 3/92 (http://www.bverfg.de/entscheidungen/fs2004 0303_1bvf000392.html), Abs. 106, 107 ff., 158, 159 ff., 168, 169 ff.; vgl. etwa *Büttgen* in Hoeren/Sieber, Teil 16.3, Rn. 5; *Hermes* in Dreier, Art. 10 Rn. 58 ff.; *Kloepfer*, InfR, § 11, Rn. 243 (jeweils m.w.N.).

1145 Insofern ist auch zu berücksichtigen, daß weder detaillierte Angaben über Umfang, Art und Dauer präventiver Beschränkungsmaßnahmen noch fundierte Erkenntnisse über deren konkrete Ergebnisse und Erfolge vorliegen. Der Gesetzgeber ist seiner Evaluierungspflicht bisher nicht in ausreichendem Maße nachgekommen (*Koenig/Koch/Braun*, K&R 2002, 289, 293 [m.w.N.]; vgl. auch *Bizer*, DuD 2002, 216, 217; *Pernice*, DuD 2002, 207, 211). Bekannt ist zwar, daß die Zahl der jährlichen Telekommunikationsüberwachungsanordnungen aufgrund der StPO zwischen 1990 und 2000 von 2.494 auf 15.741 stieg (siehe *BT-Drs. 13/7441*, *13/11354*, *14/1522*, *14/4863*, *14/7521*; Jahresbericht 2000/2001 der *RegTP*; *Albrecht/Dorsch/Krüpe*, 6; *Bizer*, DuD 2002, 216, 217; vgl. auch *Fox*, DuD 2002, 194; *Kloepfer*, K&R 2001, 545, 549) und bis 2003 auf 24.441 zunahm (Angaben des Bundesdatenschutzbeauftragten *Schaar*; siehe http://www.heise.de/newsticker/meldung/50801), womit Deutschland im internationalen Vergleich – gemessen nach Anordnungen je Bürger – einen der vorderen Plätze einnimmt (*Albrecht/Dorsch/Krüpe*, 7; siehe auch *Büllingen/Hillebrand*, DuD 2003, 696, 697 ff.; *Fox*, DuD 2002, 194; *Löwnau-Iqbal* in Scheurle/Mayen, § 88, Rn. 12 f.; *Kloepfer*, K&R 2001, 545, 549). Jedoch werden keine näheren Angaben in Bezug auf Überwachungsmaßwerden, daß die relevanten *Verfassungsschutzgesetze*, das *MADG*, das *BNDG*, das *G 10*, das *NSOG*, das *RPPOG* und das *ThürPAG* in Übereinstimmung mit den oben genannten Anforderungen die hier interessierenden Grundrechtseingriffe davon abhängig machen, daß *tatsächliche Anhaltspunkte* für eine Planung oder Begehung *bestimmter schwerer Straftaten* oder Mitgliedschaft in einer verfassungsfeindlichen Organisation vorliegen bzw. *bestimmte erhebliche Gefahren für die öffentliche Sicherheit* abzuwehren sind[1146] und eine *Erforschung des Sachverhalts auf andere Weise aussichtslos oder wesentlich erschwert* wäre[1147], desweiteren den zulässigerweise *betroffenen Personenkreis* definieren[1148], ferner die *Verwendung* erhobener Daten auf Zwecke begrenzen, die auch die Datenerhebung gerechtfertigt hätten[1149], sowie *verfahrensmäßige Sicherungen* in Form von Prüf-, Kennzeichnungs- und Löschungspflichten[1150], Anordnungsvorbehalten[1151] und Kontrollbefugnissen unabhängiger Gremien[1152] vorsehen. Zwar besitzen die Befugnisse zur Einholung von Auskünften in Bezug auf *zukünftige*

---

nahmen der Nachrichtendienste veröffentlicht (vgl. *Bizer* in Denninger/Hoffmann-Riem/Schneider/Stein, Art. 10, Rn. 111; *Kloepfer*, K&R 2001, 545, 549).

1146 §§ 8 VIII 1 BVerfSchG/5a IV 1 NWVSG/10 III 1 MADG i.V.m. § 3 I 1, 2 G 10; § 34a I Nr. 1 und 3 ThürPAG i.V.m. § 100a StPO (siehe zur Anbindung der repressiv ausgerichteten Telekommunikationsüberwachung an einen Straftatenkatalog *Albrecht/Dorsch/Krüpe*, 35); § 33a I i.V.m. § 2 Nr. 10 NSOG bzw. §§ 8 IIIa BNDG i.V.m. 5 I 3 Nr. 1-4 und 6 G 10; 33a I Nr. 1 NSOG; 31 I RPPOG; 34a I 2 ThürPAG.

1147 §§ 8 VIII 1 BVerfSchG/5a IV 1 NWVSG/10 III 1 MADG i.V.m. § 3 II 1 G 10; 33a I NSOG; 31 II 4 RPPOG; 34a I 3 ThürPAG.

1148 §§ 8 VIII 1 BVerfSchG/5a IV 1 NWVSG/10 III 1 MADG i.V.m. § 3 II 2 G 10; 33a I NSOG, 31 I RPPOG; 34a I 1 ThürPAG (anders hingegen §§ 8 IIIa BNDG, 5 G 10; allerdings verbietet § 5 II 2 G 10 eine Verwendung von Suchbegriffen, die zu einer gezielten Erfassung bestimmter Telekommunikationsanschlüsse führen).

1149 §§ 8 VIII 1 BVerfSchG/5a IV 1 NWVSG/10 III 1 MADG i.V.m. § 4 I 1, II 2, IV G 10; §§ 6 I 1, 7 G 10; 38, 39 NSOG; 33 RPPOG; 34a III, 39 ff. ThürPAG.

1150 §§ 8 VIII 1 BVerfSchG/5a IV 1 NWVSG/10 III 1 MADG i.V.m. § 4 I, II 1, III G 10; § 6 G 10; 39a, 47, 48 NSOG; 31 VII i.V.m. 29 V, 39 RPPOG; 45 II, 46 III ThürPAG.

1151 Die in Rede stehenden Gesetze sehen vor, daß Beschränkungen nur nur durch das vom Bundeskanzler beauftragte Bundesministerium (§ 8 IX 3 BVerfSchG, § 10 III 6 MADG i.V.m. § 8 IX 3 BVerfSchG, § 10 I G 10), den Chef des Bundeskanzleramts (§ 8 IIIa 6 BNDG i.V.m. 8 IX 3 BVerfSchG), den Landesinnenminister (§ 5a V 3 NWVSG) bzw. einen Richter (§§ 33a III 1 NSOG, 31 V 1 RPPOG, § 34a II ThürPAG) angeordnet werden dürfen.

1152 Die Nachprüfung erfolgt durch ein Parlamentarisches Kontrollgremium und eine G 10-Kommission (§ 8 IX 4-8, X BVerfSchG, §§ 5a V 4 NWVSG i.V.m. 2, 3 NW AG G 10, §§ 10 III 6 MADG/8 IIIa 6 BNDG i.V.m. 8 IX 4-8, X BVerfSchG; §§ 1 II, 14, 15 G 10). §§ 37a II, III; 31 VII i.V.m. 29 VII RPPOG; 34a III 3 ThürPAG verpflichten jeweils die Landesregierung bzw. das Innenministerium zu einer jährlichen Unterrichtung des Landtags. Siehe zur Einführung von Kontrollkommissionen mit Berichtspflichten gegenüber dem Bundestag für den Bereich der repressiv ausgerichteten Telekommunikationsüberwachung *Albrecht/Dorsch/Krüpe*, 39.

Telekommunikation bzw. Nutzung von Telediensten insofern eine besondere Qualität, als der jeweilige Anordnungsadressat nicht nur zur Weitergabe bereits gespeicherter Daten, sondern auch zu einer Speicherung erst zukünftig erhobener Daten (bis zur Auskunftserteilung) verpflichtet werden kann; jedoch handelt es sich hierbei *(noch) nicht* um eine *unzulässige „Datensammlung auf Vorrat"* zu unbestimmten oder noch nicht bestimmbaren Zwecken, da durch die Anordnung selbst die zu speichernden Angaben in personeller und sachlicher Hinsicht konkretisiert werden.[1153] Auch die *Polizei- und Ordnungsgesetze*, die nicht zu einer Telekommunikationsüberwachung ermächtigen, enthalten detaillierte Regelungen über den Anlaß, den Zweck und die Grenzen der Erhebung und Verwendung personenbezogener Daten sowie verfahrensmäßige Sicherungen[1154], die nach der insgesamt überwiegenden Auffassung[1155] – welcher hier gefolgt wird – den verfassungsrechtlichen Anforderungen genügen. Ebenfalls verfassungsgemäß dürften die einschlägigen Regelungen des *MDStV* und *JMStV* sein.[1156] Hingegen war die Ermächtigung des *§ 39 AWG*, deren Regelung der Tatbestandsvoraussetzungen in Form von umfangreichen, zum Teil über mehrere Ebenen gestaffelten, variablen und auf verwaltungsakzessorische Tatbestände Bezug nehmenden Verweisungsketten *nicht die erforderliche Normenklarheit und -bestimmtheit* aufwies, *mit Art. 10 GG unvereinbar.*[1157] Die neue Bestimmung des *§ 23a ZFdG* enthält eine präzisere Normierung der Eingriffsvoraussetzungen.

1153 Im übrigen müssen die Bestimmungen der §§ 88, 91 ff. TKG bzw. des TDDSG eingehalten werden (siehe dazu näher unten 2. b), c)).

1154 Siehe etwa §§ 37 ff., 43 ff. SächsPolG. Darüber hinaus sind auch das TDDSG und die Datenschutzgesetze der Länder sowie (im Hinblick auf faktische, nicht finale Eingriffe in Art. 10 I GG) §§ 88 ff. TKG von Bedeutung (siehe hierzu näher unten 2. b)-d))

1155 Vgl. die eingehende Untersuchung von *Koch*, 25 ff., 94 ff., 100 ff., 119 ff., 130 ff., 162 ff. sowie etwa *Bäumler* in Lisken/Denninger, Rn. 34 ff., 543 ff., 596 ff., 691 ff., 731 ff.; *Germann*, 504 ff.; *Schenke*, Rn. 176 ff. und *Würtenberger/Heckmann/Riggert*, Rn. 536 ff. (jeweils m.w.N).

1156 Zwar sind die Ermächtigungen der §§ 22 II, III MDStV bzw. 20 I, IV JMStV i.V.m. 22 II, III MDStV hinsichtlich der Rechtsfolgen generalklauselartig gefaßt, jedoch ergibt sich eine Begrenzung des Anlasses und des Zwecks von Grundrechtseingriffen daraus, daß die Befugnisnormen tatbestandlich einen bereits festgestellten Verstoß gegen bestimmte inhaltliche Anforderungen an Internet-Angebote voraussetzen (siehe oben 4. Teil A. III., D.) und überdies §§ 16 ff. MDStV bzw. 88 ff. TKG (siehe dazu näher unten 2. b), c)) zu beachten sind.

1157 *BVerfG*, Beschluß vom 03.03.2004, (siehe oben Fußnote 1144), Abs. 102 ff., 180. Ebenfalls nicht mit Art. 10 GG zu vereinbaren war § 41 II AWG (*BVerfG*, Beschluß vom 03.03.2004 [siehe oben Fußnote 1144], Abs. 152 ff., 180).

2. Gesetzliche Regelungen zum Schutz des Fernmeldegeheimnisses und des informationellen Selbstbestimmungsrechts

Von besonderer Bedeutung für die Gefahrenabwehr im Internet sind die *einfachgesetzlichen Konkretisierungen* des Fernmeldegeheimnisses und informationellen Selbstbestimmungsrechts im TKG, TDDSG/MDStV und allgemeinen Datenschutzrecht.

Vor der Erörterung dieser Regelungen sollen die insofern relevanten *spezifisch datenschutzrechtlichen Vorgaben* der *Richtlinien 95/46/EG*, *97/66/EG* und *2002/58/EG* in den Blick genommen werden.[1158]

a) Europarechtliche Vorgaben: Richtlinien 95/46/EG, 97/66/EG und 2002/58/EG

Die *Telekommunikations-Datenschutzrichtlinie 97/66/EG* diente der Harmonisierung mitgliedstaatlicher Vorschriften über die Verarbeitung personenbezogener Daten im Bereich der Telekommunikation und der Gewährleistung des freien Verkehrs dieser Daten sowie von Telekommunikationsgeräten und -diensten in der Gemeinschaft.[1159] Insofern konkretisierte und ergänzte sie die *Datenschutzrichtlinie 95/46/EG*; desweiteren regelte sie den Schutz der berechtigten Interessen juristischer Personen.[1160] Ihr Art. 5 I verpflichtete die Mitgliedstaaten, die *Vertraulichkeit* der mit öffentlichen Telekommunikationsnetzen und öffentlich zugänglichen Telekommunikationsdiensten erfolgenden Kommunikation sicherzustellen und das Mithören, Abhören und Speichern sowie andere Arten des Abfangens oder Überwachens von Telekommunikation durch andere Personen als die Benutzer bei fehlender Einwilligung der betroffenen Benutzer zu untersagen.[1161] Nach Art. 6 I RL 97/66/EG waren *Verkehrsdaten*, die sich auf Teilnehmer und Benutzer beziehen und für den Verbindungsaufbau verarbeitet und vom Betreiber eines öffentlichen Telekommunikationsnetzes bzw. öffent-

---

1158 Erwähnt seien an dieser Stelle auch das *Europarats-Übereinkommen zum Schutz des Menschen bei der automatischen Verarbeitung personenbezogener Daten* von 1981, dessen Grundsätze Ausgangspunkt für die Richtlinie 95/46/EG waren (vgl. *Kloepfer*, InfR, § 8, Rn. 14), sowie das *Zusatzprotokoll zu diesem Übereinkommen* vom 08.11.2001 (in Kraft getreten am 01.07.2004), nach dem die Unterzeichnerstaaten Dienststellen einzurichten haben, die die Einhaltung der im Vollzug des Übereinkommens erlassenen Datenschutzbestimmungen überwachen, und eine Datenübermittlung an Drittstaaten nur vornehmen dürfen, wenn diese über ein entsprechendes Datenschutzniveau verfügen. Siehe zu weiteren im Hinblick auf die Gefahrenabwehr im Internet bedeutsamen Bestimmungen des *Europäischen Gemeinschaftsrechts* unten 7. Teil B.

1159 Art. 1 I RL 97/66/EG.

1160 Art. 1 II RL 97/66/EG.

1161 Ausgenommen war nach Art. 5 II RL 97/66/EG das rechtlich zulässige Aufzeichnen von Kommunikationen im Rahmen einer rechtmäßigen Geschäftspraxis zum Nachweis einer kommerziellen Transaktion oder sonstigen geschäftlichen Kommunikation.

lich zugänglichen Telekommunikationsdienstes gespeichert werden, nach Beendigung der Verbindung grundsätzlich zu löschen oder zu anonymisieren. Ausnahmsweise zulässig war die weitere Datenverarbeitung zu Zwecken der Gebührenabrechnung, Vermarktung von Telekommunikationsdiensten[1162], Verkehrsabwicklung, Bearbeitung von Kundenanfragen und Betrugsermittlung[1163].[1164] Jedoch gestattete Art. 14 I RL 97/66/EG den Mitgliedstaaten, die in Art. 5 und 6 der Richtlinie gewährleisteten Pflichten und Rechte zu *beschränken*, sofern eine solche Beschränkung gemäß Art. 13 I RL 95/46/EG für die Sicherheit des Staates, die Landesverteidigung, die öffentliche Sicherheit oder die Verhütung, Ermittlung, Feststellung und Verfolgung von Straftaten oder des unzulässigen Gebrauchs von Telekommunikationssystemen notwendig war.

An die Stelle der RL 97/66/EG ist die *Datenschutzrichtlinie für elektronische Kommunikation (2002/58/EG)* getreten. Ähnlich wie bisher Art. 14 I RL 97/66/EG gestattet Art. 15 I 1 RL 2002/58/EG den Mitgliedstaaten, Rechtsvorschriften zu erlassen, welche die in Art. 5 und 6 dieser Richtlinie geregelten Rechte und Pflichten hinsichtlich der Gewährung von *Vertraulichkeit* und des Umgangs mit *Verkehrsdaten*[1165] *beschränken*, sofern dies gemäß Art. 13 I RL 95/46/EG für die nationale Sicherheit (d.h. die Sicherheit des Staates), die Landesverteidigung, die öffentliche Sicherheit sowie die Verhütung, Ermittlung, Feststellung und Verfolgung von Straftaten oder des unzulässigen Gebrauchs von elektronischen Kommunikationssystemen in einer demokratischen Gesellschaft notwendig, angemessen und verhältnismäßig ist. Gemäß Art. 15 I 2 RL 2002/58/EG können die Mitgliedstaaten unter anderem vorsehen, daß Daten während einer begrenzten Zeit *aufbewahrt* werden. Diese bis zuletzt umstrittene Bestimmung[1166] dürfte allerdings *keine wesentliche Änderung* gegenüber ihrer Vor-

---

1162 Voraussetzung hierfür war jedoch die Einwilligung des Teilnehmers (Art. 6 III RL 97/66/EG).

1163 Art. 6 II-IV RL 97/66/EG.

1164 Die Bestimmungen galten gemäß Art. 6 V RL 97/66 unbeschadet der Möglichkeit der zuständigen Behörden, in Einklang mit den geltenden Rechtsvorschriften für die Beilegung von Streitigkeiten Kenntnis von Verkehrs- und Gebührenabrechnungsdaten zu erhalten.

1165 Art. 5, 6 RL 2002/58/EG enthalten keine im hier interessierenden Zusammenhang wesentlichen Abweichungen von Art. 5, 6 RL 97/66/EG.

1166 Insbesondere hatte der *Bürgerrechtsausschuß des Europäischen Parlaments* folgende Fassung des Art. 15 I 2, 3 RL 2002/58/EG gewünscht: „Diese Maßnahmen müssen ganz und gar die Ausnahme darstellen, sich auf eine allgemein verständliche spezifische Rechtsvorschrift stützen und von gerichtlichen oder anderen zuständigen Behörden von Fall zu Fall genehmigt sein. Gemäß der Europäischen Konvention zum Schutz der Menschenrechte und Grundfreiheiten, der Charta der Grundrechte der EU, und den Entscheidungen des Europäischen Gerichtshofs für Menschenrechte ist jede Form einer großangelegten allgemeinen oder sondierenden elektronischen Überwachung verboten.“ (Änderungsantrag 20, Sitzungsdokument A5-0130/2002, abrufbar über http://www.eugängerregelung[1167] darstellen: Die Europäische Kommission sieht in ihr lediglich ein Beispiel etwaiger Maßnahmen, die die Mitgliedstaaten unter den genannten Umständen und Bedingungen ergreifen können. Mit Art. 15 I 2 werde weder Art. 15 I 1 RL 2002/58/EG dem Wesen nach rechtlich verändert oder ihm etwas hinzugefügt noch werde davon abgewichen, daß bei etwaigen Maßnahmen geprüft wird, ob die Verpflichtungen nach der Richtlinie und dem Gemeinschaftsrecht allgemein eingehalten werden, einschließlich der Verpflichtung zur Wahrung der Grundrechte und der allgemeinen Grundsätze des Gemeinschaftsrechts, wie sie beispielsweise in der Charta der Grundrechte der Europäischen Union und in der Europäischen Menschenrechtskonvention verankert sind.[1168] Abgesehen davon spricht auch der Umstand, daß die „Aufbewahrungsgestattung" in den Erwägungsgründen der Richtlinie keine gesonderte Erwähnung findet, nicht für eine beabsichtigte substantielle Änderung der bisherigen Rechtslage. Demnach wird man in Art. 15 I 2 RL 2002/58/EG keine Gestattung allgemeiner Mindest- bzw. Vorratsspeicherungspflichten sehen können.[1169]

b) Telekommunikationsgesetz

Die in Teil 7 des novellierten Telekommunikationsgesetzes („Fernmeldegeheimnis, Datenschutz, Öffentliche Sicherheit") enthaltenen *§§ 88 ff. TKG* – die an die Stelle der §§ 85 ff. TKG 96 und der aufgrund des § 89 I TKG 96 erlassenen Telekommunikations-Datenschutzverordnung (TDSV) getreten sind – regeln, unter welchen Voraussetzungen TK-Diensteanbieter *telekommunikationsspezifische personenbezogene Daten zur Kenntnis nehmen* und *verwenden dürfen* bzw. hierzu *verpflichtet* sind.[1170] Eine Gefahrenabwehranordnung darf nicht ergehen, wenn der Adressat zu ihrer Befolgung gegen §§ 88 ff. TKG verstoßen müßte.[1171]

---

roparl.eu.int) Siehe hierzu auch *Krempl*, 2001; *derselbe*, 2002 II; *Schulzki-Haddouti*, 2002 III.

1167 Art. 14 I RL 97/66/EG.

1168 Förmliche Protokollerklärung der *Kommission* auf der Ratstagung vom 06.12.2001 (siehe die Mitteilung der Kommission an das Europäische Parlament, SEK 2002/0124 endg., abrufbar über http://europa.eu.int/comm/secretariat_general/regdoc/recherche.cfm?CL=de).

1169 So etwa auch *Bizer*, DuD 2002, 363. Hingegen hatte der *Bürgerrechtsausschuß des Europäischen Parlaments* die Zulassung einer großangelegten exploratorischen Überwachung durch die Mitgliedstaaten befürchtet (Berichtsentwurf 2000/0189(COD), Begründung zu Änderungsantrag 16, abrufbar über http://www.europarl. eu.int).

1170 Vgl. auch oben Fußnote 623.

1171 Eine solche Anordnung wäre regelmäßig nicht nur rechtswidrig, sondern nach §§ 44 II Nr. 5 VwVfG, 206 II Nr. 1 StGB nichtig (vgl. zur strafrechtlichen Sanktionierung etwa *Fischer* in Tröndle/Fischer, § 206, Rn. 1 ff.).

aa) § 88 TKG

§ 88 TKG entspricht der Vorgängerregelung des § 85 TKG 96.[1172] Dem einfachgesetzlichen *Fernmeldegeheimnis* – zu dessen Wahrung jeder verpflichtet ist, der ganz oder teilweise *geschäftsmäßig TK-Dienste erbringt* oder an deren Erbringung *mitwirkt* – unterliegen der *Inhalt der Telekommunikation* und ihre *näheren Umstände*[1173], insbesondere die Tatsache, ob jemand an einem Telekommunikationsvorgang beteiligt ist oder war.[1174] Zwar gilt das TKG nicht nur für vertrauliche Telekommunikation, jedoch ist § 88 TKG mit Blick auf den Schutzbereich des Art. 10 I GG teleologisch dahingehend zu reduzieren, daß nur Telekommunikation geschützt wird, deren *vertraulicher Charakter* feststeht oder nicht auszuschließen ist und nur durch eine Kenntnisnahme von ihrem Inhalt oder näheren Umständen ermittelt werden könnte.[1175] Zu den näheren Umständen der Telekommunikation gehören *Verkehrsdaten* (d.h. Daten, die bei der Erbringung eines TK-Dienstes erhoben, verarbeitet und genutzt werden[1176]), nicht aber *Bestandsdaten*, die für die Begründung, inhaltliche Ausgestaltung, Änderung oder Beendigung eines Vertragsverhältnisses über TK-Dienste erhoben werden[1177] und sich nicht auf einen konkreten Telekommunikationsvorgang beziehen[1178].

§ 88 III 1 TKG untersagt TK-Diensteanbietern, sich oder anderen (während der Übertragungsphase[1179]) über das für die geschäftsmäßige Erbringung der TK-Dienste einschließlich des Schutzes ihrer technischen Systeme erforderliche Maß hinaus *Kenntnis* vom Inhalt oder den näheren Umständen der Telekommunikation *zu verschaffen*.[1180] Gemäß § 88 III 2 TKG dürfen Kenntnisse über dem Fernmeldegeheimnis unterliegende Tatsachen nur für den in § 88 III 1 TKG ge-

---

1172 Vgl. auch *BT-Drs. 15/2316*, 87.

1173 Vgl. oben I.

1174 § 88 I 1, § 88 II 1 i.V.m. § 3 Nr. 6 TKG.

1175 Vgl. *Trute* in Trute/Spoerr/Bosch, § 85, Rn. 8, sowie oben I., II.

1176 § 3 Nr. 30 TKG.

1177 § 3 Nr. 3 TKG.

1178 So auch *Büchner* in B/E/G/K/P/S/S, § 85, Rn. 3; *Trute* in Trute/Spoerr/Bosch, § 85, Rn. 9; *Wuermeling/Felixberger*, CR 1997, 230, 234.

1179 Weder der Wortlaut der Vorschrift noch die Gesetzesbegründung (*BT-Drs. 13/3609*, 53 f. bzw. *15/2316*, 87) geben Aufschluß über die zeitliche Ausdehnung des Kenntnisnahmeverbots. Allerdings ist mit Blick auf den Schutzbereich des Art. 10 I GG anzunehmen, daß sich der Schutz auf die Übertragungsphase beziehen soll. Abzulehnen ist die Ansicht von *Zerres* in Scheurle/Mayen, § 85, Rn. 11, daß § 88 TKG in einer Mailbox abgelegte Nachrichten nicht erfasse (vgl. oben II.).

1180 Das Verbot, sich Kenntnis zu verschaffen, bezieht sich nicht nur auf die sinnliche Wahrnehmung einer natürlichen Person, sondern – mit Blick auf die technische Vermittlung der Übertragung – vor allem auch auf den Einsatz technischer oder sonstiger Mittel, um Telekommunikation zu entschlüsseln, abzuhören, Verkehrsdaten zu erheben oder in sonstiger Weise zu überwachen (*Trute* in Trute/Spoerr/Bosch, § 85, Rn. 17).

nannten Zweck *verwendet* werden. Eine *Verwendung für andere Zwecke* ist nach § 88 III 3 TKG nur zulässig, soweit das TKG oder eine andere gesetzliche Vorschrift dies vorsieht und sich dabei ausdrücklich auf Telekommunikationsvorgänge bezieht.

Zu erörtern ist nun, inwieweit in Art. 10 I GG eingreifende (selektive) Sperrungs-/Löschungsanordnungen und Auskunftsanordnungen[1181] gegenüber TK-Diensteanbietern[1182] mit § 88 TKG vereinbar sind.[1183]

Zur Umsetzung einer *selektiven* (d.h. an bestimmten „Störmerkmalen" ausgerichteten) *Sperrungs-* oder *Löschungsanordnung* muß ein TK-Diensteanbieter die zu unterdrückende Telekommunikation mittels einer Kontrolle identifizieren, d.h. sich *Kenntnis* von ihrem Inhalt und/oder ihren näheren Umständen *verschaffen.*[1184] Eine solche Kenntniserlangung ist auch Voraussetzung für die Befolgung einer *Auskunftsanordnung*, die sich auf den Inhalt oder die näheren Umstände von Telekommunikation bezieht.[1185] Soweit geschützte Konversation betroffen ist und die Kenntnisverschaffung während der Übertragungsphase erfolgen soll, ist § 88 TKG einschlägig.

§ 88 III 1 TKG begrenzt die *Kenntnisverschaffung* der Verpflichteten auf das für die geschäftsmäßige Erbringung der TK-Dienste erforderliche Maß. Die geschäftsmäßige Erbringung von TK-Diensten umfaßt vor allem die Sicherstellung eines geregelten Kommunikationsablaufs, Störungsbeseitigung und Abrechnung.[1186] Hierzu muß insbesondere von IP-Adressen kommunikationsbeteiligter Server und Computer, URLs angefragter Informationen und ggf. Kunden-

---

1181 Vgl. oben II.

1182 Um solche handelt es sich bei Server-Betreibern (im Fall einer „Rollendreiteilung"), Zugangsbetreibern, Proxy-Cache-Betreibern und IRC-Server-Betreibern (siehe oben 4. Teil A. II. 1. a)).

1183 Hingegen gilt die Vorschrift, die nur TK-Diensteanbieter verpflichtet, nicht für behördliche Kontrollmaßnahmen als solche.

1184 Gebietet die Anordnung z.B. eine Sperrung/Löschung von Informationen, die bestimmte *Textbegriffe* enthalten, so muß der *Inhalt* der Telekommunikation kontrolliert werden; handelt es sich dagegen etwa um eine *IP-/URL-Sperrung*, so müssen nur die *näheren Umstände* der Telekommunikation kontrolliert werden (vgl. auch oben 3. Teil A., C., D.). Eine „Kenntnisverschaffung" i.S.d. § 88 TKG ist auch der Einsatz technischer Einrichtungen zur Kontrolle von Telekommunikation (siehe oben Fußnote 1180).

1185 Hierbei kann es sich z.B. um ein Auskunftsbegehren im Hinblick auf den Inhalt von E-Mails oder auf bestimmte Verkehrsdaten handeln.

1186 *Büchner* in B/E/G/K/P/S/S, § 85, Rn. 6; *Greiner*, 117. Auf diese Aspekte bezieht sich auch die neu in § 88 III 1 TKG aufgenommene Erwähnung des „Schutzes (der) technischen Systeme" der Diensteanbieter.

Benutzerkennungen[1187] (d.h. Verkehrsdaten) Kenntnis genommen werden, *nicht* aber von übermittelten *Kommunikationsinhalten*. Die *Kenntnisnahme von Kommunikationsinhalten* ist den TK-Diensteanbietern daher durch § 88 III 1 TKG *untersagt*.[1188]

Eine *Verwendung* von Kenntnissen über dem Fernmeldegeheimnis unterliegende Tatsachen zur Durchführung von Sperrungen bzw. Löschungen oder Erteilung von Auskünften an staatliche Stellen erfolgt nicht zur geschäftsmäßigen Erbringung eines TK-Dienstes (welche im übrigen durch eine Löschung bzw. Sperrung gerade vereitelt würde)[1189], sondern zum Zweck der *Gefahrenabwehr*. Sie wird somit *nicht* durch § 88 III 2 TKG *gestattet*.

Die in Rede stehende Kenntnisverwendung könnte daher allenfalls nach § 88 III 3 TKG zulässig sein. Da eine Kenntnisnahme von *Kommunikationsinhalten* nicht für die geschäftsmäßige TK-Dienst-Erbringung notwendig ist, kommt es im Hinblick auf Anordnungen, zu deren Befolgung Kenntnisse über Kommunikationsinhalte verwendet werden müssen[1190], entscheidend darauf an, ob § 88 III 3 TKG voraussetzt, daß die verwendeten Kenntnisse für die geschäftsmäßige Erbringung des TK-Dienstes erforderlich sind: Wäre dies der Fall, so würde die Bestimmung (nur) eine Ausnahme zu § 88 III 2 TKG darstellen[1191] und eine *„Zweckänderung erlaubter Kenntnisse"*[1192] gestatten, *nicht* aber auch eine Verwendung von Kenntnissen über Kommunikationsinhalte für Zwecke der *Gefahrenabwehr*. Anders läge es, wenn die Vorschrift auch eine *Kenntnisnahme* zu anderen Zwecken als der geschäftsmäßigen Erbringung von TK-Diensten erlauben, d.h. eine Ausnahme auch zu § 88 III 1 TKG darstellen würde. Der Wortlaut der Norm ist insoweit unklar. Für die erste Deutungsmöglichkeit[1193] ließe sich anführen, daß zunächst § 88 III 1 TKG allein die Kenntniserlangung regelt und § 88 III 3 TKG dann nur von der Verwendung von Kenntnissen spricht – was eher darauf hindeutet, daß letztere Vorschrift keine (abweichende) Regelung auch bezüglich der Kenntniserlangung treffen will. Jedoch heißt es in der Gesetzesbegründung, daß die „Befugnisnorm für den Eingriff" so gestaltet sein muß, „daß der Wille des Gesetzgebers, das *Fernmeldegeheimnis zurücktreten* zu lassen[1194], deutlich wird".[1195] Dies spricht dafür, daß § 88 III 3 TKG nicht nur eine

1187 Da zur ordnungsgemäßen geschäftsmäßigen Erbringung eines TK-Dienstes auch dessen Abrechnung gehört, muß ein TK-Diensteanbieter die ggf. an einen Vertragskunden vergebene Benutzerkennung überprüfen können.

1188 Vgl. *Etling-Ernst*, § 85, Rn. 7; *Greiner*, 117; *Trute* in Trute/Spoerr/Bosch, § 85, Rn. 18.

1189 So im Ergebnis auch *Germann*, 451 f.; *Greiner*, 117.

1190 Vgl. dazu oben Fußnoten 1184, 1185.

1191 So etwa *Zerres* in Scheurle/Mayen, § 85, Rn. 39.

1192 *Trute* in Trute/Spoerr/Bosch, § 85, Rn. 20.

1193 Diese wird etwa befürwortet von *Germann*, 451 f. und *Greiner*, 117.

1194 Hervorhebung vom Verfasser.

Zweckänderung gestatten, sondern das *Fernmeldegeheimnis insgesamt überwinden* soll.[1196] Somit dürfte der zweiten Auslegungsvariante der Vorzug zu geben und die Bestimmung dahingehend zu verstehen sein, daß aufgrund einer Befugnisnorm, die sich ausdrücklich auf Telekommunikationsvorgänge bezieht, einem TK-Diensteanbieter eine *Erlangung von Kenntnissen* über dem Fernmeldegeheimnis unterliegenden Tatsachen sowie deren *Verwendung* zum *Zweck der Gefahrenabwehr* aufgegeben werden kann.[1197]

Zu klären bleibt, *welche Befugnisnormen* insofern einschlägig sind:

§§ 8 VIII BVerfSchG, 10 III MADG und *8 IIIa BNDG* beziehen sich ausdrücklich auf Telekommunikationsvorgänge. Aufgrund dieser Befugnisnormen können TK-Diensteanbieter zur Herausgabe noch nicht gelöschter Verkehrsdaten betreffend abgeschlossene Kommunikationsvorgänge sowie zu einer Speicherung zukünftig erhobener Verkehrsdaten und späteren Herausgabe dieser Daten verpflichtet werden. Zwar beziehen sich die fraglichen Befugnisse nach dem Gesetzeswortlaut auf *alle* in §§ 8 VIII 3 BVerfSchG, 10 III 3 MADG, 8 IIIa 3 BNDG genannten Verkehrsdaten. Allerdings heißt es in den Gesetzesmaterialien zu der zur gleichen Zeit eingeführten Parallelvorschrift des § 100g StPO ausdrücklich, daß der Auskunftsanspruch auf Daten, die von den Diensteanbietern *aufgrund bestehender Regelungen des Telekommunikationsrechts zulässigerweise erhoben und gespeichert* werden, beschränkt bleiben und *keine Verpflichtung zur Aufzeichnung auch sonstiger Daten* begründet werden soll.[1198] Daher dürften auch die Befugnisnormen des BVerfSchG, MADG, und BNDG dahingehend zu verstehen sein, daß auf ihrer Grundlage TK-Diensteanbieter (nur) dazu verpflichtet werden können, über bereits im Rahmen des *für die geschäftsmäßige Diensterbringung Erforderlichen erhobene und gespeicherte* Verkehrsdaten Auskunft zu erteilen bzw. *zukünftig im Rahmen des regulären Dienstbetriebs erhobene und gespeicherte* Verkehrsdaten bis zur Auskunftserteilung *gespei-*

1195 *BT-Drs. 13/3609*, 53 (zu § 82 des TKG-Entwurfs vom 30.01.1996, der praktisch unverändert als § 85 TKG 96 Gesetz wurde). Die Gesetzesbegründung zum neuen § 88 TKG enthält keine Aussagen hierzu.

1196 Vgl. *Trute* in Trute/Spoerr/Bosch, § 85, Rn. 20. So im Ergebnis wohl auch *Büchner* in B/E/G/K/P/S/S, § 85, Rn. 7, der nicht zwischen der Verwendung zulässig und unzulässig erlangter Kenntnisse unterscheidet.

1197 So im Ergebnis auch *Eckhardt*, DuD 2002, 197, 201. § 88 III 3 TKG kann insofern als eine Öffnungsklausel verstanden werden. In welchem Umfang ein TK-Diensteanbieter letztlich zu einer Erlangung von Kenntnissen über dem Fernmeldegeheimnis unterliegende Tatsachen und/oder einer Verwendung solcher Kenntnisse verpflichtet werden kann, ergibt sich dann aus der fraglichen Befugnisnorm.

1198 *BT-Drs. 14/7258*, 4. In der Gesetzesbegründung zum Terrorismusbekämpfungsgesetz (*BT-Drs.14/7386*) finden sich keine entsprechenden Ausführungen. Gleichwohl kann kaum angenommen werden, daß der Bundesgesetzgeber den praktisch wortgleichen Bestimmungen einen unterschiedlichen Regelungsgehalt beimessen wollte.

chert zu halten und später der anfragenden Behörde *mitzuteilen.*[1199] Entsprechendes dürfte für *§ 23a VIII ZFdG* in Verbindung mit *§ 2 I 3 G 10* gelten.[1200] Bei diesem Verständnis bilden die in Rede stehenden Normen *Erlaubnisse* einer *(weiteren) Verwendung* von (im Einklang mit § 88 III 1 TKG erlangten) Kenntnissen über dem Fernmeldegeheimnis unterliegende Tatsachen im Sinne des § 88 III 3 TKG. Um solche Erlaubnisse handelt es sich auch bei den im *NSOG*, *RPPOG* und *ThürPAG* normierten Befugnissen zur Einholung von Auskunft über angefallene bzw. zukünftig anfallende *Verkehrsdaten*[1201], während die im *RPPOG* und *ThürPAG* geregelten Ermächtigungen zur Einholung von Auskunft über *Kommunikationsinhalte*[1202] eine Erlaubnis *auch* der *Erlangung* von Kenntnissen über dem Fernmeldegeheimnis unterliegende Tatsachen darstellen.

Auf die Befugnisnorm des *§ 22 II, III MDStV* dürfen Anordnungen gegenüber Internet-Akteuren, die (auch) *TK-Dienste* erbringen[1203], gestützt werden.

§ 18 III MDStV 97 erklärte „Maßnahmen zur Sperrung von Angeboten" gegenüber einem Zugangsvermittler für zulässig, sofern dieser unter Wahrung des § 85 TKG 96 von den betroffenen Inhalten *Kenntnis erlangte* (und eine Sperrung technisch möglich und zumutbar war). Hiernach bezog sich der *Vorbehalt zugunsten des Fernmeldegeheimnisses* nur auf die *Kenntnisnahme* Eine Kenntniserlangung unter Wahrung des insofern maßgeblichen § 85 III 1 TKG 96 lag vor, soweit der Anordnungsadressat aufgrund eines für die geschäftsmäßige TK-Dienst-Erbringung erforderlichen Zugriffs auf *Verkehrsdaten* (insbesondere:

1199 Vgl. (im Hinblick auf § 100g StPO) *LG Frankfurt/Main*, MMR 2004, 344; *Bär*, MMR 2004, 340, 341 f.; *Gercke*, DuD 2004, 210, 213 f.; *Vassilaki*, RDV 2004, 11, 14, sowie auch unten bb). Für diese Interpretation spricht bezüglich Auskunftsanordnungen im Hinblick auf abgeschlossene Kommunikationsvorgänge auch, daß im Zeitpunkt der Beendigung eines Kommunikationsvorgangs für den TK-Diensteanbieter nicht absehbar ist, ob die angefallenen Verkehrsdaten später zum Gegenstand eines behördlichen Auskunftsverlangens werden. In diesem Zeitpunkt fehlt es noch an einer Konkretisierung durch eine entsprechende Anordnung. Schon deshalb muß die Löschungsverpflichtung gemäß §§ 96 II 2, 97 III 2 TKG (siehe dazu auch sogleich unten bb)), die im übrigen auch bußgeldbewehrt ist (§ 149 I Nr. 17 TKG), Bestand haben. Eine Gestattung der Erteilung von Auskünften über unzulässigerweise noch gespeicherte Verkehrsdaten würde einen bereits begangenen Rechtsverstoß vertiefen und faktisch eine unzulässige Datensammlung auf Vorrat zu unbestimmten oder noch nicht bestimmbaren Zwecken nachträglich legalisieren (so im Ergebnis auch *Eckhardt*, DuD 2002, 197, 200).

1200 Diese Bestimmungen beziehen sich auf eine Erteilung von Auskunft über die näheren Umstände der *nach* Wirksamwerden der Beschränkungsanordnung durchgeführten Telekommunikation.

1201 §§ 33c in Verbindung mit 33a I, II NSOG, 31 I, II RPPOG und 34a I ThürPAG. Vgl. *RPLT-Drs. 14/2287*, 47; *ThürLT-Drs. 3/2128*, 35, wo auf das TKG und die TDSV Bezug genommen wird; in § 33a II Nr. 2 NSOG wird auf § 100g III StPO verwiesen.

1202 §§ 31 I, II RPPOG und 34a I ThürPAG. § 33a I, II Nr. 1 NSOG bezieht sich auf eigene Kontrollmaßnahmen der Polizei.

1203 Vgl. oben 4. Teil A. II. 1. a).

URLs und IP-Adressen) Kenntnis vom Vorhandensein der Inhalte erhielt.[1204] Bezüglich der zur Umsetzung der Anordnung erforderlichen Kenntnis*verwendung* sah § 18 III MDStV 97 *keine Einschränkung* im Hinblick auf das Fernmeldegeheimnis vor. Somit bildete die Norm – die durch die Bezugnahme auf § 85 TKG 96 klar genug zum Ausdruck brachte, daß sie (auch) Telekommunikationsvorgänge im Blick hatte – eine *gesetzliche Erlaubnis der (weiteren) Verwendung* von Kenntnissen über dem Fernmeldegeheimnis unterliegende Tatsachen im Sinne des § 85 III 3 TKG 96.[1205] Demnach ermächtigte § 18 III MDStV 97 zur Anordnung einer *Sperrung bzw. Löschung*[1206] *störender Informationen anhand Verkehrsdaten.*[1207]

§ 22 III 1, 2 MDStV ermächtigt zu (technisch möglichen und zumutbaren) Maßnahmen zur Sperrung von Angeboten gegen „Diensteanbieter von fremden Inhalten nach den §§ 7 bis 9 (MDStV)“[1208] und erklärt insofern *§ 6 II 2 MDStV* für unberührt. Diese Bestimmung bringt in Verbindung mit *§ 6 II 3 MDStV* zum Ausdruck, daß Anbieter fremder Informationen und Zugangsvermittler von einem Gericht oder einer Behörde zu einer Entfernung oder Sperrung der Nutzung von Informationen verpflichtet werden können[1209], wobei *„das Fernmeldegeheimnis nach § 85 des Telekommunikationsgesetzes zu wahren“* ist. Hiernach scheint zwar der im MDStV normierte Vorbehalt zugunsten des Fernmeldegeheimnisses *nicht mehr nur* für die *Kenntnisnahme* von zu sperrenden bzw. zu löschenden Informationen zu gelten und daher § 22 III MDStV[1210] *keine Erlaub-*

1204 Diese *zulässige* Kenntniserlangung war zu unterscheiden von einem nach § 85 III 1 TKG 96 *unzulässigen* – weil nicht für die geschäftsmäßige TK-Dienst-Erbringung erforderlichen – Zugriff auf dem Fernmeldegeheimnis unterliegende *Kommunikationsinhalte*. (In entsprechender Weise erlangt ein Postdienste-Anbieter durch eine für die geschäftsmäßige Erbringung von Postdiensten erforderliche Erhebung einer Adreßangabe auf einem Briefumschlag unter Wahrung des § 39 III 1 PostG [Postgeheimnis] Kenntnis vom Vorhandensein einer Postsendung in seinem Sortierzentrum, während ihm § 39 III 1 PostG andererseits eine Kenntnisnahme des Inhalts der Postsendung untersagt.) Zwar hätte § 85 III 1 TKG 96, der sich nur auf ein *aktives Tun* des TK-Diensteanbieters zur Verschaffung von Kenntnissen bezog (vgl. *Trute* in Trute/Spoerr/Bosch, § 85, Rn. 17), auch einer Erlangung von Kenntnissen über dem Fernmeldegeheimnis unterliegende Kommunikationsinhalte aufgrund eines behördlichen Hinweises nicht entgegengestanden; allerdings dürfte dieser Aspekt bei den hier in Rede stehenden Gefahrenabwehrmaßnahmen praktisch kaum eine Rolle spielen.

1205 So auch *Germann*, 453.

1206 Um eine „Maßnahme zur Sperrung von Angeboten“ handelt es sich auch bei einer Löschung (die im Ergebnis auch eine „Sperrung“ im Sinne einer Nutzungsvereitelung bewirkt); vgl. oben 4. Teil A. III., 5. Teil B. I. 2. c) aa).

1207 Ebenso im Ergebnis auch *Greiner*, 117, der allerdings annimmt, daß § 18 II, III MDStV 97 nur zu einem Vorgehen gegenüber Betreibern von Proxy-Cache-Servern, nicht aber gegenüber Zugangsbetreibern, ermächtigte.

1208 Diese Formulierung ist sprachlich mißglückt; stattdessen müßte es „Anbieter fremder Informationen“ heißen.

1209 Vgl. *BWLT-Drs. 13/951*, 38 und siehe auch oben 5. Teil B. I. 2. c) aa).

1210 In Verbindung mit § 6 II 2, 3 MDStV.

nis der (weiteren) Verwendung von Kenntnissen im Sinne des § 88 III 3 TKG mehr darzustellen. Ein solches Verständnis hätte zur Folge, daß aufgrund des MDStV letztlich nur noch eine Heranziehung von *Server-Betreibern* und *-Verwaltern* zur Sperrung bzw. Löschung *öffentlich zugänglicher* Mediendiensteangebote in Betracht käme. Jedoch bestehen keine Anhaltspunkte dafür, daß die Länder eine derartige Einschränkung beabsichtigt hatten. Vielmehr soll ausweislich der Gesetzesbegründung die neue Rechtslage im wesentlichen dem bisherigen *§ 18 III MDStV 97 entsprechen* und die Bezugnahme auf die einfachgesetzliche Konkretisierung des Fernmeldegeheimnisses (lediglich) klarstellen, daß ein Diensteanbieter geschützte Individualkommunikation *nicht eigenständig überwachen oder ausforschen* darf.[1211] Somit ist auch § 22 III MDStV[1212] als eine *gesetzliche Erlaubnis der (weiteren) Verwendung* von Kenntnissen über dem Fernmeldegeheimnis unterliegende Tatsachen (im Sinne des § 85 TKG 96 bzw. § 88 III 3 TKG) anzusehen. Daher ermächtigt der MDStV insbesondere auch dazu, Zugangsbetreiber, Proxy-Cache-Betreiber und Server-Betreiber zur Vornahme einer *Sperrung/Löschung störender Informationen anhand Verkehrsdaten* zu verpflichten.[1213]

Im Hinblick auf *§ 20 I, IV JMStV* gelten die vorangegangenen Ausführungen zu MDStV entsprechend.[1214]

Die Befugnisnormen der *Polizei- und Ordnungsgesetze* mit Ausnahme der oben erörterten Vorschriften des NSOG, RPPOG und ThürPAG erfüllen die Anforderungen des § 88 III 3 TKG nicht[1215] und bilden daher keine ausreichenden Ermächtigungen für die hier in Rede stehenden Anordnungen.

bb) §§ 91 ff. TKG

Im Rahmen der Novelle des TKG wurden die bisher parallel in *§ 89 TKG 96* und in der *TDSV* normierten *Datenschutzbestimmungen* mit einigen Änderungen

---

1211 Vgl. BWLT-Drs. 13/951, 38.

1212 In Verbindung mit § 6 II 2, 3 MDStV.

1213 Ferner kann im Hinblick auf Gefahrenabwehranordnungen gegenüber *Server-Betreibern* der Aspekt, daß § 88 III 1 TKG einer Erlangung von Kenntnissen über dem Fernmeldegeheimnis unterliegende Kommunikationsinhalte aufgrund eines behördlichen Hinweises nicht entgegensteht (vgl. oben Fußnote 1204) eine Rolle spielen (so etwa, wenn ein von der Aufsichtsbehörde ermitteltes störendes Mediendiensteangebot vor Erlaß einer Sperrungs-/Löschungsverfügung mit einer Zugangsbeschränkung versehen wurde und dadurch vertraulichen Charakter angenommen hatte; dann könnte einem Server-Betreiber aufgrund des MDStV eine Sperrung oder Löschung behördlicherseits bezeichneter störender vertraulicher Kommunikationsinhalte aufgegeben werden).

1214 Über den Verweis in § 20 IV JMStV sind nämlich wiederum §§ 22 III 2, 6 II 2, 3 MDStV einschlägig.

1215 Vgl. auch oben Fußnote 1133.

in *§§ 91-107 TKG* übernommen.[1216] Die Vorschriften regeln den *Schutz personenbezogener Daten* der *Teilnehmer* und *Nutzer* von Telekommunikation bei der *Erhebung* und *Verwendung*[1217] dieser Daten durch Unternehmen und Personen, die *geschäftsmäßig TK-Dienste erbringen* oder an deren Erbringung *mitwirken.*[1218]

Im folgenden ist zu erörtern, inwieweit in Art. 2 I, 1 I GG eingreifende (selektive) Sperrungs-/Löschungsanordnungen und Auskunftsanordnungen gegenüber TK-Diensteanbietern mit §§ 91 ff. TKG vereinbar sind.

Gemäß § 100 II und § 100 IV 1, III 1 TKG dürfen TK-Diensteanbieter *Kommunikationsinhalte* erheben und verwenden, soweit dies als Aufschalten auf bestehende Verbindungen[1219] zur *Durchführung von Umschaltungen* und zum *Erkennen und Eingrenzen von Störungen im Netz* betrieblich erforderlich ist oder als Erhebung und Verwendung von Steuersignalen zum *Aufklären und Unterbinden von Leistungserschleichungen* und *sonstigen rechtswidrigen Inanspruchnahmen* der Telekommunikationsnetze und -dienste erforderlich ist.[1220] Bei „Störungen im Netz" und „rechtswidrigen Inanspruchnahmen der Telekommunikationsnetze und -dienste" handelt es sich nicht um Störungen der öffentlichen Sicherheit oder Ordnung durch inhaltlich mißbilligte Kommunikation, sondern einerseits um *Funktionsstörungen*[1221] und andererseits vor allem um Inanspruchnahmen von TK-Netzen und -Diensten unter *Umgehung berechtigter Entgelt-*

1216 Das bisher in § 89 VI TKG 96 geregelte Auskunftsverfahren wurde in § 113 I 1 TKG übernommen.

1217 Die Ersetzung der in §§ 89 I 1 TKG 96, 1 I TDSV genannten Termini „Erhebung, Verarbeitung und Nutzung" durch die Begriffe „Erhebung und Verwendung" in § 91 I 1 TKG soll die Angleichung an die Terminologie des BDSG verbessern und stellt keine inhaltliche Änderung dar (*BT-Drs. 15/2316*, 88). Bereits bisher handelte es sich bei der „Verwendung" um einen Oberbegriff für die „Verarbeitung" und „Nutzung" (vgl. oben Fußnote 1125).

1218 § 91 I 1 TKG. Den personenbezogenen Daten stehen dem Fernmeldegeheimnis unterliegende Einzelangaben über Verhältnisse einer bestimmten oder bestimmbaren juristischen Person oder rechtsfähigen Personengesellschaft gleich (§ 91 I 2 TKG [vormals: §§ 89 I 4 TKG 96, 1 II TDSV]).

1219 Hierbei handelt es sich um ein Einblenden in bestehende Verbindungen, das es ermöglicht, Kommunikationsinhalte aufzunehmen (*Trute* in Trute/Spoerr/Bosch, § 89, Rn. 47).

1220 § 100 IV 2 TKG erklärt eine Erhebung und Verwendung von anderen Nachrichteninhalten für unzulässig. Die Regelungen in § 100 II, IV 1 i.V.m. III 1, IV 2 TKG entsprechen weitgehend §§ 89 III-V TKG 96, 9 IV TDSV (weggefallen ist das in § 9 IV TDSV vorgesehene „Einzelfallerfordernis").

1221 Daß es insoweit um die Erkennung und Behebung von Fehlern an Telekommunikationsanlagen geht, wird auch daraus ersichtlich, daß die fraglichen Maßnahmen des TK-Diensteanbieters „betrieblich erforderlich" sein müssen.

forderungen der Diensteanbieter[1222]. Ferner gestattet § 107 I TKG[1223] bei Diensten, für deren Durchführung eine Zwischenspeicherung erforderlich ist,[1224] Nachrichteninhalte *im Rahmen eines hierauf gerichteten Diensteangebots* zu verarbeiten. Jedoch sehen §§ 91 ff. TKG *keine Erlaubnis* der Erhebung oder Verwendung von Kommunikationsinhalten für *andere Zwecke als die geschäftsmäßige Erbringung von TK-Diensten* vor.

Bestandsdaten, d.h. Daten eines Teilnehmers, die für die Begründung, inhaltliche Ausgestaltung, Änderung oder Beendigung eines Vertragsverhältnisses über TK-Dienste erhoben werden (§ 3 Nr. 3 TKG), sagen zwar als solche nichts über einen konkreten Telekommunikationsvorgang aus, können jedoch bei einer Kombination mit anderen Daten, insbesondere Verkehrsdaten, für die Gefahrenabwehr im Internet von Nutzen sein. Der *Umgang mit Bestandsdaten* ist insbesondere in §§ 95, 100, 104, 105 und 111-113 TKG geregelt.

Hiernach dürfen TK-Diensteanbieter Bestandsdaten erheben und verwenden, soweit dies für die *Erreichung des in § 3 Nr. 3 TKG genannten Zwecks*[1225] oder zur *Erfüllung eines Vertrags mit einem anderen Diensteanbieter* erforderlich ist[1226], und soweit eine Verwendung von Bestandsdaten zur *Beratung der Teilnehmer*, *Werbung für eigene Angebote* oder *Marktforschung* erforderlich ist und der Teilnehmer eingewilligt bzw. nicht widersprochen hat[1227]; nach Beendigung des Vertragsverhältnisses sind die Bestandsdaten mit Ablauf des auf die Beendigung folgenden Kalenderjahrs zu *löschen*[1228]. Gestattet ist ferner eine Erhebung und Verwendung von Bestandsdaten zum Erkennen, Eingrenzen oder Beseitigen von *Störungen* oder *Fehlern* an Telekommunikationsanlagen bzw. Aufdecken und Unterbinden von *Leistungserschleichungen* und sonstigen *rechtswidrigen Inanspruchnahmen* von Telekommunikationsnetzen und -diensten[1229], zur Ein-

1222 § 100 IV 1 i.V.m. III 1 TKG soll den TK-Diensteanbietern eine wirksame Betrugsbekämpfung ermöglichen (*BT-Drs. 15/2316*, 90; vgl. *Ohlenburg*, MMR 2004, 431, 437).

1223 Diese Regelung entspricht § 16 I TDSV.

1224 Gemeint sind hiermit vor allem elektronische Mailboxsysteme, Anrufbeantworter im Netz und Voice-Mail-Systeme (vgl. *Ohlenburg*, MMR 2004, 431, 439 f.).

1225 § 95 I 1 TKG (vormals: § 5 I 1 TDSV).

1226 § 95 I 2 TKG (vormals: § 5 I 2 TDSV).

1227 § 95 II TKG (vormals: § 5 II TDSV, der allerdings generell eine Einwilligung des Kunden voraussetzte). Eine Übermittlung von Bestandsdaten an Dritte ohne Einwilligung des Teilnehmers darf nach § 95 I 3 TKG (vormals: § 5 I 3 TDSV) nur erfolgen, soweit sie nach §§ 91 ff. TKG oder einem anderen Gesetz zugelassen ist.

1228 § 95 III TKG

1229 § 100 I und III TKG (vormals: § 9 I Nr. 1, 2, II TDSV; weggefallen ist allerdings das bisherige „Einzelfallerfordernis“). Vgl. hierzu die vorangegangenen Ausführungen zu § 100 TKG.

tragung von Teilnehmern in *öffentliche Verzeichnisse* auf deren Wunsch[1230] sowie zur Erteilung einer *Telefonauskunft* über in solchen Verzeichnissen enthaltene Rufnummern, wenn der entsprechend belehrte Teilnehmer dem nicht widersprochen hat[1231]

Die im Abschnitt „Öffentliche Sicherheit" enthaltenen *§§ 111-113 TKG* betreffen die Erteilung von *Auskünften* über Bestandsdaten und weitere Daten an *Sicherheitsbehörden*:

§ 111 I TKG *verpflichtet* Anbieter, die geschäftsmäßig TK-Dienste erbringen oder daran mitwirken und Rufnummern vergeben oder TK-Anschlüsse für von anderen vergebene Rufnummern bereitstellen, für die Auskunftsverfahren nach §§ 112 und 113 TKG insbesondere die *Rufnummern*, den *Namen* und die *Anschrift des Inhabers*, dessen *Geburtsdatum* sowie ggf. die *Anschrift des TK-Anschlusses* zu erheben und zu speichern, auch soweit diese Daten *für betriebliche Zwecke nicht erforderlich* sind.[1232] Die Bestimmung bildet eine substantielle *Änderung* gegenüber der Vorgängerregelung (§ 90 I, V TKG 96), die *keine Pflicht* zur Erhebung der in ihr genannten Daten enthielt, sondern sich auf Daten bezog, die von den Diensteanbietern im eigenen geschäftlichen Interesse zulässigerweise freiwillig erhoben worden waren.[1233]

Nach § 112 I TKG *haben* Anbieter, die TK-Dienste für die Öffentlichkeit erbringen, die nach § 111 TKG erhobenen Daten unverzüglich *in Kundendateien zu speichern*, aus denen die RegTP für *Auskunftsersuchen* bestimmter Behörden jederzeit Daten automatisiert abrufen können muß. Die RegTP hat gemäß § 112 II, IV TKG entsprechende Auskünfte im automatisierten Verfahren insbesonde-

---

1230 § 104 TKG. Die Vorschrift wurde gegenüber § 13 TDSV insoweit geändert, als nun elektronische und gedruckte Verzeichnisse die gleichen Eintragungen enthalten müssen (vgl. *BT-Drs. 15/2316*, 90).

1231 § 105 TKG. Die Beszimmung beruht auf § 14 TDSV, erlaubt allerdings entgegen der Vorgängerregelung auch eine Telefonauskunft von Namen und/oder Anschrift eines Teilnehmers, von dem nur die Rufnummer bekannt ist („Inverssuche"), soweit der über seine Widerrufsmöglichkeit informierte Teilnehmer nicht widersprochen hat.

1232 Gemäß § 111 I 1 TKG sind die Daten vor der Freischaltung zu erheben und unverzüglich zu speichern. Nach § 111 I 3 TKG hat der Verpflichtete bei einer ihm bekanntgewordene Änderung unverzüglich eine Berichtigung vorzunehmen und ggf. bisher noch nicht erfaßte Daten nachträglich zu erheben und zu speichern. § 111 II TKG verpflichtet Vertriebspartner des Diensteanbieters zur Erhebung der fraglichen Daten und deren Übermittlung an den Diensteanbieter.

1233 Vgl. *BVerwG*, Urteil vom 22.10.2003, Az. 6 C 23.02 (abrufbar über http://www.bundesverwaltungsgericht.de), II. B. 2.; *Ehmer* in B/E/G/K/P/S/S, § 90, Rn. 10 ff.; *Löwnau-Iqbal* in Scheurle/Mayen, § 90, Rn. 8; *Trute* in Trute/Spoerr/Bosch, § 90, Rn. 5. Daher begründete § 90 I, V TKG 96 insbesondere keine Erhebungs- und Speicherungsverpflichtung im Hinblick auf Kundenverhältnisse, bei denen der TK-Dienst im voraus bezahlt wird („Prepaid-Produkte").

re den *Polizeivollzugsbehörden* des Bundes und der Länder für Zwecke der Gefahrenabwehr, dem *Zollkriminalamt* zur Vorbereitung und Durchführung von Beschränkungsmaßnahmen sowie den *Verfassungsschutzbehörden* des Bundes und der Länder, dem *MAD* und dem *BND* zu erteilen, soweit die Auskünfte zur Erfüllung der gesetzlichen Aufgaben der ersuchenden Behörden erforderlich sind.[1234]

§ 113 I 1 TKG *verpflichtet* Anbieter, die geschäftsmäßig TK-Dienste erbringen oder daran mitwirken, im Einzelfall den zuständigen Stellen auf deren Verlangen unverzüglich *Auskünfte* über die nach §§ 95 und 111 TKG erhobenen Daten zu erteilen, soweit dies für die Verfolgung von Straftaten oder Ordnungswidrigkeiten, zur *Abwehr von Gefahren für die öffentliche Sicherheit oder Ordnung* oder für die Erfüllung der gesetzlichen Aufgaben der *Verfassungsschutzbehörden* des Bundes und der Länder, des *BND* oder des *MAD* erforderlich ist. Abgesehen davon, daß die Bestimmung das Zollkriminalamt nicht mehr erwähnt, entspricht sie ihrer Vorgängerregelung (§ 89 VI TKG 96). Eine Neuerung bildet § 113 I 2 TKG, wonach Auskünfte über Daten, mittels derer der *Zugriff auf Endgeräte oder Speichereinrichtungen geschützt* wird (d.h. Geheimzahlen, Paßwörter[1235]), zur Befolgung von Ersuchen insbesondere aufgrund der *Polizeigesetze* des Bundes oder der Länder zur Abwehr von Gefahren für die öffentliche Sicherheit oder Ordnung, des *BVerfSchG*, der entsprechenden Bestimmungen der *Landesverfassungsschutzgesetze*, des *BNDG* oder des *MADG* zu erteilen sind (während solche Daten an andere Stellen nicht übermittelt werden dürfen). Allerdings stellt § 113 I 3 TKG klar, daß ein Zugriff auf Daten, die dem *Fernmeldegeheimnis* unterliegen, nur unter den Voraussetzungen der hierfür einschlägigen Vorschriften zulässig ist.[1236]

1234 § 112 TKG übernimmt zum Teil die in § 90 TKG 96 enthaltenen Vorschriften, erweitert aber den Kreis der Behörden, an die Auskünfte übermittelt werden. Die über die Regelung des „automatisierten Auskunftsverfahrens" hinausgehenden Bestimmungen des § 90 TKG 96 wurden in §§ 111 und 113 TKG verschoben (vgl. *BT-Drs. 15/2316*, 95).

1235 § 113 I 2 TKG nennt beispielhaft „PIN" und „PUK"; in der Gesetzesbegründung ist auch von „Passworte(n)" die Rede (*BT-Drs. 15/2316*, 97); vgl. auch *Eckhardt*, CR 2003, 805, 812. „PIN" ist die Abkürzung für „Personal Identification Number", „PUK" dient als Kürzel für „Personal Unlocking Key" (siehe etwa http://www.mobileshop.com/customerservice/phone_codes.php). Die Bezeichnungen werden üblicherweise in Bezug auf Geheimzahlen, die für die „Einbuchung" eines Mobiltelefons in ein Mobilfunknetz erforderlich sind, verwendet (siehe etwa http://www.vodafone.de/hilfe_kundenservice/netz_karte/62068.html).

1236 Ein Zugriff auf dem Fernmeldegeheimnis unterliegende Kommunikationsinhalte für Zwecke der Gefahrenabwehr kommt nur aufgrund des G 10, des NSOG, des RPPOG und des ThürPAG in Betracht. (Mit Blick auf das verfassungsrechtliche Zitiergebot nicht einschlägig sind hingegen die sonstigen Datenerhebungsvorschriften der Polizeigesetze sowie §§ 8 I BVerfSchG, 2 I BNDG und 4 I MADG.)

Demnach bilden die §§ 111-113 TKG *Erlaubnisse* und *Verpflichtungen* zur Erhebung von Bestandsdaten und Verwendung dieser Daten zur Erteilung von Auskünften (auch) für *Zwecke der Gefahrenabwehr*.

Spezielle Regelungen über den *Umgang mit Verkehrsdaten* finden sich in §§ 96 ff. TKG.

Hiernach dürfen TK-Diensteanbieter Verkehrsdaten[1237] erheben und verwenden, soweit dies für die *im Abschnitt „Datenschutz" genannten Zwecke* erforderlich ist.[1238] Bei diesen Zwecken handelt es sich insbesondere um die *Vermarktung* und *bedarfsgerechte Gestaltung* von TK-Diensten und Bereitstellung von *Diensten mit Zusatznutzen*[1239], die *Entgeltermittlung und -abrechnung*[1240], die Erstellung von *Einzelverbindungsnachweisen*[1241], das Erkennen, Eingrenzen und Beseitigen von *Störungen* oder *Fehlern* an Telekommunikationsanlagen sowie Aufdecken und Unterbinden von *Leistungserschleichungen* und sonstigen rechtswidrigen Inanspruchnahmen von Telekommunikationsnetzen und -diensten[1242], das *Mitteilen ankommender Verbindungen*[1243] und die *Rufnummernanzeige*[1244].

Nach § 96 II TKG dürfen gespeicherte Verkehrsdaten *über das Ende der Verbindung hinaus* nur verwendet werden, soweit sie zum Aufbau weiterer Verbindungen oder für die *in §§ 97, 99, 100 und 101 TKG genannten Zwecke*[1245] erforderlich sind; im übrigen sind sie nach Beendigung der Verbindung unverzüglich

---

1237 Hierbei handelt es sich gemäß § 96 I Nr. 1-5 TKG etwa um die Nummern oder Kennungen (z.B. IP-Adressen [vgl. *BT-Drs. 15/2316*, 89]) der beteiligten Anschlüsse oder Endeinrichtung, personenbezogene Berechtigungskennungen, den Beginn und das Ende einer Verbindung nach Datum und Uhrzeit, die übermittelte Datenmenge (soweit maßgeblich für das Entgelt), den in Anspruch genommenen TK-Dienst sowie sonstige zum Aufbau und zur Aufrechterhaltung der Telekommunikation sowie zur Entgeltabrechnung erforderliche Daten.

1238 § 96 I TKG. Die Bestimmung entspricht weitgehend der Vorgängerregelung in § 6 I TDSV.

1239 § 96 III TKG. Zur Umsetzung von Art. 6 III RL 2002/58/EG wurde § 96 III TKG gegenüber § 6 III TDSV im Hinblick auf die Bereitstellung von Diensten mit Zusatznutzen i.S.d. § 3 Nr. 5 TKG erweitert (vgl. *BT-Drs. 15/2316*, 89).

1240 § 97 TKG. Siehe dazu näher sogleich unten.

1241 § 99 TKG. Diese Bestimmung entspricht mit begrifflichen Anpassungen § 8 TDSV.

1242 § 100 I, III TKG. Siehe dazu bereits oben.

1243 § 101 TKG. Die Vorschrift, die weitgehend § 10 TDSV entspricht, bezieht sich nach ihrem klaren Wortlaut nur auf „bedrohende" oder „belästigende" *Sprachtelefonie*.

1244 § 102 TKG. Diese Bestimmung entspricht weitgehend § 11 TDSV.

1245 Hierbei handelt es sich um die Entgeltermittlung und -abrechnung, die Erstellung von Einzelverbindungsnachweisen, das Erkennen, Eingrenzen, Beseitigen bzw. Unterbinden von Störungen an TK-Anlagen und rechtswidrigen Inanspruchnahmen von TK-Diensten sowie das Mitteilen ankommender Verbindungen.

zu löschen.[1246] § 97 III 1, 2 TKG bestimmt, daß der Diensteanbieter nach Beendigung der Verbindung unverzüglich aus den Verkehrsdaten[1247] die *für die Entgeltberechnung erforderlichen Daten*[1248] *zu ermitteln* und *andere Daten zu löschen* hat.[1249] Eine Änderung gegenüber der Vorgängerregelung[1250] enthält § 97 III 3 TKG, wonach die Diensteanbieter eine ungekürzte Speicherung der für die Entgeltberechnung erforderlichen Verkehrsdaten über einen Zeitraum von (wie bisher) sechs Monaten ab Rechnungsversand[1251] vornehmen dürfen; allerdings kann der Kunde eine um die letzten drei Ziffern gekürzte Speicherung oder eine vollständige Löschung der Zielrufnummer mit Versendung der Rechnung verlangen (§ 97 IV 1 Nr. 1, 2 TKG)[1252].

Demnach dürfen TK-Diensteanbieter als Adressaten von Auskunftsanordnungen[1253] grundsätzlich nur über *Verkehrsdaten*, die *für die Entgeltberechnung erforderlich* sind[1254], Auskunft erteilen.[1255]

1246 § 96 II TKG weicht insoweit von § 6 II TDSV ab, als gespeicherte Verkehrsdaten „im übrigen" nicht mehr (erst) „spätestens am Tag nach der Beendigung der Verbindung" unverzüglich zu löschen sind.

1247 Gemeint sind Verkehrsdaten nach § 96 I Nr. 1-3, 5 TKG.

1248 Welche Daten dies sind, hängt von der Vertragsgestaltung ab: Bei Abrechnung nach Nutzungszeit oder Datenvolumen handelt es sich um Rufnummern, Benutzerkennungen und Verbindungszeiten bzw. übertragene Datenmengen; bei „Flatrates" (d.h. zeit- und datenmengenunabhängigen Pauschaltarifen) sind außer Rufnummern und Benutzerkennungen keine Verkehrsdaten zur Abrechnung erforderlich. Keine „Entgeltdaten" sind IP-Adressen und URLs. Vgl. *Büttgen*, RDV 2001, 6 ff.; *Königshofen*, DuD 2001, 85, 86 ff.; *Schmitz*, MMR 2003, 214, 215 f.; *Trute* in Trute/Spoerr/Bosch, § 89, Rn. 10 ff.

1249 Diese Regelung entspricht § 7 III 1, 2 TDSV.

1250 § 7 III 3 TDSV.

1251 Hierbei handelt es sich um eine *Höchstspeicherfrist*, nicht hingegen um eine Verpflichtung zur Speicherung von Verkehrsdaten über diesen Zeitraum (so auch *Ohlenburg*, MMR 2004, 431, 435 [m.w.N.]). Wenn der Kunde vor Ablauf dieser Frist Einwendungen gegen die Höhe der berechneten Entgelte erhoben hat, darf – wie bisher (§ 7 III 4 TDSV) – gemäß § 97 III 4 TKG eine Speicherung bis zur abschließenden Klärung der Einwendungen erfolgen.

1252 Dieses Recht war auch bereits in § 7 IV 1 Nr. 1, 2 TDSV vorgesehen. Eine Neuerung besteht darin, daß die Zielrufnummer ungekürzt zu speichern *ist*, wenn der Kunde von seinem Wahlrecht zwischen ungekürzter und gekürzter Speicherung oder Löschung der Zielrufnummer keinen Gebrauch macht (vgl. *Eckhardt*, CR 2003, 805, 809).

1253 Gemeint sind Auskunftsanordnungen nach §§ 8 VIII BVerfSchG, 10 III MADG, 8 IIIa BNDG, 23a VIII ZFdG in Verbindung mit 2 I 3 G 10, 33c in Verbindung mit 33a I, II NSOG, 31 I, II RPPOG oder 34a I ThürPAG.

1254 Andere Fälle einer nach dem TKG zulässigen Datenspeicherung über das Verbindungsende hinaus dürften in der Praxis einer eher geringe Rolle spielen.

1255 Vgl. *BT-Drs 14/7258*, 4 (zu § 100g StPO), wonach „(e)benso wie bei der Auskunft über Verbindungsdaten aus der Vergangenheit auch bei einer Anordnung der Auskunft über zukünftig anfallende Verbindungsdaten der Auskunftsanspruch auf solche Daten beschränkt bleiben (soll), die seitens der Diensteanbieter aufgrund bestehender Rege-

cc) Zwischenergebnis

In Art. 10 I bzw. 2 I, 1 GG eingreifende Auskunftsanordnungen und (selektive) Sperrungs-/Löschungsanordnungen gegenüber TK-Diensteanbietern kommen unter Berücksichtigung der §§ 88, 91 ff. TKG in Betracht als:

- Auskunftsanordnungen
  - bezüglich *Kommunikationsinhalten* aufgrund der einschlägigen Befugnisse nach dem RPPOG und ThürPAG,
  - bezüglich *Verkehrsdaten* aufgrund der einschlägigen Befugnisse der Nachrichtendienste und des Zollkriminalamts sowie der Polizeien nach dem NSOG, RPPOG und ThürPAG,
  - bezüglich *Bestandsdaten* aufgrund aller hierzu ermächtigender einschlägiger Befugnisse.
- Anordnungen selektiver Sperrungen/Löschungen
  - anhand *TK-Verkehrsdaten* aufgrund des MDStV und des JMStV.

c) Teledienstedatenschutzgesetz und Mediendienste-Staatsvertrag

aa) Anwendungsbereich und Auswirkungen der Vorschriften

Das *TDDSG* und *§§ 16 ff. MDStV* enthalten (weitgehend gleichlautende) spezifische Vorschriften für den *Schutz personenbezogener Daten* der *Nutzer* bei der *Erhebung*, *Verarbeitung* und *Nutzung* solcher Daten durch *Tele-/Mediendiensteanbieter*.[1256] Sie stehen in einem *Ergänzungsverhältnis* zu §§ 88, 91 ff. TKG[1257]; d.h. Akteure, die Diensteanbieter im Sinne des TDG/MDStV sind und auch einen TK-Dienst erbringen[1258], sind sowohl (im Verhältnis zu Tele-/

---

lungen zulässigerweise erhoben und gespeichert werden" (siehe dazu bereits oben aa)). Bei den in Rede stehenden Befugnisnormen handelt es sich um *Erlaubnisse* einer Verwendung von zulässigerweise (im Sinne des TKG) noch gespeicherten Daten *für Zwekke der Gefahrenabwehr* (vgl. oben aa)).

1256 §§ 1 I 1 TDDSG/16 I 1 MDStV. Nicht erfaßt wird die Erhebung, Verarbeitung und Nutzung personenbezogener Daten im Dienst- und Arbeitsverhältnis oder innerhalb von bzw. zwischen Unternehmen oder öffentlichen Stellen, soweit die Nutzung der Tele-/Mediendienste zu ausschließlich beruflichen oder dienstlichen Zwecken bzw. zur ausschließlichen Steuerung von Arbeits- oder Geschäftsprozessen erfolgt (§§ 1 I 2 Nr. 1, 2 TDDSG/16 I 2 Nr. 1, 2 MDStV).

1257 Vgl. statt vieler: *Dix/Schaar* in Roßnagel, § 5 TDDSG, Rn. 30; *Engel-Flechsig* in E-F/M/T, § 12 MDStV, Rn. 21. Soweit das TDDSG bzw. die §§ 16 ff. MDStV keine abschließenden Regelungen enthalten, bleibt das BDSG anwendbar (vgl. *BT-Drs. 13/7385*, 21; *14/6098*, 14; *BWLT-Drs. 12/1302*, 27; *13/951*, 45).

1258 Hierbei handelt es sich um Server-Betreiber (bei „Rollendreiteilung"), Zugangsbetreiber und Proxy-Cache-Betreiber (vgl. oben 4. Teil A. II. 1. a), d), 2. a) cc)).

Mediendienstenutzern) an das TDDSG bzw. §§ 16 ff. MDStV als auch (im Verhältnis zu TK-Teilnehmern und -Nutzern) an §§ 88, 91 ff. TKG gebunden.[1259]

§§ 3 I, II TDDSG/17 I, II MDStV statuieren den Grundsatz, daß Diensteanbieter personenbezogene Daten zur Durchführung von Tele-/Mediendiensten nur erheben, verarbeiten und nutzen und für die Durchführung von Tele-/Mediendiensten erhobene Daten für andere Zwecke nur verarbeiten und nutzen dürfen, soweit das *TDDSG* bzw. der *MDStV* oder eine *andere Rechtsvorschrift* es *erlaubt* oder der Nutzer *eingewilligt* hat. An einer Einwilligung des Nutzers wird es bei zu Gefahrenabwehrmaßnahmen Anlaß gebenden Sachverhalten meist fehlen.

Im folgenden ist zu klären, inwieweit in Art. 2 I, 1 I GG eingreifende (selektive) Sperrungs-/Löschungsanordnungen und Auskunftsanordnungen gegenüber Tele-/Mediendiensteanbietern mit dem TDDSG und §§ 16 ff. MDStV vereinbar sind.

Die Regelwerke enthalten – anders als in Bezug auf Bestands-, Nutzungs- und Abrechnungsdaten[1260] – *keine speziellen Bestimmungen* hinsichtlich des Umgangs der Diensteanbieter mit *Kommunikationsinhalten*. Insofern gelangt das *allgemeine Datenschutzrecht* zur Anwendung.[1261] Dieses *gestattet* eine zur *Abwehr von Gefahren* für die *staatliche und öffentliche Sicherheit* erforderliche *Übermittlung* und *Nutzung* personenbezogener Daten durch Private[1262] (§ 28 III 1 Nr. 2 BDSG) und steht daher den hier interessierenden Gefahrenabwehranordnungen nicht entgegen.

§§ 5 I 2 TDDSG/19 I 2 MDStV gestatten den Tele-/Mediendiensteanbietern, über *Bestandsdaten* (d.h. personenbezogene Daten, die für die Begründung, inhaltliche Ausgestaltung oder Änderung eines Vertragsverhältnisses über die

---

1259 A.A. *Schmitz*, MMR 2003, 214, 215, wonach Zugangsbetreiber allein an das Telekommunikationsrecht gebunden seien. Hingegen hält das *Regierungspräsidium Darmstadt* in seiner Datenschutzrechtlichen Beurteilung vom 14.01.2003, MMR 2003, 213, 214, insofern allein das TDDSG für anwendbar.

1260 Siehe hierzu sogleich unten.

1261 So auch *Schmitz* in Hoeren/Sieber, Teil 16.4, Rn. 149 f. Ein generelles Verbot der Erhebung, Verarbeitung und Nutzung von Kommunikationsinhalten kann in den Regelungen des TDDSG bzw. der §§ 16 ff. MDStV nicht gesehen werden, weil bei einem solchen Verständnis Tele-/Mediendiensteanbieter von den auf ihren eigenen Servern gespeicherten Informationen keine Kenntnis nehmen dürften. Beim allgemeinen Datenschutzrecht (siehe dazu auch unten d)) handelt es sich um „andere Rechtsvorschriften" i.S.d. §§ 3 I, II TDDSG/17 I, II MDStV.

1262 Bei Privaten handelt es sich um „nicht-öffentliche Stellen" i.S.d. §§ 1 II Nr. 3, 2 IV 1, 27 ff. BDSG. Das Erheben personenbezogener Daten durch nicht-öffentliche Stellen ist unter den in § 28 I BDSG genannten (im hier interessierenden Zusammenhang regelmäßig vorliegenden) Voraussetzungen zulässig.

Nutzung von Tele- bzw. Mediendiensten erforderlich sind[1263]) „nach Maßgabe der hierfür geltenden Bestimmungen ... Auskunft an *Strafverfolgungsbehörden* und *Gerichte* für *Zwecke der Strafverfolgung* (zu) erteilen."[1264] Ob hiernach Auskünfte über Bestandsdaten zum Zweck der *Gefahrenabwehr ausgeschlossen* sind, wird noch zu erörtern sein.[1265]

Nach §§ 6 I 1 TDDSG/19 II 1 MDStV dürfen die Diensteanbieter personenbezogene Daten eines Nutzers ohne dessen Einwilligung nur erheben, verarbeiten und nutzen, soweit dies erforderlich ist, um die *Inanspruchnahme* von Tele- bzw. Mediendiensten zu *ermöglichen* und *abzurechnen (Nutzungsdaten)*.[1266] Eine *Gestattung* der *Verwendung* von Daten, die für die Ermöglichung und Abrechnung der Inanspruchnahme von Diensteangeboten erhoben werden, *für Zwecke der Gefahrenabwehr* kann im übrigen nur *§§ 22 II, III MDStV* und *20 I, IV JMStV*[1267] (im Hinblick auf eine Verwendung von Nutzungsdaten zur Umsetzung von Sperrungs-/Löschungsanordnungen[1268]) sowie *§§ 8 VIII BVerfSchG, 10 III MADG, 8 IIIa BNDG* (im Hinblick auf eine Verwendung von Nutzungsdaten zur Befolgung von Auskunftsanordnungen[1269]) entnommen werden. §§ 6 IV 1 TDDSG/19 V 1 MDStV gestatten den Diensteanbietern, Nutzungsdaten *über das Ende des Nutzungsvorgangs hinaus* zu verarbeiten und zu nutzen, soweit sie für *Zwecke der Abrechnung* mit dem Nutzer erforderlich sind

---

1263 Vgl. §§ 5 I 1 TDDSG/19 I 1 MDStV. Es handelt sich um die Grunddaten eines Tele-/Mediendienstevertragsverhältnisses, insbesondere Name und Wohnanschrift des Nutzers (*Dix* in Roßnagel, § 5 TDDSG, Rn. 28; *Engel-Flechsig* in E-F/M/T, § 5 TDDSG, Rn. 9).

1264 Hervorhebung vom Verfasser.

1265 Siehe sogleich unten.

1266 *Nutzungsdaten* sind nach §§ 6 I 2 a)-c) TDDSG/19 II 2 Nr. 1-3 MDStV Merkmale zur Identifikation des Nutzers sowie Angaben über Beginn, Ende und Umfang der jeweiligen Nutzung und die in Anspruch genommenen Dienste – mithin Angaben, die das Kommunikationsverhalten des Nutzers beschreiben (*Engel-Flechsig* in E-F/M/T, § 6 TDDSG, Rn. 5). Hierzu gehören z.B. IP-Adressen, URLs, E-Mail-Adressen und Benutzerkennungen (*Dix/Schaar* in Roßnagel, § 6 TDDSG, Rn. 31 ff., 82 ff). §§ 6 II, III TDDSG/19 III, IV MDStV gestatten eine für Abrechnungszwecke erforderliche Zusammenführung von Nutzungsdaten über die Inanspruchnahme verschiedener Dienste und eine Erstellung von Nutzungsprofilen für Zwecke der Werbung, der Marktforschung oder der bedarfsgerechten Gestaltung von Diensten bei Verwendung von Pseudonymen, sofern der Nutzer dem nicht widerspricht.

1267 In Verbindung mit §§ 22 II, III MDStV.

1268 Hierbei handelt es sich um eine implizite Gestattung. Bei einem anderen Verständnis würden die in Rede stehenden Befugnisnormen insbesondere nicht zur Anordnung von URL- oder IP-Sperrungen ermächtigen und damit faktisch teilweise leerlaufen (vgl. dazu auch unten H.).

1269 Siehe zu den nachrichtendienstlichen näher sogleich.

(Abrechnungsdaten)[1270].[1271] Da allerdings die Diensteanbieter im Rahmen des technisch Möglichen und Zumutbaren die Inanspruchnahme von Tele-/Mediendiensten und ihre Bezahlung anonym oder unter Pseudonym ermöglichen müssen[1272], besteht grundsätzlich nur im Hinblick auf *entgeltliche* Tele-/Mediendienste die Möglichkeit eines Rückschlusses auf die Identität eines Nutzers anhand solcher Daten. Unmittelbar nach dem Ende der jeweiligen Nutzung hat der Diensteanbieter die erhobenen Nutzungsdaten, die *nicht für Abrechnungszwecke erforderlich* sind (im Fall eines unentgeltlich erbrachten Dienstes sind dies *alle* erhobenen Nutzungsdaten), zu *löschen.*[1273] *Abrechnungsdaten*, die für die Erstellung von Einzelnachweisen über die Inanspruchnahme bestimmter Angebote auf Verlangen des Nutzers verarbeitet werden, dürfen grundsätzlich höchstens *sechs Monate nach Versendung der Rechnung* gespeichert werden; eine längere Aufbewahrung ist nur bis zur Klärung von Einwendungen gegen die Entgeltforderung bzw. bis zu deren Begleichung sowie (auch im Hinblick auf „reine" Nutzungsdaten) zum Zweck der Betrugsbekämpfung zulässig.[1274]

Über (zulässigerweise) gespeicherte *Abrechnungsdaten* dürfen die Diensteanbieter nach §§ 6 V 5 TDDSG/19 VI 5 MDStV „... Auskunft an *Strafverfolgungsbehörden* und *Gerichte* für Zwecke der *Strafverfolgung* erteilen"[1275]. Gleiches gilt bezüglich *Bestandsdaten* (§§ 5 S. 2 TDDSG/19 I 1 MDStV). Die nach dem Wortlaut der genannten Bestimmungen bestehende *Beschränkung* der Auskunftsgestattungen auf den Bereich der *Strafverfolgung* weicht im Hinblick auf Bestandsdaten auffällig von den telekommunikationsspezifischen Regelungen[1276] ab, die eine Übermittlung an staatliche Stellen auch für Gefahrenabwehr-

---

1270 Für Abrechnungszwecke werden i.d.R. *Bestands-* und *Nutzungsdaten* miteinander kombiniert. Welche Nutzungsdaten zu *Abrechnungsdaten* werden, hängt von der Vertragsgestaltung ab: Bei einer Abrechnung nach Nutzungszeit oder Datenmenge handelt es sich um die Benutzerkennung und die Nutzungszeit bzw. das übertragene Datenvolumen; bei „Flatrates" (vgl. oben Fußnote 1248) sind außer der Benutzerkennung keine Nutzungsdaten zur Abrechnung erforderlich (a.A. im Hinblick auf IP-Adressen *Regierungspräsidium Darmstadt*, Datenschutzrechtliche Beurteilung vom 14.01.2003, MMR 2003, 213, 214; hiergegen zu Recht *Schmitz*, MMR 2003, 214, 215 f.). IP-Adressen, URLs und E-Mail-Adressen bilden grundsätzlich keine Abrechnungsdaten (*Dix/Schaar* in Roßnagel, § 6 TDDSG, Rn. 119 ff.).

1271 §§ 6 V 1-4 TDDSG/19 VI 1-4 MDStV gestatten eine für die Entgeltermittlung und Abrechnung mit dem Nutzer erforderliche Übermittlung von Abrechnungsdaten an andere Diensteanbieter oder Dritte.

1272 §§ 4 VI TDDSG/18 VI MDStV.

1273 §§ 6 IV 1 TDDSG/19 V 1 MDStV greifen die bisher in §§ 6 II TDDSG/15 II MDStV 97 (ausdrücklich) geregelte Löschungsverpflichtung in Form eines Erlaubnistatbestands auf (*BT-Drs. 14/6098*, 30; *BWLT-Drs. 13/951*, 48).

1274 §§ 6 VII, VIII TDDSG/19 VIII, IX MDStV.

1275 Hervorhebung vom Verfasser.

1276 §§ 111-113 TKG (vormals: §§ 89 VI, 90 TKG 96).

zwecke vorsehen. Dies erscheint insofern *bedenklich*, als die Unterscheidung zwischen den präventiven und den repressiven polizeilichen Aufgaben und Befugnissen mitunter problematisch und die Abgrenzung zwischen Tele-/Mediendiensten und Telekommunikation zum Teil umstritten ist.[1277]

Es fragt sich allerdings, ob die in Rede stehenden Vorschriften tatsächlich nur den Bereich der Strafverfolgung betreffen sollen:

> Der Gesetzentwurf zum TDDSG 97[1278] sah in seinem § 5 III eine Verpflichtung der Diensteanbieter vor, „Bestandsdaten auf Ersuchen an die zuständigen Stellen zu übermitteln, soweit dies für die Verfolgung von Straftaten oder Ordnungswidrigkeiten, zur *Abwehr von Gefahren* für die öffentliche Sicherheit oder Ordnung oder für die Erfüllung der gesetzlichen Aufgaben der *Verfassungsschutzbehörden* des Bundes und der Länder, des *Bundesnachrichtendienstes*, des *Militärischen Abschirmdienstes* sowie des *Zollkriminalamts* erforderlich ist"[1279]. Der Streichung dieser Regelung durch den federführenden Bundestags-Ausschuß lag *keine grundsätzliche Ablehnung* einer solchen Auskunftsgestattung zugrunde, sondern die Auffassung, daß *von einer Regelung im TDDSG abgesehen* werden solle, da es der *grundsätzlichen Klärung* der Frage bedürfe, ob und inwieweit Diensteanbieter Auskunftsverpflichtungen gegenüber im Vorfeld der Strafverfolgung ermittelnden Diensten nachkommen müssen, und die *Sicherheitsbehörden* nicht durch neue technologische Entwicklungen behindert, aber ihre Befugnisse auch nicht in Abhängigkeit von den technischen Möglichkeiten gestaltet werden dürften.[1280] Dies sprach auch *dagegen*, den lediglich klarstellenden[1281] § 6 III 2 TDDSG 97 – der gegenüber dem Ausschluß der Übermittlung von Nutzungs- und Abrechnungsdaten an „andere Diensteanbieter oder Dritte" (§ 6 III 1 TDDSG 97) nur die Befugnisse der *Strafverfolgungsbehörden* für unberührt erklärte – als *Verbot einer Übermittlung* solcher Daten *an Gefahrenabwehrbehörden*, die aufgrund spezialgesetzlicher Befugnisse tätig werden, zu interpretieren. Demnach konnten §§ 5, 6 TDDSG 97 in dem Sinne verstanden werden, daß eine *Übermittlung* von *Bestands-* und *Abrechnungsdaten* an *Gefahrenabwehrbehörden*, die diese Daten aufgrund einschlägiger Befugnisnormen verlangten, *weder verboten noch erlaubt* werden sollte.[1282] Diese Auslegung ließ sich auf die Parallelregelung der §§ 14, 15 MDStV 97 übertragen.[1283]

Ausweislich der Gesetzesbegründungen sollen die neuen §§ 5 S. 2, 6 V 5 TDDSG/19 I 2, VI 5 MDStV der Aufrechterhaltung des bisherigen Rechtszustands dienen.[1284] Demnach ist davon auszugehen, daß das TDDSG und der MDStV – wie bisher – eine *Übermittlung* von *Abrechnungs-* und *Bestandsdaten*

1277 Vgl. oben 2. Teil A. und 4. Teil A. II. 1. a), 2. a) cc).

1278 *BT-Drs. 13/7385*, 6 ff.

1279 Hervorhebungen vom Verfasser.

1280 *BT-Drs. 13/7934*, 40.

1281 *BT-Drs. 13/7385*, 56; *13/7934*, 40.

1282 So im Ergebnis auch *Germann*, 616. A.A. *Dix/Schaar* in Roßnagel, § 6 TDDSG, Rn. 8, wonach eine Weitergabe von Nutzungs- und Abrechnungsdaten zum Zweck der Gefahrenabwehr ausgeschlossen sein sollte.

1283 Vgl. *Engel-Flechsig* in E-F/M/T, § 14 MDStV, Rn. 13 ff.; § 15 MDStV, Rn. 16. Dies galt umso mehr, als § 15 III MDStV 97 keine – wenn auch nur deklaratorische – Ausnahme zugunsten der Strafverfolgungsbehörden vorsah.

1284 *BT-Drs. 14/6098*, 29 f.; *BWLT-Drs. 13/951*, 49.

an *Gefahrenabwehrbehörden weder verbieten noch erlauben*. Die *Nachrichtendienste* dürfen Auskunft über bereits angefallene sowie über zukünftig anfallende *Telediensteabrechnungsdaten* verlangen.[1285] Im Hinblick auf *Bestandsdaten* gestattet § 28 III 1 Nr. 2 BDSG eine zur Abwehr von Gefahren für die staatliche und öffentliche Sicherheit erforderliche Übermittlung an staatliche Stellen

bb) Zwischenergebnis

In Art. 2 I, 1 I GG eingreifende Auskunftsanordnungen und (selektive) Sperrungs-/Löschungsanordnungen gegenüber Tele-/Mediendiensteanbietern kommen unter Berücksichtigung des TDDSG und der §§ 16 ff. MDStV in Betracht als:

- Auskunftsanordnungen
  - bezüglich *Kommunikationsinhalten* aufgrund aller hierzu ermächtigender einschlägiger Befugnisse,
  - bezüglich *Telediensteabrechnungsdaten* aufgrund der einschlägigen Befugnisse der Nachrichtendienste,
  - bezüglich *Bestandsdaten* aufgrund aller hierzu ermächtigender einschlägiger Befugnisse.
- Anordnungen selektiver Sperrungen/Löschungen
  - anhand *Kommunikationsinhalten* aufgrund aller hierzu ermächtigender einschlägiger Befugnisse,
  - anhand *Nutzungsdaten* aufgrund des MDStV und des JMStV.

d) Allgemeines Datenschutzrecht

Das subsidiär geltende[1286] *Bundesdatenschutzgesetz* (BDSG) regelt die *Erhebung, Nutzung und Verarbeitung personenbezogener Daten natürlicher Personen*[1287] durch *öffentliche Stellen* und *Private*.[1288] Nach § 4 I BDSG ist die Erhe-

---

1285 Die hier vertretene Auffassung, daß §§ 8 VIII BVerfSchG, 10 III MADG, 8 IIIa BNDG nur zur Einholung von Auskünften über Daten ermächtigen, die von Diensteanbietern aufgrund bestehender Regelungen zulässigerweise erhoben und gespeichert werden (siehe oben a) aa), bb)), gilt ohne weiteres auch im Hinblick auf Teledienstenutzungsdaten. Bei den Befugnisnormen handelt es sich um „andere Rechtsvorschriften" i.S.d. § 3 II TDDSG, die eine Verwendung von zulässigerweise (im Sinne des TDDSG) noch gespeicherten Daten für Zwecke der Gefahrenabwehr erlauben.

1286 Vgl. *BT-Drs. 15/2316*, 88; *Ohlenburg*, MMR 2004, 431, 432.

1287 §§ 1 I, 3 I BDSG. Siehe zur geplanten Einbeziehung juristischer Personen und rechtsfähiger Personengesellschaften *Roßnagel/Pfitzmann/Garstka*, DuD 2001, 253, 257.

1288 § 1 II Nr. 1-3 BDSG. Voraussetzung der Geltung für Private ist, daß Datenverarbeitungsanlagen eingesetzt oder Daten in bzw. aus manuellen Dateien verwendet werden bung, Verarbeitung und Nutzung personenbezogener Daten nur zulässig, soweit das BDSG oder eine andere Rechtsvorschrift dies erlaubt oder anordnet oder der Betroffene eingewilligt hat. Den Datenschutzgesetzen der Länder unterliegen nur öffentliche Stellen.[1289] Da jedoch die Regelungen dieser Gesetze im übrigen weitgehend denjenigen des BDSG entsprechen[1290], soll hier nur auf das Bundesgesetz eingegangen werden.

Wie bereits angesprochen, ist im Hinblick auf eine spezialgesetzlich nicht anderweitig (abschließend) geregelte Verwendung personenbezogener Daten durch Internet-Akteure die Bestimmung des § 28 III 1 Nr. 2 BDSG einschlägig, die eine zur *Abwehr von Gefahren* für die *staatliche und öffentliche Sicherheit* erforderliche Datenübermittlung und -nutzung für zulässig erklärt. Zum anderen ist das allgemeine Datenschutzrecht für *behördliche Kontrollmaßnahmen* von Bedeutung. Gemäß §§ 13 I, 14 I BDSG darf eine öffentliche Stelle personenbezogene Daten *erheben*, wenn die Kenntnis dieser Daten zur Erfüllung der Aufgaben der Stelle erforderlich ist[1291], und diese Daten *speichern*, *verändern* oder *nutzen*, wenn dies zur Erfüllung der Aufgaben der Stelle erforderlich ist und für die Zwecke erfolgt, für welche die Daten erhoben worden sind.[1292]

Demnach steht das allgemeine Datenschutzrecht den im Rahmen dieser Arbeit erörterten Gefahrenabwehrmaßnahmen *nicht entgegen*.

e) Bewertung

Aufgrund §§ 22 II, III in Verbindung mit 6 II 2, 3 MDStV dürfen Internet-Akteure dazu verpflichtet werden, im Rahmen ihrer geschäftsmäßigen Diensterbringung *zulässigerweise erlangte* Kenntnisse über dem Fernmeldegeheimnis

---

und daß die betreffende Tätigkeit nicht ausschließlich persönlichen oder familiären Zwecken dient (§ 1 II Nr. 3 BDSG).

1289 Vgl. § 2 I SächsDSG. Ein Überschneidungsbereich besteht vor allem, soweit Landesbehörden Bundesrecht ausführen (vgl. § 1 II Nr. 2 a BDSG). In diesem Bereich verdrängen die Landesdatenschutzgesetze das BDSG, soweit sie abschließende Regelungen enthalten (*Dammann* in Simitis/Dammann/Geiger/Mallmann/Walz, § 1, Rn. 210 f.).

1290 Vgl. *Gerhold/Heil*, DuD 2001, 377; *Hobert*, 97.

1291 Angaben über die rassische und ethnische Herkunft, politische Meinungen, religiöse oder philosophische Überzeugungen, Gewerkschaftszugehörigkeit, Gesundheit oder Sexualleben dürfen als besondere Arten personenbezogener Daten i.S.d. § 3 IX BDSG nur unter den Voraussetzungen des § 13 II BDSG erhoben werden. Im hier interessierenden Zusammenhang ist insbesondere § 13 II Nr. 5 BDSG einschlägig, der eine zur Abwehr einer erheblichen Gefahr für die öffentliche Sicherheit erforderliche Datenerhebung zuläßt.

1292 Zudem ist das Speichern, Verändern und Nutzen für andere Zwecke insbesondere zulässig, wenn eine Rechtsvorschrift dies zwingend vorsieht oder voraussetzt oder wenn es zur Abwehr einer Gefahr für die öffentliche Sicherheit erforderlich ist (§ 14 II Nr. 1, 6 BDSG).

bzw. informationellen Selbstbestimmungsrecht unterliegende Tatsachen auch zu einer *Unterbindung störender Kommunikation* zu verwenden. Dies verdient *Zustimmung*, da die in Rede stehende Anordnung einer Überprüfung übermittelter oder gespeicherter Informationen auf behördlicherseits vorgegebene „Störmerkmale" – anders als eine Auskunftsanordnung – *nicht* darauf *abzielt*, dem *Staat* selbst Kenntnisse über sensible Kommunikationsinhalte zu verschaffen, somit einen vergleichsweise harmlosen Grundrechtseingriff darstellt und im übrigen nicht von vornherein außer Verhältnis zum Schutz der öffentlichen Sicherheit steht.[1293]

Da die meisten *Polizei- und Ordnungsgesetze* der Länder *keine Befugnisnormen* enthalten, die eine Anordnung der Verwendung von Kenntnissen über dem *Fernmeldegeheimnis* unterliegende Tatsachen für Zwecke der Gefahrenabwehr im Internet erlauben, bestand seit Inkrafttreten des IuKDG und MDStV 97 eine mit Blick auf Art. 3 I GG bedenkliche *Divergenz* im Hinblick auf die rechtlichen Möglichkeiten eines Vorgehens gegenüber störenden *Telediensten* einerseits und störenden *Mediendiensten* andererseits. Erheblich *entschärft* wurde diese Situation allerdings durch das *Inkrafttreten des JMStV*, der für alle kinder- und jugendgefährdenden und/oder die Menschenwürde oder sonstige durch das Strafgesetzbuch geschützte Rechtsgüter verletzenden Angebote auch in *Telediensten* gilt und in seinem § 20 I, IV die *§§ 22 II-IV MDStV* für entsprechend anwendbar erklärt.

Problematisch ist, daß *Auskunftsverlangen* der Sicherheitsbehörden sich zwar auf TK-Verkehrsdaten und/oder Teledienstenutzungs- bzw. -abrechnungsdaten, *nicht* aber auf *Mediendienstenutzungsdaten* richten dürfen. Da diese Rechtslage ein Ausweichen bestimmter störender Kommunikation vom Teledienste- in den Mediendienstebereich begünstigen könnte, sollte de lege ferenda eine *Gleichbehandlung* von TK-Verkehrsdaten, Teledienstenutzungs- und Mediendienstenutzungsdaten *in Bezug auf behördliche Auskunftsersuchen* angestrebt werden. Zu erwägen wäre auch, im Wortlaut der jeweiligen Befugnisse zur Einholung von Auskünften *klarzustellen*, daß diese Normen sich nur auf Daten beziehen, die *nach den Vorschriften des TKG/TDDSG zulässigerweise* erhoben und gespeichert wurden bzw. dies in Zukunft werden.

Kritikwürdig ist ferner, daß weder das *TDDSG* noch *§§ 16 ff. MDStV* spezielle Regelungen über den Umgang mit *Kommunikationsinhalten* vorsehen. Während TK-Diensteanbieter als Verpflichtete der §§ 88, 91 ff. TKG grundsätzlich an einer Erhebung und Verwendung von Kommunikationsinhalten für Zwecke der Gefahrenabwehr gehindert werden, sind Tele-/Mediendiensteanbieter insofern lediglich an das *allgemeine Datenschutzrecht* gebunden, das entsprechenden Maßnahmen nicht entgegensteht. De lege ferenda sollten das TDDSG und

1293 Siehe dazu auch unten H.

der MDStV um Vorschriften erweitert werden, die eine Verwendung von Kenntnissen über Kommunikationsinhalte *für Zwecke der Gefahrenabwehr* nur zulassen, soweit eine sich *ausdrücklich auf Tele- bzw. Mediendienste beziehende Befugnisnorm* dies vorsieht.

3. Ausblick: Einführung einer allgemeinen Daten-Vorratsspeicherung?

Der *Bundesrat* nahm Mitte 2002 einen Entwurf eines Gesetzes zur Verbesserung der Ermittlungsmaßnahmen wegen des Verdachts sexuellen Mißbrauchs von Kindern und der Vollstreckung freiheitsentziehender Sanktionen[1294] an, der insbesondere eine Ergänzung des TKG und des TDDSG um eine *Verordnungsermächtigung* der Bundesregierung zum Erlaß von Vorschriften über eine *„Vorratsspeicherung"* und *Mindestfristen* für eine Speicherung von Bestands-, Verkehrs-/Nutzungsdaten und Abrechnungsdaten vorsieht.[1295] Im Rahmen des *Gesetzgebungsverfahrens zur TKG-Novelle* plädierte der Bundesrat dafür, den TK-Diensteanbietern eine *Verpflichtung* aufzuerlegen, erhobene *Verkehrsdaten* für die Dauer von *sechs Monaten zu speichern* und eine *Verwendung* gespeicherter Verkehrsdaten über das Ende der Verbindung hinaus auch für Zwecke der *Strafverfolgung* sowie der *Gefahrenabwehr* im Rahmen der Polizeigesetze und zur Erfüllung der Aufgaben der Verfassungsschutzbehörden des Bundes und der Länder, des BND, des MAD und des Zollkriminalamts zu gestatten.[1296] Die von der *Bundesregierung* abgelehnten Vorschläge werden von seiten der Datenschützer heftig kritisiert.[1297]

Vor dem Hintergrund der Erklärung des Europäischen Rates vom 25.03.2004 zum Kampf gegen den Terrorismus[1298] haben Frankreich, Großbritannien, Irland und Schweden im April 2004 die Initiative zur *Einführung einer EU-weiten Vorratsspeicherung* von *Verkehrs-* und *Standortdaten* (im Sinne der RL

1294 *BR-Drs. 275/02*; *BT-Drs. 14/9801*.

1295 Diese soll lauten: „Die Bundesregierung erläßt für Diensteanbieter durch Rechtsverordnung mit Zustimmung des Bundesrates Vorschriften zur *Vorratsspeicherung* für Zwecke der Strafverfolgung und Gefahrenabwehr und für die Erfüllung der gesetzlichen Aufgaben der Verfassungsschutzbehörden des Bundes und der Länder, des Bundesnachrichtendienstes, des Militärischen Abschirmdienstes sowie des Zollkriminalamtes. Dabei sind *Mindestfristen* für die Speicherung … festzulegen … ." (*BT-Drs. 14/9801*, 8 [Hervorhebung vom Verfasser]).

1296 Nr. 64 der Stellungnahme des *Bundesrates* zu §§ 94, 95 und 97 des Gesetzentwurfs (§§ 96, 97, 99 TKG) (*BT-Drs. 15/2316*, 120 f.).

1297 Siehe etwa *Jacob* (Bundesdatenschutzbeauftragter); *Bäumler* (Datenschutzbeauftragter des Landes Schleswig-Holstein, Unabhängiges Landeszentrum für den Datenschutz), DuD 2002, 388; *Weichert* (Vorsitzender der Deutschen Vereinigung für Datenschutz e.V.); *Schulzki-Haddouti*, 2002 II; sowie die Entschließung der Datenschutzbeauftragten des Bundes und der Länder vom 21.11.2003, DuD 2004, 44.

1298 Abrufbar über http://ue.eu.int/cms3_fo/showPage.asp?id=339&lang=en.

2002/58/EG) *für 12-36 Monate* für „Zwecke der Vorbeugung, Untersuchung, Feststellung und Verfolgung von Straftaten, einschließlich Terrorismus" ergriffen.[1299] Hiervon hat sich der *Bundestag* distanziert.[1300] Seitens der Niederlande wurde Mitte Oktober 2004 eine *Vorratsspeicherung für 12 Monate* vorgeschlagen.[1301] Die *Bundesregierung* scheint ihre prinzipiellen Bedenken gegen Mindestspeicherungsfristen für Verkehrsdaten mittlerweile aufgegeben zu haben.[1302]

Zwar könnte für die Einführung einer Vorratsspeicherung sprechen, daß die behördlichen Befugnisse zur Einholung von *Auskünften* nach derzeit geltendem Recht insbesondere *keinen Zugriff* auf die bei der Nutzung *pauschaler Angebote der Zugangsvermittler* („Flatrates") anfallenden Verkehrsdaten ermöglichen. Insofern wäre eine generelle Verpflichtung zur Speicherung aller entstehenden Verkehrsdaten ein zumindest begrenzt zur Gefahrenabwehr im Internet geeignetes und hierzu möglicherweie sogar erforderliches Mittel. Jedoch würde sie Millionen rechtstreuer Internet-Akteure betreffen, praktisch einen „gläsernen Nutzer" erschaffen, dessen Betätigungen im Netz *umfassend nachvollzogen* werden könnten, und so *umfangreiche Datenmengen* produzieren, daß eine einzelfallbezogene Auswertung nur mit erheblichem Aufwand möglich wäre.[1303] Auf der anderen Seite wäre zu befürchten, daß potentielle Störer sämtliche denkbaren *Umgehungsmöglichkeiten*[1304] ausschöpfen und neue *Tarnungsvarianten* entwikkeln würden. Selbst wenn die gespeicherten Daten nur zur Abwehr bestimmter schwerer Gefahren genutzt werden dürften und strenge Verfahrensbindungen einzuhalten wären, würde dies nichts daran ändern, daß zum Zeitpunkt der „Konservierung" der Daten ihr *konkreter späterer Verwendungszweck nicht absehbar* wäre.[1305] Eine generelle Vorratsspeicherung wäre eine *unzulässige „Datensammlung auf Vorrat"* zu unbestimmten oder noch nicht bestimmbaren Zwecken[1306], die vom Schutz des Fernmeldegeheimnisses und informationellen

---

1299 Entwurf eines Rahmenbeschlusses der Europäischen Union über die Vorratsspeicherung von Daten, die in Verbindung mit der Bereitstellung öffentlicher elektronischer Kommunikationsdienste verarbeitet und aufbewahrt werden, oder von Daten, die in öffentlichen Kommunikationsnetzen vorhanden sind, für die Zwecke der Vorbeugung, Untersuchung, Feststellung und Verfolgung von Straftaten, einschließlich Terrorismus vom 28.04.2004 (Ratsprotokoll 8958/04).

1300 Vgl. *Krempl*, 2004 I.

1301 *Rahmenbeschluß-Entwurf* (vgl. oben Fußnote 1299) vom 14.10.2004 (*Ratsprotokoll 13353/04*).

1302 Vgl. *BT-Drs. 15/3877*, 11 f.; *Krempl*, 2004 II.

1303 Vgl. *Ulmer/Schrief*, RDV 2004, 3, 6.

1304 Siehe dazu oben 3. Teil A., C.

1305 Nicht unproblematisch ist daher bereits die in § 111 TKG normierte Verpflichtung zur Speicherung bestimmter Bestandsdaten; allerdings sagen diese Daten – im Gegensatz zu Verkehrsdaten – als solche nichts über konkrete Kommunikationsvorgänge aus.

1306 So im Ergebnis auch *Eckhardt*, CR 2002, 770, 774.

Selbstbestimmungsrechts im Internet nur noch wenig übrig ließe.[1307] An diesem Befund vermag auch die den Bestrebungen zur Einführung einer Vorratsspeicherung offenbar zugrundeliegende Motivation, Defizite im Kenntnisstand der Behörden durch einen Rückgriff auf routinemäßig angelegte Datenarchive zu kompensieren[1308], nichts zu ändern.

C. Berufsfreiheit (Art. 12 I GG)

Art. 12 I GG gewährleistet die *Berufsfreiheit*. Geschützt ist jede auf gewisse Dauer angelegte, der Einkommenserzielung dienende Tätigkeit[1309], die nicht evident dem Menschenbild des Grundgesetzes entgegensteht.[1310] Der Schutzbereich beschränkt sich nicht auf vorgeprägte Berufsbilder, sondern ist entwicklungsoffen.[1311] Allerdings erfaßt Art. 5 I 2, 1. Alt. GG als insoweit spezielleres Grundrecht auch alle *Presseberufe*.[1312] Dies dürfte ebenso im Hinblick auf *Rundfunkberufe* gelten. Soweit Art. 5 I 2 GG nicht einschlägig ist, fallen alle beruflichen Betätigungen im Internet unter Art. 12 I GG. Geschützt werden entgeltliche Leistungen[1313] wie das *gewerbliche Anbieten* von *TK-*, *Tele-* oder

---

1307 Im übrigen würde die im oben angesprochenen Gesetzentwurf von 2002 enthaltene Verordnungsermächtigung, die nicht einmal eine zeitliche Obergrenze der Speicherung vorsieht, auch gegen das Prinzip verstoßen, daß in grundlegenden normativen Bereichen – insbesondere, soweit die Grundrechtsausübung betroffen ist – die wesentlichen Entscheidungen vom Gesetzgeber selbst zu treffen sind, d.h. nicht der Exekutive überlassen werden dürfen (*BVerfGE 61*, 260, 275; *88*, 103, 116). In diese Richtung geht auch die Kritik von *Eckhardt*, CR 2002, 770, 774.

1308 In diese Richtung geht auch die Kritik von *Gercke*, DuD 2002, 477, 483. Im Ergebnis ebenfalls die Verhältnismäßigkeit einer allgemeinen Vorratsdatenspeicherung verneinend: *Bäumler*, DuD 2001, 348, 351; *Eckhardt*, CR 2002, 770, 774; *Krader*, DuD 2002, 344, 347; kritisch auch *Kühling*, K&R 2004, 105, 111 und *Ulmer/Schrief*, RDV 2004, 3, 6 (vgl. im übrigen die datenschützerische Kritik [siehe oben Fußnote 1297]).

1309 *BVerfGE 54*, 301, 313; *BVerwGE 97*, 12, 22; *Manssen* in von Mangoldt/Klein/Starck, Art. 12, Rn. 33; *Tettinger* in Sachs, Art. 12, Rn. 29.

1310 Eine Begrenzung des Schutzbereichs auf „erlaubte“ oder „nicht schlechthin gemeinschädliche“ Tätigkeiten (*BVerfGE 81*, 70, 85; *BVerwGE 87*, 37, 40 f.; *Manssen* in von Mangoldt/Klein/Starck, Art. 12, Rn. 39) ist mit Rücksicht auf den umfassenden Schutzzweck des Grundrechts abzulehnen. Stattdessen fallen nur Tätigkeiten, die zentralen verfassungsrechtlichen Wertungen widersprechen, nicht unter Art. 12 I GG (vgl. *Tettinger* in Sachs, Art. 12, Rn. 38).

1311 Vgl. *BVerfGE 80*, 70, 85; *BVerwGE 96*, 302, 307; *Tettinger* in Sachs, Art. 12, Rn. 27.

1312 Der Freiheitsgehalt des Art. 12 I GG ist insofern in Art. 5 I 2, 1. Alt. GG mitenthalten. Vgl. *Degenhart* in Dolzer/Vogel/Graßhof, Art. 5, Rn. 758; *Starck* in von Mangoldt/Klein/Starck, Art. 5, Rn. 262; a.A. *Herzog* in Maunz/Dürig, Art. 5 I, II, Rn. 141 f.; *Schulze-Fielitz* in Dreier, Art. 5, Rn. 245.

1313 Da es nicht darauf ankommt, von wem das Entgelt entrichtet wird, erfaßt Art. 12 I GG auch das Bereithalten einer unentgeltlich abrufbaren Website, die durch Werbeeinnahmen finanziert wird.

Mediendiensten, ferner die berufliche Außendarstellung und Werbung[1314] derjenigen, die „online“ über ihre (beliebige) Berufstätigkeit informieren, sowie der beruflich motivierte Abruf von Internet-Angeboten.[1315] *Grundrechtsträger* sind inländische natürliche und juristische Personen bzw. Personenvereinigungen des Privatrechts sowie juristische Personen des öffentlichen Rechts, soweit sie als Interessenvertreter ihrer Mitglieder tätig werden.[1316]

Im Hinblick auf die vom BVerfG entwickelte „Dreistufentheorie“[1317] empfiehlt es sich, bereits auf der Eingriffsebene nach objektiven bzw. subjektiven Berufszulassungsregelungen und Berufsausübungsregelungen[1318] zu unterscheiden, deren verfassungsrechtliche Rechtfertigung grundsätzlich verschieden hohen Anforderungen unterliegt.[1319] *Untersagungsanordnungen*, *Hardware-Deaktivierungen* und *-Sicherstellungen*, *Verbote* des *Versands* oder *Empfangs* bestimmter Informationen und (umfangreiche) *Sperrungs-* bzw. *Löschungsanordnungen* können *ausnahmsweise* als *subjektive Berufszulassungsregelungen* anzusehen sein, wenn sie die Ausübung einer durch Art. 12 I GG geschützten Berufstätigkeit praktisch vereiteln.[1320] Ansonsten stellen sie jedenfalls *Berufsaus-*

1314 *BVerfGE 85*, 248, 256; *Manssen* in von Mangoldt/Klein/Starck, Art. 12, Rn. 63.

1315 Vgl. *Germann*, 115; *Manssen* in von Mangoldt/Klein/Starck, Art. 12, Rn. 34.

1316 Vgl. *Manssen* in von Mangoldt/Klein/Starck, Art. 12, Rn. 259 ff.; *Tettinger* in Sachs, Art. 12, Rn. 18 ff. (jeweils m.w.N.). Nach einer im Vordringen befindlichen Ansicht sollen sich auch EU-Ausländer auf Art. 12 I GG berufen können (so etwa *Breuer* in Isensee/Kirchhof, § 147, Rn. 21; *Jarass* in Jarass/Pieroth, Art. 12, Rn. 10). Dem steht jedoch der klare Wortlaut der Verfassungsnorm entgegen, der die äußerste Auslegungsgrenze bilden muß. Somit wird die berufliche Betätigung Nichtdeutscher lediglich durch Art. 2 I GG geschützt (so auch *Manssen* in von Mangoldt/Klein/Starck, Art. 12, Rn. 260; *Tettinger* in Sachs, Art. 12, Rn. 18; *Wieland* in Dreier, Art. 12, Rn. 66).

1317 *BVerfGE 7*, 377, 405 ff.; vgl. auch *BVerfGE 46*, 120, 138 ff.

1318 Objektive Berufszulassungsregelungen machen die Aufnahme und Ausübung eines Berufs von bestimmten objektiven Kriterien (z.B. Bedürfnisprüfungen) abhängig, während subjektive Berufszulassungsregelungen auf persönliche Eigenschaften und Fähigkeiten (z.B. Alter, Eignung, Zuverlässigkeit) abstellen. Berufsausübungsregelungen bestimmen lediglich die Art und Weise der Berufsausübung (*BVerfGE 7*, 377, 405 f.; *Jarass* in Jarass/Pieroth, Art. 12, Rn. 24 ff.; *Manssen* in von Mangoldt/Klein/Starck, Art. 12, Rn. 134).

1319 Siehe zu diesen Anforderungen etwa *Tettinger* in Sachs, Art. 12, Rn. 100 ff. (m.w.N. zur Rechtsprechung des *BVerfG*). Zwar betrifft die Dreistufentheorie die verfassungsrechtliche Rechtfertigung von Eingriffen in Art. 12 I GG und ist daher genau genommen erst im Rahmen der Verhältnismäßigkeitsprüfung zu berücksichtigen. Dies spricht jedoch nicht dagegen, bereits auf der Eingriffsebene eine Unterscheidung nach Maßgabe der Eingriffsintensität vorzunehmen (so etwa *Wieland* in Dreier, Art. 12, Rn. 70 ff.). Freilich kommt der „Stufeneinordnung“ nur typisierende Bedeutung zu; bei „atypischen“ Eingriffswirkungen kann ein anderer Rechtfertigungsmaßstab angezeigt sein (vgl. *Manssen* in von Mangoldt/Klein/Starck, Art. 12, Rn. 139).

1320 Vgl. *Herzog*, 238.

übungsregelungen dar.[1321] Um solche handelt es sich auch bei *Auskunftsanordnungen* und *behördlichen Kontrollmaßnahmen.*[1322]

Zur *Rechtfertigung subjektiver Berufszulassungsregelungen* bedarf es einer gesetzlichen Grundlage, die dem Schutz besonders wichtiger Gemeinschaftsgüter dient, welche der Freiheit des einzelnen vorgehen, während bloße *Berufsausübungsregelungen* bereits durch vernünftige Erwägungen des Gemeinwohls legitimiert werden.[1323] Die hier in Rede stehenden Ermächtigungsgrundlagen für Gefahrenabwehrmaßnahmen dienen dem *Schutz hochrangiger Rechtsgüter* und sehen einen *Ermessensspielraum* vor, in dessen Rahmen die tätig werdende Behörde auch die Berufsfreiheit der Internet-Akteure zu berücksichtigen hat. Demnach dürften die fraglichen Bestimmungen den verfassungsrechtlichen Anforderungen an Art. 12 I GG einschränkende Gesetze *genügen.*[1324]

1321 So etwa auch die *Widerspruchsbescheide* der *Bezirksregierung Düsseldorf* (siehe oben Fußnote 1418), Absatz 51 (hinsichtlich Sperrungsanordnungen gegenüber Zugangsbetreibern) und *Greiner*, 145 f., 152 (im Hinblick auf Beseitigungs- und Beschränkungsanordnungen gegenüber Diensteanbietern, die Tele-/Mediendienste zur Nutzung bereithalten).

1322 Ferner stellt auch die in § 110 I Nr. 1 TKG normierte Verpflichtung der Betreiber von TK-Anlagen, mit denen TK-Dienste für die Öffentlichkeit erbracht werden, auf eigene Kosten technische Einrichtungen zur Umsetzung gesetzlicher vorgesehener TK-Überwachungsmaßnahmen vorzuhalten, eine an Art. 12 I GG zu messende Berufsausübungsregelung dar (vgl. *von Hammerstein*, MMR 2004, 222, 223 [m.w.N.]).

1323 *Tettinger* in Sachs, Art. 12, Rn. 101, 104 (m.w.N. zur Judikatur des *BVerfG*).

1324 Da hinreichende gesetzliche Grundlagen auch Regelungen sein können, die lediglich eine die Berufsfreiheit beschränkende Alternative eröffnen, die Einzelfallauswahl aber der Exekutive überlassen (*BVerwGE 96*, 302, 310 f.), bestehen grundsätzlich keine Bedenken dagegen, auch die polizei- und ordnungsrechtlichen Generalklauseln als ausreichende gesetzliche Grundlagen anzusehen (vgl. *Tettinger* in Sachs, Art. 12, Rn. 87 m.w.N). Im Hinblick auf die *Kosten der staatlichen TK-Überwachung* ist anzumerken, daß der Betreiber einer TK-Anlage, der gemäß seiner Verpflichtung nach § 110 VI 1 TKG staatlichen Stellen auf deren Anforderung Netzabschlußpunkte für die Übertragung der im Rahmen von Überwachungsmaßnahmen anfallenden Informationen bereitstellt, nach § 110 VI 3 TKG Anspruch auf ein *Entgelt* gemäß seinen allgemeinen Tarifen hat und daß der Verpflichtung zur Vorhaltung technischer Einrichtungen zur Umsetzung von TK-Überwachungsmaßnahmen auf eigene Kosten (§ 110 I Nr. 1 TKG) immerhin eine Ermächtigung der Bundesregierung zur Regelung angemessener *Entschädigungen* für die bei der Ermöglichung der TK-Überwachung und der Erteilung von Auskünften nach § 113 TKG erbrachten Leistungen (§ 110 IX TKG) gegenüber steht. (Siehe hierzu auch *von Hammerstein*, MMR 2004, 222, 223 ff.; *Kube/Schütze*, CR 2003, 663, 665 ff.).

D. Eigentumsgarantie (Art. 14 I GG)

Die *Eigentumsgarantie* des Art. 14 I GG schützt alle vermögenswerten privatrechtlichen Positionen[1325] – insbesondere das Eigentum an beweglichen Sachen – in ihrem konkreten, gesetzlich ausgestalteten Bestand.[1326] Während Art 5 I 1, 2 und 14 I GG *nebeneinander* zur Anwendung kommen[1327], sind die Schutzbereiche der Art. 12 I und 14 I GG danach abzugrenzen, ob es um die *Freiheit der Erwerbs- und Leistungstätigkeit* oder die *Innehabung und Verwendung vorhandener Vermögensgüter* geht.[1328] Demnach unterliegen insbesondere Hardware-Komponenten der Akteure, die weder *gewerblich TK-*, *Tele-* oder *Mediendienste anbieten* noch das *Internet beruflich nutzen*, dem Schutz des Art. 14 I GG.[1329] Erfaßt wird auch das vertraglich eingeräumte *Nutzungsrecht an einem fremden Server*: Da die meisten Akteure, die Informationen zur Nutzung bereithalten, darauf angewiesen sind, sich eines fremden Servers zu bedienen, erfüllt ihr Gebrauchsrecht *ähnliche Funktionen* wie das *Sacheigentum* an einem Server. Es ist ihnen von der Rechtsordnung dergestalt zugeordnet, daß sie die damit verbundenen Befugnisse eigenverantwortlich zum privaten Nutzen ausüben dürfen[1330] und stellt somit eine durch die Eigentumsgarantie *geschützte vermögenswerte Rechtsposition* dar.[1331] Außerdem fallen auch auf einem Datenträger verkörperte

---

1325 Vermögenswerte öffentlich-rechtliche Positionen sind nur geschützt, soweit sie eine Rechtsposition verschaffen, die derjenigen des Eigentümers entspricht (*Jarass* in Jarass/Pieroth, Art. 14, Rn. 11 [m.w.N.]).

1326 Vgl. *BVerfGE 58*, 300, 336; *70*, 191, 199; *Jarass* in Jarass/Pieroth, Art. 14, Rn. 6 ff.; *Wieland* in Dreier, Art. 14, Rn. 37.

1327 Art. 5 I GG schützt Betätigungen, Art. 14 I GG hingegen einen Bestand (vgl. *Schulze-Fielitz* in Dreier, Art. 5, Rn. 245; *Starck* in von Mangoldt/Klein/Starck, Art. 5, Rn. 263).

1328 Nach einer „Faustformel“ schützt Art. 12 I GG den Erwerb, Art. 14 I GG das Erworbene (*Wieland* in Dreier, Art. 12, Rn. 174; vgl. *BVerfGE 85*, 360, 383; *88*, 366, 377).

1329 Voraussetzung ist freilich, daß sie zivilrechtliche Eigentümer sind bzw. daß ihnen ein Gebrauchsrecht zusteht, welches ähnliche Funktionen wie das Sacheigentum erfüllt (siehe dazu sogleich).

1330 Dem steht auch nicht entgegen, daß die fraglichen Akteure über das Nutzungsrecht nur eingeschränkt verfügen, d.h. insbesondere den „angemieteten“ Server-Speicherplatz nur in den Grenzen des § 549 BGB einem Dritten zum Gebrauch überlassen dürfen (vgl. für das vertragliche Besitzrecht des Wohnungsmieters *BVerfGE 89*, 1, 7; a.A. *Depenheuer* in von Mangoldt/Klein/Starck, Art. 14, Rn. 159).

1331 Für das vertraglich eingeräumte Besitzrecht des Wohnungsmieters ebenso *BVerfGE 89*, 1, 5 ff.; *BVerfG*, NJW 2000, 2658, 2659; *Wendt* in Sachs, Art. 14, Rn. 24; *Wieland* in Dreier, Art. 14, Rn. 27, 39; a.A. *Depenheuer* in von Mangoldt/Klein/Starck, Art. 14, Rn. 157 ff. Unter Art. 14 I GG fällt auch das Recht am eingerichteten und ausgeübten Gewerbebetrieb als „Auffangrecht“, das sich auf die Sach- und Rechtsgesamtheit eines Wirtschaftsunternehmens bezieht und vor allem dessen Funktion als ökonomischer Wirtschaftskörper schützt, die sich gerade auch aus den Geschäftsverbindungen und dem Kundenstamm ergibt (vgl. *Depenheuer* in von Mangoldt/Klein/Starck, Art. 14, Rn. 135 ff.; *Wendt* in Sachs, Art. 14, Rn. 26; a.A. *Wieland* in Dreier, Art. 14, Rn. 44). Diese sowie „online" übermittelte *Computerdaten* unter Art. 14 I GG.[1332] *Grundrechtsträger* sind natürliche Personen und inländische juristische Personen bzw. Personenvereinigungen des Privatrechts.[1333]

Angesichts unterschiedlicher Anforderungen an die verfassungsrechtliche *Rechtfertigung* ist zu unterscheiden zwischen *Inhalts- und Schrankenbestimmungen*[1334], die an Art. 14 I 2, II GG zu messen sind, und *Enteignungen* im Sinne des Art. 14 III GG[1335], die sich auf die vollständige oder teilweise Entziehung konkreter Eigentumspositionen zur Erfüllung bestimmter öffentlicher Aufgaben richten.[1336] Soweit das *Gefahrenabwehrrecht* Befugnisse des Eigentümers (oder

---

Schutzrichtung wird jedoch nur relevant, soweit Art. 14 I GG nicht bereits im Hinblick auf Hardware-Komponenten, Daten oder Nutzungsrechte einschlägig ist.

1332 Zwar sind „online" übermittelte Computerdaten keine beweglichen Sachen (vgl. oben 2. Teil B. I. a), 5. Teil A. I. 1., Fußnoten 231, 746). Jedoch fallen auch vermögenswerte Privatrechte unter Art. 14 I GG, wenn sie dem Sacheigentum in der Nutzungs- und Verfügungsmöglichkeit gleichwertig sind (*Wieland* in Dreier, Art. 14, Rn. 38). Da Computerdaten unkörperlich versendet, empfangen und dann wieder verkörpert werden können, hängt die Möglichkeit ihrer Nutzung und der Verfügung über sie nicht wesentlich von der Verkörperung ab. Demnach sind auch unverkörperte Daten durch die Eigentumsgarantie geschützt. Ebenfalls von Art. 14 I GG erfaßt wird als „geistiges Eigentum" das Urheberrecht in seiner vermögensrechtlichen Dimension. Vgl. *BVerfGE 79*, 29, 40; *Depenheuer* in von Mangoldt/Klein/Starck, Art. 14, Rn. 152.

1333 Vgl. *BVerfGE 66*, 116, 130; *Depenheuer* in von Mangoldt/Klein/Starck, Art. 14, Rn. 190. Hingegen können sich juristische Personen des öffentlichen Rechts grundsätzlich nicht auf Art. 14 I GG berufen (vgl. *BVerfGE 21*, 362, 370; *61*, 82, 105 ff.; *Depenheuer* in von Mangoldt/Klein/Starck, Art. 14, Rn. 193 ff. [m.w.N.]; a.A. *Wieland* in Dreier, Art. 14, Rn. 62). Anderes kann gelten, soweit sie wirtschaftliche Interessen ihrer Mitglieder wahrnehmen (*Depenheuer* in von Mangoldt/Klein/Starck, Art. 14, Rn. 197; *Jarass* in Jarass/Pieroth, Art. 14, Rn. 28, Art. 19, Rn. 19).

1334 Hierbei geht es um abstrakt-generelle Inhalts- und Schrankenbestimmungen sowie diese konkretisierende und individualisierende Einzelfallregelungen. Ihre Rechtfertigung richtet sich nach Art. 14 I 2, II GG. Ob der Eingriff gerechtfertigt werden kann oder nicht, läßt seine Qualifizierung als Inhalts- und Schrankenbestimmung bzw. deren Konkretisierung unberührt. Insbesondere schlägt eine rechtswidrige Inhalts- und Schrankenbestimmung nicht in eine Enteignung i.S.d. Art. 14 III GG um (vgl. *BVerfGE 58*, 300, 320; *Jarass* in Jarass/Pieroth, Art. 14, Rn. 36, 70). Bei den in Rede stehenden Maßnahmen handelt es sich um sogenannte „enteignende" bzw. „enteignungsgleiche Eingriffe" (vgl. *Pieroth/Schlink*, Rn. 925 f.). Die Rechtmäßigkeit der Einzelfallregelung hängt zunächst von der Verfassungsmäßigkeit der zugrundeliegenden Inhalts- und Schrankenbestimmung ab. Soweit diese der Exekutive einen Beurteilungs- bzw. Ermessensspielraum beläßt, ist dessen Ausfüllung (ebenfalls) an Art. 14 I 2, II GG zu messen (vgl. statt vieler: *Pieroth/Schlink*, Rn. 946).

1335 Eine Enteignung kann durch Gesetz oder – aufgrund Gesetzes – im Wege eines Vollzugsakts erfolgen (Legal- bzw. Administrativenteignung), *BVerfGE 58*, 300, 330 f. Ihre Rechtmäßigkeit richtet sich nach Art. 14 III 1-3 GG.

1336 *BVerfGE 52*, 1, 27; *70*, 191, 199 f.; *Jarass* in Jarass/Pieroth, Art. 14, Rn. 70 ff.

anderweitig an einer Sache Berechtigten) *einschränkt*, wird dieser lediglich *in die Grenzen seiner Eigensphäre zurückgewiesen.* Die öffentliche Gewalt geht nicht aus eigenem Interesse gegen ihn vor, weil sie sein Eigentum für einen öffentlichen Zweck nutzen will, sondern tut etwas, das er selbst tun müßte, sobald er erkennt, daß von seinem Eigentum Gefahren ausgehen.[1337] Entsprechende Beschränkungen sind daher als *Inhalts- und Schrankenbestimmungen* zu qualifizieren.[1338] Um solche Eingriffe handelt es sich – soweit der Schutzbereich des Art. 14 I GG einschlägig ist – bei *Sperrungs-* und *Löschungsanordnungen*, *Verboten* des *Versands* oder *Empfangs* bestimmter Informationen, *Hardware-Deaktivierungen* und *-Sicherstellungen* sowie *Untersagungsanordnungen*, da diese Maßnahmen die Nutzung geschützter Vermögensgüter bzw. Verfügung über diese einschränken.[1339] *Auskunftsanordnungen* wirken sich zwar nicht unmittelbar auf die Eigentumssubstanz aus, können aber ggf. die Nutzung eines geschützten Vermögensguts erheblich beeinträchtigen und dann ebenfalls in das Eigentum *eingreifen.* Hingegen dürften behördliche *Kontrollen* von auf Hardware-Komponenten gespeicherten Informationen als solche grundsätzlich *nicht* als Eingriffe in Art. 14 I GG zu qualifizieren sein.[1340]

Auch wenn die gefahrenabwehrrechtliche Zustandsverantwortlichkeit die Verfügungsgewalt des Eigentümers zum Teil erheblich beschränkt, konkretisiert sie nur die dem Eigentum immanente *Sozialpflichtigkeit* (Art. 14 II 1 GG). Ermächtigungsgrundlagen, die der Abwehr einer vom Eigentum unmittelbar ausgehenden Gefahr dienen, halten sich daher grundsätzlich im Rahmen der (ausgleichsfreien) *Sozialbindung.*[1341] Abgesehen davon sehen die hier in Rede stehenden Bestimmungen einen *Ermessensspielraum* vor, in dessen Rahmen die tätig werdende Behörde das Eigentumsgrundrecht des in Anspruch Genommenen zu berücksichtigen hat[1342], und soweit ein *Nichtverantwortlicher* zur Gefah-

---

1337 *Denninger* in Lisken/Denninger, Rn. 60; vgl. *BVerfGE 20*, 351, 357, 359.

1338 *Denninger* in Lisken/Denninger, Rn. 60; *Depenheuer* in von Mangoldt/Klein/Starck, Art. 14, Rn. 399; *Götz*, Rn. 428.

1339 Im Hinblick auf Sperrungsanordnungen gegen Zugangsbetreiber wird ein Eingriff in Art. 14 I GG etwa bejaht von *Engel*, MMR-Beilage 4/2003, 1, 20, und *Herzog*, 240 f.; für möglich gehalten von *Spindler/Volkmann*, K&R 2002, 398, 406; verneint hingegen von *Greiner*, CR 2002, 620, 622 f.

1340 Siehe zur Verpflichtung der Betreiber von TK-Anlagen zur Vorhaltung technischer Einrichtungen zur Umsetzung staatlicher Überwachungsmaßnahmen auf eigene Kosten (§ 110 I Nr. 1 TKG), die nach teilweise vertretener Auffassung außer in Art. 12 I GG auch in Art. 14 I GG eingreift (so z.B. *Ehmer* in B/E/G/K/P/S/S, § 88, Rn. 63), bereits oben Fußnote 1322.

1341 *Depenheuer* in von Mangoldt/Klein/Starck, Art. 14, Rn. 399; ähnlich *Bryde* in von Münch/Kunig, Art. 14, Rn. 66.

1342 Dessen Bedeutung kann es gebieten, den vom Zustandsverantwortlichen zu erbringenden Aufwand kostenmäßig auf den Wert der störenden Sache zu begrenzen (vgl. *BVerfGE 102*, 1, 20 ff., 23 f.).

renabwehr herangezogen wird, steht diesem ein *Ausgleichsanspruch* zu.[1343] Demnach sind die einschlägigen Befugnisnormen als solche mit Art. 14 I 2, II GG *vereinbar*.

E. Allgemeine Handlungsfreiheit, Gleichbehandlungsgrundsatz (Art. 2 I GG, Art. 3 I GG)

Da die in Rede stehenden Betätigungen der Internet-Akteure – wie gezeigt – weitreichend durch die *spezielleren Grundrechte* der Art. 5 I, 10 I, 2 I in Verbindung mit 1 I, 12 I und 14 I GG geschützt sind, spielt die lediglich *subsidiär* einschlägige[1344] *allgemeine Handlungsfreiheit* praktisch *keine Rolle* mehr.[1345] Abgesehen davon wären im Hinblick auf Eingriffe in Art. 2 I GG keine besonderen Schrankenanforderungen zu beachten.

Art. 3 I GG ist weitgehend neben den bereits erörterten Freiheitsrechten anwendbar.[1346] Die Norm *verbietet* grundsätzlich, wesentlich Gleiches ungleich oder wesentlich Ungleiches gleich zu behandeln.[1347] Die Anforderungen hinsichtlich der *Rechtfertigung von Differenzierungen* reichen „je nach Regelungsgegenstand und Differenzierungsmerkmalen ... vom bloßen Willkürverbot bis zu einer strengen Bindung an Verhältnismäßigkeitserfordernisse".[1348] Bedeutung

---

1343 Vgl. hierzu oben 5. Teil VII. sowie im Hinblick auf die Verpflichtung der Betreiber von TK-Anlagen zur Vorhaltung technischer Einrichtungen zur Umsetzung staatlicher Überwachungsmaßnahmen auf eigene Kosten oben Fußnote 1324.

1344 Statt vieler: *Jarass* in Jarass/Pieroth, Art. 2, Rn. 1 f.

1345 Nur in Ausnahmekonstellationen – wie etwa, wenn einem nicht gewerblich handelnden Akteur, der fremde Kommunikation speichert oder übermittelt, aufgegeben würde, Auskunft über Informationen zu erteilen, die weder dem Fernmeldegeheimnis unterliegen noch einen Personenbezug aufweisen – ist denkbar, daß eine Gefahrenabwehrmaßnahme im Internet allein in Art. 2 I GG eingreift.

1346 Vgl. *Jarass* in Jarass/Pieroth, Art. 3, Rn. 2 ff.; *Starck* in von Mangoldt/Klein/Starck, Art. 2, Rn. 59. Anderes kann gelten, wenn der maßgebliche Sachverhalt eine stärkere sachliche Beziehung zu einem Freiheitsrecht aufweist, welches auch einen „Nichtdiskriminierungsgehalt" besitzt, wie etwa Art. 5 I GG (*BVerfGE 75*, 348, 357; *Jarass* in Jarass/Pieroth, Art. 3, Rn. 3, Vorbemerkung 5, 9 vor Art. 1). Jedoch sind auch dann die spezifischen Gehalte des verdrängten Grundrechts zu berücksichtigen (*BVerfGE 65*, 104, 112 f.).

1347 Statt vieler: *Jarass* in Jarass/Pieroth, Art. 3, Rn. 5; vgl. etwa *BVerfGE 90*, 145, 195 f.

1348 *BVerfGE 88*, 87, 96; *95*, 267, 316. Strenge Anforderungen bestehen insbesondere, wenn nach personengebundenen Merkmalen differenziert wird, die der Betroffene nicht oder nur schwer zu beeinflussen vermag, oder wenn die Ausübung grundrechtlich geschützter Freiheiten betroffen sein kann. Ein großzügigerer Maßstab gilt bei der Vornahme einer bereits im Grundgesetz angelegten Differenzierung, bei komplexen Sachzusammenhängen sowie in Bereichen, die durch das Erfordernis von Prognoseentscheidungen geprägt sind (*Jarass* in Jarass/Pieroth, Art. 3, Rn. 23 ff. [m.w.N. zur Judikatur des *BVerfG*]; vgl. *Osterloh* in Sachs, Art. 3, Rn. 25 ff.).

erlangt der Gleichheitssatz vor allem im Rahmen der *behördlichen Ermessensausübung* bei der *Auswahl des Adressaten* einer Gefahrenabwehranordnung.[1349]

F. Geltung der deutschen Grundrechte bei Sachverhalten mit Auslandsbezug

Mit Blick darauf, daß sich von deutschen Behörden vorgenommene Gefahrenabwehrmaßnahmen im Internet regelmäßig auch zu Lasten *auslandsansässiger Akteure* auswirken[1350], soll bereits hier auf die Frage eingegangen werden, ob und in welchem Umfang deutsche Grundrechte auch in Bezug auf *grenzüberschreitende Sachverhalte* gelten.[1351]

Zum Teil wird angenommen, die Grundrechtsgeltung sei prinzipiell *auf das deutsche Staatsgebiet begrenzt.*[1352] Dem ist allerdings entgegenzuhalten, daß die Bundesrepublik Deutschland bei Vorliegen eines sinnvollen Anknüpfungspunktes auch das Verhalten von im *Ausland* ansässigen Personen *regeln* darf.[1353] Gegen ein alleiniges Abstellen auf das Territorialitätsprinzip spricht (wenn auch unter einem anderen Blickwinkel) ebenfalls, daß die deutschen Auslandsvertretungen unbestritten prinzipiell an die Grundrechte gebunden sind, obwohl das Gelände, auf dem sie sich befinden, nicht zum deutschen Staatsgebiet gehört.[1354] Nach anderer Ansicht soll die Grundrechtsbindung der deutschen Staatsgewalt *der Reichweite* ihrer *völkerrechtlichen Kompetenz zur Regelung* grenzüberschreitender Sachverhalte *entsprechen.*[1355] Jedoch erscheint auch diese Sichtweise, nach der kein Grundrechtsschutz gegenüber völkerrechtswidrigen Maßnahmen deutscher Behörden bestünde, als zu eng. Stattdessen ist – mit der überwiegenden Auffassung[1356] – davon auszugehen, daß die deutsche Hoheitsgewalt

---

1349 Vgl. dazu unten G.

1350 Siehe dazu näher unten 7. Teil.

1351 Siehe im übrigen zur rechtlichen Zulässigkeit einer „grenzüberschreitenden Gefahrenabwehr" deutscher Behörden unten 7. Teil.

1352 *Von Olshausen*, DVBl 1974, 652, 654 f.; *Oppermann* in Grewe/Kroneck, 521, 524 f.; weitere Nachweise bei *Heintzen*, 123 f.

1353 Siehe dazu näher unten 7. Teil I. Nach der genannten Ansicht wären deutsche Behörden bei einer völkerrechtlich zulässigen Regelung des Verhaltens auslandsansässiger Personen nicht an deutsche Grundrechte gebunden.

1354 Vgl. *Heintzen*, 100; *Stern* in Stern, Bd. III/1, § 72 V 5 a) β.

1355 Vgl. *Heintzen*, 112, 122, 143; ähnlich (wenn auch enger, da grundsätzlich nur auf die Gebiets- und Personalhoheit abstellend) *Isensee* in Isensee/Kirchhof, § 115, Rn. 82 ff.

1356 *BVerfGE 6*, 290, 295; *31*, 58, 72; *57*, 9, 23; *Baldus*, 154; *Höfling* in Sachs, Art. 1, Rn. 79; *Kunig* in von Münch/Kunig, Art. 1, Rn. 53; *Scheller*, 163 f.; *Starck* in von Mangoldt/Klein/Starck, Art. 1, Rn. 191; *Stern* in Stern, Bd. III/1, § 72 V 5 a); *Tomuschat* in Isensee/Kirchhof, § 172, Rn. 53; weitere Nachweise bei *Baldus*, 148 (dort Fußnote 6). Enger *Hofmann*, 68 ff., 72 f., 346: Grundsätzlich bestehe zwar eine umfassende Grundrechtsbindung; jedoch folge aus der im Grundgesetz vorgesehenen und in der Einbettung der Bundesrepublik in die internationale Staatengemeinschaft begründeten Rückgrundsätzlich *immer* an die Grundrechte gebunden ist, wenn sich ihre Handlungen *außerhalb des eigenen Territoriums auswirken*. Dies gilt allerdings nur insoweit, als die jeweils in Rede stehenden Grundrechte auch Ausländer schützen, d.h. nur im Hinblick auf „Jedermann-Grundrechte".[1357] Demnach sind deutsche Behörden zunächst immer an die Grundrechte gebunden, soweit sich eine Gefahrenabwehrmaßnahme zu Lasten eines *Deutschen* bzw. (bei Vorliegen der Voraussetzungen des Art. 19 III GG) einer *inländischen juristischen Person*[1358] auswirkt. Läßt sich nicht ermitteln, zu wessen Lasten sich eine Maßnahme konkret auswirken wird[1359], so muß bereits die Möglichkeit, daß ein Deutscher bzw. eine inländische juristische Person betroffen sein kann, eine umfassende Grundrechtsbindung auslösen.[1360] Ist ein *Ausländer* betroffen, so ist zu unterscheiden: Während Art. 5 I, 10 I, 2 I in Verbindung mit 1 I, 14 I, 2 I und 3 I GG auch für Ausländer gelten, wird deren Berufstätigkeit nicht durch Art. 12 I GG, sondern durch Art. 2 I GG geschützt[1361]; ausländische juristische Personen kommen hingegen nicht in den Genuß deutscher Grundrechte.[1362] Insgesamt kann damit festgehalten werden, daß die deutsche Hoheitsgewalt bei der Gefahrenabwehr im Internet einer *weitreichenden Grundrechtsbindung* unterliegt.[1363]

---

sichtnahme auf fremde Wertvorstellungen die Möglichkeit oder gar Notwendigkeit einer Einschränkung der Wirkkraft der Grundrechte, die ihre Grenze in unabdingbaren Prinzipien der deutschen öffentlichen Ordnung finde, welche jeweils unter Berücksichtigung der Wesensgehaltsgarantie (Art. 19 II GG) und bestehender völkerrechtlicher Mindeststandards zu bestimmen seien.

1357 So auch Greiner, 158 f.

1358 D.h. einer juristischen Person oder teilrechtsfähigen Organisation, deren „effektiver" Sitz – mithin der rechtlich festgelegte Sitz oder Tätigkeitsschwerpunkt (*Krüger/Sachs* in Sachs, Art. 19, Rn. 48, 62 f., m.w.N.) – in Deutschland liegt.

1359 Dies ist vor allem bei Maßnahmen der Fall, die zwangsläufig eine „Streuwirkung" entfalten.

1360 Es wäre nicht mit dem Rechtsstaatsprinzip vereinbar, eine Gefahrenabwehrmaßnahme zunächst „ins Blaue hinein" zu treffen und Grundrechtsaspekte erstmals im Rahmen eines eventuellen späteren Rechtsschutzverfahrens zu berücksichtigen.

1361 Siehe oben Fußnote 1316.

1362 Vgl. *BVerfGE 21*, 207, 208 f.; *23*, 229, 236; *Dürig* in Maunz/Dürig, Art. 19, Rn. 30; *Jarass* in Jarass/Pieroth, Art. 19, Rn. 17; *Krüger/Sachs* in Sachs, Art. 19, Rn. 51; *Rüfner* in Isensee/Kirchhof, § 116, Rn. 57.

1363 Ähnliche Fragen wie hinsichtlich der Vereinbarkeit von Gefahrenabwehrmaßnahmen deutscher Behörden mit deutschen Grundrechten stellen sich in Bezug auf die *Verbürgungen* der *Europäischen Menschenrechtskonvention* (insbesondere: Art. 10 und Art. 8 EMRK, Art. 1 EMRK-ZP [Meinungsfreiheit, Recht auf Achtung des Privatlebens und der Korrespondenz, Eigentumsschutz]) und der *Charta der Grundrechte der Europäischen Union* (insbesondere: Art. II-11, II-7, II-8, II-15, II-17 GR-Charta [Freiheit der Meinungsäußerung und Informationsfreiheit, Achtung des Privat- und Familienlebens und der Kommunikation, Schutz personenbezogener Daten, Berufsfreiheit, Eigentumsrecht]) bzw. des *Europäischen Gemeinschaftsrechts* (siehe etwa *EuGH*, Rs. 155/73 [Sacchi], Slg. 1974, 409, Rn. 6; Rs. C-100/88 [Oyowe und Traore / Kommission], Slg.

G. Verhältnismäßigkeit einzelner Gefahrenabwehrmaßnahmen

Eine konkrete Maßnahme zur Bekämpfung störender Informationen im Internet muß zur Gefahrenabwehr *geeignet* und *erforderlich* sein und die durch sie herbeigeführte Beeinträchtigung muß in einem *angemessenen Verhältnis* zum verfolgten Zweck stehen.[1364]

I. Geeignetheit

Wie bereits ausgeführt, sind die in Rede stehenden Maßnahmen – wenn auch ggf. nur begrenzt – zur Bekämpfung von Gefährdungen bzw. Störungen der öffentlichen Sicherheit *geeignet*.[1365]

II. Erforderlichkeit

Eine zur Gefahrenabwehr geeignete Maßnahme ist *erforderlich*, wenn *kein gleich geeignetes Mittel* zur Verfügung steht, welches den einzelnen und die Allgemeinheit *weniger beeinträchtigt*[1366], d.h. sich insofern als milderes Mittel darstellt.

Von den (allein) in die *Kommunikationsfreiheiten* und die *Berufs-* bzw. *Eigentumsfreiheit* eingreifenden Gefahrenabwehrmaßnahmen weist die *Untersagung* einer „Betätigung im Internet" in Form einer Teilnahme an oder Ermöglichung von Internet-Kommunikation die *höchste Eingriffsintensität* auf. Eben-

---

1989, 4285, Rn. 19; Rs. C-288/89 [Collectieve Antennevoorziening Gouda], Slg. 1991, I-4007, Rn. 23; Rs. C-159/90 [Society for the Protection of Unborn Children Ireland / Grogan], Slg. 1991, I-4685, Rn. 31; Rs. C-368/95 [Vereinigte Familiapress / Heinrich Bauer Verlag], Slg. 1997, I-3689, Rn. 26; Rs. 29/69 [Stauder / Stadt Ulm], Slg. 1969, 419, Rn. 7; Rs. 4/73 [Nold / Kommission], Slg. 1974, 491, Rn. 12, 13; Rs. 44/79 [Liselotte Hauer / Land Rheinland-Pfalz], Slg. 1979, 3727, Rn. 17 [Rundfunkfreiheit, Pressefreiheit, Meinungs- und Informationsfreiheit, Recht auf informationelle Selbstbestimmung, Berufsfreiheit, Eigentumsrecht]). Da allerdings diese Verbürgungen der Sache nach überwiegend mit denjenigen des Grundgesetzes vergleichbar sind (vgl. *Bethge* in Sachs, Art. 5, Rn. 6; *Degenhart* in Dolzer/Vogel/Graßhof, Art. 5, Rn. 659; *Depenheuer* in von Mangoldt/Klein/Starck, Art. 14, Rn. 110; *Gusy* in von Mangoldt/Klein/Starck, Art. 10, Rn. 6; *Hofmann*, 346; *Manssen* in von Mangoldt/Klein/Starck, Art. 12, Rn. 32; *Meyer-Ladewig*, Art. 8, Rn. 10, 12; *Peukert* in Frowein/Peukert, Art. 1 EMRK-ZP, Rn. 67; *Starck* in von Mangoldt/Klein/Starck, Art. 5, Rn. 14; *Streinz* in Streinz, Art. 8 GR-Charta; jüngst allerdings etwa auch *EuGMR*, EuGRZ 2004, 404, 410 ff. [Caroline von Hannover / Deutschland]), dürften sie konkreten Gefahrenabwehrmaßnahmen, die mit den deutschen Grundrechten vereinbar sind, in den meisten Fällen nicht entgegenstehen.

1364 Allgemein statt vieler: *Pieroth/Schlink*, Rn. 278 ff. (m.w.N.).

1365 Siehe dazu oben 3. Teil. Eine Maßnahme ist bereits dann zur Gefahrenabwehr geeignet, wenn sie die Erreichung dieses Zwecks fördert (*OVG Münster*, MMR 2003, 348, 351 [m.w.N.]).

1366 Statt vieler: *Würtenberger/Heckmann/Riggert*, Rn. 528.

falls um besonders *gravierende Eingriffe*, deren Auswirkungen letztlich denen einer Untersagungsanordnung gleichkommen können, handelt es sich bei *Hardware-Deaktivierungen* und *-Sicherstellungen*, die bewirken, daß die betroffenen Geräte auch zu anderen (unbedenklichen) Kommunikationszwecken nicht mehr eingesetzt werden können.

Weniger belastend als derartige Maßnahmen sind Anordnungen, auf einem Server abrufbare oder neu eingehende störende Informationen zu *sperren* bzw. zu *löschen*. Sie müssen daher – soweit sie mit dem Fernmeldegeheimnis und informationellen Selbstbestimmungsrecht vereinbar sind[1367] – *Vorrang* haben. Im übrigen sind auch gegen Einsender oder Rezipienten gerichtete *Verbote* des *Versands* bzw. *Abrufs* bestimmter Informationen weniger belastend als die im vorigen Absatz genannten Maßnahmen[1368] und haben daher Vorrang vor diesen.

Soweit auf einem Server gespeicherte störende Informationen *bereits lokalisiert* wurden, sind *Sperrungs-* und *Löschungsanordnungen gleich geeignet* zur Gefahrenabwehr, denn der Zugang zu den fraglichen Informationen kann sowohl durch die Einrichtung einer Abrufsperrung als auch durch eine physikalische Entfernung dieser Daten unterbunden werden.[1369] Beide Maßnahmen sind *gleich belastend* für diejenigen, die ihre Kommunikation über den betreffenden Server abwickeln (wollen), und im wesentlichen auch für den Anordnungsadressaten.[1370] Daher kann die tätig werdende Gefahrenabwehrbehörde zwischen diesen Maßnahmen *wählen*. Hat sie einem Akteur eine Löschung aufgegeben, so wird sie ihm regelmäßig auf Antrag zu gestatten haben, stattdessen eine Sperrung vorzunehmen.[1371] Besteht die Gefahr gerade darin, daß ein bestimmtes Angebot für *Minderjährige* zugänglich ist, so kommen die Einrichtung einer *geschlossenen* (auf Erwachsene beschränkten) *Benutzergruppe*[1372], eine Beschränkung der Verbreitung bzw. Abrufbarkeit der fraglichen Informationen auf

1367 Vgl. oben B. III. 2.

1368 Zu beachten ist, daß sich ein Versand- bzw. Abrufverbot nur auf bestimmte Informationen bezieht, während eine Untersagungsanordnung den Versand bzw. Abruf von Informationen insgesamt betreffen würde.

1369 Siehe oben 3. Teil A.

1370 Zwar scheint auf den ersten Blick eine Löschungsanordnung gravierender zu sein, jedoch verbietet sie ihrem Adressaten nicht, von den zu löschenden Informationen eine Sicherungskopie auf einem „Offline"-Speichermedium anzufertigen und damit weiter in ihrem Besitz zu bleiben. Die hier in Rede stehenden Vorgänge – Löschung, anderweitige Speicherung, Sperrung – sind bedienungstechnisch einfach zu bewerkstelligen und leicht rückgängig zu machen.

1371 Hierbei handelt es sich um ein Austausch- bzw. Ersatzmittel i.S.d. § 3 II MEPolG (vgl. *Würtenberger/Heckmann/Riggert*, Rn. 529).

1372 Vgl. § 4 II 2 JMStV.

bestimmte Zeiten[1373] oder eine *Trennung* dieses Angebots von anderen, nicht jugendgefährdenden Angeboten[1374] als gegenüber einer pauschalen Sperrung oder Löschung *mildere Mittel* in Betracht.[1375] Die Sperrung bzw. Löschung eines gesamten Angebots ist nicht erforderlich, wenn die Gefahr durch eine *Änderung* dieses Angebots oder eine bloße *Unterbindung einzelner* (störender) *Bestandteile*, etwa bestimmter Passagen einer WWW-Seite, beseitigt werden kann.[1376]

Sollen Informationen gesperrt oder gelöscht werden, die erst noch als störend *identifiziert werden müssen*, so hängt der erforderliche *Kontrollaufwand* von den Umständen des Einzelfalls ab. Eine ständige Überprüfung des gesamten Datenbestands eines Servers ist nicht erforderlich, soweit *Stichproben-Kontrollen*, auf einen bestimmten *Server-Bereich* (z.B. ein Meinungsforum, das in der Vergangenheit störende Informationen besonders angezogen hatte) *begrenzte* oder *zeitlich befristete* Überprüfungen[1377] anhand geeigneter Kriterien[1378] in gleicher Weise zur Auffindung störenden Materials geeignet sind.[1379]

Soll ein Server *gegen* das *Einspeisen* bzw. *Einsenden* störender Informationen *gesperrt* werden, so hat die Anordnung einer *Vorabkontrolle* („Moderation“)[1380] und anschließenden *selektiven Sperrung* anhand bestimmter „Störmerkmale“ – soweit sie mit dem Fernmeldegeheimnis bzw. informationellen Selbstbestim-

---

1373 Vgl. § 5 IV JMStV (Verbreitung/Zugänglichmachung nur zwischen 23 Uhr und 6 Uhr bei entwicklungsbeeinträchtigender Wirkung auf Kinder und Jugendliche bzw. nur zwischen 22 Uhr und 6 Uhr bei entwicklungsbeeinträchtigender Wirkung auf Kinder und Jugendliche unter 16 Jahren).

1374 Vgl. § 5 V JMStV.

1375 Hierzu könnte dem betreffenden Diensteanbieter z.B. aufgegeben werden, den Empfang des Angebots von der Anmeldung mittels einer individuellen (nach schriftlichem Nachweis der Volljährigkeit erteilten) Zugangsberechtigung oder mittels einer sicheren digitalen Signatur (anhand derer das Geburtsdatum des Verwenders überprüft werden kann) abhängig zu machen. Allerdings sind auch solche Maßnahmen umgehbar (vgl. oben Fußnote 296).

1376 Vgl. § 22 II 5 MDStV; siehe auch *Germann*, 402; *Greiner*, 148 f. Anderes kann aber gelten, wenn sich störende Bereiche eines Angebots nur schwer von dessen unbedenklichen Bestandteilen trennen lassen (wie z.B. bei einem Text, der in einigen Passagen den Straftatbestand des § 130 III StGB [„Auschwitz-Lüge“] erfüllt, in anderen hingegen strafrechtlich unbedenklich ist; vgl. den der Entscheidung *BGH*, NJW 2001, 61 ff. zugrundeliegenden Fall) oder wenn mit einer raschen Erneuerung gelöschter bzw. gesperrter störender Informationen zu rechnen ist.

1377 Auf diese milderen Mittel hinweisend auch *Germann*, 439 f.

1378 Vgl. oben 3. Teil A., C.

1379 Dies kann etwa der Fall sein bei einem Server mit überschaubarer Datenmenge, der in der Vergangenheit nur in einem bestimmten Bereich störende Informationen enthalten hatte. Hingegen kann bei Servern, deren Datenbestand rasch wächst oder sich häufig ändert (wie z.B. bei News-Servern) eine ständige Überprüfung aller gespeicherten Informationen erforderlich sein.

1380 Siehe zum Kontrollaufwand die Ausführungen im vorigen Absatz.

mungsrecht vereinbar ist[1381] – *Vorrang* vor einer pauschalen Sperrung. Im Hinblick auf den erforderlichen *Kontrollaufwand* kann auf die Ausführungen im vorigen Absatz verwiesen werden.

Auch soweit ein *Zugangsbetreiber*, *Proxy-Cache-Betreiber* oder *IRC-Server-Betreiber* eine Übermittlung bzw. Zwischenspeicherung störender Informationen unterbinden soll, hat eine *selektive Sperrung* (anhand TK-Verkehrsdaten) *Vorrang* vor einer pauschalen Sperrung.

Von den in das Fernmeldegeheimnis bzw. informationelle Selbstbestimmungsrecht eingreifenden Gefahrenabwehrmaßnahmen weisen behördliche *Kontrollen* und *Auskunftsanordnungen*, die sich auf *Kommunikationsinhalte* beziehen, die *höchste Eingriffsintensität* auf. Gegenüber solchen Maßnahmen müssen grundsätzlich Anordnungen von *Sperrungen/Löschungen*, die nicht darauf abzielen, dem Staat selbst Kenntnisse über geschützte Tatsachen zu verschaffen,[1382] *Vorrang* haben.

III. Verhältnismäßigkeit im engeren Sinne

Zur Gefahrenabwehr erforderliche Maßnahmen müssen schließlich auch *verhältnismäßig im engeren Sinne* sein, d.h. die durch sie bewirkte Beeinträchtigung muß in einem angemessenen Verhältnis zu der zu bekämpfenden Störung bzw. Gefährdung der öffentlichen Sicherheit stehen.[1383] Die Angemessenheit der in Rede stehenden Gefahrenabwehrmaßnahmen hängt insbesondere auch vom *Gefährdungspotential* der *konkret zu unterbindenden Informationen* im Hinblick auf Grundrechte Dritter und andere Verfassungsgüter ab, d.h. es kommt maßgeblich auf die *Umstände des jeweiligen Einzelfalls* an. Ungeachtet dessen soll im folgenden auf einige grundsätzlich zu berücksichtigende Aspekte eingegangen werden:

Eine gegen einen *Server-Betreiber* (bei „Rollendreiteilung“) gerichtete Anordnung, auf dem Rechner *lokalisierte* störende Informationen zu *sperren* bzw. zu *löschen*, greift zumeist (jedenfalls) zu Lasten des Anordnungsadressaten in die Berufs- oder Eigentumsfreiheit sowie zu Lasten des Server-Verwalters oder

---

1381 Vgl. oben B. III. 2.

1382 Vgl. oben B. III. 1., 2. e). Andererseits beschränken solche Maßnahmen wiederum die Berufs- oder Eigentumsfreiheit des Anordnungsadressaten und die Kommunikationsfreiheiten der Internet-Nutzer. Insofern kommt es letztlich entscheidend auf die Angemessenheit der Maßnahme im Einzelfall an.

1383 Vgl. statt vieler: *Pieroth/Schlink*, Rn. 289; *Würtenberger/Heckmann/Riggert*, Rn. 530. Einfachgesetzlich ist das Verhältnismäßigkeitserfordernis etwa in § 22 II 3 MDStV sowie in den Polizei- und Ordnungsgesetzen der Länder (z.B. § 3 III SächsPolG) normiert.

Einsenders und der Rezipienten in deren Kommunikationsfreiheiten ein.[1384] Eine entsprechende Anordnung gegenüber einem *Server-Verwalter* beschränkt regelmäßig dessen Kommunikationsfreiheiten und Berufs- oder Eigentumsfreiheit sowie die Kommunikationsfreiheiten der Rezipienten (und ggf. der Einsender). Da die in Rede stehenden Maßnahmen *keine Kontrolle* des auf dem Server vorgehaltenen Datenbestands voraussetzen, nur einen *minimalen technischen* und *zeitlichen Aufwand* erfordern[1385] und die *Nutzbarkeit des Servers* im übrigen *nicht beeinflussen*, sind ihre Auswirkungen auf die Berufs- bzw. Eigentumsfreiheit als *gering* zu veranschlagen.[1386] Im Hinblick auf die Beschränkung der Kommunikationsfreiheiten ist zum einen zu berücksichtigen, daß die im Rahmen dieser Arbeit erörterten Anordnungen *gesetzliche Verbote* bestimmter Informationen (bzw. eines bestimmten Umgangs mit Informationen) durchsetzen, die dem Schutz bedeutender Rechtsgüter dienen und bereits eine von der *Legislative* vorgenommene *Grundrechtsabwägung* beinhalten. Im Rahmen der Prüfung der Verhältnismäßigkeit im engeren Sinne bleibt nur noch eingeschränkt Raum dafür, diesen Ausgleich wieder zurückzunehmen und nun anders zu entscheiden.[1387] Zum anderen unterbinden die Maßnahmen *„zielgenau"* nur störende Informationen, ohne sich auch auf andere Internet-Angebote auszuwirken. Demnach dürften sie regelmäßig *angemessen* sein.[1388] Entsprechendes gilt auch für *Verbote* des *Einsendens* bzw. *Abrufs* bestimmter störender Informationen.[1389]

1384 Mit Blick darauf, daß die meisten Internet-Server öffentlich zugängliche Informationen vorhalten, werden die in Rede stehenden Anordnungen zumeist nicht in das Fernmeldegeheimnis eingreifen. Allerdings kann ggf. ein Eingriff in das informationelle Selbstbestimmungsrecht vorliegen. (Vgl. oben B. II.).

1385 Vgl. oben 3. Teil A.

1386 So etwa auch *Greiner*, 150, 154; *Sieber* in Hoeren/Sieber, Teil 19, Rn. 321 („geringe Eingriffsintensität").

1387 Vgl. *Germann*, 412.

1388 So im Ergebnis auch *Germann*, 405 f.; *Greiner*, 150 f.; *Hornig*, ZUM 2001, 846, 856; *Zimmermann*, NJW 1999, 3145, 3151. Allerdings hat die Gefahrenabwehrbehörde bei einer Meinungsäußerung, die sich objektiv in verschiedene Richtungen deuten läßt, die Deutung zugrunde zu legen, die mit anderen Grundrechten und Rechtsgütern möglichst wenig in Konflikt kommt – was umso mehr gilt, je stärker die Äußerung wertende Elemente enthält (*BVerfGE 82*, 43, 52 f.; *93*, 266, 298 f.; *BVerfG*, NJW 2001, 61, 63; vgl. *Pieroth/Schlink*, Rn. 596). Meinungsäußerungen in Fragen, die die Öffentlichkeit wesentlich berühren, genießen stärkeren Schutz als „oberflächliche Unterhaltung" (wie sie etwa im IRC vorherrscht), rein private Kommunikation und Werbung (vgl. *BVerfGE 71*, 206, 220; *93*, 266, 294; *Jarass* in Jarass/Pieroth, Art. 5, Rn. 58 f.; *Schulze-Fielitz* in Dreier, Art. 5, Rn. 127, 130 [m.w.N.]). Daher können Kommunikationsbeschränkungen trotz Bestehens einer Gefährdung oder Störung der öffentlichen Sicherheit unverhältnismäßig sein.

1389 Auch diese Anordnungen greifen in Art. 5 I und 12 I bzw. Art. 14 I GG ein. Soweit die fraglichen störenden Informationen behördlicherseits hinreichend genau bezeichnet werden, sind die Maßnahmen einfach zu realisieren und wirken „zielgenau".

Soweit die tätig werdende Gefahrenabwehrbehörde sowohl den *Betreiber* als auch den *Verwalter* eines störende Informationen vorhaltenden Servers ermittelt hat und beide (verantwortlichen[1390]) Akteure zu einer (jeweils angemessenen) Sperrung bzw. Löschung tatsächlich heranziehen kann, stellt sich die Frage, *gegen wen* die Anordnung zu richten ist. Die *Adressatenauswahl* steht grundsätzlich im pflichtgemäßen *Ermessen* der Behörde, dessen Ausübung sich an der Leitlinie einer möglichst *schnellen und effektiven Gefahrenabwehr* zu orientieren hat.[1391] Für das Vorgehen gegen störende Mediendienste normiert § 22 III MDStV (anders als § 18 III MDStV 97) die Vorgabe, daß Maßnahmen gegenüber einem Anbieter, der fremde Informationen zur Nutzung bereithält, nur in Betracht kommen, wenn sich Maßnahmen gegenüber einem Anbieter eigener Informationen als nicht durchführbar oder nicht erfolgversprechend erweisen. Demnach ist in der hier erörterten Konstellation regelmäßig der *Server-Verwalter vorrangig* in Anspruch zu nehmen.[1392] Gleiches gilt im Ergebnis auch für das Einschreiten gegen störende *Teledienste*: Zwar können der Betreiber eines Servers und der Verwalter eines Bereichs dieses Rechners grundsätzlich in gleicher Weise auf die in diesem Bereich gespeicherten Informationen einwirken. Jedoch wird eine behördliche Sperrungs- bzw. Löschungsanordnung ausdrücklich oder implizit auch das *Verbot* beinhalten, die fraglichen Informationen *zukünftig erneut zugänglich zu machen.* Da der Server-Betreiber eine *„Wiedereinspeisung"* auf einem anderen Server nicht zu verhindern vermag und ein erneutes Einspeisen auf seinem eigenen Rechner in der Regel nur erkennen kann, wenn er eine inhaltliche Vorabkontrolle durchführt oder der Server-Verwalter seine bisherige Benutzerkennung angibt, muß im Interesse einer *möglichst wirksamen Gefahrenabwehr* die Inanspruchnahme des Server-Verwalters Vorrang haben.[1393]

Im Hinblick auf Anordnungen, *noch nicht identifizierte* störende Kommunikationsinhalte, die auf einem Server gespeichert sind oder dort neu eingehen, *ausfindig zu machen* und zu *sperren* bzw. zu *löschen*, ist zu berücksichtigen, daß die insofern einschlägigen einfachgesetzlichen Konkretisierungen des Fernmeldegeheimnisses und informationellen Selbstbestimmungsrechts[1394] eine bereits vom Gesetzgeber vorgenommene *Grundrechtsabwägung* zum Ausdruck brin-

1390 Vgl. oben 5. Teil B. II. 1., 2.

1391 Vgl. (statt vieler) *Schenke*, Rn. 285; *Würtenberger/Heckmann/Riggert*, Rn. 495 (jeweils m.w.N.).

1392 Regelmäßig werden auf einem Server gespeicherte Informationen von dessen Betreiber als fremde und vom Server-Verwalter als eigene bereitgehalten (siehe oben 4. Teil A. II. 2. a) bb), 5. Teil A. I., II.).

1393 So auch *Greiner*, 140 f., und im Ergebnis *Zimmermann*, NJW 1999, 3145, 3150 (der darauf hinweist, daß eine Sperrung gegenüber einem einzelnen Server-Betreiber regelmäßig dazu führen kann, daß der „Urheber der polizeiwidrigen Inhalte" auf andere Provider ausweicht).

1394 Vgl. oben B. III. 2.

gen. Hinsichtlich der Auswirkungen auf die Kommunikationsfreiheiten bzw. die Berufs- oder Eigentumsfreiheit des Server-Betreibers, des Server-Verwalters sowie der Einsender und Rezipienten ist zu beachten, daß die fraglichen Maßnahmen unter Umständen einen *erheblichen Kontrollaufwand* erfordern, die *Nutzbarkeit* des Servers *empfindlich einschränken* und eine *Unterbindung* auch *nicht-störender Kommunikation* bewirken können.[1395] Demnach können sie nur als angemessen angesehen werden, soweit die zu unterbindenden Informationen ein *hohes Gefährdungspotential* aufweisen. Dies ergibt sich auch aus *§§ 11, 8 II 2, 3 TDG*[1396], wonach ein Server-Betreiber bzw. -Verwalter bei fehlender Kenntnis von zur Nutzung bereitgehaltenen Telediensteinformationen zu deren Sperrung bzw. Löschung nur als *Nichtverantwortlicher* und daher nur bei Vorliegen einer gegenwärtigen *erheblichen* Gefahr für die öffentliche Sicherheit[1397] – d.h. im Fall einer *Bedrohung bedeutsamer Rechtsgüter* – verpflichtet werden darf.[1398] Ist diese Voraussetzung erfüllt, so muß sich die konkrete Maßnahme auf das *mildeste* zur Gefahrenabwehr geeignete Mittel beschränken. Demnach kommt eine Anordnung der ständigen Überprüfung aller auf einem Server gespeicherter bzw. neu eingehender Informationen nur in Betracht, wenn sich eine (ggf. zunächst *zeitlich begrenzte*) *stichprobenartige* oder *intervallmäßige Kontrolle* besonders *„gefahrgeneigter" Server-Bereiche* anhand geeigneter Kriterien[1399] als ineffektiv erwiesen hat. Eine Anordnung der *pauschalen Sperrung* oder *Löschung* eines *ganzen Servers* dürfte wegen ihrer Auswirkungen auf nichtstörende Kommunikation regelmäßig *unverhältnismäßig* sein.

Im Rahmen der *Adressatenauswahl* ist bei einer Anordnung der Sperrung von neu bei einem Server eingehenden störenden Informationen zu berücksichtigen, daß deren *Einsender* häufig *nicht* (rechtzeitig) zu *ermitteln* sein wird und bereits deshalb – ungeachtet seiner tatsächlichen Heranziehbarkeit – *nicht* als *Maßnahmeadressat* in Betracht kommt.[1400] Abgesehen davon wäre ein gleichzeitiges

---

1395 Siehe oben 3. Teil A.

1396 Die Verantwortlichkeitsregelungen des MDStV gelangen nicht zur Anwendung, da es in der hier erörterten Konstellation an einem bereits festgestellten Verstoß i.S.d. § 22 II, III MDStV fehlt und die in Rede stehenden Anordnungen gegenüber Akteuren, die Mediendienste zur Nutzung bereithalten, nicht auf andere Ermächtigungsgrundlagen gestützt werden können (vgl. oben 4. Teil A. III., G.).

1397 Vgl. § 6 I Nr. 1 MEPolG.

1398 Da dem Anordnungsadressaten ein Ausgleichsanspruch zusteht (vgl. § 45 MEPolG) spricht der *finanzielle* Kontrollaufwand nicht (gesondert) gegen die Angemessenheit der Maßnahmen.

1399 Die Behörde ist insofern gehalten, dem Anordnungsadressaten möglichst treffsichere „Störmerkmale" vorzugeben, anhand derer er ohne schwierige Subsumtionsarbeit über eine Sperrung bzw. Löschung entscheiden kann (vgl. *Germann*, 440).

1400 Demnach steht der Heranziehung des Server-Betreibers oder -Verwalters auch § 6 I Nr. 2 MEPolG nicht entgegen.

Vorgehen gegen mehrere (potentielle) Einsender, die an einer Bereitstellung störender Informationen auf einem bestimmten Server interessiert sein könnten, kaum praktikabel und auch einer möglichst schnellen und effektiven Gefahrenabwehr nicht dienlich. Hinsichtlich der Auswahl zwischen dem Server-Betreiber und dem Server-Verwalter kann auf die Ausführungen zur Sperrung/Löschung bereits lokalisierter störender Informationen verwiesen werden. Demnach ist regelmäßig der *Server-Verwalter vorrangig* in Anspruch zu nehmen.

Wenn weder der Verwalter noch der Betreiber eines Servers zu einer Sperrung/Löschung dort abrufbaren oder neu eingehenden störenden Materials herangezogen werden kann, kommt (nachrangig) eine Verpflichtung von *Zugangsvermittlern* zur *Sperrung der Übermittlung störender Informationen* zwischen diesem Server und den mit diesem kommunizierenden Client-Computern in Betracht.[1401] Sperrungsverfügungen gegenüber *Zugangsbetreibern*, *Proxy-Cache-Betreibern* oder *IRC-Server-Betreibern* greifen grundsätzlich in das Fernmeldegeheimnis sowie vor allem in die Berufsfreiheit der Anordnungsadressaten und die Kommunikationsfreiheiten der Internet-Nutzer ein.[1402] Soweit solche Maßnahmen (insbesondere mit Blick auf § 88 TKG) prinzipiell zulässig sind, hängt ihre Angemessenheit im Einzelfall vom *Umfang der Sperrung* und vom *Gefährdungspotential der zu unterbindenden Informationen* ab[1403], wobei allerdings zu beachten ist, daß Zugangsvermittler und IRC-Server-Betreiber als *Nichtverantwortliche* nur bei Vorliegen einer *gegenwärtigen erheblichen Gefahr* für die öffentliche Sicherheit in Anspruch genommen werden können[1404]. Ungeachtet des Charakters der zu unterbindenden Informationen wäre allerdings eine Anordnung einer *pauschalen Sperrung*, die zum ganz überwiegenden Teil *nichtstörende Kommunikation betreffen*[1405] und *massiv* in Grundrechte der Internet-Akteure eingreifen würde, andererseits aber von Personen, die an einem Versand bzw. Abruf störender Informationen interessiert sind, *leicht umgangen* werden

1401 Insofern ist auch zu berücksichtigen, daß eine wirksame Sperrung der Übermittlung störender Informationen wegen der Unvorhersehbarkeit der Übertragungswege (siehe oben 1. Teil B.) auch bei einer Ausrichtung an „Störmerkmalen", anhand derer prinzipiell eine zielgenaue Identifikation störenden Materials möglich ist, nur bei einer *gleichzeitigen Inanspruchnahme möglichst vieler Zugangsvermittler* gelingen kann. Ein solches Vorgehen kann mit Blick auf das Ziel einer möglichst schnellen und effektiven Gefahrenabwehr nur in Betracht kommen, wenn weder der Verwalter noch der Betreiber des Servers, auf dem das störende Material abrufbar ist, zur Gefahrenabwehr herangezogen werden kann.

1402 Siehe dazu auch unten H.

1403 Siehe auch unten H.

1404 Siehe oben 5. Teil A. V., B. II. 3. b), c).

1405 Der Anteil störender Internet-Kommunikation dürfte maximal 1 % betragen (vgl. oben Fußnote 209).

könnte[1406], *nicht* mehr als ein *angemessenes Mittel* zur Gefahrenabwehr anzusehen.[1407]

Angesichts der Unangemessenheit pauschaler Sperrungs- bzw. Löschungsanordnungen gegenüber Server-Betreibern und -Verwaltern, Zugangsvermittlern und IRC-Server-Betreibern sind auch *Deaktivierungen* und *Sicherstellungen* von Hardware-Komponenten dieser Akteure sowie *Untersagungen* des Anbietens von TK-, Tele- oder Mediendiensten als *unverhältnismäßig* zu bewerten. Gleiches dürfte für *Deaktivierungen* und *Sicherstellungen* der von *Einsendern* oder *Rezipienten* genutzten Hardware und für gegen diese Akteure gerichtete *Untersagungen* einer Teilnahme an der Internet-Kommunikation gelten.

Eine mit Blick auf Art. 10 I bzw. 2 I, 1 I GG grundsätzlich zulässige *Auskunftsanordnung* oder *behördliche Kontrolle*, die sich auf *Kommunikationsinhalte* bezieht, ist nur verhältnismäßig, soweit eine (ebenfalls an sich zulässige) *selektive Sperrungs-/Löschungsanordnung* mangels hinreichender behördlicher Kenntnisse[1408] (noch) *nicht in Betracht kommt*. Im übrigen ist insbesondere zu berücksichtigen, daß in Art. 10 I GG eingreifende Kontrollmaßnahmen und Auskunftsverlangen der Nachrichtendienste, des Zollkriminalamts und der Polizeien in Niedersachsen, Rheinland-Pfalz und Thüringen von vornherein nur zur Aufklärung und Bekämpfung *schwerer Gefahrenlagen* in Betracht kommen und im übrigen strengen *Verfahrensbindungen* unterliegen[1409]; soweit sie nach den jeweils einschlägigen Regelungen zulässig sind, dürften sie grundsätzlich auch im Einzelfall *verhältnismäßig* sein.

H. Rechtmäßigkeit der Düsseldorfer Sperrungsverfügungen

Seit Februar 2002 geht die Bezirksregierung Düsseldorf als erste deutsche Aufsichtsbehörde in „flächendeckender" Form mittels *Sperrungsverfügungen* gegen Zugangsbetreiber vor und sorgt damit für erhebliches Aufsehen.[1410] Im

---

1406 Siehe oben 3. Teil C.

1407 So im Ergebnis auch *Greiner*, 163 f.; *Sieber* in Hoeren/Sieber, Teil 19, Rn. 322; *Spindler/Volkmann*, K&R 2002, 398, 408; *Stadler*, MMR 2003, 208, 210; vgl. auch *Germann*, 455 ff.

1408 Insofern geht es um Kenntnisse einer Gefahrenabwehrbehörde, die es ihr ermöglichen, die für eine Anordnung der Sperrung bzw. Löschung bestimmter Informationen maßgeblichen „Störmerkmale" vorzugeben.

1409 Siehe oben 4. Teil F. I., II., G.

1410 Vgl. etwa *Engel*, MMR-Beilage 4/2003, 1 ff.; *Greiner*, CR 2002, 620 ff.; *Krempl*, 2002 I; *Mankowski*, MMR 2002, 277, 278; *Schulzki-Haddouti*, 2002 I; *Spindler/Volkmann*, K&R 2002, 398 ff.; *dieselben*, MMR 2003, 353 ff.; *Stadler*, MMR 2002, 343 ff.; *derselbe*, MMR 2003, 208 ff.; http://www.heise.de/newsticker/meldung/35483; http://www.heise.de/newsticker/meldung/29300. Der Text der *Sperrungsverfügungen* ist abrufbar unter http://www.brd.nrw.de/BezRegDdorf/autorenbereich/Dezernat_21/PDF/39sperrverf_022002.pdf.

folgenden soll zur Rechtmäßigkeit dieser Maßnahmen Stellung genommen werden.

I. Verwaltungsverfahren und bisher ergangene gerichtliche Entscheidungen

Die auf § 18 II, III MDStV 97 gestützten Anordnungen gegen 76 nordrhein-westfälische Internet-Provider verpflichten diese zur Sperrung des Zugangs zur Nutzung der auf US-amerikanischen Servern abrufbaren rechtsextremistischen Websites „stormfront“[1411] und „nazi-lauck-nsdapao“[1412]. Nach Auffassung der Bezirksregierung Düsseldorf handelt es sich bei den beiden Websites um Mediendienste-Angebote mit unzulässigen Inhalten im Sinne des § 8 I MDStV 97.[1413] Eine Inanspruchnahme derjenigen, die diese Angebote zur Nutzung bereithalten, hatte sich als nicht durchführbar bzw. erfolglos erwiesen.[1414] Als Möglichkeiten zur Umsetzung der Anordnungen werden DNS-, URL- und IP-Sperrungen genannt.[1415] In den Verfügungen heißt es unter anderem, daß z.B. eine DNS-Sperrung für den durchschnittlichen Internet-Nutzer eine nicht unwesentliche Zugangserschwernis bewirke, mildere Mittel nicht ersichtlich seien[1416], die Informationsfreiheit der Internet-Nutzer nach Art. 5 II GG zulässig durch den MDStV eingeschränkt werde und kein Anspruch auf einen Empfang rechtswidriger, insbesondere strafbarer, Angebote bestehe.[1417]

Die von der Hälfte der Anordnungsadressaten eingelegten *Widersprüche* wurden als unbegründet abgewiesen.[1418] Zur Begründung führte die Bezirksregierung insbesondere aus, daß für jedermann zugängliche Websites kein „Brief- bzw. Telekommunikationsgeheimnis“ nach Art. 10 I GG für sich beanspruchen könnten und keine Individualkommunikation darstellten, und daß die Aufgabe der Zugangsbetreiber nicht mit derjenigen der Post oder eines „Telefondienste-

1411 Http://www.stormfront.org.

1412 Http://www.nazi-lauck-nsdapao.com.

1413 Im einzelnen verstießen die Angebote gegen §§ 86 I Nr. 4, 86a, 130 I-III, 130a, 11 III StGB, 8 I Nr. 1 MDStV 97, verherrlichten den Krieg (§ 8 I Nr. 3 MDStV 97) und seien offensichtlich geeignet, Kinder oder Jugendliche sittlich schwer zu gefährden (§ 8 I Nr. 5 MDStV 97) (*Sperrungsverfügungen* [siehe oben Fußnote 1410], S. 2-6).

1414 *Sperrungsverfügungen* (siehe oben Fußnote 1410), S. 6.

1415 *Sperrungsverfügungen* (siehe oben Fußnote 1410), S. 7. Vgl. zu den technischen Gegebenheiten oben 3. Teil C.

1416 *Sperrungsverfügungen* (siehe oben Fußnote 1410), S. 9 f.

1417 Im übrigen werde im Hinblick auf den im Tenor der Anordnung enthaltenen Zusatz, daß eine Sperrungsverpflichtung insoweit nicht besteht, als die Nutzung der fraglichen Angebote zu Zwecken der Wissenschaft, Forschung oder Lehre erforderlich ist, auch Art. 5 III GG nicht verletzt (*Sperrungsverfügungen* [siehe oben Fußnote 1410], S. 10).

1418 Der Text der *Widerspruchsbescheide* ist abrufbar unter http://www.brd.nrw.de/BezReg Ddorf/hierarchie/aufgaben/Abteilung_2/Dezernat_21/Medienmissbrauch/Widerspruchsbescheid_zur_Sperrverfuegun8229.php.

Anbieters" vergleichbar sei.[1419] Es werde zwar in Art. 12 I GG eingegriffen, jedoch lediglich in Form einer Berufsausübungsregelung, welche mit Blick auf die geschützten Rechtsgüter angemessen sei.[1420] Im übrigen werde die Sperrungsverfügung – soweit nicht der MDStV, sondern das TDG einschlägig sei – auch auf § 14 I OBG NW in Verbindung mit § 8 II 2 TDG gestützt.[1421]

Nachdem 18 Provider *Klage* erhoben hatten, ordnete die Behörde die *sofortige Vollziehung* der Sperrungsverfügungen an.[1422] Im Wege des *vorläufigen Rechtsschutzes* wurde die aufschiebende Wirkung der Klage durch das Verwaltungsgericht Minden[1423] sowie jeweils in einem Verfahren durch die Verwaltungsgerichte Gelsenkirchen[1424] und Köln[1425] *wiederhergestellt*, während in weiteren Verfahren die Verwaltungsgerichte Arnsberg[1426], Gelsenkirchen[1427], Düsseldorf[1428], Aachen[1429] und Köln[1430] entsprechende Anträge *ablehnten.*[1431] Die hiergegen gerichteten *Beschwerden* wurden vom *Oberverwaltungsgericht Münster zurückgewiesen.*[1432] Das Oberverwaltungsgericht hatte insbesondere keine „offenkundigen Bedenken" gegen die Verhältnismäßigkeit der Verfügungen.

1419 *Widerspruchsbescheide* (siehe oben Fußnote 1418), Absatz 16.

1420 *Widerspruchsbescheide* (siehe oben Fußnote 1418), Absätze 50 f.

1421 Insofern würden die Anordnungsadressaten als Zustandsstörer i.S.d. § 18 I OBG NW in Anspruch genommen, da sie nach Kenntniserlangung von den „verbotenen Sites" nicht mehr Nichtverantwortliche i.S.d. § 19 I OBG NW seien (*Widerspruchsbescheide* [siehe oben Fußnote 1418], Absatz 65).

1422 Der Text der *Anordnungen des sofortigen Vollzugs* ist abrufbar unter http://odem.org/material/verfuegung/vollzug.html.

1423 Beschluß vom 31.10.2002, Az. 11 L 1110/02. Die im folgenden genannten Entscheidungen sind abrufbar über http://www.artikel5.de/entscheidungen/sperrungsanordnungen_2002.html.

1424 Beschluß vom 17.12.2002, Az. 1 L 2547/02.

1425 Beschluß vom 17.10.2003, Az. 6 L 699/03.

1426 Beschluß vom 06.12.2002, Az. 13 L 1848/02.

1427 Beschluß vom 18.12.2002, Az. 1 L 2528/02.

1428 Beschlüsse vom 19.12.2002, Az. 15 L 3749/02, 15 L 4148/02 (MMR 2003, 205 ff.), 15 L 4149/02.

1429 Beschlüsse vom 05.02.2003, Az. 8 L 1028/02, 8 L 1248/02

1430 Beschluß vom 07.02.2003, Az. 6 L 2459/02.

1431 Während das *VG Minden* die Verfügung für weder offensichtlich rechtmäßig noch offensichtlich rechtswidrig hielt, hatte je ein Verfahren vor dem *VG Gelsenkirchen* und dem *VG Köln* wegen eines Zustellungsfehlers bzw. wegen unzureichender individueller Ermessenserwägungen der Bezirksregierung Düsseldorf (Nichtberücksichtigung der Beziehungen des Anordnungsadressaten zu dessen Subunternehmern) Erfolg. In den übrigen Verfahren waren die *Verwaltungsgerichte Arnsberg, Gelsenkirchen, Düsseldorf, Aachen* und *Köln* der Auffassung, daß vieles bzw. einiges für die Rechtmäßigkeit der Sperrungsverfügungen spreche.

1432 Beschluß vom 19.03.2003, Az. 8 B 2567/02, MMR 2003, 348 ff.; Beschlüsse vom 24.03.2003 und 25.03.2003, Az. 8 B 2567/02, 8 B 65/03, 8 B 217/03, 8 B 218/03, 8 B 372/03, 8 B 513/03 (siehe oben Fußnote 1424).

Die technisch mögliche DNS-Sperrung sei zur Gefahrenabwehr geeignet und erforderlich, denn sie erschwere einer Vielzahl von Internet-Nutzern den unmittelbaren Zugriff auf die fraglichen Websites zumindest in zeitlicher und technischer Hinsicht, und es sei nicht ersichtlich, daß die Aufsichtsbehörde mit Erfolg gegen den „für die (Web-)Seiten Verantwortlichen" vorgehen oder ein Einschreiten veranlassen könne.[1433] Die Maßnahme greife auch nicht unverhältnismäßig in Art. 12 I GG oder Art. 14 I 1 GG ein, da dem relativ geringen Aufwand zur Einrichtung der Sperrung[1434] schwerwiegende Rechtsgutbeeinträchtigungen entgegenstünden.[1435]

II. Rechtmäßigkeit der Maßnahmen

Die Website „stormfront" präsentiert sich als „Internet-Quelle für die mutigen Männer und Frauen, die ihre weiße westliche Kultur verteidigen" und „Forum ... für die Bildung politischer und sozialer Gruppen zur Sicherstellung des Siegs"[1436]; sie enthält z.B. Artikel zu Grundsatzfragen der rassistischen Ideologie, einschlägige Presseberichte und nationalsozialistische Symbole. Auf der Website „nazi-lauck-nsdapao" finden sich Angebote von NS-Propagandamaterial (z.B. Bücher, CDs, Videospiele) zum freien Bezug bzw. Kauf, Verunglimpfungen bekannter Politiker sowie Aufrufe und Anleitungen zur Unterstützung und Verbreitung rassistischen Gedankenguts. Nach dem gesamten Erscheinungsbild der Websites kann jeweils von einer *im Vordergrund stehenden redaktionellen Gestaltung zur Meinungsbildung für die Allgemeinheit* im Sinne des § 2 II Nr. 4 MDStV ausgegangen werden.[1437] Demnach war § 18 II, III

1433 *OVG Münster*, MMR 2003, 348, 351 f.

1434 Der betroffene Zugangsbetreiber hatte selbst eingeräumt, daß die Umsetzung der Sperrung nur einen relativ geringen Aufwand erforderte (*OVG Münster*, MMR 2003, 348, 352).

1435 Ferner seien sonstige in die Abwägung einzustellende Belange, wie das Allgemeininteresse an einem ungehinderten Datenverkehr, die Einschränkung eines vollwertigen Internetzugriffs und eine Hemmung des Internet-Handels, durch die Sperrung der beiden rechtsradikalen Websites nicht oder nicht in relevantem Umfang berührt (*OVG Münster*, MMR 2003, 348, 352 f.).

1436 Übersetzung des Verfassers aus dem Englischen.

1437 So auch *VG Gelsenkirchen*, Beschluß vom 18.12.2002, Az. 1 L 2528/02, 5; *VG Düsseldorf*, Beschluß vom 19.12.2002, Az. 15 L 4148, 17; *VG Aachen*, Beschluß vom 05.02.2003, Az. 8 L 1284/02, 5 f.; *VG Köln*, Beschluß vom 07.02.2003, Az. 6 L 2495, 16 f.; *OVG Münster*, MMR 2002, 348, 349; *Greiner*, CR 2002, 620; zweifelnd *Stadler*, MMR 2003, 208, 209; ablehnend *Hoeren*, Stellungnahme, 2. Bei einer Einordnung der Websites als Teledienste wäre § 14 I OBG NW einschlägig gewesen (vgl. die „Hilfsbegründung" der Bezirksregierung Düsseldorf in den *Widerspruchsbescheiden* [siehe oben I.]).

MDStV 97 (bzw. ist § 22 II, III MDStV) im Hinblick auf die Sperrung der Zugangsvermittlung die *zutreffende Ermächtigungsgrundlage.*[1438]

Die in Rede stehenden Websites stellen *unzulässige Angebote* im Sinne von § 8 I MDStV 97 (bzw. § 12 MDStV in Verbindung mit §§ 4, 5 JMStV) dar.[1439] Maßnahmen gegenüber denjenigen, die diese Angebote *zur Nutzung bereithalten*, hatten sich als *nicht durchführbar* bzw. *erfolglos* erwiesen.[1440] Bei den zur Sperrung verpflichteten Zugangsbetreibern handelt es sich um *Anbieter fremder Inhalte* im Sinne des § 5 III MDStV 97 (bzw. § 7 MDStV). Die einschlägigen *Verantwortlichkeitsregelungen*[1441], die lediglich eine *Filterwirkung* entfalten, ändern nichts daran, daß die Anordnungsadressaten als *Nichtverantwortliche* (nur) unter den Voraussetzungen des *polizeilichen Notstands* in Anspruch genommen werden können[1442], welche hier *vorliegen.*[1443]

1438 So auch *OVG Münster*, MMR 2003, 348, 350 f. (m.w.N.); *Spindler/Volkmann*, MMR 2003, 353 f.; a.A. *Engel*, MMR-Beilage 4/2003, 1, 13; *Greiner*, CR 2002, 620, 621; *Stadler*, MMR 2002, 343, 344. Die Zuständigkeit der Bezirksregierung Düsseldorf ergibt sich aus §§ 18 V MDStV 97 bzw. 22 V MDStV (vgl. oben Fußnote 610) i.V.m. Art. 2 des Gesetzes zum MDStV i.V.m. §§ 1, 2 der Zuständigkeitsverordnung für Mediendienste. Zwar obliegt die Jugendschutz-Aufsicht in Nordrhein-Westfalen nun der Landesanstalt für Medien (§§ 20 I, IV JMStV i.V.m. §§ 35, 88 NWMedienG), jedoch kann sich der Zuständigkeitswechsel nicht auf die Rechtmäßigkeit der in Rede stehenden Verfügungen auswirken (vgl. *OVG Münster*, MMR 2003, 348, 353). Abgesehen davon stünden der Landesmedienanstalt nach §§ 20 I, IV JMStV i.V.m. 22 II-IV MDStV dieselben Befugnisse zu.

1439 Im einzelnen verstoßen sie gegen §§ 86 I Nr. 4, 86a, 130 II, IV, 130a StGB (vgl. zu den Straftatbeständen oben 2. Teil B. I. 1. a) und zur Anwendbarkeit des deutschen Strafrechts näher unten 7. Teil A. I. 2.), verherrlichen den Krieg, sind offensichtlich geeignet, Kinder und Jugendliche sittlich schwer zu gefährden (§ 8 I MDStV 97) und erfüllen auch die meisten der in §§ 12 MDStV i.V.m. 4, 5 JMStV aufgeführten Tatbestandsmerkmale. Vgl. *OVG Münster*, MMR 2003, 348, 350; *Greiner*, CR 2002, 620, 621; *Spindler/Volkmann*, MMR 2003, 353, 354.

1440 Eine im Sommer 2000 ergangene Aufforderung der Bezirksregierung Düsseldorf zur Sperrung der beiden Angebote war von den in den USA ansässigen Providern ignoriert worden. Das Generalkonsulat und die Medienaufsichtsbehörde der USA hatten unter Verweis auf das First Amendment (Freedom of Speech) der US-amerikanischen Verfassung ein Tätigwerden abgelehnt. Aus demselben Grund hatte der *U.S. District Court for the Northern District of California* (Fall Yahoo v. LICRA, Entscheidung vom 07.11.2001, C-00-21275 JF, MMR 2002, 26) die Durchsetzung einer Entscheidung des *Tribunal de Grande Instance de Paris* (Entscheidung vom 22.05.2000, UEJF et LICRA contre Yahoo! Inc. et Yahoo France, K&R 2000, 365 ff.) verweigert, die einen US-amerikanischen Provider zur Sperrung des Zugriffs auf Neonazi-Websites von Frankreich aus verpflichtete. (Vgl. *Widerspruchsbescheide* [siehe oben Fußnote 1418], Absätze 27-29).

1441 §§ 5 III, 18 III MDStV 97 (bzw. §§ 7, 6 II 2, 3 MDStV).

1442 So auch *Spindler/Volkmann*, MMR 2003, 353, 354. Verfehlt sind daher die in den *Widerspruchsbescheiden* enthaltenen Ausführungen, daß die Provider im Hinblick auf eine

Die fraglichen Websites sind öffentlich zugänglich und daher als solche nicht durch *Art. 10 I GG* geschützt.[1444] Allerdings kann die Kommunikation mit einem Server, der über die Eingabe eines URL kontaktiert wird, *vertraulichen Charakter* haben.[1445] Insofern unterliegt dann auch der *URL* als näherer Umstand der Kommunikation dem Schutz des Art. 10 I GG. Da der öffentliche oder vertrauliche Charakter von Kommunikation, die den Vermittlungsrechner eines Zugangsbetreibers passiert, nur durch eine *Kenntnisnahme* ihres Inhalts oder ihrer näheren Umstände festgestellt werden kann, wodurch ggf. bereits in Art. 10 I GG eingegriffen würde, *unterliegt solche Kommunikation* – einschließlich erfolgloser Verbindungsversuche – *generell dem Fernmeldegeheimnis*.[1446] Bei einer URL- oder IP-Sperrung[1447] registriert der Vermittlungsrechner des sperrenden Providers[1448], daß ein Computer, der zu einem bestimmten Zeitpunkt eine bestimmte IP-Adresse trug, einen bestimmten URL bzw. die korrespondierende IP-Adresse nachgefragt hat und mit dieser Nachfrage abgewiesen wurde; dieser Datensatz kann ggf. mit anderen Daten[1449] so kombiniert werden, daß ein *Rück-*

Inanspruchnahme gemäß § 14 I OBG NW nach der Erlangung der Kenntnis von den „verbotenen Sites" nicht mehr Nichtverantwortliche, sondern Zustandsstörer seien (siehe oben Fußnote 1421). Diese Sichtweise verkennt den Charakter der Verantwortlichkeitsbestimmungen als prinzipiell verantwortlichkeits*begrenzende Filter*regelungen (vgl. oben 5. Teil B. I. 1.).

1443 So auch *VG Düsseldorf*, Beschluß vom 19.12.2002, Az. 15 L 4148/02, S. 25 f. Die auf beiden Websites enthaltene massive Hetzpropaganda bedroht hochwertige Rechtsgüter und begründet eine gegenwärtige erhebliche Gefahr für die öffentliche Sicherheit. Die Heranziehung eines Verantwortlichen ist nicht (rechtzeitig) möglich bzw. verspricht keinen Erfolg. Die Gefahr kann auch nicht (rechtzeitig) durch die Behörde selbst oder von ihr beauftragte Dritte abgewehrt werden. Vgl. oben 5. Teil A. VII.

1444 Hiervon ging auch die Bezirksregierung Düsseldorf aus, die in den Widerspruchsbescheiden ausführte, daß „Webseiten kein Brief- bzw. Telekommunikationsgeheimnis nach Art. 10 Abs. 1 GG für sich beanspruchen können und keine Individualkommunikation darstellen".

1445 Dies ist insbesondere der Fall, wenn es sich um (paßwortgeschützte) vertrauliche Individualkommunikation per E-Mail oder im Rahmen einer geschlossenen Benutzergruppe handelt (vgl. oben B. I. 1.).

1446 Siehe oben B. I. Da auch erfolglose Verbindungsversuche in den Schutzbereich des Art. 10 I GG fallen, scheidet im Hinblick auf eine IP- oder URL-Sperrung ein Eingriff in das Fernmeldegeheimnis nicht deshalb aus, weil eine IP- bzw. URL-Anfrage von einem sperrenden Zugangsbetreiber abgewiesen wird.

1447 Die Bezeichnung „DNS-Sperrung" beschreibt die Art und Weise der Realisierung einer URL-/IP-Sperrung mittels eines Eingriffs an einem DNS-Server (vgl. oben 3. Teil C.).

1448 Dieser muß so konfiguriert sein, daß *alle* Website-Anfragen von Kunden auf deren URL- bzw. IP-Adressierung hin *kontrolliert* und mit dem behördlicherseits vorgegebenen Sperrkriterium *verglichen* werden (vgl. *Greiner*, CR 2002, 620, 623).

1449 Hierbei handelt es sich insbesondere um die Zuordnung der fraglichen IP-Adresse zu einem bestimmten Telefonanschluß zum fraglichen Zeitpunkt und den Namen des Anschlußinhabers; diese Daten werden ebenfalls von dem sperrenden Zugangsbetreiber re-

schluß auf die *Identität des Nachfragenden* möglich wird.[1450] Da die Sperrungsverfügungen ihre Adressaten zu einer Erfassung näherer Umstände von Telekommunikation, die generell dem Fernmeldegeheimnis unterliegt, veranlassen, *greifen sie in Art. 10 I GG ein.*[1451] Allerdings durfte den Anordnungsadressaten aufgrund *§ 18 III MDStV 97* (als „Verwendungserlaubnis" im Sinne des *§ 85 III 3 TKG 96*) eine Sperrung anhand URLs oder IP-Adressen – d.h. eine Verwendung von Kenntnissen über nähere Umstände geschützter Telekommunikation, deren Erlangung für die geschäftsmäßige TK-Dienst-Erbringung erforderlich (und damit nach § 85 III 1 TKG 96 zulässig) war – aufgegeben werden. Gleiches gilt nun im Hinblick auf *§§ 22 II, III, 6 II 2, 3 MDStV* und *§ 20 I, IV JMStV* (in Verbindung mit den Bestimmungen des MDStV), die „Verwendungserlaubnisse" im Sinne des *§ 88 III 3 TKG* bilden.[1452]

Im übrigen greifen die Sperrungsverfügungen insbesondere in die *Berufsfreiheit* der *Anordnungsadressaten* und in die *Informationsfreiheit* der *Rezipienten*, die auf die gesperrten Informationen zugreifen wollen, ein.[1453]

Die von der Bezirksregierung Düsseldorf als ausreichend erachtete DNS-Sperrung[1454] ist zwar umgehbar, dürfte aber in der Tat für den „durchschnittlichen" – technisch nicht besonders versierten – Rezipienten eine *nicht unwesentliche Zugangserschwernis* bewirken und ist demnach – wenn auch nur begrenzt – zur Gefahrenabwehr *geeignet.*[1455] Da mildere, zur Erreichung des

---

spektive von dem TK-Diensteanbieter, der den Telefonanschluß bereitstellt, erhoben (vgl. oben 3. Teil C.).

1450 Ein Eingriff in Art. 10 I GG liegt grundsätzlich auch dann vor, wenn erfaßte Daten (noch) nicht sofort bestimmten Personen zugeordnet werden können (*BVerfG 100*, 313, 366).

1451 Wie hier auch *Greiner*, CR 2002, 620, 623. A.A. sind offenbar die in den einstweiligen Rechtsschutzverfahren befaßten *Gerichte* sowie *Engel*, MMR-Beilage 4/2003, 1 ff.; *Spindler/Volkmann*, K&R 2002, 398 ff.; *dieselben*, MMR 2003, 353 ff.; *Stadler*, MMR 2003, 208, 208 ff.

1452 Vgl. oben B. III. 2. b) aa). Im übrigen steht auch § 19 II 1 MDStV den Sperrungsverfügungen nicht entgegen (vgl. oben B. III. 2. c) aa)).

1453 Vgl. oben A. I., II. und C. Wie hier auch *Greiner*, CR 2002, 620, 622 f.; *Spindler/Volkmann*, K&R 2002, 398, 406 f.; *Stadler*, MMR 2003, 208, 210 (im Hinblick auf Art. 5 I GG). A.A. *OVG Münster*, MMR 2003, 348, 352, das lediglich einen Eingriff in Art. 12 I GG erörtert; *VG Düsseldorf*, MMR 2003, 205, 207 f., wonach die Informationsfreiheit nicht beeinträchtigt werde; *Dietlein/Heinemann*, K&R 2004, 418, 421 f., wonach außer in die Informationsfreiheit der Rezipienten auch in die Rundfunkfreiheit der Zugangsbetreiber eingegriffen werde.

1454 *Sperrungsverfügungen* (siehe oben Fußnote 1410), S. 7 f.

1455 Da eine Maßnahme bereits dann zur Gefahrenabwehr geeignet ist, wenn sie die Erreichung dieses Zwecks fördert (vgl. *OVG Münster*, MMR 2003, 348, 351 [m.w.N.]), ist hier unerheblich, daß die in Rede stehenden Websites über nicht-sperrende Zugangsbetreiber auch weiterhin abgerufen werden können.

verfolgten Zwecks gleich geeignete, Mittel nicht zur Verfügung stehen[1456], sind die erlassenen Anordnungen auch zur Gefahrenabwehr *erforderlich.*[1457] Im übrigen wird man die Verfügungen auch als *angemessen* ansehen können, denn einerseits betrifft die mit *relativ geringem Aufwand einzurichtende*[1458] Sperrung lediglich *zwei Websites* – weshalb sie auch zu keinem erheblichen Kundenverlust der in Anspruch genommenen Zugangsbetreiber führen dürfte – und andererseits gehen von den fraglichen Angeboten *schwerwiegende Gefahren* für die Menschenwürde, die Entwicklung Jugendlicher, den demokratischen Rechtsstaat und den öffentlichen Frieden aus.[1459]

Demnach kann der Bezirksregierung Düsseldorf sowie der Mehrzahl der bisher mit den Anordnungen befaßten Gerichte im Ergebnis zugestimmt werden. Allerdings wurden bislang nicht alle von den Sperrungsverfügungen betroffenen Grundrechtspositionen hinreichend berücksichtigt. Es bleibt zu wünschen, daß dies im Rahmen der Hauptsacheverfahren nachgeholt werden wird.

1456 Insbesondere wäre eine Verpflichtung der Zugangsbetreiber, ihren Kunden Filtersoftware zur Verfügung zu stellen, nicht in gleicher Weise zur Realisierung der Zugangssperrung geeignet, da einerseits zur Erzielung desselben Ergebnisses jeder einzelne Kunde die Software tatsächlich installieren müßte und andererseits die Bereitschaft der Kunden, diesen Aufwand zu betreiben und sich selbst in der Internet-Nutzung zu beschränken, eher gering sein dürfte (vgl. *OVG Münster*, MMR 2003, 348, 352; *Greiner*, CR 2002, 620, 622).

1457 So auch *OVG Münster*, MMR 2003, 348, 351 f.; *VG Düsseldorf*, MMR 2003, 205, 207; *Dietlein/Heinemann*, K&R 2004, 418, 423; *Greiner*, CR 2002, 620, 621 f.; *Spindler/Volkmann*, MMR 2003, 353, 354 f.; zweifelnd *Stadler*, MMR 2003, 208, 209; a.A. *Engel*, MMR-Beilage 4/2003, 1, 24 ff., 33 f.

1458 Vgl. oben Fußnote 1434.

1459 So im Ergebnis auch *OVG Münster*, MMR 2003, 348, 352; *VG Düsseldorf*, MMR 2003, 205, 208; *Dietlein/Heinemann*, K&R 2004, 418, 423; *Greiner*, CR 2002, 620, 623; vgl. auch *Zimmermann*, NJW 1999, 3145, 3151. A.A. *Engel*, MMR-Beilage 4/2003, 1, 31 ff., 34; *Stadler*, MMR 2002, 343, 346.

7. Teil: Rechtliche Zulässigkeit einer „grenzüberschreitenden Gefahrenabwehr" deutscher Behörden

Das Internet endet nicht an Staatsgrenzen. Grundsätzlich können Informationen von überall her eingespeist sowie weltweit abgerufen werden und es ist weder der Weg des Datentransports vorhersehbar noch können die Auswirkungen von Maßnahmen zur Bekämpfung störender Internet-Angebote zuverlässig auf bestimmte Gebiete beschränkt werden.[1460] Daher weisen staatliche Gefahrenabwehrmaßnahmen im Internet zumeist einen *Auslandsbezug* auf.[1461] Im folgenden soll näher untersucht werden, wie sich dieser Aspekt auf die rechtliche Zulässigkeit einer „grenzüberschreitenden Gefahrenabwehr" deutscher Behörden – insbesondere im Hinblick auf das *Völkerrecht* und das *Europäische Gemeinschaftsrecht* – auswirkt.[1462] Im Blickpunkt steht dabei die Frage, ob und inwieweit Deutschland bei auslandsbezogenen Sachverhalten zu einer *Regelung befugt* ist und eigene *Hoheitsakte durchsetzen* kann.

A. Vereinbarkeit mit dem Völkerrecht

Zunächst ist zu erörtern, welche Vorgaben für eine „grenzüberschreitende Gefahrenabwehr" deutscher Behörden ggf. den *allgemeinen Regeln des Völkerrechts* – die gemäß Art. 25 S. 1 GG Bestandteil des deutschen Bundesrechts sind und den einfachen Gesetzen vorgehen – sowie *völkerrechtlichen Verträgen* zu entnehmen sind.

I. Kompetenz zur Regelung von Sachverhalten („jurisdiction to prescribe")

1. Völkerrechtliche Vorgaben

Die *Kompetenz* eines Staates zur *Regelung* von Sachverhalten *(„jurisdiction to prescribe")* beschränkt sich nicht auf den Bereich seiner Gebietshoheit (d.h. Sachverhalte, die sich innerhalb seiner Grenzen verwirklicht haben).[1463] Allerdings muß zwischen dem Sachverhalt und dem regelnden Staat ein *sinnvoller*

1460 Vgl. oben 1. Teil B. und 3. Teil.

1461 Dieser wird beispielsweise ersichtlich, wenn eine deutsche Behörde einem Web-Hosting-Anbieter mit Sitz in Deutschland aufgibt, die Website eines im Ausland ansässigen Kunden zu löschen, oder erwägt, einen im Ausland ansässigen Server-Betreiber/-Verwalter zu einer Löschung zu veranlassen. Jede Sperrung oder Löschung einer Website hat zur Folge, daß die betreffenden Informationen von Rezipienten im In- und Ausland nicht mehr abgerufen werden können.

1462 Siehe zur Bindung der deutschen Hoheitsgewalt an deutsche Grundrechte bei Sachverhalten mit Auslandsbezug bereits oben 6. Teil G.

1463 *Ständiger Internationaler Gerichtshof* („Lotus"-Fall), *StIGHE 5*, 73, 90; *Geiger*, § 52 I; *Gloria* in Ipsen, § 23, Rn. 93 f.; *Seidl-Hohenveldern/Stein*, Rn. 1363 ff.

Anknüpfungspunkt („genuine link“) bestehen. Fehlt es hieran, so erfüllt der regelnde Staat den Tatbestand einer völkerrechtlich verbotenen Einmischung in innere Angelegenheiten eines anderen Staates.[1464]

Völkerrechtlich anerkannte Anknüpfungskriterien sind insbesondere der Ort einer Handlung bzw. die Belegenheit einer Sache im Inland *(Territorialitätsprinzip)*, die Staatsangehörigkeit einer Person *(Personalitätsprinzip)*, die Verletzung oder Bedrohung eines inländischen Rechtsguts *(Schutzprinzip)* und die Verletzung oder Bedrohung eines gemeinsamen, in allen Kulturstaaten anerkannten Rechtsguts *(Weltrechtsprinzip)*.[1465] Soweit für einen Sachverhalt *zwei Staaten* eine „jurisdiction to prescribe“ geltend machen können und insofern zwischen ihnen keine vertragliche Regelung existiert, so darf der eine Staat seine Kompetenz *nicht* ausüben, wenn das *Interesse des anderen Staates* am Ausbleiben einer Regelung durch den ersten Staat *überwiegt*.[1466]

2. Anwendungsbereich des deutschen Strafrechts

Im Hinblick auf das Schutzgut der „öffentlichen Sicherheit“ kommt den Normen des deutschen *Strafrechts* besondere Bedeutung zu.[1467] Zu klären ist, unter welchen Voraussetzungen diese Bestimmungen auf Sachverhalte mit Auslandsbezug anwendbar sind.

Der Anwendungsbereich des deutschen Strafrechts für Taten mit Auslandsberührung ist in §§ 3 ff. StGB *(deutsches internationales Strafrecht)* geregelt, bei denen es sich um einseitige Kollisionsnormen handelt, die nur den Umfang der deutschen Strafgewalt festlegen, nicht aber ausländisches Strafrecht zur Anwendung berufen.[1468]

Einige der hier interessierenden Delikte[1469] fallen unter § 5 Nr. 1-5 oder § 6 Nr. 6 StGB[1470], die das *Schutz-* bzw. *Weltrechtsprinzip* konkretisieren und das StGB (ausnahmsweise) unabhängig vom Recht des Tatorts auf *im Ausland begangene* Taten erstrecken.[1471]

1464 Vgl. *Internationaler Gerichtshof* („Nottebohm“-Fall), *ICJ Rep. 1955*, 4, 23 ff.; *BVerfGE 63*, 343, 369; *Geiger*, § 52 I; *Gloria* in Ipsen, § 23, Rn. 95; *Linke*, 95 (m.w.N.).

1465 Statt vieler: *Geiger*, § 52 II 1, 2.

1466 Vgl. *Geiger*, § 53 II; *Gloria* in Ipsen, § 23, Rn. 102 (jeweils m.w.N.).

1467 Siehe dazu oben 2. Teil B. I. 1. a).

1468 *Eser* in Schönke/Schröder, Rn. 1 vor §§ 3-7; *Lackner* in Lackner/Kühl, Rn. 1 vor §§ 3-7. Insofern unterscheiden sich die §§ 3 ff. StGB grundlegend vom deutschen internationalen Privatrecht (IPR).

1469 Vgl. oben 2. Teil B. I. 1. a).

1470 So fallen z.B. §§ 90-90b, 94-100a StGB unter § 5 Nr. 1-5 StGB, während § 6 Nr. 6 StGB Taten nach §§ 184a, 184b I-III und 184c S. 1 StGB erfaßt.

1471 Hingegen setzt § 7 StGB (stellvertretende Strafrechtspflege) voraus, daß die Tat auch am Tatort strafbar ist (was z.B. in den USA hinsichtlich der Volksverhetzung i.S.d. §

Für die meisten Delikte ist § 3 StGB – als Ausdruck des *Territorialitätsprinzips* – maßgeblich, der auf die *Tatbegehung im Inland* abstellt. Ort der Tatbegehung ist jeder Ort, an dem der Täter *gehandelt* hat (bzw. im Fall des Unterlassens hätte handeln müssen) oder an dem der zum Tatbestand gehörende *Erfolg eingetreten* ist bzw. nach der Vorstellung des Täters eintreten sollte (§ 9 I StGB). Handlungsort ist der Ort der Vornahme einer auf die Tatbestandsverwirklichung gerichtete Tätigkeit[1472] – also der Ort, an dem der *Täter physisch anwesend* ist[1473]; nicht aber (auch) der Standort eines Servers, den er „fernsteuert“.[1474] Der Handlungsort liegt demnach im Inland, wenn die zur Einwirkung auf einen Server bzw. zum Informationsabruf erforderliche *Tätigkeit* (insbesondere die Bedienung einer Tastatur) *im Inland* vorgenommen wird.[1475] Ist dies nicht der Fall, so kommt es auf den Ort des „zum Tatbestand gehörenden *Erfolgs*“[1476] an. Allerdings handelt es sich bei den hier interessierenden Straftaten überwiegend um *abstrakte Gefährdungsdelikte*.[1477] Bei diesen soll es nach verbreiteter Auffassung neben dem Ort der (gefährlichen) Tathandlung *keinen*

---

130 StGB nicht der Fall ist; vgl. etwa *Kudlich*, StV 2001, 397, 398) oder der Tatort keiner Strafgewalt unterliegt

1472 *Eser* in Schönke/Schröder, § 9, Rn. 4 (m.w.N.).

1473 So die wohl h.M. – vgl. *Collardin*, CR 1995, 618, 620; *Fischer* in Tröndle/Fischer, § 9, Rn. 2; *Germann*, 230; *Sieber*, NJW 1999, 2065, 2067, 2070. Auch *Cornils*, JZ 1999, 394, 397, bezeichnet diese Sichtweise als „traditionelles Verständnis“ des Handlungsorts.

1474 So aber *Cornils*, JZ 1999, 394, 396; *Eser* in Schönke/Schröder, § 9, Rn. 4, 7. Hiergegen spricht vor allem, daß der Täter nur am Ort seiner Anwesenheit eine geistige und körperliche Betätigung entfaltet. Bei „ferngesteuerten“ Vorgängen auf einem Server handelt es sich um Auswirkungen einer anderswo vorgenommenen Tathandlung. Eine Ausdehnung des Handlungsorts auf den „Handlungswirkungsort“ drohte die in § 9 I StGB vorgenommene Unterscheidung zwischen Handlung und (zum Tatbestand gehörendem) Erfolg zu unterlaufen (vgl. *Sieber*, NJW 1999, 2065, 2070).

1475 Vgl. *Sieber* in Hoeren/Sieber, Teil 19, Rn. 398. Hingegen liegt keine Handlung im Inland vor, wenn vom Ausland aus Daten auf einen im Inland belegenen Server eingespeist werden. Entsprechendes gilt für den (als solchen strafbaren) Datenabruf: Eine Inlandstat liegt vor, wenn im Inland Daten von einem beliebigen Server abgerufen werden; nicht dagegen bei einem im Ausland erfolgenden Abruf von Daten, die auf einem inländischen Server gespeichert sind.

1476 § 9 I, 3. Alt. StGB.

1477 So etwa §§ 86, 86a, 111, 130, 130a, 131, 184, 184a, 184b, 184c StGB (vgl. *Fischer* in Trödle/Fischer, §§ 86/86a/111, Rn. 1, §§ 130/130a/131, Rn. 2, § 184, Rn. 3), soweit es um das Zugänglichmachen bzw. Verbreiten bestimmten Materials geht. Beim strafbaren Datenabruf – etwa gemäß §§ 130 II Nr. 1 d), 184 I Nr. 4, Nr. 8, 184a Nr. 3, 184b I Nr. 3, IV StGB – ist der Handlungsort zugleich der Erfolgsort (d.h. der Ort, an dem der Täter den Besitz an den fraglichen Daten erlangt), so daß nur ein Datenabruf im Inland unter §§ 3, 9 StGB fällt.

Erfolgsort geben.[1478] Gegen diese Sichtweise bestehen jedoch *Bedenken*: Zunächst wäre hiernach das deutsche Strafrecht – soweit es nicht ausnahmsweise auch für Auslandstaten gilt[1479] – auf die fraglichen Delikte *unanwendbar*, wenn der Täter *im Ausland* handelt. Es würde also auch denjenigen nicht erfassen, der störende Informationen vom Ausland her auf einen im Inland belegenen Server einspeist oder im Ausland auf einem dort befindlichen Server eine störende Website zur Nutzung bereithält, die sich inhaltlich gerade an Rezipienten im Inland richtet. Zudem würde der *Zweck* der gesetzlichen *Vorverlagerung der Strafbarkeitsschwelle* bei abstrakten Gefährdungsdelikten *konterkariert*, wenn sie andererseits die Unanwendbarkeit des deutschen Strafrechts auf Sachverhalte mit Auslandsbezug zur Folge hätte.[1480] Schließlich erscheint es auch nicht zwingend, den Erfolgsbegriff der allgemeinen Tatbestandslehre (im Hinblick auf die Abgrenzung von Deliktskategorien[1481]) zugrunde zu legen.[1482] Abstrakte Gefährdungsdelikte können nämlich auch durch *Unterlassen* begangen werden, d.h. es gibt auch bei ihnen einen „Erfolg, der zum Tatbestand eines Strafgesetzes gehört" (§ 13 I StGB).[1483] Legt man diese – gebotene – Auslegung zugrunde, dann ist *Erfolgsort* im Sinne des § 9 I StGB jeder Ort, an dem eine *abstrakte Gefahr eintritt*[1484], also jeder Ort, an dem *störende Informationen abrufbar* sind.[1485]

Allerdings würde dieses Verständnis dazu führen, daß deutsches Strafrecht auf praktisch *alle* im Internet verfügbaren Informationen anwendbar wäre, da diese grundsätzlich immer auch im Inland abrufbar sind. Die von §§ 5-7 StGB als Ausnahmefall vorgesehene Geltung des StGB für im Ausland begangene Taten würde für „Internet-Delikte" zum Regelfall. Jedoch dürfte die *bloße*

1478 *Cornils*, JZ 1999, 394, 395; *Eser* in Schönke/Schröder, § 9, Rn. 6; *Gribbohm* in Jähnke/Laufhütte/Odersky, § 9, Rn. 20; *Hilgendorf*, NJW 1997, 1873, 1875 f.; *Lackner* in Lackner/Kühl, § 9, Rn. 2, 5; *Ringel*, CR 1997, 302, 303; *Satzger*, NStZ 1998, 112, 115.

1479 Vgl. §§ 5-7 StGB.

1480 *Germann*, 233; *Jofer*, 105 ff.; vgl. *Heinrich*, GA 1999, 72, 78 f.

1481 Dabei geht es um die Abgrenzung des „Erfolgsdelikts" vom „schlichten Tätigkeitsdelikt" (vgl. *Heinrich*, GA 1999, 72, 73 [dort Fußnote 5, m.w.N.]; *Sieber* in Hoeren/Sieber, Teil 19, Rn. 404).

1482 So auch *BGH*, NJW 2001, 624, 627.

1483 *BGH*, NJW 2001, 624, 627; *Heinrich*, GA 1999, 72, 77 f. (m.w.N.). Vgl. *Sieber*, NJW 1999, 2065, 2068: „Erfolg i.S. von § 13 StGB (ist) auch ... die Tathandlung ... der abstrakten Gefährdungsdelikte."

1484 *BGH*, NJW 2001, 624, 627 f.; *Generalbundesanwalt*, MMR 1998, 93 f.; *Conradi/Schlömer*, NStZ 1996, 366, 368; *Heinrich*, GA 1999, 72, 77 ff., 84; *Löhnig*, JR 1997, 496. Vgl. *BGHSt 42*, 235, 242 f. (zu § 323a) mit insoweit zustimmender Anmerkung *Hirsch*, NStZ 1997, 230, 232. Anders hingegen *Sieber*, NJW 1999, 2065, 2068, 2070 ff., der darauf abstellt, ob ein von der konkreten Strafbestimmung erfaßter „Tathandlungserfolg" im Inland eintritt.

1485 Hingegen stimmt beim strafbaren Datenabruf der Erfolgsort mit dem Handlungsort überein (siehe oben Fußnote 1477).

Abrufbarkeit störender Informationen (auch) in Deutschland mit Blick auf die *völkerrechtlichen Vorgaben*[1486] noch *keinen hinreichenden Anknüpfungspunkt* bilden.[1487] Vor diesem Hintergrund werden verschiedene *einschränkende Ansätze* diskutiert: Teilweise wird darauf abgestellt, ob es dem Täter darauf ankommt, über das Internet in Deutschland zu wirken.[1488] Jedoch spricht gegen eine solche Erstreckung des Vorsatzerfordernisses auf die Anwendbarkeit deutschen Rechts, daß diese nicht zum gesetzlichen Tatbestand gehört.[1489] Nach anderer Ansicht soll maßgeblich sein, ob ein von einer konkreten Strafnorm erfaßter *„Tathandlungserfolg" im Inland* eintritt. Dies sei bei Delikten, die ein Zugänglichmachen von Schriften voraussetzen[1490], nur der Fall, wenn störende Informationen vom Ausland aus gezielt ins Inland übermittelt werden; nicht aber, wenn sie auf einem ausländischen Server gespeichert sind und von einem Rezipienten im Inland abgerufen werden[1491] – so daß es auf die *Unterscheidung zwischen „Push-"* und *„Pull-Technologien"* (d.h. Verteil- und Abrufdiensten) ankomme.[1492] Hiergegen spricht aber zum einen, daß die *Wahrnehmbarkeit* eines störenden Internet-Angebots im Inland *nicht* davon *abhängt*, ob dieses im „Push-" oder „Pull"-Verfahren übermittelt wird[1493]; zum anderen würde die genannte Auffassung im Bereich des News-Dienstes zu erheblichen *Abgrenzungsproblemen* führen.[1494] Vorzugswürdig erscheint eine *(teleologische) Reduktion des § 9 I StGB* auf Delikte, die unter Berücksichtigung *objektiv-inhaltlicher Kriterien* einen *besonderen territorialen Bezug zum Inland* aufweisen.[1495] Ein solcher Bezug kann ge-

---

1486 Siehe oben 1.

1487 A.A. *Derksen*, NJW 1997, 1878, 1880; *Jofer*, 109-113; *Martin*, ZRP 1992, 19, 23.

1488 *Collardin*, CR 1995, 618, 621; *Engel*, AfP 1996, 220, 226.

1489 *Breuer*, MMR 1998, 141, 143; *Germann*, 235; *Gribbohm* in Jähnke/Laufhütte/Odersky, § 9, Rn. 49; *Hilgendorf*, NJW 1997, 1873, 1876.

1490 Siehe oben 2 Teil B. I. 1. a).

1491 *Sieber*, NJW 1999, 2065, 2071; *derselbe* in Hoeren/Sieber, Teil 19, Rn. 410.

1492 *Sieber*, NJW 1999, 2065, 2071; *derselbe* in Hoeren/Sieber, Teil 19, Rn. 410; ihm folgend *Eser* in Schönke/Schröder, § 9, Rn. 6. Bei „Push-Technologien" werden Daten vom Ausland aus aktiv auf inländische Server übermittelt bzw. „geschoben", bei „Pull-Technologien" rufen inländische Server Daten aus dem Ausland ab bzw. „ziehen" sie von dort zu sich (vgl. *Sieber*, NJW 1999, 2065, 2071).

1493 Abgesehen davon könnte nach der angeführten Auffassung z.B. ein in Deutschland lebender Rechtsextremist der Strafbarkeit nach § 130 II Nr. 1 b), Nr. 2 StGB entgehen, wenn er eine deutschsprachige Website, die zu Übergriffen auf in Deutschland gelegene Asylbewerberheime aufruft, nicht vom Inland aus, sondern in einem anderen Staat, der dies nicht unter Strafe stellt (§ 7 StGB!), in das Netz einspeist.

1494 Dies räumt auch *Sieber*, NJW 1999, 2065, 2071 (dort Fußnote 64); *derselbe* in Hoeren/Sieber, Teil 19, Rn. 411 (dort Fußnote 1), ein. Von seinem Standpunkt ausgehend müßte geklärt werden, ob es sich bei dem nach dem „Store-and-Forward-Prinzip" in regelmäßigen Abständen erfolgenden Datenabgleich zwischen den News-Servern (siehe oben 1. Teil C. III.) um einen „Push"- oder „Pull"-Vorgang handelt.

1495 So auch *Hilgendorf*, NJW 1997, 1873, 1876; ihm folgend *Römer*, 130 f.

geben sein, wenn ein Internet-Angebot in deutscher Sprache abgefaßt ist[1496], sich inhaltlich spezifisch auf Vorgänge in Deutschland oder dort ansässige Personen bezieht[1497] oder sonst einen Anknüpfungspunkt zum Inland aufweist, der am Aufenthaltsort des Täters nicht in vergleichbarer Weise vorliegt[1498].[1499]

3. Anwendungsbereich des deutschen Verwaltungsrechts

Weiterhin ist zu klären, inwieweit das für Internet-Angebote geltende deutsche *Verwaltungsrecht* auf auslandsbezogene Sachverhalte Anwendung findet.

Die Anwendbarkeit des deutschen Verwaltungsrechts bei Sachverhalten mit Auslandsberührung richtet sich nach dem *deutschen internationalen Verwaltungsrecht*, welches nicht in zusammenhängender Form kodifiziert ist und über keine detaillierte Systematik verfügt.[1500] Grundsätzlich regelt es nur die *Anwendbarkeit inländischen Rechts*, ohne ausländisches Recht zur Anwendung zu berufen; es bildet daher einseitiges Kollisionsrecht.[1501]

1496 Gerade weil der Großteil aller Websites in Englisch verfaßt ist, kann die Verwendung der deutschen Sprache ein wichtiges Indiz für einen spezifischen Bezug zum Inland darstellen (vgl. *Germann*, 236).

1497 *Hilgendorf*, NJW 1997, 1873, 1876. Siehe zu ähnlichen Kriterien, die im Internationalen Privatrecht zur Bestimmung des Ortes einer wettbewerblichen Interessenkollision entwickelt wurden, etwa *Thünken*, IPrax 2001, 15, 16 (m.w.N.). Ein spezifischer Bezug zum Inland liegt beispielsweise nahe, wenn ein Anbieter darauf hinweist, daß Warenbestellungen aus Deutschland angenommen werden. Sicherlich zu bejahen wäre ein solcher Bezug in dem oben (Fußnote 1493) angeführten Beispiel der Website, die zu Übergriffen auf in Deutschland gelegene Asylbewerberheime aufruft.

1498 So auch *Germann*, 236. Gegen die Auffassung von *Hilgendorf*, NJW 1997, 1873, 1876, der einen ausschließlichen Anknüpfungspunkt zu Deutschland verlangt, ist einzuwenden, daß ein Bezug zu nur einem einzigen Staat bei Internet-Angeboten kaum je vorliegen wird (vgl. *Breuer*, MMR 1998, 141, 144; *Germann*, 236; *Pelz*, ZUM 1998, 530, 531).

1499 Daher kann im Ergebnis auch dem *BGH*, NJW 2001, 624, 628, zugestimmt werden, der § 130 I, III StGB auf die englischsprachige „Auschwitz-Lüge" eines Australiers auf einem australischen Server mit der Begründung angewendet hat, daß die Tat ein inländisches Rechtsgut betreffe, das im Hinblick auf die Einzigartigkeit der nationalsozialistischen Verbrechen objektiv einen besonderen Bezug zum Gebiet der Bundesrepublik Deutschland aufweise (der Entscheidung beipflichtend auch *Hörnle*, NStZ 2001, 309, 310; kritisch hingegen *Lagodny*, JZ 2001, 1198, 1200).

1500 *Feldmüller*, 307; *Linke*, 119; *Siehr*, RabelsZ 52 (1988), 41, 74, 82; vgl. *Stober* in Wolff/Bachof/Stober, Bd. 1, § 27, Rn. 16.

1501 *Feldmüller*, 307 (m.w.N.), 317; *Linke*, 121 ff. (m.w.N.); vgl. *Kegel/Schurig*, § 23 I 1; *Stober* in Wolff/Bachof/Stober, Bd. 1, § 27, Rn. 16. Zwar kann ausländisches öffentliches Recht im Inland angewendet werden, soweit ein innerstaatlicher Rechtsanwendungsbefehl existiert (so auch *Feldmüller*, 313 f.; vgl. im Hinblick auf die Anwendbarkeit ausländischen Kartellrechts in Deutschland *Rehbinder* in Immenga/Mestmäcker, § 130 II, Rn. 238 ff. [m.w.N.]). Jedoch wird ausländisches öffentliches Recht von der

Weder im Völkerrecht noch im deutschen Recht existiert ein Grundsatz, wonach eine Anwendung inländischen öffentlichen Rechts auf auslandsbezogene Sachverhalte verboten wäre.[1502] Soweit das deutsche Verwaltungsrecht seinen räumlichen Anwendungsbereich nicht explizit regelt, ist dieser im Wege der *Auslegung* zu ermitteln.[1503] Zu berücksichtigen sind dabei sowohl die besonderen *tatsächlichen und rechtlichen Umstände* des fraglichen *Rechtsgebiets* als auch der Grundsatz der *völkerrechtsfreundlichen Auslegung* nationalen Rechts[1504] und das in Art. 23 ff. GG zum Ausdruck kommende Bekenntnis des deutschen Verfassungsgebers zu einer *„offenen" Staatlichkeit*[1505].[1506]

Mit Blick auf den per se ubiquitären Charakter der neuen Medien ist das auf sie anwendbare Verwaltungsrecht durch die Existenz *grenzüberschreitender Konfliktpotentiale* vorgeprägt.[1507] Das *Völkerrecht* steht der Anwendung deutschen Verwaltungsrechts auf Internet-Angebote, die einen *„genuine link"* zu Deutschland aufweisen, nicht entgegen.[1508] Angesichts dessen dürfte auch bei Sachverhalten, in denen das deutsche internationale Strafrecht nicht auf das Gefahrenabwehrrecht „durchschlägt", weil kein Verstoß gegen eine inländische Strafnorm vorliegt oder droht[1509], eine Störung bzw. Gefährdung der deutschen öffentlichen Sicherheit grundsätzlich dann angenommen werden können, wenn Informationen, deren Abrufbarkeit (bzw. Abruf) im Inland ein *inländisches* oder *in allen Kulturstaaten anerkanntes Rechtsgut* verletzt oder bedroht (Schutzprinzip bzw. Weltrechtsprinzip), entweder *vom Inland aus* zur Nutzung bereitgehalten, zwischengespeichert, versendet oder abgerufen werden oder – im Fall eines *besonderen territorialen Bezugs* zu Deutschland – *vom Ausland aus* zur Nutzung

---

deutschen Rechtsordnung überwiegend in Form von Sachnormverweisungen in Bezug genommen. Hierbei handelt es sich um Fälle, in denen eine deutsche Sachnorm (lediglich) hinsichtlich eines Tatbestandsmerkmals auf fremdes Recht verweist. Vgl. *Feldmüller*, 312 (m.w.N.).

1502 *Linke*, 120 (m.w.N.).

1503 So die ganz überwiegende Auffassung; vgl. *BVerwGE 75*, 285, 288; *OVG Saarlouis*, NVwZ 1995, 97, 98; *Feldmüller*, 259; *Kloepfer*, DVBl 1984, 245, 247; *Linke*, 121; *Quaritsch* in Isensee/Kirchhof, § 120, Rn. 74.

1504 Hierbei geht es darum, daß bei einem Spielraum möglicher Deutungen diejenige bevorzugt werden soll, die den Anforderungen des Völkerrechts gerecht wird (*Tomuschat* in Isensee/Kirchhof, § 172, Rn. 27; vgl. *Rojahn* in von Münch/Kunig, Art. 24, Rn. 2 ff.).

1505 Vgl. *Rojahn* in von Münch/Kunig, Art. 24, Rn. 1; *Tomuschat* in Isensee/Kirchhof, § 172, Rn. 1 f.; *Streinz* in Sachs, Art. 24, Rn. 6.

1506 Vgl. *Feldmüller*, 259 ff. (m.w.N.).

1507 Insoweit besteht eine ähnliche Situation wie im Umweltrecht, das durch die Problematik grenzüberschreitender Auswirkungen von Emissionen geprägt ist (vgl. *Feldmüller*, 259; *Kloepfer*, UmwR, § 9, Rn. 1 ff.).

1508 Siehe oben 1

1509 Vgl. *Germann*, 237.

bereitgehalten, zwischengespeichert oder versendet[1510] werden (Territorialitätsprinzip).[1511]

II. Kompetenz zur Durchsetzung von Hoheitsakten („jurisdiction to enforce")

1. Allgemeine völkerrechtliche Vorgaben

Grundsätzlich übt jeder Staat auf seinem Territorium eine ausschließliche, von anderen Staaten unabhängige Hoheitsgewalt *(Gebietshoheit)* aus, die sich auf alle Personen und Sachen erstreckt, welche sich auf seinem Staatsgebiet befinden.[1512] Die Gebietshoheit ausländischer Staaten ist als allgemeine Regel des Völkerrechts von deutschen Behörden zu respektieren. Diese dürfen daher auf dem *Territorium* eines *anderen Staates* nur mit dessen *Zustimmung Hoheitsakte vornehmen* oder *durchsetzen*, sofern nicht das Völkerrecht *ausdrücklich* etwas *anderes gestattet*.[1513]

2. Zulässigkeit von Gefahrenabwehrmaßnahmen deutscher Behörden

a) Anordnungen gegenüber in Deutschland ansässigen Internet-Akteuren

Sperrungs- und *Löschungsanordnungen* gegenüber in Deutschland ansässigen Internet-Akteuren wirken sich auch im *Ausland* aus: Wird einem inländischen Server-Betreiber die Sperrung bzw. Löschung des Angebots eines im Ausland

---

1510 Im Hinblick auf einen Datenabruf, der zwar nicht nach deutschem Recht strafbar ist, aber ein inländisches oder in allen Kulturstaaten anerkanntes Rechtsgut verletzt bzw. bedroht, wird man parallel zu den Prinzipien des deutschen internationalen Strafrechts (vgl. oben Fußnoten 1477, 1485) maßgeblich auf den Ort des Abrufs abzustellen haben, so daß eine Störung bzw. Gefährdung der deutschen öffentlichen Sicherheit nur bei einem Informationsabruf vom Inland aus vorliegt.

1511 A.A. *Germann*, 237, der insofern – entgegen seiner Auffassung zur teleologischen Reduktion der Erfolgsortbestimmung im Rahmen des § 9 I, 3. Alt. StGB (vgl. oben Fußnoten 1496, 1498) – eine Störung der deutschen öffentlichen Sicherheit auch bei Fehlen eines besonderen Inlandsbezugs bejaht. Ob und inwieweit sich §§ 4 TDG/5 MDStV, die für bestimmte Tele-/Mediendienste ein „Herkunftslandprinzip" normieren, auf die Befugnis zur Regelung auslandsbezogener Sachverhalte auswirken, wird noch gesondert zu erörtern sein (siehe unten B. III. 1.).

1512 Vgl. *Gloria* in Ipsen, § 23, Rn. 3; *Seidl-Hohenveldern/Stein*, Rn. 1112 f.

1513 Vgl. *BVerfGE 63*, 343, 372; *Gloria* in Ipsen, § 23, Rn. 6; *Seidl-Hohenveldern/Stein*, Rn. 1113, 1504. Im Hinblick auf die thematische Begrenzung der Arbeit ist nur die Durchsetzbarkeit präventiv ausgerichteter Gefahrenabwehrmaßnahmen zu erörtern. Siehe zur Durchsetzung des deutschen Strafanspruchs bei Sachverhalten mit Auslandsbezug etwa die Untersuchung von *Jofer* sowie etwa *Kühne*, Rn. 53, 70, 82 und *Meyer-Goßner*, Einl., Rn. 208 ff. (jeweils m.w.N.).

ansässigen Server-Verwalters aufgegeben, so ist auch dessen Kommunikationsinteresse beeinträchtigt. Überdies führt die Vornahme einer Sperrung oder Löschung durch einen inländischen Server-Betreiber oder -Verwalter immer auch dazu, daß die betroffenen Informationen von Rezipienten im Ausland nicht mehr abgerufen werden können. Sperrungsanordnungen gegenüber inländischen Zugangsvermittlern oder IRC-Server-Betreibern haben grundsätzlich ebenfalls auslandsbezogene Auswirkungen.[1514] Ein Versand- oder Abrufverbot gegenüber einem inländischen Einsender bzw. Rezipienten beeinträchtigt auch die Kommunikation des Anordnungsadressaten mit im Ausland ansässigen Internet-Akteuren.

Die Auswirkungen solcher Maßnahmen dürfte man als *Eingriffe* in eine *fremde Gebietshoheit* zu qualifizieren haben, wenn man insbesondere die Grundsätze des durch ähnliche Konfliktlagen[1515] geprägten internationalen Umweltrechts in Betracht zieht: Hiernach greift eine staatliche Maßnahme, die nicht unerhebliche negative Auswirkungen auf dem Territorium eines anderen Staates zur Folge hat, prinzipiell in dessen Gebietshoheit ein.[1516] Allerdings ist ein solches Vorgehen *nicht zwangsläufig* auch *völkerrechtswidrig*, denn die Gebietshoheit des *handelnden* Staates – die diesen gerade zu Maßnahmen auf seinem eigenen Territorium berechtigt – wäre unangemessen beschränkt, wenn jedes Tätigwerden unterlassen werden müßte, das mittelbar auch grenzüberschreitende Auswirkungen haben kann.[1517] Da die hier in Rede stehenden Auswirkungen auf fremdem

---

1514 So beeinträchtigt die Sperrung der Datenübermittlung von und zu einem ausländischen Server dessen Kommunikation mit einem Teil der (v.a. im Inland ansässigen) Internet-Nutzer; die Sperrung eines inländischen Servers beeinträchtigt auch dessen Kommunikation mit auslandsansässigen Akteuren, die die Zugangsvermittlung des sperrenden Providers in Anspruch nehmen. Die Vornahme einer Sperrung durch einen im Inland ansässigen IRC-Server-Betreiber kann ebenfalls Kommunikation ausländischer Internet-Akteure beeinträchtigen. Auch gegen inländische Internet-Akteure gerichtete *Hardware-Deaktivierungen/-Sicherstellungen* oder *Untersagungsanordnungen* hätten oft auslandsbezogene Auswirkungen; da diese Maßnahmen allerdings prinzipiell mit Blick auf die deutschen Grundrechte, die grundsätzlich auch für von deutschen Behörden getroffene Gefahrenabwehrmaßnahmen mit Auslandsbezug gelten (siehe oben 6. Teil F.), nicht in Betracht kommen (siehe oben 6. Teil G.), braucht hier nicht weiter auf sie eingegangen zu werden.

1515 Vgl. bereits oben Fußnote 1507.

1516 Vgl. den Schiedsspruch im „Trail Smelter"-Fall (Reports of International Arbitral Awards, Bd. 3, 1905); *Gloria* in Ipsen, § 23, Rn. 11; *Seidl-Hohenveldern/Stein*, Rn. 1535 f.

1517 Vgl. zum Recht der Staaten, aus anderen Staaten eintreffende Funkwellen auf ihrem Gebiet zu unterbinden, *Seidl-Hohenveldern/Stein*, Rn. 1277, und im Hinblick auf die hier erörterten Maßnahmen *Germann*, 642 ff.; *Greiner*, 134

Staatsgebiet nicht beabsichtigt sind[1518], sondern als *unvermeidbare Nebenwirkungen* von Maßnahmen, die im Rahmen der deutschen Gebietshoheit zum Schutz inländischer Rechtsgüter vorgenommen werden, eintreten, können sie als *völkerrechtskonform* angesehen werden.[1519]

Auskunftsanordnungen gegenüber inländischen Internet-Akteuren, die sich auf Kommunikation *auslandsansässiger Akteure* beziehen, haben keine negativen Auswirkungen auf das Gebiet eines anderen Staates. Sie sind durch die deutsche Gebietshoheit gedeckt und daher *völkerrechtskonform.*[1520]

b) Anordnungen gegenüber im Ausland ansässigen Internet-Akteuren

Anders liegt es bei *Gefahrenabwehranordnungen* – gleich welchen Inhalts – gegenüber *Adressaten*, die sich *im Ausland* befinden, denn bereits die Bekanntgabe eines hoheitlichen Willens und erst recht dessen Durchsetzung auf dem Territorium eines fremden Staates würde grundsätzlich dessen *Gebietshoheit verletzen.*[1521]

Für derartige Maßnahmen stellen auch die zwischen Deutschland und anderen europäischen Staaten[1522] bestehenden *völkerrechtlichen Verträge* den deutschen Behörden grundsätzlich *keine* (eigenständigen) *Befugnisse* bereit:

Insbesondere gestatten *Art. 40, 41* des *Schengener Durchführungsübereinkommens (SDÜ)*[1523] lediglich eine grenzüberschreitende Observation[1524] und Nacheile[1525].[1526]

1518 Nach *Seidl-Hohenveldern/Stein*, Rn. 1526 (ihnen folgend *Greiner*, 134) soll es auf eine „willkürliche oder schikanöse Beeinträchtigung" ankommen. Auch eine solche liegt hier nicht vor.

1519 So im Ergebnis auch *Germann*, 644; *Greiner*, 135; *Herzog*, 266.

1520 Zu diesem Ergebnis würde man unter Berücksichtigung der Ausführungen im vorigen Absatz auch dann gelangen, wenn man prima facie einen Eingriff in eine fremde Gebietshoheit annähme.

1521 Vgl. *Gloria* in Ipsen, § 23, Rn. 6 f.; *Seidl-Hohenveldern/Stein*, Rn. 1504 ff.; *Siegrist*, 188 ff.; im Hinblick auf die hier erörterten Maßnahmen *Germann*, 645, und im Ergebnis auch *Greiner*, 132.

1522 Im folgenden sollen die Vertragsbeziehungen zwischen Deutschland und den Staaten der EU-25, den EWR-Staaten Island, Liechtenstein und Norwegen sowie der Schweiz in den Blick genommen werden.

1523 Der „Schengen-Besitzstand" wurde 1997 durch ein Protokoll zum Amsterdamer Vertrag in den Rahmen des Rechts der Europäischen Union aufgenommen (siehe näher hierzu etwa *Brechmann* in Calliess/Ruffert, Art. 61 EGV, Rn. 11). Die Vorschriften über die polizeiliche Zusammenarbeit wurden dem Titel VI des EUV („Dritte Säule" der Europäischen Union) zugeordnet; dieser Bereich gehört damit zu den intergouvernementalen Angelegenheiten (vgl. *Kämper*, 64 f.; *Mokros* in Lisken/Denninger, Rn. 108 ff.].) Für die hier in Rede stehenden Maßnahmen nicht von Interesse sind die in *Art. 95 ff. SDÜ* geregelten Ausschreibungsbefugnisse für das Schengener Informationssystem (SIS).

Das *deutsch-österreichische* Abkommen über die Zusammenarbeit der Polizeibehörden und Zollverwaltungen in den Grenzgebieten sieht nur eine Entsendung von Beamten bzw. Bediensteten zur Unterstützung bei der Wahrnehmung polizeilicher Aufgaben ohne Wahrnehmung eigener hoheitlicher Befugnisse vor[1527]; abgesehen davon beschränkt sich der räumliche Anwendungsbereich des Abkommens auf die jeweiligen Grenzgebiete. Entsprechendes gilt im Hinblick auf das *deutsch-französische* Abkommen über die Zusammenarbeit der Polizei- und Zollbehörden in den Grenzgebieten[1528], das *deutsch-dänische* Abkommen über die polizeiliche Zusammenarbeit in den Grenzgebieten[1529], den *deutsch-tschechischen* Vertrag über die Zusammenarbeit der Polizeibehörden und der Grenzschutzbehörden in den Grenzgebieten[1530] und das *deutsch-polnische* Abkommen über die Zusammenarbeit der Polizeibehörden und der Grenzschutzbehörden in den Grenzgebieten[1531].[1532] Für die hier in Rede stehenden Maßnahmen ist letztlich allenfalls *Art. 22 des schweizerisch-deutschen Polizeivertrags (PolV CH-D)*[1533] von Interesse, wonach zum Zweck der Abwehr von Gefahren für die öffentliche Sicherheit oder Ordnung *Polizeibeamte* zur *Wahrnehmung hoheitlicher Befugnisse* in den anderen Vertragsstaat entsendet werden dürfen, wenn der Erfolg einer erforderlichen Maßnahme ansonsten vereitelt oder ernsthaft gefährdet würde.[1534] Allerdings ist hierzu das Einvernehmen beider Vertrags-

---

1524 Art. 40 SDÜ. Hierbei handelt es sich um die grenzüberschreitende Fortsetzung einer planmäßigen, unauffälligen Beobachtung von Personen(gruppen) oder Objekten auf dem Hoheitsgebiet einer anderen Vertragspartei (vgl. *Göppl* in Bergmann/Kenntner, Rn. 16; *Kämper*, 101 ff.; *Mokros* in Lisken/Denninger, Rn. 90; *Würz*, Rn. 82).

1525 Art. 41 SDÜ. Insofern geht es um die Fortsetzung der Verfolgung einer auf frischer Tat betroffenen oder aus amtlichem Gewahrsam entflohenen Person auf fremdem Hoheitsgebiet.

1526 Ähnliche Regelungen enthalten Art. 20, 21 des EU-Zollverwaltungsübereinkommens, das allerdings hinsichtlich des im Rahmen dieser Arbeit erörterten Vorgehens gegen störende Internet-Kommunikation kaum von Interesse ist.

1527 Art. 4 I Nr. 2, 3. Spiegelstrich des Abkommens.

1528 Art. 10 I des Abkommens. Allerdings können nach Art. 10 II des Abkommens französische Polizeibeamte in Deutschland mit Aufgaben des polizeilichen Vollzugsdienstes nach Maßgabe der Bestimmungen beider Vertragsstaaten betraut werden.

1529 Art. 4 III, 1. Spiegelstrich des Abkommens.

1530 Art. 7 des Vertrags.

1531 Art. 11 des Abkommens.

1532 Entsprechendes gilt ebenfalls im Hinblick auf die deutsch-luxemburgischen und deutsch-niederländischen ministeriellen Vereinbarungen über die polizeiliche Zusammenarbeit in den jeweiligen Grenzgebieten (Art. 4 II bzw. Art. 5 II der Vereinbarungen).

1533 Vorbild für dieses Abkommen war das SDÜ; jedoch sieht der schweizerisch-deutsche Polizeivertrag weitergehende Formen der Zusammenarbeit vor (siehe dazu *Mokros* in Lisken/Denninger, Rn. 80 ff.).

1534 Art. 22 I, III PolV CH-D.

staaten erforderlich[1535]; ferner sind die entsendeten Beamten den zuständigen Stellen des anderen Vertragsstaats unterstellt und dürfen nur unter Leitung der einsatzführenden Stelle sowie in der Regel in Anwesenheit von Beamten des anderen Vertragsstaats hoheitlich tätig werden.[1536]

Demnach sind die deutschen Behörden in Bezug auf Gefahrenabwehranordnungen gegenüber auslandsansässigen Internet-Akteuren im Regelfall auf die *Amtshilfe*[1537] des Staates angewiesen, in dem sich der betreffende Akteur befindet.

Das *Europäische Übereinkommen über die Erlangung von Auskünften und Beweisen in Verwaltungssachen im Ausland (EuAhÜ)*, welches die gegenseitige *Amtshilfe* der Vertragsstaaten regelt[1538], gilt (auch) für die präventiv-polizeiliche Gefahrenabwehr. Da sich jedoch die Verpflichtung zur Erledigung von Ermittlungsersuchen gemäß Art. 15 EuAhÜ *nicht* auf die Anwendung von *Zwangsmitteln* erstreckt, sind die Vertragsstaaten *nicht* zur Gewährung von *Amtshilfe* zur Durchsetzung der hier in Rede stehenden Maßnahmen verpflichtet.

Art. 39 I 1 SDÜ verpflichtet die Polizeien der Vertragsstaaten zwar (generalklauselartig) zur Zusammenarbeit auch „im Interesse der vorbeugenden Be-

---

1535 Art. 22 II PolV CH-D.

1536 Art. 22 I, IV PolV CH-D. Das Handeln der entsendeten Beamten ist dem einsatzführenden Staat zuzurechnen (Art. 22 IV PolV CH-D).

1537 Sowohl im nationalen als auch im internationalen Kontext ist die Verwendung der Begriffe *„Amtshilfe"* und *„Rechtshilfe"* uneinheitlich: Im deutschen Recht wird nach der ersuchten Behörde differenziert (Ersuchung eines Gerichts: Rechtshilfe; Ersuchung einer anderen Behörde: Amtshilfe [so etwa *Maunz* in Maunz/Dürig, Art. 35, Rn. 3]) oder nach der ersuchten Maßnahme unterschieden (richterliche Maßnahme: Rechtshilfe; sonstige Maßnahme: Amtshilfe [so etwa *von Danwitz* in von Mangoldt/Klein/Starck, Art. 35, Rn. 9]). Hingegen stellt § 59 II IRG nur darauf ab, ob „Unterstützung ... für ein ausländisches Verfahren in einer strafrechtlichen Angelegenheit gewährt wird". Im angloamerikanischen und romanischen Rechtskreis wird unter Rechtshilfe nur das Ersuchen eines Gerichts oder einer Justizstelle um die Vornahme einer prozessualen Maßnahme oder richterlichen Handlung verstanden (vgl. *Scheller*, 10 [m.w.N.]). Im SDÜ ist die polizeiliche Zusammenarbeit ohne richterliche oder staatsanwaltschaftliche Beteiligung nicht im Kapitel „Rechtshilfe (in Strafsachen)", sondern im Kapitel „Polizeiliche Zusammenarbeit" geregelt. Das Europäische Übereinkommen über die Rechtshilfe in Strafsachen (siehe dazu näher sogleich unten) sieht für die zwischenstaatliche Zusammenarbeit von Polizeibehörden, die nicht als „Justizstellen" fungieren, keine Regelung vor (vgl. *Scheller*, 11 [m.w.N.]). Die im Rahmen der vorliegenden Arbeit erörterten Maßnahmen würden also jeweils *nicht* in den Bereich der *Rechtshilfe* fallen. Daher soll eine auf solche Maßnahmen bezogene Hilfeleistung, die weder von einem Gericht erbracht wird noch in einer richterlichen Handlung besteht, im folgenden als *Amtshilfe* bezeichnet werden.

1538 Eine parallele Regelung dazu bildet das Europäische Übereinkommen über die Zustellung von Schriftstücken in Verwaltungssachen im Ausland.

kämpfung von strafbaren Handlungen“, d.h. im Bereich der präventiven Gefahrenabwehr.[1539] Allerdings gilt dies wiederum nur insoweit, als die Erledigung eines entsprechenden Ersuchens *keine* Ergreifung von *Zwangsmaßnahmen* seitens der ersuchten Vertragspartei erfordert. Daher ergibt sich aus der genannten Bestimmung *keine Amtshilfepflicht* in Bezug auf eine Durchsetzung der hier erörterten Gefahrenabwehrmaßnahmen.[1540]

Dasselbe dürfte im Hinblick auf *Art. 4 PolV CH-D* und die ähnlichen Bestimmungen in den oben angesprochenen *Abkommen* zwischen *Deutschland* und *Österreich*, *Frankreich*, der *Tschechischen Republik* bzw. *Polen* gelten, welche die Verpflichtung zur gegenseitigen Hilfe bei der polizeilichen Gefahrenabwehr auf die Durchführung von *Ermittlungen beschränken*.[1541] Auch aus dem *deutsch-österreichischen Vertrag über die Amts- und Rechtshilfe in Verwaltungssachen (VAhRh D-Ö)*, der eine kommissarische Durchführung von Zwangsmaßnahmen nur insoweit vorsieht, als es um die Vollstreckung öffentlich-rechtlicher Geldforderungen geht[1542], ergibt sich *keine Verpflichtung* zur Durchsetzung der hier interessierenden Maßnahmen.

Die seit Anfang der 90er Jahre von Deutschland mit einigen *mittel- und osteuropäischen Staaten* geschlossenen bilateralen *Abkommen über die Zusammenarbeit bei der Bekämpfung der organisierten Kriminalität*[1543] beziehen sich nur auf bestimmte Deliktsformen[1544] und sind im Hinblick auf die im Rahmen dieser

1539 Vgl. *Kämper*, 107; *Scheller*, 115; *Würz*, Rn. 65.

1540 So auch *Germann*, 659. Unter Art. 39 I 1 SDÜ fallen hingegen behördliche Kontrollmaßnahmen, die ohne Ausübung von Zwang vorgenommen werden können. Siehe hierzu sogleich unten.

1541 Der Katalog des Art. 4 IV PolV CH-D nennt „insbesondere“ Aufenthalts- und Wohnsitzfeststellungen, Feststellungen von Telefonanschlußinhabern, Identitätsfeststellungen, die Abstimmung und Einleitung von Fahndungsmaßnahmen, die Durchführung polizeilicher Vernehmungen, Spurenabklärungen und die Übermittlung von Informationen. Ähnliche Regelungen enthalten Art. 8 des deutsch-österreichischen Abkommens, Art. 14 des deutsch-französischen Abkommens, Art. 4 des deutsch-tschechischen Vertrags und Art. 5 des deutsch-polnischen Abkommens. Art. 6 des deutsch-dänischen Abkommens nimmt auf Art. 39 SDÜ Bezug.

1542 Art. 5, 9 VAhRh D-Ö.

1543 Z.B. Abkommen mit der *Republik Polen*, der *Republik Ungarn*, der *Slowakischen Republik* bzw. der *Tschechischen Republik* (jeweils von 1991), mit der *Republik Litauen* bzw. mit der *Republik Slowenien* (jeweils von 2001).

1544 Hierbei handelt es sich um in organisierter Form begangene Taten wie insbesondere Straftaten gegen das Leben, Betäubungsmitteldelikte, Terrorismus, Schleuserkriminalität, Zuhälterei, Erpressung, Waffenhandel, Geldfälschung und Eigentumsdelikte, mithin um Fälle, in denen die Vorbereitung bestimmter Delikte, die als solche nicht „„online‘ begangen“ werden, selbständig rechtlich mißbilligt ist (vgl. dazu auch oben 2. Teil B. I. 1.).

Arbeit vorrangig erörterten Störungen der öffentlichen Sicherheit durch Internet-Kommunikation kaum von Interesse.[1545]

Von vornherein nicht einschlägig sind das Europäische Übereinkommen über die Rechtshilfe in Strafsachen und das Übereinkommen über die Rechtshilfe in Strafsachen zwischen den Mitgliedstaaten der Europäischen Union[1546], denn sie betreffen nur die gegenseitige Unterstützung in Verfahren hinsichtlich strafbarer Handlungen, zu deren Verfolgung die Justizbehörden des ersuchenden Staates zuständig sind[1547], bzw. (auch) Verfahren wegen Handlungen, die durch Verwaltungsbehörden geahndet werden, gegen deren Entscheidung ein auch in Strafsachen zuständiges Gericht angerufen werden kann[1548].

c) Behördliche Kontrollmaßnahmen bzw. Recherchen

Im Hinblick auf behördliche *Kontrollmaßnahmen* bzw. *Recherchen* im Internet ist zu berücksichtigen, daß auch ein ohne Ausübung oder Androhung von Zwang erfolgendes *offenes* oder *heimliches hoheitliches Tätigwerden* von Staatsorganen *auf dem Territorium eines fremden Staates* in dessen *Gebietshoheit eingreift.*[1549] Geht man davon aus, daß ein solches Tätigwerden auf dem Gebiet eines fremden Staates grundsätzlich auch dann vorliegt, wenn ein Hoheitsträger zu Ermittlungszwecken via Internet mit einem im Ausland ansässigen Internet-Akteur *derart Kontakt aufnimmt*, daß er im Ausland *in Erscheinung tritt*, so dürfte wie folgt zu unterscheiden sein:

1545 Abgesehen davon enthalten die Abkommen von 1991 überwiegend nur Regelungen über den Informationsaustausch und technische Fragen der Zusammenarbeit, verpflichten aber nicht zur Durchführung von Ermittlungen. Die Abkommen von 2001 sehen vor, daß die Vertragsstaaten auf Ersuchen „die nach dem Recht der jeweils ersuchten Vertragspartei zulässigen Maßnahmen sowie abgestimmte operative Maßnahmen zur Verhütung, Ermittlung, Verhinderung und Aufklärung von Straftaten durchführen" (Art. 3, 2. Spiegelstrich der Abkommen).

1546 Das Übereinkommen über die Rechtshilfe in Strafsachen zwischen den Mitgliedstaaten der Europäischen Union dient nach seinem Art. 1 I der Ergänzung und Erleichterung der Anwendung insbesondere des Europäischen Übereinkommens über die Rechtshilfe in Strafsachen sowie des SDÜ.

1547 Art. 1 I des Europäischen Übereinkommens über die Rechtshilfe in Strafsachen.

1548 Art. 3 I des Übereinkommens über die Rechtshilfe in Strafsachen zwischen den Mitgliedstaaten der Europäischen Union. Eine entsprechende Ausweitung des Anwendungsbereichs des Europäischen Übereinkommens über die Rechtshilfe in Strafsachen sieht das von Deutschland noch nicht ratifizierte Zweite Zusatzprotokoll zu diesem Übereinkommen vor. Bei den in Rede stehenden Verfahren handelt es sich um Ordnungswidrigkeitenverfahren im Sinne des deutschen Rechts (vgl. http://conventions.coe.int/Treaty/en/Reports/Html/182.htm), die nicht den Bereich der im Rahmen dieser Arbeit erörterten präventiven Gefahrenabwehr betreffen (vgl. oben 2. Teil A.).

1549 Vgl. *Gloria* in Ipsen, § 23, Rn. 9; *Seidl-Hohenveldern/Stein*, Rn. 1504 ff.

Ruft eine deutsche Gefahrenabwehrbehörde ein *öffentlich zugängliches* ausländisches Internet-Angebot – insbesondere eine Suchmaschine oder ein Webverzeichnis – „wie ein ‚normaler' Internet-Nutzer" ab, *ohne* überhaupt *Gelegenheit* zu haben, ihr hoheitliches *Ermittlungsinteresse offenzulegen* oder zu *verbergen*, so ordnet sich dieser Vorgang – der mit einer Heranziehung ausländischer Presse als Informationsquelle verglichen werden kann – *der fremden Gebietshoheit* (des Staates, in dem der Kommunikationspartner der Behörde sich aufhält) *unter*. Anders liegt es, wenn die Behörde – z.B. bei der Teilnahme an einem zugangsbeschränkten Meinungsforum oder Internet-„Chat" – mit einem im Ausland ansässigen Internet-Akteur so in *Kontakt* tritt, daß dieser *Gelegenheit* hat, von ihrer (vorgegebenen) *Identität Kenntnis zu nehmen*: Sowohl wenn sie offen als Hoheitsträger auftritt als auch, wenn sie ihre Identität verbirgt, *greift sie in* eine *fremde Gebietshoheit ein.*[1550]

Auch insofern ist die Behörde grundsätzlich auf fremde *Amtshilfe* angewiesen.[1551] Da es hier nicht um ggf. zwangsweise durchzusetzende Maßnahmen geht, kann sie ein entsprechendes Ersuchen etwa auf *Art. 39 I 1 SDÜ*, *Art. 15 EuAhÜ*, *Art. 4 PolV CH-D* oder *Art. 5 VAhRh D-Ö* stützen.[1552] Soweit der fragliche Sachverhalt auch nach dem Recht des ersuchten Staates eine Störung der öffentlichen Sicherheit darstellt, hat dieser Staat der Bitte nachzukommen.[1553]

Bei *Fehlen vertraglicher Regelungen* steht die Gewährung von Amtshilfe im *freien Ermessen* des ersuchten Staates. Da ein „hilfsbereiter" Staat mit einem Entgegenkommen der anderen Seite in zukünftigen vergleichbaren Fällen rechnen kann, wird freiwillige Amtshilfe in der Praxis in *recht weitem Umfang* gewährt.[1554]

d) Institutionalisierte Formen des Informationsaustauschs

Für die Gefahrenabwehr im Internet ist auch der internationale *Informationsaustausch* von Bedeutung.[1555] Auf einige insofern relevante Formen *institutionalisierter Zusammenarbeit* soll im folgenden kurz eingegangen werden:[1556]

1550 So im Ergebnis auch *Germann*, 652 f.

1551 Im Rahmen des *Art. 22 PolV CH-D* wäre nur eine Vornahme von Kontrollmaßnahmen durch entsendete deutsche Polizeibeamte, nicht aber auch eine in die schweizerische Gebietshoheit eingreifende Recherche von Deutschland aus zulässig.

1552 Außerdem einschlägig sind – allerdings räumlich begrenzt – Art. 8 des deutsch-österreichischen Abkommens, Art. 14 des deutsch-französischen Abkommens, Art. 4 des deutsch-tschechischen Vertrags und Art. 5 des deutsch-polnischen Abkommens (siehe zu diesen Abkommen oben b)).

1553 Vgl. *Greiner*, 133.

1554 *Germann*, 660; vgl. *Nagel*, 72 ff., 92 ff.

1555 Vgl. *Germann*, 677. Einen „spontanen" Informationsaustausch sieht insbesondere Art. 46 SDÜ vor.

aa) Interpol

Die *Internationale Kriminalpolizeiliche Organisation (Interpol)*[1557] verfolgt die Ziele einer möglichst umfassenden gegenseitigen Unterstützung aller Kriminalpolizeibehörden im Rahmen der in den Mitgliedsländern geltenden Gesetze sowie der Schaffung und des Ausbaus „alle(r) Einrichtungen, die zur Verhütung und Bekämpfung der gemeinen Straftaten wirksam beitragen können".[1558] „Gemeine Straftaten" sind Taten, die in allen Mitgliedstaaten strafbar sind; ausgenommen sind Taten mit politischem, militärischem, religiösen oder rassischem Charakter.[1559] Zu den wichtigsten Aufgaben von Interpol gehört die internationale *Fahndung* mittels *Ausschreibungen*, insbesondere zur Festnahme, Aufenthaltsermittlung, Identifizierung und Nachfrage nach polizeilichen Erkenntnissen.[1560] Diese können prinzipiell auch bei der Ermittlung des *Aufenthaltsorts eines Internet-Akteurs* oder *Standorts eines Servers* helfen.[1561] Ferner können bereits vorhandene Erkenntnisse in das *computergestützte Fahndungssystem ASF*[1562] eingespeist bzw. aus ihm abgerufen werden. Der Kontakt mit Interpol erfolgt über das jeweilige Nationale Zentralbüro[1563], dessen Aufgaben in Deutschland das Bundeskriminalamt[1564] wahrnimmt.[1565]

1556 Siehe ausführlich hierzu etwa die Untersuchungen von *Aulehner*, *Baldus* und *Kämper* sowie *Mokros* in Lisken/Denninger, Rn. 168 ff.

1557 Interpol (mit Sitz in Lyon) gehören 181 Staaten an. Der 1923 gegründeter Vorläufer, die Internationale Kriminalpolizeiliche Kommission (IKPK), war im Verlauf des Zweiten Weltkriegs zum Erliegen gekommen. Der Wiederaufbau begann 1946. Interpol beruht nicht auf einem völkerrechtlichen Vertrag, sondern bildet einen Zusammenschluß nationaler Polizeiorganisationen, ist aber heute als „Intergovernmental Organisation" mit Völkerrechtssubjektivität anerkannt (vgl. *Mokros* in Lisken/Denninger, Rn. 168, 170).

1558 Vgl. Art. 2 der Interpol-Statuten (abgedruckt bei *Baldus*, PolR-Bund, Nr. 40).

1559 Dies wird durch Art. 3 Interpol-Statuten klargestellt.

1560 Siehe dazu näher *Mokros* in Lisken/Denninger, Rn. 173 f.

1561 So auch *Germann*, 677.

1562 Automated Search Facility. Die Nationalen Zentralbüros haben Zugang zu diesem System.

1563 Art. 32 Interpol-Statuten.

1564 § 3 I BKAG.

1565 Die rechtlichen Voraussetzungen für eine Übermittlung personenbezogener Daten in das Ausland ergeben sich aus §§ 14 I 1 Nr. 3, I 2, IV, V BKAG, 4b I, II i.V.m. 15 BDSG bzw. den einschlägigen landesrechtlichen Regelungen (wie etwa §§ 14 ff. SächsDSG).

bb) Zusammenarbeit innerhalb der Europäischen Union

Einen Vorläufer für die europäische Zusammenarbeit in den Bereichen Justiz und Inneres bildete die 1976 gegründete *TREVI-Kooperation.*[1566] Sie wurde 1992 durch den Vertrag von Maastricht in die *„Dritte Säule" der Europäischen Union* (Zusammenarbeit in den Bereichen Justiz und Inneres[1567]) überführt.

Das *Schengener Informationssystem (SIS)* (Art. 92 ff. SDÜ) bildet ein Fahndungssystem bestehend aus parallel in allen Vertragsstaaten geführten Datenbeständen, die laufend über einen in Straßburg stationierten Zentralrechner synchronisiert werden.[1568] Jedoch sind die möglichen *Ausschreibungen* von Personen oder Sachen *für Fahndungsmaßnahmen* (Art. 95 ff. SDÜ)[1569] im Hinblick auf die Bekämpfung störender Internet-Kommunikation *kaum von Bedeutung.*[1570]

Das *Europäische Polizeiamt (Europol)*[1571] hat das Ziel, im Rahmen der Zusammenarbeit der Mitgliedstaaten nach dem EU-Vertrag die Leistungsfähigkeit der zuständigen Behörden der Mitgliedstaaten und ihre Zusammenarbeit im Hinblick auf die Verhütung und Bekämpfung schwerer internationaler Kriminalität zu verbessern.[1572] Seit 2002 ist Europol insbesondere auch für die Bekämpfung von *Rassismus*, *Fremdenfeindlichkeit* und *Computerkriminalität* zuständig.[1573] Im Rahmen ihrer Ziele hat die Stelle vor allem die Aufgabe, den

---

1566 Eine Plattform für den Informationsaustausch im präventiv-polizeilichen Bereich bot v.a. die TREVI II-Arbeitsgruppe (allgemeine Polizeiangelegenheiten). Vgl. *Germann*, 678.

1567 Titel VI (Art. K-K.9) des Vertrags von Maastricht; jetzt: Art. 29 ff. EUV.

1568 Vgl. Art. 92 SDÜ.

1569 Hierbei geht es um Ausschreibungen zur Auslieferungsfestnahme (Art. 95 SDÜ), zur Einreiseverweigerung (Art. 96 SDÜ), zur vorläufigen Ingewahrsamnahme von Personen (Art. 97 SDÜ), zur Wohnsitz- und Aufenthaltsermittlung in Bezug auf Zeugen, Angeklagte und Verurteilte eines Strafverfahrens (Art. 98 SDÜ), zur verdeckten Registrierung oder gezielten Kontrolle in Bezug auf Personen oder Fahrzeuge (Art. 99 SDÜ) und zur Sachfahndung im Zusammenhang mit einem Strafverfahren (Art. 100 SDÜ).

1570 Abgesehen davon enthält das SIS nur Angaben wie Namen, Geburtsort/-datum, Geschlecht, Staatsangehörigkeit, physische Merkmale einer Person, Hinweise „gewalttätig" oder „bewaffnet", Ausschreibungsgrund und zu ergreifende Maßnahme (vgl. Art. 94 III SDÜ), nicht aber Daten über die Nutzung von Internet-Angeboten.

1571 Seine Einrichtung wurde 1991 auf deutsche Initiative hin beschlossen. 1992 wurde Europol durch den Vertrag von Maastricht als intergouvernementale Angelegenheit in Art. K 1 Nr. 9 EUV (jetzt: Art. 29 III 1. Spiegelstrich EUV) aufgenommen. Das Europol-Übereinkommen (Europol-Ü) als „echte Rechtsgrundlage" für Europol (so *Kämper*, 55) wurde 1995 unterzeichnet.

1572 Vgl. Art. 2 I Europol-Ü.

1573 Vgl. den Beschluß des *Rats der EU* vom 06.12.2001 zur Ausweitung des Mandats von Europol auf die im Anhang zum Europol-Übereinkommen aufgeführten schwerwiegenden Formen internationaler Kriminalität (*ABlEG* 2001 C 362, 1).

Informationsaustausch zwischen den Mitgliedstaaten zu erleichtern, Informationen zu sammeln, auszuwerten und in automatisierten Systemen[1574] zu verwalten sowie den Behörden der Mitgliedstaaten ermittlungsrelevante Informationen über die nationalen Verbindungsstellen[1575] zukommen zu lassen[1576]. Die Tätigkeit von Europol wird nun auch durch die neu eingerichtete Stelle *„Eurojust"* unterstützt.[1577]

III. Zwischenergebnis

In Bezug auf die deutsche *„jurisdiction to prescribe"* läßt sich folgendes festhalten: Das für die Bestimmung der deutschen „öffentlichen Sicherheit" wichtige *deutsche Strafrecht* ist hinsichtlich der meisten „Internet-Delikte" (nur) anwendbar, wenn Informationen vom Inland aus in das Netz eingespeist oder aus diesem abgerufen werden oder ein im Ausland vorgehaltenes Angebot unter Berücksichtigung objektiv-inhaltlicher Kriterien einen besonderen territorialen Bezug zum Inland aufweist.[1578] Was den Anwendungsbereich des *deutschen Verwaltungsrechts* angeht, so kann eine Störung bzw. Gefährdung der deutschen öffentlichen Sicherheit grundsätzlich angenommen werden, wenn Informationen, deren Abrufbarkeit (bzw. Abruf) im Inland ein *inländisches* oder *in allen Kulturstaaten anerkanntes Rechtsgut* verletzt oder bedroht, *vom Inland aus* zur Nutzung bereitgehalten, zwischengespeichert, versendet oder abgerufen werden oder – bei Vorliegen eines *besonderen territorialen Bezugs* zu Deutschland – *vom Ausland aus* zur Nutzung bereitgehalten, zwischengespeichert oder versendet werden. Ein *besonderer territorialer Bezug* eines Angebots zum *Inland* kann sich insbesondere ergeben aus dessen *Sprachfassung* bzw. *Thematik* oder aus einem Anknüpfungspunkt, der am *Aufenthaltsort* des „Störers" *nicht in vergleichbarer Weise* vorliegt.

1574 Art. 6, 7 ff. Europol-Ü. Mittlerweile ist Europol auch zu einem Zugriff auf das Schengener Informationssystem befugt (vgl. *BT-Drs. 15/2287*, 2).

1575 Vgl. Art. 4 Europol-Ü. Eine solche Verbindungsstelle ist das deutsche Bundeskriminalamt (Art. 2, § 1 Nr. 1 EuropolG). Im übrigen sind auch die Landeskriminalämter befugt, im automatisierten Verfahren über das BKA Daten in das Europol-Informationssystem einzugeben und aus diesem abzurufen (Art. 2, § 3 I 1 EuropolG).

1576 Vgl. Art. 3 I Europol-Ü.

1577 Das durch einen Beschluß des *Rats der EU* vom 28.02.2002 (*ABlEG* 2002 L 63, 1) eingerichtete Eurojust, dessen nationale Grundlage in Deutschland das im Mai 2004 in Kraft getretene Eurojust-Gesetz bildet, soll die Koordinierung der nationalen Staatsanwaltschaften fördern und die Erledigung internationaler Rechtshilfe- und Auslieferungsersuchen erleichtern, besitzt allerdings keine Ermittlungskompetenzen.

1578 Eine Ausnahme besteht im Hinblick auf Angebote, die unter §§ 184a, 184b I-III oder 184c S. 1 StGB fallen. Da insofern das Weltrechtsprinzip gilt (§ 6 Nr. 6 StGB), erfassen die fraglichen Strafnormen auch im Ausland bereitgehaltene Internet-Angebote, die keinen besonderen territorialen Bezug zum Inland aufweisen.

Was die deutsche *„jurisdiction to enforce"* betrifft, so ist zwischen verschiedenen Gefahrenabwehrmaßnahmen zu unterscheiden: Gegenüber *inlandsansässigen* Internet-Akteuren ergehende *Sperrungs-* und *Löschungsanordnungen*, die sich auch im *Ausland* auswirken, *Auskunftsanordnungen*, die sich auf von *auslandsansässigen* Akteuren geführte Kommunikation beziehen, sowie *behördliche Abrufe öffentlich zugänglicher ausländischer Internet-Angebote*, bei denen keine Gelegenheit besteht, das hoheitliche Ermittlungsinteresse offenzulegen oder zu verbergen, sind *ohne besondere völkervertragsrechtliche Gestattung zulässig*. Im Hinblick auf *Gefahrenabwehranordnungen* gegenüber *auslandsansässigen* Adressaten und *Kontrollmaßnahmen*, bei denen ein im *Ausland* befindlicher Akteur so kontaktiert wird, daß er Gelegenheit hat, von der (angegebenen) *Identität* seines „Gegenüber" Kenntnis zu nehmen, sind deutsche Behörden grundsätzlich auf die *Amtshilfe* des Staates, in dem der fragliche Akteur sich aufhält, angewiesen. Allerdings verpflichten die zwischen Deutschland und anderen europäischen Staaten bestehenden *Abkommen* den ersuchten Staat lediglich zur Durchführung von *Ermittlungen*, d.h. eine *Amtshilfepflicht* besteht nur bezüglich der genannten *Kontrollmaßnahmen*. Im übrigen besteht freilich eine gewisse Aussicht auf freiwillige Amtshilfe. Als institutionalisierte Formen des staatenübergreifenden *Informationsaustauschs* können insbesondere *Interpol* und *Europol* von Nutzen sein.

B. Vereinbarkeit mit dem Europäischen Gemeinschaftsrecht

Im folgenden sollen die möglichen Auswirkungen des *Europäischen Gemeinschaftsrechts* auf die rechtliche Zulässigkeit einer „grenzüberschreitenden Gefahrenabwehr" deutscher Behörden untersucht werden.

I. Geltung der völkerrechtlichen Vorgaben im Verhältnis der EU-Mitgliedstaaten untereinander

Vorweg ist zu klären, ob und inwieweit die *völkerrechtlichen Vorgaben* im Hinblick auf die deutsche „jurisdiction to prescribe" und „jurisdiction to enforce" auch *zwischen den EU-Mitgliedstaaten* gelten.

Das Verhältnis zwischen Völkerrecht und Europäischem Gemeinschaftsrecht ist umstritten: Nach Ansicht der *„Traditionalisten"*, die davon ausgehen, daß das Gemeinschaftsrecht (besonderes) Völkerrecht darstellt, ist das allgemeine Völkerrecht zwischen den Mitgliedstaaten weiterhin anwendbar, soweit keine speziellen gemeinschaftsrechtlichen Regelungen existieren.[1579] Nach Auffassung der *„Autonomisten"* bildet das Gemeinschaftsrecht eine vom Völkerrecht zu unterscheidende eigenständige Rechtsordnung „sui generis", die einen Rückgriff

---

1579 So z.B. *Bleckmann/Pieper* in Bleckmann, Rn. 153 ff., 158; *Oppermann*, Rn. 592 ff., 598; *Streinz*, Rn. 112 f.

auf das allgemeine Völkerrecht grundsätzlich nicht mehr zuläßt.[1580] Von der „autonomistischen" Sichtweise geht auch der EuGH aus.[1581] Die Rechtsprechung des BVerfG dürfte ebenfalls in diesem Sinne zu interpretieren sein.[1582]

Jedoch muß hier nicht entschieden werden, welcher Ansicht zu folgen ist, denn auch nach der Auffassung der „Autonomisten" sind *Regelungslücken im geschriebenen Recht der Gemeinschaft* durch Rückgriff auf die *allgemeinen Rechtsgrundsätze des Gemeinschaftsrechts* zu schließen, die insbesondere aus den gemeinsamen Verfassungsüberlieferungen der Mitgliedstaaten zu ermitteln sind, zu denen wiederum die Respektierung der *allgemeinen Grundsätze des Völkerrechts*[1583] gehört.[1584] Demnach gelten die bereits erörterten *völkerrechtlichen Vorgaben* (unmittelbar oder mittelbar) auch *im Verhältnis der EU-Staaten* untereinander, soweit *keine speziellen gemeinschaftsrechtlichen Regelungen* bestehen.

II. Primäres Gemeinschaftsrecht

Zunächst sollen die *Grundfreiheiten* des Europäischen Gemeinschaftsrechts – die in den Mitgliedstaaten unmittelbar gelten und Anwendungsvorrang gegenüber entgegenstehendem nationalem Recht genießen[1585] – in den Blick genom-

---

1580 So etwa *Beutler* in Beutler/Bieber/Pipkorn/Streil, Rn. 115 ff., 525; *Ipsen*, GemR, 59 ff.; *Krück* in Schwarze, Art. 281 EGV, Rn. 19; *Schwarze*, EuR 1983, 1 ff.; weitere Nachweise bei *Linke*, 113 f. und *Schweitzer/Hummer*, Rn. 75 f.

1581 Ständige Rechtsprechung seit *EuGH*, Rs. 6/64 (Costa / E.N.E.L.), Slg. 1964, 1251, 1269 ff.

1582 Das *BVerfG* sieht die Europäische Gemeinschaft als „eine im Prozeß fortschreitender Integration stehende Gemeinschaft eigener Art, eine ‚zwischenstaatliche Einrichtung' im Sinne des Art. 24 Abs. 1 GG, auf die die Bundesrepublik ... bestimmte Hoheitsrechte übertragen hat" (*BVerfGE 22*, 293, 296). Im „Maastricht-Urteil" geht es davon aus, der EUV begründe einen „europäischen Staatenverbund" bzw. eine „besondere supranationale Organisation" (*BVerfGE 89*, 155, 175, 181). Vgl. zur Bewertung dieser Rechtsprechung in der Literatur etwa *Linke*, 115 f. (m.w.N.).

1583 In Deutschland ist insofern Art. 25 GG maßgeblich.

1584 Vgl. *EuGH*, verb. Rs. 21-24/72 (International Fruit Company / Produktschap voor groenten en fruit), Slg. 1972, 1226, Rn. 10/13, 14/18; Rs. 41/74 (van Duyn / Home Office), Slg. 1974, 1337, Rn. 21/23; verb. Rs. 3, 4, 6/76 (Kramer), Slg. 1976, 1279, Rn. 30/33; *Epiney* in Beutler/Bieber/Pipkorn/Streil, Rn. 525; *Linke*, 116; *Oppermann*, Rn. 479, 487 ff.

1585 Grundlegend zur unmittelbaren Geltung und zum Anwendungsvorrang: *EuGH*, Rs. 26/62 (van Gend & Loos), Slg. 1963, 1, Rn. 9 ff.; Rs. 6/64 (Costa / E.N.E.L.), Slg. 1964, 1251, 1274; Rs. 11/70 (Internationale Handelsgesellschaft / Einfuhr- und Vorratsstelle Getreide), Slg. 1970, 1125, Rn. 3 f.; Rs. 106/77 (Staatliche Finanzverwaltung / Simmenthal), Slg. 1978, 629, Rn. 14 ff.; *BVerfGE 37*, 271, 280 ff. („Solange I"); *73*, 339, 375 ff. („Solange II"); *89*, 155, 174 („Maastricht"). Zur unmittelbaren Geltung der im Nachgang erörterten Warenverkehrs-, Niederlassungs- und Dienstleistungsfreiheit: *EuGH*, Rs. 83/78 (Pigs Marketing Board / Redmond), Slg. 1978, 2347, Rn. 66/67; Rs.

men werden, um hernach in einem zweiten Schritt die E-Commerce-Richtlinie im Lichte des primären Gemeinschaftsrechts betrachten zu können.[1586]

1. Warenverkehrsfreiheit (Art. 23 ff. EGV)

Bei den in Rede stehenden Gefahrenabwehrmaßnahmen könnte es sich um *mengenmäßige Einfuhr-* bzw. *Ausfuhrbeschränkungen* oder *Maßnahmen gleicher Wirkung* im Sinne der *Art. 28, 29 EGV* handeln.

a) Schutzbereich

Die genannten Bestimmungen gelten gemäß Art. 23 II EGV für *Waren*, die aus den Mitgliedstaaten stammen, und Waren aus dritten Ländern, die sich in den Mitgliedstaaten im freien Verkehr befinden (Gemeinschaftswaren[1587]).[1588]

Der Warenbegriff wird im EGV nicht definiert. Nach der Rechtsprechung des EuGH sind Waren *körperliche Gegenstände*, die einen *Handelswert* haben.[1589] Als solche zu qualifizieren sind die am Datenaustausch im Netz beteiligten Hardware-Komponenten sowie alle *körperlichen Gegenstände*, die im Internet *beworben* und *zum Kauf angeboten* werden. Im Hinblick auf *Internet-Angebote* bzw. im Netz versendete *Informationen* als solche, die *keine körperlichen Objekte* darstellen, stellt sich insofern eine *Abgrenzungsfrage*, als die Datennetz-Kommunikation in Form elektrischer (oder optischer) Zustände erfolgt[1590] und der EuGH auch *elektrischen Strom* als Ware ansieht.[1591] Jedoch handelt es sich bei elektrischem Strom, der die Funktion hat, Arbeit (z.B. zur Erzeugung von Licht oder Wärme) zu leisten, um ein standardisiertes, nicht individuell gepräg-

---

2/74 (Reyners / Belgien), Slg. 1974, 631, Rn. 29/31; Rs. 33/74 (van Binsbergen / Bedrijfsvereniging Metaalnijverheid), Slg. 1974, 1299, Rn. 27.

1586 Siehe zur ECRL unten III.

1587 Hierbei handelt es sich zum einen um Waren, die entweder vollständig in der Gemeinschaft gewonnen bzw. hergestellt oder aus im freien Verkehr befindlichen Drittlandswaren zusammengesetzt wurden und zum anderen um Waren, die ihren Ursprung außerhalb der Gemeinschaft haben und für die im Einfuhr-Mitgliedstaat die Einfuhr-Förmlichkeiten erfüllt sowie die vorgeschriebenen Zölle und Abgaben gleicher Wirkung erhoben und nicht ganz oder teilweise rückvergütet worden sind (Art. 23 II i.V.m. 24 EGV; vgl. *Kamann* in Streinz, Art. 24 EGV, Rn. 4 ff.; *Waldhoff* in Calliess/Ruffert, Art. 23 EGV, Rn. 18; Art. 24 EGV, Rn. 2 ff.).

1588 Die Regelungen über die Warenverkehrsfreiheit gelten der Sache nach auch im Europäischen Wirtschaftsraum (EWR), d.h. in Island, Liechtenstein und Norwegen; vgl. Art. 11 des EWR-Abkommens; *Becker* in Schwarze, Art. 28 EGV, Rn. 32.

1589 Siehe etwa *EuGH*, Rs. C-2/90 (Kommission / Belgien), Slg. 1992, I-4431, Rn. 23 ff.

1590 Diese werden erst beim Empfänger als Zeichen, Text, Bilder oder Töne wahrnehmbar (siehe oben Fußnote 411).

1591 So ausdrücklich *EuGH*, Rs. C-393/92 (Almelo), Slg. 1994, I-1477, Rn. 28.

tes Gut[1592], während bei unkörperlich im Internet übermittelten Informationen[1593] der Schwerpunkt auf deren *individuellem Aussagegehalt* liegt.[1594] Insofern läßt sich eine Parallele zur *Übermittlung* von *Rundfunk-* bzw. *Fernsehsignalen* ziehen, die nicht in den Bereich des freien Warenverkehrs, sondern ggf. der Dienstleistungsfreiheit[1595] oder Niederlassungsfreiheit[1596] fällt.

Desweiteren setzt die Anwendbarkeit der Bestimmungen über den freien Warenverkehr einen *grenzüberschreitenden Sachverhalt* voraus.[1597] Zunächst kann festgehalten werden, daß bei den im Rahmen dieser Arbeit erörterten Fallkonstellationen keine grenzüberschreitende Ein- oder Ausfuhr von Hardware-Komponenten[1598] in Rede steht. Jedoch sind Art. 28 ff. EGV grundsätzlich *einschlägig,* soweit im Internet beispielsweise pornographische oder extremistisch ausgerichtete Bücher, Videofilme, CDs etc. beworben und angeboten werden, bei denen es sich um *Gemeinschaftswaren* handelt, die (auch) *zum Versand in andere Mitgliedstaaten* der EU *bestimmt* sind.[1599]

b) Beeinträchtigung

aa) Mengenmäßige Einfuhrbeschränkungen oder Maßnahmen gleicher Wirkung (Art. 28 EGV)

Art. 28 EGV verbietet zunächst *mengenmäßige Einfuhrbeschränkungen* zwischen den Mitgliedstaaten. Hierbei handelt es sich um Maßnahmen, die die Einfuhr von Waren der Menge oder dem Wert nach begrenzen.[1600] Die fraglichen Gefahrenabwehrmaßnahmen stellen *keine* solchen *Kontingentierungen* dar.

„Maßnahmen gleicher Wirkung" im Sinne des Art. 28 EGV sind zum einen *diskriminierende* Maßnahmen, die die Einfuhr von Waren aus anderen Mitglied-

---

1592 Vgl. *Müller-Graff* in von der Groeben/Schwarze, Art. 28 EGV, Rn. 276.

1593 Der elektrische Strom bildet insofern nur das „Trägermedium".

1594 Vgl. *EuGH*, Rs. C-275/92 (Schindler), Slg. 1994, I-1039, Rn. 22 ff., wo der Gerichtshof darauf abstellte, daß die Einfuhr von Losen und Werbeprospekten für eine Lotterie nicht losgelöst von der Veranstaltung der Lotterie betrachtet werden kann.

1595 Ständige Rechtsprechung des *EuGH* seit Rs. 155/73 (Sacchi), Slg. 1974, 409, Rn. 6. Siehe zur Dienstleistungsfreiheit näher unten 3. Vgl. im Hinblick auf unkörperlich im Internet übermittelte Software, Musik und Videos *Kamann* in Streinz, Art. 23 EGV, Rn. 18.

1596 Siehe unten 2.

1597 Vgl. etwa *EuGH*, Rs. 98/86 (Ministère public / Mathot), Slg. 1987, 809, Rn. 12; *Becker* in Schwarze, Art. 28 EGV, Rn. 19 ff.; *Epiney* in Ehlers, § 8, Rn. 12.

1598 Diese würde freilich in den Bereich der Warenverkehrsfreiheit fallen.

1599 So etwa auch *Schilling*, 144.

1600 Vgl. *EuGH*, Rs. 2/73 (Geddo / Ente Nazionale Risi), Slg. 1973, 865, Rn. 7; Rs. 34/79 (Henn und Darby), Slg. 1979, 3795, Rn. 12; *Becker* in Schwarze, Art. 28 EGV, Rn. 33 ff.; *Epiney* in Ehlers, § 8, Rn. 17.

staaten behindern.[1601] Die in Rede stehenden Gefahrenabwehrmaßnahmen differenzieren weder offen noch versteckt nach der Herkunft von Waren, die im Internet angeboten werden, sondern lediglich danach, ob eine Störung bzw. Gefährdung der (deutschen) öffentlichen Sicherheit besteht, d.h. sie haben *keinen diskriminierenden Charakter*. Jedoch verbietet Art. 28 EGV nach ständiger Rechtsprechung des EuGH prinzipiell auch jede staatliche Maßnahme, die „geeignet ist, den innergemeinschaftlichen Handel unmittelbar oder mittelbar, tatsächlich oder potentiell zu behindern“[1602] („Dassonville“-Formel) und enthält somit ein umfassendes *Beschränkungsverbot*.[1603] Ein behördliches Vorgehen – insbesondere in Form von Löschungs- oder Sperrungsanordnungen – zur *Unterbindung* von Internet-Kommunikation, die (auch) dem *Warenabsatz* dient, ist grundsätzlich *zumindest geeignet*, den innergemeinschaftlichen Warenhandel *mittelbar* und *potentiell zu behindern*.[1604]

Allerdings hat der EuGH im Urteil „Keck und Mithcuard“ die „Dassonville“-Formel dahingehend eingeschränkt, daß „die Anwendung nationaler Bestimmungen, die bestimmte *Verkaufsmodalitäten* beschränken oder verbieten“ nicht unter das Beschränkungsverbot des Art. 28 EGV fällt, „sofern diese Bestimmungen für *alle* betroffenen Wirtschaftsteilnehmer gelten, die ihre Tätigkeit im Inland ausüben, und ... den Absatz der *inländischen* Erzeugnisse und der Erzeugnisse aus *anderen* Mitgliedstaaten *rechtlich wie tatsächlich in der gleichen Weise berühren*“.[1605] Demnach ist bei nicht-diskriminierenden – d.h. unterschiedslos wirkenden – Beschränkungen zwischen *produkt-* und *vertriebs-*

1601 Hierbei kann es sich um Regelungen handeln, die ausdrücklich nach der Herkunft einer Ware aus dem In- oder Ausland differenzieren oder zwar an ein „neutrales“ Kriterium anknüpfen, aber faktisch im wesentlichen eingeführte Waren betreffen. Vgl. etwa *EuGH*, Rs. 41/76 (Donckerwolcke / Procureur de la République), Slg. 1976, 1921, Rn. 14, 21; Rs. 68/76 (Kommission / Frankreich), Slg. 1977, 515, Rn. 14, 16 ff.; Rs. 251/78 (Denkavit Futtermittel / Minister für Ernährung, Landwirtschaft und Forsten), Slg. 1979, 3369, Rn. 11; Rs. 59/82 (Schutzverband gegen Unwesen in der Wirtschaft / Weinvertriebs-GmbH), Slg. 1983, 1217, Rn. 8; Rs. C-128/89 (Kommission / Italien), Slg. 1990, I-3239, Rn. 11 f.; Rs. C-237/94 (O'Flynn), Slg. 1996, I-2617, Rn. 17 ff.; *Becker* in Schwarze, Art. 28 EGV, Rn. 42 ff.; *Epiney* in Calliess/Ruffert, Art. 28 EGV, Rn. 14; *dieselbe* in Ehlers, § 8, Rn. 23 f.

1602 *EuGH*, Rs. 8/74 (Dassonville), Slg. 1974, 837, Rn. 5.

1603 Statt vieler: *Epiney* in Calliess/Ruffert, Art. 28 EGV, Rn. 15.

1604 So z.B. auch *Schilling*, 164. Vgl. auch *EuGH*, Rs. C-322/01 (Deutscher Apothekerverband e.V.), Rn. 66 ff., 73 f., 143 i.V.m. 112-116, in Bezug auf das in § 8 I HWG 02 geregelte Verbot der Werbung für den nach § 43 I AMG 02 unzulässigen Vertrieb von in Deutschland zugelassenen, apothekenpflichtigen Arzneimitteln im Wege des Versandhandels.

1605 *EuGH*, verb. Rs. C-267, 286/91 (Keck und Mithouard), Slg. 1993, I-6097, Rn. 16 (Hervorhebungen vom Verfasser) – Verbot des Verkaufs von Waren zum Verlustpreis *bezogenen* Regelungen zu unterscheiden (wobei letztere ggf. nicht mehr unter Art. 28 EGV fallen).[1606]

Hinsichtlich der Frage, ob und inwieweit *Werbebeschränkungen* noch von Art. 28 EGV erfaßt werden[1607], ergeben sich Anhaltspunkte aus der Folgerechtsprechung des EuGH: Anforderungen an unmittelbar *mit einer Ware verbundene* bzw. auf deren Verpackung oder Etikettierung angebrachte Werbung stellen *produktbezogene* Regelungen dar.[1608] Hingegen sind *Beschränkungen* bestimmter *Werbeformen*[1609] – etwa der Werbung für bestimmte Erzeugnisse im Fernsehen[1610] oder in Printmedien[1611] oder der Fernsehwerbung für bestimmte Methoden des Absatzes von Erzeugnissen[1612] – als Regelungen von *Verkaufsmodalitäten* zu qualifizieren. Dies gilt auch für ein generelles Werbeverbot, das nur ausländische Waren betrifft.[1613]

Maßnahmen zur Unterbindung von Internet-Werbung für bestimmte Erzeugnisse oder Absatzmethoden betreffen nicht eine Ware als solche oder ihre Verpackung bzw. Etikettierung, sondern ihren *Vertrieb*.[1614] Da sie sich gegen eine

---

1606 Vgl. statt vieler: *Becker* in Schwarze, Art. 28 EGV, Rn. 48; *Leible* in Grabitz/Hilf, Art. 28 EGV, Rn. 28; *Schroeder* in Streinz, Art. 28 EGV, Rn. 43 ff.

1607 In früheren Entscheidungen hatte der EuGH insofern darauf abgestellt, daß sich nicht ausschließen lasse, daß der Zwang, die Form oder den Inhalt einer Werbekampagne zu ändern oder ein besonders wirksames Werbesystem aufzugeben, auch bei Vorliegen einer unterschiedslos geltenden Maßnahme ein Einfuhrhindernis i.S.d. Art. 28 EGV darstelle; vgl. *EuGH*, Rs. C-362/88 (GB-INNO-BM), Slg. 1990, I-667, Rn. 8 ff.; Rs. C-241/89 (SARPP), Slg. 1990, I-4695, Rn. 29; Rs. C-126/91 (Yves Rocher), Slg. 1993, I-2361, Rn. 23.

1608 Vgl. *EuGH*, Rs. C-315/92 (Verband sozialer Wettbewerb [„Clinique"]), Slg. 1994, I-317, Rn. 13; Rs. C-470/93 (Mars), Slg. 1995, I-1923, Rn. 13; Rs. C-77/97 (Unilever), Slg. 1999, I-431, Rn. 23 ff.

1609 Vgl. bereits *EuGH*, Rs. C-292/92 (Hünermund u.a.), Slg. 1993, I-6787, Rn. 19 – Verbot der Werbung für apothekenübliche Waren außerhalb von Apotheken.

1610 *EuGH*, verb. Rs. C-34-36/95 (De Agostini und TV-Shop), Slg. 1997, I-3843, Rn. 39 ff. – Verbot irreführender Werbung für Hautpflegeprodukte und Reinigungsmittel bzw. Werbung, die sich an Kinder unter 12 Jahren richtet, im Fernsehen.

1611 *EuGH*, Rs. 405/98 (Gourmet International Products), Slg. 2001, I-1795, Rn. 18 ff. – Verbot der Alkoholwerbung in Zeitungen und Zeitschriften.

1612 *EuGH*, Rs. C-412/93 (Leclerc-Siplec), Slg. 1995, I-179, Rn. 21 ff. – Verbot der Fernsehwerbung für den Absatz von Kraftstoffen in Supermärkten.

1613 Vgl. *EuGH*, Rs. C-320/93 (Ortscheit), Slg. 1994, I-5243, Rn. 10 – Verbot der Werbung für die Einzeleinfuhr von in Deutschland zugelassenen, apothekenpflichtigen Arzneimitteln in Presseerzeugnissen.

1614 Vgl. *Mankowski*, MMR 2001, 754, 756. Entgegen *Schilling*, 167 f., zwingen staatliche Maßnahmen gegen Produktwerbung im Internet den Anbieter gerade nicht zwangsläufig zu einer „Abänderung der Produktpalette", sondern (lediglich) zu einer Änderung der Art und Weise der Werbung, d.h. zu einer Modifikation der Angebots-Website.

bestimmte Form der *Absatzförderung* richten, handelt es sich um Regelungen von *Verkaufsmodalitäten.*[1615]

Es fragt sich allerdings, wann solche Maßnahmen den Absatz inländischer und eingeführter Erzeugnisse *„rechtlich wie tatsächlich in der gleichen Weise berühren"*. Dies dürfte dann *nicht* der Fall sein, wenn sie den *Zugang zum Einfuhrmarkt (erheblich) erschweren*[1616] oder eine *Marktabschottung bewirken*[1617].[1618] Solche Auswirkungen hatte etwa das in Deutschland bis Ende 2003 geltende Verbot jeglicher Werbung für den Versand apothekenpflichtiger Arzneimittel ins Inland[1619], denn der Inhaber einer EU-ausländischen Apotheke hätte nach dem seinerzeit geltenden deutschen Recht solche Arzneimittel – abgesehen vom grenzüberschreitenden Versand – an deutsche Endkunden nur in einer weiteren von ihm geleiteten und seit mindestens drei Jahren in Deutschland betriebenen Apotheke veräußern dürfen.[1620] *Anders* liegt es bei den im Rahmen

---

1615 So im Hinblick auf das Verbot der (Internet-)Werbung für den Versand von Arzneimitteln nach Deutschland gemäß § 8 I, II HWG 02 (vgl. oben Fußnote 1604) etwa auch *Ernst*, WRP 2001, 893, 897, und *Mankowski*, MMR 2001, 754, 756, während das *KG Berlin*, MMR 2001, 759, 763, und das *OLG Frankfurt/Main*, MMR 2001, 751, 754, nicht zwischen produkt- und vertriebsbezogenen Regelungen differenzieren. Der *EuGH*, der im Rahmen der Erörterung des Versandhandelsverbots (§ 43 I AMG 02) unter Bezugnahme auf die Urteile „Keck und Mithouard", „Hünermund u.a.", „De Agostini und TV-Shop", „Gourmet International Products" und „Leclerc-Siplec" (siehe oben Fußnoten 1605, 1609, 1610, 1611, 1612) ausführte, daß für nicht in Deutschland ansässige Apotheken im Internet ein Mittel liegen könne, das für den unmittelbaren Zugang zum deutschen Markt geeignet sei (Rs. C-322/01 [Deutscher Apothekerverband e.V.], Rn. 74), hielt das deutsche Werbeverbot ebenfalls für eine Beschränkung von Verkaufsmodalitäten.

1616 Vgl. *Koenig/Engelmann*, ZUM 2001, 19, 22; *Leible* in Grabitz/Hilf, Art. 28 EGV, Rn. 28; *Müller-Graff* in von der Groeben/Schwarze, Art. 28 EGV, Rn. 262; *Stix-Hackl (Generalanwältin)*, Schlußanträge in der Rs. C-322/01 (Deutscher Apothekerverband e.V.), Ziff. 78 („Das entscheidende Kriterium sollte ... sein, ob eine Maßnahme den Zugang zum Markt erheblich erschwert ..."). Ähnlich *Herdegen*, Rn. 291, der darauf abstellt, ob der freie Warenverkehr direkt oder erheblich beeinträchtigt wird.

1617 Vgl. *Ahlfeld*, 53 ff.; *Becker* in Schwarze, Art. 28 EGV, Rn. 49; *Schroeder* in Streinz, Art. 28 EGV, Rn. 49; ähnlich *Mankowski*, MMR 2001, 754, 756.

1618 Anders *Epiney* in Calliess/Ruffert, Art. 28 EGV, Rn. 41, wonach es darauf ankommen soll, ob sich eine Maßnahme auf eine eingrenzbare Gruppe von Produkten bezieht.

1619 Vgl. oben Fußnoten 1604, 1615 sowie *EuGH*, Rs. C-322/01 (Deutscher Apothekerverband e.V.), Rn. 73-75, 143 i.V.m. 112 ff. Für die Annahme eines Marktzugangshindernisses auch *Streinz*, EuZW 2003, 37, 42 f.; zweifelnd hingegen *Schroeder* in Streinz, Art. 28 EGV, Rn. 49 (dort Fußnote 126).

1620 §§ 43 I AMG 02, 2 II ApoG 02, 2 II ApBetrO 99 (vgl. *Koenig/Engelmann*, ZUM 2001, 19, 22 f.). Der *EuGH* hat eine Rechtfertigung des Werbeverbots nach Art. 30 EGV (Schutz der Gesundheit und des Lebens von Menschen) hinsichtlich nicht verschreibungspflichtiger Arzneimittel verneint und in Bezug auf verschreibungspflichtige Präparate bejaht (Rs. C-322/01 [Deutscher Apothekerverband e.V.], Rn. 112 ff., 117 ff.).

dieser Arbeit erörterten *individuellen Gefahrenabwehrmaßnahmen*, die zwar (auch) störende Produktwerbung im Internet betreffen können, allerdings *andere Formen* der Werbung – z.B. im klassischen Fernsehen und Hörfunk, in Printmedien, auf Plakaten oder durch Direktversand nicht angeforderten Materials – *unberührt lassen.*[1621] Sie dürften im Ergebnis keine erhebliche Erschwerung des Zugangs zum Produkt-Einfuhrmarkt oder Marktabschottung bewirken und daher auch *nicht* unter das *Beschränkungsverbot* des Art. 28 EGV fallen.

bb) Mengenmäßige Ausfuhrbeschränkungen oder Maßnahmen gleicher Wirkung (Art. 29 EGV)

Art. 29 EGV verbietet zunächst *mengenmäßige Ausfuhrbeschränkungen* zwischen den Mitgliedstaaten. Erfaßt sind Kontingentierungen und Exportverbote.[1622] Um solche geht es im hier interessierenden Zusammenhang jedoch nicht.

Maßnahmen gleicher Wirkung wie Ausfuhrbeschränkungen sind nach der Rechtsprechung des EuGH nur solche, die „spezifische Beschränkungen der Ausfuhrströme bezwecken oder bewirken und damit unterschiedliche Bedingungen für den Binnenhandel innerhalb eines Mitgliedstaats und seinen Außenhandel schaffen, so daß die nationale Produktion oder der Binnenmarkt des betroffenen Staates einen besonderen Vorteil erlangt".[1623] Da es hiernach auf eine unterschiedliche Behandlung der im Inland verbleibenden und der ausgeführten Waren ankommt, können die in Rede stehenden – *unterschiedslos wirkenden* –

Nach dem seit 01.01.2004 geltenden Recht dürfen inländische und EU-ausländische Apothekenbetreiber in Deutschland apothekenpflichtige Arzneimittel mit behördlicher Erlaubnis im Wege des Versandhandels in Verkehr bringen (§§ 43 I 1 AMG, 11a, 11b ApoG) und hierfür werben (§ 8 HWG untersagt nur noch die Werbung, bestimmte Arzneimittel im Wege des Teleshopping bzw. der Einzeleinfuhr zu beziehen). Siehe zum Ganzen *OLG Frankfurt/Main*, MMR 2001, 751, 754; *KG Berlin*, MMR 2001, 759, 763; *Ernst*, WRP 2001, 893, 897 f.; *Koch*, EuZW 2004, 50, 51; *Koenig/Engelmann*, ZUM 2001, 19, 23 ff.; *Mankowski*, MMR 2001, 754, 756 f.; *Marwitz*, MMR 2004, 218, 219 ff.

1621 Vgl. insofern auch *EuGH*, Rs. C-405/98 (Gourmet International Products), Slg. 2001, I-1795, Rn. 19 ff., wo der Gerichtshof danach differenziert, ob nur eine Form der Absatzförderung untersagt oder aber jede an Verbraucher gerichtete Werbung verboten wird.

1622 Vgl. *EuGH*, Rs. 7/78 (Thompson), Slg. 1978, 2247; Rs. C-47/90 (Delhaize), Slg. 1992, I-3669, Rn. 13 f.; Rs. C-5/94 (Hedley Lomas), Slg. 1996, I-2553, Rn. 17; *Becker* in Schwarze, Art. 29 EGV, Rn. 7; *Epiney* in Calliess/Ruffert, Art. 29 EGV, Rn. 6.

1623 Ständige Rechtsprechung des *EuGH* seit Rs. 155/80 (Oebel), Slg. 1981, 1993, Rn. 15. Siehe zur teilweise in der Literatur geäußerten Kritik *Epiney* in Calliess/Ruffert, Art. 29 EGV, Rn. 14 ff. (m.w.N.).

Gefahrenabwehrmaßnahmen grundsätzlich *keine Maßnahmen gleicher Wirkung* im Sinne des Art. 29 EGV darstellen.[1624]

c) Zwischenergebnis

Es kann festgehalten werden, daß die im Rahmen dieser Arbeit erörterten Gefahrenabwehrmaßnahmen *weder* von *Art. 28 EGV noch* von *Art. 29 EGV* erfaßt werden.

2. Niederlassungsfreiheit (Art. 43 ff. EGV)

Bei einer „Niederlassung“ im Sinne des Art. 43 EGV handelt es sich um die selbständige Ausübung einer wirtschaftlichen Erwerbstätigkeit mittels einer festen Einrichtung in einem anderen Mitgliedstaat auf unbestimmte Zeit.[1625]

Als *„feste Einrichtung“* sind insbesondere bauliche Einrichtungen wie Betriebsstätten, Geschäfts-, Büro- oder Lagerräume anzusehen.[1626] Eine solche Einrichtung liegt vor, wenn ein Internet-Akteur Hardware-Komponenten in *Geschäftsräumen* betreibt[1627], während hingegen allein das *Verwalten* eines Servers als solches *keine feste Einrichtung* des Server-Verwalters am *Standort des Servers* begründet.[1628]

Im Gegensatz zum Dienstleistungserbringer, der grundsätzlich in seinem Herkunftsstaat angesiedelt bleibt und sich allenfalls vorübergehend zur Erbringung der Dienstleistung in einem anderen Mitgliedstaat aufhält, *integriert* sich der Niederlassungswillige *dauerhaft* in das *Wirtschaftsleben des Aufnahmestaats*. Bei der Abgrenzung sind im Einzelfall die *zeitliche Ausdehnung* der Tätigkeit sowie ihre *Häufigkeit* und *Kontinuität* zu berücksichtigen.[1629] Zwar kann vom

---

1624 Vgl. *EuGH*, Rs. 237/82 (Jongeneel Kaas / Niederlande), Slg. 1984, 483, Rn. 13; *Becker* in Schwarze, Art. 29 EGV, Rn. 10 f.; *Epiney* in Calliess/Ruffert, Art. 29 EGV, Rn. 12.

1625 Vgl. etwa *EuGH*, Rs. C-221/89 (Factortame u.a.), Slg. 1991, I-3905, Rn. 20; *Müller-Graff* in Streinz, Art. 43 EGV, Rn. 11 ff.; Tietje in Ehlers, § 10, Rn. 19 ff. (m.w.N.).

1626 Vgl. *EuGH*, Rs. C-55/94 (Gebhard), Slg. 1995, I-4165, Rn. 27; *Bröhmer* in Calliess/Ruffert, Art. 43 EGV, Rn. 11; *Müller-Graff* in Streinz, Art. 43 EGV, Rn. 18; *Schlag* in Schwarze, Art. 43 EGV, Rn. 17.

1627 Ähnlich *Schilling*, 146 f.

1628 Würde man dies anders sehen, so könnte letztlich allein durch Tastatureingaben in einem Mitgliedstaat A eine Niederlassung in einem Mitgliedstaat B begründet werden. Die Niederlassung eines Server-Verwalters liegt an dem Ort, von dem aus er mittels einer festen Einrichtung einen Server (fern-)steuert.

1629 Vgl. *EuGH*, Rs. C-70/95 (Sodemare u.a.), Slg. 1997, I-3395, Rn. 24; Rs. C-55/94 (Gebhard), Slg. 1995, I-4165, Rn. 25, 27; *Bröhmer* in Calliess/Ruffert, Art. 43 EGV, Rn. 12; *Schlag* in Schwarze, Art. 43 EGV, Rn. 16. Da auch im Rahmen des Art. 43 EGV ein *grenzüberschreitender Bezug* vorliegen muß, setzt eine Berufung auf die Niederlassungsfreiheit grundsätzlich voraus, daß eine Niederlassung in einem *anderen Mitglied-*

Bestehen einer festen Einrichtung noch nicht auf die Dauerhaftigkeit der Teilnahme am Wirtschaftsleben geschlossen werden[1630]; jedoch ist die Errichtung eines *„Rechenzentrums"* bereits wegen der erforderlichen Investitionen grundsätzlich auf Dauer und Kontinuität angelegt. Demnach wird man generell davon ausgehen können, daß ein Internet-Diensteanbieter, der eine solche feste Einrichtung in einem Mitgliedstaat begründet, sich in diesem Mitgliedstaat *niederläßt*. Liegt dort der *Schwerpunkt* der wirtschaftlichen Betätigung, so handelt es sich um eine *Hauptniederlassung* (Art. 43 I 1 EGV). Ansonsten stellt die Begründung oder Verlagerung eines Betriebsteils eine *Zweigniederlassung* im Sinne des Art. 43 I 2 EGV dar.[1631]

Die *Bereichsausnahme* des Art. 45 EGV (Ausübung öffentlicher Gewalt) spielt in den hier interessierenden Fallkonstellationen keine Rolle.

In personeller Hinsicht begünstigt die Niederlassungsfreiheit sowohl natürliche Personen mit der Staatsangehörigkeit eines Mitgliedstaats (Art. 43 I EGV)[1632] als auch Gesellschaften[1633], die nach den Rechtsvorschriften eines Mitgliedstaats gegründet wurden und ihren satzungsmäßigen Sitz, ihre Hauptverwaltung oder ihre Hauptniederlassung innerhalb der Gemeinschaft haben (Art. 43 II in Verbindung mit Art. 48 I EGV, dessen Kriterien der Bestimmung

---

staat errichtet werden soll. Ist dies der Fall, so kann sich der Niederlassungswillige aber auch gegenüber seinem *Herkunftsstaat* auf Art. 43 EGV berufen (vgl. *EuGH*, Rs. C-141/99 [AMID], Slg. 2000, I-11619, Rn. 20). Darüber hinaus sind auch *„Rückwanderer"* geschützt, die sich (z.B. zu Ausbildungszwecken) in einem anderen Mitgliedstaat aufgehalten hatten und nun in ihrem Heimatstaat niederlassen wollen (vgl. *EuGH*, Rs. 115/78 [Knoors / Staatssekretär für Wirtschaft], Slg. 1979, 399, Rn. 24; Rs. C-19/92 [Kraus], Slg. 1993, I-1663, Rn. 23; *Roth* in Dauses, E.I, Rn. 52; *Schlag* in Schwarze, Art. 43 EGV, Rn. 43).

1630 Vgl. *EuGH*, Rs. C-55/94 (Gebhard), Slg. 1995, I-4165, Rn. 27; *Bröhmer* in Calliess/ Ruffert, Art. 43 EGV, Rn. 13; *Müller-Graff* in Streinz, Art. 43 EGV, Rn. 16.

1631 Vgl. *EuGH*, Rs. 270/83 (Kommission / Frankreich), Slg. 1986, 273, Rn. 14; Rs. 221/85 (Kommission / Belgien), Slg. 1987, 719, Rn. 10; *Müller-Graff* in Streinz, Art. 43 EGV, Rn. 23; *Schlag* in Schwarze, Art. 43 EGV, Rn. 20.

1632 Der räumliche Anwendungsbereich der Niederlassungsfreiheit erstreckt sich insbesondere gemäß Art. 31 ff. des EWR-Abkommens auf die EWR-Mitgliedstaaten und gemäß Art. 1 lit. a), 2 ff. i.V.m. Art. 1 ff., 11 ff. des Anhangs I des Abkommens Schweiz-EG auf die Schweiz. Die Europaabkommen zwischen der EG und Staaten Mittel- und Osteuropas sehen hinsichtlich der Niederlassungsfreiheit eine Inländergleichbehandlung bzw. Meistbegünstigung vor (siehe dazu ausführlich *Weiß*, 23 ff.).

1633 Hierbei handelt es sich um Gesellschaften des bürgerlichen Rechts und des Handelsrechts, einschließlich der Genossenschaften, und alle sonstigen juristischen Personen des öffentlichen und privaten Rechts, mit Ausnahme derjenigen, die keinen Erwerbszweck verfolgen (Art. 48 II EGV). Auch teil- und nichtrechtsfähige Gesellschaften sind erfaßt. Juristische Personen des öffentlichen Rechts können sich auf die Niederlassungsfreiheit nur berufen, soweit sie keine Hoheitsrechte ausüben (*Bröhmer* in Calliess/Ruffert, Art. 48 EGV, Rn. 3).

der Zugehörigkeit einer Gesellschaft zur Rechtsordnung eines Mitgliedstaats dienen[1634]). Aus deutscher Sicht ist zu beachten, daß einer nach dem Recht eines anderen Mitgliedstaats gegründeten Gesellschaft, die ihre (eigentliche) Hauptniederlassung in das Inland verlegen will oder im Inland ihren Verwaltungssitz genommen hat, die Niederlassungsfreiheit auch dann zusteht, wenn die nach deutschem Recht bestehenden Voraussetzungen für eine wirksame Entstehung der Gesellschaft nicht erfüllt sind.[1635]

Im Ergebnis können sich daher alle Internet-Akteure, die Staatsangehörige eines anderen Mitgliedstaats bzw. der Rechtsordnung eines anderen Mitgliedstaats zuzurechnende Gesellschaften (oder „Rückwanderer"[1636]) sind und eine selbständig erbrachte Leistung gewerblich anbieten[1637], hinsichtlich der *Niederlassung in Deutschland* und der mittels einer solchen Niederlassung *ausgeübten Tätigkeit* auf *Art. 43 EGV* berufen.

1634 So etwa *EuGH*, Rs. 79/85 (Segers / Bedrijfsvereniging voor Bank- en Verzekeringswezen, Groothandel en Vrije Beroepen), Slg. 1986, 2375, Rn. 13; Rs. C-330/91 (Commerzbank), Slg. 1993, I-4017, Rn. 13.

1635 Vgl. im Hinblick auf die Begründung einer „Zweigniederlassung", die eigentlich eine Hauptniederlassung darstellt, bzw. eines Verwaltungssitzes *EuGH*, Rs. C-212/97 (Centros), Slg. 1999, I-1459, Rn. 17 ff.; Rs. C-208/00 (Überseering), Slg. 2002, I-9919, Rn. 52 ff., 64 ff.; Rs. C-167/01 (Inspire Art), Slg. 2003, I-10155, Rn. 95 ff., 131 ff. Die Konsequenzen dieser Rechtsprechung werden vor dem Hintergrund des internationalen Handels- und Gesellschaftsrechts der Mitgliedstaaten deutlich: Während nach der „Gründungstheorie" (der etwa die Niederlande und das Vereinigte Königreich folgen) das Recht des Staates maßgeblich ist, in dem eine Gesellschaft gegründet wurde und im Register eingetragen ist, kommt es nach der „Sitztheorie" (die z.B. in Deutschland gilt) auf den tatsächlichen Sitz der Hauptverwaltung oder -niederlassung an. Daher wäre aus der Sicht eines Staates A, der der Sitztheorie folgt, eine nach dem Recht eines Staates B gegründete Gesellschaft, die nicht die Entstehungsvoraussetzungen (z.B. hinsichtlich des Mindestkapitals) nach dem Recht des Staates A erfüllt, nicht existent – mit der Folge, daß auch Art. 48 EGV nicht anwendbar wäre. Vgl. *Kindler* in Rebmann/Säcker/Rixecker, Rn. 313 ff.; *Schlag* in Schwarze, Art. 48 EGV, Rn. 8; *Tietje* in Ehlers, § 10, Rn. 61 ff.; *Troberg/Tiedje* in von der Groeben/Schwarze, Art. 48 EGV, Rn. 6 ff. Ob die Rechtsprechung des EuGH letztlich der „Sitztheorie" den Boden entzieht, braucht hier nicht erörtert zu werden (siehe dazu etwa *Bröhmer* in Calliess/Ruffert, Art. 48 EGV, Rn. 10 [dort Fußnote 21] m.w.N.).

1636 Siehe oben Fußnote 1629.

1637 Es muß nicht tatsächlich auch ein Gewinn erzielt werden, vielmehr reicht die Verfolgung eines Erwerbszwecks aus (vgl. *Müller-Graff* in Streinz, Art. 49 EGV, Rn. 21; *Schlag* in Schwarze, Art. 43 EGV, Rn. 21). Eine wirtschaftliche Erwerbstätigkeit liegt auch dann vor, wenn ein Internet-Angebot zwar kostenlos nutzbar ist, jedoch über Werbeeinnahmen finanziert wird. Nicht erfaßt wird lediglich eine Betätigung, die keinerlei Erwerbszweck verfolgt, wie z.B. das Bereitstellen eines kostenlosen Internet-Zugangs durch eine Universität.

Allerdings betreffen die hier in Rede stehenden Gefahrenabwehrmaßnahmen faktisch wesentlich häufiger *im Inland niedergelassene deutsche* und/oder *im Ausland ansässige* Diensteanbieter. In diesen Fällen ist die (ansonsten gegenüber der Niederlassungsfreiheit subsidiäre[1638]) *Dienstleistungsfreiheit* gemäß Art. 49 ff. EGV einschlägig, die zudem auch Akteure schützt, die Internet-Angebote *nachfragen.*[1639] Vor diesem Hintergrund und mit Blick auf die „Konvergenz der Grundfreiheiten“[1640] soll im folgenden (nur) schwerpunktmäßig auf die Dienstleistungsfreiheit eingegangen werden.[1641]

3. Dienstleistungsfreiheit (Art. 49 ff. EGV)

a) Schutzbereich

Dienstleistungen im Sinne der Art. 49 ff. EGV sind (unkörperliche) *Leistungen, die in der Regel gegen Entgelt, grenzüberschreitend,*[1642] *selbständig* und *vorübergehend*[1643] erbracht werden.[1644] Auf die einzelnen Kriterien wurde be-

---

1638 Dies folgt aus Art. 50 I EGV; vgl. *EuGH*, Rs. C-55/94 (Gebhard), Slg. 1995, I-4165, Rn. 22; Rs. C-3/95 (Reisebüro Broede), Slg. 1996, I-6511, Rn. 19 (anders allerdings *EuGH*, Rs. C-243/01 [Gambelli u.a.], Rn. 46 ff. [kumulative Prüfung der beiden Grundfreiheiten]).

1639 Siehe sogleich unten 3.

1640 Sowohl die Niederlassungs- als auch die Dienstleistungsfreiheit enthalten nicht nur ein Diskriminierungs- sondern auch ein Beschränkungsverbot (vgl. für die Niederlassungsfreiheit insbesondere *EuGH*, Rs. C-19/92 [Kraus], Slg. 1993, I-1663, Rn. 32; Rs. C-55/94 [Gebhard], Slg. 1995, I-4165, Rn. 37; *Bröhmer* in Calliess/Ruffert, Art. 43 EGV, Rn. 29 ff.; *Randelzhofer/Forsthoff* in Grabitz/Hilf, Art. 43 EGV, Rn. 83; *Schlag* in Schwarze, Art. 43 EGV, Rn. 45 – m.w.N.; siehe zur Dienstleistungsfreiheit unten 3. b)). Beschränkungen beider Grundfreiheiten sind *erlaubt*, wenn die Voraussetzungen des Art. 46 EGV vorliegen (auf den Art. 55 EGV verweist) bzw. wenn sie „aus zwingenden Gründen des Allgemeininteresses gerechtfertigt (sind), geeignet (sind), die Verwirklichung des mit ihnen verfolgten Ziels zu gewährleisten, und ... nicht über das hinausgehen, was zur Erreichung dieses Ziels erforderlich ist“ (für die Niederlassungsfreiheit etwa *EuGH*, Rs. C-55/94 [Gebhard], Slg. 1995, I-4165, Rn. 37; siehe zur Dienstleistungsfreiheit unten 3. c) aa)). Vgl. zur „Konvergenz der Grundfreiheiten“ etwa *Ehlers* in Ehlers, § 7, Rn. 47 ff.; *Epiney* in Calliess/Ruffert, Art. 28 EGV, Rn. 56 ff.

1641 Siehe zur Niederlassungsfreiheit noch unten 3. c) dd).

1642 Die Kriterien der Leistung, Entgeltlichkeit und Grenzüberschreitung werden in Art. 50 I, 49 I EGV genannt.

1643 Diese Kriterien dienen der Abgrenzung zur Arbeitnehmerfreizügigkeit und Niederlassungsfreiheit (vgl. Art. 50 I EGV).

1644 Vgl. die oben in Fußnoten 1591, 1594, 1595, 1629 und 1630 angeführten Nachweise sowie *EuGH*, Rs. C-36/74 (Walrave / Union Cycliste Internationale), Slg. 1974, 1405, Rn. 4 ff., 10; Rs. 52/79 (Debauve), Slg. 1980, 833, Rn. 9; Rs. 352/85 (Bond van Adverteerders / Niederländischer Staat), Slg. 1988, 2085, Rn. 16; Rs. C-198/89 (Kommission / Griechenland), Slg. 1991, I-727, Rn. 9; Rs. C-384/93 (Alpine Investments), Slg. 1995, reits im Rahmen der Erörterung der Warenverkehrs- und Niederlassungsfreiheit eingegangen.

Beim Bereithalten von Tele- oder Mediendiensten zur Nutzung, Vermitteln des Zugangs zu deren Nutzung, Erbringen von TK-Diensten und Veranstalten von Rundfunk handelt es sich jeweils um *selbständig erbrachte* (unkörperliche) *Leistungen.*[1645]

Viele solcher Leistungen werden den jeweiligen Nutzern kostenpflichtig angeboten[1646] oder durch Werbung finanziert[1647], d.h. *„in der Regel gegen Entgelt"* erbracht. Hingegen stellen Angebote, die keinem Erwerbszweck dienen – wie z.B. unentgeltlich abrufbare, werbefreie private Homepages oder von Universitäten für Studierende bereitgestellte Internet-Zugänge – keine Dienstleistungen im Sinne der Art. 49 ff. EGV dar.[1648]

Im Hinblick auf den *grenzüberschreitenden Charakter* der Leistung ist zu differenzieren: Da Internet-Angebote ihrer Natur nach auf der ganzen Welt – d.h. auch in allen Mitgliedstaaten – in Anspruch genommen werden können, weisen sie grundsätzlich einen *grenzüberschreitenden Bezug* auf. Es handelt sich insofern um „Korrespondenzdienstleistungen".[1649] Soweit allerdings ein Anbieter

---

I-1141, Rn. 21; *Holoubek* in Schwarze, Art. 49 EGV, Rn. 44 ff.; Art. 50 EGV, Rn. 5 ff.; *Kluth* in Calliess/Ruffert, Art. 50 EGV, Rn. 7 ff.; *Müller-Graff* in Streinz, Art. 49 EGV, Rn. 16 ff.

1645 Vgl. bereits oben 1. a) sowie hinsichtlich der Veranstaltung von Fernsehen etwa *EuGH*, Rs. 155/73 (Sacchi), Slg. 1974, 409, Rn. 6; Rs. 352/88 (Bond van Adverteerders / Niederländischer Staat), Slg. 1988, 2085, Rn. 14; verb. Rs. C-34-36/95 (De Agostini und TV Shop), Slg. 1997, I-3843, Rn. 48, und in Bezug auf Internet-Angebote *KOM (1998) 586 endg.*, 21; *Arndt/Köhler*, EWS 2001, 102, 103; *Halfmeier*, ZEuP 2001, 837, 843; *Marly* in Grabitz/Hilf/Wolf, A 4, Vorbem., Rn. 56.

1646 So insbesondere das „Access Providing" und oftmals auch das Web-Hosting.

1647 Eine solche Werbetätigkeit stellt eine – in der Regel gegen Entgelt erbrachte – Leistung zugunsten des jeweiligen Auftraggebers der Werbung dar. Vgl. für den Bereich der Fernsehwerbung *EuGH*, Rs. 352/88 (Bond van Adverteerders / Niederländischer Staat), Slg. 1988, 2085, Rn. 14; Rs. C-288/89 (Collectieve Antennevoorziening Gouda), Slg. 1991, I-4007, Rn. 11 ff., 17; Rs. C-353/89 (Kommission / Niederlande), Slg. 1991, I-4069, Rn. 11 ff.; verb. Rs. C-34-36/95 (De Agostini und TV Shop), Slg. 1997, I-3843, Rn. 48; sowie in allgemeinerem Zusammenhang *Drasch*, 181 ff., 186.

1648 Vgl. oben Fußnote 1637.

1649 Bei diesen überschreitet nicht der Dienstleistungserbringer oder -empfänger, sondern lediglich die Dienstleistung eine Grenze. Nach ständiger Rechtsprechung des *EuGH* (so etwa Rs. C-384/93 [Alpine Investments], Slg. 1995, I-1141, Rn. 22) stellt dies einen für die Anwendbarkeit der Art. 49 ff. EGV ausreichenden grenzüberschreitenden Bezug dar. Eindeutig abzulehnen ist daher die Auffassung von *Schilling*, 192, 196, daß ein in Deutschland ansässiger Server-Betreiber, der Informationen für einen im EU-Ausland ansässigen Server-Verwalter speichert, seine Leistung gänzlich im Inland erbringe, so daß kein grenzüberschreitendes Element vorliege, und daß auch hinsichtlich des Abrufs zugunsten eines *im selben Mitgliedstaat ansässigen* Kunden z.B. Web-Hosting, eine Zugangsvermittlung oder einen (reinen) TK-Dienst erbringt, überschreitet diese Leistung *als solche keine Grenze.*[1650]

In Abgrenzung zur Niederlassungsfreiheit sind Art. 49 ff. EGV anwendbar, wenn sich der Leistungserbringer *nicht dauerhaft* in das *Wirtschaftsleben* eines *anderen Mitgliedstaats integriert.*[1651]

Die *Bereichsausnahme* des Art. 55 in Verbindung mit Art. 45 EGV (Ausübung öffentlicher Gewalt) ist in den hier in Rede stehenden Fallkonstellationen nicht einschlägig.

Demnach ist die Dienstleistungsfreiheit anwendbar, soweit ein *in Deutschland ansässiger Internet-Anbieter* entgeltliche Leistungen zugunsten von Internet-Akteuren in anderen Mitgliedstaaten erbringt oder – umgekehrt – das gewerbliche Angebot eines *EU-ausländischen Leistungserbringers* auch im Inland in Anspruch genommen werden kann.[1652]

In personeller Hinsicht begünstigen Art. 49 ff. EGV *Erbringer* sowie *Empfänger*[1653] einer Dienstleistung, bei denen es sich um *Staatsangehörige eines Mitgliedstaats*[1654] oder *der Rechtsordnung eines Mitgliedstaats zuzuordnende Gesellschaften*[1655] handelt.[1656]

---

von Inhalten eines in Deutschland ansässigen Server-Verwalters durch einen im Ausland ansässigen Rezipienten kein grenzüberschreitender Bezug bestehe.

1650 Insofern spielt es keine Rolle, ob der Kunde *diese* Leistung dazu nutzt, selbst eine *andere* Leistung grenzüberschreitend zu erbringen (z.B. indem er das ihm erbrachte Web-Hosting dazu nutzt, eine Website einrichten, die von Rezipienten in anderen Mitgliedstaaten abgerufen werden kann) oder in Anspruch zu nehmen (so insbesondere, wenn er eine Zugangsvermittlung zum Abruf von Websites aus anderen Mitgliedstaaten nutzt).

1651 Vgl. oben 2.

1652 Vgl. oben 2. sowie *Holoubek* in Schwarze, Art. 49 EGV, Rn. 22 ff. Etwas anderes gilt auch nicht, wenn der Anbieter seine grenzüberschreitende Tätigkeit ganz oder überwiegend auf das Gebiet eines anderen Mitgliedstaates ausrichtet, dessen Rechtsordnung er sich entziehen will; vgl. *EuGH*, Rs. C-23/93 (TV 10), Slg. 1994, I-4795, Rn. 15, in Abkehr von der früheren Rechtsprechung (z.B. Rs. 33/74 [van Binsbergen / Bedrijfsvereniging Metaalnijverheid], Slg. 1974, 1299, Rn. 13; Rs. 205/84 [Kommission / Deutschland], Slg. 1986, 3755, Rn. 22).

1653 Siehe zum Schutz des Dienstleistungsempfängers etwa *EuGH*, verb. Rs. 286/82, 26/83 (Luisi und Carbone / Ministero del Tesoro), Slg. 1984, 377, Rn. 10; Rs. C-159/90 (Society for the Protection of Unborn Children Ireland), Slg. 1991, I-4685, Rn. 16 ff.; Rs. C-158/96 (Kohll), Slg. 1998, I-1931, Rn. 35.

1654 Vgl. *Holoubek* in Schwarze, Art. 49 EGV, Rn. 32; *Randelzhofer/Forsthoff* in Grabitz/Hilf, Art. 49/50 EGV; anders *Müller-Graff* in Streinz, Art. 49 EGV, Rn. 54, der auch drittstaatsangehörige Dienstleistungsempfänger als Begünstigte ansieht.

1655 Insoweit ist über die Verweisung in Art. 55 EGV ebenfalls Art. 48 EGV einschlägig (siehe zu dieser Bestimmung bereits oben 2.).

b) Beeinträchtigung

Ähnlich wie die anderen Grundfreiheiten hat die Dienstleistungsfreiheit einen Bedeutungswandel vom bloßen Diskriminierungsverbot hin zu einem umfassenden *Beschränkungsverbot* durchlaufen.[1657] Während ursprünglich nur gewährleistet war, daß Dienstleistungen im Empfangsstaat *nicht* gegenüber vergleichbaren inländischen Dienstleistungen *benachteiligt* wurden[1658] („*Bestimmungslandprinzip*"), ist durch die Rechtsprechung des EuGH spätestens seit 1991[1659] ein „*Herkunftslandprinzip*"[1660] begründet worden, das besagt, daß grenzüberschreitende Dienstleistungen, die dem *Recht des Herkunftsstaats entsprechen*, vorbehaltlich einer gesonderten Rechtfertigung[1661] *nicht durch Regelungen des Empfangsstaats behindert werden dürfen.*[1662]

Entgegen einer verbreiteten Ansicht, wonach Art. 49 EGV gegenüber dem Staat des Leistungserbringers lediglich als Diskriminierungsverbot wirken soll[1663], ergibt sich aus der neueren Rechtsprechung des EuGH, daß auch vom

---

1656 Der räumliche Anwendungsbereich der Dienstleistungsfreiheit erstreckt sich insbesondere gemäß Art. 36 ff. des EWR-Abkommens auf die EWR-Mitgliedstaaten und gemäß Art. 1 lit. a), 2 ff. i.V.m. Art. 1 ff., 17 ff. des Anhangs I des Abkommens Schweiz-EG auf die Schweiz. Die Europaabkommen zwischen der EG und den Staaten Mittel- und Osteuropas sehen eine schrittweise Liberalisierung des Dienstleistungssektors vor (vgl. *Weiß*, 23 ff.).

1657 Vgl. etwa *Grandpierre*, 65 ff.; *Holoubek* in Schwarze, Art. 49 EGV, Rn. 56 ff., sowie die sogleich folgenden Ausführungen.

1658 Vgl. *EuGH*, Rs. 36/74 (Walrave / Union Cycliste Internationale), Slg. 1974, 1405, Rn. 4/10, 16/19; Rs. 15/78 (Société générale alsacienne de banque / Koestler), Slg. 1978, 1971, Rn. 4; verb. Rs. 62, 63/81 (Seco / EVI), Slg. 1982, 223, Rn. 8.

1659 *EuGH*, Rs. C-76/90 (Säger), Slg. 1991, I-4221, Rn. 12 (siehe auch unten Fußnote 1665).

1660 Teilweise werden auch andere Bezeichnungen, wie z.B. „Ursprungslandprinzip" (*Müller-Graff* in von der Groeben/Schwarze, Art. 28 EGV, Rn. 190), verwendet.

1661 Diese kommt unter Berufung auf Art. 55, 46 EGV oder „zwingende Gründe des Allgemeininteresses" in Betracht. Vgl. hierzu unten c).

1662 Vgl. *Holoubek* in Schwarze, Art. 49 EGV, Rn. 59; *Linke*, 195 f.; *Roth* in Dauses, E.I, Rn. 121; *Tietje* in Ehlers, § 10, Rn. 3.

1663 So etwa *Drasch*, 163 f. (m.w.N.); *Holoubek* in Schwarze, Art. 49 EGV, Rn. 92; *Randelzhofer/Forsthoff* in Grabitz/Hilf, Art. 49/50 EGV, Rn. 68 ff. (m.w.N.); *Roth* in Dauses, E.I, Rn. 137. Die Vertreter dieser Auffassung berufen sich zum Teil auf das „Peralta"-Urteil des *EuGH*. In dieser Entscheidung hatte der Gerichtshof hinsichtlich der Rechtfertigung eines mitgliedstaatlichen Verbots des Ablassens schädlicher Stoffe aus Schiffen darauf abgestellt, daß die fragliche Regelung keine unterschiedliche Dienstleistung für ausgeführte und in dem fraglichen Mitgliedstaat vermarktete Erzeugnisse vorsehe und dem Binnenmarkt des regelnden Staates, dessen Transportunternehmen oder Erzeugnissen keinen besonderen Vorteil verschaffe (*EuGH*, Rs. C-379/92 [Peralta], Slg. 1994, I-3453, Rn. 51). Hieraus läßt sich jedoch nicht entnehmen, daß unterschiedslos geltende mitgliedstaatliche Regelungen niemals Beschränkungen der Dienstleistungsfreiheit darstellen können (vgl. *Generalanwalt Jacobs*, Schlußanträge in der Rs. C-

Herkunftsstaat der Dienstleistung auferlegte *nicht-diskriminierende* „Ausgangsbeschränkungen" vorbehaltlich einer besonderen Rechtfertigung verboten sind.[1664]

Im Hinblick auf Maßnahmen des *Empfangsstaats* verlangt Art. 49 EGV nach ständiger Rechtsprechung des Gerichtshofs „nicht nur die Beseitigung jeder Diskriminierung des in einem anderen Mitgliedstaat ansässigen Dienstleistenden aufgrund seiner Staatsangehörigkeit, sondern auch die Aufhebung aller *Beschränkungen* – selbst wenn sie *unterschiedslos* für inländische Dienstleistende wie für solche aus anderen Mitgliedstaaten gelten –, sofern sie *geeignet* sind, die Tätigkeiten des Dienstleistenden, der in einem anderen Mitgliedstaat ansässig ist und dort *rechtmäßig ähnliche Dienstleistungen erbringt*, zu *unterbinden*, zu *behindern* oder *weniger attraktiv zu machen*".[1665]

384/93 [Alpine Investments], Slg. 1995, I-1141, Ziff. 56 ff., 58). Selbst wenn man dies anders sähe, müßte man jedenfalls annehmen, daß das Urteil „Peralta" durch die unten in Fußnote 1664 angeführten neueren Entscheidungen überholt ist.

1664 Dies hat der *EuGH* damit begründet, daß die fragliche Maßnahme dem Dienstleistungserbringer ein schnelles und direktes Mittel der Werbung und Kontaktaufnahme mit potentiellen Kunden in anderen Mitgliedstaaten nehme und daher unmittelbar den Zugang zum Dienstleistungsmarkt in anderen Mitgliedstaaten beeinflusse (Rs. C-384/93 [Alpine Investments], Slg. 1995, I-1141, Rn. 28, 38; siehe auch sogleich unten), für im Sendestaat niedergelassene Fernsehveranstalter die Möglichkeit beschränke, Werbung für in anderen Mitgliedstaaten niedergelassene Werbetreibende auszustrahlen (verb. Rs. C-34-36/95 [De Agostini und TV-Shop], Slg. 1997, I-3843, Rn. 50; Rs. C-6/98 [ARD], Slg. 1999, I-7599, Rn. 49) bzw. angesichts des internationalen Charakters des Marktes der Werbung für die von einem Werbeverbot betroffenen Erzeugnisse das grenzüberschreitende Angebot von Anzeigenraum in Printmedien in besonderer Weise beeinträchtige (Rs. C-405/98 [Gourmet International Products], Slg. 2001, I-1795, Rn. 39).

1665 (Hervorhebungen vom Verfasser.) Eine bis auf die letzte Alternative („weniger attraktiv zu machen") im wesentlichen gleiche Formel findet sich erstmals in der Entscheidung „Säger" (Rs. C-76/90, Slg. 1991, I-4221, Rn. 12); wie zitiert dann etwa *EuGH*, Rs. C-272/94 (Guiot), Slg. 1996, I-1905, Rn. 10; Rs. C-3/95 (Reisebüro Broede), Slg. 1996, I-6511, Rn. 25; Rs. C-222/95 (Parodi), Slg. 1997, I-3899, Rn. 18; verb. Rs. C-369, 376/96 (Arblade u.a.), Slg. 1999, I-8453, Rn. 33. Angelegt war der weite Beschränkungsbegriff bereits in der Entscheidung „van Binsbergen" („unter Beschränkungen [fallen] alle Anforderungen, die ... namentlich aus Gründen [der] Staatsangehörigkeit oder wegen des Fehlens eines ständigen Aufenthalts in dem Staate, in dem die Leistung erbracht wird, gestellt werden und nicht für im Staatsgebiet ansässige Personen gelten *oder in anderer Weise geeignet sind, die Tätigkeiten des Leistenden zu behindern oder zu unterbinden*" [Rs. 33/74, Slg. 1974, 1299, Rn. 10/12; Hervorhebung vom Verfasser]). Allerdings interpretierte der *EuGH* die Dienstleistungsfreiheit in der Folgezeit zunächst nur als Diskriminierungsverbot. Vgl. *Drasch*, 127 ff.; *Grandpierre*, 65 f.; *Holoubek* in Schwarze, Art. 49 EGV, Rn. 61; *Kluth* in Calliess/Ruffert, Art. 50 EGV, Rn. 40; *Pache* in Ehlers, § 11, Rn. 52; *Randelzhofer/Forsthoff* in Grabitz/Hilf, Art. 49/50 EGV, Rn. 88; A.A. *Classen*, EWS 1995, 97, 101 f.; *Weber*, EWS 1995, 292, 294 ff., wonach für andere als Korrespondenzdienstleistungen nur ein Diskriminierungsverbot gelte.

Zu klären ist nun, ob Gefahrenabwehrmaßnahmen, die mit den deutschen Grundrechten vereinbar sind, *prima facie verbotene Beschränkungen* der Dienstleistungsfreiheit darstellen:

Werden Gefahrenabwehrmaßnahmen von Deutschland als *Herkunftsstaat* einer Dienstleistung vorgenommen, so bilden sie *Ausgangsbeschränkungen*, soweit sie unmittelbar den Zugang zum Dienstleistungsmarkt in anderen Mitgliedstaaten beeinflussen, indem sie die Möglichkeit beeinträchtigen, Dienstleistungen im Internet anzubieten, die von Nutzern in anderen Mitgliedstaaten in Anspruch genommen werden können.[1666] Als solche *Beeinträchtigungen* sind insbesondere gegen inlandsansässige Server-Betreiber oder -Verwalter gerichtete *Sperrungs-* bzw. *Löschungsanordnungen* zu qualifizieren.[1667] Hingegen dürften *Auskunftsanordnungen* und *behördliche Kontrollen*, die als solche (noch) nicht unmittelbar die Verbreitung von Informationen im Internet und damit den Zugang zum Dienstleistungsmarkt in anderen Mitgliedstaaten behindern, *nicht* als Beschränkungen anzusehen sein.[1668]

Soweit Deutschland als *Empfangsstaat* Server-Betreiber, Server-Verwalter oder Zugangsvermittler zu *Sperrungen* oder *Löschungen* von *im Herkunftsstaat rechtmäßigen Internet-Angeboten* veranlaßt, handelt es sich um *Eingangsbeschränkungen.*[1669] *Gleiches* gilt für *Versand-* und *Abrufverbote* gegenüber Ein-

---

1666 Dies läßt sich den oben in Fußnote 1664 genannten Entscheidungen entnehmen. Zwar bildete in den Rechtssachen „De Agostini und TV Shop“, „ARD“ und „Gourmet International Products“ die Verbreitung von Informationen im Fernsehen bzw. in Printmedien eine Dienstleistung nicht für die Zuschauer bzw. Leser, sondern für die werbetreibenden Auftraggeber, jedoch handelte es sich auch hierbei um eine Korrespondenzdienstleistung, deren Erbringung durch Verbote bzw. zeitliche Begrenzungen behindert wurde.

1667 So im Ergebnis auch *Schilling*, 197. Eine solche Maßnahme kann auch eine Eingangsbeschränkung darstellen, wenn bei einer „Rollendreiteilung“ (vgl. oben 4. Teil A. II. 1. a)) der Server-Betreiber und der Server-Verwalter in verschiedenen Mitgliedstaaten ansässig sind (vgl. unten Fußnote 1669).

1668 Anderes könnte für Auskunftsanordnungen gelten, deren Befolgung derart umfangreiche Kontrollmaßnahmen erfordert, daß die Performance der Hardware des Diensteanbieters beeinträchtigt und daher auch dessen Zugang zum europaweiten Dienstleistungsmarkt behindert wird. Allerdings kann die Frage der Qualifizierung derartiger Anordnungen hier zunächst noch offenbleiben; sie müßte nur entschieden werden, wenn sich herausstellen sollte, daß solche Anordnungen nicht im Rahmen der Art. 55, 46 EGV bzw. unter Berufung auf „zwingende Gründe des Allgemeininteresses“ gerechtfertigt wären (siehe hierzu unten c).

1669 So liegt es, wenn einem in Deutschland ansässigen *Server-Betreiber* die Sperrung oder Löschung des Angebots eines in einem anderen Mitgliedstaat ansässigen Server-Verwalters aufgegeben wird, ein in Deutschland ansässiger *Server-Verwalter* zur Sperrung oder Löschung seines auf dem Server eines im EU-Ausland ansässigen Server-Betreibers gespeicherten Angebots veranlaßt wird oder ein in Deutschland ansässiger sendern bzw. Rezipienten, die die Inanspruchnahme von im Herkunftsstaat rechtmäßigen Angeboten betreffen und die grenzüberschreitende Erbringung dieser Dienstleistungen behindern. Anders dürften *Auskunftsanordnungen* und *behördliche Kontrollen* zu beurteilen sein, die sich als solche (noch) *nicht* unmittelbar hinderlich auf die Dienstleistungserbringung auswirken.[1670]

Es fragt sich allerdings, ob die Grundsätze der *„Keck und Mithouard"*-Rechtsprechung auf die Dienstleistungsfreiheit *übertragbar* sind. Mit diesem Aspekt befaßte sich der EuGH in der Rechtssache *„Alpine Investments"*, wo es um das in einem Mitgliedstaat für dort ansässige Dienstleistungserbringer geltende Verbot des unaufgeforderten telefonischen Kontaktierens („cold calling") potentieller Kunden in anderen Mitgliedstaaten ging. Hierbei handelte es sich um eine nicht-diskriminierende Regelung.[1671] Der Gerichtshof stellte fest, daß das Verbot, welches dem Betroffenen ein schnelles und direktes Mittel der Werbung und Kontaktaufnahme mit potentiellen Kunden in anderen Mitgliedstaaten nehme und daher den freien Dienstleistungsverkehr beschränken könne, nicht den Regelungen von Verkaufsmodalitäten entspreche, die nach der Rechtsprechung „Keck und Mithouard" dem Anwendungsbereich des Art. 28 EGV entzogen seien. Da es von dem Mitgliedstaat ausgehe, in dem der *Leistungserbringer* ansässig sei, und nicht nur Angebote an in diesem Staat ansässige oder sich dorthin begebende Leistungsempfänger, sondern auch an *Leistungsempfänger in anderen Mitgliedstaaten* betreffe, *beeinflusse es unmittelbar den Zugang zum Dienstleistungsmarkt in anderen Mitgliedstaaten* und sei daher geeignet, den innergemeinschaftlichen Dienstleistungsverkehr zu behindern.[1672]

Ob und inwieweit diese Entscheidung im Sinne einer *Eingrenzung des Beschränkungsverbots* entsprechend der „Keck und Mithouard"-Formel zu verstehen ist, wird in der Literatur *unterschiedlich beurteilt*: Teilweise wird angenommen, der EuGH habe die Rechtsprechung zu den Waren-Verkaufs-

---

Zugangsvermittler zur Sperrung solcher Angebote verpflichtet wird. In diesen Fällen stellt die fragliche Anordnung auch eine Ausgangsbeschränkung dar, die (in der genannten ersten Konstellation) das Erbringen der im Web-Hosting liegenden Dienstleistung, (in der zweiten Konstellation) das Erbringen des gesperrten bzw. gelöschten Angebots und (in der dritten Konstellation) das Erbringen des „Access Providings" in das EU-Ausland beeinträchtigt.

1670 Allerdings wäre es denkbar, daß behördliche Kontrollmaßnahmen ab einem gewissen Grad ihrer Intensität und Ausdehnung eine so erhebliche abschreckende Wirkung entfalten, daß sie mittelbar auch die Erbringung von Internet-Diensten weniger attraktiv machen können. Auch insofern gelten allerdings die vorangegangenen Ausführungen oben in Fußnote 1668.

1671 So auch *EuGH*, Rs. C-384/93 (Alpine Investments), Slg. 1995-I, 1141, Rn. 35.

1672 *EuGH*, Rs. C-384/93 (Alpine Investments), Slg. 1995, I-1141, Rn. 28, 36 ff.

modalitäten nicht auf die Dienstleistungsfreiheit übertragen wollen.[1673] Andere sind der Ansicht, der Gerichtshof habe sich weder (eindeutig) für noch gegen die Übertragung ausgesprochen.[1674] Überwiegend wird die Entscheidung dahingehend interpretiert, daß eine Regelung – entsprechend „Keck und Mithouard" – ggf. keine Beschränkung der Dienstleistungsfreiheit (sondern eine bloße Regelung von Modalitäten einer Dienstleistung) darstellt, wenn sie vom Empfangsstaat getroffen wird.[1675]

Allerdings hat der Gerichtshof in mehreren *späteren Urteilen* diverse im Herkunftsstaat oder im Empfangsstaat geltende Verbote bzw. zeitliche Begrenzungen der grenzüberschreitenden Werbung im Fernsehen oder in Printmedien, die er als Waren-Verkaufsmodalitäten im Sinne von „Keck und Mithouard" ansah, im Hinblick auf Art. 49 EGV ohne Bezugnahme auf diese Rechtsprechung als Beschränkungen des freien Dienstleistungsverkehrs qualifiziert.[1676] In der Entscheidung „Gambelli" führte er – wiederum ohne Bezugnahme auf das Urteil „Keck und Mithouard" – aus, daß (bereits) eine Beschränkung des grenzüberschreitenden Anbietens von Dienstleistungen über das Internet eine Beschränkung der Dienstleistungsfreiheit darstelle.[1677]

Überträgt man diese Rechtsprechung auf die hier in Rede stehenden Fallkonstellationen, so ergibt sich, daß eine Eingrenzung des Beschränkungsverbots entsprechend der „Keck und Mithouard"-Formel *nicht* in Betracht kommen dürfte.

1673 *Hakenberg* in Lenz, Art. 49/50 EGV, Rn. 23; *Tiedje/Troberg* in von der Groeben/Schwarze, Art. 49 EGV, Rn. 106.

1674 *Müller-Graff* in Streinz, Art. 49 EGV, Rn. 88 (gegen eine Übertragung durch die Rechtsprechung plädierend); *Pache* in Ehlers, § 11, Rn. 52.

1675 So etwa *Eberhartinger*, EWS 1997, 43, 50; *Kluth* in Calliess/Ruffert, Art. 50 EGV, Rn. 42; *Kort*, JZ 1996, 132, 137 f.; wohl auch *Koenig/Haratsch*, Rn. 678 f., und *Reich*, EuZW 1995, 407, 408.

1676 *EuGH*, verb. Rs. C-34-36/95 (De Agostini und TV-Shop), Slg. 1997, I-3843, Rn. 39 ff., 48 ff.; Rs. C-6/98 (ARD), Slg. 1999, I-7599, Rn. 45 ff., 49 ff.; Rs. C-405/98 (Gourmet International Products), Slg. 2001, I-1795, Rn. 18 ff., 37 ff. Siehe zu den Entscheidungen „De Agostini und TV Shop" und „Gourmet International Products" bereits oben Fußnoten 1610, 1611. In der Entscheidung „ARD" ging es um die zulässige Zeitdauer von Werbeunterbrechungen während der Übertragung audiovisueller Werke im Fernsehen.

1677 *EuGH*, Rs. C-243/01 (Gambelli u.a.), Rn. 54 – Anbieten von Sportwetten im Internet.

c) Rechtfertigung

aa) Grundsätze

Der *ordre-public-Vorbehalt* gemäß Art. 55, 46 EGV gestattet beschränkende Regelungen der Mitgliedstaaten, die „eine Sonderregelung für Ausländer vorsehen und aus Gründen der *öffentlichen Ordnung*, *Sicherheit* oder *Gesundheit gerechtfertigt*" und im übrigen *verhältnismäßig*[1678] sind. Die Vorschrift erfaßt nicht nur Regelungen des Ausländer(polizei)rechts im engeren Sinne[1679] und kann auch als Rechtfertigungsgrund für nicht-diskriminierende Beschränkungen der Dienstleistungsfreiheit herangezogen werden[1680]. Über Art. 55, 48 EGV ist sie ebenfalls auf juristische Personen anwendbar.[1681] Als Ausnahmeregelung zur Niederlassungs- und Dienstleistungsfreiheit ist die Bestimmung eng auszulegen.[1682]

Desweiteren sind nicht-diskriminierende Beschränkungen erlaubt, die „aus *zwingenden Gründen des Allgemeininteresses* gerechtfertigt sind ..., *geeignet* (sind), die Verwirklichung des mit ihnen verfolgten Ziels zu gewährleisten, und

---

1678 Vgl. unten Fußnote 1684.

1679 Vgl. die sogleich unten in Fußnote 1680 zitierte Rechtsprechung sowie auch *EuGH*, Rs. 79/85 (Segers / Bedrijfsvereniging voor Bank- en Verzekeringswezen, Groothandel en Vrije Beroepen), Slg. 1986, 2375, Rn. 17; *Randelzhofer/Forsthoff* in Grabitz/Hilf, Art. 46 EGV, Rn. 12; *Schneider*, 36; a.A. wohl *Müller-Graff* in Streinz, Art. 46 EGV, Rn. 2 f.; *Tiedje/Troberg* in von der Groeben/Schwarze, Art. 46 EGV, Rn. 1, 14.

1680 Vgl. *EuGH*, verb. Rs. C-34-36/95 (De Agostini und TV-Shop), Slg. 1997, I-3843, Rn. 52 ff.; Rs. C-405/98 (Gourmet International Products), Slg. 2001, I-1795, Rn. 40. Da Art. 46 EGV offene Diskriminierungen aufgrund der Staatsangehörigkeit zu rechtfertigen vermag, muß die Bestimmung erst recht unterschiedslos geltende Beschränkungen rechtfertigen können; vgl. *Hailbronner* in Hailbronner/Klein/Magiera/Müller-Graff, Art. 56 EGV, Rn. 3; *Randelzhofer/Forsthoff* in Grabitz/Hilf, Art. 46 EGV, Rn. 3; wie hier auch *Koenig/Haratsch*, Rn. 684; *Schilling*, 178 f. (der allerdings in Fußnote 909 u.a. unzutreffend auf *EuGH*, Rs. 352/85 [Bond van Adverteerders / Niederländischer Staat], Slg. 1988, 2085, Rn. 31 ff. und Rs. C-353/89 [Kommission / Niederlande], Slg. 1991, I-4069, Rn. 15 f., verweist, wo es jeweils um *diskriminierende* Regelungen ging); a.A. *Bröhmer* in Calliess/Ruffert, Art. 46 EGV, Rn. 1; *Müller-Graff* in Streinz, Art. 46 EGV, Rn. 4; *Pache* in Ehlers, § 11, Rn. 56; *Schlag* in Schwarze, Art. 46 EGV, Rn. 3; *Schneider*, 36 f.

1681 Vgl. *EuGH*, Rs. 79/85 (Segers / Bedrijfsvereniging voor Bank- en Verzekeringswezen, Groothandel en Vrije Beroepen), Slg. 1986, 2375, Rn. 17; Rs. C-114/97 (Kommission / Spanien), Slg. 1998, I-6717, Rn. 40 ff.

1682 Vgl. *EuGH*, Rs. 36/75 (Rutili / Minister des Innern), Slg. 1975, 1219, Rn. 26 f.; Rs. C-54/99 (Église de scientologie), Slg. 2000, I-1335, Rn. 17; *Schlag* in Schwarze, Art. 46 EGV, Rn. 6; *Tiedje/Troberg* in von der Groeben/Schwarze, Art. 46 EGV, Rn. 14.

... nicht über das hinausgehen, was zur Erreichung dieses Ziels *erforderlich* ist".[1683]

Im Rahmen der *Verhältnismäßigkeitsprüfung*[1684] berücksichtigt der EuGH vor allem auch, ob ein vom *Empfangsstaat* geltend gemachtes Interesse bereits *durch Vorschriften des Herkunftsstaats geschützt* wird (Herkunftslandprinzip)[1685] und erachtet daher „doppelte" Regulierungen – insbesondere Genehmigungs- und Berufsqualifikationserfordernisse – nur ausnahmsweise als erforderlich.[1686]

1683 So z.B. *EuGH*, Rs. C-288/89 (Collectieve Antennevoorziening Gouda), Slg. 1991, I-4007, Rn. 15; Rs. C-384/93 (Alpine Investments), Slg. 1995, I-1141, Rn. 45; Rs. C-3/95 (Reisebüro Broede), Slg. 1996, I-6511, Rn. 28; Rs. C-6/98 (ARD), Slg. 1999, I-7599, Rn. 50 f.; verb. Rs. C-369, 376/96 (Arblade u.a.), Slg. 1999, I-8453, Rn. 34 f. Ähnlich erstmals *EuGH*, verb. Rs. 110, 111/78 (Ministère public und ASBL / van Wesemael), Slg. 1979, 35, Rn. 27 ff. Die Rechtsprechung im Bereich der Dienstleistungsfreiheit weist deutliche Parallelen zur „*Cassis de Dijon*"-Rechtsprechung (*EuGH*, Rs. 120/78 [Rewe / Bundesmonopolverwaltung für Branntwein], Slg. 1979, 649, Rn. 8 ff.) und den Folgeentscheidungen im Bereich des freien Warenverkehrs auf (vgl. *Holoubek* in Schwarze, Art. 49 EGV, Rn. 98). Eine nicht-diskriminierende Beschränkung der Dienstleistungsfreiheit ist ausnahmsweise auch dann gerechtfertigt, wenn ein Empfangsstaat einen Dienstleistungserbringer, der sich in einem anderen Mitgliedstaat niederläßt, um dort für das Gebiet des Empfangsstaats bestimmte Dienstleistungen zu erbringen, den inländischen Diensteanbietern gleichstellt, um eine Umgehung seiner Niederlassungsregelungen zu verhindern (*EuGH*, Rs. C-23/93 [TV 10], Slg. 1994, I-4795, Rn. 21 f.).

1684 Insofern hat der *Gerichtshof* in einigen Entscheidungen auf eine Prüfung der *Verhältnismäßigkeit im engeren Sinne* verwiesen (so z.B. *EuGH*, verb. Rs. C-34-36/95 [De Agostini und TV-Shop], Slg. 1997, I-3843, Rn. 52: „In einem solchen Fall hat das Vorlagegericht zu prüfen, ob diese Vorschriften aus zwingenden Gründen des Allgemeininteresses ... erforderlich sind, *ob sie hierzu in einem angemessenen Verhältnis stehen* ..." [Hervorhebung vom Verfasser]; vgl. dazu *Holoubek* in Schwarze, Art. 49 EGV, Rn. 95). Siehe zur Prüfung der Verhältnismäßigkeit im Rahmen der ordre-public-Vorbehalte etwa *EuGH*, Rs. 352/85 (Bond van Adverteerders / Niederländischer Staat), Slg. 1988, 2085, Rn. 36 f.; verb. Rs. C-34-36/95 (De Agostini und TV-Shop), Slg. 1997, I-3843, Rn. 52; Rs. C-54/99 (Église de scientology), Slg. 2000, I-1335, Rn. 18.

1685 Vgl. *Holoubek* in Schwarze, Art. 49 EGV, Rn. 106; *Müller-Graff* in Streinz, Art. 49 EGV, Rn. 93, 111. In der Entscheidung „Alpine Investments" führte der *Gerichtshof* aus, daß der Herkunftsstaat des „cold calling" am ehesten zu dessen Regelung in der Lage sei (*EuGH*, Rs. C-384/93, Slg. 1995, I-1141, Rn. 48).

1686 Vgl. etwa *EuGH*, Rs. 279/80 (Webb), Slg. 1981, 3305, Rn. 17; Rs. 205/84 (Kommission / Deutschland), Slg. 1986, 3755, Rn. 65; Rs. C-198/89 (Kommission / Griechenland), Slg. 1991, I-727, Rn. 18; Rs. C-76/90 (Säger), Slg. 1991, I-4221, Rn. 15; Rs. C-272/94 (Guiot), Slg. 1996, I-1905, Rn. 11; Rs. C-3/95 (Reisebüro Broede), Slg. 1996, I-6511, Rn. 28; verb. Rs. C-369, 376/96 (Arblade u.a.), Slg. 1999, I-8453, Rn. 34.

bb) Rechtfertigung aus Gründen der öffentlichen Ordnung oder Sicherheit (Art. 55, 46 EGV)

Was Art. 55, 46 EGV angeht, so kommt in Bezug auf die hier in Rede stehenden Gefahrenabwehrmaßnahmen eine Rechtfertigung aus Gründen der *öffentlichen Ordnung* oder *Sicherheit* in Betracht.

Die Mitgliedstaaten können im wesentlichen frei nach ihren nationalen Bedürfnissen bestimmen, was die öffentliche Ordnung und Sicherheit erfordern, jedoch nicht die Tragweite dieser Gründe einseitig ohne Nachprüfung durch die Organe der Gemeinschaft festlegen.[1687] Bei den in Art. 46 I EGV aufgeführten Belangen handelt es sich um gemeinschaftsrechtliche *Rahmenbegriffe*, bei deren Auslegung den Mitgliedstaaten ein Beurteilungsspielraum zusteht, dem wiederum das Gemeinschaftsrecht Grenzen setzt.[1688]

Der EuGH hat der *„öffentlichen Ordnung"* zwar bisher nur den Schutz des nationalen Münzrechts[1689] sowie die Bekämpfung der Steuerhinterziehung, der Geldwäsche, des Drogenhandels und des Terrorismus[1690] ausdrücklich zugeordnet[1691]; andererseits aber auch nicht ausgeschlossen, daß etwa die Aufrechterhaltung eines nichtkommerziellen, pluralistischen Charakters des inländischen Rundfunks oder der Schutz vor irreführender und an Kinder gerichteter Fernsehwerbung durch die „öffentliche Ordnung" im Sinne von Art. 55, 46 EGV gerechtfertigt sein können.[1692] Abgesehen davon ist die Gewährleistung des Schutzes der *Menschenwürde* und des *Jugendschutzes im Internet* auf Gemeinschaftsebene als Belang von *grundlegender Bedeutung* anerkannt.[1693] Unter die *„öffentliche Sicherheit"* hat der Gerichtshof in bisherigen Entscheidungen insbesondere

1687 Vgl. *EuGH*, Rs. 41/74 (van Duyn / Home Office), Slg. 1974, 1337, Rn. 18/19; Rs. 36/75 (Rutili / Minister des Innern), Slg. 1975, 1219, Rn. 26/28; Rs. 30/77 (Bouchereau), Slg. 1977, 1999, Rn. 33/35; Rs. C-348/96 (Calfa), Slg. 1999, I-11, Rn. 21; Rs. C-54/99 (Église de scientologie), Slg. 2000, I-1335, Rn. 17.

1688 Vgl. die oben in Fußnote 1687 zitierten Entscheidungen des *EuGH* sowie *Bröhmer* in Calliess/Ruffert, Art. 46 EGV, Rn. 3; *Roth* in Dauses, E.I, Rn. 73; *Schlag* in Schwarze, Art. 46 EGV, Rn. 7; a.A. *Randelzhofer/Forsthoff* in Grabitz/Hilf, Art. 46 EGV, Rn. 17.

1689 *EuGH*, Rs. 7/78 (Thompson), Slg. 1978, 2247, Rn. 32/34 – zu Art. 30 EGV.

1690 *EuGH*, verb. Rs. C-163, 165, 250/94 (Sanz de Lera u.a.), Slg. 1995, I-4821, Rn. 28 – zu Art. 58 I lit. b) EGV.

1691 Vgl. *Schneider*, 114 ff.

1692 Vgl. *EuGH*, Rs. 352/85 (Bond van Adverteerders / Niederländischer Staat), Slg. 1988, 2085, Rn. 35 ff.; verb. Rs. C-34-36/95 (De Agostini und TV Shop), Slg. 1997, I-3843, Rn. 52, 54. In der ersten Entscheidung ließ der *Gerichtshof* die Frage offen, da die in Rede stehenden Werbeverbote seines Erachtens unverhältnismäßig waren; im zweiten Fall stellte er die Prüfung dem Vorlagegericht anheim.

1693 Vgl. *KOM 1996 (483) endg.*; *KOM (1997) 570 endg.*; Legislative Entschließung mit Stellungnahme des *Europäischen Parlaments* (ABlEG 1998 C 167, 128) sowie Erwägungsgrund 10 der ECRL.

das *friedliche Zusammenleben der Völker*, die *äußere Sicherheit* und *auswärtigen Beziehungen eines Mitgliedstaats*[1694] sowie die *innere Sicherheit eines Mitgliedstaats*, seinen *Bestand* und seine *Einrichtungen*[1695] gefaßt.[1696]

Vor diesem Hintergrund und unter Berücksichtigung des mitgliedstaatlichen Beurteilungsspielraums dürften die in Rede stehenden Maßnahmen deutscher Behörden, soweit sie dem Schutz (insbesondere) der Menschenwürde, der seelischen Entwicklung Minderjähriger, der persönlichen Ehre, des Bestands des demokratischen Rechtsstaats und des öffentlichen Friedens dienen, *in den Bereich der öffentlichen Ordnung oder Sicherheit* im Sinne des Art. 46 I EGV *fallen*.[1697]

Hinsichtlich der *Rechtfertigung* dieser Maßnahmen sind jedoch die Grenzen zu beachten, die sich aus dem Gemeinschaftsrecht ergeben:

Ob die *Maßstäbe der Richtlinie 64/221/EWG* – die nicht für Korrespondenzdienstleistungen gilt und lediglich nationale Vorschriften für die Einreise von Gemeinschaftsbürgern in einen anderen Mitgliedstaat, die Erteilung oder Verlängerung einer Aufenthaltserlaubnis und die Entfernung aus dem Hoheitsgebiet betrifft[1698] – auf die Gefahrenabwehr im Internet *übertragbar* sind, kann im Ergebnis *offen bleiben*: In den hier interessierenden Fällen werden nämlich die Gründe der öffentlichen Ordnung oder Sicherheit nicht für wirtschaftliche Zwecke geltend gemacht[1699]; ferner ist für die fraglichen Maßnahmen grundsätzlich nicht der Aspekt einer allgemeinen Abschreckungswirkung (Generalprävention), sondern das konkrete persönliche Verhalten des betroffenen Internet-Akteurs ausschlaggebend[1700] und sie können auch nicht allein mit einer erfolgten strafrechtlichen Verurteilung des Störers begründet werden[1701].[1702]

1694 *EuGH*, Rs. C-367/89 (Richardt und „Les Accessoires Scientifiques"), Slg. 1991, I-4621, Rn. 22; Rs. C-70/94 (Werner), Slg. 1995, I-3189, Rn. 25 ff.

1695 *EuGH*, Rs. 72/83 (Campus Oil Limited / Minister für Industrie und Energie), Slg 1984, 2727, Rn. 34.

1696 Siehe auch *Schneider/Wunderlich* in Schwarze, Art. 39 EGV, Rn. 130 f.

1697 So im Ergebnis auch *Schilling*, 179 f., der allerdings – obwohl er die öffentliche Ordnung und Sicherheit i.S.v. Art. 46 I EGV als „autonome gemeinschaftsrechtliche Begriffe" ansieht – bei der Auslegung von Art. 46 EGV ohne weiteres den allgemeinen verwaltungs-/polizeirechtlichen Begriff der öffentlichen Sicherheit und Ordnung i.S.d. deutschen Rechts zugrunde legt.

1698 Art. 1, 2 I RL 64/221/EWG.

1699 Vgl. Art. 2 II RL 64/221/EWG.

1700 Vgl. Art. 3 I RL 64/221/EWG.

1701 Vgl. Art. 3 II RL 64/221/EWG. Eine frühere strafrechtliche Verurteilung kann allenfalls einen Anhaltspunkt für die Wahrscheinlichkeit erneuter Verstöße bilden, was allerdings mit den Anforderungen der RL 64/221/EWG in Einklang steht (vgl. *Müller-Graff* in Streinz, Art. 46 EGV, Rn. 15; *Schneider/Wunderlich* in Schwarze, Art. 39 EGV, Rn. 126).

Im übrigen führt eine Verletzung nationaler Rechtsvorschriften nicht automatisch zu einer Beeinträchtigung der öffentlichen Ordnung oder Sicherheit im Sinne des Art. 46 I EGV. Vielmehr setzt die Berufung einer nationalen Behörde auf diese Gründe voraus, daß eine *„tatsächliche und hinreichend schwere Gefährdung"* eines Schutzguts vorliegt.[1703] Wie bereits angesprochen, kann das hier in Rede stehende Vorgehen deutscher Behörden gegenüber störenden Informationen im Internet im Bereich des Staatsschutzes[1704] der „öffentlichen Sicherheit" und im übrigen dem Schutz der „öffentlichen Ordnung" zugeordnet werden. Dies gilt nicht nur im Hinblick auf eine Bekämpfung strafbewehrter Verhaltensweisen.[1705] Ferner muß eine „tatsächliche und hinreichend schwere Gefährdung" eines Schutzguts vorliegen. Der Begriff der *„Gefährdung"* ist mit demjenigen der *Gefahr im Sinne des deutschen allgemeinen Polizei- und Ordnungsrechts* vergleichbar. Als *„tatsächlich"* (vorliegend) wird man eine Gefährdung anzusehen haben, die sich nicht nur möglicherweise in Zukunft aktualisieren wird, d.h. abstrakter Natur ist, sondern *konkret* besteht.[1706] Das Merkmal *„schwer"* bezieht sich auf die *Qualität* der Gefährdung unter Berücksichtigung

1702 Die weiteren Vorgaben der RL 64/221/EWG im Hinblick auf die rechtlichen Folgen des Ungültigwerdens von Personaldokumenten und Ordnungsmaßnahmen zum Schutz der öffentlichen Gesundheit sind für die Gefahrenabwehr im Internet nicht von Bedeutung.

1703 Der *EuGH* stellt darauf ab, ob „eine tatsächliche und hinreichend schwere Gefährdung vorliegt, die ein Grundinteresse der Gesellschaft berührt" (Rs. 30/77 [Bouchereau], Slg. 1977, 1999, Rn. 35; verb. Rs. 115, 116/81 [Adoui und Cornuaille / Belgien], Slg. 1982, 1665, Rn. 8; Rs. C-348/96 [Calfa], Slg. 1999, I-11, Rn. 21; Rs. C-54/99 [Église de scientologie], Slg. 2000, I-1335, Rn. 17) und meint mit dem „Grundinteresse der Gesellschaft" einen Belang, der der öffentlichen Ordnung oder Sicherheit i.S.d. Art. 46 I EGV zuzuordnen ist (vgl. Rs. 36/75 [Rutili / Minister des Innern], Slg. 1975, 1219, Rn. 26/28). Zwar kann ein Verhalten nicht als „hinreichend schwerwiegend" betrachtet werden, wenn der hiergegen vorgehende Mitgliedstaat gegenüber dem gleichen Verhalten eigener Staatsangehöriger keine tatsächlichen und effektiven Maßnahmen ergreift (*EuGH*, verb. Rs. 115, 116/81 [Adoui und Cornuaille / Belgien], Slg. 1982, 1665, Rn. 8). Jedoch war ein solch diskriminierendes Vorgehen deutscher Behörden bei bisher bekannt gewordenen Fällen nicht ersichtlich; abgesehen davon würde es auch (bereits) gegen Art. 3 I GG verstoßen.

1704 Insofern geht es vor allem um die Bekämpfung von Informationen, die unter §§ 80 ff. StGB fallen (vgl. dazu oben 2. Teil B. I. 1. a)).

1705 Vgl. *EuGH*, verb. Rs. 115, 116/81 (Adoui und Cornuaille / Belgien), Slg. 1982, 1665, Rn. 8; *Schneider/Wunderlich* in Schwarze, Art. 39 EGV, Rn. 129.

1706 Vgl. *Greiner*, 177 (zu Art. 3 IV ECRL). Da die staatliche Gefahrenabwehr zwangsläufig einen gewissen prognostischen Charakter hat, wird man eine „tatsächliche" Gefährdung auch bei Vorliegen eines begründeten konkreten Gefahrenverdachts annehmen können. Vgl. insofern etwa *EuGH*, Rs. 30/77 (Bouchereau), Slg. 1977, 1999, Rn. 27/28, wonach die frühere Verfehlung einer Person insoweit berücksichtigt werden darf, als die ihr zugrunde liegenden Umstände ein persönliches Verhalten erkennen lassen, das eine gegenwärtige Gefährdung der öffentlichen Ordnung darstellt.

der *Wertigkeit des bedrohten Schutzguts.*[1707] Angesichts der aufgezeigten Bedeutung der betroffenen Schutzgüter auf nationaler und europäischer Ebene dürfte die „Online“-Zugänglichkeit störender Informationen der in Rede stehenden Art grundsätzlich als „schwere“ Gefährdung zu qualifizieren sein.[1708]

Zu erörtern bleibt die *Verhältnismäßigkeit* eines Vorgehens deutscher Behörden zur Bekämpfung solcher Gefährdungen der öffentlichen Ordnung oder Sicherheit.

Die hinsichtlich der Geeignetheit, Erforderlichkeit und Verhältnismäßigkeit im engeren Sinne geltenden Anforderungen sind mit denjenigen des *deutschen (Verfassungs-)Rechts vergleichbar.*[1709] Daher sind Gefahrenabwehrmaßnahmen der in Rede stehenden Art, die den *Verhältnismäßigkeitsanforderungen des deutschen Rechts genügen*[1710], grundsätzlich auch *gemäß Art. 55, 46 EGV erlaubt.*

Allerdings ist – wie bereits angesprochen – nach ständiger Rechtsprechung des EuGH[1711] bei *Eingangsbeschränkungen* auch zu berücksichtigen, ob ein vom *Empfangsstaat* der Dienstleistung geltend gemachtes Interesse im Sinne des Art. 46 I EGV *bereits durch Vorschriften des Herkunftsstaats geschützt* wird.[1712] Den einschlägigen Entscheidungen des Gerichtshofs lagen bestimmte vom Dienstleistungserbringer persönlich zu erfüllende Voraussetzungen (insbesondere Genehmigungs- und Berufsqualifikationserfordernisse)[1713] bzw. Anforderungen an die Dienstleistung als solche[1714] zugrunde. Bei den hier in Rede stehenden Be-

---

1707 Vgl. *EuGH*, verb. Rs. 115, 116/81 (Adoui und Cornuaille / Belgien), Slg. 1982 1665, Rn. 8; *Greiner*, 177 f.

1708 So auch *Greiner*, 178 (im Hinblick auf Art. 3 IV ECRL) und *Schilling*, 180.

1709 Vgl. – statt vieler – *Ehlers* in Ehlers, § 7, Rn. 85 (m.w.N.).

1710 Vgl. oben 6. Teil G.

1711 Siehe dazu bereits die Nachweise oben in Fußnoten 1685 und 1686.

1712 Siehe oben aa).

1713 So z.B. verb. Rs. 110, 111/78 (Ministère public und ASBL / van Wesemael), Slg 1979, 35 – Genehmigungspflicht für die Tätigkeit von Stellenvermittlungsbüros; Rs. 205/84 (Kommission / Deutschland), Slg. 1986, 3755 – Erfordernis einer festen Niederlassung bzw. Zulassungserfordernis für Versicherungsunternehmen; Rs. C-76/90 (Säger), Slg. 1991, I-4221 – Erfordernis einer besonderen beruflichen Qualifikation für Tätigkeiten zur Aufrechterhaltung gewerblicher Schutzrechte; Rs. C-3/95 (Reisebüro Broede), Slg. 1996, I-6511 – Erfordernis einer besonderen beruflichen Qualifikation für die gerichtliche Einziehung von Forderungen; verb. Rs. C-369/96, 376/96 (Arblade u.a.), Slg. 1999, I-8453 – Verpflichtungen in Bezug auf Mindestvergütungen, Schlechtwetter-/ Treuemarkensysteme und die Führung und Aufbewahrung von Personal- und Arbeitsunterlagen im Baugewerbe; Rs. C-58/98 (Corsten), Slg. 2000, I-7919 – Erfordernis eines Verfahrens zur Erlaubniserteilung und Eintragung in die Handwerksrolle für die Verrichtung handwerklicher Tätigkeiten.

1714 So z.B. Rs. 352/85 (Bond van Adverteerders / Niederländischer Staat), Slg. 1988, 2085 – Verbot bestimmter Werbemitteilungen und untertitelter Programme im Fernsehen;

schränkungen bestimmter Arten von Internet-Kommunikation geht es grundsätzlich um *(inhaltliche) Anforderungen* an eine *Dienstleistung* als solche.[1715] Soweit eine Gefahrenabwehrmaßnahme einer deutschen Behörde einen Dienst aus einem anderen Mitgliedstaat beschränkt, dessen Erbringer die Rechtsvorschriften des Herkunftsstaats einhält, bedeutet zwar der Umstand, daß der *Herkunftsstaat andere bzw. weniger strenge Vorschriften* erlassen hat, *nicht zwangsläufig*, daß die in *Deutschland* geltenden inhaltlichen Anforderungen *unverhältnismäßig* sind.[1716] Jedoch ist das deutsche Vorgehen dann *unverhältnismäßig* und somit nicht gemäß Art. 55, 46 EGV erlaubt, wenn die *Vorschriften des Herkunftsstaats* ebenfalls *geeignet* sind, *die öffentliche Ordnung oder Sicherheit zu schützen.*[1717] Demnach kann das Herkunftslandprinzip bewirken, daß Eingangsbeschränkungen, die in völkerrechtlicher Hinsicht zulässig wären[1718], nicht vorgenommen werden dürfen. Wann dies der Fall ist, kann nicht pauschal beantwortet werden, sondern richtet sich jeweils danach, gegen *welche deutschen Vorschriften* ein Internet-Angebot verstößt und *wie* die einschlägigen *Vorschriften des Herkunftsstaats ausgestaltet* sind. Die hier erörterten Anforderungen an Gefahrenabwehrmaßnahmen des Empfangsstaats gelten nicht, soweit das fragliche Internet-Angebot (bereits) gegen die Vorschriften des Herkunftsstaats verstößt und daher nicht dem Schutz des Beschränkungsverbots unterliegt.[1719]

cc) Rechtfertigung unter Berufung auf „zwingende Gründe des Allgemeininteresses"

Im Hinblick auf Beschränkungen von Internet-Kommunikation, die nicht unter Art. 55, 46 EGV fallen, jedoch durch *„zwingende Gründe des Allgemein-*

---

verb. Rs. C-34-36/95 (De Agostini und TV Shop), Slg. 1997, I-3843 – Verbot irreführender bzw. an Kinder gerichteter Werbung im Fernsehen.

1715 Anderes gilt ausnahmsweise etwa, wenn ein Internet-Angebot als Rundfunk i.S.d. RfStV zu qualifizieren ist, ohne eine nach deutschem Recht erforderliche Erlaubnis verbreitet wird und aus diesem Grund untersagt werden soll (siehe dazu oben 4. Teil C.).

1716 So etwa die auf die hiesige Konstellation übertragbaren Ausführungen des *EuGH* in seiner Entscheidung in der Rs. C-3/95 (Reisebüro Broede), Slg. 1996, I-6511, Rn. 42.

1717 Vgl. *EuGH*, Rs. 352/85 (Bond van Adverteerders / Niederländischer Staat), Slg. 1988, 2085, Rn. 36 f.; verb. Rs. C-34-36/95 (De Agostini und TV Shop), Slg. 1997, I-3843, Rn. 51 ff.

1718 Siehe dazu insbesondere oben A. II. 2. a).

1719 Siehe oben a), b). Demnach kann festgehalten werden, daß Gefahrenabwehrmaßnahmen deutscher Behörden, die eine reine Eingangsbeschränkung oder zugleich eine Ausgangs- und eine Eingangsbeschränkung (vgl. oben Fußnoten 1667, 1669) darstellen, gemäß Art. 55, 46 EGV erlaubt sind, soweit sie den Verhältnismäßigkeitsanforderungen des deutschen Rechts genügen und die für den beschränkten Dienst aus einem anderen Mitgliedstaat geltenden Vorschriften des Herkunftsstaats entweder nicht eingehalten werden oder zwar eingehalten werden, aber nicht ebenfalls geeignet sind, die öffentliche Sicherheit oder Ordnung zu schützen.

interesses" gerechtfertigt sein können[1720], gelten die vorangegangenen Ausführungen zur Verhältnismäßigkeit von Beschränkungen der Dienstleistungsfreiheit entsprechend.

dd) Annex: Rechtfertigung von Beschränkungen der Niederlassungsfreiheit

Wie bereits ausgeführt, können sich ausländische Diensteanbieter[1721] hinsichtlich der Niederlassung in Deutschland und der mittels einer solchen Niederlassung ausgeübten Tätigkeit auf Art. 43 EGV berufen.[1722] *Beeinträchtigungen* der Niederlassungsfreiheit sind *erlaubt*, wenn sie dem *Schutz der öffentlichen Ordnung oder Sicherheit* (Art. 46 EGV) oder *„zwingenden Gründen des Allgemeininteresses"* dienen und im übrigen *verhältnismäßig* sind.[1723] Insofern kann auf die vorangegangenen Ausführungen zur Rechtfertigung von Beschränkungen der Dienstleistungsfreiheit verwiesen werden.[1724] Demnach sind Beschränkungen der Niederlassungsfreiheit durch Gefahrenabwehrmaßnahmen deutscher Behörden, die dem Schutz der Menschenwürde, der seelischen Entwicklung Minderjähriger, der persönlichen Ehre, des Bestands des demokratischen Rechtsstaats oder des öffentlichen Friedens dienen und den Verhältnismäßigkeitsanforderungen des deutschen Rechts genügen, grundsätzlich auch gemäß Art. 46 EGV erlaubt; Entsprechendes gilt hinsichtlich Beschränkungen unter Berufung auf „zwingende Gründe des Allgemeininteresses".[1725]

4. Amtshilfe

Nach völkerrechtlichen Grundsätzen sind deutsche Behörden im Hinblick auf Gefahrenabwehranordnungen gegenüber einem in einem anderen Mitgliedstaat

1720 Insofern wäre an Maßnahmen zum Schutz der Lauterkeit des Handelsverkehrs, der Verbraucher, des Meinungspluralismus in elektronischen Medien und des geistigen Eigentums zu denken. Vgl. insbesondere *EuGH*, Rs. 62/79 (Coditel / Ciné Vog Films), Slg. 1980, 881, Rn. 15; Rs. 205/84 (Kommission / Deutschland), Slg. 1986, 3755, Rn. 30; Rs. C-288/89 (Collectieve Antennevoorziening Gouda), Slg. 1991, I-4007, Rn. 27; Rs. C-353/89 (Kommission / Niederlande), Slg. 1991, I-4069, Rn. 18; verb. Rs. C-34-36/95 (De Agostini und TV-Shop), Slg. 1997, I-3843, Rn. 53.

1721 D.h. Diensteanbieter, bei denen es sich um Staatsangehörige eines anderen Mitgliedstaats bzw. der Rechtsordnung eines anderen Mitgliedstaats zuzurechnenden Gesellschaften handelt.

1722 Siehe oben 2.

1723 Siehe dazu bereits die Nachweise oben in Fußnote 1640 sowie (statt vieler) *Schlag* in Schwarze, Art. 43 EGV, Rn. 45 ff. (m.w.N.).

1724 Vgl. allgemein (statt vieler) *Schlag* in Schwarze, Art. 43 EGV, Rn. 53.

1725 Soweit eine mittels einer Zweigniederlassung in Deutschland ausgeübte Tätigkeit beschränkt wird, ist im Rahmen der Verhältnismäßigkeitsprüfung auch zu berücksichtigen, ob und inwieweit ggf. eingehaltene Vorschriften des Herkunftsstaates ebenfalls geeignet sind, das geltend gemachte Interesse zu schützen.

ansässigen Adressaten sowie Kontrollmaßnahmen, bei denen ein im Ausland befindlicher Akteur so kontaktiert wird, daß er Gelegenheit hat, von der Identität seines „Gegenüber" Kenntnis zu nehmen, auf die *Amtshilfe* des Mitgliedstaats, in dem der fragliche Akteur sich aufhält, *angewiesen*. Aus den *internationalen Abkommen*, an denen Deutschland beteiligt ist, ergibt sich eine *Amtshilfepflicht* nur hinsichtlich der genannten *Kontrollmaßnahmen*.[1726]

Vor diesem Hintergrund stellt sich hier die Frage, ob das primäre Gemeinschaftsrecht einen anderen Mitgliedstaat, in dem ein potentieller Anordnungsadressat ansässig ist, dazu verpflichtet, deutschen Behörden Amtshilfe zu leisten.

Das primäre Gemeinschaftsrecht enthält für die in Rede stehenden Fallkonstellationen *keine ausdrückliche Normierung* einer Amtshilfepflicht.[1727]

Eine solche Verpflichtung könnte allerdings aus *Art. 49 EGV* und dem der Beschränkungsdogmatik zu entnehmenden *Herkunftslandprinzip* in Verbindung mit *Art. 10 EGV* – wonach die Mitgliedstaaten „alle geeigneten Maßnahmen ... zur Erfüllung der Verpflichtungen, die sich aus diesem Vertrag oder aus Handlungen der Organe der Gemeinschaft ergeben" zu treffen haben – *abzuleiten* sein.

Jedoch ergibt sich aus dem *Herkunftslandprinzip* nach den vorangegangenen Ausführungen lediglich, daß ein Empfangsstaat eine grenzüberschreitende Dienstleistung, die dem Herkunftslandrecht entspricht, nur ausnahmsweise beschränken darf, soweit das von ihm geltend gemachte Interesse nicht bereits durch Vorschriften des Herkunftsstaats geschützt wird – *nicht* aber auch, daß der *Herkunftsstaat verpflichtet* wäre, die *Einhaltung seines nationalen* (nicht harmonisierten[1728]) *Rechts* durch in seinem Hoheitsgebiet ansässige Diensteanbieter *zu überwachen* und ggf. *anderen Mitgliedstaaten*, gegen deren Recht (ebenfalls) verstoßen wird und die ein Interesse an der Abstellung des Verstoßes geltend machen, *Amtshilfe zu leisten*.[1729]

Zwar sind im Anwendungsbereich des EGV die Mitgliedstaaten untereinander zur *Zusammenarbeit*, insbesondere in Form der gegenseitigen Information, des Vertrauens hinsichtlich von einem anderen Mitgliedstaat durchgeführter Kontrollen und der Anerkennung begünstigender Verwaltungsakte (z.B. Berufs-

1726 Siehe oben A. II. 2. b), c).

1727 Nicht einschlägig sind insbesondere Art. 61, 66 EGV, die sich auf die Bereiche „Visa, Asyl, Einwanderung und andere Politiken betreffend den freien Personenverkehr" beziehen.

1728 Siehe zur Rechtslage nach der ECRL unten III.

1729 So im Ergebnis auch *Linke*, 211; *Meier*, EuR 1989, 237, 245.

qualifikationsnachweise), verpflichtet.[1730] Über diesen *allgemeinen Grundsatz der Gemeinschaftstreue* würde allerdings eine *konkrete Verpflichtung* der Mitgliedstaaten, in ihrem Hoheitsgebiet ansässige Akteure zu *überwachen* und ggf. diesen gegenüber *Zwangsmaßnahmen* zu ergreifen, *bei weitem hinausgehen.* Eine solche Verpflichtung kann nur angenommen werden, soweit der Gemeinschaftsgesetzgeber entsprechende *spezielle Regelungen* getroffen hat.[1731]

Demnach verpflichtet das primäre Gemeinschaftsrecht die Mitgliedstaaten *nicht* zur gegenseitigen Gewährung von *Amtshilfe* zum Zweck der Durchsetzung von Gefahrenabwehranordnungen gegenüber Internet-Akteuren.

5. Zwischenergebnis

Die Bestimmungen über den *freien Warenverkehr* (Art. 23 ff. EGV) sind einschlägig, soweit im Internet Gemeinschaftswaren beworben und zum Versand in Mitgliedstaaten der EU angeboten werden. Allerdings stehen sie den hier interessierenden Gefahrenabwehrmaßnahmen, bei denen es sich nicht um mengenmäßige Einfuhr- bzw. Ausfuhrbeschränkungen oder Maßnahmen gleicher Wirkung im Sinne von Art. 28, 29 EGV handelt, *nicht entgegen.*

Die *Dienstleistungsfreiheit* (Art. 49 ff. EGV) ist einschlägig, soweit ein *in Deutschland* ansässiger Internet-Akteur *entgeltliche Leistungen* zugunsten von Akteuren *in anderen Mitgliedstaaten* erbringt oder das *gewerbliche Angebot* eines *im EU-Ausland* ansässigen Leistungserbringers auch *im Inland* in Anspruch genommen werden kann. In personeller Hinsicht werden *Leistungserbringer* und *-empfänger* begünstigt, die Staatsangehörige eines Mitgliedstaats oder der Rechtsordnung eines Mitgliedstaats zuzuordnende Gesellschaften sind. Als prima facie verbotene *Beschränkungen* der Dienstleistungsfreiheit zu qualifizieren sind insbesondere *Sperrungs-* bzw. *Löschungsanordnungen*, die

1730 Vgl. *EuGH*, Rs. 46/76 (Bauhuis / Niederlande), Slg. 1977, 5, Rn. 22/25; Rs. 71/76 (Thieffry / Conseil de l'Ordre des avocats bei der Cour d'appel Paris), Slg. 1977, 765, Rn. 15/18; Rs. 42/82 (Kommission / Frankreich), Slg. 1983, 1013, Rn. 36; Rs. 222/86 (Unectef / Heylens), Slg. 1987, 4097, Rn. 12 ff.; Rs. C-340/89 (Vlassopoulou), Slg. 1991, I-2357, Rn. 14 ff.; Rs. C-251/89 (Athanasopoulos u.a.), Slg. 1991, I-2797, Rn. 57; Rs. C-19/92 (Kraus), Slg. 1993, I-1663, Rn. 28 ff., 31 ff.; Rs. C-5/94 (Hedley Lomas), Slg. 1996, I-2553, Rn. 19 f.; Rs. C-265/95 (Kommission / Frankreich), Slg. 1997, I-6959, Rn. 63. *Hatje* in Schwarze, Art. 10 EGV, Rn. 54 f.; *Kahl* in Calliess/Ruffert, Art. 10 EGV, Rn. 53 f.; *Linke*, 212 f.; *Streinz* in Streinz, Art. 10 EGV, Rn. 8.

1731 Für eine derartige Verpflichtung dürften die hier in Rede stehenden Bestimmungen des Primärrechts keine hinreichend bestimmte Rechtsgrundlage bilden; vgl. *Hatje* in Schwarze, Art. 10 EGV, Rn. 6, 55; *Streinz* in Streinz, Art. 10 EGV, Rn. 8. Gegen eine Verpflichtung zur Anerkennung und Vollstreckung belastender Verwaltungsakte anderer Mitgliedstaaten im Ergebnis auch *Linke*, 218, 220, 226 f. (m.w.N.); *Meier*, EuR 1989, 237, 244 f.; *Schlag*, 71, 108. A.A. wohl *Bleckmann* in Bleckmann, Rn. 707; *Kahl* in Calliess/Ruffert, Art. 10 EGV, Rn. 54.

Deutschland als *Herkunftsstaat* einer Dienstleistung erläßt *(Ausgangsbeschränkungen)*, sowie von Deutschland als *Empfangsstaat* angeordnete *Sperrungen* bzw. *Löschungen* und *Versand-* oder *Abrufverbote*, die im Herkunftsstaat rechtmäßige Internet-Angebote betreffen *(Eingangsbeschränkungen)*. Von deutschen Behörden vorgenommene *Ausgangsbeschränkungen* sind gemäß *Art. 55, 46 EGV* erlaubt, soweit sie dem Schutz der Menschenwürde, der seelischen Entwicklung Minderjähriger, der persönlichen Ehre, des Bestands des demokratischen Rechtsstaats oder des öffentlichen Friedens dienen und den *Verhältnismäßigkeitsanforderungen des deutschen Rechts genügen*. Maßnahmen, die eine *Eingangsbeschränkung* darstellen, sind erlaubt, soweit sie die genannten Voraussetzungen erfüllen und überdies die für den beschränkten Dienst aus einem anderen Mitgliedstaat geltenden *Vorschriften des Herkunftsstaats* entweder *nicht eingehalten* werden oder *nicht (ebenfalls) geeignet* sind, die *öffentliche Sicherheit oder Ordnung zu schützen*; daher kann das Herkunftslandprinzip Maßnahmen entgegenstehen, die ansonsten völkerrechtlich zulässig wären. Entsprechendes gilt jeweils für Beschränkungen, die durch *„zwingende Gründe des Allgemeininteresses"* gerechtfertigt sein können.

EU-ausländische Diensteanbieter, die von Geschäftsräumen in Deutschland aus gewerblich tätig werden (wollen), können sich auf die *Niederlassungsfreiheit* (Art. 43 ff. EGV) berufen. Beschränkungen der Niederlassungsfreiheit durch Gefahrenabwehrmaßnahmen, die dem Schutz der öffentlichen Ordnung oder Sicherheit im Sinne des *Art. 46 EGV* dienen, sind grundsätzlich nach dieser Vorschrift erlaubt, soweit sie den Verhältnismäßigkeitsanforderungen des deutschen Rechts genügen. Entsprechendes gilt im Hinblick auf Beschränkungen, die durch „zwingende Gründe des Allgemeininteresses" gerechtfertigt sein können.

Das primäre Gemeinschaftsrecht verpflichtet die Mitgliedstaaten *nicht* zur gegenseitigen *Amtshilfe* zum Zweck der Durchsetzung von Gefahrenabwehranordnungen gegenüber Internet-Akteuren. Es bewirkt insofern also *keine Modifikation* der *völkerrechtlichen Rechtslage*.

III. Sekundäres Gemeinschaftsrecht: E-Commerce-Richtlinie

Im folgenden ist insbesondere zu erörtern, ob und inwieweit die *Binnenmarktklausel* der für Dienste der Informationsgesellschaft geltenden[1732] *E-Commerce-Richtlinie* spezielle Vorgaben für eine „grenzüberschreitende Gefahrenabwehr" deutscher Behörden enthält.

1. Binnenmarktklausel (Art. 3 ECRL)

a) Regelungsüberblick

Die *Binnenmarktklausel* des Art. 3 ECRL bildet das Kernstück der E-Commerce-Richtlinie.[1733] Die Bestimmung wurde mit §§ 4 TDG/5 MDStV in deutsches Recht umgesetzt.

Gemäß Art. 3 I ECRL *trägt* jeder Mitgliedstaat *dafür Sorge*, daß Dienste der Informationsgesellschaft, die von einem *in seinem Hoheitsgebiet niedergelassenen* Diensteanbieter erbracht werden, *seinen innerstaatlichen Vorschriften entsprechen*, die in den *„koordinierten Bereich"* fallen. Der koordinierte Bereich umfaßt „die für die Anbieter von Diensten der Informationsgesellschaft und die Dienste der Informationsgesellschaft in den Rechtssystemen der Mitgliedstaaten festgelegten Anforderungen ...".[1734]

Art. 3 II ECRL *verbietet* den Mitgliedstaaten, den freien Verkehr von Diensten der Informationsgesellschaft *aus einem anderen Mitgliedstaat aus Gründen einzuschränken*, die in den *koordinierten Bereich* fallen. Maßnahmen, die von Art. 3 II ECRL *abweichen*, sind nur *ausnahmsweise* unter den in Art. 3 IV-VI ECRL genannten Voraussetzungen zulässig.

Der besseren Übersichtlichkeit halber sollen zunächst die detaillierten Regelungen des Art. 3 ECRL und der §§ 4 TDG/5 MDStV synoptisch gegenübergestellt werden:

1732 Bei „Diensten der Informationsgesellschaft" i.S.d. Art. 2 lit. a) ECRL i.V.m. Art. 1 Nr. 2 RL 98/34/EG in der Fassung der RL 98/48/EG handelt es sich um Dienstleistungen, die in der Regel gegen Entgelt elektronisch im Fernabsatz und auf individuellen Abruf eines Empfängers erbracht werden. Die Definition der Dienste der Informationsgesellschaft umfaßt Tele- und Mediendienste, die geschäftsmäßig erbracht werden und als Abrufdienste ausgestaltet sind (siehe oben 4. Teil A. II. 1. e)).

1733 Vgl. *KOM (2003) 702 endg.*, 4; *Ahrens*, CR 2000, 835; *Hoeren*, MMR 1999, 192, 194; *Maennel*, MMR 1999, 187, 188; *Mankowski*, CR 2001, 630, 631; *Marly* in Grabitz/Hilf/Wolf, A 4, Art. 3 ECRL, Rn. 9; *Nickels*, CR 2002, 302, 303; *Spindler*, MMR-Beilage 7/2000, 4, 7.

1734 Art. 2 lit. h) ECRL.

Synoptische Gegenüberstellung der Art. 3 ECRL, §§ 4 TDG/5 MDStV

(vom TDG abweichende Formulierungen des MDStV sind kursiv gedruckt)

Art. 3 ECRL Binnenmarkt	**§§ 4 TDG/5 MDStV Herkunftslandprinzip**
(1) Jeder Mitgliedstaat trägt dafür Sorge, daß die Dienste der Informationsgesellschaft, die von einem in seinem Hoheitsgebiet niedergelassenen Diensteanbieter erbracht werden, den in diesem Mitgliedstaat geltenden innerstaatlichen Vorschriften entsprechen, die in den koordinierten Bereich fallen.	(1) In der Bundesrepublik Deutschland niedergelassene Diensteanbieter und ihre Teledienste *(Mediendienste)* unterliegen den Anforderungen des deutschen Rechts auch dann, wenn die Teledienste *(Mediendienste)* in einem anderen Staat innerhalb des Geltungsbereichs der Richtlinie 2000/31/EG des Europäischen Parlaments und des Rates vom 8. Juni 2000 über bestimmte rechtliche Aspekte der Dienste der Informationsgesellschaft, insbesondere des elektronischen Geschäftsverkehrs, im Binnenmarkt (ABl. EG Nr. L 178 S. 1) geschäftsmäßig angeboten oder erbracht werden.
(2) Die Mitgliedstaaten dürfen den freien Verkehr von Diensten der Informationsgesellschaft aus einem anderen Mitgliedstaat nicht aus Gründen einschränken, die in den koordinierten Bereich fallen.	(2) [1]Der freie Dienstleistungsverkehr von Telediensten *(Mediendiensten)*, die in der Bundesrepublik Deutschland von Diensteanbietern geschäftsmäßig angeboten oder erbracht werden, die in einem anderen Staat innerhalb des Geltungsbereichs der Richtlinie 2000/31/EG niedergelassen sind, wird nicht eingeschränkt. [2]Absatz 5 bleibt unberührt.
(3) Die Absätze 1 und 2 finden keine Anwendung auf die im Anhang genannten Bereiche.	(3) und (4) (Aufzählung der Bereiche, die von Abs. 1 und 2 unberührt bleiben bzw. für die Abs. 1 und 2 nicht gelten, in Übereinstimmung mit den Ausnahmeregelungen in Art. 1 V ECRL, Art. 3 III ECRL in Verbindung mit dem Anhang zur ECRL.)
(4) Die Mitgliedstaaten können Maßnahmen ergreifen, die im Hinblick auf einen bestimmten Dienst der Informationsgesellschaft von Absatz 2 abweichen, wenn die folgenden Bedingungen erfüllt sind: a) Die Maßnahmen i) sind aus einem der folgenden Gründe erforderlich: – Schutz der öffentlichen Ordnung, insbesondere Verhütung, Ermittlung, Aufklärung und Verfolgung von Straftaten, einschließlich des Jugendschutzes und der Bekämpfung der Hetze aus Gründen der Rasse, des Geschlechts, des Glaubens oder der Nationalität, sowie von Verletzungen der Menschenwürde einzelner Personen, – Schutz der öffentlichen Gesundheit,	(5) [1]Das Angebot und die Erbringung eines Teledienstes *(Mediendienstes)* durch einen Diensteanbieter, der in einem anderen Staat im Geltungsbereich der Richtlinie 2000/31/EG niedergelassen ist, unterliegen abweichend von Absatz 2 den Einschränkungen des innerstaatlichen Rechts, soweit dieses dem Schutz 1. der öffentlichen Ordnung, insbesondere im Hinblick auf die Verhütung, Ermittlung, Aufklärung, Verfolgung und Vollstreckung von Straftaten und Ordnungswidrigkeiten, einschließlich des Jugendschutzes und der Bekämpfung der Hetze aus Gründen der Rasse, des Geschlechts, des Glaubens oder der Nationalität sowie von Verletzungen der Menschenwürde einzelner Personen,

– Schutz der öffentlichen Sicherheit, einschließlich der Wahrung nationaler Sicherheits- und Verteidigungsinteressen, – Schutz der Verbraucher, einschließlich des Schutzes von Anlegern;	2. der öffentlichen Sicherheit, insbesondere der Wahrung nationaler Sicherheits- und Verteidigungsinteressen, 3. der öffentlichen Gesundheit, 4. der Interessen der Verbraucher, einschließlich des Schutzes von Anlegern,
ii) betreffen einen bestimmten Dienst der Informationsgesellschaft, der die unter Ziffer i) genannten Schutzziele beeinträchtigt oder eine ernsthafte und schwerwiegende Gefahr einer Beeinträchtigung dieser Ziele darstellt; iii) stehen in einem angemessenen Verhältnis zu diesen Schutzzielen.	vor Beeinträchtigungen oder ernsthaften und schwerwiegenden Gefahren dient, und die auf der Grundlage des innerstaatlichen Rechts in Betracht kommenden Maßnahmen in einem angemessenen Verhältnis zu diesen Schutzzielen stehen.
b) Der Mitgliedstaat hat vor Ergreifen der betreffenden Maßnahmen unbeschadet etwaiger Gerichtsverfahren, einschließlich Vorverfahren und Schritten im Rahmen einer strafrechtlichen Ermittlung, – den in Absatz 1 genannten Mitgliedstaat aufgefordert, Maßnahmen zu ergreifen, und dieser hat dem nicht Folge geleistet oder die von ihm getroffenen Maßnahmen sind unzulänglich; – die Kommission und den in Absatz 1 genannten Mitgliedstaat über seine Absicht, derartige Maßnahmen zu ergreifen, unterrichtet.	[2]Für das Verfahren zur Einleitung von Maßnahmen nach Satz 1 - mit Ausnahme von gerichtlichen Verfahren einschließlich etwaiger Vorverfahren und der Verfolgung von Straftaten einschließlich der Strafvollstreckung und von Ordnungswidrigkeiten - sieht Artikel 3 Abs. 4 und 5 der Richtlinie 2000/31/EG Konsultations- und Informationspflichten vor.
(5) [1]Die Mitgliedstaaten können in dringlichen Fällen von den in Absatz 4 Buchstabe b) genannten Bedingungen abweichen. [2]In diesem Fall müssen die Maßnahmen so bald wie möglich und unter Angabe der Gründe, aus denen der Mitgliedstaat der Auffassung ist, daß es sich um einen dringlichen Fall handelt, der Kommission und dem in Absatz 3 genannten Mitgliedstaat mitgeteilt werden.	
(6) Unbeschadet der Möglichkeit des Mitgliedstaates, die betreffenden Maßnahmen durchzuführen, muß die Kommission innerhalb kürzestmöglicher Zeit prüfen, ob die mitgeteilten Maßnahmen mit dem Gemeinschaftsrecht vereinbar sind; gelangt sie zu dem Schluß, daß die Maßnahme nicht mit dem Gemeinschaftsrecht vereinbar ist, so fordert sie den betreffenden Mitgliedstaat auf, davon Abstand zu nehmen, die geplanten Maßnahmen zu ergreifen, bzw. bereits ergriffene Maßnahmen unverzüglich einzustellen.	

b) Normzweck

Der Bestimmung des Art. 3 ECRL liegt die Befürchtung zugrunde, daß ohne eine solche Regelung die bestehenden *Unterschiede* zwischen den mitgliedstaatlichen Vorschriften für Dienste der Informationsgesellschaft dazu führen würden, daß die Mitgliedstaaten in Abweichung vom freien Dienstleistungsverkehr Dienste aus anderen Mitgliedstaaten *Aufsichtsmaßnahmen* oder *eigenen Rechtsvorschriften unterwerfen dürften* – mit der Folge, daß ein Diensteanbieter, der seine Leistungen überall im Binnenmarkt anbieten will und den *Vorschriften seines Herkunftsstaats nachkommt*, sich auch vergewissern müßte, daß seine Tätigkeit mit den *Vorschriften aller anderen Mitgliedstaaten vereinbar* ist.[1735] Vor diesem Hintergrund sollen die Dienste grundsätzlich *allein dem Rechtssystem des Herkunftsstaats* unterworfen werden, dessen Behörden der Schutz der Ziele des Allgemeininteresses nicht allein für die Bürger ihres Landes, sondern für alle Bürger der Gemeinschaft obliegt.[1736]

c) Bereichsausnahmen

Gemäß Art. 3 III ECRL in Verbindung mit dem Anhang zur ECRL finden die ersten beiden Absätze des Art. 3 ECRL auf *bestimmte Bereiche*[1737] *keine Anwendung*. §§ 4 III, IV TDG/5 III, IV MDStV enthalten entsprechende Ausnahmeregelungen. Von den ausgenommenen Bereichen ist im Hinblick auf die Gefahrenabwehr im Internet allenfalls das Urheberrecht von Interesse.

d) Ähnliche sekundärrechtliche Regelungen

Bei dem in Art. 3 ECRL gewählten Ansatz handelt es sich nicht um ein Novum im sekundären Gemeinschaftsrecht. Vielmehr finden sich ähnliche Regelungen bereits in verschiedenen *früheren Binnenmarktrichtlinien*.[1738] Im fol-

---

1735 Vgl. *KOM (1998) 586 endg.*, 8; Erwägungsgrund 5 der ECRL; *Marly* in Grabitz/Hilf/ Wolf, A 4, Art. 3 ECRL, Rn. 10.

1736 Vgl. Erwägungsgrund 22 der ECRL.

1737 Hierbei handelt es sich um (1.) das Urheberrecht, verwandte Schutzrechte, Rechte im Sinne der Richtlinien 87/54/EWG und 96/9/EG sowie gewerbliche Schutzrechte, (2.) die Ausgabe elektronischen Geldes durch bestimmte Institute, (3.) Art. 44 II der Richtlinie 85/611/EWG, (4.) die bereits durch die Richtlinien 92/49/EWG, 92/96/EWG, 88/ 357/EWG und 90/619/EWG harmonisierten Bedingungen für grenzüberschreitende Tätigkeiten von Versicherungsunternehmen, (5.) die freie Rechtswahl für Vertragsparteien, (6.) vertragliche Schuldverhältnisse in Bezug auf Verbraucherverträge, (7.) die formale Gültigkeit von auf Immobilien und verwandte Rechte bezogenen Verträgen und (8.) die Zulässigkeit nicht angeforderter kommerzieller Kommunikation mittels elektronischer Post.

1738 Siehe hierzu etwa *Drasch*, 212 ff.; *Linke*, 41 ff.

genden sollen einige Beispiele aus dem Niederlassungs- und Dienstleistungssektor angeführt werden.

aa) Banken-, Versicherungs- und Wertpapierrecht

Früher mußten in der Gemeinschaft niedergelassene Banken, Versicherungen und Wertpapierfirmen, die in einem anderen Mitgliedstaat eine *Zweigniederlassung gründen* oder *Dienstleistungen anbieten* wollten, dort eine (zweite) *Zulassung* beantragen.[1739] Dieses Erfordernis wurde durch die Richtlinien 89/646/EWG (jetzt: RL 2000/12/EG), 92/49/EWG, 92/96/EWG (jetzt: RL 2002/83/EG) und 93/22/EWG *abgeschafft*. Diese sehen vor, daß die *Aufnahmemitgliedstaaten* für Zweigstellen von in anderen Mitgliedstaaten zugelassenen Unternehmen *keine Zulassung* mehr verlangen dürfen[1740] bzw. daß eine *vom Herkunftsstaat erteilte Zulassung* für die *gesamte Gemeinschaft* gilt und dem betreffenden Unternehmen erlaubt, dort Tätigkeiten im Rahmen der Niederlassungs- oder Dienstleistungsfreiheit auszuüben[1741].[1742]

Die *Überwachung* der grenzüberschreitenden Geschäftstätigkeit zugelassener Unternehmen erfolgt grundsätzlich durch die *Behörden des Herkunftsstaats* (der die Zulassung erteilt hat).[1743]

Im Hinblick auf *Verstöße gegen Rechtsvorschriften des Aufnahmemitgliedstaats* bestimmt Art. 21 der Bankrichtlinie 89/646/EWG (jetzt: Art. 22 RL 2000/12/EG):

> „(3) Kommt das Institut der Aufforderung (zur Einhaltung der Rechtsvorschriften des Aufnahmemitgliedstaats[1744]) nicht nach, so setzen die ... Behörden des Aufnahmemitgliedstaats die ... Behörden des Herkunftsmitgliedstaats davon in Kenntnis. (Diese) treffen unverzüglich die geeigneten Maßnahmen, damit das betreffende Institut die vorschriftswidrige Situation beendet. Die Art dieser Maßnahmen ist den ... Behörden des Aufnahmemitgliedstaats mitzuteilen.

1739 Vgl. *Linke*, 58.

1740 Art. 6 I 1 RL 89/646/EWG (jetzt: Art. 18 RL 2000/12/EG).

1741 Art. 5 I RL 92/49/EWG, 4 I RL 92/96/EWG (jetzt: 5 I RL 2002/83/EG), 14 I RL 93/22/EWG; ähnlich bereits Art. 18 I RL 89/646/EWG (jetzt: Art. 19 RL 2000/12/EG).

1742 Allerdings muß vor der Errichtung einer Zweigniederlassung ein relativ kompliziertes Verfahren durchlaufen werden; vgl. etwa Art. 32 RL 92/49/EWG.

1743 Art. 13 I RL 89/646/EWG (jetzt: Art. 26 RL 2000/12/EG), 9 I RL 92/49/EWG, 3 I RL 92/96/EWG (jetzt: 10 I RL 2002/83/EG), 8 III RL 93/22/EWG. Im Bankwesen übt daneben die Behörde des Aufnahmemitgliedstaats die Aufsicht für bestimmte Bereiche aus (z.B. Bereich der nationalen Währungspolitik, Art. 14 II 2 RL 89/646/EWG [jetzt: Art. 27 S. 2 RL 2000/12/EG]); teilweise erfolgt die Aufsicht im Wege einer Zusammenarbeit beider Behörden (z.B. im Hinblick auf die Liquiditätsüberwachung, Art. 14 II 1 RL 89/646/EWG [jetzt: Art. 27 S. 1 RL 2000/12/EG]); vgl. *Linke*, 60 f.

1744 Anmerkung des Verfassers (vgl. Art. 21 I RL 89/646/EWG, 22 I RL 2000/12/EG).

(4) Verletzt das Institut trotz (dieser) Maßnahmen – oder wenn sich die ... Maßnahmen als unzureichend erweisen oder der betreffende Staat keine Maßnahmen getroffen hat – weiter die ... genannten Rechtsvorschriften des Aufnahmemitgliedstaats, so kann dieser nach Unterrichtung der ... Behörden des Herkunftsmitgliedstaats geeignete Maßnahmen ergreifen, um weitere Unregelmäßigkeiten zu verhindern oder zu ahnden; soweit erforderlich, kann er auch die Aufnahme neuer Geschäftstätigkeiten durch dieses Institut in seinem Hoheitsgebiet untersagen. ...

(5) Die vorstehenden Bestimmungen berühren nicht die Befugnis der Mitgliedstaaten, geeignete Maßnahmen zu ergreifen, um Unregelmäßigkeiten in ihrem Gebiet zu verhindern oder zu ahnden, die den gesetzlichen Bestimmungen zuwiderlaufen, die sie aus Gründen des Allgemeininteresses erlassen haben."

Ähnliche Regelungen enthalten Art. 40 IV-VI der Richtlinien 92/49/EWG und 92/96/EWG (jetzt: Art. 46 III-V RL 2002/83/EG) sowie Art. 19 IV-VI RL 93/22/EWG. Ferner bestimmen Art. 21 VII RL 89/646/EWG (jetzt: Art. 22 VII RL 2000/12/EG) und Art. 19 VIII RL 93/22/EWG:

„In dringenden Fällen können die zuständigen Behörden des Aufnahmemitgliedstaats vor der Einleitung des in den Absätzen ... vorgesehenen Verfahrens die Sicherungsmaßnahmen ergreifen, die zum Schutz der Interessen der ... Personen, denen Dienstleistungen erbracht werden, notwendig sind. Die Kommission und die zuständigen Behörden der anderen ... Mitgliedstaaten sind von solchen Maßnahmen umgehend zu unterrichten. Die Kommission kann nach Anhörung der zuständigen Behörden der (anderen) Mitgliedstaaten beschließen, daß der betreffende Mitgliedstaat die Maßnahmen zu ändern oder aufzuheben hat."

bb) Fernsehrichtlinie

In der *Fernsehrichtlinie* (FRL), die bestimmte Mindestregelungen für Fernsehsendungen innerhalb der Gemeinschaft vorsieht[1745], ist in Art. 2 und 2a ein „Sendestaatsprinzip"[1746] verankert:

Gemäß Art. 2 I FRL *sorgt* jeder Mitgliedstaat *dafür*, daß alle Fernsehsendungen, die von *seiner Rechtshoheit unterworfenen* Fernsehveranstaltern[1747] gesendet werden, den Vorschriften des Rechtssystems entsprechen, die auf für die Allgemeinheit bestimmte Sendungen *in diesem Mitgliedstaat* anwendbar sind.

1745 Diese betreffen die Förderung der Verbreitung und Herstellung von Fernsehprogrammen (Art. 4-9 FRL), Fernsehwerbung, Sponsoring und Teleshopping (Art. 10-20 FRL), den Schutz Minderjähriger und der öffentlichen Ordnung (Art. 22-22b FRL) sowie das Gegendarstellungsrecht (Art. 23 FRL).

1746 So etwa *Grandpierre*, 99; *Greissinger*, CR 1999, 112, 113; *Helberger*, ZUM 1998, 50; *Tietje* in Grabitz/Hilf/Krenzler, E 27, Rn. 100.

1747 Hierbei handelt es sich um Fernsehveranstalter, die in diesem Mitgliedstaat niedergelassen sind (Art. 2 II, 1. Spiegelstrich i.V.m. III FRL) oder eine von diesem Mitgliedstaat zugeteilte Frequenz, diesem Mitgliedstaat gehörende Satelliten-Übertragungskapazität oder in diesem Mitgliedstaat belegene Erd-Satelliten-Sendestation nutzen (Art. 2 II, 2. Spiegelstrich i.V.m. IV FRL).

Nach Art. 2a I FRL *gewährleisten* die Mitgliedstaaten den *freien Empfang* und *behindern nicht* die Weiterverbreitung von Fernsehsendungen *aus anderen Mitgliedstaaten* in ihrem Hoheitsgebiet aus Gründen, die durch die FRL *koordinierte Bereiche*[1748] betreffen. Im Hinblick auf *Ausnahmen* von dieser Regel bestimmt Art. 2a II FRL:

„Die Mitgliedstaaten können vorübergehend von Absatz 1 abweichen, wenn die folgenden Bedingungen erfüllt sind:

a) Mit einer Fernsehsendung aus einem anderen Mitgliedstaat wird in offensichtlicher, ernster und schwerwiegender Weise gegen Artikel 22 Absatz 1 oder 2 und/oder Artikel 22a[1749] verstoßen;

b) der Fernsehveranstalter hat während der vorangegangen zwölf Monate bereits mindestens zweimal gegen die Vorschriften des Buchstabens a) verstoßen;

c) der betreffende Mitgliedstaat hat dem Fernsehveranstalter und der Kommission schriftlich die behaupteten Verstöße sowie die für den Fall erneuter Verstöße beabsichtigten Maßnahmen mitgeteilt;

d) die Konsultationen mit dem Mitgliedstaat, der die Sendung verbreitet, und der Kommission haben innerhalb von 15 Tagen ab der unter Buchstabe c) genannten Mitteilung zu keiner gütlichen Regelung geführt, und es kommt zu einem erneuten Verstoß.

Die Kommission trifft innerhalb einer Frist von zwei Monaten ab dem Zeitpunkt der Mitteilung der Maßnahmen durch den Mitgliedstaat eine Entscheidung über die Vereinbarkeit der Maßnahmen mit dem Gemeinschaftsrecht. Im Fall einer negativen Entscheidung muß der betreffende Mitgliedstaat die beanstandeten Maßnahmen unverzüglich beenden."

Es läßt sich unschwer erkennen, daß diese Regelungen das *eigentliche Vorbild des Art. 3 ECRL* darstellen.[1750]

e) Auswirkungen auf Gefahrenabwehrmaßnahmen deutscher Behörden

Zu erörtern ist nun, ob und inwieweit sich *Art. 3 ECRL (§§ 4 TDG/5 MDStV)* auf die rechtliche Zulässigkeit einer „grenzüberschreitenden Gefahrenabwehr" deutscher Behörden auswirkt.

1748 Siehe zu diesen Bereichen oben Fußnote 1745. Vgl. auch *EuGH*, verb. Rs. C-34-36/95 (De Agostini und TV-Shop), Slg. 1997, I-3843, Rn. 24 ff.

1749 Hierbei handelt es sich um Regelungen zum Schutz der geistigen und sittlichen Entwicklung Minderjähriger und zur Unterbindung von Sendungen, die zum Haß aufgrund von Rasse, Geschlecht, Religion oder Nationalität aufstacheln.

1750 In diesem Sinne etwa auch *Ahrens*, CR 2000, 835, 837; *Hoeren*, MMR 1999, 192, 195; *Spindler*, ZUM 1999, 775, 781; vgl. auch die Bezugnahme auf die Fernsehrichtlinie in Erwägungsgrund 4 der ECRL. Allerdings folgt die ECRL insofern einem anderen Ansatz, als die Beschränkung der Regulierung des Empfangsstaats nicht nur den durch die Richtlinie selbst harmonisierten Bereich, sondern auch alle weiteren Anforderungen an den Inhalt des Dienstes umfaßt (vgl. *Halfmeier*, ZEuP 2001, 837, 861 sowie unten e) bb) (a)).

aa) Deutschland als Herkunftsstaat eines Dienstes der Informationsgesellschaft

Gemäß Art. 3 I ECRL (§§ 4 I TDG/5 I MDStV) obliegt den deutschen Behörden die *Aufsicht* über Dienste der Informationsgesellschaft (bzw. geschäftsmäßig angebotene oder erbrachte Tele-/Mediendienste in Form von Abrufdiensten[1751]), die von einem *in Deutschland niedergelassenen Anbieter* erbracht werden.

Bei einem *„niedergelassenen Diensteanbieter"* handelt es sich um einen Anbieter, der (innerhalb der Gemeinschaft) mittels einer *festen Einrichtung* auf *unbestimmte Zeit* eine *Wirtschaftstätigkeit* tatsächlich ausübt, wobei das Vorhandensein und die Nutzung technischer Mittel und Technologien, die zum Anbieten des Dienstes erforderlich sind, allein noch keine Niederlassung begründen.[1752] Es ist also insbesondere *nicht* (allein) *der Standort eines Angebots-Servers* maßgeblich. Vielmehr stimmt der Niederlassungsbegriff mit demjenigen des *primären Gemeinschaftsrechts* überein.[1753] Insofern kann auf die vorangegangenen Ausführungen zu Art. 43 ff. EGV verwiesen werden.[1754]

Die Aufsicht der deutschen Behörden erstreckt sich auf die *Einhaltung aller innerstaatlichen Vorschriften*, die in den *„koordinierten Bereich"* fallen. Dieser Bereich umfaßt alle für Anbieter von Diensten der Informationsgesellschaft und Dienste der Informationsgesellschaft in den Rechtssystemen der Mitgliedstaaten festgelegten *Anforderungen* insbesondere in Bezug auf die *Aufnahme der Tätigkeit* (z.B. hinsichtlich Qualifikationen, Genehmigung oder Anmeldung) und deren *Ausübung* (z.B. betreffend das Verhalten des Diensteanbieters, die Qualität oder den Inhalt des Dienstes und die Verantwortlichkeit des Diensteanbieters)[1755], mit Ausnahme von Anforderungen, die sich nicht auf die „Online"-Tätigkeit als solche[1756] beziehen[1757]. Hierbei handelt es sich um *alle* – einschließlich der nicht durch die ECRL harmonisierten – *Vorschriften des*

1751 §§ 4 I, II TDG/5 I, II MDStV gelten nur für Dienste der Informationsgesellschaft i.S.d. ECRL (vgl. oben 4. Teil A. II. 1. e)), d.h. Tele-/Mediendienste, die „geschäftsmäßig angeboten oder erbracht werden" und als Abrufdienste ausgestaltet sind (§§ 4 IV Nr. 5 TDG/5 IV Nr. 5 MDStV).

1752 Art. 2 lit. c) ECRL.

1753 Vgl. Erwägungsgrund 19 der ECRL. Hiernach ist im übrigen in Fällen, in denen ein Diensteanbieter an mehreren Orten niedergelassen ist, der Ort maßgeblich, an dem sich der Mittelpunkt der Tätigkeiten des Diensteanbieters in Bezug auf den fraglichen Dienst befindet.

1754 Siehe oben II. 2.

1755 Art. 2 lit. h) i) ECRL.

1756 Siehe Erwägungsgrund 21 der ECRL.

1757 Art. 2 lit. h) ii) ECRL nennt insofern Anforderungen betreffend Waren als solche, die Lieferung von Waren sowie Dienste, die nicht auf elektronischem Wege erbracht werden.

deutschen Rechts, die für die *Aufnahme* und *Ausübung* der Tätigkeit eines Dienstes der Informationsgesellschaft gelten.[1758]

Demnach *steht* Art. 3 I ECRL (§§ 4 I TDG/5 I MDStV) von deutschen Behörden vorgenommenen *Ausgangsbeschränkungen*[1759] *nicht entgegen*. Vielmehr ergibt sich aus dieser Bestimmung gerade, daß Deutschland für die Einhaltung seiner nationalen Rechtsvorschriften durch die in seinem Hoheitsgebiet niedergelassenen Diensteanbieter Sorge zu tragen hat.

Andererseits bewirkt Art. 3 I ECRL als solcher nicht, daß *jegliche Ausgangsbeschränkung* des Herkunftsstaats eines Dienstes der Informationsgesellschaft erlaubt wäre. Die Mitgliedstaaten bleiben in den *nicht harmonisierten Bereichen* – und damit grundsätzlich auch im Hinblick auf die hier vorrangig in Rede stehenden inhaltlichen Anforderungen an Internet-Angebote[1760] – *an das primäre Gemeinschaftsrecht gebunden.*[1761] Dieses wiederum steht allerdings den hier interessierenden Ausgangsbeschränkungen, soweit sie dem Schutz der öffentlichen Ordnung oder Sicherheit im Sinne von Art. 55, 46 EGV oder „zwingenden Gründen des Allgemeininteresses" dienen und den Verhältnismäßigkeitsanforderungen des deutschen Rechts genügen, grundsätzlich nicht entgegen.[1762]

bb) Deutschland als Empfangsstaat eines Dienstes der Informationsgesellschaft

(a) Grundsätzliches Verbot von Eingangsbeschränkungen

Gemäß Art. 3 II ECRL (§§ 4 II TDG/5 II MDStV) ist es deutschen Behörden grundsätzlich *verwehrt*, den freien Verkehr der von *in anderen Mitgliedstaaten*

1758 Vgl. *KOM (1998) 586 endg.*, 23; *Halfmeier*, ZEuP 2001, 837, 860 f.; *Hoeren*, MMR 1999, 192, 194 f.; *Marly* in Grabitz/Hilf/Wolf, A 4, Art. 2 ECRL, Rn. 36-38; *Nickels*, CR 2002, 302, 303; *Sack*, WRP 2001, 1408, 1409; *Spindler*, ZHR 165 (2001), 324, 331.

1759 Um solche handelt es sich insbesondere bei Sperrungs-/Löschungsanordnungen gegenüber inlandsansässigen *Server-Verwaltern* und Sperrungs-/Löschungsanordnungen gegenüber inlandsansässigen *Server-Betreibern* in Fällen einer „Rollenzweiteilung" oder in Fällen einer „Rollendreiteilung", wenn ein Angebot eines inlandsansässigen Server-Verwalters gesperrt bzw. gelöscht werden soll.

1760 Die ECRL selbst harmonisiert insofern lediglich die Informationspflichten der Diensteanbieter (Art. 5, 6, 10 ECRL) und die Modalitäten von Bestellungen auf elektronischem Wege (Art. 11 ECRL).

1761 Vgl. *EuGH*, verb. Rs. C-34-36/95 (De Agostini und TV-Shop), Slg. 1997-I, 3843, Rn. 48 ff.; Rs. C-6/98 (ARD), Slg. 1999-I, 7599, Rn. 49 ff.; *Grandpierre*, 99 f.; *Greissinger*, CR 1999, 112, 118; *Spindler*, ZHR 165 (2001), 324, 340; *derselbe*, RIW 2002, 183, 186. Nicht gefolgt werden kann der Auffassung von *Schilling*, 252, wonach sich aus Art. 3 I ECRL ergebe, daß Kontrollmaßnahmen des Herkunftsstaats „keine europarechtliche Relevanz mehr" besäßen.

1762 Siehe oben II. 3. c).

niedergelassenen Anbietern erbrachten Dienste der Informationsgesellschaft (bzw. geschäftsmäßig angebotenen oder erbrachten Tele-/Mediendienste in Form von Abrufdiensten[1763]) aus Gründen, die in den *koordinierten Bereich* fallen, *einzuschränken.*

Art. 3 II ECRL verbietet jegliche Handlungen des Empfangsstaats, welche die Ausübung der Dienstleistungsfreiheit „behindern oder weniger interessant machen könnten".[1764] Demnach sind alle hier in Rede stehenden Gefahrenabwehrmaßnahmen, die eine *Eingangsbeschränkung* bewirken[1765] und unter das Beschränkungsverbot des Art. 49 EGV fallen (würden)[1766], *grundsätzlich unzulässig.*

(b) Ausnahmen

In Art. 3 IV-VI ECRL (§§ 4 V TDG/5 V MDStV) ist ein *Schutzklauselverfahren* normiert, das es den Mitgliedstaaten erlaubt, jeweils im Hinblick auf einen *bestimmten* Dienst der Informationsgesellschaft – d.h. in Einzelfällen[1767] – von Art. 3 II ECRL (§§ 4 II TDG/5 II MDStV) *abzuweichen*, soweit die im einzelnen aufgeführten Bedingungen erfüllt sind.

(aa) Legitime Schutzziele

Gemäß Art. 3 IV lit. a) i) ECRL (§§ 4 V 1 Nr. 1-4 TDG/5 V 1 Nr. 1-4 MDStV) müssen Maßnahmen, die vom grundsätzlichen Verbot der Einschränkung des freien Dienstleistungsverkehrs abweichen, zum Schutz der *öffentlichen Ordnung* (insbesondere: Verhütung, Ermittlung, Aufklärung und Verfolgung von Straftaten, einschließlich des Jugendschutzes und der Bekämpfung der Hetze aus Gründen der Rasse, des Geschlechts, des Glaubens oder der Nationalität, sowie von Verletzungen der Menschenwürde einzelner Personen)[1768], der öffentlichen Gesundheit[1769], der *öffentlichen Sicherheit* (einschließlich der Wah-

---

1763 Siehe oben Fußnote 1751.

1764 *KOM (1998) 586 endg.*, 24. Diese Formulierung nimmt implizit auf die Rechtsprechung des EuGH zum Beschränkungsverbot des Art. 49 EGV Bezug.

1765 Hierbei handelt es sich insbesondere um Sperrungs-/Löschungsanordnungen gegenüber inlandsansässigen *Server-Betreibern* (in Fällen einer „Rollendreiteilung"), wenn ein Angebot eines auslandsansässigen Server-Verwalters unterbunden werden soll, sowie um Anordnungen gegenüber inlandsansässigen *Zugangsvermittlern*, die diese zu einer Sperrung von Angeboten auslandsansässiger Akteure verpflichten.

1766 Vgl. oben II. 3. b).

1767 Eine generelle Ausnahme zugunsten einer Norm oder eines ganzen Rechtsgebiets kommt somit nicht in Betracht (vgl. *Marly* in Grabitz/Hilf/Wolf, A 4, Art. 3 ECRL, Rn. 33; *Spindler*, ZHR 165 [2001], 324, 345).

1768 Art. 3 IV lit. a) i), 1. Spiegelstrich ECRL (§§ 4 V 1 Nr. 1 TDG/5 V 1 Nr. 1 MDStV).

1769 Art. 3 IV lit. a) i), 2. Spiegelstrich ECRL (§§ 4 V 1 Nr. 3 TDG/5 V 1 Nr. 3 MDStV) rung nationaler Sicherheits- und Verteidigungsinteressen)[1770] oder der Verbraucher (einschließlich des Schutzes von Anlegern)[1771] *erforderlich* sein.

Mit Blick darauf, daß diese Bestimmung der ECRL ersichtlich die *ordre-public-Vorbehalte des EGV aufnimmt und konkretisiert*[1772] – und unter Berücksichtigung der vorangegangenen Ausführungen zu Art. 55, 46 EGV[1773] – kann davon ausgegangen werden, daß die in Rede stehenden Gefahrenabwehrmaßnahmen deutscher Behörden, die dem Bereich der *öffentlichen Ordnung oder Sicherheit* im Sinne von *Art. 46 I EGV* zugeordnet werden können[1774], auch unter Art. 3 IV lit. a) i) ECRL fallen.[1775]

Allerdings ergibt sich insofern eine *Abweichung* von der *primärrechtlichen Rechtslage* unter Berücksichtigung der Rechtsprechung des EuGH zur Rechtfertigung von Beschränkungen unter Berufung auf *„zwingende Gründe des Allgemeininteresses"*[1776], als im Anwendungsbereich des Art. 3 ECRL Eingangsbeschränkungen des Empfangsstaats eines Dienstes der Informationsgesellschaft *nur noch zum Schutz der Verbraucher*, nicht mehr jedoch etwa zum Schutz der Lauterkeit des Handelsverkehrs oder des Meinungspluralismus in elektronischen Medien, in Betracht kommen können.

Auf das Kriterium der *„Erforderlichkeit"* im Sinne des Art. 3 IV lit. a) i) ECRL wird noch gesondert einzugehen sein.[1777]

(bb) Beeinträchtigung oder ernsthafte und schwerwiegende Gefährdung

Nach Art. 3 IV lit. a) ii) ECRL (§§ 4 V 1 TDG/5 V 1 MDStV) müssen die fraglichen Maßnahmen einen *bestimmten* Dienst der Informationsgesellschaft (bzw. Tele-/Mediendienst) betreffen, der ein legitimes Schutzziel *beeinträchtigt* oder eine *ernsthafte und schwerwiegende Gefahr einer Beeinträchtigung* eines solchen Ziels darstellt.

Bei den hier interessierenden behördlichen Anordnungen handelt es sich jeweils um *Einzelfall-Maßnahmen*, die unter die hier erörterte Bestimmung fallen.[1778]

1770 Art. 3 IV lit. a) i), 3. Spiegelstrich ECRL (§§ 4 V 1 Nr. 2 TDG/5 V 1 Nr. 2 MDStV)
1771 Art. 3 IV lit. a) i), 4. Spiegelstrich ECRL (§§ 4 V 1 Nr. 4 TDG/5 V 1 Nr. 4 MDStV).
1772 So auch *Greiner*, 176; vgl. *Marly* in Grabitz/Hilf/Wolf, Art. 3 ECRL, Rn. 35 ff.
1773 Siehe oben II. 3. c) bb).
1774 Siehe oben II. 3. c) bb).
1775 So im Ergebnis auch *Schilling*, 261 f.
1776 Siehe oben II. 3. c) cc).
1777 Siehe dazu sogleich unten (cc).
1778 Siehe auch oben (b).

Hinsichtlich des Erfordernisses einer *„Beeinträchtigung"* oder *„ernsthaften und schwerwiegenden Gefahr einer Beeinträchtigung"* eines Schutzziels nimmt Art. 3 IV lit. a) ii) ECRL begrifflich auf die einschlägige *Rechtsprechung des EuGH* zu den *ordre-public-Vorbehalten des EGV*[1779] Bezug. Unter Berücksichtigung der vorangegangenen Ausführungen zu Art. 55, 46 EGV[1780] kann im Ergebnis davon ausgegangen werden, daß sich die fraglichen Begriffe mit denjenigen der *„Störung"* bzw. *„konkreten Gefahr"* im Sinne des deutschen allgemeinen Polizei- und Ordnungsrechts *decken.*[1781]

Demnach *erfüllen* die in Rede stehenden Gefahrenabwehrmaßnahmen deutscher Behörden die Anforderungen des Art. 3 IV lit. a) ii) ECRL.

(cc) Erforderlichkeit und Angemessenheit

Ferner müssen die fraglichen Maßnahmen gemäß Art. 3 IV lit. a) i), iii) ECRL (§§ 4 V 1 TDG/5 V 1 MDStV) zum Schutz der öffentlichen Ordnung oder Sicherheit *erforderlich* sein und in einem *angemessenen Verhältnis* zu diesen Schutzzielen stehen.

Die Benennung dieser Anforderungen ist als Bezugnahme auf den Grundsatz der Verhältnismäßigkeit im Sinne der Rechtsprechung des EuGH zu den ordre-public-Vorbehalten des EGV bzw. „zwingenden Gründen des Allgemeininteresses" zu verstehen.[1782] Im Rahmen der Verhältnismäßigkeitsprüfung ist insbesondere auch zu berücksichtigen, ob ein von Deutschland als Empfangsstaat eines Dienstes der Informationsgesellschaft geltend gemachtes legitimes Schutzziel ggf. bereits durch Vorschriften des Herkunftsstaats des betreffenden Dienstes geschützt wird.[1783] Soweit dies nicht der Fall ist, können die fraglichen Gefahrenabwehrmaßnahmen, soweit sie den Verhältnismäßigkeitsanforderungen des deutschen Rechts genügen, grundsätzlich auch als erforderlich und angemessen im Sinne des Art. 3 IV lit. a) i, iii) ECRL angesehen werden.

(dd) Konsultations- und Informationspflichten

In Art. 3 IV lit. b), V, VI ECRL (vgl. §§ 4 V 2 TDG/5 V 2 MDStV) sind bestimmte *Konsultations-* und *Informationspflichten* vorgesehen:[1784]

1779 Siehe dazu oben II. 3. c) bb).
1780 Siehe oben II. 3. c) bb).
1781 So auch *Greiner*, 177 f.; vgl. *Marly* in Grabitz/Hilf/Wolf, A 4, Art. 3 ECRL, Rn. 39.
1782 In diesem Sinne auch *Halfmeier*, ZEuP 2001, 837, 865; *Marly* in Grabitz/Hilf/Wolf, A 4, Art. 3 ECRL, Rn. 40; *Schilling*, 264.
1783 Vgl. oben II. 3. c) bb).
1784 Siehe zu ähnlichen Regelungen in anderen Binnenmarktrichtlinien oben d).

Hiernach darf ein Empfangsstaat eines Dienstes der Informationsgesellschaft eine Eingangsbeschränkung nur vornehmen, wenn er zum einen *den Herkunftsstaat aufgefordert* hat, Maßnahmen zu ergreifen, und dieser dem *nicht Folge geleistet* hat oder die getroffenen Maßnahmen *unzulänglich* sind, und zum anderen die *Kommission* und den *Herkunftsstaat* über seine Absicht, eine Maßnahme zu ergreifen, *unterrichtet* hat (Art. 3 IV lit. b) ECRL).[1785]

Von diesen Bedingungen darf *in „dringlichen Fällen" abgewichen* werden (Art. 3 V 1 ECRL). Ein derartiger Fall liegt vor, wenn einer eingetretenen oder bevorstehenden Beeinträchtigung eines Schutzziels *so schnell begegnet* werden muß, daß es *dem Empfangsstaat nicht zumutbar wäre*, zunächst den Herkunftsstaat zu einem Tätigwerden aufzufordern und dessen Maßnahmen abzuwarten sowie die Kommission und den Herkunftsstaat über beabsichtigte eigene Maßnahmen zu unterrichten.[1786] Eine solche Konstellation dürfte angesichts des Ausnahmecharakters des Art. 3 V 1 ECRL grundsätzlich nur anzunehmen sein, soweit auch mit Blick auf die *Wertigkeit des bedrohten Rechtsguts* ein *Ausnahmefall* vorliegt. Voraussetzung hierfür dürfte eine Sachlage sein, die als schwerwiegende Störung oder gegenwärtige erhebliche Gefährdung der öffentlichen Sicherheit oder Ordnung im Sinne des deutschen Gefahrenabwehrrechts zu qualifizieren wäre. Bei Vorliegen eines „dringlichen Falls" müssen die *ergriffenen Maßnahmen* so bald wie möglich und unter Angabe der Gründe, aus denen der Empfangsstaat der Meinung ist, daß es sich um einen solchen Fall handelt, der *Kommission* sowie dem *Herkunftsstaat mitgeteilt* werden (Art. 3 V 2 ECRL).

Unbeschadet der Möglichkeit eines Empfangsstaats, Eingangsbeschränkungen durchzuführen, muß die *Kommission* innerhalb kürzestmöglicher Zeit *prüfen*, ob die mitgeteilten Maßnahmen *mit dem Gemeinschaftsrecht vereinbar* sind (Art. 3 VI, 1. Hs. ECRL). Diese Überprüfung bewirkt allerdings kein Vollzugshindernis.[1787] Gelangt die Kommission zu dem Schluß, daß die fraglichen Maßnahmen *nicht mit dem Gemeinschaftsrecht vereinbar* sind, so fordert sie den betreffenden Mitgliedstaat auf, die geplanten Maßnahmen *nicht zu ergreifen*, bzw. bereits ergriffene Maßnahmen unverzüglich *einzustellen* (Art. 3 VI, 2. Hs. ECRL).

1785 Diese Anforderungen gelten jeweils „unbeschadet etwaiger Gerichtsverfahren, einschließlich Vorverfahren und Schritten im Rahmen einer strafrechtlichen Ermittlung" – d.h. nur für verwaltungsbehördliche Maßnahmen (vgl. *Halfmeier*, ZEuP 2001, 837, 866 f.; *Spindler*, RIW 2002, 183, 187).

1786 So auch *Marly* in Grabitz/Hilf/Wolf, A 4, Art. 3 ECRL, Rn 45.

1787 Vgl. *Tettenborn/Bender/Lübben/Karenfort*, K&R-Beilage 1/12/2001, 1, 14.

f) Kollisionsrechtliche Bedeutung?

Vorrangig mit Blick auf das internationale Privatrecht wird diskutiert, ob und inwieweit Art. 3 ECRL eine *kollisionsrechtliche Bedeutung* zukommt.[1788] Diese Frage stellt sich insofern, als das deutsche internationale Wettbewerbs- und Mediendeliktsrecht (wie auch das internationale Privatrecht der meisten anderen EU-Staaten) das Recht des Staates zur Anwendung beruft, auf dessen *Markt* sich eine Handlung *auswirkt*[1789] – was dazu führen kann, daß deutsche Internet-Diensteanbieter ausländischem Sachrecht und ausländische Anbieter deutschem Sachrecht unterliegen. Die zweite Konstellation ist mit Fällen vergleichbar, in denen (prima facie) deutsches Straf- und Verwaltungsrecht auf Internet-Angebote aus anderen Staaten Anwendung findet.[1790]

Zum Teil wird Art. 3 I, II ECRL als *Kollisionsnorm* angesehen, die auf das Sachrecht des Herkunftsstaats verweist.[1791] Hiernach kann das Sachrecht des Empfangsstaats von vornherein nur zur Anwendung gelangen, wenn die Bedingungen des Art. 3 IV-VI ECRL erfüllt sind.[1792] Nach der Gegenauffassung be-

---

1788 Siehe die Nachweise unten in Fußnoten 1791, 1793, 1794.

1789 Vgl. etwa *Fezer/Koos*, IPRax 2000, 349, 350; *Halfmeier*, ZEuP 2001, 837, 839 f.; *Sack*, WRP 2001, 1408, 1410; *Thünken*, IPrax 2001, 15, 16.

1790 Zu berücksichtigen ist insofern, daß das für ein gefahrenabwehrrechtliches Tätigwerden deutscher Behörden bedeutsame internationale Straf- und Verwaltungsrecht grundsätzlich nur die Anwendbarkeit inländischen Rechts regelt, ohne ausländisches Recht zur Anwendung zu berufen. Siehe zum Ganzen oben A. I. 2., 3.

1791 So etwa *Gierschmann*, DB 2000, 1315, 1316; *Härting*, CR 2001, 271, 273; *Mankowski*, ZVglRWiss 100 (2001), 137, 138 ff.; *derselbe*, CR 2001, 630, 632; *Thünken*, IPrax 2001, 15, 18 ff. Nach *Apel/Grapperhaus*, WRP 1999, 1247, 1252; *Dethloff*, JZ 2000, 179, 180 f.; *Löffler*, WRP 2001, 379, 380, und *Spindler*, MMR-Beilage 7/2000, 4, 9, soll Art. 3 ECRL eine Gesamtverweisung auch auf das Kollisionsrecht des Herkunftslands enthalten. Jedoch würde die Annahme eines Verweises auf das IPR des Herkunftsstaats mit Blick auf dessen mögliche Weiterverweisung der von der ECRL beabsichtigten Beseitigung von Rechtsunsicherheiten zuwiderlaufen (so etwa auch *Halfmeier*, ZEuP 2001, 837, 863 f.).

1792 Zugunsten einer kollisionsrechtlichen Lösung wird vor allem angeführt, daß die von der ECRL beabsichtigte Beseitigung von Rechtsunsicherheiten am ehesten dadurch erreicht werden könne, daß grundsätzlich nur ein Recht – nämlich das dem Diensteanbieter vertraute Recht seines Herkunftsstaats – zur Anwendung gelange. Desweiteren könne aus der ausdrücklichen Herausnahme der freien Rechtswahl aus dem Anwendungsbereich des Art. 3 I, II ECRL (siehe oben Fußnote 1737) darauf geschlossen werden, daß das nationale Kollisionsrecht im übrigen unter Art. 3 I, II ECRL fallen solle. (So insbesondere *Mankowski*, CR 2001, 630, 632; *derselbe*, ZVglRWiss 100 [2001], 137, 138 ff.) Dem ist allerdings entgegenzuhalten, daß Diensteanbietern auch dadurch Rechtssicherheit vermittelt wird, daß sie (vorbehaltlich Art. 3 IV-VI ECRL) vor einer Anwendung strengeren Empfangslandrechts geschützt werden. Im Hinblick auf die Ausnahmeregelung betreffend die freie Rechtswahl ist zu berücksichtigen, daß der Anhang zur ECRL eine unstrukturierte Sammlung verschiedener Ausnahmeregelungen enthält, die sich wirkt Art. 3 I, II ECRL (lediglich) eine *„Sachrechtskorrektur"* dergestalt, daß der Empfangsstaat die nach seinem Kollisionsrecht berufenen eigenen Sachnormen, welche strenger als diejenigen des Herkunftsstaats sind, nur bei Vorliegen der Voraussetzungen des Art. 3 IV-VI ECRL anwenden darf.[1793] [1794] *Gegen die erste* und *für die zweite Ansicht* spricht vor allem die Bestimmung des *Art. 1 IV ECRL*[1795], wonach die Richtlinie keine zusätzlichen Regeln im Bereich des internationalen Privatrechts schafft.[1796] Zudem ist zu berücksichtigen, daß *weder* die *Grundfreiheiten* des EGV noch die für die ECRL vorbildhafte *Fernsehrichtlinie* eine kollisionsrechtliche Wirkung entfalten.[1797] Dies legt auch die Annahme nahe, daß eine etwa beabsichtigte kollisionsrechtliche Bedeutung des Art. 3 ECRL in dessen Wortlaut *klar zum Ausdruck gebracht worden wäre*; jedoch ist in Art. 3 II ECRL nicht von der Anwendbarkeit des Rechts eines Mitgliedstaats, sondern lediglich von einem *Einschränkungsverbot* die Rede.

Demnach ist davon auszugehen, daß Art. 3 ECRL im hier interessierenden Zusammenhang (lediglich) bewirkt, daß Deutschland als Empfangsstaat eines Dienstes der Informationsgesellschaft das nach dem deutschen internationalen Straf- und Verwaltungsrecht zur Anwendung auf diesen Dienst berufene inlän-

---

sowohl auf bestimmte Rechtsgebiete als auch auf Querschnittsbereiche und bestimmte Normtypen beziehen (vgl. *Spindler*, ZHR 165 [2001], 324, 335).

1793 So z.B. *Ahrens*, CR 2000, 835, 837 f.; *Fezer/Koos*, IPrax 2000, 349, 352 ff.; *Glöckner*, ZVglRWiss 99 (2000), 278, 305 f.; *Marly* in Grabitz/Hilf/Wolf, A 4, Art. 3 ECRL, Rn. 20; *Sack*, WRP 2001, 1408, 1410 ff., und wohl auch *Arndt/Köhler*, EWS 2001, 102, 105 f., sowie *Halfmeier*, ZEuP 2001, 837, 864.

1794 Im übrigen wird Art. 3 I, II ECRL vereinzelt als „eigenartige hybride Konstruktion zwischen Kollisionsrecht und sachrechtlichem Korrektiv" bezeichnet, die sich weder befriedigend kollisionsrechtlich noch europarechtlich erklären lasse (*Spindler*, ZHR 165 [2001], 324, 336; *derselbe*, NJW 2002, 921, 926; ihm folgend *Tettenborn/Bender/Lübben/Karenfort*, K&R-Beilage 1/12/2001, 1, 10).

1795 Ebenso Erwägungsgrund 23 der ECRL.

1796 Anders *Mankowski*, CR 2001, 630, 634, der Art. 1 IV ECRL für „sachlich unzutreffend" sowie „insgesamt unsäglich" hält und der Vorschrift eine kollisionsrechtliche Bedeutung abspricht.

1797 Der *EuGH* befaßt sich in seinen Entscheidungen zum primären Gemeinschaftsrecht regelmäßig mit grundfreiheitenbeschränkenden Sachnormen, nicht hingegen mit Kollisionsnormen, die das fragliche Sachrecht zur Anwendung berufen (besonders deutlich etwa *EuGH*, Rs. C-3/91 [Exportur], Slg. 1992, I-5529, Rn. 12 f.; Rs. C-9/93 [IHT Internationale Heiztechnik], Slg. 1994, I-2789, Rn. 22 f.). Die Ablehnung einer kollisionsrechtlichen Wirkung der Grundfreiheiten entspricht der ganz herrschenden Auffassung (siehe z.B. die Nachweise bei *Halfmeier*, EuZP 2001, 837, 853 und *Sack*, WRP 2001, 1408, 1413). In seiner Entscheidung „De Agostini" überprüfte der *Gerichtshof* ein in den durch die Fernsehrichtlinie koordinierten Bereich fallendes Werbeverbot gerade nicht am Maßstab des Herkunftsstaatsrechts (*EuGH*, verb. Rs. C-34-36/95, Slg. 1997, I-3843, Rn. 61), was gegen die Annahme einer kollisionsrechtlichen Bedeutung des „Sendestaatsprinzips" dieser Richtlinie spricht.

dische Recht, welches *strenger* ist als dasjenige des *Herkunftsstaats*, nur anwenden darf, soweit die Bedingungen des *Art. 3 IV-VI ECRL* erfüllt sind.[1798]

2. Verpflichtung der Mitgliedstaaten zur Zusammenarbeit (Art. 19 ECRL)

Art. 19 ECRL verpflichtet die Mitgliedstaaten, geeignete *Aufsichts-* und *Untersuchungsinstrumente* für die wirksame Umsetzung der ECRL vorzuhalten[1799], mit den anderen Mitgliedstaaten *zusammenzuarbeiten* und hierzu Verbindungsstellen einzurichten[1800], *Amtshilfe-* und *Auskunftsbegehren* anderer Mitgliedstaaten oder der Kommission im Einklang mit den innerstaatlichen Rechtsvorschriften so rasch wie möglich nachzukommen[1801] sowie Verbindungsstellen zur Information der Diensteanbieter und Nutzer einzurichten[1802].[1803]

Aus Art. 3 I in Verbindung mit Art. 19 ECRL ergibt sich eine Verpflichtung *deutscher Behörden*, gegen einen Dienst der Informationsgesellschaft, der von einem in Deutschland niedergelassenen Anbieter erbracht wird und das in den koordinierten Bereich fallende deutsche Recht nicht einhält, vorzugehen. Soweit ein Dienst aus einem anderen Mitgliedstaat gegen deutsches Recht und gegen das Recht des Herkunftsstaats verstößt, ist der *Herkunftsstaat* zur *Gewährung von Amtshilfe* zugunsten Deutschlands verpflichtet.[1804]

3. Zwischenergebnis und Bewertung

Die Bestimmung des Art. 3 ECRL, die ihr Vorbild in den Regelungen verschiedener früherer Binnenmarktrichtlinien – insbesondere Art. 2, 2a der *Fernsehrichtlinie* – findet, *konkretisiert das primärgemeinschaftsrechtliche Herkunftslandprinzip* in der Ausprägung, die es durch die Rechtsprechung des EuGH erfahren hat[1805], und soll sicherstellen, daß in der Gemeinschaft nieder-

---

1798 Liegen die Voraussetzungen des Art. 3 IV-VI ECRL nicht vor, so hat dies lediglich zur Folge, daß deutsches Recht unangewendet zu bleiben hat; nicht aber, daß das Sachrecht des Herkunftsstaats anzuwenden wäre.

1799 Art. 19 I ECRL.

1800 Art. 19 II ECRL.

1801 Art. 19 III ECRL.

1802 Art. 19 IV ECRL.

1803 Ferner verpflichtet Art. 19 V ECRL die Mitgliedstaaten, „dazu (zu) ermutigen, die Kommission über alle signifikanten behördlichen und gerichtlichen Entscheidungen ... über Streitigkeiten im Zusammenhang mit Diensten der Informationsgesellschaft ... sowie über die Praktiken und Gepflogenheiten des elektronischen Geschäftsverkehrs zu unterrichten" und die Kommission, derartige Entscheidungen den anderen Mitgliedstaaten mitzuteilen.

1804 Im umgekehrten Fall obliegt den deutschen Behörden eine entsprechende Verpflichtung zur Gewährung von Amtshilfe zugunsten anderer Mitgliedstaaten.

1805 In diesem Sinne etwa auch *Arndt/Köhler*, EWS 2001, 102, 106; *Fezer/Koos*, IPrax 2000, 349, 352; *Tettenborn/Bender/Lübben/Karenfort*, K&R-Beilage 1/12/2001, 1, 9.

gelassene Anbieter von Diensten der Informationsgesellschaft grundsätzlich *nur das Herkunftslandrecht einzuhalten* haben und *allein von den Behörden des Herkunftsstaats beaufsichtigt* werden.

Gemäß Art. 3 I ECRL[1806] obliegt den deutschen Behörden die *Aufsicht* über die von *inlandsansässigen Anbietern* erbrachten Dienste der Informationsgesellschaft hinsichtlich der Einhaltung aller in Deutschland für die Aufnahme und Erbringung eines solchen Dienstes geltenden Vorschriften. Die Bestimmung bewirkt als solche *nicht*, daß *jede Ausgangsbeschränkung erlaubt* wäre. Im Hinblick auf die im Rahmen dieser Arbeit vorrangig erörterten inhaltlichen Anforderungen an Internet-Angebote bleibt das *primäre Gemeinschaftsrecht* einschlägig. Dieses wiederum steht Ausgangsbeschränkungen, die dem Schutz der öffentlichen Ordnung oder Sicherheit im Sinne von Art. 55, 46 EGV oder „zwingenden Gründen des Allgemeininteresses“ dienen und den Verhältnismäßigkeitsanforderungen des deutschen Rechts genügen, grundsätzlich nicht entgegen.

Art. 3 II ECRL[1807], der eine „Sachrechtskorrektur“ bewirkt, *verbietet grundsätzlich* Gefahrenabwehrmaßnahmen deutscher Behörden, die eine *Eingangsbeschränkung* zu Lasten eines Dienstes der Informationsgesellschaft aus einem anderen Mitgliedstaat bewirken. *Zulässig* sind sie jedoch im Rahmen von *Art. 3 IV-VI ECRL*[1808] Die Anforderungen des *Art. 3 IV lit. a) i), 1.-3. Spiegelstrich, ii), iii) ECRL*[1809] *entsprechen* denjenigen des *Art. 46 EGV*[1810], welchen die hier in Rede stehenden Maßnahmen genügen. (Eine *Abweichung* von der primärrechtlichen Rechtslage unter Berücksichtigung der Rechtsprechung des EuGH zu den *„zwingenden Gründen des Allgemeininteresses“* ergibt sich insofern, als im Anwendungsbereich des Art. 3 ECRL Eingangsbeschränkungen nicht mehr etwa zum Schutz der Lauterkeit des Handelsverkehrs oder des Meinungspluralismus in elektronischen Medien, sondern nur noch zum Schutz der Verbraucher in Betracht kommen können.) Die fraglichen Maßnahmen dürfen nur ergriffen werden, wenn der *Herkunftsstaat* trotz Aufforderung *nicht* oder nur *unzulänglich tätig geworden* ist und der Empfangsstaat den Herkunftsstaat sowie die Kommission von den beabsichtigten Maßnahmen *unterrichtet* hat.[1811] Von diesen Bedingungen darf abgewichen werden, soweit ein *„dringlicher Fall“* vorliegt, der auch mit Blick auf die *Wertigkeit des bedrohten Rechtsguts* eine *Ausnahme-*

1806 §§ 4 I TDG/5 I MDStV.

1807 §§ 4 II TDG/5 II MDStV.

1808 §§ 4 V TDG/5 V MDStV.

1809 §§ 4 V 1 Nr. 1-3 TDG/5 V 1 Nr. 1-3 MDStV.

1810 Allerdings sind neben Einschränkungen zum Schutz der öffentlichen Ordnung, Sicherheit oder Gesundheit auch Maßnahmen zum Schutz der Verbraucher zulässig (Art. 3 IV lit. a) 4. Spiegelstrich ECRL [§§ 4 V 1 Nr. 4 TDG/5 V Nr. 4 MDStV]).

1811 Art. 3 IV lit. b) ECRL.

situation darstellt.[1812] Jede Eingangsbeschränkung ist von der *Kommission* auf ihre Vereinbarkeit mit dem Gemeinschaftsrecht zu *überprüfen*; bei einem *negativen Ergebnis* hat der Empfangsstaat die Maßnahme zu *unterlassen* bzw. unverzüglich *einzustellen*.[1813]

Soweit ein Dienst der Informationsgesellschaft aus einem anderen Mitgliedstaat gegen dessen Recht verstößt, ist der *Herkunftsstaat* zur Gewährung von *Amtshilfe zugunsten Deutschlands* verpflichtet.

Vor dem Hintergrund der bisher nur *teilweise* erfolgten *Harmonisierung* des in den Mitgliedstaaten für Dienste der Informationsgesellschaft geltenden Rechts[1814] birgt Art. 3 ECRL die *Gefahr eines Ausweichens* der Anbieter in *Staaten*, die nur *geringe Anforderungen* an die Aufnahme, die Ausübung und den Inhalt solcher Dienste stellen („race to the bottom").[1815] In diesem Zusammenhang ist auch zu befürchten, daß die *Primäraufsicht der Herkunftsstaaten* über ggf. bewußt fremdsprachig gehaltene und die Bürger des eigenen Staates kaum interessierende Internet-Angebote der durch einen Niederlassungswechsel in ihr Hoheitsgebiet ausgewichenen Akteure *nicht das gewünschte Niveau* erreichen wird.[1816] Die *Aufsicht der Herkunftsstaaten* wird grundsätzlich dadurch *erschwert*, daß Maßnahmen gegenüber in ihrem Hoheitsgebiet niedergelassenen Diensteanbietern, die zugleich eine *Beschränkung* von Diensten der Informationsgesellschaft *aus anderen Mitgliedstaaten* bewirken[1817], nur unter den Bedingungen des Art. 3 IV-VI ECRL in Betracht kommen. Schließlich darf auch nicht übersehen werden, daß Art. 3 ECRL zwangsläufig zu einer *unterschiedlichen rechtlichen Behandlung* sowohl von *„Online"*- und *„Offline"-Medien* als auch

1812 Art. 3 V 1 ECRL. In einem solchen Fall müssen die getroffenen Maßnahmen sobald wie möglich und unter Angabe der Gründe für die Annahme eines „dringlichen Falls" der Kommission und dem Herkunftsstaat mitgeteilt werden (Art. 3 V 2 ECRL).

1813 Art. 3 VI ECRL.

1814 Die ECRL verweist in Erwägungsgrund 11 insbesondere auf die Richtlinien 93/13/EWG, 97/7/EG, 84/450/EWG, 87/102/EWG in der Fassung der RL 98/7/EG, 98/6/EG, 98/27/EG in der Fassung der RL 1999/44/EG, 2002/65/EG und 92/28/EWG.

1815 Vgl. *Ahrens*, CR 2000, 835, 837; *Arndt/Köhler*, EWS 2001, 102, 105; *Fezer/Koos*, IPrax 2000, 349, 354; *Glöckner*, ZVglRWiss 99 (2000), 278, 306; *Maennel* in Moritz/Dreier, Rn. 398; *Marly* in Grabitz/Hilf/Wolf, A 4, Art. 3 ECRL, Rn. 17; *Spindler*, MMR-Beilage 7/2000, 4, 8; *Tettenborn/Bender/Lübben/Karenfort*, K&R-Beilage 1/12/2001, 1, 13.

1816 So auch *Ahrens*, CR 2000, 835, 837; *Marly* in Grabitz/Hilf/Wolf, A 4, Art. 3 ECRL, Rn. 18.

1817 Hierbei handelt es sich vor allem um Anordnungen gegenüber inlandsansässigen *Zugangsvermittlern*, die diese zu Sperrungen von Servern verpflichten, auf denen Angebote inlands- und auslandsansässiger Akteure abrufbar sind.

von Diensten der Informationsgesellschaft *aus Mitgliedstaaten* und solchen *aus Drittstaaten* führt.[1818]

Andererseits bildet das Herkunftslandprinzip ein *grundlegendes Prinzip des Gemeinschaftsrechts*, ohne das ein *funktionierender Binnenmarkt* kaum denkbar wäre.[1819] Art. 3 ECRL sorgt insofern für *Rechtssicherheit*, als Anbieter von Diensten der Informationsgesellschaft grundsätzlich nur noch *ein* – ihnen im Zweifel bekanntes – *Recht einzuhalten haben*, anstatt den Vorschriften aller Mitgliedstaaten genügen zu müssen.[1820] Dies ist vor allem auch deshalb zu begrüßen, weil *Privatpersonen* und viele *kleine und mittlere Unternehmen*, die Internet-Präsenzen errichten wollen, *nicht* ohne weiteres *in der Lage* sein dürften, die *Anforderungen der Rechtsordnungen aller Empfangsstaaten* zutreffend zu *ermitteln*.[1821] Sie hätten dann nur die Wahl, Rechtsverstöße in Kauf zu nehmen, eine Absicherung in „Disclaimern" (wie z.B. „Dieses Angebot richtet sich nicht an Kunden in anderen Mitgliedstaaten") zu suchen oder ganz von einer Teilnahme am elektronischen Geschäftsverkehr abzusehen. Vor dem Hintergrund der *Fernsehrichtlinie*, die ein „Sendestaatsprinzip" statuiert, ohne selbst eine umfassende Harmonisierung des materiellen Rechts vorzusehen, wäre ein *„Rückschritt"* im Bereich der noch mehr als das traditionelle Fernsehen durch einen *grenzüberschreitenden Bezug* geprägten *Dienste der Informationsgesellschaft* kaum plausibel gewesen.[1822] Die zwangsläufig bestehende Gefahr eines „race to the bottom" bewirkt auf der anderen Seite auch einen mit Blick auf die Fortentwicklung des Binnenmarktes *begrüßenswerten Harmonisierungsdruck*.[1823] Eine *fortschreitende Harmonisierung* der Rechtsordnungen der Mitgliedstaaten wird *Ausweichbewegungen* der Diensteanbieter *unwahrscheinlicher* machen und damit auch zu einer *effektiveren Primäraufsicht* in den Herkunftsstaaten der Dienste der Informationsgesellschaft *beitragen*.

Demnach stellt die Binnenmarktklausel des Art. 3 ECRL insgesamt einen *konsequenten* und im Ergebnis auch *begrüßenswerten Schritt* auf dem Weg zu einem *funktionierenden Binnenmarkt für Dienste der Informationsgesellschaft* dar.

1818 Vgl. *Glöckner*, ZVglRWiss 99 (2000), 278, 306; *Tettenborn/Bender/Lübben/Karenfort*, K&R-Beilage 1/12/2001, 1, 13.

1819 Vgl. *Maennel* in Moritz/Dreier, Rn. 398.

1820 So etwa auch *Arndt/Köhler*, EWS 2001, 102, 105; *Marly* in Grabitz/Hilf/Wolf, A 4, Art. 3 ECRL, Rn. 16; *Spindler*, MMR-Beilage 7/2000, 4, 8; *Tettenborn/Bender/Lübben/Karenfort*, K&R-Beilage 1/12/2001, 1, 9.

1821 Da jede Website in allen EU-Mitgliedstaaten abrufbar ist, können die Diensteanbieter ihre Angebote auch nicht als als individuell gestaltete „Exportanfertigungen" auf die Anforderungen bestimmter Staaten zuschneiden.

1822 Vgl. *Maennel* in Moritz/Dreier, Rn. 398-400.

1823 In diesem Sinne etwa auch *Tettenborn/Bender/Lübben/Karenfort*, K&R-Beilage 1/12/2001, 1, 13 f

Zusammenfassung

1. Teil: Technische Grundlagen des Internet und Rollen der am Datenaustausch beteiligten Akteure

Die *technischen Grundlagen* des Datenaustauschs und die *Rollen* der beteiligten *Akteure* sind bedeutsam für die tatsächlichen Möglichkeiten und die Maßnahmerichtung der Gefahrenabwehr im Internet.

Das *Internet* ist ein nicht zentral verwalteter Zusammenschluß vieler Computernetze. Die Kommunikation zwischen Servern und (Client-)Computern verläuft über Datenleitungen, Router, Gateways, Teilnetze, Proxy-Cache-Server und Ein-/Aufwählknoten. Der *Weg*, den die in einzelne Pakete zerlegten Dateien nehmen, wird grundsätzlich nicht vom Sender bestimmt, sondern von Netz-Routern ausgewählt. Daher lassen sich übertragene Dateien außer an den Übergängen zum Internet grundsätzlich *nicht* in vollständiger Form an einem Netzknoten *kontrollieren*. Die *Internet-Dienste* – wie etwa das World Wide Web (WWW), E-Mail, News, FTP und der Internet-Relay-Chat (IRC) – eröffnen vielfältige Anwendungsmöglichkeiten und lassen sich auch zu rechtlich mißbilligten Zwecken nutzen.

Der *Server-Betreiber* übt die „oberste" Möglichkeit der Einwirkung auf einen (datenspeichernden) Server aus. *Server-Verwalter* ist derjenige, der vom Betreiber eines Servers die Möglichkeit einer Einwirkung auf diesen Rechner eingeräumt erhalten hat. Wer Daten an einen nicht selbst betriebenen oder verwalteten Server schickt, ist (Daten-) *Einsender*. Die *Zugangsbetreiber* eröffnen den Zugang zum Internet. Sie nehmen regelmäßig auch automatische, zeitlich begrenzte Zwischenspeicherungen *(Proxy-Caching)* zum Zweck der Effektivierung der Datenübertragung vor. Bei Betreibern von Datenleitungen, Teilnetzen, Routern, Gateways und IRC-Servern handelt es sich um *Transporteure*. *Verwender von Verweisen* (insbesondere in Form von Hyperlinks) ermöglichen bzw. erleichtern anderen Akteuren das Auffinden bestimmter Daten im Internet. Wer Daten nachfragt und empfängt, ist *Rezipient*. Typischerweise nehmen Internet-Akteure zugleich oder abwechselnd *verschiedene Rollen* wahr. Maßgeblich für die Rollenunterscheidung ist nicht die Person eines Akteurs, sondern die konkret in Rede stehende *Betätigung*.

2. Teil: Staatliches Vorgehen zur Bekämpfungen von Störungen bzw. Gefährdungen der öffentlichen Sicherheit oder Ordnung im Internet

Zu den im Rahmen dieser Arbeit erörterten *staatlichen Aufgaben* im Bereich der *präventiven Bekämpfung* von *Störungen und Gefährdungen der öffentlichen Sicherheit* oder Ordnung zählen – in Abgrenzung zur repressiven Verfolgung von Straftaten und Ordnungswidrigkeiten – insbesondere die Verhinderung im

Einzelfall drohender Straftaten, die „Gefahrenvorbeugung" (z.B. mittels präventiver Verbote mit Erlaubnisvorbehalt), das Ausschau-Halten nach Gefahrenverdachtsfällen („Vorbereitung auf die Gefahrenabwehr") und die im Verdachtsvorfeld stattfindende Vorsorge für die Verfolgung von Straftaten („vorbeugende Bekämpfung von Straftaten").

Bedeutsam im Hinblick auf das *Schutzgut der öffentlichen Sicherheit* sind vor allem (drohende) Verstöße gegen Normen, die bestimmte Rechtsgüter – wie die Menschenwürde, die ungestörte Entwicklung Minderjähriger, die persönliche Ehre, den öffentlichen Frieden und den demokratischen Rechtsstaat – im öffentlichen Interesse schützen. Eine rechtliche Mißbilligung bestimmter Gedankeninhalte als solcher ergibt sich insbesondere aus dem *StGB* (z.B. §§ 86a, 111, 130-131, 184 ff., 185 ff. StGB) sowie den spezifisch jugendschützenden Bestimmungen des *JMStV*, während das Urheberrecht bestimmte Arten des Umgangs mit geschützten Werken untersagt. Soweit diese Verbote reichen, begründet die *Zugänglichkeit* entsprechender *„störender" Daten* auf einem Server zumindest eine *konkrete Gefährdung* der öffentlichen Sicherheit. Wird die Wahrscheinlichkeit des Abrufs solcher Daten durch einen *Verweis* erhöht, so bildet auch dessen Zugänglichkeit eine konkrete Gefahr. Im Einzelfall kann eine konkrete Gefahr bereits im *Vorfeld der Zugänglichkeit* störender Daten (bzw. Verweise) bestehen – so etwa, wenn ein Server, der in der Vergangenheit die öffentliche Sicherheit gestört oder gefährdet hatte, weiterhin ein unkontrolliertes Einspeisen von Daten ermöglicht, ein News-Server eine Newsgroup führt, deren Bezeichnung das Einsenden störender Beiträge nahelegt oder eine Website aufgrund ihrer Gestaltung oder Bewerbung störendes Material besonders „anzieht".

3. Teil: Technisch mögliche und geeignete Maßnahmen zur Abwehr von Gefahren im Internet

Maßnahmen zur *Bekämpfung störender Internet-Kommunikation* müssen darauf ausgerichtet sein, die Zugänglichkeit entsprechender Daten auf einem Server abzustellen bzw. ihr vorzubeugen oder die Datenübermittlung zwischen Internet-Rechnern zu unterbinden.

Auf einem Server ausgemachte störende Daten können vom *Server-Betreiber* und vom *Verwalter* des betreffenden Rechner-Bereichs *gesperrt* oder *gelöscht* werden. Allerdings sind Maßnahmen, die gezielt einen Abruf bestimmter (insbesondere minderjähriger) Rezipienten verhindern sollen, umgehbar und daher nur bedingt zur Gefahrenabwehr geeignet. Die Erfolgsaussichten einer *Identifizierung noch nicht lokalisierten störenden Materials* sind umso höher, je geringer und konstanter die zu überprüfende Datenmenge ist. Kontrollen größerer und rasch wechselnder Datenbestände sind nur in automatisierter Form (Filterung) denkbar und lediglich begrenzt zur Gefahrenabwehr geeignet. Entsprechendes gilt hinsichtlich der Bekämpfung störender Verweise. Bedeutsam sind auch

Auskunftsanordnungen gegenüber Server-Betreibern und -Verwaltern. Die Möglichkeit einer Auskunft über störende Daten hängt von den Erfolgsaussichten einer ggf. erforderlichen Kontrolle ab. Der Anordnungsadressat kann Auskunft über die Identität eines anderen Akteurs erteilen, wenn er mit diesem eine Vereinbarung über entgeltliche Leistungen geschlossen hat. In Betracht kommen z.B. auch Angaben über IP-Adressen von Rechnern, mit denen kommuniziert wurde; sie sind allerdings nur verwertbar, soweit der Kommunikationspartner keine „Tarnungsmethoden" angewendet hat.

Einem *Einsender* kann *verboten* werden, zukünftig bestimmte störende Daten (bzw. Verweise) an einen Server *zu schicken.*

Eine erfolgreiche *Sperrung* der Übermittlung störender Daten (bzw. Verweise) durch einen *Zugangsbetreiber* erfordert eine Kontrolle, die vor allem deswegen problematisch ist, weil sie vor der (weiteren) Datenübertragung abgeschlossen sein muß und diese unter Umständen erheblich verzögert. Eine Sperrung im Wege der Paketfilterung führt – abgesehen von den grundsätzlichen Problemen einer Filterung – häufig zu einer Unterdrückung auch nicht-störender Kommunikation; überdies kann sie auf verschiedene Weise umgangen werden. Entsprechendes gilt auch für Domain Name Server-Sperrungen. Insgesamt sind Sperrmaßnahmen der Zugangsbetreiber nur begrenzt zur Gefahrenabwehr geeignet. Was *Auskunftsanordnungen* angeht, so richtet sich die Möglichkeit von Angaben über störende Daten (bzw. Verweise) nach den Erfolgsaussichten ihrer Identifizierung. Ggf. kann die Auskunft eines Zugangsbetreibers über eine IP-Adressen-Zuteilung oder (bei Bestehen einer Vereinbarung über entgeltliche Leistungen) die Identität eines Kunden für die Gefahrenabwehr im Internet von Nutzen sein.

Transporteure können in der Regel weder störende Daten (bzw. Verweise) gezielt sperren noch für die Gefahrenabwehr nützliche Auskünfte erteilen. Allerdings kann als geeignete Gefahrenabwehrmaßnahme eine *IRC-Kanal-Schließung* in Betracht kommen.

Einem *Rezipienten* kann *verboten* werden, zukünftig bestimmte störende Daten (bzw. Verweise) *abzurufen.*

Ferner kommen *Deaktivierungen* oder *Sicherstellungen* der von Internet-Akteuren benutzten *Hardware*-Komponenten sowie *Untersagungen* einer *„Betätigung im Internet"* als geeignete Gefahrenabwehrmaßnahmen in Betracht.

4. Teil: Der maßgebliche einfachrechtliche Rahmen – insbesondere: Ermächtigungsgrundlagen für Gefahrenabwehrmaßnahmen

Ermächtigungsgrundlagen für die Gefahrenabwehr im Internet finden sich insbesondere im MDStV, Rundfunkrecht, JMStV, Recht der Nachrichtendienste,

ZFdG und allgemeinen Gefahrenabwehrrecht. In diesem Zusammenhang ist die Abgrenzung der Anwendungsbereiche des TDG, MDStV, TKG und Rundfunkrechts von besonderer Bedeutung.

Tele-/Mediendienste im Sinne der §§ 2 TDG/MDStV sind Angebote zur Nutzung elektronisch übermittelter Daten. Während das TDG und der MDStV *inhaltliche* und *nutzungsrelevante Aspekte* regeln, fällt der *Datentransport* als *Telekommunikationsdienst* (TK-Dienst) unter das TKG. Um *TK-Diensteanbieter* handelt es sich zunächst bei *Zugangsbetreibern*, *Proxy-Cache-Betreibern* und *Transporteuren*. Was *Server-Betreiber* und *-Verwalter* angeht, so ist zu unterscheiden: Bei einer „Rollenzweiteilung" (Server-Betreiber – Rezipienten/Einsender) führen die Beteiligten Telekommunikation miteinander. Im Fall einer „Rollendreiteilung" (Server-Betreiber – Server-Verwalter – Rezipienten/Einsender) führen der Server-Verwalter und die Rezipienten bzw. Einsender Telekommunikation miteinander; ihnen erbringt der *Server-Betreiber* einen *TK-Dienst*. Für die *Unterscheidung* zwischen *Tele-* und *Mediendiensten* ist maßgeblich, ob die *redaktionelle Gestaltung zur Meinungsbildung für die Allgemeinheit* im Vordergrund steht (§ 2 IV Nr. 3 TDG). Ist dies zu bejahen, so gelangt (vorbehaltlich der Abgrenzung zum Rundfunk) der MDStV zur Anwendung; ansonsten das TDG. Hinsichtlich der „Meinungsbildungsrelevanz" gelten die allgemeinen Grundsätze des Presserechts entsprechend. Während die der öffentlichen Meinungsbildung dienende „elektronische Presse" unter den MDStV fällt, gilt das TDG z.B. für Websites mit reiner Produktwerbung oder Selbstdarstellung. Die §§ 2 II TDG/MDStV ordnen einige Angebotsformen beispielhaft als Tele- bzw. Mediendienste ein. Als *Rundfunk* im Sinne des RfStV zu qualifizieren ist eine *„Darbietung"* mit besonderer *„Breitenwirkung, Aktualität und Suggestivkraft"*. Um eine solche handelt es sich bei einem *redaktionell gestalteten, planmäßig ablaufenden Gesamtprogramm* (bei dem sich die Dispositionsfreiheit der Rezipienten im wesentlichen auf das Ein- und Ausschalten beschränkt).

„Dienste der Informationsgesellschaft" im Sinne der ECRL sind Dienstleistungen, die „in der Regel gegen Entgelt elektronisch im Fernabsatz und auf individuellen Abruf eines Empfängers" erbracht werden. Diese Definition erfaßt alle Tele- und Mediendienste, die geschäftsmäßig erbracht werden und als Abrufdienste ausgestaltet sind.

Diensteanbieter im Sinne des TDG/MDStV ist, wer *eigene* oder *fremde Tele- bzw. Mediendienste zur Nutzung bereithält* oder den *Zugang zur Nutzung vermittelt*. Die Abgrenzung dieser Handlungsformen ist mit Blick auf die Rangfolge der Inanspruchnahme bei Aufsichtsmaßnahmen (§ 22 III 1 MDStV) und die abgestuften Verantwortlichkeitsregelungen bedeutsam. *„Zur Nutzung bereitgehalten"* wird ein Tele-/Mediendienst vom Betreiber und Verwalter des Angebotsservers. Ein „virtuelles" Bereithalten in Verweis genommener Angebote kommt nicht in Betracht. *Eigene* Angebote (im Gegensatz zu *fremden* Angeboten) eines Akteurs sind solche, die er selbst hergestellt oder – aus Sicht eines objektiven Betrachters nicht erkennbar – von einem anderen übernommen hat. Um *Zugangsvermittler* handelt es sich bei Zugangsbetreibern und Proxy-Cache-Betreibern (nicht jedoch Transporteuren), die fremde Informationen übermitteln und ggf. automatisch und kurzzeitig zwischenspeichern. *Nutzer* von Tele- bzw. Mediendiensten sind Akteure, die solche Dienste *in Anspruch nehmen*, um *Informationen zu erlangen* oder *zugänglich zu machen*. Hierbei handelt es sich in erster Linie um Einsender und Rezipienten.

Unter dem Aspekt der Rechtssicherheit erscheint es *problematisch*, daß §§ 2 IV Nr. 1 TDG, 2 I 3, 2. Alt. MDStV einer Einordnung der Zugangsbetreiber und Proxy-Cache-Betreiber als Zugangsvermittler auf den ersten Blick entgegenstehen. De lege ferenda wäre zu erwägen, die Zugangsvermittlung insgesamt im TKG zu regeln. *Kritikwürdig* ist auch, daß weder die ECRL noch das TDG und der MDStV eine *ausdrückliche Regelung für Verweise* enthalten. Eine *analoge Anwendung* der Vorschriften des TDG/MDStV über das Bereithalten fremder Angebote auf das Bereithalten von Verweisen auf solche Angebote kommt seit der Novellierung der Regelwerke mit Blick auf die Gesetzesmaterialien *nicht mehr* in Betracht. Insofern wäre vor allem eine klare Regelung auf europäischer Ebene wünschenswert.

Während das *TDG keine eigenständige Ermächtigungsgrundlage* enthält, verleiht *§ 22 II, III MDStV* den Aufsichtsbehörden die Befugnis, die zur Beseitigung eines festgestellten Verstoßes gegen bestimmte Vorschriften des Staatsvertrags *erforderlichen Maßnahmen* gegenüber Mediendiensteanbietern zu treffen. Ein Verstoß gegen den MDStV liegt vor, wenn ein diesem widersprechendes Abrufdienst-Angebot zugänglich ist bzw. ein Verteildienst-Server Registrierungen für die Zusendung eines Angebots annimmt, welches als inhaltlich unzulässig anzusehen ist. Das *TKG* stellt *keine Ermächtigungsgrundlage* für die im Rahmen dieser Arbeit erörterten Maßnahmen bereit. Das *Rundfunkrecht* stellt den Landesmedienanstalten *umfassende Aufsichtsbefugnisse* zur Verfügung, zu denen insbesondere auch die Untersagung der Rundfunkverbreitung und die Auskunftseinholung zählen. Der *JMStV* ermächtigt die Landesmedienanstalten, die zur Beseitigung eines festgestellten Verstoßes gegen den Staatsvertrag *erforderlichen Maßnahmen* gegenüber Tele-/Mediendiensteanbietern und Rundfunkveranstaltern zu treffen. Die *Nachrichtendienste* dürfen *personenbezogene Daten erheben, verarbeiten* und *nutzen*. Seit 2002 sind das Bundesamt für Verfassungsschutz, einige Länderverfassungsschutzbehörden, der Militärische Abschirmdienst und der Bundesnachrichtendienst ermächtigt, bei Anbietern von TK-Diensten und Telediensten *Auskünfte* über *Verkehrs-* bzw. *Nutzungsdaten* einholen. Ferner sind sie nach dem G 10 zur *Überwachung* und *Aufzeichnung der Telekommunikation* befugt. Das Zollkriminalamt darf eine Überwachung und Aufzeichnung der Telekommunikation anordnen sowie Auskünfte über die näheren Umstände zukünftiger Telekommunikation einholen. Die *Polizei- und Ordnungsgesetze der Länder* sind vor allem für ein Vorgehen gegen störende Teledienste und TK-Dienste von Bedeutung. Einschlägig sind insbesondere die jeweiligen Befugnisse zur *Erhebung*, *Verarbeitung* und *Nutzung personenbezogener Daten*, die seit 2002 eingeführten Ermächtigungen zur *Datenerhebung durch Telekommunikationsüberwachung* (§§ 33a, 33c NSOG, 31 RPPOG, 34a ThürPAG), die Befugnisse zur *Sicherstellung* von Sachen sowie die *Generalklauseln.* Letztere ermächtigen zu „atypischen Maßnahmen" wie *Sperrungs-/ Löschungsanordnungen*, *Verboten* des *Versands* bzw. *Empfangs* bestimmter Daten und *Hardware-Deaktivierungen.*

Nicht zu übersehen ist, daß eine schnelle und effektive Gefahrenabwehr im Internet dadurch erschwert wird, daß die meisten Diensteanbieter zugleich mehreren bundes- und landesgesetzlichen Regelwerken und der Aufsicht verschiedener Behörden unterliegen. Mit Blick auf die zu erwartende fortschreitende Konvergenz der Medien muß bezweifelt werden, daß dieser Zustand auf Dauer aufrecht erhalten werden kann. Auf längere Sicht wird eine bundesgesetzliche Regelung aller Aspekte von Internet-Angeboten auf der Grundlage einer entsprechend zu schaffenden Gesetzgebungskompetenz zu erwägen sein.

5. Internet-Akteure als Adressaten von Gefahrenabwehrmaßnahmen

Mit Blick auf die speziellen Verantwortlichkeitsregelungen der Art. 12-15 ECRL, §§ 8-11 TDG/6-9 MDStV stellt sich die Frage, welche Internet-Akteure als *Adressaten von Gefahrenabwehrmaßnahmen* in Betracht kommen.

Nach *allgemeinen gefahrenabwehrrechtlichen Grundsätzen* handelt es sich bei *Server-Betreibern* und *-Verwaltern*, die störende Daten (bzw. Verweise) als eigene oder fremde zur Nutzung bereithalten, um *Verantwortliche.* Hingegen sind *Zugangsbetreiber*, die den Zugang zur Nutzung störenden Materials vermitteln, *„Nichtstörer"* und können daher nur in Anspruch genommen werden, soweit Maßnahmen gegen einen Verantwortlichen nicht in Betracht kommen. *Proxy-Cache-Betreiber* sind für die Zwischenspeicherung störenden Materials *verantwortlich.* Um *Verantwortliche* handelt es sich auch bei *Einsendern* störender Daten (bzw. Verweise) sowie *Rezipienten*, deren Datenabruf eine eigenständige Störung darstellt. Was Transporteure angeht, so können lediglich *Betreiber von IRC-Servern*, die störende Kommunikation besonders anziehen, als *Verantwortliche* zur Gefahrenabwehr herangezogen werden.

Die Verantwortlichkeitsregelungen der *§§ 8-11 TDG/6-9 MDStV* erfassen grundsätzlich *jedes Einstehenmüssen für Rechtsfolgen des Bereithaltens oder Vermittelns des Zugangs zur Nutzung* von Tele-/Mediendiensteinformationen. Allerdings gelten die Bestimmungen über die Verantwortlichkeit für zur Nutzung bereitgehaltene Informationen – anders als ihre Vorgängerregelungen –

nicht analog für das Verhältnis zu in *Verweis* genommenen Daten. Unter dem Aspekt der Rechtssicherheit zu begrüßen ist die Konzeption der Verantwortlichkeitsregelungen als *querschnittsartig für alle Rechtsgebiete geltende Filter*, deren Voraussetzungen neben den die Störereigenschaft eines Akteurs begründenden Umständen zu prüfen sind. Wer hiernach *nicht verantwortlich* ist, kann nur unter den Voraussetzungen der Inanspruchnahme eines *„Nichtstörers"* zur Gefahrenabwehr herangezogen werden. Der *Anwendungsbereich* der Verantwortlichkeitsregelungen ist in zweierlei Hinsicht *eingeschränkt*: Zum einen gelten *§§ 9-11 TDG/7-9 MDStV* gemäß §§ 8 II 2, 3 TDG/6 II 2, 3 MDStV nicht im Hinblick auf Verpflichtungen der Diensteanbieter zur Verhinderung der Nutzung von Informationen. Zum anderen sind *§§ 11 TDG/9 MDStV* nicht anwendbar, soweit es um behördliche Kontrollen zur Nutzung bereitgehaltener Informationen geht. In den genannten Fällen bleiben infolge der Nichtgeltung der Spezialregelungen jeweils die *allgemeinen gefahrenabwehrrechtlichen Grundsätze* maßgeblich.

§§ 6 I TDG/8 I MDStV enthalten (wie zuvor §§ 5 I TDG/MDStV 97) lediglich eine – unter dem Aspekt der Rechtssicherheit begrüßenswerte – *Klarstellung* der *Verantwortlichkeit* der Diensteanbieter für *eigene zur Nutzung bereitgehaltene Informationen*, für deren Beschränkung auch kein Anlaß bestanden hätte. De lege ferenda wäre zu erwägen, im TDG/MDStV auch die Verantwortlichkeit der Nutzer klarzustellen.

Die gefahrenabwehrrechtliche Verantwortlichkeit eines Diensteanbieters, der störende *fremde Informationen zur Nutzung bereithält*, wird durch *Art. 14 I ECRL, §§ 11 TDG/9 MDStV* ausgeschlossen, wenn der Anbieter die Informationen nicht kennt (worauf auch bereits §§ 5 II TDG/MDStV 97 abstellten) und gegenüber dem Nutzer, für den die Speicherung erfolgt, nicht weisungsbefugt ist. Sind diese Anforderungen erfüllt, so kann der Diensteanbieter als *Nichtverantwortlicher* nur unter den Voraussetzungen des polizeilichen Notstands in Anspruch genommen werden. Andernfalls bleibt seine nach den allgemeinen Grundsätzen bestehende *Verantwortlichkeit unberührt*. Die Regelungen bewirken insbesondere auch, daß ein Anbieter fremder Informationen regelmäßig nur als *Nichtverantwortlicher* zur Erteilung von *Auskunft* über zur Nutzung bereitgehaltene Daten verpflichtet werden kann. Die Verantwortlichkeitsbeschränkungen gelten gemäß *§§ 8 II 2, 3 TDG/6 II 2, 3 MDStV nicht* für Verpflichtungen zur *Verhinderung der Nutzung bekannter störender Informationen* (Entsprechendes sahen bereits §§ 5 IV TDG/5 II MDStV 97 vor, die – deklaratorisch – auch auf die technische Möglichkeit und Zumutbarkeit einer Nutzungsverhinderung abstellten.) Daß insofern die nach den allgemeinen Grundsätzen bestehende Verantwortlichkeit des Diensteanbieters unberührt bleibt, wird dem Umstand gerecht, daß die Nutzung bekannter gespeicherter Daten leicht verhindert werden kann. Die Kenntnis kann insbesondere auch durch eine hinreichend konkrete *behördliche Anordnung* vermittelt werden. *Fehlt* es an der Kenntnis, kommt eine Inanspruchnahme nur unter den Voraussetzungen des *polizeilichen Notstands* in Betracht. So liegt es im Fall der Anordnung einer *pauschalen Sperrung/Löschung* aller zur Nutzung bereitgehaltenen oder auf einem Server neu eingehenden Informationen, der Anordnung einer *selektiven Sperrung* bzw. *Löschung* bestimmter weder dem Anordnungsadressaten zweifelsfrei (bereits) bekannter noch behördlicherseits genau bezeichneter Informationen sowie bei einer *Deaktivierung* bzw. *Sicherstellung* eines Servers oder einer *Untersagungsanordnung*. Angemessen ist, daß die in Rede stehenden Vorschriften grundsätzlich *proaktive („verantwortliche") Kontrollpflichten* der Anbieter fremder Informationen ausschließen, andererseits aber die Möglichkeit unberührt lassen, daß ein solcher Akteur bei *fehlender Kenntnis* von gespeicherten störenden Daten als Nichtverantwortlicher zur Gefahrenabwehr herangezogen wird. Sachgerecht erscheint ferner, daß ein *Verantwortlichkeitsausschluß nicht mehr in Betracht kommt*, wenn derjenige, für den Informationen gespeichert werden, dem Diensteanbieter *untersteht* oder von diesem *beaufsichtigt* wird. De lege ferenda sollte allerdings aus Gründen der Rechtssicherheit der Wortlaut der §§ 8 II 2 TDG/6 II 2 MDStV um das in den Gesetzesbegründungen ausdrücklich genannte *Kenntniserfordernis ergänzt* werden.[1824]

Der in *Art. 12 I ECRL, §§ 9 I TDG/7 I MDStV* vorgesehene Ausschluß der Verantwortlichkeit für *fremde in einem Kommunikationsnetz übermittelte Informationen* greift ein, wenn der Diensteanbieter die Daten nicht kennt, die Übermittlung nicht veranlaßt und weder den Adressaten der Informationen ausgewählt noch die Informationen ausgewählt oder verändert hat. Anderes gilt nur, wenn der Diensteanbieter absichtlich mit einem Nutzer zusammenarbeitet, um rechtswidrige Handlungen zu begehen. Die Voraussetzungen der Verantwortlichkeitsbeschränkung werden von Zugangsbetreibern *typischerweise erfüllt*. Da allerdings Akteure, die störende Informationen „durchleiten", ohne die Übermittlung zu veranlassen oder eine Auswahl bzw. Veränderung vorzunehmen, (bereits) nach *allgemeinen gefahrenabwehrrechtlichen Grundsätzen „Nichtstörer"* sind, können die in Rede stehenden bloßen *Filterregelungen* (wie bereits §§ 5 III TDG/MDStV 97) die Zulässigkeit einer gefahrenabwehrrechtlichen Inanspruchnahme solcher Akteure *nicht modifizieren*. Unter dem Aspekt der Rechtsklarheit wäre zu erwägen, *Art. 12 I ECRL* als *generellen Verantwortlichkeitsausschluß* (wie ihn §§ 5 III TDG/MDStV 97 vorsahen) auszugestalten, wodurch auch eine entsprechende Vereinfachung der §§ 9 TDG/7 MDStV ermöglicht würde. Der deutsche Gesetzgeber sollte in Betracht ziehen, die Nichtverantwortlichkeit der TK-Diensteanbieter für übermittelte Daten im TKG klarzustellen.

1824 Siehe im übrigen zur Verantwortlichkeit für störende *Verweise* unten Seite 328.

Die gefahrenabwehrrechtliche Verantwortlichkeit eines Diensteanbieters, der störende *fremde Informationen zwischenspeichert*, wird durch *Art. 13 I ECRL, §§ 10 TDG/8 MDStV* ausgeschlossen, wenn der Akteur die Informationen nicht kennt, sie nicht verändert, die Bedingungen für den Zugang zu ihnen und die Regeln für ihre Aktualisierung beachtet, die Sammlung von Daten über die Nutzung der Informationen nicht beeinträchtigt und nicht absichtlich mit einem Nutzer zusammenarbeitet, um rechtswidrige Handlungen zu begehen (während §§ 5 III TDG/MDStV 97 einen generellen Verantwortlichkeitsausschluß vorsahen). Sind diese Anforderungen erfüllt, so ist der Diensteanbieter *Nichtverantwortlicher* und kann nur unter den Voraussetzungen des *polizeilichen Notstands* in Anspruch genommen werden. Andernfalls bleibt seine nach den allgemeinen Grundsätzen bestehende *Verantwortlichkeit unberührt*. Da beim Caching typischerweise die zwischengespeicherten Informationen nicht verändert werden, die Anforderungen hinsichtlich des Zugangs zu den Informationen, deren Aktualisierung und der Sammlung von Nutzungsdaten nur in bestimmten Fallkonstellationen von Bedeutung sind und zumindest die Beachtung der Regeln für die Aktualisierung der Information auch im Interesse der Zugangsvermittler liegt, wird in der Praxis *oft* ein *Verantwortlichkeitsausschluß* eingreifen. Gemäß *§§ 8 II 2, 3 TDG/6 II 2, 3 MDStV* (die der Sache nach §§ 5 IV TDG/5 III 3, 18 III MDStV 97 entsprechen) gelten die Verantwortlichkeitsbeschränkungen *nicht* für Verpflichtungen zur *Verhinderung der Nutzung bekannter störender Informationen*, was auch angemessen ist, da die Nutzung bekannter zwischengespeicherter Daten leicht verhindert werden kann. Wenn die *Kenntnis fehlt*, bleiben *§§ 10 TDG/8 MDStV* einschlägig, die einen Verantwortlichkeitsausschluß bewirken können. Dies betrifft insbesondere Fälle der Anordnung einer *pauschalen Sperrung/Löschung* aller zwischengespeicherten oder bei einem Cache-Server neu eingehenden Informationen oder einer *selektiven Sperrung* bzw. *Löschung* bestimmter weder dem Diensteanbieter zweifelsfrei bekannter noch behördlicherseits genau bezeichneter Informationen sowie *Deaktivierungen*, *Sicherstellungen* und *Untersagungsanordnungen*. Sachgerecht ist, daß Zugangsvermittler grundsätzlich (nur) unter den Voraussetzungen des *polizeilichen Notstands* zur Durchführung von *Kontrollmaßnahmen* verpflichtet werden können. Im Ergebnis unterscheiden sich die Auswirkungen der detaillierten neuen Verantwortlichkeitsregelungen *kaum* von denjenigen der *Vorgängervorschriften*. De lege ferenda wäre zu erwägen, die Anforderungen hinsichtlich der Bedingungen für den Zugang zu den Informationen, deren Aktualisierung und der Ermöglichung der Sammlung von Nutzungsdaten, welche nur in bestimmten Fallkonstellationen eine Rolle spielen bzw. nicht in erster Linie die Verantwortlichkeit für zwischengespeicherte Informationen als solche betreffen, als *eigenständige Pflichten* außerhalb der Verantwortlichkeitsregelungen zu normieren. Begrüßenswert ist, daß § 22 III 1 MDStV (im Unterschied zu § 18 III MDStV 97) die Inanspruchnahme eines Proxy-Cache-Betreibers nur noch gegenüber der Heranziehung eines verantwortlichen *Anbieters eigener Informationen* für nachrangig erklärt.

Insgesamt handelt es sich bei Art. 12-15 ECRL, §§ 8-11 TDG/6-9 MDStV um *unübersichtliche*, aber im großen und ganzen *sachlich angemessene* Regelungen. Grundsätzlich zu kritisieren ist, daß die Bestimmungen *Verweise* in Form von Hyperlinks oder Inline-Links/Frames nicht erfassen. Im Interesse der Rechtssicherheit wäre vor allem eine *Ergänzung der ECRL* um eine an deren Art. 14 angelehnte ausdrückliche Regelung für Verweise auf fremde Informationen wünschenswert. Der *deutsche Gesetzgeber* sollte eine den §§ 11 TDG/9 MDStV entsprechende Beschränkung der Verantwortlichkeit für Verweise auf fremde Tele-/Mediendienste einführen.

6. Teil: Grundrechte der Internet-Akteure

Unter die *Rundfunkfreiheit* (Art. 5 I 2, 2. Alt. GG) fallen Angebote, deren Rezipienten sich in ein *planmäßig ablaufendes Gesamtprogramm* „einklinken", nicht aber individuell und stückweise auf einzelne Informationen zugreifen können. Die *Pressefreiheit* (Art. 5 I 2, 1. Alt. GG) schützt insbesondere Angebote, die inhaltlich *traditionellen Presseerzeugnissen* entsprechen, sowie vergleichbare *reine „Online"-Ausgaben* mit Text-, Bild-, Tonkomponenten; nicht jedoch z.B. der reinen Selbstdarstellung dienende Websites, News-/Forenbeiträge oder Chat-Konversation. In den Genuß der *Meinungsäußerungsfreiheit* (Art. 5 I 1, 1. Hs. GG) kommen Angebote, die eine subjektive Wertung enthalten und nicht unter die Rundfunk- oder Pressefreiheit fallen. Die Nutzung allgemein zugänglicher Internetquellen fällt unter die *Informationsfreiheit* (Art. 5 I 1, 2. Hs. GG). *Grundrechtsträger* sind Akteure, die ein unter Art. 5 I 1, 2 GG fallendes eigenes Angebot, ein fremdes Rundfunk- oder Presseangebot oder eine fremde Meinung, zu der sie Stellung beziehen, *zur Nutzung bereithalten*, sowie die *Einsender* bzw. *Rezipienten* solcher Informationen. Soweit der Schutzbereich einschlägig ist, handelt es sich bei Gefahrenabwehrmaßnahmen, die unmittelbar auf die *Verhinderung* der *Verbreitung* bzw. *Kenntnisnahme* eines Internet-Angebots abzielen – mithin *Sperrungs-* und *Löschungsanordnungen*, *Hardware-Deaktivierungen* und *-Sicherstellungen*, *Versand-* und *Abrufverbote* sowie *Untersagungsanordnungen* – um *Eingriffe* in Art. 5 I 1, 2 GG. Die im Rahmen dieser Arbeit erörterten Beschränkungen der Kommunikationsfreiheiten sind grundsätzlich mit *Art. 5 I 3* und *Art. 5 II GG vereinbar.*

Das *Fernmeldegeheimnis* (Art. 10 I GG) garantiert die *Vertraulichkeit fernmeldetechnisch übertragener Individualkommunikation.* Ihm unterliegt auch Konversation, die (nur) möglicherweise vertraulichen Charakter hat. Geschützt sind der *Inhalt* der Kommunikation und deren *„nähere Umstände"*, insbesondere der Zeitpunkt einer Kommunikation, ihre Dauer und die Identität der Beteiligten, einschließlich Angaben, die ggf. einen entsprechenden Rückschluß zulassen (wie z.B. IP-Adressen, URLs, Benutzerkennungen, E-Mail-Adressen). Grundrechtsträger sind alle Kommunikationsbeteiligten. Das *informationelle Selbstbestimmungsrecht* (Art. 2 I, 1 I GG) gewährleistet die Befugnis des Einzelnen, selbst über die Preisgabe und Verwendung seiner *personenbezogenen* – d.h. etwas über seine persönlichen oder sachlichen Verhältnisse aussagenden – *Daten* zu bestimmen. Geschützt sein können z.B. auch IP-Adressen, URLs, Benutzerkennungen, E-Mail-Adressen und die Tatsache der Zugänglichkeit bestimmter Informationen. Grundrechtsträger sind alle natürlichen Personen. Der Staat *greift in Art. 10 I GG ein*, wenn er sich ohne Einverständnis aller Kommunikationsbeteiligten während der Übertragung geschützter Kommunikation Kenntnis von deren Inhalt oder näheren Umständen verschafft, derart erlangte Kenntnisse (weiter)verwendet oder einen Privaten zu entsprechenden Maßnahmen veranlaßt. Ein *Eingriff in das informationelle Selbstbestimmungsrecht* liegt vor, wenn eine Behörde personenbezogene Daten ohne Einwilligung des Betroffenen erhebt, speichert, verwendet oder weitergibt oder einen Privaten zu einer solchen Maßnahme veranlaßt. Soweit der Schutzbereich des Art. 10 I bzw. 2 I, 1 I GG einschlägig ist, handelt es sich bei gegenüber TK-Dienste- oder Tele-/Mediendiensteanbietern ergehenden Anordnungen einer *selektiven Sperrung/Löschung* von Informationen oder einer Erteilung von *Auskunft* über *Kommunikationsinhalte, nähere Umstände der Kommunikation* oder *Bestandsdaten* sowie bei *behördlichen Kontrollmaßnahmen* um *Grundrechtseingriffe*. Hingegen geht es bei *pauschalen Sperrungs-/Löschungsanordnungen*, *Verboten* des *Versands* oder *Empfangs* von Informationen, *Hardware-Deaktivierungen* und *-Sicherstellungen* sowie *Untersagungsanordnungen* um eine reine Verhinderung oder Erschwerung der Kommunikation, die regelmäßig *ohne eine Erhebung oder Verwendung von Kenntnissen über dem Fernmeldegeheimnis bzw. informationellen Selbstbestimmungsrecht unterliegende Tatsachen* auskommt und daher *nicht* in besagte Grundrechte eingreift.

Hinsichtlich Beschränkungen des Fernmeldegeheimnisses ist das *Zitiergebot* des Art. 19 I 2 GG zu beachten. Eine Zitierung des Art. 10 GG als eingeschränktes Grundrecht findet sich in den relevanten *Verfassungsschutzgesetzen*, im *MADG*, *BNDG*, *G 10* und *ZFdG* sowie im *NSOG*, *RPPOG* und *ThürPAG* – nicht aber im *MDStV*, *JMStV* und in den *meisten Polizei- und Ordnungsgesetzen*. Daher ermächtigen die zuletzt genannten Regelwerke *nicht* zu Auskunftsanordnungen und behördlichen Kontrollen, die auf eine Erlangung von Kenntnissen über Inhalt oder nähere Umstände vertraulicher Kommunikation *abzielen*. Ferner müssen Gesetze, die zu Eingriffen in Art. 10 I bzw. 2 I, 1 I GG ermächtigen, insbesondere den *Anlaß*, den *Zweck* und die *Grenzen* des Eingriffs präzise festlegen, sicherstellen, daß erlangte Daten nur *zu Zwecken verwendet* werden, die auch die *ursprüngliche Erhebung gerechtfertigt* hätten, sowie hinreichende *organisations- und verfahrensrechtliche Sicherungen* vorsehen. Während die *Verfassungsschutzgesetze*, das *MADG*, das *BNDG*, das *G 10*, das *NSOG*, das

RPPOG, das *ThürPAG*, die (übrigen) *Polizei- und Ordnungsgesetze* sowie der *MDStV* und der *JMStV* den genannten Anforderungen *genügen* dürften, war die Ermächtigung in *§ 39 AWG* mangels hinreichender Klarheit und Bestimmtheit mit Art. 10 GG *unvereinbar*. An ihre Stelle ist eine präzisere Regelung in *§ 23a ZFdG* getreten.

Von besonderer Bedeutung ist, inwieweit in Art. 10 I bzw. 2 I, 1 I GG eingreifende Gefahrenabwehranordnungen mit *§§ 88, 91 ff. TKG*, dem *TDDSG* und *§§ 16 ff. MDStV* sowie mit dem *allgemeinen Datenschutzrecht* vereinbar sind:[1825]

Nach § 88 III 3 TKG darf *TK-Diensteanbietern* eine *Erlangung* von Kenntnissen über dem Fernmeldegeheimnis unterliegende Tatsachen und *Verwendung* solcher Kenntnisse zum *Zweck der Gefahrenabwehr* nur aufgrund einer Befugnisnorm aufgegeben werden, die sich ausdrücklich auf Telekommunikationsvorgänge bezieht. Aufgrund *§§ 8 VIII BVerfSchG, 10 III MADG, 8 IIIa BNDG und 23a VIII ZFdG* in Verbindung mit *2 I 3 G 10* können TK-Diensteanbieter dazu verpflichtet werden, über im Rahmen des *für die geschäftsmäßige Diensterbringung Erforderlichen* erhobene und gespeicherte Verkehrsdaten *Auskunft* zu erteilen bzw. zukünftig im Rahmen des regulären Dienstbetriebs erhobene und gespeicherte Verkehrsdaten bis zur Auskunftserteilung *gespeichert zu halten* und später der anfragenden Behörde *mitzuteilen*; die Befugnisnormen bilden *Erlaubnisse* einer *(weiteren) Verwendung* von Kenntnissen im Sinne des § 88 III 3 TKG. Um solche Erlaubnisse handelt es sich auch bei den im *NSOG*, *RPPOG* und *ThürPAG* normierten Befugnissen zur Einholung von Auskunft über angefallene bzw. zukünftig anfallende *Verkehrsdaten*, während die im *RPPOG* und *ThürPAG* geregelten Ermächtigungen zur Einholung von Auskunft über *Kommunikationsinhalte* Erlaubnisse *auch* der *Erlangung* von Kenntnissen darstellen. *§ 22 III MDStV*[1826] bildet (wie § 18 III MDStV 97) in Bezug auf Sperrungs-/Löschungsanordnungen eine Erlaubnis der Verwendung zulässigerweise erlangter Kenntnisse über dem Fernmeldegeheimnis unterliegende Tatsachen für Gefahrenabwehrzwecke. Daher ermächtigt der MDStV zu Anordnungen von *Sperrungen/Löschungen* anhand *TK-Verkehrsdaten*. Gleiches gilt bezüglich des *JMStV*. Hingegen stellen die Befugnisse der *Polizei- und Ordnungsgesetze* (mit Ausnahme der TK-Überwachungsbefugnisse des NSOG, RPPOG und Thür-

---

1825 Zu berücksichtigen sind auch die spezifisch datenschutzrechtlichen Vorgaben der *Richtlinie 2002/58/EG*, die Einschränkungen der Vertraulichkeit elektronischer Kommunikation zuläßt, die für die nationale Sicherheit, Landesverteidigung, öffentliche Sicherheit und Verhütung von Straftaten notwendig, angemessen und verhältnismäßig sind, jedoch keine Gestattung allgemeiner Mindest- bzw. Vorratsspeicherungspflichten enthält. Siehe zu weiteren bedeutsamen Bestimmungen des Europäischen Gemeinschaftsrechts unten Seiten 336 ff.

1826 In Verbindung mit § 6 II 2, 3 MDStV.

PAG) *keine* ausreichenden Ermächtigungsgrundlagen für die in Rede stehenden Anordnungen dar. §§ 91 ff. TKG sehen *keine Erlaubnis* der Erhebung oder Verwendung von *Kommunikationsinhalten* für *andere Zwecke* als die *geschäftsmäßige Erbringung von TK-Diensten* vor. Hingegen bilden §§ 111-113 TKG Erlaubnisse und *Verpflichtungen* zur Erhebung von *Bestandsdaten* und Verwendung dieser Daten zur Erteilung von *Auskünften* (auch) für *Zwecke der Gefahrenabwehr*. §§ 96 ff. TKG gestatten eine Erhebung und Verwendung von *Verkehrsdaten* nur für bestimmte Zwecke, die insbesondere die Entgeltermittlung und -abrechnung betreffen. Sie bewirken, daß TK-Diensteanbieter als Adressaten von Auskunftsanordnungen grundsätzlich nur *für die Entgeltberechnung erforderliche Verkehrsdaten* mitteilen dürfen.

Das TDDSG und §§ 16 ff. MDStV enthalten *keine speziellen Bestimmungen* hinsichtlich des Umgangs der Diensteanbieter mit *Kommunikationsinhalten*. Insofern gelangt das allgemeine Datenschutzrecht zur Anwendung, das eine zur Abwehr von Gefahren für die staatliche und öffentliche Sicherheit erforderliche Übermittlung und Nutzung personenbezogener Daten durch Private gestattet (§ 28 III 1 Nr. 2 BDSG) und daher den interessierenden *Auskunfts-* und *Sperrungs-/Löschungsanordnungen nicht entgegensteht*. Eine zur Gefahrenabwehr erforderliche Übermittlung von *Bestandsdaten* an Behörden wird durch das TDDSG und §§ 16 ff. MDStV weder erlaubt noch verboten; sie ist im Ergebnis nach § 28 III 1 Nr. 2 BDSG gestattet. §§ 6 I 1 TDDSG/19 II 1 MDStV gestatten eine Erhebung und Verwendung von *Nutzungsdaten* (ohne Einwilligung des Nutzers) nur zur *Ermöglichung* und *Abrechnung* der Inanspruchnahme von Tele- bzw. Mediendiensten. Eine *Gestattung* der *Verwendung* von Nutzungsdaten *für Gefahrenabwehrzwecke* kann im übrigen nur *§§ 22 II, III MDStV, 20 I, IV JMStV*[1827] (hinsichtlich Sperrungs-/Löschungsanordnungen) und *§§ 8 VIII BVerfSchG, 10 III MADG, 8 IIIa BNDG* (hinsichtlich Auskunftsanordnungen) entnommen werden. §§ 6 IV 1 TDDSG/19 V 1 MDStV erlauben eine Verwendung von Nutzungsdaten über das Ende des Nutzungsvorgangs hinaus nur für *Abrechnungszwecke*. Sie bewirken, daß Telediensteanbieter als Adressaten von Auskunftsanordnungen nur *Abrechnungsdaten* mitteilen dürfen.

Das *allgemeine Datenschutzrecht* steht den im Rahmen dieser Arbeit erörterten Gefahrenabwehrmaßnahmen *nicht entgegen*.

Daß Internet-Akteure aufgrund §§ 22 II, III, 6 II 2, 3 MDStV dazu verpflichtet werden können, im Rahmen ihrer Diensterbringung *zulässigerweise erlangte* Kenntnisse auch zu einer *Unterbindung störender Kommunikation* zu verwenden, verdient *Zustimmung*, da die Anordnung einer Überprüfung von Informationen auf vorgegebene „Störmerkmale" *nicht* darauf *abzielt*, dem *Staat* Kenntnisse über sensible Kommunikationsinhalte zu verschaffen, daher einen relativ

---

1827 In Verbindung mit §§ 22 II, III MDStV.

harmlosen Grundrechtseingriff darstellt und im übrigen nicht per se außer Verhältnis zum Schutz der öffentlichen Sicherheit steht. Die Problematik der seit 1997 bestehenden *Divergenz* der rechtlichen Möglichkeiten eines Vorgehens gegen *Teledienste* einerseits und gegen *Mediendienste* andererseits wurde erheblich durch den *JMStV* entschärft, der für alle kinder- und jugendgefährdenden und/oder durch das StGB geschützte Rechtsgüter verletzenden Angebote auch in *Telediensten* gilt und in seinem § 20 I, IV die §§ 22 II-IV MDStV für entsprechend anwendbar erklärt. Bedenklich ist, daß behördliche *Auskunftsverlangen* sich *nicht* auf *Mediendienstenutzungsdaten* richten dürfen. Um einem *Ausweichen* bestimmter störender Kommunikation in den Mediendienstebereich *vorzubeugen*, sollte de lege ferenda eine *Gleichbehandlung* von TK-Verkehrsdaten, Teledienstenutzungs- und Mediendienstenutzungsdaten *im Hinblick auf behördliche Auskunftsersuchen* angestrebt werden. Zu erwägen wäre auch, im Wortlaut der jeweiligen Befugnisse zur Einholung von Auskünften *klarzustellen*, daß diese Normen sich nur auf Daten beziehen, die *nach den Vorschriften des TKG/ TDDSG zulässigerweise* erhoben und gespeichert wurden bzw. dies in Zukunft werden. Kritikwürdig ist ferner, daß weder das *TDDSG* noch *§§ 16 ff. MDStV* spezielle Regelungen über den Umgang mit *Kommunikationsinhalten* enthalten. De lege ferenda sollten die Regelwerke um Vorschriften erweitert werden, die eine Verwendung von Kenntnissen über Kommunikationsinhalte *für Zwecke der Gefahrenabwehr* nur zulassen, soweit eine sich *ausdrücklich auf Tele- bzw. Mediendienste beziehende Befugnisnorm* dies vorsieht.

Der Bundesrat nahm Mitte 2002 einen Gesetzentwurf an, der eine Verordnungsermächtigung zur Regelung einer *„Vorratsspeicherung“* von TK- und Teledienste-Bestands- und -Verkehrs-/Nutzungsdaten vorsieht, und plädierte im Gesetzgebungsverfahren zur TKG-Novelle für eine *Verpflichtung* der Diensteanbieter zur Speicherung erhobener *Verkehrsdaten* für *sechs Monate* und Gestattung der *Verwendung* solcher Daten für Zwecke der *Strafverfolgung* und *Gefahrenabwehr*. Auf europäischer Ebene existieren seit April 2004 konkrete Vorschläge zur Einführung einer *Vorratsspeicherung* von *Verkehrs-* und *Standortdaten für 12-36 Monate*, die auch von der Bundesregierung nicht mehr prinzipiell abgelehnt werden. Zwar ist zuzugeben, daß die im Rahmen dieser Arbeit erörterten Befugnisse zur Einholung von *Auskünften* insbesondere *keinen Zugriff* auf die bei der Nutzung *pauschaler Angebote der Zugangsvermittler* anfallenden Verkehrsdaten ermöglichen. Jedoch wäre eine generelle Vorratsspeicherung eine *unzulässige Datensammlung* zu unbestimmten oder noch nicht bestimmbaren Zwecken, die vom Schutz des Fernmeldegeheimnisses und informationellen Selbstbestimmungsrechts im Internet nur noch wenig übrig ließe und im Ergebnis *abzulehnen* ist.

Unter die *Berufsfreiheit* (Art. 12 I GG) fallen – soweit nicht Art. 5 I 2 GG als spezielleres Grundrecht vorgeht – sowohl entgeltliche Leistungen, wie insbesondere das gewerbliche Angebot von TK-, Tele- oder Mediendiensten, als auch die beruflich motivierte Internetnutzung. Grundrechtsträger sind nur Inländer. Bei den in Rede stehenden Gefahrenabwehrmaßnahmen handelt es sich regelmäßig um *Berufsausübungsregelungen*. Deren gesetzliche Grundlagen *genügen* den verfassungsrechtlichen Anforderungen. Die *Eigentumsgarantie* (Art. 14 I GG) schützt Hardware, deren Einsatz nicht unter Art. 12 I GG fällt, Nutzungsrechte an fremden Servern sowie Computerdaten. Grundrechtsträger sind natürliche und inländische juristische Personen bzw. Personenvereinigungen des Privatrechts. Soweit der Schutzbereich einschlägig ist, handelt es sich bei *Sperrungs-* und *Löschungsanordnungen*, *Verboten* des *Versands* oder *Empfangs* von Informationen, *Hardware-Deaktivierungen* und *-Sicherstellungen*, *Untersagungsanordnungen* und ggf. auch *Auskunftsanordnungen* um *Inhalts- und Schrankenbestimmungen*. Die im Rahmen dieser Arbeit erörterten Normen, die zu solchen Maßnahmen ermächtigen, sind mit Art. 14 I 2, II GG *vereinbar*. Die *allgemeine Handlungsfreiheit* (Art. 2 I GG) als „Auffanggrundrecht" spielt im Hinblick auf Internet-Betätigungen praktisch keine Rolle mehr. Der *Gleichheitssatz* des Art. 3 I GG ist vor allem im Rahmen der behördlichen Ermessensausübung bei der Auswahl des Adressaten einer Gefahrenabwehrmaßnahme zu berücksichtigen.

Die deutsche Hoheitsgewalt ist grundsätzlich *immer* an die Grundrechte gebunden, wenn sich ihre Handlungen *außerhalb des eigenen Territoriums auswirken*. Insofern müssen daher deutsche Behörden *alle* durch eine Gefahrenabwehrmaßnahme tangierten Grundrechte beachten, wenn sich die Maßnahme zu Lasten eines *Deutschen* oder einer *inländischen juristischen Person* auswirken kann, während *ausländische natürliche Personen* den Schutz der *„Jedermann-Grundrechte"* (Art. 5 I, 10 I/2 I, 14 I, 2 I und 3 I GG) genießen.

Von großer Bedeutung ist die *Verhältnismäßigkeit* der im Rahmen dieser Arbeit erörterten Gefahrenabwehrmaßnahmen. Prinzipiell sind Anordnungen der *Sperrung/Löschung bestimmter* auf einem Server *lokalisierter* störender Informationen (die ggf. die Möglichkeit eines Zugriffs Volljähriger oder eines Zugang zu den Informationen zu bestimmten Zeiten unberührt lassen) *verhältnismäßig*, während *pauschale Sperrungen/Löschungen kein angemessenes Mittel* zur Gefahrenabwehr darstellen. Anordnungen, erst noch *ausfindig zu machende* störende Kommunikationsinhalte zu sperren bzw. zu löschen, kommen – soweit sie grundsätzlich mit den Regelungen zum Schutz des Fernmeldegeheimnisses und informationellen Selbstbestimmungsrechts vereinbar sind – nur in Betracht, wenn ein *bedeutsames Rechtsgut bedroht* ist. *Umfassende Kontrollen* dürfen nur angeordnet werden, soweit *mildere Maßnahmen* – wie befristete, stichprobenartige oder intervallmäßige Überprüfungen besonders „gefahrgeneigter" Server-Bereiche – *keinen Erfolg* versprechen. Als Adressat der genannten Maßnahmen ist jeweils *vorrangig* der *Server-Verwalter* in Anspruch zu nehmen. Wenn weder

der Verwalter noch der Betreiber eines Servers zu einer Sperrung/Löschung dort abrufbaren oder neu eingehenden störenden Materials herangezogen werden kann, kommt (nachrangig) eine Verpflichtung von *Zugangsvermittlern* zur *Sperrung der Übermittlung* störender Informationen in Betracht. Die *Angemessenheit* von Sperrungsverfügungen gegenüber Zugangsbetreibern, Proxy-Cache-Betreibern oder IRC-Server-Betreibern, die (insbesondere mit Blick auf § 88 TKG) prinzipiell zulässig sind, hängt im Einzelfall vom *Umfang der Sperrung* und *Gefährdungspotential der zu unterbindenden Informationen* ab, wobei allerdings zu beachten ist, daß die Anordnungsadressaten als Nichtverantwortliche nur bei Vorliegen einer *gegenwärtigen erheblichen Gefahr* für die öffentliche Sicherheit in Anspruch genommen werden können. Ungeachtet des Charakters der zu unterbindenden Informationen sind *pauschale Sperrungsanordnungen* angesichts der durch sie bewirkten massiven Grundrechtseinschränkungen einerseits und ihrer leichten Umgehbarkeit andererseits *unverhältnismäßig*. Grundsätzlich *unangemessen* sind auch *Hardware-Deaktivierungen* und *-Sicherstellungen* sowie (pauschale) *Untersagungen* einer „Betätigung im Internet", nicht aber gegen Einsender oder Rezipienten gerichtete *Verbote* des *Versands* oder *Abrufs* bestimmter störender Informationen. Eine mit Blick auf Art. 10 I bzw. 2 I, 1 I GG grundsätzlich zulässige *Auskunftsanordnung* oder *behördliche Kontrolle*, die sich auf *Kommunikationsinhalte* bezieht, ist nur verhältnismäßig, soweit eine (ebenfalls an sich zulässige) *selektive Sperrungs-/Löschungsanordnung* nach dem Stand der behördlichen Ermittlungen (noch) *nicht* in Betracht kommt. In Art. 10 I GG eingreifende Kontrollmaßnahmen und Auskunftsverlangen der Nachrichtendienste, des Zollkriminalamts und der Polizeien in Niedersachsen, Rheinland-Pfalz und Thüringen, die nach den jeweils einschlägigen Befugnisnormen zulässig sind, dürften grundsätzlich auch im Einzelfall *verhältnismäßig* sein.

Die *Verfügungen* der *Bezirksregierung Düsseldorf*, die die betroffenen Provider zu einer Sperrung des Zugangs zu unzulässigen Mediendiensteangeboten verpflichten, konnten auf § 18 III MDStV 97 gestützt werden. Die Verantwortlichkeitsregelungen[1828] ändern nichts daran, daß die Anordnungsadressaten als *Nichtstörer* (nur) unter den Voraussetzungen des *polizeilichen Notstands* in Anspruch genommen werden können, die in fraglichen Fällen *vorliegen*. Zwar veranlassen die Verfügungen ihre Adressaten zu einer Erfassung näherer Umstände von Telekommunikation, die dem Fernmeldegeheimnis unterliegt, und *greifen* daher *in Art. 10 I GG ein*. Allerdings ermächtigte *§ 18 III MDStV 97* (als „Verwendungserlaubnis" im Sinne des *§ 85 III 3 TKG 96*) zu einer Anordnung von URL- und IP-Sperrungen. Gleiches gilt nun hinsichtlich *§§ 22 II, III, 6 II 2, 3 MDStV* bzw. *20 I, IV JMStV*[1829] und *§ 88 III 3 TKG*. Im übrigen greifen die Ver-

1828 §§ 5 III, 18 III MDStV 97 (bzw. §§ 7, 6 II 2, 3 MDStV).
1829 In Verbindung mit §§ 22 II, III, 6 II 2, 3 MDStV.

fügungen in die *Berufsfreiheit* der Anordnungsadressaten und die *Informationsfreiheit* der Rezipienten ein. Jedoch sind sie (wenn auch nur begrenzt) zur Gefahrenabwehr *geeignet* sowie hierzu *erforderlich* und können mit Blick darauf, daß die mit *relativ geringem Aufwand einzurichtende* Sperrung nur *zwei Websites* betrifft und von den fraglichen Angeboten *schwerwiegende Gefahren* ausgehen, auch als *angemessen* angesehen werden. Daher kann der Bezirksregierung sowie der Mehrzahl der bisher mit den Anordnungen befaßten Gerichte im Ergebnis zugestimmt werden; jedoch bleibt zu wünschen, daß im Rahmen der Hauptsacheverfahren eine Berücksichtigung aller betroffenen Grundrechtspositionen nachgeholt werden wird.

7. Teil: Rechtliche Zulässigkeit einer „grenzüberschreitenden Gefahrenabwehr" deutscher Behörden

Da Maßnahmen zur Bekämpfung störender Informationen im Internet zumeist einen *Auslandsbezug* aufweisen, stellt sich die Frage der Vereinbarkeit einer „grenzüberschreitenden Gefahrenabwehr" deutscher Behörden mit *internationalem Recht.*

Was die *völkerrechtliche* Befugnis zur *Regelung* auslandsbezogener Sachverhalte („jurisdiction to prescribe") angeht, so ist das für die Bestimmung der (deutschen) öffentlichen Sicherheit bedeutsame *deutsche Strafrecht* hinsichtlich der meisten „Internet-Delikte" (nur) anwendbar, soweit Informationen vom Inland aus in das Netz eingespeist oder aus diesem abgerufen werden oder ein im Ausland vorgehaltenes Internet-Angebot unter Berücksichtigung objektiv-inhaltlicher Kriterien einen besonderen territorialen Bezug zum Inland aufweist Was den Anwendungsbereich des *deutschen Verwaltungsrechts* angeht, so kann eine Störung bzw. Gefährdung der deutschen öffentlichen Sicherheit grundsätzlich angenommen werden, wenn Informationen, deren Abrufbarkeit (bzw. Abruf) im Inland ein *inländisches* oder *in allen Kulturstaaten anerkanntes Rechtsgut* verletzt oder bedroht, *vom Inland aus* zur Nutzung bereitgehalten, zwischengespeichert, versendet oder abgerufen werden oder – bei Vorliegen eines *besonderen territorialen Bezugs* zu Deutschland – *vom Ausland aus* zur Nutzung bereitgehalten, zwischengespeichert oder versendet werden. Der besondere *Inlandsbezug* kann sich insbesondere aus der *Sprachfassung* bzw. *Thematik* eines Angebots oder aus einem Anknüpfungspunkt, der am Aufenthaltsort des „Störers" nicht in vergleichbarer Weise vorliegt, ergeben.

Was die Befugnis zur Durchsetzung von Hoheitsakten („jurisdiction to enforce") betrifft, so sind gegenüber inländischen Internet-Akteuren ergehende Sperrungs-/Löschungsanordnungen, Versand-/Abrufverbote und Auskunftsanordnungen, die sich (auch) auf von Auslandsansässigen geführte Kommunikation auswirken, sowie behördliche Abrufe öffentlich zugänglicher ausländischer Internet-Angebote ohne besondere völkervertragsrechtliche Gestattung zulässig.

In Bezug auf Anordnungen gegenüber auslandsansässigen Akteuren und Kontrollmaßnahmen, bei denen ein im Ausland befindlicher Akteur so kontaktiert wird, daß dieser von der (angegebenen) Identität seines „Gegenüber" Kenntnis nehmen kann, sind deutsche Behörden grundsätzlich auf die Amtshilfe des Staates, in dem sich der betreffende Akteur aufhält, angewiesen. Allerdings verpflichten die zwischen Deutschland und anderen europäischen Staaten bestehenden Abkommen den ersuchten Staat nur zur Vornahme von Ermittlungen. Im übrigen besteht eine gewisse Aussicht auf freiwillige Amtshilfe. Von Nutzen für die Gefahrenabwehr im Internet können insbesondere auch Interpol und Europol als institutionalisierte Formen des internationalen Informationsaustauschs sein.

Die völkerrechtlichen Vorgaben gelten auch im Verhältnis der *EU-Mitgliedstaaten* untereinander, soweit *keine speziellen gemeinschaftsrechtlichen Regelungen* bestehen.

Die Bestimmungen über den *freien Warenverkehr* (Art. 23 ff. EGV) sind einschlägig, soweit im Internet Gemeinschaftswaren beworben und (auch) zum Versand in EU-Staaten angeboten werden. Allerdings stehen sie im Rahmen dieser Arbeit erörterten Gefahrenabwehrmaßnahmen, die *keine mengenmäßigen Einfuhr- bzw. Ausfuhrbeschränkungen* oder *Maßnahmen gleicher Wirkung* im Sinne von *Art. 28, 29 EGV* darstellen, *nicht entgegen*.

Die *Dienstleistungsfreiheit* (Art. 49 ff. EGV) ist einschlägig, soweit ein *in Deutschland* ansässiger Internet-Akteur *entgeltliche Leistungen* zugunsten von Akteuren *in anderen Mitgliedstaaten* erbringt oder das *gewerbliche Angebot* eines *im EU-Ausland* ansässigen Leistungserbringers auch *im Inland* in Anspruch genommen werden kann. Auf die Grundfreiheit berufen können sich *Leistungserbringer* und *-empfänger*, die Staatsangehörige eines Mitgliedstaats oder der Rechtsordnung eines Mitgliedstaats zuzuordnende Gesellschaften sind. Prima facie verbotene *Beschränkungen* der Dienstleistungsfreiheit sind insbesondere *Sperrungs-* bzw. *Löschungsanordnungen*, die Deutschland als *Herkunftsstaat* einer Dienstleistung erläßt *(Ausgangsbeschränkungen)*, sowie von Deutschland als *Empfangsstaat* angeordnete *Sperrungen/Löschungen* und *Versand-/Abrufverbote*, die im Herkunftsstaat rechtmäßige Internet-Angebote betreffen *(Eingangsbeschränkungen)*. Von deutschen Behörden vorgenommene *Ausgangsbeschränkungen* sind gemäß *Art. 55, 46 EGV* erlaubt, soweit sie dem Schutz der Menschenwürde, der seelischen Entwicklung Minderjähriger, der persönlichen Ehre, des Bestands des demokratischen Rechtsstaats oder des öffentlichen Friedens dienen und den *Verhältnismäßigkeitsanforderungen des deutschen Rechts genügen*. Maßnahmen, die eine *Eingangsbeschränkung* darstellen, sind erlaubt, soweit *überdies* das für den beschränkten Dienst aus einem anderen Mitgliedstaat geltende *Herkunftslandrecht nicht eingehalten* wird oder *nicht (ebenfalls) geeignet* ist, die *öffentliche Sicherheit oder Ordnung zu schützen*; daher kann das Herkunftslandprinzip Maßnahmen entgegenstehen, die völkerrechtlich zulässig wären. Entsprechendes gilt jeweils für Beschränkungen, die durch *„zwingende Gründe des Allgemeininteresses"* gerechtfertigt sein können.

EU-ausländische Diensteanbieter, die von Geschäftsräumen in Deutschland aus gewerblich tätig werden (wollen), können sich gegenüber deutschen Behörden auf die *Niederlassungsfreiheit* (Art. 43 ff. EGV) berufen. *Beschränkungen* der Niederlassungsfreiheit, die dem *Schutz der öffentlichen Ordnung oder Sicherheit* im Sinne des *Art. 46 EGV* dienen, sind grundsätzlich nach dieser Vorschrift erlaubt, soweit sie den Verhältnismäßigkeitsanforderungen des deutschen Rechts genügen. Entsprechendes gilt für Maßnahmen, die durch *„zwingende Gründe des Allgemeininteresses"* gerechtfertigt sein können.

Das primäre Gemeinschaftsrecht verpflichtet die Mitgliedstaaten *nicht* zur gegenseitigen *Amtshilfe* zum Zweck der Durchsetzung von Gefahrenabwehranordnungen gegenüber Internet-Akteuren. Es bewirkt daher insofern keine Modifikation der völkerrechtlichen Rechtslage.

Als spezielle sekundärrechtliche Regelung ist die *ECRL* von Bedeutung. Die *Binnenmarktklausel* des Art. 3 ECRL soll sicherstellen, daß in der Gemeinschaft niedergelassene Anbieter von Diensten der Informationsgesellschaft grundsätzlich *nur das Herkunftslandrecht einzuhalten* haben und *allein von den Herkunftslandbehörden beaufsichtigt* werden. Die Regelung, die ihr Vorbild in früheren Binnenmarktrichtlinien – insbesondere Art. 2, 2a der Fernsehrichtlinie – hat, *konkretisiert das primärgemeinschaftsrechtliche Herkunftslandprinzip.*

Nach Art. 3 I ECRL[1830] obliegt den deutschen Behörden die *Aufsicht* über die von *inlandsansässigen* Anbietern erbrachten Dienste der Informationsgesellschaft hinsichtlich der Einhaltung aller innerstaatlichen Vorschriften. In Bezug auf die in Rede stehenden inhaltlichen Anforderungen an Internet-Angebote bleibt das *primäre Gemeinschaftsrecht* zu beachten, das allerdings Ausgangsbeschränkungen, die dem Schutz der öffentlichen Ordnung oder Sicherheit im Sinne von Art. 55, 46 EGV oder „zwingenden Gründen des Allgemeininteresses" dienen und den Verhältnismäßigkeitsanforderungen des deutschen Rechts genügen, grundsätzlich nicht entgegensteht.

Gemäß Art. 3 II ECRL[1831] dürfen deutsche Behörden grundsätzlich *keine Maßnahmen* durchführen, die eine *Eingangsbeschränkung* zu Lasten eines Dienstes der Informationsgesellschaft aus einem *anderen Mitgliedstaat* bewirken. *Zulässig* sind solche Maßnahmen allerdings, soweit die Voraussetzungen des *Art. 3 IV-VI ECRL*[1832] vorliegen. Die Anforderungen des *Art. 3 IV lit. a) i) 1.-3.*

1830 §§ 4 I TDG/5 I MDStV.
1831 §§ 4 II TDG/5 II MDStV.
1832 §§ 4 V TDG/5 V MDStV.

Spiegelstrich, ii), iii) ECRL[1833] entsprechen denjenigen des *Art. 46 EGV*, welchen die hier in Rede stehenden Maßnahmen genügen. (Zu beachten ist allerdings, daß im Anwendungsbereich des Art. 3 ECRL Eingangsbeschränkungen außer zum Schutz der öffentlichen Ordnung, Sicherheit oder Gesundheit nur noch zum *Schutz der Verbraucher* in Betracht kommen.) Die in Rede stehenden Maßnahmen dürfen nur ergriffen werden, wenn der *Herkunftsstaat trotz Aufforderung nicht* oder nur *unzulänglich tätig geworden* ist und dieser Staat sowie die Kommission von dem beabsichtigten Vorgehen *unterrichtet* worden sind.[1834] Hiervon darf *abgewichen* werden, soweit ein *„dringlicher Fall"* vorliegt, der auch mit Blick auf die *Wertigkeit des bedrohten Rechtsguts* eine *Ausnahmesituation* darstellt.[1835] Jede Eingangsbeschränkung wird von der *Kommission* auf ihre Vereinbarkeit mit dem Gemeinschaftsrecht *überprüft*; bei einem *negativen Ergebnis* ist die Maßnahme zu *unterlassen* bzw. unverzüglich *einzustellen.*[1836] Verletzt ein Dienst aus einem anderen Mitgliedstaat deutsches Recht und das Recht des Herkunftsstaats, so ist der *Herkunftsstaat* zur Gewährung von *Amtshilfe* zugunsten Deutschlands verpflichtet.

Mit Blick auf die bisher nur partiell erfolgte Harmonisierung des für Dienste der Informationsgesellschaft geltenden Rechts birgt Art. 3 ECRL die *Gefahr*, daß *Anbieter in Mitgliedstaaten ausweichen*, die nur *geringe Anforderungen* an die Aufnahme, die Ausübung und den Inhalt solcher Dienste stellen *(„race to the bottom")*. Es ist zu befürchten, daß die *Primäraufsicht über Dienste*, deren Anbieter in Mitgliedstaaten mit geringem Regelungsniveau *ausgewichen* sind, *nicht das gewünschte Niveau* erreichen wird. Die Aufsicht der Herkunftsstaaten wird dadurch *erschwert*, daß Maßnahmen, die *auch Dienste aus anderen Mitgliedstaaten beschränken*, nur im Rahmen von *Art. 3 IV-VI ECRL* in Betracht kommen. Überdies bewirkt Art. 3 ECRL zwangsläufig eine *abweichende Behandlung* von *„Offline"*- und *„Online"-Medien* sowie von *Diensten der Informationsgesellschaft aus EU-Mitgliedstaaten* und solchen *aus Drittstaaten*. Andererseits wäre *ohne das Herkunftslandprinzip* ein *funktionierender Binnenmarkt kaum denkbar*. Art. 3 ECRL sorgt insofern für *Rechtssicherheit*, als Anbieter von Diensten der Informationsgesellschaft grundsätzlich nur noch *eine Rechtsordnung* zu beachten haben, anstatt ihr Angebot mit den *Vorschriften aller Mitgliedstaaten* in Einklang bringen zu müssen. Dies kommt vor allem Privatpersonen und kleineren Unternehmen zugute, die ansonsten faktisch nur die Wahl hätten, Rechtsverstöße in Kauf zu nehmen, eine Absicherung in „Disclaimern" zu suchen oder auf eine Internet-Präsenz zu verzichten. Mit Blick auf das

1833 §§ 4 V 1 Nr. 1-3 TDG/5 V 1 Nr. 1-3 MDStV.

1834 Art. 3 IV lit. b) ECRL.

1835 Art. 3 V 1 ECRL. Die getroffenen Maßnahmen sind unverzüglich der Kommission und dem Herkunftsstaat mitzuteilen (Art. 3 V 2 ECRL).

1836 Art. 3 VI ECRL.

„Sendestaatsprinzip" in der *Fernsehrichtlinie*, die selbst keine umfassende Harmonisierung des materiellen Rechts vorsieht, wäre eine zurückhaltendere Regelung für die noch mehr als das traditionelle Fernsehen durch einen *grenzüberschreitenden Bezug* geprägten Dienste der Informationsgesellschaft kaum in Betracht gekommen. Der durch die Gefahr eines „race to the bottom" bewirkte *Harmonisierungsdruck* ist insofern *begrüßenswert*, als eine *fortschreitende Rechtsangleichung Ausweichbewegungen* der Diensteanbieter *unwahrscheinlicher* machen und damit auch zu einer *effektiveren Primäraufsicht* der Herkunftsstaaten beitragen wird. Demnach stellt die Binnenmarktklausel des Art. 3 ECRL einen *konsequenten* und im Ergebnis auch *zu begrüßenden Schritt auf dem Weg zu einem funktionierenden Binnenmarkt für Dienste der Informationsgesellschaft* dar.

Literaturverzeichnis

Abdallah, Tarek / *Gercke*, Björn / *Reinert*, Peter: Die Reform des Urheberrechts – hat der Gesetzgeber das Strafrecht übersehen? – Zu den strafrechtlichen Implikationen von Privatkopie und wirksamen technischen Schutzmaßnahmen unter besonderer Berücksichtigung privatkopierter Audio-CDs, ZUM 2004, 31-39.

Ackermann, Stephan: Ausgewählte Rechtsprobleme der Mailbox-Kommunikation, Saarbrücken 1995.

Ahlfeld, Martin: Zwingende Erfordernisse im Sinne der Cassis-Rechtsprechung des Europäischen Gerichtshofs zu Art. 30 EGV, Baden-Baden 1997.

Ahrens, Hans-Jürgen: Das Herkunftslandprinzip in der E-Commerce-Richtlinie, CR 2000, 835-841.

Albrecht, Hans-Jörg / *Dorsch*, Claudia / *Krüpe*, Christiane: Rechtswirklichkeit und Effizienz der Überwachung der Telekommunikation nach den §§ 100a, 100b StPO und anderer verdeckter Ermittlungsmaßnahmen, Max-Planck-Institut für ausländisches und internationales Strafrecht, Freiburg i. Br. 2003, http://www.iuscrim.mpg.de/verlag/Forschaktuell/FA-Tue.pdf.

Altenhain, Karsten: Die strafrechtliche Verantwortung für die Verbreitung mißbilligter Inhalte in Computernetzen, CR 1997, 485-496.

- Die gebilligte Verbreitung mißbilligter Inhalte – Auslegung und Kritik des § 5 Teledienstegesetz, AfP 1998, 457-464.

- Kommentierung zum Gesetz über die Verbreitung jugendgefährdender Schriften, in: *Roßnagel*, Alexander (Hrsg.): Recht der Multimedia-Dienste – Kommentar zum IuKDG und zum MDStV, Loseblatt, Stand: 3. Ergänzungslieferung, München 2003.

Apel, Jürgen / *Grapperhaus*, Tanja: Das Offline-Online-Chaos oder wie die Europäische Kommission den grenzüberschreitenden Werbemarkt zu harmonisieren droht, WRP 1999, 1247-1259.

Arndt, Hans-Wolfgang / *Köhler*, Markus: Elektronischer Handel nach der E-Commerce-Richtlinie, EWS 2001, 102-112.

Aulehner, Josef: Polizeiliche Gefahren- und Informationsvorsorge – Grundlagen, Rechts- und Vollzugsstrukturen, dargestellt auch im Hinblick auf die deutsche Beteiligung an einem Europäischen Polizeiamt (EUROPOL), Berlin 1998.

Bär, Wolfgang: Aktuelle Rechtsfragen bei strafprozessualen Eingriffen in die Telekommunikation, MMR 2000, 472-480.

- Anmerkung zu LG Frankfurt/Main, Beschluß vom 21.10.2003 (5/8 Qs 26/03), MMR 2004, 340-343.

Bäumler, Helmut: Eine sichere Informationsgesellschaft? – Zur europäischen Bekämpfung der Computerkriminalität, DuD 2001, 348-352.

- Informationsverarbeitung im Polizei- und Strafverfahrensrecht, in: *Lisken*, Hans / *Denninger*, Erhard (Hrsg.): Handbuch des Polizeirechts, 3. Auflage, München 2001.

- Anschlag auf das Fernmeldegeheimnis, DuD 2002, 388.

Baier, Helmut: Die Bekämpfung der Kinderpornografie auf der Ebene von Europäischer Union und Europarat, ZUM 2004, 39-51.

Baldus, Manfred: Polizeirecht des Bundes – mit zwischen- und überstaatlichen Rechtsquellen – Interpol, Schengen, Europol, bilaterale Verträge, internationale Rechtshilfe in Strafsachen; mit Stichwortverzeichnis und alphabetischem Schnellregister, 2. Auflage, Heidelberg 2000 (zitiert: *Baldus*, PolR-Bund).

- Transnationales Polizeirecht – verfassungsrechtliche Grundlagen und einfachgesetzliche Ausgestaltung polizeilicher Eingriffsbefugnisse in grenzüberschreitenden Sachverhalten, Baden-Baden 2001.

Becker, Ulrich: Kommentierung zu Art. 28, 29 EGV, in: *Schwarze*, Jürgen (Hrsg.): EU-Kommentar, Baden-Baden 2000.

Beisel, Daniel / *Heinrich*, Bernd: Die Zulässigkeit der Indizierung von Internet-Angeboten und ihre strafrechtliche Bedeutung, CR 1997, 360-363.

Berner, Georg / *Köhler*, Gerd Michael: Polizeiaufgabengesetz, 15. Auflage, München 1998.

Bethge, Herbert: Kommentierung zu Art. 5 GG, in: *Sachs*, Michael (Hrsg.): Grundgesetz – Kommentar, 3. Auflage, München 2003.

Bettinger, Torsten / *Freytag*, Stefan: Privatrechtliche Verantwortlichkeit für Links – zugleich Anmerkung zum Urteil des LG Hamburg vom 12.05.1998 (312 O 85/98), CR 1998, 545-556.

Beucher, Klaus / *Leyendecker*, Ludwig / *von Rosenberg*, Oliver: Mediengesetze: Rundfunk, Mediendienste, Teledienste, München 1999.

Beutler, Bengt: Die Union und die Mitgliedstaaten, in: *Beutler*, Bengt / *Bieber*, Roland / *Pipkorn*, Jörn / *Streil*, Jochen (Hrsg.): Die Europäische Union – Rechtsordnung und Politik, 5. Auflage, Baden-Baden 2001.

Bizer, Johann: Anmerkung zum Beschluß des BGH vom 31.07.1995 (1 BGs 625/95), DuD 1996, 625-627.

- Kommentierung zu Art. 10 GG, in: *Denninger*, Erhard / *Hoffmann-Riem*, Wolfgang / *Schneider*, Hans-Peter / *Stein*, Ekkehart (Hrsg.): Kommentar zum Grundgesetz für die Bundesrepublik Deutschland (Reihe Alternativkommentare), 3. Auflage, Loseblatt, Stand: 2. Ergänzungslieferung, Neuwied (u.a.) 2002.
- Praxis der TK-Überwachung, DuD 2002, 216-220.
- Speicheranordnung für Verbindungsdaten, DuD 2002, 363.

Bleckmann, Albert: Die Rechtsquellen des Europäischen Gemeinschaftsrechts, in: *Bleckmann*, Albert (u.a.): Europarecht – Das Recht der Europäischen Union und der Europäischen Gemeinschaften, 6. Auflage, Köln (u.a.) 1997.

Bleckmann, Albert / *Pieper*, Stefan Ulrich: Die Rechtsnatur der Europäischen Union und der Gemeinschaften, in: *Bleckmann*, Albert (u.a.): Europarecht – Das Recht der Europäischen Union und der Europäischen Gemeinschaften, 6. Auflage, Köln (u.a.) 1997.

Bleisteiner, Stephan: Rechtliche Verantwortlichkeit im Internet – unter besonderer Berücksichtigung des Teledienstegesetzes und des Mediendienste-Staatsvertrags, Köln 1999.

Boese, Oliver: Strafrechtliche Verantwortlichkeit für Verweisungen durch Links im Internet, Konstanz 2000.

von Bonin, Andreas: Die Kontrolle digitaler Kommunikationsinhalte – Grenzen staatlicher Regelung und Möglichkeiten kooperativer Kontrolle, Baden-Baden 2000.

von Bonin, Andreas / *Köster*, Oliver: Internet im Lichte neuer Gesetze, ZUM 1997, 821-829.

Brand, Torsten: Rundfunk im Sinne des Artikel 5 Abs. 1 Satz 2 GG: Eine Analyse der Reichweite des verfassungsrechtlichen Rundfunkbegriffs unter besonderer Berücksichtigung neuerer medialer Angebotsformen, Berlin 2002.

Brauneck, Anja: Zur Verantwortlichkeit des Telediensteanbieters für illegal ins Netz gestellte Musikdateien nach § 5 TDG – Anmerkung zum Urteil des LG München I vom 30.03.2000 (7 O 3625/98), ZUM 2000, 480-484.

Brechmann, Winfried: Kommentierung zu Art. 61 EGV, in: *Calliess*, Christian / *Ruffert*, Matthias (Hrsg.): Kommentar des Vertrages über die Europäische Union und des Vertrages zur Gründung der Europäischen Gemeinschaft – EUV/EGV –, 2. Auflage, Neuwied (u.a.) 2002.

Breuer, Barbara: Anwendbarkeit des deutschen Strafrechts auf exterritorial handelnde Internet-Benutzer, MMR 1998, 141-145.

Breuer, Rüdiger: Freiheit des Berufs, in: *Isensee*, Josef / *Kirchhof*, Paul (Hrsg.): Handbuch des Staatsrechts der Bundesrepublik Deutschland, Band VI (Freiheitsrechte), 2. Auflage, Heidelberg 2001.

- Rechtsprobleme der Altlasten, NVwZ 1987, 751-761.

Briner, Robert G.: Die Rechtsstellung des Access-Providers, in: *Hilty*, Reto M. (Hrsg.), Information Highway – Beiträge zu rechtlichen und tatsächlichen Fragen, Bern 1996.

Brisch, Klaus M.: EU-Richtlinienvorschlag zum elektronischen Geschäftsverkehr, CR 1999, 235-244.

Bröhl, Georg M.: Rechtliche Rahmenbedingungen für neue Informations- und Kommunikationsdienste, CR 1997, 73-79.

Bröhmer, Jürgen: Kommentierung zu Art. 43, 46, 48 EGV, in: *Calliess*, Christian / *Ruffert*, Matthias (Hrsg.): Kommentar des Vertrages über die Europäische Union und des Vertrages zur Gründung der Europäischen Gemeinschaft – EUV/EGV –, 2. Auflage, Neuwied (u.a.) 2002.

Bryde, Brun-Otto: Kommentierung zu Art. 14 GG, in: *von Münch*, Ingo (Begr.) / *Kunig*, Philip (Hrsg.): Grundgesetz-Kommentar, Band 1 (Art. 1-19 GG), 5. Auflage, München 2000.

Büchner, Wolfgang: Kommentierung zu §§ 85, 89 TKG, in: *Büchner*, Wolfgang / *Ehmer*, Jörg / *Geppert*, Martin / *Kerkhoff*, Bärbel / *Piepenbrock*, Hermann-Josef / *Schütz*, Raimund / *Schuster*, Fabian (Hrsg.): Beck'scher TKG-Kommentar, 2. Auflage, München 2000 (zitiert: *Büchner* in B/E/G/K/P/S/S).

Büllingen, Franz / *Hillebrand*, Annette: Rahmenbedingungen für die Telekommunikationsüberwachung im internationalen Vergleich, DuD 2003, 696-699.

Büttgen, Peter: Ein langer Weg – Telekommunikations-Datenschutzverordnung endlich in Kraft getreten, RDV 2001, 6-12.

- Teil 16.3 – Datenschutz im Telekommunikationsrecht, in: *Hoeren*, Thomas / *Sieber*, Ulrich (Hrsg.), Handbuch Multimedia-Recht – Rechtsfragen des elektronischen Geschäftsverkehrs, Loseblatt, Stand: 9. Ergänzungslieferung, München 2004.

Bullinger, Martin: Der Rundfunkbegriff in der Differenzierung kommunikativer Dienste, AfP 1996, 1-8.

- Kommentierung zu § 1 der Landespressegesetze, in: *Löffler*, Martin (Begr.): Presserecht – Kommentar zu den Landespressegesetzen der Bundesrepublik Deutschland mit einem besonderen Teil und einem Textanhang, 4. Auflage, München 1997.

Bullinger, Martin / *Mestmäcker*, Ernst-Joachim: Multimediadienste – Struktur und staatliche Aufgaben nach deutschem und europäischem Recht, Baden-Baden 1997.

Bullinger, Winfried: Internet-Auktionen – Die Versteigerung von Neuwaren im Internet aus wettbewerbsrechtlicher Sicht, WRP 2000, 253-258.

Burkhardt, Emanuel H.: Medienfreiheit quo vadis? – Das Somm-Urteil aus presserechtlicher Sicht, CR 1999, 38-42.

Cheswick, William R. / *Bellovin*, Steven M.: Firewalls und Sicherheit im Internet – Schutz vernetzter Systeme vor cleveren Hackern – Deutsche Übersetzung von Thomas Maus, Bonn (u.a.) 1996.

Classen, Claus Dieter: Auf dem Weg zu einer einheitlichen Dogmatik der EG-Grundfreiheiten?, EWS 1995, 97-106.

Collardin, Marcus: Straftaten im Internet – Fragen zum internationalen Strafrecht, CR 1995, 618-622.

Conradi, Ulrich / *Schlömer*, Uwe: Die Strafbarkeit der Internet-Provider, NStZ 1996, 366-369.

Cornils, Karin: Der Begehungsort von Äußerungsdelikten im Internet, JZ 1999, 394-398.

Dammann, Ulrich: Kommentierung zu §§ 1, 3 BDSG, in: *Simitis*, Spiros / *Dammann*, Ulrich / *Geiger*, Hansjörg / *Mallmann*, Otto / *Walz*, Stefan (Hrsg.): Kommentar zum Bundesdatenschutzgesetz, 4. Auflage, Loseblatt, Stand: 29. Ergänzungslieferung, Baden-Baden 1998.

von Danwitz, Thomas: Kommentierung zu Art. 35 GG, in: *von Mangoldt*, Hermann (Begr.) / *Klein*, Friedrich / *Starck*, Christian (Hrsg.): Das Bonner Grundgesetz – Kommentar, Band 2 (Art. 20-78 GG), 4. Auflage, München 2000.

Datenschutzbeauftragte des Bundes und der Länder: Gravierende Verschlechterungen des Datenschutzes im Entwurf des neuen TKG – Entschließung vom 21.11.2003, DuD 2004, 44.

Decker, Ute: Haftung für Urheberrechtsverletzungen im Internet – Anforderungen an die Kenntnis des Host-Providers, MMR 1999, 7-14.

Degenhart, Christoph: Rundfunk und Internet, ZUM 1998, 333-349.

- Kommentierung zu Art. 5 I, II GG, in: *Dolzer*, Rudolf / *Vogel*, Klaus / *Graßhof*, Karin (Hrsg.): Bonner Kommentar zum Grundgesetz, Loseblatt, Stand: 110. Ergänzungslieferung, Heidelberg 2004.

- Kommentierung zu Art. 73 GG, in: *Sachs*, Michael (Hrsg.): Grundgesetz – Kommentar, 3. Auflage, München 2003.

Denninger, Erhard: Verfassungsrechtliche Grenzen polizeilicher Datenverarbeitung insbesondere durch das Bundeskriminalamt, CR 1988, 51-60.

- Polizeiaufgaben, in: *Lisken*, Hans / *Denninger*, Erhard (Hrsg.): Handbuch des Polizeirechts, 3. Auflage, München 2001.

Depenheuer, Otto: Kommentierung zu Art. 14 GG, in: *von Mangoldt*, Hermann (Begr.) / *Klein*, Friedrich / *Starck*, Christian (Hrsg.): Das Bonner Grundgesetz – Kommentar, Band 1 (Art. 1-19 GG), 4. Auflage, München 1999.

Derksen, Roland: Strafrechtliche Verantwortung für in internationalen Computernetzen verbreitete Daten mit strafbarem Inhalt, NJW 1997, 1878-1885.

Determann, Lothar: Kommunikationsfreiheit im Internet, Baden-Baden 1999.

Dethloff, Nina: Europäisches Kollisionsrecht des unlauteren Wettbewerbs, JZ 2000, 179-185.

Dietlein, Johannes / *Heinemann*, Jan: Ordnungsrecht und Internetkriminalität – Anmerkungen zu den „Düsseldorfer Sperrungsverfügungen", K&R 2004, 418-424.

Dix, Alexander: Kommentierung zu § 5 TDDSG in der bis 20.12.2001 geltenden Fassung, in: *Roßnagel*, Alexander (Hrsg.): Recht der Multimedia-Dienste – Kommentar zum IuKDG und zum MDStV, Loseblatt, Stand: 3. Ergänzungslieferung, München 2003.

Dix, Alexander / *Schaar*, Peter: Kommentierung zu § 6 TDDSG in der bis 20.12.2001 geltenden Fassung, in: *Roßnagel*, Alexander (Hrsg.): Recht der Multimedia-Dienste – Kommentar zum IuKDG und zum MDStV, Loseblatt, Stand: 3. Ergänzungslieferung, München 2003.

DLM (Direktorenkonferenz der Landesmedienanstalten) (Hrsg.): Erstes Strukturpapier über die Zuständigkeit der Landesmedienanstalten im Grenzbereich zwischen Rundfunk und Mediendiensten und die Unterscheidung von Rundfunk und Mediendiensten, Stand: Dezember 1998, http://www.alm.de/aktuelles/presse/struktur2.htm.

Döring, Martin / *Günter*, Thomas: Jugendmedienschutz: Alterskontrollierte geschlossene Benutzergruppen im Internet gem. § 4 Abs. 2 Satz 2 JMStV, MMR 2004, 231-237.

Drasch, Wolfgang: Das Herkunftslandprinzip im internationalen Privatrecht – Auswirkungen des europäischen Binnenmarktes auf Vertrags- und Wettbewerbsstatut, Baden-Baden 1997.

Dreier, Horst: Kommentierung zu Art. 2 I GG, in: *Dreier*, Horst (Hrsg.): Grundgesetz – Kommentar, Band I (Art. 1-19 GG), Tübingen 1996.

- Kommentierung zu Art. 19 GG, in: *Dreier*, Horst (Hrsg.): Grundgesetz – Kommentar, Band I (Art. 1-19 GG), Tübingen 1996.

Dübbers, Robert: Anmerkung zu LG Hanau, Beschluß vom 23.09.1999 (3 Qs 149/99), StV 2000, 354-355.

Dürig, Günter: Kommentierung zu Art. 19 GG, in: *Maunz*, Theodor / *Dürig*, Günter (u.a., Hrsg.): Grundgesetz – Kommentar, Loseblatt, Stand: 43. Ergänzungslieferung, München 2004.

Eberhartinger, Michael: Konvergenz und Neustrukturierung der Grundfreiheiten, EWS 1997, 43-52.

Eck, Stefan / *Ruess*, Peter: Haftungsprivilegierung der Provider nach der E-Commerce-Richtlinie – Umsetzungsprobleme dargestellt am Beispiel der Kenntnis nach § 11 Satz 1 Ziffer 1 TDG, MMR 2003, 363-366.

Eckhardt, Jens: Neue Regelungen der TK-Überwachung, DuD 2002, 197-201.

- Neue Entwicklungen der Telekommunikationsüberwachung, CR 2002, 770-775.

- Datenschutz und Überwachung im Regierungsentwurf zum TKG, CR 2003, 805-813.

eco Forum e.V.: Regulierung von Internet-Inhalten – Betrachtung aus technischer Sicht –, Köln 2001, http://www.eco.de/servlet/PB/show/1028142/01-11-13.pdf.

Ehlers, Dirk: Allgemeine Lehren, in: *Ehlers*, Dirk (Hrsg.): Europäische Grundrechte und Grundfreiheiten, Berlin 2003.

Ehmer, Jörg: Kommentierung zu §§ 88, 90 TKG, in: *Büchner*, Wolfgang / *Ehmer*, Jörg / *Geppert*, Martin / *Kerkhoff*, Bärbel / *Piepenbrock*, Hermann-Josef / *Schütz*, Raimund / *Schuster*, Fabian (Hrsg.): Beck'scher TKG-Kommentar, 2. Auflage, München 2000 (zitiert: *Ehmer* in B/E/G/K/P/S/S).

Eichler, Alexander: K&R-Kommentar, Anmerkung zum Urteil des AG München vom 28.05.1998 (8340 Ds 4657 Js 173158/95), K&R 1998, 412-414.

Ellinghaus, Ulrich: Erste Stufe der TKG-Novelle: Umsetzung des TK-Richtlinienpakets durch Zeitablauf – Eine Analyse zu Art und Umfang der unmittelbaren Wirkung des TK-Richtlinienpakets, CR 2003, 657-663.

- TKG-Novelle und Europarecht: Probleme mit der Flexibilisierung – Eine Analyse der Umsetzung europarechtlicher Vorgaben zur Marktregulierung im Regierungsentwurf, CR 2004, 23-28.

Engel, Christoph: Inhaltskontrolle im Internet, AfP 1996, 220-227.

- Die Internet-Service-Provider als Geiseln deutscher Ordnungsbehörden – eine Kritik an den Verfügungen der Bezirksregierung Düsseldorf, MMR, Beilage 4/2003, 1-35.

Engel-Flechsig, Stefan: Das Informations- und Kommunikationsdienstegesetz des Bundes und der Mediendienste-Staatsvertrag der Bundesländer – einheitliche Rahmenbedingungen für Multimedia –, ZUM 1997, 231-239.

- Kommentierung zum TDDSG und zu §§ 12, 14 MDStV, in: *Engel-Flechsig*, Stefan / *Maennel*, Frithjof A. / *Tettenborn*, Alexander (Hrsg.): Beck'scher IuKDG-Kommentar, München 2001 (zitiert: *Engel-Flechsig* in E-F/M/T).

Engel-Flechsig, Stefan / *Maennel*, Frithjof A. / *Tettenborn*, Alexander: Das neue Informations- und Kommunikationsdienste-Gesetz, NJW 1997, 2981-2992.

- Neue gesetzliche Rahmenbedingungen für Multimedia – Die Regelungen des IuKDG und des MDStV, Sonderveröffentlichung des Betriebs-Beraters, Heidelberg 1998.

Engels, Stefan / *Köster*, Oliver: Haftung für „werbende Links" in Online-Angeboten, MMR 1999, 522-525.

Epiney, Astrid: Rechtsschutzsystem, in: *Beutler*, Bengt / *Bieber*, Roland / *Pipkorn*, Jörn / *Streil*, Jochen (Hrsg.): Die Europäische Union – Rechtsordnung und Politik, 5. Auflage, Baden-Baden 2001.

- Kommentierung zu Art. 28, 29 EGV, in: *Calliess*, Christian / *Ruffert*, Matthias (Hrsg.): Kommentar des Vertrages über die Europäische Union und des Vertrages zur Gründung der Europäischen Gemeinschaft – EUV/EGV –, 2. Auflage, Neuwied (u.a.) 2002.

- Freiheit des Warenverkehrs, in: *Ehlers*, Dirk (Hrsg.): Europäische Grundrechte und Grundfreiheiten, Berlin 2003.

Ernst, Stefan: Arzneimittelverkauf im Internet, WRP 2001, 893-899.

Eser, Albin: Kommentierung zu §§ 3-7, 9, 11, 111 StGB, in: *Schönke*, Adolf (Begr.) / *Schröder*, Horst (Hrsg.): Strafgesetzbuch – Kommentar, 26. Auflage, München 2001.

Etling-Ernst, Martina: TKG, Telekommunikationsgesetz – Praxiskommentar, Ratingen 1999.

Federrath, Hannes: Zur Kontrollierbarkeit des Internet, ZUM 1999, 177-180.

Federrath, Hannes / *Pfitzmann*, Andreas: Einführung in die Grundlagen des elektronischen Geschäftsverkehrs, in: *Moritz*, Hans-Werner / *Dreier*, Thomas (Hrsg.): Rechts-Handbuch zum E-Commerce, Köln 2002.

Feldmüller, Christian: Die Rechtsstellung fremder Staaten und sonstiger juristischer Personen des ausländischen öffentlichen Rechts im deutschen Verwaltungsprozeßrecht, Berlin 1999.

Fezer, Karl-Heinz / *Koos*, Stefan: Das gemeinschaftsrechtliche Herkunftslandprinzip und die e-commerce-Richtlinie – Zur dringenden Notwendigkeit einer Harmonisierung des Wettbewerbsrechts in den Mitgliedstaaten der Europäischen Union als einer gemeinschaftsrechtlichen Aufgabe, IPrax 2000, 349-354.

Fischer, Thomas: Kommentierung des StGB, in: *Tröndle*, Herbert / *Fischer*, Thomas (Hrsg.): Strafgesetzbuch und Nebengesetze, 51. Auflage, München 2003.

Flechsig, Norbert P.: Subdomain: Sicher versteckt und unerreichbar? – Die Verkehrssicherungspflichten des Host-Providers, MMR 2002, 347-353.

Flechsig, Norbert P. / *Gabel*, Detlev: Strafrechtliche Verantwortlichkeit im Netz durch Einrichten und Vorhalten von Hyperlinks, CR 1998, 351-358.

Fox, Dirk: Fälschungssicherheit digitaler Signaturen – Eine Übersicht, DuD 1997, 69-74.

- Big brother is listening in, DuD 2002, 194.

Freytag, Stefan: Haftung im Netz – Verantwortlichkeit für Urheber-, Marken- und Wettbewerbsrechtsverletzungen nach § 5 TDG und § 5 MDStV, München 1999.

- Urheberrechtliche Haftung im Netz – Zur dogmatischen Einordnung und praktischen Umsetzung von § 5 TDG und § 5 MDStV bei Urheberrechtsverletzungen im Internet, ZUM 1999, 185-195.

- Providerhaftung im Binnenmarkt – Verantwortlichkeit für rechtswidrige Inhalte nach der E-Commerce-Richtlinie, CR 2000, 600-609.

- Europarechtliche Grundlagen – Harmonisierung der Providerhaftung, in: *Lehmann*, Michael (Hrsg.): Electronic Business in Europa – Internationales, europäisches und deutsches Online-Recht, München (u.a.) 2002.

Fuhrberg, Kai: Internet-Sicherheit – Browser, Firewalls und Verschlüsselung, 2. Auflage, München (u.a.) 2000.

Gabel, Detlev: K&R-Kommentar, Anmerkung zu LG Hamburg, Urteil vom 12.05.1998 (312 O 85/98), K&R 1998, 367-368.

Geiger, Rudolf: Grundgesetz und Völkerrecht – Die Bezüge des Staatsrechts zum Völkerrecht und Europarecht – Ein Studienbuch, 3. Auflage, München 2002.

Gercke, Marco: „Virtuelles" Bereithalten i.S.d. § 5 TDG – die straf- und zivilrechtliche Verantwortlichkeit bei der Einrichtung von Hyperlinks, ZUM 2001, 34-40.

- Anmerkung zum Urteil des LG Trier vom 16.05.2001 (4 O 106/00), MMR 2002, 695-696.
- Die Speicherung von Nutzungsdaten – Zwischen effektiver Kriminalitätsbekämpfung und Privatsphäre, DuD 2002, 477-483.
- Die Protokollierung von Nutzerdaten – Zu den Ermittlungsmaßnahmen gegen JAP nach §§ 100g/h StPO, DuD 2004, 210-214.
- Die Cybercrime Konvention des Europarates – Bedeutung und Tragweite ihres völkerrechtlichen Einflusses auf das Straf- und Strafverfahrensrecht in Deutschland, CR 2004, 782-791.

Gerhold, Diethelm / *Heil*, Helmut: Das neue Bundesdatenschutzgesetz 2001, DuD 2001, 377-382.

Germann, Michael: Gefahrenabwehr und Strafverfolgung im Internet, Berlin 2000.

Gersdorf, Hubertus: Der verfassungsrechtliche Rundfunkbegriff im Lichte der Digitalisierung der Telekommunikation, Berlin 1995.

Gierschmann, Sibylle: Die E-Commerce-Richtlinie, DB 2000, 1315-1319.

Glöckner, Jochen: Wettbewerbsverstöße im Internet – Grenzen einer kollisionsrechtlichen Problemlösung, ZVglRWiss 99 (2000), 278-309.

Gloria, Christian: Das Staatsgebiet, in: *Ipsen*, Knut (Hrsg.): Völkerrecht – Ein Studienbuch, 4. Auflage, München 1999.

Göppl, Ulrike: Allgemeines Polizeirecht, Vereins- und Versammlungsrecht, Waffenrecht, in: *Bergmann*, Jan / *Kenntner*, Markus (Hrsg.): Deutsches Verwaltungsrecht unter europäischem Einfluss – Handbuch für Justiz, Anwaltschaft und Verwaltung, Stuttgart (u.a.) 2002.

Götz, Volkmar: Allgemeines Polizei- und Ordnungsrecht, 13. Auflage, Göttingen 2001.

Gounalakis, Georgios: Der Mediendienste-Staatsvertrag der Länder, NJW 1997, 2993-3000.

- Elektronische Kommunikationsangebote zwischen Telediensten, Mediendiensten und Rundfunk, CR 1998, 487-492.

Gounalakis, Georgios / *Rhode*, Lars: Haftung des Host-Providers: Ein neues Fehlurteil aus München?, NJW 2000, 2168-2171.

- Persönlichkeitsschutz im Internet – Grundlagen und Online-Spezifika, München 2002.

Grandpierre, Andreas: Herkunftsprinzip kontra Marktortanknüpfung – Auswirkungen des Gemeinschaftsrechts auf die Kollisionsregeln im Wettbewerbsrecht, Frankfurt am Main (u.a.) 1999.

Grapentin, Sabine: Neuer Jugendschutz in den Online-Medien – Pflichten für Online-Anbieter nach dem neuen Jugendmedienschutz-Staatsvertrag, CR 2003, 458-464.

Greiner, Arved: Die Verhinderung verbotener Internetinhalte im Wege polizeilicher Gefahrenabwehr, Hamburg 2001.

- Sperrungsverfügungen als Mittel der Gefahrenabwehr – zu den Verfügungen der Bezirksregierung Düsseldorf, CR 2002, 620-623.

Greissinger, Christian: Die EuGH-Rechtsprechung zur Fernsehrichtlinie, CR 1999, 112-121.

Gribbohm, Günter: Kommentierung zu § 9 StGB, in: *Jähnke*, Burkhard / *Laufhütte*, Heinrich Wilhelm / *Odersky*, Walter (Hrsg.): Strafgesetzbuch – Leipziger Kommentar – Großkommentar, Erster Band (§§ 1-31 StGB), 11. Auflage, Berlin 2003.

Griese, Joachim / *Sieber*, Pascal: Internet als erste Ausbaustufe des Information Highway, in: *Hilty*, Reto M. (Hrsg.): Information Highway – Beiträge zu rechtlichen und tatsächlichen Fragen, Bern 1996.

Grimming, Renate: Napster: Der Tod des „Revoluzzers", 04.09.2002, http://www.heise.de/newsticker/meldung/30466.

Gusy, Christoph: Kommentierung zu Art. 10 GG, in: *von Mangoldt*, Hermann (Begr.) / *Klein*, Friedrich / *Starck*, Christian (Hrsg.): Das Bonner Grundgesetz – Kommentar, Band 1 (Art. 1-19 GG), 4. Auflage, München 1999.

- Polizeirecht, 5. Auflage, Tübingen 2003.

Hage, Markus / *Hitzfeld*, Timm: Technische Gestalt der Kommunikationsnetze, in: *Loewenheim*, Ulrich / *Koch*, Frank A. (Hrsg.): Praxis des Online-Rechts, München 2001.

Hailbronner, Kay: Kommentierung zu Art. 56 EGV, in: *Hailbronner*, Kay / *Klein*, Eckart / *Magiera*, Siegfried / *Müller-Graff*, Peter-Christian (Hrsg.): Handkommentar zum Vertrag über die Europäische Union (EUV/EGV), Loseblatt, Stand: 7. Ergänzungslieferung, Köln (u.a.) 1998.

Hakenberg, Waltraud: Kommentierung zu Art. 49/50 EGV, in: *Lenz*, Carl Otto (Hrsg.): EG-Vertrag – Kommentar zu dem Vertrag zur Gründung der Europäischen Gemeinschaften, in der durch den Amsterdamer Vertrag geänderten Fassung, 2. Auflage, Köln (u.a.) 1999.

Härting, Niko: Gesetzentwurf zur Umsetzung der E-Commerce-Richtlinie, CR 2001, 271-277.

Härting, Niko / *Eckart*, Christian: Provider gegen Spammer – Können sich Provider mit rechtlichen Ansprüchen gegen die Mailflut wehren?, CR 2004, 119-122.

Haft, Fritjof / *Eisele*, Jörg: Zur Einführung: Rechtsfragen des Datenverkehrs im Internet, JuS 2001, 112-120.

Halfmeier, Axel: Vom Cassislikör zur E-Commerce-Richtlinie: Auf dem Weg zu einem europäischen Mediendeliktsrecht, ZEuP 2001, 837-868.

Hamann, Andreas: Der Entwurf einer E-Commerce-Richtlinie unter rundfunkrechtlichen Gesichtspunkten, ZUM 2000, 290-297.

von Hammerstein, Christian: Kostentragung für staatliche Überwachungsmaßnahmen nach der TKG-Novelle, MMR 2004, 222-227.

Hartstein, Reinhard / *Ring*, Wolf-Dieter / *Kreile*, Johannes / *Dörr*, Dieter / *Stettner*, Rupert: Rundfunkstaatsvertrag – Kommentar, Loseblatt, Stand: 21. Ergänzungslieferung, München 2004.

Hatje, Armin: Kommentierung zu Art. 10 EGV, in: *Schwarze*, Jürgen (Hrsg.): EU-Kommentar, Baden-Baden 2000.

Heghmanns, Michael: Anmerkung zum Urteil des Landgerichts München I vom 17. November 1999 – 20 Ns 465 Js 173158/95 – CompuServe, ZUM 2000, 463-466.

- Musiktauschbörsen im Internet aus strafrechtlicher Sicht, MMR 2004, 14-18.

Heim, Sebastian: Online-Dienste öffentlich-rechtlicher Rundfunkanstalten vor dem Hintergrund des 7. Rundfunkänderungsstaatsvertrages, K&R 2004, 121-126.

Heinrich, Bernd: Der Erfolgsort beim abstrakten Gefährdungsdelikt, GA 1999, 72-84.

Heinrichs, Helmut: Kommentierung zu § 90 BGB, in: *Palandt*, Otto (Begr.): Bürgerliches Gesetzbuch mit Einführungsgesetz (Auszug), Unterlassungsklagengesetz, Produkthaftungsgesetz, Erbbaurechtsverordnung, Wohnungseigentumsgesetz, Hausratsverordnung, Lebenspartnerschaftsgesetz, Gewaltschutzgesetz (Auszug), 63. Auflage, München 2004.

Heintzen, Markus: Auswärtige Beziehungen privater Verbände – Eine staatsrechtliche, insbesondere grundrechtskollisionsrechtliche Untersuchung, Berlin 1988.

Helberger, Natalie: Die Konkretisierung des Sendestaatsprinzips in der Rechtsprechung des EuGH, ZUM 1998, 50-60.

Herdegen, Michael: Europarecht, 5. Auflage, München 2003.

Hermes, Georg: Kommentierung zu Art. 10 GG, in: *Dreier*, Horst (Hrsg.): Grundgesetz – Kommentar, Band I (Art. 1-19 GG), Tübingen 1996.

Herzog, Marco: Rechtliche Probleme der Inhaltsbeschränkung im Internet, Frankfurt am Main (u.a.) 2000.

Herzog, Roman: Kommentierung zu Art. 5 I, II GG, in: *Maunz*, Theodor / *Dürig*, Günter (u.a., Hrsg.): Grundgesetz – Kommentar, Loseblatt, Stand: 43. Ergänzungslieferung, München 2004.

- Kommentierung zu Art. 19 GG, in: *Maunz*, Theodor / *Dürig*, Günter (u.a., Hrsg.): Grundgesetz – Kommentar, Loseblatt, Stand: 43. Ergänzungslieferung, München 2004.

Hilgendorf, Eric: Überlegungen zur strafrechtlichen Interpretation des Ubiquitätsprinzips im Zeitalter des Internet, NJW 1997, 1873-1878.

Hirsch, Hans-Joachim: Anmerkung zu BGH, Beschluß vom 19.02.1997 (3 StR 632/96 [LG Düsseldorf]), NStZ 1997, 230-232.

Hobert, Guido: Datenschutz und Datensicherheit im Internet, Frankfurt am Main (u.a.) 1998.

Hochstein, Reiner: Teledienste, Mediendienste und Rundfunkbegriff – Anmerkungen zur praktischen Abgrenzung multimedialer Erscheinungsformen, NJW 1997, 2977-2981.

Höfling, Wolfram: Kommentierung zu Art. 1 GG, in: *Sachs*, Michael (Hrsg.): Grundgesetz – Kommentar, 3. Auflage, München 2003.

Hoeren, Thomas: Anmerkung zu: Generalbundesanwalt, Einstellungsverfügung vom 26.11.1997 (2 BJs 104/96-4), MMR 1998, 97-98.

- Vorschlag für eine EU-Richtlinie über E-Commerce – Eine erste kritische Analyse, MMR 1999, 192-199.
- Anmerkung zu OLG München, Urteil vom 08.03.2001 (29 U 3282/00 [LG München I]), MMR 2001, 379-381.
- Stellungnahme zur geplanten Sperrungsverfügung der Bezirksregierung Düsseldorf (Anhörung am 13.11.2001), 08.11.2001, http://www.online-demon-

stration.org/zensur/stellungnahme-prof-hoeren.pdf (zitiert: *Hoeren*, Stellungnahme).

- Grundzüge des Internetrechts – E-Commerce/Domains/Urheberrecht, 2. Auflage, München 2002.

Hoeren, Thomas / *Pichler*, Rufus: Zivilrechtliche Haftung im Online-Bereich, in: *Loewenheim*, Ulrich / *Koch*, Frank A. (Hrsg.): Praxis des Online-Rechts, München 2001.

Hörnle, Tatjana: Anmerkung zu BGH, Urteil vom 12.12.2000 (1 StR 184/00 [LG Mannheim]), NStZ 2001, 309-311.

Hofmann, Rainer: Grundrechte und grenzüberschreitende Sachverhalte – Human rights and situations of transboundary nature (english summary), Berlin (u.a.) 1994.

Hoffmann-Riem, Wolfgang: Kommunikations- und Medienfreiheit, in: *Benda*, Ernst / *Maihofer*, Werner / *Vogel*, Hans-Jochen (Hrsg.): Handbuch des Verfassungsrechts, 2. Auflage, Berlin (u.a.) 1994.

- Der Rundfunkbegriff in der Differenzierung kommunikativer Dienste, AfP 1996, 9-15.

- Kommentierung zu Art. 5 I, II GG, in: *Denninger*, Erhard / *Hoffmann-Riem*, Wolfgang / *Schneider*, Hans-Peter / *Stein*, Ekkehart (Hrsg.): Kommentar zum Grundgesetz für die Bundesrepublik Deutschland (Reihe Alternativkommentare), 3. Auflage, Loseblatt, Stand: 2. Ergänzungslieferung, Neuwied (u.a.) 2002.

Holoubek, Michael: Kommentierung zu Art. 49 EGV, in: *Schwarze*, Jürgen (Hrsg.): EU-Kommentar, Baden-Baden 2000.

Holznagel, Bernd: Verantwortlichkeiten im Internet und Free Speech am Beispiel der Haftung für illegale und jugendgefährdende Inhalte, ZUM 2000, 1007-1028.

Holznagel, Bernd / *Kibele*, Babette: Teil 5 – Vorfragen zu Rundfunk-, Medien- und Telediensten, in: *Hoeren*, Thomas / *Sieber*, Ulrich (Hrsg.): Handbuch Multimedia-Recht – Rechtsfragen des elektronischen Geschäftsverkehrs, Loseblatt, Stand: 9. Ergänzungslieferung, München 2004.

Hornig, Michael: Möglichkeiten des Ordnungsrechts bei der Bekämpfung rechtsextremistischer Inhalte im Internet – zur Internet-Aufsicht auf der Grundlage des § 18 Mediendienste-Staatsvertrags, ZUM 2001, 846-857.

Huber, Bertold: Das neue G 10-Gesetz, NJW 2001, 3296-3302.

Huber, Peter Michael: Kommentierung zu Art. 19 GG, in: *von Mangoldt*, Hermann (Begr.) / *Klein*, Friedrich / *Starck*, Christian (Hrsg.): Das Bonner

Grundgesetz – Kommentar, Band 1 (Art. 1-19 GG), 4. Auflage, München 1999.

Hütig, Stefan: Haftung der im Netz Tätigen – Die Haftungsbeschränkung nach dem Teledienstegesetz (TDG) und dem Mediendienste-Staatsvertrag (MDStV), in: *Moritz*, Hans-Werner / *Dreier*, Thomas (Hrsg.): Rechts-Handbuch zum E-Commerce, Köln 2002.

Huppertz, Stefanie: Rechtliche Probleme von Online-Auktionen, MMR 2000, 65-72.

Ipsen, Hans Peter: Europäisches Gemeinschaftsrecht, Tübingen 1972 (zitiert: *Ipsen*, GemR).

Isensee, Josef: Grundrechtsvoraussetzungen und Verfassungserwartungen an die Grundrechtsausübung, in: *Isensee*, Josef / *Kirchhof*, Paul (Hrsg.): Handbuch des Staatsrechts der Bundesrepublik Deutschland, Band V (Allgemeine Grundrechtslehren), 2. Auflage, Heidelberg 2000.

Jacob, Joachim: Bundesratsmehrheit plant unakzeptable „Vorratsspeicherung" für Internet- und Telekommunikationsdaten (Pressemitteilung), 31.05 2002, http://www.bfd.bund.de/ Presse/pm20020531.html.

Jaeger, Stefan: Verbreitung pornographischer Schriften im Rahmen von Telediensten – Anmerkung zum Urteil des AG München vom 28.05.1998 (8340 Ds 465 Js 172158/95), RDV 1998, 266-269.

Janik, Viktor: Rundfunkregulierung auch im Internet?, K&R 2001, 572-582.

Jarass, Hans D.: Rundfunkbegriffe im Zeitalter des Internet – Zum Anwendungsbereich der Rundfunkfreiheit, des Rundfunkstaatsvertrags und des Mediendienste-Staatsvertrags, AfP 1998, 133-141.

- Kommentierung zu Art. 2, 3, 5, 10, 12, 14, 19 GG, in: *Jarass*, Hans D. / *Pieroth*, Bodo (Hrsg.): Grundgesetz für die Bundesrepublik Deutschland – Kommentar, 7. Auflage, München 2004.

Jofer, Robert: Strafverfolgung im Internet – Phänomenologie und Bekämpfung kriminellen Verhaltens in internationalen Computernetzen, Frankfurt am Main (u.a.) 1999.

Kämper, Gregor: Polizeiliche Zusammenarbeit in der Europäischen Union – Entwicklung, Rechtsformen, grundgesetzliche Zulässigkeit, Frankfurt am Main (u.a.) 2001.

Kahl, Wolfgang: Kommentierung zu Art. 10 EGV, in: *Calliess*, Christian / *Ruffert*, Matthias (Hrsg.): Kommentar des Vertrages über die Europäische Union und des Vertrages zur Gründung der Europäischen Gemeinschaft – EUV/EGV –, 2. Auflage, Neuwied (u.a.) 2002.

Kamann, Hans-Georg: Kommentierung zu Art. 23, 24 EGV, in: *Streinz*, Rudolf (Hrsg.): EUV/EGV – Vertrag über die Europäische Union und Vertrag zur Gründung der Europäischen Gemeinschaft, München 2003.

Kannengießer, Christoph: Kommentierung zu Art. 5 GG, in: *Schmidt-Bleibtreu*, Bruno / *Klein*, Franz (Hrsg.): Kommentar zum Grundgesetz, 9. Auflage, Neuwied (u.a.) 1999.

Kay, Wolfgang / *Böcking*, Reinhold: Polizeirecht in Nordrhein-Westfalen, München 1992.

Kegel, Gerhard / *Schurig*, Klaus: Internationales Privatrecht – Ein Studienbuch, 9. Auflage, Köln (u.a.) 2004.

Kieper, Marcus: Datenschutz für Telearbeitnehmer, DuD 1998, 583-588.

Kindler, Peter: Internationales Handels- und Gesellschaftsrecht (Kaufleute, Juristische Personen und Gesellschaften), in: *Rebmann*, Kurt / *Säcker*, Franz Jürgen / *Rixecker*, Roland (Hrsg.): Münchener Kommentar zum Bürgerlichen Gesetzbuch, Band 11 (Internationales Handels- und Gesellschaftsrecht, Einführungsgesetz zum Bürgerlichen Gesetzbuche [Art. 50-237]), 3. Auflage, München 1999.

Klett, Alexander: Urheberrecht im Internet aus deutscher und amerikanischer Sicht, Baden-Baden 1998.

Kloepfer, Michael: Grenzüberschreitende Umweltbelastungen als Rechtsproblem, DVBl 1984, 245, 255.

- Umweltrecht, 2. Auflage, München 1998 (zitiert: *Kloepfer*, UmwR).
- Privatsphäre im Fadenkreuz staatlicher Überwachung?, K&R 2001, 545-555.
- Informationsrecht, München 2002 (zitiert: *Kloepfer*, InfR).

Klotz, Robert: Der Referentenentwurf zum TKG im Licht der europarechtlichen Vorgaben, MMR 2003, 495-499.

Kluth, Winfried: Kommentierung zu Art. 50 EGV, in: *Calliess*, Christian / *Ruffert*, Matthias (Hrsg.): Kommentar des Vertrages über die Europäische Union und des Vertrages zur Gründung der Europäischen Gemeinschaft – EUV/ EGV –, 2. Auflage, Neuwied (u.a.) 2002.

Knemeyer, Franz-Ludwig: Datenerhebung und Datenverarbeitung im Polizeirecht, NVwZ 1988, 193-199.

- Polizei- und Ordnungsrecht, 9. Auflage, München 2002.

Kniesel, Michael / *Vahle*, Jürgen: Fortentwicklung des materiellen Polizeirechts – Zum Vorentwurf zur Änderung des Musterentwurfs eines einheitlichen Polizeigesetzes des Bundes und der Länder (VE MEPolG), DÖV 1987, 953-960.

Knothe, Matthias: Neues Recht für Multi-Media-Dienste – Die Ländersicht, AfP 1997, 494-498.

Koch, Alexander: Strafrechtliche Verantwortlichkeit beim Setzen von Hyperlinks auf mißbilligte Inhalte, MMR 1999, 704-710.

Koch, Benjamin: Eine erste Bewertung der Entscheidung „DocMorris" des EuGH, EuZW 2004, 50-51.

Koch, Frank A.: Zivilrechtliche Anbieterhaftung für Inhalte in Kommunikationsnetzen, CR 1997, 193-203.

- Neue Rechtsprobleme der Internet-Nutzung, NJW-CoR 1998, 45-48.

Koch, Martin: Datenerhebung und -verarbeitung in den Polizeigesetzen der Länder, Baden-Baden 1999.

Kochinke, Clemens / *Tröndle*, Rüdiger: Links, Frames und Meta-Tags – Urheber- und markenrechtliche Implikationen im Internet, CR 1999, 190-197

Köhntopp, Kristian / *Köhntopp*, Marit / *Seeger*, Martin: Sperrungen im Internet – eine systematische Aufarbeitung der „Zensurdiskussion", DuD 1997, 626-631.

- Sperrungen im Internet – eine systematische Aufarbeitung der Zensurdiskussion: technische Hintergründe, K&R 1998, 25-32.

Köhntopp, Marit / *Köhntopp*, Kristian: Datenspuren im Internet, CR 2000, 248-257.

Koenig, Christian: Regulierungsoptionen für die Neuen Medien in Deutschland, MMR, Beilage 12/1998, 1-16.

- Medienaufsicht in der Bundesrepublik Deutschland – Im Blickpunkt: Konvergenz der Kommunikationsbranchen, K&R 2000, 1-9.

Koenig, Christian / *Engelmann*, Christina: E-Commerce mit Arzneimitteln im Europäischen Binnenmarkt und die Freiheit des Warenverkehrs, ZUM 2001, 19-27.

Koenig, Christian / *Haratsch*, Andreas: Europarecht, 4. Auflage, Tübingen 2003.

Koenig, Christian / *Koch*, Alexander / *Braun*, Jens-Daniel: Die Telekommunikationsüberwachungsverordnung: Neue Belastungen für Internet Service Provider und Mobilfunknetzbetreiber? – Zugleich ein Beitrag zur Verfassungsmäßigkeit des § 88 TKG, K&R 2002, 289-297.

Koenig, Christian / *Loetz*, Sascha: Sperrungsanordnungen gegenüber Network- und Access-Providern, CR 1999, 438-445.

Koenig, Christian / *Neumann*, Andreas: Internet-Protokoll-Adressen als „Nummern" im Sinne des Telekommunikationsrechts?, K&R 1999, 145-151.

Königshofen, Thomas: Die Telekommunikations-Datenschutzverordnung (TDSV), DuD 2001, 85-90.

Komarnicki, Bettina: Teil 12.2 – Webhosting-Verträge, in: *Hoeren*, Thomas / *Sieber*, Ulrich (Hrsg.): Handbuch Multimedia-Recht – Rechtsfragen des elektronischen Geschäftsverkehrs, Loseblatt, Stand: 9. Ergänzungslieferung, München 2004.

Kort, Michael: Schranken der Dienstleistungsfreiheit im europäischen Recht, JZ 1996, 132-140.

Krader, Gabriela: Kampf gegen die Internetkriminalität, DuD 2001, 344-347.

Krebs, Walter: Kommentierung zu Art. 19 GG, in: *von Münch*, Ingo (Begr.) / *Kunig*, Philip (Hrsg.): Grundgesetz-Kommentar, Band 1 (Art. 1-19 GG), 5. Auflage, München 2000.

Krempl, Stefan: Lauschangriff auf die Kommunikation soll Ausnahme bleiben, 11.07.2001, http://www.heise.de/newsticker/meldung/19207 (zitiert: *Krempl*, 2001).

- Provider in Nordrhein-Westfalen erhalten Sperrungsverfügungen, 08.02.2002, http://www.heise.de/newsticker/meldung/24721 (zitiert: *Krempl*, 2002 I).
- Europaparlament: weniger Datenschutz, weniger Spam, 30.05.2002, http://www.heise.de/newsticker/meldung/27804 (zitiert: *Krempl*, 2002 II).
- Wachsende Front gegen EU-weite Vorratsspeicherung von TK-Verbindungsdaten, 08.10.2004, http://www.heise.de/newsticker/meldung/51970 (zitiert: *Krempl*, 2004 I)
- Bundesregierung liebäugelt mit EU-weiter Vorratsspeicherung der TK-Verbindungsdaten, 15.10.2004, http://www.heise.de/newsticker/meldung/52212 (zitiert: *Krempl*, 2004 II)

Krück, Hans: Kommentierung zu Art. 281 EGV, in: *Schwarze*, Jürgen (Hrsg.): EU-Kommentar, Baden-Baden 2000.

Krüger, Hartmut / *Pagenkopf*, Martin: Kommentierung zu Art. 10 GG, in: *Sachs*, Michael (Hrsg.): Grundgesetz – Kommentar, 3. Auflage, München 2003.

Krüger, Hartmut / *Sachs*, Michael: Kommentierung zu Art. 19 GG, in: *Sachs*, Michael (Hrsg.): Grundgesetz – Kommentar, 3. Auflage, München 2003.

Kube, Hanno / *Schütze*, Marc: Die Kosten der TK-Überwachung – Zum Ausgleich einer staatlichen Inpflichtnahme, CR 2003, 663-671.

Kuch, Hansjörg: Der Staatsvertrag über Mediendienste, ZUM 1997, 225-230.

Kudlich, Hans: Der heimliche Zugriff auf Daten in einer Mailbox: Ein Fall der Überwachung des Fernmeldeverkehrs? – BGH, NJW 1997, 1934, JuS 1998, 209-214.

- Strafprozessuale Probleme des Internet, JA 2000, 227-234.

- Anmerkung zu BGH, Urteil vom 12.12.2000 (1 StR 184/00 [LG Mannheim], StV 2001, 397-399.

Kühl, Kristian: Kommentierung zu §§ 80a, 111, 130, 184, 185 StGB, in: *Lackner*, Karl / *Kühl*, Kristian (Hrsg.): Strafgesetzbuch mit Erläuterungen, 24. Auflage, München 2001.

Kühling, Jürgen: Freiheitsverluste im Austausch gegen Sicherheitshoffnungen im künftigen Telekommunikationsgesetz? – Verfassungsrechtliche Determinanten am Beispiel der Vorratsdatenspeicherung, K&R 2004, 105-112.

Kühne, Hans-Heiner: Strafprozessrecht – eine systematische Darstellung des deutschen und europäischen Strafverfahrensrechts, 6. Auflage, Heidelberg 2003.

Kunig, Philip: Kommentierung zu Art. 1 GG, in: *von Münch*, Ingo (Begr.) / *Kunig*, Philip (Hrsg.): Grundgesetz-Kommentar, Band 1 (Art. 1-19 GG), 5. Auflage, München 2000.

Kyas, Othmar: Sicherheit im Internet, 2. Auflage, Bonn (u.a.) 1998.

Lackner, Karl: Kommentierung zu §§ 3-7, 9, 11, 74d StGB, in: *Lackner*, Karl / *Kühl*, Kristian (Hrsg.): Strafgesetzbuch mit Erläuterungen, 24. Auflage, München 2001.

Lagodny, Otto: Anmerkung zu BGH, Urteil vom 12.12.2000 (1 StR 184/00 [LG Mannheim]), JZ 2001, 1198-1200.

Langenfeld, Christine: Die Neuordnung des Jugendschutzes im Internet, MMR 2003, 303-310.

Larenz, Karl (Begr.) / *Canaris*, Claus-Wilhelm: Methodenlehre der Rechtswissenschaft, 3. Auflage, Berlin (u.a.) 1995.

Laubenthal, Klaus: Sexualstraftaten – die Delikte gegen die sexuelle Selbstbestimmung, Berlin (u.a.) 2000.

Lehmann, Michael: Unvereinbarkeit des § 5 Teledienstegesetz mit Völkerrecht und Europarecht, CR 1998, 232-234.

- Rechtsgeschäfte und Verantwortlichkeit im Netz – Der Richtlinienvorschlag der EU-Kommission, ZUM 1999, 180-184.

- Die IT-relevante Umsetzung der Richtlinie Urheberrecht in der Informationsgesellschaft – Ein Überblick zu den wesentlichen Änderungen des deutschen

Urheberrechts durch das Gesetz zur Regelung des Urheberrechts in der Informationsgesellschaft, CR 2003, 553-557.

Leible, Stefan: Kommentierung zu Art. 28 EGV, in: *Grabitz*, Eberhard (Begr.) / *Hilf*, Meinhard (Hrsg.): Das Recht der Europäischen Union, Band I (EUV/ EGV), Loseblatt, Stand: 23. Ergänzungslieferung, München 2004.

Leistner, Matthias / *Bettinger*, Torsten: Creating Cyberspace – Immaterialgüterrechtlicher und wettbewerbsrechtlicher Schutz des Web-Designers, CR, Beilage 12/1999, 1-31.

Lenckner, Theodor: Vorbemerkung vor § 32 StGB, Kommentierung zu § 130 StGB, in: *Schönke*, Adolf (Begr.) / *Schröder*, Horst (Hrsg.): Strafgesetzbuch – Kommentar, 26. Auflage, München 2001.

Lenckner, Theodor / *Perron*, Walter: Kommentierung zu § 184 StGB, in: *Schönke*, Adolf (Begr.) / *Schröder*, Horst (Hrsg.): Strafgesetzbuch – Kommentar, 26. Auflage, München 2001.

Lent, Wolfgang: Rundfunk-, Medien-, Teledienste – Eine verfassungsrechtliche Untersuchung des Rundfunkbegriffs und der Gewährleistungsbereiche öffentlich-rechtlicher Rundfunkanstalten unter Berücksichtigung einfachrechtlicher Abgrenzungsfragen zwischen Rundfunkstaatsvertrag, Mediendienstestaatsvertrag und Teledienstegesetz, Frankfurt am Main (u.a.) 2001.

Lerch, Janusz-Alexander: Der Gegendarstellungsanspruch im Internet – Findet der Gegendarstellungsanspruch auch auf die „elektronische Presse“ Anwendung?, CR 1997, 261-269.

Libertus, Michael: Kommunikationsrechtliche Einordnung neuer nicht-linearer digitaler Dienste, ZUM 2000, 555-563.

Liesching, Marc: Pornografieverbote in Staaten der Europäischen Union, MMR 2003, 156-163.

Linke, Christine E.: Europäisches Internationales Verwaltungsrecht, Frankfurt am Main (u.a.) 2001.

Lisken, Hans: Vorfeldeingriffe im Bereich der „Organisierten Kriminalität“ – Gemeinsame Aufgabe von Verfassungsschutz und Polizei?, ZRP 1994, 264-270.

Löffler, Martin / *Ricker*, Reinhart: Handbuch des Presserechts, 4. Auflage, München 2000.

Löffler, Severin: Werbung im Cyberspace – Eine kollisionsrechtliche Betrachtung, WRP 2001, 379-391.

Löhnig, Martin: „Verbotene Schriften“ im Internet, JR 1997, 496-498.

Löwer, Wolfgang: Kommentierung zu Art. 10 GG, in: *von Münch*, Ingo (Begr.) / *Kunig*, Philip (Hrsg.): Grundgesetz-Kommentar, Band 1 (Art. 1-19 GG), 5. Auflage, München 2000.

Löwnau-Iqbal, Gabriele: Kommentierung zu §§ 88, 89, 90 TKG, in: *Scheurle*, Klaus-Dieter / *Mayen*, Thomas (Hrsg.): Telekommunikationsgesetz (TKG), München 2002.

Lünenbürger, Simone: Kommentierung zu § 3 TKG, in: *Scheurle*, Klaus-Dieter / *Mayen*, Thomas (Hrsg.): Telekommunikationsgesetz (TKG), München 2002.

Maennel, Frithjof A.: Elektronischer Geschäftsverkehr ohne Grenzen – der Richtlinienvorschlag der Europäischen Kommission, MMR 1999, 187-192.

- Kommentierung zu § 5 TDG und § 5 MDStV, in: *Engel-Flechsig*, Stefan / *Maennel*, Frithjof A. / *Tettenborn*, Alexander (Hrsg.): Beck'scher IuKDG-Kommentar, München 2001 (zitiert: *Maennel* in E-F/M/T).
- Tätigkeit im Netz – Ausblick – Die EU-Richtlinie zum E-Commerce, in: *Moritz*, Hans-Werner / *Dreier*, Thomas (Hrsg.): Rechts-Handbuch zum E-Commerce, Köln 2002.

Maletzke, Gerhard: Psychologie der Massenkommunikation – Theorie und Systematik, Hamburg 1978.

Mankowski, Peter: Anmerkung zu den Urteilen des LG Frankfurt/Main vom 09.11.2000 (2-03 O 366/00) und LG Berlin vom 07.11.2000 (103 O 192/00), MMR 2001, 251-255.

- Anmerkung zum Urteil des OLG Frankfurt/Main vom 31.05.2001 (6 U 240/00 [LG Frankfurt/Main]), MMR 2001, 754-758.
- Das Herkunftslandprinzip als Internationales Privatrecht der e-commerce-Richtlinie, ZVglRWiss 100 (2001), 137-181.
- Herkunftslandprinzip und Günstigkeitsvergleich in § 4 TDG-E, CR 2001, 630-641.
- Editorial: Die Düsseldorfer Sperrungsverfügung – alles andere als rheinischer Karneval, MMR 2002, 277-278.

Mann, Thomas / *Müller*, Rolf-Georg: Präventiver Lauschangriff via Telefon?, ZRP 1995, 180-185.

Manssen, Gerrit: Kommentierung zu Art. 12 GG, in: *von Mangoldt*, Hermann (Begr.) / *Klein*, Friedrich / *Starck*, Christian (Hrsg.): Das Bonner Grundgesetz – Kommentar, Band 1 (Art. 1-19 GG), 4. Auflage, München 1999.

- Staatsrecht I, München 1995.

Manz, Friederike: Die Haftung für Urheberrechtsverletzungen im Internet nach deutschem und amerikanischem Recht, München 1999.

Marly, Jochen: Softwareüberlassungsverträge – Erscheinungsformen, Leistungsstörungen, Vertragsgestaltung, Allgemeine Geschäftsbedingungen, Musterverträge, Textdiskette, 3. Auflage, München 2000.

- A 4 – Elektronischer Geschäftsverkehr (E-Commerce) – Richtlinie 2000/31/EG des Europäischen Parlaments und des Rates über bestimmte rechtliche Aspekte der Dienste der Informationsgesellschaft, insbesondere des elektronischen Geschäftsverkehrs, im Binnenmarkt („Richtlinie über den elektronischen Geschäftsverkehr"), in: *Grabitz*, Eberhard (Begr.) / *Hilf*, Meinhard / *Wolf*, Manfred (Hrsg.): Das Recht der Europäischen Union, Band III (Sekundärrecht, A. EG-Verbraucher- und Datenschutzrecht), Loseblatt, Stand: 23. Ergänzungslieferung, München 2004.

Martens, Wolfgang: Die polizeiliche Aufgabe nach der Generalklausel, Polizeipflichtige Personen, in: *Drews*, Bill (Begr.) / *Wacke*, Gerhard / *Vogel*, Klaus / *Martens*, Wolfgang (Hrsg.): Gefahrenabwehr – Allgemeines Polizeirecht (Ordnungsrecht) des Bundes und der Länder, 9. Auflage, Köln (u.a.) 1986.

Martin, Jörg: Grenzüberschreitende Umweltbeeinträchtigungen im deutschen Strafrecht, ZRP 1992, 19-27.

Marwitz, Petra: Internetapotheken zwischen Gerichten und Gesetzgebern, MMR 2004, 218-222.

Maunz, Theodor: Kommentierung zu Art. 35 GG, in: *Maunz*, Theodor / *Dürig*, Günter (u.a., Hrsg.): Grundgesetz – Kommentar, Loseblatt, Stand: 43. Ergänzungslieferung, München 2004.

Mayer, Franz C.: Recht und Cyberspace, NJW 1996, 1782-1791.

Meier, Christoph: Kommentierung zu §§ 2, 3 MDStV in der bis 30.06.2002 geltenden Fassung, in: *Roßnagel*, Alexander (Hrsg.): Recht der Multimedia-Dienste – Kommentar zum IuKDG und zum MDStV, Loseblatt, Stand: 3. Ergänzungslieferung, München 2003.

Meier, Gert: Europäische Amtshilfe – Ein Stützpfeiler des europäischen Binnenmarktes –, EuR 1989, 237-248.

Meyer-Goßner, Lutz: Strafprozessordnung – Gerichtsverfassungsgesetz, Nebengesetze und ergänzende Bestimmungen, 47. Auflage, München 2004.

Meyer-Ladewig, Jens: Konvention zum Schutz der Menschenrechte und Grundfreiheiten – Handkommentar, Baden-Baden 2003.

Möller, Hauke: Gesetzliche Vorgaben für anonyme E-Mail, DuD 2000, 344-348.

Mokros, Reinhard: Polizeiliche Zusammenarbeit in Europa, in: *Lisken*, Hans / *Denninger*, Erhard (Hrsg.): Handbuch des Polizeirechts, 3. Auflage, München 2001.

Moritz, Hans-Werner: Anmerkung zum Urteil des AG München vom 28.05.1998 (8340 Ds 4657 Js 173158/95), CR 1998, 505-510.

- Anmerkung zum Urteil des LG München I vom 17.11.1999 (20 Ns 465 Js 173158/95 [AG München]), CR 2000, 119-121.
- Zulassung als Anbieter, in: *Loewenheim*, Ulrich / *Koch*, Frank A. (Hrsg.): Praxis des Online-Rechts, München 2001.

Muckel, Stefan: Abschied vom Zweckveranlasser – Zur Entbehrlichkeit einer eigenen Zurechnungstheorie im Polizei- und Ordnungsrecht, DÖV 1998, 18-25.

Müglich, Andreas: Auswirkungen des EGG auf die haftungsrechtliche Behandlung von Hyperlinks, CR 2002, 583-592.

Müller-Graff, Peter-Christian: Kommentierung zu Art. 28 EGV, in: *von der Groeben*, Hans / *Schwarze*, Jürgen (Hrsg.): Kommentar zum Vertrag über die Europäische Union und zur Gründung der Europäischen Gemeinschaft, Band 1 (Art. 1-53 EUV, 1-80 EGV), 6. Auflage, Baden-Baden 2003.

- Kommentierung zu Art. 43, 46, 49 EGV, in: *Streinz*, Rudolf (Hrsg.): EUV/ EGV – Vertrag über die Europäische Union und Vertrag zur Gründung der Europäischen Gemeinschaft, München 2003.

Müller-Hengstenberg, Claus D.: Nationale und internationale Rechtsprobleme im Internet, NJW 1996, 1777-1782.

Murswiek, Dietrich: Kommentierung zu Art. 2 GG, in: *Sachs*, Michael (Hrsg.): Grundgesetz – Kommentar, 3. Auflage, München 2003.

Nack, Armin: Kommentierung zu § 100a StPO, in: *Pfeiffer*, Gerd (Hrsg.): Karlsruher Kommentar zur Strafprozessordnung und zum Gerichtsverfassungsgesetz mit Einführungsgesetz, 5. Auflage, München 2003.

Nagel, Karl-Friedrich: Beweisaufnahme im Ausland – Rechtsgrundlagen und Praxis der internationalen Rechtshilfe für deutsche Strafverfahren, Freiburg i. Br. 1988.

Nickels, Sven: Neues Bundesrecht für den E-Commerce, CR 2002, 302-309.

Nordemann, Wilhelm / *Vink*, Kai: Kommentierung zu § 2 UrhG, in: *Fromm*, Friedrich Karl / *Nordemann*, Wilhelm: Urheberrecht – Kommentar zum Urheberrechtsgesetz und zum Urheberrechtswahrnehmungsgesetz; mit den Texten der Urheberrechtsgesetze Österreichs und der Schweiz, 9. Auflage, Stuttgart (u.a.) 1998.

Ohlenburg, Anna: Der neue Telekommunikationsdatenschutz – Eine Darstellung von Teil 7 Abschnitt 2 TKG, MMR 2004, 431-440.

von Olshausen, Henning: Grundrechte und Anwendung inländischen Rechts (Zur Eheschließung spanischer Priester in Deutschland), DVBl 1974, 652-663.

Oppermann, Thomas: Transnationale Ausstrahlungen deutscher Grundrechte? – Erörtert am Beispiel des grenzüberschreitenden Umweltschutzes, in: *Grewe*, Wilhelm G. / *Kroneck*, Friedrich J. (Hrsg.): Im Dienste Deutschlands und des Rechtes – Festschrift für Wilhelm G. Grewe zum 70. Geburtstag am 16. Oktober 1981, Baden-Baden 1981.

- Europarecht – Ein Studienbuch, 2. Auflage, München 1999.

Ory, Stephan: Http://www.medienpolizei.de?, AfP 1996, 105-110.

Osterloh, Lerke: Kommentierung zu Art. 3 GG, in: *Sachs*, Michael (Hrsg.): Grundgesetz – Kommentar, 3. Auflage, München 2003.

Pache, Eckhard: Dienstleistungsfreiheit, in: *Ehlers*, Dirk (Hrsg.): Europäische Grundrechte und Grundfreiheiten, Berlin 2003.

Palm, Franz / *Roy*, Rudolf: Staatliche Eingriffe und andere rechtliche Aspekte, NJW 1996, 1791-1797.

- Mailboxen: Der BGH und der Zugriff auf Mailboxen, NJW 1997, 1904-1905.

Peine, Franz-Joseph: Allgemeines Verwaltungsrecht, 7. Auflage, Heidelberg 2004.

Pelz, Christian: Die strafrechtliche Verantwortlichkeit von Internet-Providern, ZUM 1998, 530-534.

- Die Strafbarkeit von Online-Anbietern – Zugleich eine Besprechung von AG München wistra 1999, 32 –, wistra 1999, 53-59.

Pernice, Ina Maria: Die Telekommunikations-Überwachungsverordnung (TKÜV), DuD 2002, 207-211.

Peukert, Wolfgang: Kommentierung zu Art. 1 EMRK-ZP, in: *Frowein*, Jochen Abr. / *Peukert*, Wolfgang (Hrsg.): Europäische Menschenrechtskonvention – EMRK-Kommentar, 2. Auflage, Kehl (u.a.), 1996.

Pichler, Rufus: Haftung des Host Providers für Persönlichkeitsverletzungen vor und nach dem TDG, MMR 1998, 79-88.

Pichlmaier, Tobias: Abschied von der Privatkopie? – Von der Zukunft einer Institution, CR 2003, 910-914.

Pieper, Antje Karin / *Wiechmann*, Peter: Der Rundfunkbegriff – Änderungen durch die Einführung des interaktiven Fernsehens?, ZUM 1995, 82-96.

Pieroth, Bodo / *Schlink*, Bernhard: Grundrechte – Staatsrecht II, 19. Auflage, Heidelberg 2003.

Popp, Martin: Die strafrechtliche Verantwortung von Internet-Providern, Berlin 2002.

Quaritsch, Helmut: Der grundrechtliche Status der Ausländer, in: *Isensee*, Josef / *Kirchhof*, Paul (Hrsg.): Handbuch des Staatsrechts der Bundesrepublik Deutschland, Band V (Allgemeine Grundrechtslehren), 2. Auflage, Heidelberg 2000.

Rachor, Frederik: Ausgleichs- und Ersatzansprüche des Bürgers, in: *Lisken*, Hans / *Denninger*, Erhard (Hrsg.): Handbuch des Polizeirechts, 3. Auflage, München 2001.

Randelzhofer, Albrecht / *Forsthoff*, Ulrich: Kommentierung zu Art. 43, 46, 49/50 EGV, in: *Grabitz*, Eberhard (Begr.) / *Hilf*, Meinhard (Hrsg.): Das Recht der Europäischen Union, Band I (EUV/EGV), Loseblatt, Stand: 23. Ergänzungslieferung, München 2004.

Rehbinder, Eckard: Kommentierung zu § 130 II GWB, in: *Immenga*, Ulrich / *Mestmäcker*, Ernst-Joachim (Hrsg.): GWB – Gesetz gegen Wettbewerbsbeschränkungen – Kommentar, 3. Auflage, München 2001.

Reich, Norbert: Anmerkung zu EuGH, Urteil vom 10.05.1995, Rs. C-384/93 (Alpine Investments), EuZW 1995, 407-408.

Reimann, Thomas: Herausgabe von Verbindungs- und Vertragsdaten an die Sicherheitsbehörden, DuD 2001, 601-606.

Ricker, Reinhart: Die Nutzung des Internets als dritte Säule des öffentlich-rechtlichen Rundfunks, ZUM 2001, 28-34.

Riegel, Reinhard: Nochmals: Telefonüberwachung und Gefahrenabwehr, ZRP 1991, 286-288.

Ringel, Kurt: Rechtsextremistische Propaganda aus dem Ausland im Internet, CR 1997, 302-307.

Römer, Nicole: Verbreitungs- und Äußerungsdelikte im Internet – eine Untersuchung zur strafrechtlichen Bewältigung von Normanwendungs- und Normauslegungsproblemen eines neuen Kriminalitätsfeldes, Frankfurt am Main (u.a.) 2000.

Rojahn, Ondolf: Kommentierung zu Art. 24 GG, in: *von Münch*, Ingo (Begr.) / *Kunig*, Philip (Hrsg.): Grundgesetz-Kommentar, Band 2 (Art. 20-69 GG), 5. Auflage, München 2001.

Roßnagel, Alexander / *Pfitzmann*, Andreas / *Garstka*, Hansjürgen: Modernisierung des Datenschutzrechts, DuD 2001, 253-263.

Roth, Wulf-Henning: E., Niederlassungs- und Dienstleistungsfreiheit, in: *Dauses*, Manfred A. (Hrsg.): Handbuch des EU-Wirtschaftsrechts, Band 1, Loseblatt, Stand: 13. Ergänzungslieferung, München 2004.

Rublack, Susanne: Terrorismusbekämpfungsgesetz: Neue Befugnisse für die Sicherheitsbehörden, DuD 2002, 202-206.

Rüfner, Wolfgang: Grundrechtsträger, in: *Isensee*, Josef / *Kirchhof*, Paul (Hrsg.): Handbuch des Staatsrechts der Bundesrepublik Deutschland, Band V (Allgemeine Grundrechtslehren), 2. Auflage, Heidelberg 2000.

Rüßmann, Helmut / *Reich*, Thomas: Internet als gewerbeordnungsfreier Raum? – Im Blickpunkt: Anwendung gewerberechtlicher Vorschriften auf „Online-Auktionen", K&R 2000, 116-119.

Sack, Rolf: Das internationale Wettbewerbsrecht nach der E-Commerce-Richtlinie (ECRL) und dem EGG-/TDG-Entwurf, WRP 2001, 1408-1425.

Säcker, Christopher: Die Haftung von Diensteanbietern nach dem Entwurf des EGG, MMR, Beilage 9/2001, 2-4.

Sanchez-Hermosilla, Fernando: Neues Strafrecht für den Kampf gegen Computerkriminalität – Konvention des Europarats und neuer Rahmenbeschluss der Europäischen Union im Vergleich mit dem deutschen Strafrecht, CR 2003, 774-780.

Satzger, Helmut: Die Anwendung des deutschen Strafrechts auf grenzüberschreitende Gefährdungsdelikte, NStZ 1998, 112-117.

Schaar, Peter: Neues Datenschutzrecht für das Internet, RDV 2002, 4-14.

Schaar, Peter / *Schulz*, Wolfgang: Kommentierung zu § 4 TDDSG in der bis 20.12.2001 geltenden Fassung, in: *Roßnagel*, Alexander (Hrsg.): Recht der Multimedia-Dienste – Kommentar zum IuKDG und zum MDStV, Loseblatt, Stand: 3. Ergänzungslieferung, München 2003.

Schack, Haimo: Urheberrechtliche Gestaltung von Webseiten unter Einsatz von Links und Frames, MMR 2001, 9-17.

- Urheber- und Urhebervertragsrecht, 2. Auflage, Tübingen 2001.

Schaefer, Martin / *Rasch*, Clemens / *Braun*, Thorsten: Zur Verantwortlichkeit von Online-Diensten und Zugangsvermittlern für fremde urheberrechtsverletzende Inhalte, ZUM 1998, 451-458.

Schaffland, Hans-Jürgen / *Wiltfang*, Noeme: Bundesdatenschutzgesetz (BDSG) – Ergänzbarer Kommentar nebst einschlägigen Rechtsvorschriften, Loseblatt, Stand: Ergänzungslieferung 1/04, Berlin 2004.

Scheller, Susanne: Ermächtigungsgrundlagen für die internationale Rechts- und Amtshilfe zur Verbrechensbekämpfung – Konkretisierung des Gesetzesvorbehalts, Freiburg i. Br. 1997.

Schenke, Wolf-Rüdiger: Polizei- und Ordnungsrecht, 2. Auflage, Heidelberg 2003.

- Polizei- und Ordnungsrecht, in: *Steiner*, Udo (Hrsg.): Besonderes Verwaltungsrecht, 7. Auflage, Heidelberg 2003.

Schilling, Aiko: Präventive staatliche Kontrollmaßnahmen im Internet und ihre Vereinbarkeit mit dem Europarecht, Regensburg 2003.

Schink, Alexander: Amtsermittlung und Gefahrerforschung – Polizeiliche Eingriffsbefugnisse bei Verdachtslagen, DVBl 1989, 1182-1188.

Schippan, Martin: Urheberrecht goes digital – Das Gesetz zur Regelung des Urheberrechts in der Informationsgesellschaft, ZUM 2003, 378-389.

Schlag, Martin: Grenzüberschreitende Verwaltungsbefugnisse im EG-Binnenmarkt – Eine Untersuchung zur Zulässigkeit und zu den rechtlichen Grenzen einer mitgliedstaatsübergreifenden Verwaltungstätigkeit anhand des Bankenaufsichtsrechts, Baden-Baden 1998.

- Kommentierung zu Art. 43, 46, 48 EGV, in: *Schwarze*, Jürgen (Hrsg.): EU-Kommentar, Baden-Baden 2000.

Schmitt Glaeser, Walter: Schutz der Privatsphäre, in: *Isensee*, Josef / *Kirchhof*, Paul (Hrsg.): Handbuch des Staatsrechts der Bundesrepublik Deutschland, Band VI (Freiheitsrechte), 2. Auflage, Heidelberg 2001.

Schmitz, Peter: Anmerkung zur Datenschutzrechtlichen Beurteilung des Regierungspräsidiums Darmstadt vom 14.01.2003 (II 21.4-3v-04/03-043/02), MMR 2003, 214-216.

- Teil 16.4 – Teledienstedatenschutz nach dem TDDSG, in: *Hoeren*, Thomas / *Sieber*, Ulrich (Hrsg.): Handbuch Multimedia-Recht – Rechtsfragen des elektronischen Geschäftsverkehrs, Loseblatt, Stand: 9. Ergänzungslieferung, München 2004.

Schneider, Gerhard: Die Wirksamkeit der Sperrung von Internet-Zugriffen, MMR 1999, 571-577.

Schneider, Hartmut: Die öffentliche Ordnung als Schranke der Grundfreiheiten im EG-Vertrag, Baden-Baden 1998.

Schneider, Hartmut / *Wunderlich*, Nina: Kommentierung zu Art. 39 EGV, in: *Schwarze*, Jürgen (Hrsg.): EU-Kommentar, Baden-Baden 2000.

Schoch, Friedrich: Grundfälle zum Polizei- und Ordnungsrecht, JuS 1994, 391-397, 667-670, 849-853, 932-937, 1026-1031.

Scholler, Heinrich / *Schloer*, Bernhard: Grundzüge des Polizei- und Ordnungsrechts in der Bundesrepublik Deutschland, 4. Auflage, Heidelberg 1993.

Schroeder, Werner: Kommentierung zu Art. 28 EGV, in: *Streinz*, Rudolf (Hrsg.): EUV/EGV – Vertrag über die Europäische Union und Vertrag zur Gründung der Europäischen Gemeinschaft, München 2003.

Schütz, Raimund / *Attendorn*, Thorsten: Anmerkung zum Urteil des LG Frankenthal vom 28.11.2000 (6 O 293/00), MMR 2001, 401-405.

Schulz, Wolfgang: Jenseits der „Meinungsrelevanz" – Verfassungsrechtliche Überlegungen zu Ausgestaltung und Gesetzgebungskompetenzen bei neuen Kommunikationsformen, ZUM 1996, 487-497.

Schulze-Fielitz, Helmuth: Kommentierung zu Art. 5 I, II GG, in: *Dreier*, Horst (Hrsg.): Grundgesetz – Kommentar, Band I (Art. 1-19 GG), Tübingen 1996.

Schulzki-Haddouti, Christiane: Provider im Paragrafendschungel, 27.02.2002, http://www.heise.de/newsticker/meldung/25207 (zitiert: *Schulzki-Haddouti*, 2002 I).

- Datenschützer schockiert über verschärfte Überwachungsregelungen, 29.05.2002, http://www.heise.de/newsticker/meldung/27765 (zitiert: *Schulzki-Haddouti*, 2002 II).

- Ministerrat verabschiedet EU-Datenschutzrichtlinie, 16.07.2002, http://www.heise.de/newsticker/meldung/29121 (zitiert: *Schulzki-Haddouti*, 2002 III).

Schuppert, Stefan: Rechtliche Rahmenbedingungen für Internet-Provider – Vertragstypen von Provider-Verträgen, in: *Spindler*, Gerald (Hrsg.): Vertragsrecht der Internet-Provider, Köln 2000.

Schuster, Fabian: Kommentierung zu § 4 TKG, in: *Büchner*, Wolfgang / *Ehmer*, Jörg / *Geppert*, Martin / *Kerkhoff*, Bärbel / *Piepenbrock*, Hermann-Josef / *Schütz*, Raimund / *Schuster*, Fabian (Hrsg.): Beck'scher TKG-Kommentar, 2. Auflage, München 2000 (zitiert: *Schuster* in B/E/G/K/P/S/S).

Schwarz, Mathias / *Poll*, Karolin: Teil 20-G – Haftung, Rechtliche Grundlagen, in: *Schwarz*, Mathias / *Peschel-Mehner*, Andreas (Hrsg.): Recht im Internet – Der große Rechtsberater für die Online-Praxis, Loseblatt, Stand: 7. Ergänzungslieferung, Augsburg 2004.

Schwarze, Jürgen: Das allgemeine Völkerrecht in den innergemeinschaftlichen Rechtsbeziehungen, EuR 1983, 1-39.

Schweitzer, Michael / *Hummer*, Waldemar: Europarecht – Das Recht der Europäischen Union – Das Recht der Europäischen Gemeinschaften (EGKS, EG, EAG) – mit Schwerpunkt EG, 5. Auflage, Neuwied (u.a.) 1996.

Sedelmaier, Klaus: Kommentierung zu § 7 der Landespressegesetze, in: *Löffler*, Martin (Begr.): Presserecht – Kommentar zu den Landespressegesetzen der Bundesrepublik Deutschland mit einem besonderen Teil und einem Textanhang, 4. Auflage, München 1997.

Selk, Michael: Zum heutigen Stand der Diskussion um das Zitiergebot, Art. 19 I 2 GG, JuS 1992, 816-820.

Seidl-Hohenveldern, Ignaz / *Stein*, Torsten: Völkerrecht, 10. Auflage, Köln (u.a.) 2000.

Sieber, Ulrich: Strafrechtliche Verantwortlichkeit für den Datenverkehr in internationalen Computernetzen – Neue Herausforderungen des Internet, JZ 1996, 429-442, 494-507.

- Kontrollmöglichkeiten zur Verhinderung rechtswidriger Inhalte in Computernetzen – Zur Umsetzung von § 5 TDG am Beispiel der Newsgroups des Internet, CR 1997, 581-598, 653-669.
- Anmerkung zum Urteil des AG München vom 28.05.1998 (8340 Ds 465 Js 173158/95), MMR 1998, 438-448.
- Die rechtliche Verantwortlichkeit im Internet – Grundlagen, Ziele und Auslegung von § 5 TDG und § 5 MDStV, MMR, Beilage 2/1999, 1-32.
- Internationales Strafrecht im Internet, NJW 1999, 2065-2073.
- Verantwortlichkeit im Internet: Technische Kontrollmöglichkeiten und multimediarechtliche Regelungen, München 1999.
- Teil 1 – Technische Grundlagen, in: *Hoeren*, Thomas / *Sieber*, Ulrich (Hrsg.): Handbuch Multimedia-Recht – Rechtsfragen des elektronischen Geschäftsverkehrs, Loseblatt, Stand: 9. Ergänzungslieferung, München 2004.
- Teil 19 – Strafrecht und Strafprozeßrecht, in: *Hoeren*, Thomas / *Sieber*, Ulrich (Hrsg.): Handbuch Multimedia-Recht – Rechtsfragen des elektronischen Geschäftsverkehrs, Loseblatt, Stand: 9. Ergänzungslieferung, München 2004.

Siegrist, Dave: Hoheitsakte auf fremdem Staatsgebiet, Zürich 1987.

Siehr, Kurt: Ausländische Eingriffsnormen im inländischen Wirtschaftskollisionsrecht, RabelsZ, 52 (1988), 41-103.

Simitis, Spiros: Kommentierung zu § 1 BDSG, in: *Simitis*, Spiros / *Dammann*, Ulrich / *Geiger*, Hansjörg / *Mallmann*, Otto / *Walz*, Stefan (Hrsg.): Kommentar zum Bundesdatenschutzgesetz, 4. Auflage, Loseblatt, Stand: 29. Ergänzungslieferung, Baden-Baden 1998.

Spindler, Gerald: Haftungsrechtliche Grundprobleme der neuen Medien, NJW 1997, 3193-3199.

- Der neue Vorschlag einer E-Commerce-Richtlinie, ZUM 1999, 775-795.
- Verantwortlichkeit von Diensteanbietern nach dem Vorschlag einer E-Commerce-Richtlinie, MMR 1999, 199-207.
- E-Commerce in Europa – Die E-Commerce-Richtlinie in ihrer endgültigen Fassung, MMR, Beilage 7/2000, 4-21.
- Der Entwurf zur Umsetzung der E-Commerce-Richtlinie, ZRP 2001, 203-207.
- Die zivilrechtliche Verantwortlichkeit von Internetauktionshäusern – Haftung für automatisch registrierte und publizierte Inhalte?, MMR 2001, 737-743.
- Internet, Kapitalmarktrecht und Kollisionsrecht unter besonderer Berücksichtigung der E-Commerce-Richtlinie, ZHR 165 (2001), 324-361.
- Das Gesetz zum elektronischen Geschäftsverkehr – Verantwortlichkeit der Diensteanbieter und Herkunftslandprinzip, NJW 2002, 921-927.
- Das Herkunftslandprinzip im neuen Teledienstegesetz, RIW 2002, 183-188.
- Verantwortlichkeit und Haftung für Hyperlinks im neuen Recht, MMR 2002, 495-503.
- Kommentierung zu §§ 2, 5 TDG in der bis 20.12.2001 geltenden Fassung, in: *Roßnagel*, Alexander (Hrsg.): Recht der Multimedia-Dienste – Kommentar zum IuKDG und zum MDStV, Loseblatt, Stand: 3. Ergänzungslieferung, München 2003.
- Teil 29 – Haftungsrecht, in: *Hoeren*, Thomas / *Sieber*, Ulrich (Hrsg.): Handbuch Multimedia-Recht – Rechtsfragen des elektronischen Geschäftsverkehrs, Loseblatt, Stand: 9. Ergänzungslieferung, München 2004.
- Die Verantwortlichkeit der Provider für „Sich-zu-Eigen-gemachte" Inhalte und für beaufsichtigte Nutzer, MMR 2004, 440-444.

Spindler, Gerald / *Volkmann*, Christian: Die öffentlich-rechtliche Störerhaftung der Access-Provider – zur Sperrung von Internetinhalten durch Access-Provider, K&R 2002, 398-409.

- Anmerkung zum Beschluß des OVG Münster vom 19.03.1003 (8 B 2567/02 [VG Arnsberg]), MMR 2003, 353-355.

Spoerr, Wolfgang: Einführung V und Kommentierung zu §§ 3, 4 TKG, in: *Trute*, Hans-Heinrich / *Spoerr*, Wolfgang / *Bosch*, Wolfgang (Hrsg.): Telekommunikationsgesetz mit FTEG – Kommentar, Berlin (u.a.) 2001.

Stadler, Thomas: Sperrungsverfügung gegen Access-Provider, MMR 2002, 343-347.

- Anmerkung zum Beschluß des VG Düsseldorf vom 19.12.2002 (15 L 4148/02), MMR 2003, 208-211.

Starck, Christian: Kommentierung zu Art. 1, 2, 5 GG, in: *von Mangoldt*, Hermann (Begr.) / *Klein*, Friedrich / *Starck*, Christian (Hrsg.): Das Bonner Grundgesetz – Kommentar, Band 1 (Art. 1-19 GG), 4. Auflage, München 1999.

Stern, Klaus: Das Staatsrecht der Bundesrepublik Deutschland, Band III/1 (Allgemeine Lehren der Grundrechte – Grundlagen und Geschichte, nationaler und internationaler Grundrechtskonstitutionalismus, juristische Bedeutung der Grundrechte, Grundrechtsberechtigte, Grundrechtsverpflichtete), München 1988.

Stettner, Rupert: Kommentierung zu Art. 73, 74 GG, in: *Dreier*, Horst (Hrsg.): Grundgesetz – Kommentar, Band II (Art. 20-82 GG), Tübingen 1998.

Stober, Rolf: Der Geltungsbereich der Rechtsquellen, in: *Wolff*, Hanns J. (Begr.) / *Bachof*, Otto / *Stober*, Rolf (Hrsg.): Verwaltungsrecht – Ein Studienbuch, Band 1, 11. Auflage, München 1999.

Stögmüller, Thomas: Auktionen im Internet, K&R 1999, 391-396.

Stree, Walter / *Sternberg-Lieben*, Detlev: Kommentierung zu § 90 StGB, in: *Schönke*, Adolf (Begr.) / *Schröder*, Horst (Hrsg.): Strafgesetzbuch – Kommentar, 26. Auflage, München 2001.

Streinz, Rudolf: Das Verbot des Apothekenversandhandels mit Arzneimitteln – Eine Verkaufsmodalität im Sinne der Keck-Rechtsprechung?, EuZW 2003, 37-44

- Europarecht, 6. Auflage, Heidelberg 2003.
- Kommentierung zu Art. 8 GR-Charta, in: *Streinz*, Rudolf (Hrsg.): EUV/EGV – Vertrag über die Europäische Union und Vertrag zur Gründung der Europäischen Gemeinschaft, München 2003.
- Kommentierung zu Art. 10 EGV, in: *Streinz*, Rudolf (Hrsg.): EUV/EGV – Vertrag über die Europäische Union und Vertrag zur Gründung der Europäischen Gemeinschaft, München 2003.
- Kommentierung zu Art. 24 GG, in: *Sachs*, Michael (Hrsg.): Grundgesetz – Kommentar, 3. Auflage, München 2003.

Strömer, Tobias H.: Online-Recht – Rechtsfragen im Internet, 2. Auflage, Heidelberg 1999.

Tettenborn, Alexander: E-Commerce-Richtlinie: Politische Einigung in Brüssel erzielt, K&R 2000, 59-63.

- Kommentierung zu §§ 1, 2, 4 TDG, 2 MDStV und zum Internationalen Rahmen (IntR), in: *Engel-Flechsig*, Stefan / *Maennel*, Frithjof A. / *Tettenborn*, Alexander (Hrsg.): Beck'scher IuKDG-Kommentar, München 2001 (zitiert: *Tettenborn* in E-F/M/T).

Tettenborn, Alexander / *Bender*, Gunnar / *Lübben*, Natalie / *Karenfort*, Jörg: Rechtsrahmen für den elektronischen Geschäftsverkehr – Kommentierung zur EG-Richtlinie über den elektronischen Geschäftsverkehr und zum Elektronischen Geschäftsverkehr-Gesetz – EGG: Inhalt – Auswirkungen – Umsetzung in Deutschland, K&R, Beilage 1/12/2001, 1-40.

Tettinger, Peter: Kommentierung zu Art. 12 GG, in: *Sachs*, Michael (Hrsg.): Grundgesetz – Kommentar, 3. Auflage, München 2003.

Thünken, Alexander: Die EG-Richtlinie über den elektronischen Geschäftsverkehr und das internationale Privatrecht des unlauteren Wettbewerbs, IPrax 2001, 15-22.

Tiedje, Jürgen / *Troberg*, Peter: Kommentierung zu Art. 46, 49 EGV, in: *von der Groeben*, Hans / *Schwarze*, Jürgen (Hrsg.): Kommentar zum Vertrag über die Europäische Union und zur Gründung der Europäischen Gemeinschaft, Band 1 (Art. 1-53 EUV, 1-80 EGV), 6. Auflage, Baden-Baden 2003.

Tietje, Christian: E 27 – Medien, Telekommunikation und Informationstechnologie, in: *Grabitz*, Eberhard (Begr.) / *Hilf*, Meinhard / *Krenzler*, Horst Günter (Hrsg.): Das Recht der Europäischen Union, Band IV (Sekundärrecht, E. EG-Außenwirtschaftsrecht), Loseblatt, Stand: 23. Ergänzungslieferung, München 2004.

- Niederlassungsfreiheit, in: *Ehlers*, Dirk (Hrsg.): Europäische Grundrechte und Grundfreiheiten, Berlin 2003.

Tomuschat, Christian: Die staatsrechtliche Entscheidung für die internationale Offenheit, in: *Isensee*, Josef / *Kirchhof*, Paul (Hrsg.): Handbuch des Staatsrechts der Bundesrepublik Deutschland, Band VII (Normativität und Schutz der Verfassung – Internationale Beziehungen), Heidelberg 1992.

Troberg, Peter / *Tiedje*, Jürgen: Kommentierung zu Art. 48 EGV, in: *von der Groeben*, Hans / *Schwarze*, Jürgen (Hrsg.): Kommentar zum Vertrag über die Europäische Union und zur Gründung der Europäischen Gemeinschaft, Band 1 (Art. 1-53 EUV, 1-80 EGV), 6. Auflage, Baden-Baden 2003.

Tröndle, Herbert: Kommentierung zu § 11 StGB, in: *Tröndle*, Herbert / *Fischer*, Thomas (Hrsg.): Strafgesetzbuch und Nebengesetze, 49. Auflage, München 1999.

Trute, Hans-Heinrich: Kommentierung zu §§ 85, 89, 90 TKG, in: *Trute*, Hans-Heinrich / *Spoerr*, Wolfgang / *Bosch*, Wolfgang (Hrsg.): Telekommunikationsgesetz mit FTEG – Kommentar, Berlin (u.a.) 2001.

Tschentscher, Axel: Gebührenpflichtigkeit des Internet- und Handy-Rundfunks?, AfP 2001, 93-97.

Ukrow, Jörg: Kommentierung zu § 5 MDStV in der bis 30.06.2002 geltenden Fassung, in: *Roßnagel*, Alexander (Hrsg.): Recht der Multimedia-Dienste – Kommentar zum IuKDG und zum MDStV, Loseblatt, Stand: 3. Ergänzungslieferung, München 2003.

Ulmer, Claus D. / *Schrief*, Dorothee: Datenschutz im neuen Telekommunikationsrecht – Bestandsaufnahme eines Telekommunikationsdienstleisters zum aktuellen Entwurf des Telekommunikationsgesetzes, RDV 2004, 3-7.

Vassilaki, Irini E.: Anmerkung zum Urteil des AG Berlin-Tiergarten vom 30.06.1997 (260 Ds 857/96), CR 1998, 111-112.

- Anmerkung zum Urteil des AG München vom 28.05.1998 (8340 Ds 465 Js 173158/95), NStZ 1998, 521-522.
- Computer- und internetspezifische Entscheidungen der Strafgerichte – Einfluß der Informations- und Telekommunikationstechnik auf die Strafrechtsfortbildung, MMR 1998, 247-250.
- Strafrechtliche Verantwortlichkeit der Diensteanbieter nach dem TDG – Eine Untersuchung unter besonderer Berücksichtigung der Einordnung des § 5 TDG im Strafrechtssystem, MMR 1998, 630-638.
- Strafrechtliche Verantwortlichkeit durch Einrichten und Aufrechterhalten von elektronischen Verweisen (Hyperlinks) – Anwendbarkeit der allgemeinen Strafrechtsdogmatik auf neue Verhaltensformen, CR 1999, 85-93.
- Die Überwachung des Fernmeldeverkehrs nach der Neufassung der §§ 100a, 100b StPO – Erweiterung von staatlichen Grundrechtseingriffen?, JR 2000, 446-451.
- Telekommunikationsüberwachung – Eine Darstellung der aktuellen Rechtsfragen, RDV 2004, 11-15.

Vesting, Thomas: Kommentierung zu § 18 MDStV in der bis 30.06.2002 geltenden Fassung, in: *Roßnagel*, Alexander (Hrsg.): Recht der Multimedia-Dienste – Kommentar zum IuKDG und zum MDStV, Loseblatt, Stand: 3. Ergänzungslieferung, München 2003.

Völker, Stefan / *Lührig*, Nicolas: Abwehr unerwünschter Inline-Links, K&R 2000, 20-29.

Volkmann, Christian: Die Unterlassungsvollstreckung gegen Störer aus dem Online-Bereich – Zur Durchsetzung von Unterlassungstiteln nach § 890 ZPO und dem Verbot von Überwachungspflichten nach §§ 8 Abs. 2 S. 1 TDG/6 Abs. 2 S. 1 MDStV, CR 2003, 440-447.

Waldenberger, Arthur: Der juristische Dauerbrenner: Haftung für Hyperlinks im Internet – ein Fall des LG Hamburg, AfP 1998, 373-375.

- Teledienste, Mediendienste und die „Verantwortlichkeit" ihrer Anbieter, MMR 1998, 124-129.

- Electronic Commerce: Der Richtlinienvorschlag der EG-Kommission, EuZW 1999, 296-303.

- Kommentierung zu § 3 TDG in der bis 20.12.2001 geltenden Fassung, in: *Roßnagel*, Alexander (Hrsg.): Recht der Multimedia-Dienste – Kommentar zum IuKDG und zum MDStV, Loseblatt, Stand: 3. Ergänzungslieferung, München 2003.

Waldenberger, Arthur / *Hoß*, Dirk: Das Recht der „elektronischen Presse", AfP 2000, 237-248.

Waldhoff, Christian: Kommentierung zu Art. 23 EGV, in: *Calliess*, Christian / *Ruffert*, Matthias (Hrsg.): Kommentar des Vertrages über die Europäische Union und des Vertrages zur Gründung der Europäischen Gemeinschaft – EUV/EGV –, 2. Auflage, Neuwied (u.a.) 2002.

Weber, Claus: Die Dienstleistungsfreiheit nach den Art. 59 ff. EG-Vertrag – einheitliche Schranken für alle Formen der Dienstleistung?, EWS 1995, 292-296.

Weichert, Thilo: Datenschützer: „Bitte keinen Missbrauch des Kindermissbrauchs!" (Pressemitteilung), 29.05.2002, http://www.datenschutzverein.de/Pressemitteilungen/2002_ 04.html.

Weiß, Wolfgang: Die Personenverkehrsfreiheiten von Staatsangehörigen assoziierter Staaten in der EU – Eine vergleichende Analyse der Assoziationsabkommen, Frankfurt am Main (u.a.) 1998.

Wendt, Rudolf: Kommentierung zu Art. 5 GG, in: *von Münch*, Ingo (Begr.) / *Kunig*, Philip (Hrsg.): Grundgesetz-Kommentar, Band 1 (Art. 1-19 GG), 5. Auflage, München 2000.

- Kommentierung zu Art. 14 GG, in: *Sachs*, Michael (Hrsg.): Grundgesetz – Kommentar, 3. Auflage, München 2003.

Wessels, Johannes (Begr.) / *Beulke*, Werner: Strafrecht – Allgemeiner Teil, 33. Auflage, Heidelberg 2003.

Wessels, Johannes (Begr.) / *Hettinger*, Michael: Strafrecht – Besonderer Teil/1 (Straftaten gegen Persönlichkeits- und Gemeinschaftswerte), 27. Auflage, Heidelberg 2003.

Wieland, Joachim: Kommentierung zu Art. 12 GG, in: *Dreier*, Horst (Hrsg.): Grundgesetz – Kommentar, Band I (Art. 1-19 GG), Tübingen 1996.

Willms, Günther: Kommentierung zu § 90 StGB, in: *Jescheck*, Hans-Heinrich / *Ruß*, Wolfgang / *Willms*, Günther (Hrsg.): Strafgesetzbuch – Leipziger Kommentar – Großkommentar, Vierter Band (§§ 80-184c StGB), 10. Auflage, Berlin (u.a.) 1988.

Wilmer, Thomas: Rechtliche Probleme der Online-Auktion, NJW-CoR 2000, 94-104.

Wimmer, Norbert / *Kleineidam*, Roswitha A. / *Zang*, Peter: Die Verantwortlichkeit für die Verletzung von Urheberrechten im Internet – Anmerkung zu OLG München, Urteil vom 08.03.2001 (29 U 3282/00), K&R 2001, 456-461.

Wimmer, Norbert / *Michael*, Gerhard: Der Online-Provider im neuen Multimediarecht, Baden-Baden 1998.

Wuermeling, Ulrich / *Felixberger*, Stefan: Fernmeldegeheimnis und Datenschutz im Telekommunikationsgesetz, CR 1997, 230-238.

- Staatliche Überwachung der Telekommunikation, CR 1997, 555-561.

Würtenberger, Thomas: Polizei- und Ordnungsrecht, in: *Achterberg*, Norbert / *Püttner*, Günter / *Würtenberger*, Thomas (Hrsg.): Besonderes Verwaltungsrecht – Ein Lehr- und Handbuch, 2. Auflage, Heidelberg 2000.

Würtenberger, Thomas / *Heckmann*, Dirk / *Riggert*, Rainer: Polizeirecht in Baden-Württemberg, 5. Auflage, Heidelberg 2002.

Würz, Karl: Das Schengener Durchführungsübereinkommen – Einführung; Erläuterungen; Vorschriften, Stuttgart (u.a.) 1997.

Zeuner, Albrecht: Kommentierung zu § 823 BGB, in: *Soergel*, Hs. Th. (Begr.): Bürgerliches Gesetzbuch – mit Einführungsgesetz und Nebengesetzen, Band 5/2 (Schuldrecht IV/2 [§§ 823-853, Produkthaftungsgesetz, Umwelthaftungsgesetz]), 12. Auflage, Stuttgart (u.a.) 1998.

Zerres, Achim: Kommentierung zu § 85 TKG, in: *Scheurle*, Klaus-Dieter / *Mayen*, Thomas (Hrsg.): Telekommunikationsgesetz (TKG), München 2002.

Ziem, Claudia: Spamming – Zulässigkeit nach § 1 UWG, Fernabsatzrichtlinie und E-Commerce-Richtlinienentwurf, MMR 2000, 129-135.

Zimmermann, Andreas: Polizeiliche Gefahrenabwehr und das Internet, NJW 1999, 3145-3152.

Zöller, Mark Alexander: Verdachtslose Recherchen und Ermittlungen im Internet, GA 2000, 563-577.

Normen- und Dokumentenverzeichnis

Abkommen über den Europäischen Wirtschaftsraum vom 02.05.1992 (ABlEG 1994 L 1, 3).

Abkommen zwischen der Regierung der Bundesrepublik Deutschland und der Österreichischen Bundesregierung über die Zusammenarbeit der Polizeibehörden und Zollverwaltungen in den Grenzgebieten vom 16.12.1997 (BGBl 2001 II, 1229).

Abkommen zwischen der Regierung der Bundesrepublik Deutschland und der Regierung der Französischen Republik über die Zusammenarbeit der Polizei- und Zollbehörden in den Grenzgebieten vom 09.10.1997 (BGBl 1998 II, 2479).

Abkommen zwischen der Regierung der Bundesrepublik Deutschland und der Regierung der Republik Litauen über die Zusammenarbeit bei der Bekämpfung der Organisierten Kriminalität, des Terrorismus und anderer Straftaten mit erheblicher Bedeutung vom 23.02.2001 (BGBl 2002 II, 2812).

Abkommen zwischen der Regierung der Bundesrepublik Deutschland und der Regierung der Republik Polen über die Zusammenarbeit bei der Bekämpfung der organisierten Kriminalität vom 06.11.1991 (BGBl 1992 II, 950).

Abkommen zwischen der Regierung der Bundesrepublik Deutschland und der Regierung der Republik Polen über die Zusammenarbeit der Polizeibehörden und der Grenzschutzbehörden in den Grenzgebieten vom 18.02.2002 (BGBl 2003 II, 218).

Abkommen zwischen der Regierung der Bundesrepublik Deutschland und der Regierung der Republik Slowenien über die Zusammenarbeit bei der Bekämpfung von Straftaten mit erheblicher Bedeutung vom 02.03.2001 (BGBl 2002 II, 2817).

Abkommen zwischen der Regierung der Bundesrepublik Deutschland und der Regierung der Republik Ungarn über die Zusammenarbeit bei der Bekämpfung der Organisierten Kriminalität vom 22.03.1991 (BGBl. 1993 II, 743).

Abkommen zwischen der Regierung der Bundesrepublik Deutschland und der Regierung der Tschechischen und Slowakischen Föderativen Republik über die Zusammenarbeit bei der Bekämpfung der organisierten Kriminalität vom 13.09.1991 (BGBl 1993 II, 38).

Abkommen zwischen der Regierung der Bundesrepublik Deutschland und der Regierung des Königreichs Dänemark über die polizeiliche Zusammenarbeit in den Grenzgebieten vom 21.03.2001 (BGBl 2002 II, 1537).

Abkommen zwischen der Schweizerischen Eidgenossenschaft einerseits und der Europäischen Gemeinschaft und ihren Mitgliedstaaten andererseits über die Freizügigkeit vom 21.06.1999 (abrufbar unter http://www.admin.ch/ch/d/sr/i1/0.142.112.681.de.pdf).

Agreement on Trade Related Aspects of Intellectual Property Rights vom 15.04.1994 (abrufbar unter http://www.wto.org/english/docs_e/legal_e/27-trips.pdf).

Allgemeines Gesetz zum Schutz der öffentlichen Sicherheit und Ordnung in Berlin (Allgemeines Sicherheits- und Ordnungsgesetz – ASOG Bln) vom 14.04.1992 (GVBl, 119), zuletzt geändert am 10.02.2003 (GVBl, 67).

Ausführungsgesetz zu Artikel 26 Abs. 2 des Grundgesetzes (Gesetz über die Kontrolle von Kriegswaffen) in der Fassung der Bekanntmachung vom 22.11.1990 (BGBl I, 2506), zuletzt geändert am 25.11.2003 (BGBl I, 2304).

Außenwirtschaftsgesetz vom 28.04.1961 (BGBl I, 481, 495, 1555), zuletzt geändert am 21.12.2004 (BGBl I, 3603).

(Baden-württembergisches) Landesmediengesetz (LMedienG) vom 19.07.1999 (GBl, 273, ber. 387), zuletzt geändert am 11.03.2004 (GBl, 104).

(Baden-württembergisches) Polizeigesetz (PolG) in der Fassung der Bekanntmachung vom 13.01.1992 (GBl, 1, ber. 596, 1993, 155), zuletzt geändert am 19.12.2000 (GBl, 752).

Bayerisches Verfassungsschutzgesetz (BayVSG) in der Fassung der Bekanntmachung vom 10.04.1997 (GVBl, 70), zuletzt geändert am 24.12.2002 (GVBl, 969).

Beschluß des Rats der Europäischen Union vom 06.12.2001 zur Ausweitung des Mandats von Europol auf die im Anhang zum Europol-Übereinkommen aufgeführten schwerwiegenden Formen internationaler Kriminalität (ABLEG 2001 C 362, 1).

Beschluß des Rats der Europäischen Union vom 28.02.2002 über die Errichtung von Eurojust zur Verstärkung der Bekämpfung der schweren Kriminalität (2002/187/JI) (ABlEG 2002 L 63, 1).

Bürgerliches Gesetzbuch in der Fassung der Bekanntmachung vom 02.01.2002 (BGBl I, 42, ber. 2909, BGBl 2003 I, 738), zuletzt geändert am 05.05.2004 (BGBl I, 718).

Bundesdatenschutzgesetz (BDSG) in der Fassung der Bekanntmachung vom 14.01.2003 (BGBl I, 66).

Bremisches Polizeigesetz in der Fassung der Bekanntmachung vom 06.12.2001 (GBl, 441).

Charta der Grundrechte der Europäischen Union (Teil II des Entwurfs eines Vertrags über eine Verfassung für Europa vom 20.06.2003) (ABlEG 2003 C 169, 1).

Convention on Cybercrime vom 23.11.2001 (abrufbar unter http://conventions.coe.int/Treaty/en/Treaties/Html/185.htm).

Digital Millennium Copyright Act vom 20.10.1998, H.R. 2281 (abrufbar unter http://www.eff.org/IP/DMCA/hr2281_dmca_law_19981020_pl105-304.html).

Entwurf eines Rahmenbeschlusses der Europäischen Union über die Vorratsspeicherung von Daten, die in Verbindung mit der Bereitstellung öffentlicher elektronischer Kommunikationsdienste verarbeitet und aufbewahrt werden, oder von Daten, die in öffentlichen Kommunikationsnetzen vorhanden sind, für die Zwecke der Vorbeugung, Untersuchung, Feststellung und Verfolgung von Straftaten, einschließlich Terrorismus vom 28.04.2004 (Rat der Europäischen Union, Protokoll 8958/04; abrufbar unter http://register.consilium.eu.int/pdf/de/04/st08/st08958.de04.pdf) bzw. vom 14.10.2004 (Rat der Europäischen Union, Protokoll 13353/04; abrufbar unter http://register.consilium.eu.int/pdf/en/04/st13/st13353.en04.pdf).

Europa-Abkommen zur Gründung einer Assoziation zwischen den Europäischen Gemeinschaften und ihren Mitgliedstaaten einerseits und der Republik Polen andererseits (ABlEG 1993 L 348, 2).

Europäische Konvention zum Schutze der Menschenrechte und Grundfreiheiten in der Fassung der Bekanntmachung vom 17.05.2002 (BGBl II, 1054).

Europäisches Übereinkommen über die Erlangung von Auskünften und Beweisen in Verwaltungssachen im Ausland vom 15.03.1978 (BGBl 1981 II, 550).

Europäisches Übereinkommen über die Rechtshilfe in Strafsachen (EuRhÜ) vom 20.04.1959 (BGBl 1964 II, 1369, 1386; 1976 II, 1799).

Europäisches Übereinkommen über die Zustellung von Schriftstücken in Verwaltungssachen im Ausland vom 24.11.1977 (BGBl 1981 II, 535).

Europäisches Übereinkommen zum Schutz des Menschen bei der automatischen Verarbeitung personenbezogener Daten vom 28.01.1981 (BGBl 1985 II, 539).

Gesetz über das Apothekenwesen (Apothekengesetz – ApoG) in der Fassung der Bekanntmachung vom 15.10.1980 (BGBl I, 1993), zuletzt geändert am 25.11.2003 (BGBl I, 2304).

Gesetz über das Bundeskriminalamt und die Zusammenarbeit des Bundes und der Länder in kriminalpolizeilichen Angelegenheiten (Bundeskriminalamtgesetz – BKAG) vom 07.07.1997 (BGBl I, 1650), zuletzt geändert am 10.09.2004 (BGBl I, 2318).

Gesetz über das Zollkriminalamt und die Zollfahndungsämter – Zollfahndungsdienstgesetz (ZFdG) vom 16.08.2002 (BGBl I, 3202), zuletzt geändert am 21.12.2004 (BGBl I, 3603).

Gesetz über den Bundesnachrichtendienst (BND-Gesetz – BNDG) vom 20.12.1990 (BGBl I, 2954), zuletzt geändert am 16.08.2002 (BGBl I, 3202, 3217).

Gesetz über den Datenschutz bei Telediensten (Teledienstedatenschutzgesetz – TDDSG) vom 22.07.2002, verkündet als Art. 2 des IuKDG vom 22.07.1997 (BGBl I, 1870), in der Fassung der Änderung durch Art. 3 des EGG vom 14.12.2001 (BGBl I, 3721, 3724, 3726).

Gesetz über den Militärischen Abschirmdienst (MAD-Gesetz – MADG) vom 20.12.1990 (BGBl I, 2954), zuletzt geändert am 08.03.2004 (BGBl I, 334).

Gesetz über den privaten Rundfunk in Hessen (Hessisches Privatrundfunkgesetz – HPRG) in der Fassung der Bekanntmachung vom 25.01.1995 (GVBl I, 454), zuletzt geändert am 13.12.2002 (GVBl I, 778).

Gesetz über den privaten Rundfunk und neue Medien in Sachsen (Sächsisches Privatrundfunkgesetz – SächsPRG) in der Fassung der Bekanntmachung vom 09.01.2001 (GVBl, 69, ber. 684), zuletzt geändert am 21.03.2003 (GVBl, 37).

Gesetz über den Verfassungsschutz im Freistaat Sachsen (Sächsisches Verfassungsschutzgesetz – SächsVSG) vom 16.10.1992 (GVBl, 459), zuletzt geändert am 20.04.2004 (GVBl, 134).

Gesetz über den Verfassungsschutz in Nordrhein-Westfalen (Verfassungsschutzgesetz Nordrhein-Westfalen – VSG NRW –) vom 20.12.1994 (GVBl 1995, 28), zuletzt geändert am 18.12.2002 (GVBl 2003, 6).

Gesetz über den Verkehr mit Arzneimitteln (Arzneimittelgesetz) in der Fassung der Bekanntmachung vom 11.12.1998 (BGBl I, 3586), zuletzt geändert am 14.11.2003 (BGBl I, 2190, 2253).

Gesetz über die internationale Rechtshilfe in Strafsachen (IRG) in der Fassung der Bekanntmachung vom 27.06.1994 (BGBl I, 1537), zuletzt geändert am 24.08.2004 (BGBl I, 2198).

Gesetz über die Nutzung von Telediensten (Teledienstegesetz – TDG) vom 22.07.1997, verkündet als Art. 1 des IuKDG vom 22.07.1997 (BGBl I, 1870), in der Fassung der Änderung durch Art. des 1 EGG vom 14.12.2001 (BGBl I, 3721, 3726).

Gesetz über die öffentliche Sicherheit und Ordnung des Landes Sachsen-Anhalt (SOG LSA) in der Fassung der Bekanntmachung vom 23.09.2003 (GVBl, 215).

Gesetz über die öffentliche Sicherheit und Ordnung in Mecklenburg-Vorpommern (Sicherheits- und Ordnungsgesetz – SOG M-V) in der Fassung der Bekanntmachung vom 25.03.1998 (GVBl 335), zuletzt geändert am 18.05.2004 (GVBl, 178).

Gesetz über die Verbreitung jugendgefährdender Schriften und Medieninhalte (GjSM) in der Fassung der Bekanntmachung vom 12.07.1985 (BGBl I, 1502), zuletzt geändert am 15.12.2001 (BGBl I, 3762), außer Kraft getreten am 01.04.2003.

Gesetz über die Werbung auf dem Gebiete des Heilwesens in der Fassung der Bekanntmachung vom 19.10.1994 (BGBl I, 3068), zuletzt geändert am 14.11.2003 (BGBl I, BGBl I, 2190, 2253).

Gesetz über die Zusammenarbeit des Bundes und der Länder in Angelegenheiten des Verfassungsschutzes und über das Bundesamt für Verfassungsschutz (Bundesverfassungsschutzgesetz – BVerfSchG) vom 20.12.1990 (BGBl I, 2954, 2970), zuletzt geändert am 16.08.2002 (BGBl I, 3202, 3217).

Gesetz über Rahmenbedingungen für elektronische Signaturen vom 16.05 2001 (BGBl I, 876).

Gesetz über rechtliche Rahmenbedingungen für den elektronischen Geschäftsverkehr (Elektronischer Geschäftsverkehr-Gesetz – EGG) vom 14.12.2001 (BGBl I, 3721).

Gesetz über Urheberrecht und verwandte Schutzrechte (Urheberrechtsgesetz) vom 09.09.1965 (BGBl I, 1273), zuletzt geändert am 10.09.2003 (BGBl I, 1774).

Gesetz zu dem Übereinkommen vom 26.07.1995 auf Grund von Artikel K.3 des Vertrags über die Europäische Union über die Errichtung eines Europäischen Polizeiamts (Europol-Gesetz) vom 10.10.1997 (BGBl 1997 II, 2150).

Gesetz zum Schutz der informationellen Selbstbestimmung im Freistaat Sachsen (Sächsisches Datenschutzgesetz – SächsDSG) vom 25.08.2003 (GVBl, 330).

Gesetz zur Bekämpfung des internationalen Terrorismus (Terrorismusbekämpfungsgesetz) vom 09.01.2002 (BGBl I, 361).

Gesetz zur Beschränkung des Brief-, Post- und Fernmeldegeheimnisses (Artikel-10-Gesetz – G 10) vom 26.06.2001 (BGBl I, 1254, ber. 2298), zuletzt geändert am 05.05.2004 (BGBl I, 718).

Gesetz zur Regelung der Rahmenbedingungen für Informations- und Kommunikationsdienste (Informations- und Kommunikationsdienstegesetz – IuKDG) vom 22.07.1997 (BGBl I, 1870).

Gesetz zur Umsetzung des Beschlusses 2002/187/JI des Rates vom 28.02.2002 über die errichtung von Eurojust zur Verstärkung der Bekämpfung der schweren Kriminalität (Eurojust-Gesetz – EJG) vom 12.05.2004 (BGBl I, 902).

Gewerbeordnung in der Fassung der Bekanntmachung vom 22.02.1999 (BGBl I, 202), zuletzt geändert am 30.07.2004 (BGBl I, 2014).

Grundgesetz für die Bundesrepublik Deutschland vom 23.05.1949 (BGBl I, 1), zuletzt geändert am 26.07.2002 (BGBl I, 2863).

(Hessisches) Gesetz über das Landesamt für Verfassungsschutz vom 19.12.1990 (GVBl I, 421), zuletzt geändert am 30.04.2002 (GVBl I, 82).

Hessisches Gesetz über die öffentliche Sicherheit und Ordnung (HSOG) in der Fassung der Bekanntmachung vom 31.03.1994 (GVBl I, 174, ber. 284), zuletzt geändert am 18.12.2003 (GVBl I, 513).

Jugendschutzgesetz (JuSchG) vom 23.07.2002 (BGBl I, 2730), zuletzt geändert am 23.07.2004 (BGBl I, 1857).

KOM (1994) 347 endg.: Europas Weg in die Informationsgesellschaft – Ein Aktionsplan – Mitteilung der Kommission an den Rat und das Europäische Parlament sowie an den Wirtschafts- und Sozialausschuß und den Ausschuß der Regionen vom 19.07.1994.

KOM (1996) 483 endg.: Grünbuch über den Jugendschutz und den Schutz der Menschenwürde in den audiovisuellen und den Informationsdiensten vom 16.10.1996.

KOM (1997) 157 endg.: Mitteilung der Kommission an den Rat, das Europäische Parlament, den Wirtschafts- und Sozialausschuss und den Ausschuss der Regionen – Europäische Initiative für den elektronischen Geschäftsverkehr vom 16.04.1997.

KOM (1997) 570 endg.: Vorschlag für eine Empfehlung des Rates zur Gewährleistung des Jugendschutzes und des Schutzes der Menschenwürde in den audiovisuellen und den Informationsdiensten vom 18.11.1997.

KOM (1997) 623 endg.: Grünbuch zur Konvergenz der Branchen Telekommunikation, Medien und Informationstechnologie und ihren ordnungspolitischen

Auswirkungen – Ein Schritt in Richtung Informationsgesellschaft vom 03.12.1997.

KOM (1998) 586 endg.: Vorschlag für eine Richtlinie des Europäischen Parlaments und des Rates über bestimmte rechtliche Aspekte des elektronischen Geschäftsverkehrs im Binnenmarkt vom 18.11.1998.

KOM (1999) 427 endg.: Geänderter Vorschlag für eine Richtlinie des Europäischen Parlaments und des Rates über bestimmte rechtliche Aspekte des elektronischen Geschäftsverkehrs im Binnenmarkt vom 17.08.1999.

KOM (2003) 702 endg.: Bericht der Kommission an das Europäische Parlament, den Rat und den Europäischen Wirtschafts- und Sozialausschuss – Erster Bericht über die Anwendung der Richtlinie 2000/31/EG des Europäischen Parlaments und des Rates vom 8. Juni 2000 über bestimmte rechtliche Aspekte der Dienste der Informationsgesellschaft, insbesondere des elektronischen Geschäftsverkehrs, im Binnenmarkt (Richtlinie über den elektronischen Geschäftsverkehr) vom 21.11.2003.

Landesmediengesetz Nordrhein-Westfalen (LMG NRW) vom 02.07.2002 (GVBl, 334), geändert am 28.02.2003 (GVBl, 84).

Musterentwurf eines einheitlichen Polizeigesetzes des Bundes und der Länder (Stand: 25.11.1977) in der Fassung des Vorentwurfs zur Änderung des Musterentwurfs (Stand: 12.03.1986), abgedruckt z.B. bei Knemeyer, Polizei- und Ordnungsrecht, 9. Auflage, München 2002, 301 ff.

Niedersächsisches Gesetz über die öffentliche Sicherheit und Ordnung (Nds. SOG) in der Fassung der Bekanntmachung vom 20.02.1988 (GVBl, 101), zuletzt geändert am 11.12.2003 (GVBl, 414).

(Nordrhein-westfälisches) Gesetz über Aufbau und Befugnisse der Ordnungsbehörden – Ordnungsbehördengesetz (OBG) in der Fassung der Bekanntmachung vom 13.05.1980 (GVBl, 528), zuletzt geändert am 08.07.2003 (GVBl, 410).

(Nordrhein-westfälisches) Gesetz über die Ausführung des Gesetzes zu Artikel 10 Grundgesetz (AG G 10 NRW) vom 18.12.2002 (GVBl 2003, 8).

(Nordrhein-westfälisches) Gesetz zum Staatsvertrag über Mediendienste (Mediendienste-Staatsvertrag) vom 27.06.1997 (GVBl, 158).

(Nordrhein-westfälische) Verordnung über die Zuständigkeiten nach dem Mediendienste-Staatsvertrag (Zuständigkeitsverordnung für Mediendienste) vom 01.07.1997 (GVBl, 184), geändert am 28.02.2003 (GVBl, 84).

(Österreichisches) Bundesgesetz, mit dem bestimmte rechtliche Aspekte des elektronischen Geschäfts- und Rechtsverkehrs geregelt werden (E-Commerce-Gesetz – ECG), vom 21.12.2001 (österr. BGBl I, 152).

Polizeigesetz des Freistaates Sachsen (SächsPolG) in der Fassung der Bekanntmachung vom 13.08.1999 (GVBl, 466), zuletzt geändert am 04.05.2004 (GVBl, 147).

Polizeigesetz des Landes Nordrhein-Westfalen (PolG NRW) in der Fassung der Bekanntmachung vom 25.07.2003 (GVBl, 441).

Postgesetz vom 22.12.1997 (BGBl. I, 3294), zuletzt geändert am 25.11.2003 (BGBl. I, 2304).

(Rheinland-pfälzisches) Landesverfassungsschutzgesetz (LVerfSchG) vom 06.07.1998 (GVBl, 184), zuletzt geändert am 16.12.2002 (GVBl, 477).

(Rheinland-pfälzisches) Polizei- und Ordnungsbehördengesetz (POG) in der Fassung der Bekanntmachung vom 10.11.1993 (GVBl, 595), zuletzt geändert am 02.03.2004 (GVBl, 202).

Richtlinie 64/221/EWG des Rates vom 25. Februar 1964 zur Koordinierung der Sondervorschriften für die Einreise und den Aufenthalt von Ausländern, soweit sie aus Gründen der öffentlichen Ordnung, Sicherheit oder Gesundheit gerechtfertigt sind (ABlEG 1964 P 56, 850).

Richtlinie 84/450/EWG des Rates vom 10. September 1984 zur Angleichung der Rechts- und Verwaltungsvorschriften der Mitgliedstaaten über irreführende Werbung (ABlEG 1984 L 250, 17), geändert durch Richtlinie 97/55/EG des Europäischen Parlaments und des Rates vom 6. Oktober 1997 zur Änderung der Richtlinie 84/450/EWG über irreführende Werbung zwecks Einbeziehung der vergleichenden Werbung (ABlEG 1997 L 290, 18).

Richtlinie 87/102/EWG des Rates vom 22. Dezember 1986 zur Angleichung der Rechts- und Verwaltungsvorschriften der Mitgliedstaaten über den Verbraucherkredit (ABlEG 1987 L 42, 48), zuletzt geändert durch Richtlinie 98/7/EG des Europäischen Parlaments und des Rates vom 16. Februar 1998 zur Änderung der Richtlinie 87/102/EWG zur Angleichung der Rechts- und Verwaltungsvorschriften der Mitgliedstaaten über den Verbraucherkredit (ABlEG 1998 L 101, 17).

Richtlinie 89/552/EWG des Rates vom 3. Oktober 1989 zur Koordinierung bestimmter Rechts- und Verwaltungsvorschriften der Mitgliedstaaten über die Ausübung der Fernsehtätigkeit (ABlEG 1989 L 298, 23), geändert durch die Richtlinie 97/36/EG des Europäischen Parlaments und des Rates vom 30. Juni 1997 zur Änderung der Richtlinie 89/552/EWG (ABlEG 1997 L 202, 60).

Richtlinie 92/28/EWG des Rates vom 31. März 1992 über die Werbung für Humanarzneimittel (ABlEG 1992 L 113, 13).

Richtlinie 92/49/EWG des Rates vom 18. Juni 1992 zur Koordinierung der Rechts- und Verwaltungsvorschriften für die Direktversicherung (mit Ausnahme der Lebensversicherung) sowie zur Änderung der Richtlinien 73/239/EWG und 88/357/EWG (Dritte Richtlinie Schadenversicherung) (ABlEG 1992 L 228, 1).

Richtlinie 92/96/EWG des Rates vom 10. November 1992 zur Koordinierung der Rechts- und Verwaltungsvorschriften für die Direktversicherung (Lebensversicherung) sowie zur Änderung der Richtlinien 79/267/EWG und 90/619/EWG (Dritte Richtlinie Lebensversicherung) (ABlEG 1992 L 360, 1).

Richtlinie 93/13/EWG des Rates vom 5. April 1993 über mißbräuchliche Klauseln in Verbraucherverträgen (ABl. 1993 L 95, 29).

Richtlinie 93/22/EWG des Rates vom 10. Mai 1993 über Wertpapierdienstleistungen (ABlEG 1993 L 141, 27).

Richtlinie 95/46/EG des Europäischen Parlaments und des Rates vom 24. Oktober 1995 zum Schutz natürlicher Personen bei der Verarbeitung personenbezogener Daten und zum freien Datenverkehr (ABlEG 1995 L 281, 31).

Richtlinie 97/7/EG des Europäischen Parlaments und des Rates vom 20. Mai 1997 über den Verbraucherschutz bei Vertragsabschlüssen im Fernabsatz (ABlEG 1997 L 144, 19).

Richtlinie 97/66/EG des Europäischen Parlaments und des Rates vom 15. Dezember 1997 über die Verarbeitung personenbezogener Daten und den Schutz der Privatsphäre im Bereich der Telekommunikation (ABlEG 1998 L 24, 1).

Richtlinie 98/6/EG des Europäischen Parlaments und des Rates vom 16. Februar 1998 über den Schutz der Verbraucher bei der Angabe der Preise der ihnen angebotenen Erzeugnisse (ABlEG 1998 L 80, 27).

Richtlinie 98/27/EG des Europäischen Parlaments und des Rates vom 19. Mai 1998 über Unterlassungsklagen zum Schutz der Verbraucherinteressen (ABlEG 1998 L 166, 51), geändert durch Richtlinie 1999/44/EG des Europäischen Parlaments und des Rates vom 25. Mai 1999 zu bestimmten Aspekten des Verbrauchsgüterkaufs und der Garantien für Verbrauchsgüter (ABlEG 1999 L 171, 12).

Richtlinie 98/34/EG des Europäischen Parlaments und des Rates vom 22. Juni 1998 über ein Informationsverfahren auf dem Gebiet der Normen und technischen Vorschriften (ABlEG 1998 L 204, 37), geändert durch Richtlinie 98/48/EG des Europäischen Parlaments und des Rates vom 20. Juli 1998 zur Änderung der Richtlinie 98/34/EG über ein Informationsverfahren auf dem Gebiet der Normen und technischen Vorschriften (ABlEG 1998 L 217, 18).

Richtlinie 1999/93/EG des Europäischen Parlaments und des Rates vom 13. Dezember 1999 über gemeinschaftliche Rahmenbedingungen für elektronische Signaturen (ABlEG 2000 L 13, 12).

Richtlinie 2000/12/EG des Europäischen Parlaments und des Rates vom 20. März 2000 über die Aufnahme und Ausübung der Tätigkeit der Kreditinstitute (ABlEG 2000 L 126, 1).

Richtlinie 2000/31/EG des Europäischen Parlaments und des Rates vom 8. Juni 2000 über bestimmte rechtliche Aspekte der Dienste der Informationsgesellschaft, insbesondere des elektronischen Geschäftsverkehrs, im Binnenmarkt („Richtlinie über den elektronischen Geschäftsverkehr") (ABlEG 2000 L 178, 1).

Richtlinie 2001/29/EG des Europäischen Parlaments und des Rates vom 22. Mai 2001 zur Harmonisierung bestimmter Aspekte des Urheberrechts und der verwandten Schutzrechte in der Informationsgesellschaft (ABlEG 2001 L 167, 10).

Richtlinie 2002/19/EG des Europäischen Parlaments und des Rates vom 7. März 2002 über den Zugang zu elektronischen Kommunikationsnetzen und zugehörigen Einrichtungen sowie deren Zusammenschaltung (Zugangsrichtlinie) (ABlEG 2002 L 108, 7).

Richtlinie 2002/20/EG des Europäischen Parlaments und des Rates vom 7. März 2002 über die Genehmigung elektronischer Kommunikationsnetze und -dienste (Genehmigungsrichtlinie) (ABlEG 2002 L 108, 21).

Richtlinie 2002/21/EG des Europäischen Parlaments und des Rates vom 7. März 2002 über einen gemeinsamen Rechtsrahmen für elektronische Kommunikationsnetze und -dienste (Rahmenrichtlinie) (ABlEG 2002 L 108, 33).

Richtlinie 2002/22/EG des Europäischen Parlaments und des Rates vom 7. März 2002 über den Universaldienst und Nutzerrechte bei elektronischen Kommunikationsnetzen und -diensten (Universaldienstrichtlinie) (ABlEG 2002 L 108, 51).

Richtlinie 2002/58/EG des Europäischen Parlaments und des Rates vom 12. Juli 2002 über die Verarbeitung personenbezogener Daten und den Schutz der Privatsphäre in der elektronischen Kommunikation (Datenschutzrichtlinie für elektronische Kommunikation) (ABlEG 2002 L 201, 37).

Richtlinie 2002/65/EG des Europäischen Parlaments und des Rates vom 23. September 2002 über den Fernabsatz von Finanzdienstleistungen an Verbraucher und zur Änderung der Richtlinie 90/619/EWG des Rates und der Richtlinien 97/7/EG und 98/27/EG (ABlEG 2002 L 271, 16).

Richtlinie 2002/77/EG der Kommission vom 16. September 2002 über den Wettbewerb auf den Märkten für elektronische Kommunikationsnetze und -dienste (ABlEG 2002 L 249, 21).

Richtlinie 2002/83/EG des Europäischen Parlaments und des Rates vom 5. November 2002 über Lebensversicherungen (ABlEG 2002 L 345, 1).

Sächsisches Gesetz über die Presse (SächsPresseG) vom 03.04.1992 (GVBl, 125), zuletzt geändert am 21.03.2003 (GVBl, 38).

(Sächsisches) Gesetz zum Staatsvertrag über Mediendienste und zur Änderung rundfunkrechtlicher Vorschriften im Freistaat Sachsen vom 10.07.1997 (GVBl, 500), geändert am 21.03.2003 (GVBl, 37).

Siebente Richtlinie 83/349/EWG des Rates vom 13. Juni 1983 aufgrund von Artikel 54 Absatz 3 Buchstabe g) des Vertrages über den konsolidierten Abschluß (ABlEG 1983 L 193, 1).

Staatsvertrag über den Rundfunk im vereinten Deutschland vom 31.08.1991, zuletzt geändert durch Art. 1 des Siebten Staatsvertrags zur Änderung rundfunkrechtlicher Staatsverträge (Siebter Rundfunkänderungsstaatsvertrag) vom 23.-26.09.2003 (SächsGVBl 2004, 70).

Staatsvertrag über den Schutz der Menschenwürde und den Jugendschutz in Rundfunk und Telemedien (Jugendmedienschutz-Staatsvertrag – JMStV) vom 10.-27.09.2002 (Sächs-GVBl 2003, 38).

Staatsvertrag über Mediendienste (Mediendienste-Staatsvertrag) vom 20.01.-12.02.1997 (SächsGVBl, 500) in der Fassung der Änderung durch Art. 3 des Sechsten Staatsvertrags zur Änderung des Rundfunkstaatsvertrags, des Rundfunkfinanzierungsstaatsvertrags und des Mediendienste-Staatsvertrags (Sechster Rundfunkänderungsstaatsvertrag) vom 20./21.12.2001 (SächsGVBl 2002, 132, 133).

Strafgesetzbuch in der Fassung der Bekanntmachung vom 13.11.1998 (BGBl I, 3322), zuletzt geändert am 24.08.2004 (BGBl I, 2198, 2207).

Strafprozeßordnung (StPO) in der Fassung der Bekanntmachung vom 07.04.1987 (BGBl I, 1074, ber. 1319), zuletzt geändert am 24.08.2004 (BGBl I, 2198, 2200).

Telekommunikations-Datenschutzverordnung vom 18.12.2000 (BGBl I, 1740), zuletzt geändert am 09.08.2003 (BGBl I, 1590), außer Kraft getreten am 26.06.2004.

Telekommunikationsgesetz vom 22.06.2004 (BGBl I, 1190).

Thüringer Gesetz über die Aufgaben und Befugnisse der Ordnungsbehörden (Ordnungsbehördengesetz – OBG) vom 18.06.1993 (GVBl, 323), zuletzt geändert am 20.06.2002 (GVBl, 247).

Thüringer Gesetz über die Aufgaben und Befugnisse der Polizei (Polizeiaufgabengesetz – PAG) vom 04.06.1992 (GVBl, 199), zuletzt geändert am 20.06.2002 (GVBl, 247).

Thüringer Verfassungsschutzgesetz (ThürVSG) vom 29.10.1991 (GVBl, 527), zuletzt geändert am 17.03.2003 (GVBl, 185).

Übereinkommen aufgrund von Artikel K.3 des Vertrags über die Europäische Union über die Errichtung eines Europäischen Polizeiamts (Europol-Übereinkommen) vom 26.07.1995 (BGBl 1997 II, 2159).

Übereinkommen aufgrund von Artikel K.3 des Vertrags über die Europäische Union über gegenseitige Amtshilfe und Zusammenarbeit der Zollverwaltungen vom 18.12.1997 (BGBl. 2002 II, 1388).

Übereinkommen – gemäß Artikel 34 des Vertrags über die Europäische Union vom Rat erstellt – über die Rechtshilfe in Strafsachen zwischen den Mitgliedstaaten der Europäischen Union vom 29.05.2000 (ABlEG 2000 C 197, 3).

Übereinkommen zur Durchführung des Übereinkommens von Schengen vom 14.06.1985 zwischen den Regierungen der Staaten der Benelux-Wirtschaftsunion, der Bundesrepublik Deutschland und der Französischen Republik betreffend den schrittweisen Abbau der Kontrollen an den gemeinsamen Grenzen vom 19.06.1990 (BGBl 1993 II, 1013), zuletzt geändert am 27.02.2003 (ABlEG 2003 L 67, 27).

Vereinbarung zwischen dem Bundesminister des Innern der Bundesrepublik Deutschland sowie dem Justizminister und dem Minister der öffentlichen Macht des Großherzogtums Luxemburg über die polizeiliche Zusammenarbeit im Grenzgebiet zwischen der Bundesrepublik Deutschland und dem Großherzogtum Luxemburg vom 24.10.1995 (BGBl 1996 II, 1203).

Vereinbarung zwischen dem Bundesministerium des Innern der Bundesrepublik Deutschland und dem Innenminister sowie dem Justizminister der Niederlande über die polizeiliche Zusammenarbeit im Grenzgebiet zwischen der Bundesrepublik Deutschland und den Niederlanden vom 17.04.1996 (BGBl 1997 II, 703).

Verordnung der Sächsischen Staatsregierung zur Durchführung der Gewerbeordnung (SächsGewODVO) vom 28.01.1992 (GVBl, 40).

Verordnung über den Betrieb von Apotheken (Apothekenbetriebsordnung – ApBetrO) in der Fassung der Bekanntmachung vom 26.09.1995 (BGBl I, 1195) zuletzt geändert am 12.07.2004 (BGBl I, 1611).

Verordnung über die technische und organisatorische Umsetzung von Maßnahmen zur Überwachung der Telekommunikation (Telekommunikations-Überwachungsverordnung – TKÜV) vom 22.01.2002 (BGBl I, 458), zuletzt geändert am 25.11.2003 (BGBl I, 2304).

Vertrag über die Europäische Union vom 07.02.1992 (BGBl II, 1253), zuletzt geändert durch den Vertrag von Nizza vom 26.02.2001 (BGBl II, 1667).

Vertrag zwischen der Bundesrepublik Deutschland und der Republik Österreich über Amts- und Rechtshilfe in Verwaltungssachen vom 31.05.1988 (BGBl 1990 II, 358).

Vertrag zwischen der Bundesrepublik Deutschland und der Tschechischen Republik über die Zusammenarbeit der Polizeibehörden und der Grenzschutzbehörden in den Grenzgebieten vom 19.09.2000 (BGBl 2002 II, 791).

Vertrag zwischen der Schweizerischen Eidgenossenschaft und der Bundesrepublik Deutschland über die grenzüberschreitende polizeiliche und justitielle Zusammenarbeit (deutsch-schweizerischer Polizeivertrag) vom 27.04.1999 (BGBl 2001 II, 948).

Verwaltungsverfahrensgesetz (VwVfG) in der Fassung der Bekanntmachung vom 23.01.2003 (BGBl I, 102), zuletzt geändert am 05.05.2004 (BGBl I, 718).

Zusatzprotokoll zum Europäischen Übereinkommen zum Schutz des Menschen bei der automatischen Verarbeitung personenbezogener Daten bezüglich Kontrollstellen und grenzüberschreitendem Datenverkehr vom 08.11.2001 (abrufbar unter http://conventions.coe.int/Treaty/en/Treaties/Html/181.htm).

Zusatzprotokoll zur Konvention zum Schutze der Menschenrechte und Grundfreiheiten vom 20.03.1952 (BGBl 1956 II, 1880), geändert am 11.05.1994 (BGBl 1995 II, 579).

Zweite Richtlinie 89/646/EWG des Rates vom 15. Dezember 1989 zur Koordinierung der Rechts- und Verwaltungsvorschriften über die Aufnahme und Ausübung der Tätigkeit der Kreditinstitute und zur Änderung der Richtlinie 77/780/EWG (ABlEG 1989 L 386, 1).

Zweites Zusatzprotokoll zum Europäischen Übereinkommen über Rechtshilfe in Strafsachen vom 08.11.2001 (abrufbar unter http://conventions.coe.int/Treaty/en/Treaties/Html/182.htm).

Anhang: Sec. 512 `(a) -`(d) DMCA

`Sec. 512. Limitations on liability relating to material online

`(a) TRANSITORY DIGITAL NETWORK COMMUNICATIONS- A service provider shall not be liable for monetary relief, or, except as provided in subsection (j), for injunctive or other equitable relief, for infringement of copyright by reason of the provider's transmitting, routing, or providing connections for, material through a system or network controlled or operated by or for the service provider, or by reason of the intermediate and transient storage of that material in the course of such transmitting, routing, or providing connections, if--

`(1) the transmission of the material was initiated by or at the direction of a person other than the service provider;

`(2) the transmission, routing, provision of connections, or storage is carried out through an automatic technical process without selection of the material by the service provider;

`(3) the service provider does not select the recipients of the material except as an automatic response to the request of another person;

`(4) no copy of the material made by the service provider in the course of such intermediate or transient storage is maintained on the system or network in a manner ordinarily accessible to anyone other than anticipated recipients, and no such copy is maintained on the system or network in a manner ordinarily accessible to such anticipated recipients for a longer period than is reasonably necessary for the transmission, routing, or provision of connections; and

`(5) the material is transmitted through the system or network without modification of its content.

`(b) SYSTEM CACHING-

`(1) LIMITATION ON LIABILITY- A service provider shall not be liable for monetary relief, or, except as provided in subsection (j), for injunctive or other equitable relief, for infringement of copyright by reason of the intermediate and temporary storage of material on a system or network controlled or operated by or for the service provider in a case in which--

`(A) the material is made available online by a person other than the service provider;

`(B) the material is transmitted from the person described in subparagraph (A) through the system or network to a person other than the person described in subparagraph (A) at the direction of that other person; and

`(C) the storage is carried out through an automatic technical process for the purpose of making the material available to users of the system or network who, after the material is transmitted as described in subparagraph (B), request access to the material from the person described in subparagraph (A),

if the conditions set forth in paragraph (2) are met.

(2) CONDITIONS- The conditions referred to in paragraph (1) are that--

`(A) the material described in paragraph (1) is transmitted to the subsequent users described in paragraph (1)(C) without modification to its content from the manner in which the material was transmitted from the person described in paragraph (1)(A);

`(B) the service provider described in paragraph (1) complies with rules concerning the refreshing, reloading, or other updating of the material when specified by the person making the material available online in accordance with a generally accepted industry standard data communications protocol for the system or network through which that person makes the material available, except that this subparagraph applies only if those rules are not used by the person described in paragraph (1)(A) to prevent or unreasonably impair the intermediate storage to which this subsection applies;

`(C) the service provider does not interfere with the ability of technology associated with the material to return to the person described in paragraph (1)(A) the information that would have been available to that person if the material had been obtained by the subsequent users described in paragraph (1)(C) directly from that person, except that this subparagraph applies only if that technology--

`(i) does not significantly interfere with the performance of the provider's system or network or with the intermediate storage of the material;

`(ii) is consistent with generally accepted industry standard communications protocols; and

`(iii) does not extract information from the provider's system or network other than the information that would have been available to the person described in paragraph (1)(A) if the subsequent users had gained access to the material directly from that person;

`(D) if the person described in paragraph (1)(A) has in effect a condition that a person must meet prior to having access to the material, such as a condition based on payment of a fee or provision of a password or other information, the service provider permits access to the stored material in significant part only to users of its system or network that have met those conditions and only in accordance with those conditions; and

`(E) if the person described in paragraph (1)(A) makes that material available online without the authorization of the copyright owner of the material, the service provider responds expeditiously to remove, or disable access to, the material that is claimed to be infringing upon notification of claimed infringement as described in subsection (c)(3), except that this subparagraph applies only if--

`(i) the material has previously been removed from the originating site or access to it has been disabled, or a court has ordered that the material be removed from the originating site or that access to the material on the originating site be disabled; and

`(ii) the party giving the notification includes in the notification a statement confirming that the material has been removed from the originating site or access to it has been disabled or that a court has ordered that the material be removed from the originating site or that access to the material on the originating site be disabled.

`(c) INFORMATION RESIDING ON SYSTEMS OR NETWORKS AT DIRECTION OF USERS-

`(1) IN GENERAL- A service provider shall not be liable for monetary relief, or, except as provided in subsection (j), for injunctive or other equitable relief, for infringement of copyright by reason of the storage at the direction of a user of material that resides on a system or network controlled or operated by or for the service provider, if the service provider--

`(A)(i) does not have actual knowledge that the material or an activity using the material on the system or network is infringing;

`(ii) in the absence of such actual knowledge, is not aware of facts or circumstances from which infringing activity is apparent; or

`(iii) upon obtaining such knowledge or awareness, acts expeditiously to remove, or disable access to, the material;

`(B) does not receive a financial benefit directly attributable to the infringing activity, in a case in which the service provider has the right and ability to control such activity; and

`(C) upon notification of claimed infringement as described in paragraph (3), responds expeditiously to remove, or disable access to, the material that is claimed to be infringing or to be the subject of infringing activity.

`(2) DESIGNATED AGENT- The limitations on liability established in this subsection apply to a service provider only if the service provider has designated an agent to receive notifications of claimed infringement described in paragraph (3), by making available through its service, including on its website in a location accessible to the public, and by providing to the Copyright Office, substantially the following information:

`(A) the name, address, phone number, and electronic mail address of the agent.

`(B) other contact information which the Register of Copyrights may deem appropriate.

The Register of Copyrights shall maintain a current directory of agents available to the public for inspection, including through the Internet, in both electronic and hard copy formats, and may require payment of a fee by service providers to cover the costs of maintaining the directory.

`(3) ELEMENTS OF NOTIFICATION-

`(A) To be effective under this subsection, a notification of claimed infringement must be a written communication provided to the designated agent of a service provider that includes substantially the following:

`(i) A physical or electronic signature of a person authorized to act on behalf of the owner of an exclusive right that is allegedly infringed.

`(ii) Identification of the copyrighted work claimed to have been infringed, or, if multiple copyrighted works at a single online site are covered by a single notification, a representative list of such works at that site.

`(iii) Identification of the material that is claimed to be infringing or to be the subject of infringing activity and that is to be removed or access to which is to be disabled, and information reasonably sufficient to permit the service provider to locate the material.

`(iv) Information reasonably sufficient to permit the service provider to contact the complaining party, such as an address, telephone number, and, if available, an electronic mail address at which the complaining party may be contacted.

`(v) A statement that the complaining party has a good faith belief that use of the material in the manner complained of is not authorized by the copyright owner, its agent, or the law.

`(vi) A statement that the information in the notification is accurate, and under penalty of perjury, that the complaining party is authorized to act on behalf of the owner of an exclusive right that is allegedly infringed.

`(B)(i) Subject to clause (ii), a notification from a copyright owner or from a person authorized to act on behalf of the copyright owner that fails to comply substantially with the provisions of subparagraph (A) shall not be considered under paragraph (1)(A) in determining whether a service provider has actual knowledge or is aware of facts or circumstances from which infringing activity is apparent.

`(ii) In a case in which the notification that is provided to the service provider's designated agent fails to comply substantially with all the provisions of subparagraph (A) but substantially complies with clauses (ii), (iii), and (iv) of subparagraph (A), clause (i) of this subparagraph applies only if the service provider promptly attempts to contact the person making the notification or takes other reasonable steps to assist in the receipt of notification that substantially complies with all the provisions of subparagraph (A).

`(d) INFORMATION LOCATION TOOLS- A service provider shall not be liable for monetary relief, or, except as provided in subsection (j), for injunctive or other equitable relief, for infringement of copyright by reason of the provider referring or linking users to an online location containing infringing material or infringing activity, by using information location tools, including a directory, index, reference, pointer, or hypertext link, if the service provider –

`(1)(A) does not have actual knowledge that the material or activity is infringing;

`(B) in the absence of such actual knowledge, is not aware of facts or circumstances from which infringing activity is apparent; or

`(C) upon obtaining such knowledge or awareness, acts expeditiously to remove, or disable access to, the material;

`(2) does not receive a financial benefit directly attributable to the infringing activity, in a case in which the service provider has the right and ability to control such activity; and

`(3) upon notification of claimed infringement as described in subsection (c)(3), responds expeditiously to remove, or disable access to, the material that is claimed to be infringing or to be the subject of infringing activity, except that, for purposes of this paragraph, the information described in subsection (c)(3)(A)(iii) shall be identification of the reference or link, to material or activity claimed to be infringing, that is to be removed or access to which is to be disabled, and information reasonably sufficient to permit the service provider to locate that reference or link.

(…)

FSC
www.fsc.org
MIX
Papier | Fördert
gute Waldnutzung
FSC® C083411

Kolibri 360 GmbH
Ferdinand-Jühlke-Straße 7
99095 Erfurt, Deutschland
produktsicherheit@kolibri360.de

Druck:
CPI Druckdienstleistungen GmbH
im Auftrag der
Kolibri 360 GmbH
Ferdinand-Jühlke-Str. 7
99095 Erfurt